# KLEINWAGEN
INTERNATIONAL

Walter Zeichner

# KLEINWAGEN INTERNATIONAL

Mobile, Kabinenroller und Fahrmaschinen
der 40er, 50er und 60er Jahre
von über 250 Herstellern aus aller Welt

Motor buch Verlag spezial

# BIBLIOGRAPHIE


Complete Catalogue of Japanese Motor Vehicles, Floyd Clymer
Datsun Automobile, Schrader Verlag
Danske Biler, Hassing
Deutsche Autos 1945–75, Motorbuch Verlag
Deutsche Kleinwagen, Bleicher/Motorbuch Verlag
Encyclopedia of American Cars 1946–59, Crestline Publishing
From Cyclecar to Motorcar, Beaulieu Books
Historia del Automovil en España, Ediciones Ceac
Les Voitures Françaises des Années 50, Delville
Nachkriegswagen, Hallwag
Personenwagen der 60er Jahre, Hallwag
Polskie Konstrukcji Motoryzacyjne, Wydawnictwa Kommunikacji i Lacznoπci
Régi Magyar Autók, Müszaki Könyvkiadó
The Complete Encyclopedia of Motorcars, Ebury Press.

**Zeitschriften:**
L'Automobile · Autocar · The Motor · Auto Italia · Motor Italia · Das Auto · Roller, Mobil, Kleinwagen · hobby · auto - moto - veterán · Antic Car



Einbandgestaltung: Andreas Pflaum

Alle Abbildungen stammen vom Autor
oder aus dessen Sammlung.





ISBN 3-613-01959-6





Ein Unternehmen der Paul Pietsch Verlage GmbH+Co.
Spezialausgabe: 1. Auflage 1999





Lektorat: Joachim Kuch
Druck: Maisch & Queck, 70839 Gerlingen
Bindung: Karl Dieringer, 70839 Gerlingen
Printed in Germany

# Inhalt

# Zu diesem Buch

Als ich mich vor ein paar Jahren erstmals mit dem Gedanken befaßte, eine Dokumentation über Kleinwagen aus aller Welt der Zeit nach 1945 bis in die sechziger Jahre hinein zu erstellen, war ich mir natürlich der Problematik bewußt, die allein die Begriffserklärung des Wortes »Kleinwagen« mit sich bringen würde.
Viele kluge Köpfe haben schon vor meinen Überlegungen versucht, ein Schema zu entwerfen, nach welchem sich diese Art von Automobilen eindeutig zuordnen ließe, doch waren die Ergebnisse bisher unbefriedigend. Aus diesem Grunde ersparte ich mir und meinen Lesern lieber den Versuch, durch willkürliche Festlegung von Hubraumobergrenzen, Höchstmaßen der Karosserie und ähnlichen Werten eine Wagengattung in eine Schablone zu pressen, die sich gerade wegen ihrer enormen Vielfalt zu einem solchen Unterfangen am wenigsten eignet. Hinzu kommt, daß sich der Begriff »Kleinwagen« von heute im Vergleich zu jenem vor dreißig oder vierzig Jahren auf Autos bezieht, die damals auf Grund ihrer Geräumigkeit und Motorleistung gewiß eher zur Mittelklasse gezählt hätten, während etliche Oberklassewagen von einst heute Mühe hätten, sich für die Mittelklasse zu qualifizieren. Die Maßstäbe haben sich im Laufe der Entwicklung sehr verschoben.
Deshalb habe ich mehr nach dem eigenen Gefühl und in Übereinstimmung mit anderen sachkundigen Enthusiasten entschieden, welche Typen in diesem Buch als Kleinwagen Eingang finden sollten. Der geschätzte Leser möge hierfür Verständnis haben. Er wird, so hoffe ich, durch die Vielfalt des Gebotenen entschädigt.
Die zweite Frage, die sich mir stellte, war: Was macht eigentlich die noch immer wachsende Faszination für eine Art von Automobilen aus, die zumeist keine unserer heutigen Ansprüche erfüllen können, über die man heute dennoch so viel spricht? Gediegenheit der Ausstattung, brillante Technologie, sportliche Rasanz oder gar Schönheit sind Tugenden, mit denen nur die allerwenigsten der in diesem Buch behandelten Fahrzeuge aufwarten konnten. Die Motoren der Kleinwagen und Kabinenroller arbeiteten in der Regel im lärmenden und die Umwelt bläulich vernebelnden Zweitaktverfahren, und mehr als zwei Zylinder blieben Ausnahmen. Das »Temperament« dieser Konstruktionen reichte oft kaum aus, um im normalen Straßenverkehr ohne Behinderung der anderen Verkehrsteilnehmer mitschwimmen zu können, und Überlandfahrten über längere Distanzen wurden zum ermüdenden Geduldsspiel für Fahrer und Passagiere. Und trotzdem – oder vielleicht gerade deshalb – wurden mit solcher an sich völlig unzureichenden Motorisierung oft Gewalttouren unternommen, die jedem großen Wagen Ehre gemacht hätten; man denke nur an Fahrten durch Afrika bis nach Kapstadt, die im Goggomobil oder in der Heinkel Kabine absolviert wurden, und es gab »Verrückte«, die in solch einem Vehikel sogar komplette Weltreisen überstanden.
Dem nur zurückhaltend abenteuerlustigen »Normalverbraucher« bescherten die ersten brauchbaren Kleinwagen die Möglichkeit, sich überhaupt ausreichend zu motorisieren, vielleicht auch, um mit der Familie in den Urlaub zu fahren, was vorher mit dem Motorrad (und vielleicht Beiwagen) eine arge Strapaze bedeutet hatte. Manches heute ältere Paar wird sich noch an ungemütliche Nächte an der Adria oder Riviera im Goggo oder in der Isetta erinnern können, wenn kein Zimmer mehr frei war. Auch andere Beschwernisse brachten diese Touren mit sich, denn oft war die bescheidene Technik und leichte Bauweise solcher Mobile den Anforderungen derartiger Unternehmungen nicht gewachsen: Immer wieder gab es überhitzte Motoren, verrußte Zündkerzen oder gebrochene Antriebsketten. Oft wurden die kleinen Reifen Opfer des noch schlechten Zustands vieler europäischer Straßen. Selbst Straßenbahnschienen konnten die Kleinwagen arg irritieren, von den Schwierigkeiten, die der Winter den leichten Mobilen – nur selten mit Heizung und Defroster ausgestattet – brachte, ganz zu schweigen. Trotzdem bevölkerten im Laufe der fünfziger Jahre bald Hunderttausende dieser Vehikel auf drei und vier Rädern die Straßen Deutschlands und die anderer Länder wie Großbritannien, Frankreich und Italien. Dabei lag die Bundesrepublik weit an der Spitze, was die Produktionszahlen solcher Klein- und Kleinstwagen betraf. In der Vielfalt des Modellangebots waren ihr Frankreich und England jedoch ebenbürtig. In England hatte die Herstellung kleiner und erschwinglicher, aber »normaler« Autos schon 1945 wieder begonnen, und es gab noch große Bestände an Vorkriegswagen. Frankreich hatte schon bald den Citroën 2 CV, ein Kleinstwagen, was die Motorisierung betraf (9 PS), dennoch eine richtige Limousine (vier großzügige Sitzplätze, vier Türen). Im ganzen gesehen wohl bis heute die Ideallösung für das Problem des wirtschaftlichen und dennoch bequemen und vielseitig verwendbaren Transportmittels für die ganze Familie.
Italien hatte in der Nachkriegszeit mit großen Anlaufschwierigkeiten zu kämpfen. Es gab hauptsächlich den 1936 entstandenen Fiat 500 (Topolino). Auch in anderen Ländern, wo man mit noch größeren wirtschaftlichen Schwierigkeiten zu kämpfen hatte als in Mitteleuropa, wurden zahlreiche Versuche unternommen, Kleinfahrzeuge, kaum teurer als Motorräder, aber zumindest mit primitivem Wetterschutz, zu konstruieren. Spanien brachte eine erstaunliche Anzahl solcher Konstruktionen hervor, mit Namen, die längst vergessen sind, und auch in Osteuropa gab es vereinzelt Kleinwagen zu sehen, doch war deren Schicksal zumeist noch glückloser als vergleichbarer Konstruktionen im Westen.
Wahrscheinlich ist es eben diese Vielfalt und oftmals die erstaunliche Skurrilität solcher aus der Not geborenen Fahrmaschinen, deren Erinnerung bei uns heute einige Gefühlsregungen hervorruft. Die meisten Kleinwagen waren oft unter schwierigsten Bedingungen, aber mit hohem handwerklichen Geschick und Erfindergeist entstanden, und das sah man ihnen auch an – im Positiven wie auch an mancher Unvollkommenheit. Es war noch Platz genug für verspielte Details und unkonventionelle Lösungen. Untersucht man heute eines dieser Mobile, so spürt man in vielen Details das Ringen seiner Erbauer mit dem Machbaren und gerade noch Möglichen. Es gab Modelle mit einem Sitz, zwei, drei oder gar vier Plätzen; Motoren, die vorne, in der Mitte oder im Heck saßen, und Türen, die zur Seite, nach vorne oder auch nach oben zu öffnen waren. Manchmal gab es überhaupt keine Türen.
Die damals wie auch heute wieder stolzen Besitzer saßen unter freiem Himmel, unter Segeltuchverdecken, Blech- oder Plexiglasdächern und durften sich in manchen Fällen über elfenbeinfarbene Lenkräder,

Lenkradschaltungen und sogar Panoramascheiben freuen. Einzelne Typen ähnelten bisweilen etwas hilflos kopierten und stark geschrumpften Straßenkreuzern, wie sie damals von Besatzungssoldaten wie Maschinen aus einer anderen Welt vor staunendem Publikum bewegt wurden.

Es gab keine Fahrzeugklasse, die solch seltsame Blüten trieb wie die der Kleinwagen.

Unter den Konstrukteuren dieser Fahrzeuge fanden sich unerschrokkene und zähe Pioniere, geniale Bastler, aber auch clevere Geschäftemacher. So mancher Betrieb mit einem Minimum an Maschinen hatte bisher Eismaschinen oder Pflüge gefertigt und verfügte eigentlich über keinerlei Voraussetzungen, ins Geschäft mit der Kleinmotorisierung einzusteigen. Natürlich ging dies dann nur in seltenen Fällen gut aus, und mancher »Autoproduzent« mußte nach einer Handvoll Mobilen oder gar nur einem auf Ausstellungen erwartungsvoll präsentierten Prototyp wieder aufgeben, sei es aus Mangel an Geld, Erfahrung oder wegen unzureichender Qualität seines Produktes. Manche vorher blühende Firma ging durch das Abenteuer mit Kleinwagen zu Grunde, für andere bedeutete ein gut verkäufliches Mobil hingegen auch die Rettung. Wer weiß, ob es heute noch die Bayerischen Motoren Werke gäbe, hätte man 1955 nicht den Mut aufgebracht, ein völlig von der Norm abweichendes, eiförmiges Rollermobil italienischer Konstruktion mit Fronttür in Lizenz zu bauen, von dem bis Anfang der sechziger Jahre dann über 160000 Einheiten das Werk verlassen sollten. Die BMW Isetta trug entscheidend dazu bei, die Verluste, die mit den großen, schwer verkäuflichen und zu teuer produzierten Limousinen und Sportwagen eingefahren wurden, nicht zum Verhängnis für das Unternehmen werden zu lassen. Andere Kleinwagenhersteller verfielen, vom Erfolg angestachelt, dem Größenwahn und scheiterten schließlich durch allzu kostspielige Experimente.

In den späten vierziger und in den fünfziger Jahren tauchte auf jeder internationalen Automobilausstellung in Europa eine beachtliche Zahl neuer Kleinwagenprojekte auf, von denen dann wenig später schon nicht viel mehr als die freundlich verteilten Prospekte existierten. Viele Werbeschriften kündigten Modelle an, die nie gebaut werden sollten. Und was wurde nicht alles versucht, um das eher kümmerliche Kleinstauto wenigstens auf dem Papier verführerisch wirken zu lassen! Da lehnten sich reizende junge Damen an häßliche Dreiräder, und mit oft unfreiwillig komischen Versen und blumigen oder flotten Texten versuchte man die kärglichen Tatsachen schön zu umschreiben. Werbegraphiker unterschiedlicher Begabung versuchten zu »strecken« und schnittig und begehrenswert aussehen zu lassen, was dann in Natura beinahe Mitleid erregte. Wurden Werbefotos gemacht, so mußten die Statisten möglichst kleinwüchsig sein, um das Mobil geräumiger wirken zu lassen – mancher, der sich nach dem Studium des Werbematerials auf einen kleinen Viersitzer freute, konnte später kaum die Kinder auf winziger Rücksitzbank unterbringen.

Taucht heute im Straßenverkehr oder anläßlich eines Veteranentreffens eines dieser Mobile auf, so gehören ihm schnell die Sympathien der Schaulustigen, es wird gescherzt, gelacht, zumindest geschmunzelt. Es fehlt oft nicht an Angeboten von schnell entschlossenen Kaufinteressenten, die solch ein ulkiges Gefährt nur zu gern ihr eigen nennen würden. Doch das Fahren im Kabinenroller oder Kleinwagen gehört auf die Dauer meist nicht zu den Reizen, die solch ein Fortbewegungsmittel bieten kann. Es geht eng und laut zu, und man erkennt sehr bald, daß es auch gefährlich sein kann, sich mit einem derart leicht zu übersehenden und langsamen Auto in den Verkehr von heute zu begeben. Die leeren Straßen und die vermeintliche Romantik des Reisens in den fünfziger Jahren lassen sich nicht mehr zurückholen. Wer selbst einmal lange Strecken im Kleinmobil zurückgelegt hat, weiß, daß dies harte Arbeit bedeutet und Geduld, auch von anderen Verkehrsteilnehmern, verlangt; Spaß macht das Fahren eigentlich nur, wenn man die verdutzten Gesichter der Passanten beobachtet.

Vor einiger Zeit haben Enthusiasten begonnen, überlebende Exemplare dieser eine wichtige Epoche im Automobilbau prägenden Fahrzeug-Spezies ausfindig zu machen und vor dem Verfall und oftmals damit völligen Verschwinden zu bewahren. Im Verlauf der sechziger Jahre hatte die Begeisterung der Autokäufer für Rollermobile dramatisch nachgelassen, fast jeder konnte sich nun die Mittelklasse leisten; was noch vor kurzem den Neid der Motorrad fahrenden Nachbarn erregen sollte, landete auf dem Schrottplatz oder bestenfalls in den Händen von Studenten. Keiner, mit Ausnahme von Besitzern der alten Führerscheine Klasse vier, die die Prüfung zur Fahrerlaubnis von Autos mit mehr als 250 ccm scheuten, wollte mehr im lächerlichen Kleinstwagen oder gar Kabinenroller gesehen werden. Das Interesse an Messerschmitt, Isetta & Co hatte seinen Tiefstpunkt erreicht. Vieles heute Unwiederbringliche wurde verschrottet. Ein interessantes Kapitel in der Geschichte des Automobils war dabei, im Dunkel des Vergessens zu verschwinden. Mit detektivischem Spürsinn und hohem Einsatz an Zeit und Nerven konnte später noch manches Wertvolle an Fahrzeugen und Literatur gerettet werden. Nach mühseligen Restaurierungsarbeiten ist heute wieder eine bunte Vielzahl von Kleinwagen von einst in gutem Zustand in öffentlichen und vor allem privaten Museen und Sammlungen zu bestaunen. Liebhaber solcher Fahrzeuge schlossen sich in Interessengruppen und Clubs zusammen und versuchten zu erhalten und zu bewahren, was noch vorhanden war, und auch das Interesse der Öffentlichkeit wuchs wieder in stetig ansteigendem Maße.

Heute sind diese Dreiräder und Mobile nicht selten das Salz in der Suppe von Oldtimertreffen; häufig stehlen sie manch zehnmal so teurem und doppelt so schnellen Klassiker die Schau. Dieses Buch soll dazu beitragen, daß der Interessierte einen umfassenden Einblick in eine Epoche des Automobilbaus erlangen kann, auf die sich der Wohlstand unserer Zeit gründet und die mit ihren teilweise seltsamen Blüten eines der farbigsten Kapitel in der Kraftfahrzeuggeschichte schrieb.

Während fast zwanzigjähriger Sammel- und Recherchiertätigkeit habe ich viel zu Tage gefördert, was in Fachblättern damals kaum im Nebensatz erwähnt, geschweige denn mit Bildmaterial vorgestellt wurde. Viele Typen und Marken wird auch der mit der Materie vertraute Leser zum erstenmal sehen. Dennoch möchte ich mir nicht anmaßen, den Inhalt dieses Buches als »komplett« zu bezeichnen. Immer wieder sind gerade in den letzten Jahren auf Grund zunehmenden Interesses Informationen über Fahrzeuge aufgetaucht, die über Jahrzehnte hinweg völlig in Vergessenheit geraten waren. Bei meinen Entdeckungsreisen in private und öffentliche Archive und Sammlungen vieler Länder Europas stieß ich zwischen vergilbten Blättern ab und zu auf Modelle und Namen, die schon längst aus dem Gedächtnis selbst renommierter Historiker verschwunden schienen. Von vielen Modellen existierte nur noch Bildmaterial schlechter Qualität; der Freund gestochen scharfer Fotos möge dies nachsehen. Mit großem Interesse sehe ich deshalb jeder Ergänzung zum hiermit Gebotenen entgegen; Verbesserungsvorschläge für künftige Auflagen sind sehr willkommen.

Aus Platzgründen mußte selbst in einem solch umfangreichen Werk auf ein paar Besonderheiten verzichtet werden. So habe ich Fahrzeuge mit Elektroantrieb oder ausschließlich für den sportlichen Wettbewerb gebaute Wagen nicht berücksichtigt. Ferner mußte ich mich bei den von einigen Typen abgeleiteten Lieferwagen- und Kleinlasterversionen auf die wichtigsten Modelle beschränken; dies fiel um so schwerer, als auch gerade bei den Lastendreirädern eine Vielfalt herrschte, die einen eigenen Band füllen könnte.
Nicht näher eingehen wollte ich ferner auf die große Zahl von Eigenbauten, die nach dem Krieg allenthalben zusammengebastelt worden sind. Es handelte sich hierbei um Fahrzeuge, die nur in einem Exemplar entstanden und allein zum Zwecke der Mobilität des »Erfinders« gebaut wurden; es bestanden in diesen, sicher zum Teil interessanten Fällen also keine Absichten des Serienbaus und der Vermarktung. In diesem Buch erscheinen nur Fahrzeuge, bei denen eine Produktion zumindest geplant war und die somit einem größeren Publikum auf Ausstellungen, in Zeitschriftenartikeln oder Werbematerial vorgestellt worden waren.
Schließlich verzichtete ich im Hinblick auf einen Schwerpunkt dieses Buches im Bereich der Abbildungen und des Textes auf eine allzu ausführliche Auflistung der technischen Daten jedes Modells. Die wichtigsten Angaben hierzu befinden sich zwar in den einzelnen Markenkapiteln, doch wäre eine Datenflut hier eher ermüdend und würde zu viel Raum beanspruchen. Wer zusätzliche Informationen benötigen sollte, kann sich jederzeit an mich wenden und wird, wenn vorhanden, weitere Zahlen erhalten.
Trotz einiger Schwierigkeiten und Mühen bei der Suche nach Material und Fakten für dieses Buch hat die Arbeit daran sehr viel Spaß gemacht und es mir ermöglicht, viele Kontakte zu Gleichgesinnten im In- und Ausland zu knüpfen und zu vertiefen. Könnte dieses Buch dem Leser auch nur einen Teil dieser Freude am Ungewöhnlichen und Skurrilen in der Welt des Automobils erschließen, so hätte es seine Aufgabe erfüllt.
Die Realisierung dieses Buches wäre ohne die Unterstützung von zahlreichen Enthusiasten, Sammlern und Institutionen vieler Länder nicht möglich gewesen.
Deshalb möchte ich an dieser Stelle allen Freunden und Kollegen herzlich danken, die mit Begeisterung, Interesse und durch ihre Großzügigkeit zum Gelingen dieses Werkes beigetragen haben: Georg Amtmann, München; George Avramidis, Athen; Donatella Biffignandi, Turin; Jack Branse, Westzaan; Lewis Burrell, Margate; Emanuele und Alberto Carli, Pedemonte; Anacleto Carrera, Mailand; Niels Christiansen, Helsingør; Salvador Claret, Sils; George H. Dammann, Sarasota; Dr. W. Edelböck, Karlsruhe; Gavin Farmer, Bridgewater; G. N. Georgano, Guernsey; Jean Hammond, Hawkenbury; H. D. N. Hanson, Douglas; Göran Hellsin, Västerås; Kai Jacobsen, München; Andrea Klotz-Fleischer, München; Elizabeth Kóczián-Szentpéteri, Budapest; Josef Krotil, Wallerstädten; Robert Kubath, München; Otto und Marianne Künnecke, Störy; Timo Laitinen, Kerava; Reinhard Lintelmann, Espelkamp; V. Christian Manz, Azuqueca de Henares; Ernst Marold, Wien; Dr. Jan Mráz, Prag; Romanus Müthing, Winterberg; Werner Oswald, Oberhaching; Manuel Perramon, Manresa; Jerzy Pilichowski, Gdynia; Jan Prochazka, München; Alexander Rinser, München; Claudio Romi Zanaga, São Paulo; Martin Sauter, Albstadt; Jürgen Schiebert, Zwickau; Ernst Schmid, Bournens; Halwart Schrader, Suderburg-Hösseringen; Mike Shepherd, London; Rainer Simons, München; Henrik Tambs, Oslo; Dr. Jan Tulis, Brno; Bernard Villefranche, Bourg-en-Bresse.
Automuseum Bad Iburg; BMW AG; Col-lecció d'Automòbils, Sils; Danmarks Tekniske Museum, Helsingør; Kleinwagenmuseum Störy; Közlekedési Múzeum, Budapest; Museo Dell-Automobile Carlo Biscaretti Di Ruffia, Torino; Národní Technické Muzeum v Praze, Prag; Norsk Teknisk Museum, Oslo; Rapid Maschinen und Fahrzeug AG, Dietikon; Roller- und Kleinwagenmuseum Ibbenbüren; Technisches Museum für Industrie und Gewerbe, Wien; The National Motor Museum, Beaulieu; VEB Sachsenring Automobilwerke, Zwickau; Verkehrshaus der Schweiz, Luzern.

*Walter Zeichner*

# Vom Cycle Car der Jahrhundertwende zum Rollermobil der fünfziger Jahre

Seit es geeignete Verbrennungsmotoren gibt, hegten zahllose Konstrukteure den Wunsch, motorisierte Fortbewegungsmittel mit mehr als zwei Rädern einfachster und billigster Bauweise zu entwickeln. Man konnte in diesem Zusammenhang anfänglich durchaus von einer Philosophie der schlichtesten Art der Motorisierung sprechen, denn zu Beginn der Zeit, in der die ersten Vehikel entstanden, die man als entfernte Vorläufer uns bekannter Kleinwagen ansehen kann, war nicht immer unbedingt wirtschaftliche Not die treibende Kraft solch extremer Vereinfachungen des Themas Automobil, wie sie uns die mehr als hundert Jahre alte Geschichte des Kraftwagens in aller Vielfalt bescherte.
Betrachtet man erste primitive Drei- und Vierradwagen der Jahrhundertwende, so dienten diese keineswegs in erster Linie als Fortbewegungsmittel Minderbemittelter. Wer da alleine im zerbrechlich wirkenden Einsitzer mit Hebellenkung einherfuhr, oder seine Braut in einem Korbsessel, der vor der Lenkstange des Dreirades angebracht war, ins Grüne transportierte, signalisierte vielmehr Mut, Fortschrittsdenken und Sportlichkeit.
Frankreich, England und Deutschland waren wegen ihrer am weitesten fortgeschrittenen Industrie in Europa die besten Nährböden für solche Aktivitäten, wobei Fahrmaschinen wie der AC Sociable, Morgan Threewheeler, Peugeot Bébé und Phänomobil auch heute noch nicht vergessen sind, im Gegensatz zu vielen anderen, kurzlebigeren Fahrzeugen. Gemeinsam war all diesen Fortbewegungsmitteln in den meisten Fällen ein ein- oder zweizylindriger Motor von selten mehr als einem Liter Hubvolumen. Selten boten sie mehr als zwei Personen Platz. Ihre Fahrleistungen blieben aber kaum hinter denen normal großer Wagen zurück. Es lag eben auch ein besonderer Reiz darin, mit geringem Aufwand an Geld und Motorkraft weit mächtigeren Automobilen bisweilen sogar davonfahren zu können; mit den braven, miniaturisierten Familienkutschen der fünfziger Jahre wie Goggomobil oder Lloyd hatten diese »Voituretten« oder »Cycle Cars«, was ihren Charakter betraf, nichts gemein. Meist waren es bis Anfang der zwanziger Jahre kleine und kleinste Hersteller, die den Cycle-Car-Boom mit Nachschub versorgten.
Typisch für die Kleinwagen jener Zeit war, daß es zumeist mehrere, verschieden starke Einbaumotoren zur Wahl gab, die zum größten Teil aus den Lagern der Motorradfabrikanten kamen. So konnte zum Beispiel ein französischer Bédélia, bei dem die beiden Passagiere wie beim späteren Messerschmitt Kabinenroller hintereinander saßen (wobei jedoch der hinten Sitzende lenkte), mit Motoren von etwa drei bis zehn PS ausgerüstet werden, je nach den sportlichen Ambitionen des Kunden. Auch was die Aufbauten betraf, so herrschte schon eine Vielfalt, die der späterer Dekaden kaum nachstand. Es gab rennwagenähnliche Einsitzer mit oder ohne Scheiben, oft in rasanter Zigarren- oder Raketenform, wie den englischen Carden. Ob aus Stahlblech, Aluminium oder Holz: stets versuchte man der Karosserie, die gewöhnlich auf schmalen Drahtspeichenrädern rollte, ein witziges oder zumindest auffallendes Aussehen zu verleihen, was sich nicht selten auch unbeabsichtigt ergab. Fast immer lagen die Motoren dieser

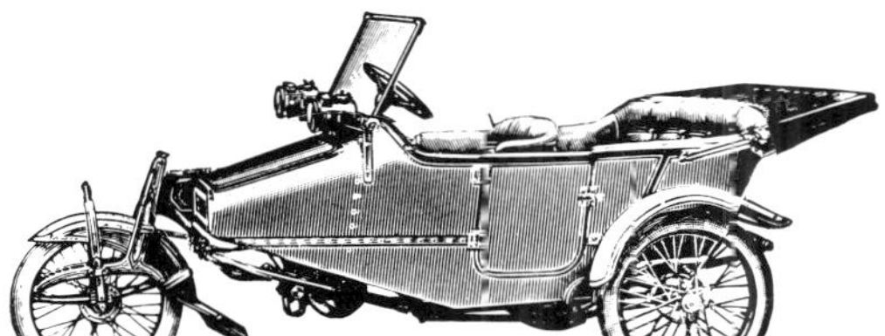

*Laurin & Klement 2-Zylinder Voiturette von 1905.*

*Rechts oben: Dreirad Marke Magnet von 1907.*

*Links: Piccolo »Volks«-Kleinwagen 1904.*

*Ungarische Csonka Voiturette von 1910.*

leichten Wagen vorne, und lange Riemen oder Ketten mußten die Antriebskräfte an das oder die Antriebsräder leiten. Komfort war beinahe verpönt, denn der wahre Cycle-Car-Fahrer wollte sich mit den Naturgewalten auseinandersetzen, die er für wenig Geld nun kennenlernen konnte, und er blickte keck zu den Herrschaften hinauf, die sich bequem in großen Limousinen chauffieren ließen. Freiheit und einfaches Leben war die Devise dieser wachsenden Gruppe von Enthusiasten, die sich durch ihr forsches Auftreten im Verkehr und die unvermutete Überlegenheit ihrer leichten und wendigen Fahrgeräte nicht selten den Unmut der anderen Straßenbenutzer einhandelten.
Doch diese Sturm- und Drang-Zeit der Kleinwagengeschichte währte nicht sehr lange. Schon bald nach dem Ersten Weltkrieg wurde deutlich, daß die Wagen dieser Klasse im Durchschnitt immer bequemer und erwachsener wurden und sich mehr und mehr zu normalen, kleinen Personenwagen mauserten. Erstaunlich ist dabei rückblickend, daß sich praktisch kaum einer der damals bedeutenden Personenwagen-Hersteller bewogen fühlte, ins offensichtlich lukrative Geschäft mit den Cycle Cars einzusteigen. Unter den Hunderten von Herstellern dieser Vehikel finden sich nur ganz wenige Namen, wie etwa Morgan, die die dreißiger Jahre überlebten.
In den zwanziger Jahren erreichte die Vielfalt der Kleinwagen einen ihrer Höhepunkte. Das Angebot in Europa reichte von Primitivmobilen, die aussahen wie Motorräder mit Beiwagen, aber ohne Sattel und Lenkstange, wobei der Fahrer mit Passagieren jedoch im Beiwagen saß (Scott Sociable), bis zu kleinen Vierrad-Limousinen mit geschlossener, konventioneller Karosserie (Austin Seven). Dazwischen war alles erlaubt, was möglich war; es gab einem Tretauto ähnliche Dreirad-Einsitzer mit Fahrradrädern und Außenbordmotor (Cambro), unglaublich spartanische Gefährte mit Holzrostchassis und Sitzen aus Korbgeflecht, bar jeglicher Karosserie (Economic), doch auch ansehnlich geformte Dreiräder wie den französischen D'Yrsan oder die immer aufwendiger gebauten Phänomobile mit bis zu vier Zylinder großen, wassergekühlten Motoren über dem Vorderrad.
Der Hanomag 2/10 PS (»Kommißbrot«) in Deutschland und der Austin Seven in England begründeten zu Beginn der zwanziger Jahre den unaufhaltsamen Schritt vom schnellen, aber unbequemen Cycle Car zum familientauglichen, wenn auch behäbigen Kleinwagen, Einspurfahrzeuge mit seitlichen Stützrädern vom Schlage eines Mauser und andere Exoten wie später der phänomenale Kaiser Stromlinienwagen blieben stets aufsehenerregende Außenseiter.
In den dreißiger Jahren und unter den Auswirkungen der Depression blühte das Geschäft mit den billigen Wagen natürlich besonders, doch mußten die Fahrzeuge jetzt schon mindestens von vorne richtigen Autos ähneln. In England gehörten Dreiräder von Raleigh, Morgan, Coventry Victor und B.S.A. zu den Nutznießern dieser Entwicklung, während der Austin Seven in immer aufwendigeren Formen erschien und in Deutschland als BMW Dixi zu großer Beliebtheit gelangte. Geniale Konstrukteure wie Josef Ganz versuchten die Welt der Kleinwagen um zahlreiche moderne Konstruktionen zu bereichern, während Firmen wie Goliath mit dem altbackenen Pionier-Dreirad und Framo mit seinen Modellen Stromer und dem vierrädrigen, schwächlichen Piccolo, den man mit 200-ccm-Motor sogar ohne Führerschein fahren durfte, auf dem konservativen Weg verharrten. Doch selbst absolute Primitivfahrzeuge mit Minimalmotoren wie die C.M. Mobile von Charles Mochet in Paris, die es sogar mit Tretantrieb gab, gehörten noch zur formenreichen Familie der kleinsten Wagen.
Italien hatte damals schon seinen Fiat 500, der in der Kleinwagenklasse dieses Landes beispiellos dominierte. Richtige Cycle Cars waren nun schon die große Ausnahme, wenn auch in Frankreich bei der Firma Citroën neuerdings an einem zukünftigen Einfachst-Wagen gearbeitet wurde, der schließlich bis heute als letztes Exemplar dieser Gattung überleben sollte.
Dann setzte der Zweite Weltkrieg allem kontinuierlichen Entwickeln ein Ende, und als 1946, nach mehrjähriger Zwangspause, der erste Autosalon in Paris wieder seine Pforten öffnete, war das Erstaunen groß, als bereits wieder eine Reihe völlig neuer Kleinwagen für ein buntes Bild des Angebots sorgten. Während der anscheinend alle Aktivitäten lähmenden Occupation hatte mancher Hersteller heimlich an neuen Prototypen gearbeitet, und noch lange behielt der Pariser Automobilsalon sein einzigartiges Flair bei, besonders viele außergewöhnliche und futuristische Neuerscheinungen zu präsentieren.
Im Rest Europas gestalteten sich die ersten Autosalons nach dem Krieg da wesentlich eintöniger. Man beschränkte sich zunächst darauf, leicht modifizierte Vorkriegsmodelle auszustellen und das Ganze mit ein paar unerreichbar teuren Luxuswagen zu garnieren, um eine fortschreitende Genesung der schwer angeschlagenen Automobilindustrie zu verdeutlichen. Viele der bald in jedem Land wie Pilze aus dem Boden schießenden Kleinwagen durften an solch noblen Veranstaltungen gar nicht teilnehmen, wo sie mit ihrer ärmlichen Erscheinung nur Schatten auf den Glanz der »richtigen« Autos geworfen hätten. Der Normalverbraucher, sofern er in den vierziger Jahren nicht das Glück hatte, ein Motorrad über den Krieg gerettet zu haben, ging zu Fuß oder begab sich per Fahrrad zur Arbeit. Als die ersten Fahrradhilfsmotoren von Herstellern wie Victoria, Rex und Lohmann und wie sie alle hießen, auftauchten, bedeutete dies schon einen gewaltigen Schritt in Richtung Motorisierung und manch findiger Bastler hatte nun endlich einen erreichbaren Einbaumotor für sein mühselig selbstgebautes Eigenbau-Vehikel zur Verfügung. Andere brachten mit Müh und Not von der Requirierung verschont gebliebene Vorkriegskleinwagen wieder zum Laufen, doch Treibstoffrationierung und mangelnde Ersatzteilversorgung legten den Autobesitzern etliche Steine in den Weg. Der Volkswagen, Hoffnung so vieler VW-Sparer und Gutgläubiger, war in den ersten Jahren nach Kriegsende noch lange nicht frei verfügbar, und Kleinhersteller von Motorfahrzeugen hatten Schwierigkeiten, von den Besatzern die Erlaubnis zum Serienbau zu bekommen. Von den großen, etablierten Marken interessierte sich erstaunlicherweise anfangs nur einer ernsthaft für die Bedürfnisse der meisten Familien, ein billiges, aber wettergeschütztes Fahrzeug zu besitzen: Borgward in Bremen. »Wetterschutz« war überhaupt das Zauberwort der Aufbauzeit nach dem Zweiten Weltkrieg, was die Kleinmotorisierung betraf. Doch abgesehen von Eigenbauten tauchten die ersten professionell gefertigten Mobile in Deutschland erst nach der Währungsreform auf. Bisweilen abgeleitet von Versehrtenfahrzeugen und mit allen möglichen erreichbaren Einzelteilen bestückt, begannen Kleinwagenpioniere wie Fritz Fend, Hermann Holbein und Paul Kleinschnittger erste primitive Kleinwagen anzubieten. Das Geschäft hätte geblüht, wären nur genug Rohstoffe und Einbauaggregate zur Verfügung gestanden, denn hungrig stürzten sich die rasch wieder Hoffnung fassenden Westdeutschen auf jedes noch so merkwürdige Fahrzeug mit mehr als zwei Rädern. In den anderen europäischen Industrieländern stand man dem nationalen Angebot an Kleinwagen-Kuriositäten weit skeptischer gegenüber. In England schafften es einzig Bond und Reliant einigermaßen zu überleben, erstaunlich auch deshalb, weil sich kaum optisch reizlosere Gefährte

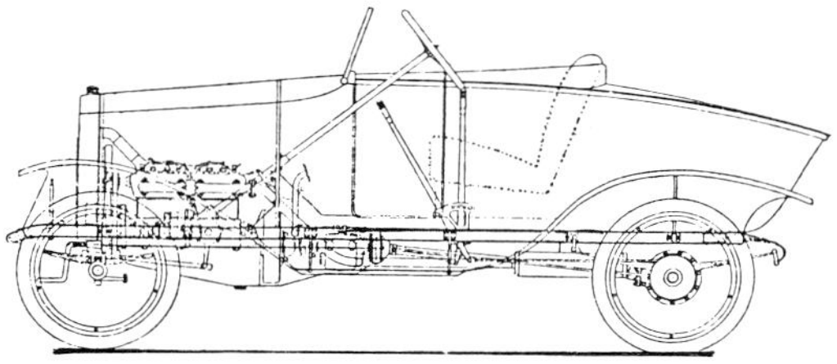

*Zweisitzer in Bootsform waren in den zwanziger Jahren modern. Oben ein IPE (Deutschland), rechts ein Citroën 5 CV (Frankreich). Einen ähnlichen Wagen baute man auch bei Opel.*

*Oben links: Sowohl mit Verbrennungsmotor (DKW) als auch mit Elektroantrieb gab es 1922 den Slaby-Beringer. Links: Pluto Kleinwagen von 1924, eine Lizenz nach dem Amilcar.*

*Zwei kuriose Behelfsautos aus den frühen zwanziger Jahren: Links ein Cyclecar französischer Konstruktion, rechts ein Gyrocar mit zwei seitlichen Stützrädern aus England. Nichts blieb unversucht...*

finden ließen als diese Dreiräder mit ihrem pantoffelartigen Aussehen. Andere frühe Kleinwagen der Insel wie Gordon, Allard Clipper oder Minnow geisterten zwar eine Zeitlang durch den Blätterwald der Fachpresse, doch führten solche Mobile stets ein Schattendasein und gelangten zu keinerlei Popularität.

Auch in Frankreich war das Verhältnis der Zielgruppe zu den in immer neuen Varianten angebotenen Kleinwagen eher distanziert neugierig. Außer dem schon vor dem Krieg etablierten Mochet, der traditionsgemäß die bescheidensten Ansprüche an autoähnliche Fahrzeuge zu befriedigen wußte, gelang es nur noch Robert de Rovin mit seinem im Vergleich zu manch abenteuerlichen Angebot qualitativ und ästhetisch hochstehenden Mobil, einen gewissen Erfolg zu erzielen. Selbst der ehemalige Traumauto-Fabrikant Gabriel Voisin, der sich bereits in vorgerücktem Alter mit seinem genial einfachen Biscuter ebenfalls in die Niederungen des Kleinwagenbaus begeben hatte, mußte im eigenen Land scheitern, während die – was Autos betraf – noch arg rückständigen Spanier gierig nach dem robusten Winzling griffen, der in Lizenz gebaut dann bis zum Beginn der alles beherrschenden Seat-Zeit überhaupt den Anfang der spanischen Automobilindustrie markierte.

Auch in Italien waren gleich nach dem Krieg einige originelle Kleinstwagen aufgetaucht, doch erlaubte die Armut der Bevölkerung keine weiterreichenden Experimente. Man wartete lieber auf einen zuverlässigen Vespa-Roller, als sich auf das Abenteuer mit einer der zwar wettergeschützten, aber wenig vertrauenerweckenden Neukonstruktionen einzulassen, die dann fast immer ebenso schnell wieder in der Versenkung verschwanden wie sie auf den Ausstellungen aufgetaucht waren... Der Weg zur Anschaffung eines begehrten Fiat Topolino war beschwerlich und für viele außer Reichweite. Als sich Anfang der fünfziger Jahre auch in Italien die Kassen besser füllten, waren alle Kleinwagenanbieter außer Fiat auf der Strecke geblieben; die Typen

*Oben: Dixi 1928, Vorgänger des BMW und Lizenzkonstruktion des Austin Seven. Rechts daneben der Ahnherr aller italienischen Kleinwagen – der berühmte Fiat Topolino 500 von 1936.*

*Rechts: Nachfahr des Dixi 3/15 PS von 1928 war der erste »echte« BMW. Der 3/20 PS mit flotter Roadster-Karosserie war ein preiswerter Zweisitzer in bester Qualität.*

*Links: Dixi- und somit BMW-Vorfahr Austin Seven. Dieses Modell ist von 1923 und hatte die Scheinwerfer unterhalb des Windschutzscheibenrahmens.*

*Auch solche Vehikel wurden in den zwanziger Jahren angeboten. Das Stromform-Coupé hatte vermutlich Pedalantrieb.*

500 und 600 beherrschten das Straßenbild wie kein Kleinwagen in einem anderen Land.
Auch auf der Iberischen Halbinsel hatte es überraschend viele Versuche gegeben, mit neuen Klein- und Kleinstfahrzeugen ins Geschäft zu kommen, doch blieben sie ebenfalls – vielleicht mit dem hübschen PTV neben dem Biscuter als Ausnahme – immer erfolglos.
Deutschland, Großbritannien und Frankreich blieben bis in die sechziger Jahre hinein die Hochburgen der Kleinwagenhersteller, wobei in der Bundesrepublik wie nirgendwo sonst auch das Straßenbild von diesen vielfältigen und oft originellen Konstruktionen geprägt war. Es gibt kaum eine Fotoaufnahme dichten Straßenverkehrs aus dem Deutschland der fünfziger Jahre, wo nicht zumindest eine Isetta, ein Messerschmitt Kabinenroller, Gutbrod oder Goggomobil aus der Menge der Mittelklassewagen heraussticht. In Frankreich dagegen, wo mit Renault 4 CV, Panhard Dyna, Simca 5 und natürlich dem genialen Citroën 2 CV schon früh eine erstaunliche Vielfalt im Angebot hochwertiger und gebrauchstüchtiger Kleinwagen bestand, traf man relativ selten auf ein Exemplar von Mochet oder gar Inter, obwohl die Zahl der verschiedenen Hersteller – oder besser gesagt: Prototypenbauer – der in Deutschland mehr als ebenbürtig war. Gerade die Eintagsfliegen machten dort einen Großteil des Angebots aus, deren Konstrukteure mangels eigenen Kapitals und öffentlichen Interesses bald auf der Strecke blieben. Mancher Idealist wie Bernardet oder Hannoyer schleppte sich dort buchstäblich von Salon zu Salon, stellte immer wieder verbesserte Prototypen aus, ohne je den Serienanlauf seiner Kreationen feiern zu können, bis nach ein paar Jahren die Finanz-Ressourcen versiegt waren.
Großbritannien konnte glücklicherweise auf einen großen Fundus an Vorkriegsmodellen zurückgreifen, ehe die geregelte Autoproduktion wieder in Gang kam, wenn auch zunächst behindert durch Rohstoffknappheit. Allem Kuriosen und Skurrilen aufgeschlossen, erlebten die Briten eine erstaunliche Vielfalt an Dreirädern jeglicher Gestalt, be-

günstigt durch steuerliche Vorteile für den Besitzer solcher Mobile und Erleichterungen beim Erwerb der dafür nötigen Fahrerlaubnis. Im Gegensatz zum Geschmack der dreißiger Jahre trug man das Einzelrad in England nun am liebsten vorne und scheute gleichzeitig keinen stilistisch noch so bedenklichen Kunstgriff, die in diesem Fall üblicherweise verräterisch nach vorn spitz zulaufende Wagenfront durch reichlich Blechattrappen zu kaschieren. Bond und Reliant waren damals Meister solcher kosmetischer Retuschen, wobei Bond dabei den Vogel abschoß und sogar gewaltige Kotflügel an der luftigen Front seiner Minicars plazierte, um den Betrachter darunter eine Vorderachse vermuten zu lassen. Natürlich gab es auch hübsche Vierradkleinwagen im Angebot, doch ähnlich wie in Frankreich waren die Preise dann meist gleich so hoch oder das Gebotene so spartanisch und untermotorisiert, daß man lieber weiter sparte, um sich später ein richtiges Auto leisten zu können.
Schließlich keimte damals auch in den übrigen Ländern Europas, wobei besonders Österreich, die Tschechoslowakei und Holland genannt seien, hier und da eine Eigenkonstruktion. Kleinserien kamen vereinzelt in Gang, wobei im Falle der osteuropäischen Länder das dortige Wirtschaftssystem jede solche Initiative zunichte machte, während die kleinen Länder des Westens, die nicht über eine eigene Autoindustrie verfügten, bald von Importen überschwemmt wurden. Einzig Holland mit dem Erfolg der eigenen Marke DAF steht hier als große Ausnahme von der Regel.
In Deutschland bot allein Carl F. W. Borgward mit seiner Produktion des Lloyd LP 300 schon 1950 eine vernünftige Alternative in der Klasse der kleinsten Automobile. Doch das außergewöhnliche Wirtschaftswachstum ließ auch viele andere Kleinhersteller erst einmal für eine ganze Weile am Leben, ehe sie im Konkurrenzkampf mit den großen Herstellern wie BMW, Glas und Borgward nicht mehr bestehen konnten. Es ist kaum mehr vorstellbar, daß noch vor nicht allzu langer Zeit aus heutiger Sicht unglaublich abenteuerliche und komische Vehikel wie der Messerschmitt Kabinenroller und die Heinkel Kabine vier- und fünfstellige Verkaufszahlen erreichen konnten. Und stand hinter solch einem Mobil gar eine renommierte Automobilfabrik wie etwa die Bayerischen Motoren Werke, so verkauften sich im Handumdrehen mehr als hunderttausend eiförmige Mobile mit Fronttür.
Doch ähnlich wie in einer früher intakten Natur, als die Anpassungsfähigkeit einer Spezies an neue Anforderungen über ihr Überleben entschied, verlief auch die Entwicklung der Kleinwagen in Europa. Hatte diese Art von Fahrzeugen zunächst durch ihre Überlegenheit noch den Motorrädern fürs erste den Garaus gemacht, so ging es ihr nun, als die Ansprüche mit zunehmendem Wohlstand wuchsen, selbst an den Kragen. Zwar versuchten sich manche durch Gewichtszunahme, Vergrößerung und steigende Kraft gegen die immer mehr bevorzugte Mittelklasse durchzusetzen, doch schnell kam auch für »große Kleinwagen« wie etwa BMW 600, Maico 500, Glas Isar oder Bond Family Saloon das Ende.
Notbehelfe der Nachkriegszeit waren eines Tages überflüssig geworden in einer Zeit steigenden Lebensstandards, jedenfalls in Westeuropa.
Die heute noch Überlebenden jener Spezies wie Fiat 126 oder Trabant sind entweder mittlerweile perfektionierte rollende Einkaufstaschen und weniger Autoersatz, oder, wie im Falle des Plastikmobils aus der früheren DDR, Mahnmale einer fehlgeleiteten (Wirtschafts-)Politik, deren umfassenden und spektakulären Konkurs wir erlebt haben.
Zwar gibt es gerade in Frankreich und vereinzelt auch in Italien wieder eine Anzahl neu entwickelter Stadt- und Einkaufsmobile, zumeist mit Kunststoffkarosserien und 50-ccm-Mopedmotoren, doch sind diese eher Symptome des Überflusses und mittlerweile unerträglicher Verkehrsdichte in den Städten. Der Kleinwagen, als im Grunde unzulänglicher, wenn auch in seiner bunten Vielfalt technischer (Not-)Lösungen interessanter Autoersatz, geboren aus wirtschaftlicher Not, ist in Mitteleuropa ausgestorben. Was wir heute so bezeichnen, verfügt über Vierzylindermotoren sowie über ein Beschleunigungsvermögen, das früheren Sportwagen gut angestanden hätte. Sie bieten so ziemlich jeden Komfort, wie wir ihn von großen Wagen gewöhnt sind. Der Rückblick auf die große und bunte Zeit der Mobile mag heute Spaß machen, Sehnsucht sollte er jedoch nicht wecken.

*Oben: Selbstverständlich wurden Klein- und Kleinstautomobile auch im Motorsport eingesetzt. Dies ist ein schwedischer Effhy von 1951 mit Motorradmotor.*

*Rechts: Aufsehen erregten in den dreißiger Jahren die Fahrmaschinen des Architekten Ernst Neumann-Neander. Sie wurden ebenfalls in sportlichen Wettbewerben erprobt, wie dieses Exemplar am Nürburgring.*

# Österreich

Obwohl in diesem Land nie eine bedeutende Menge an Personenwagen hergestellt wurde, gehört Österreich dennoch zu den Staaten in Europa, die durch eine Reihe von bemerkenswerten Konstruktionen und durch berühmte Ingenieure wie Edmund Rumpler, Hans Ledwinka und Ferdinand Porsche einen wichtigen Beitrag zur Geschichte des Automobils leisteten. Vor dem Zweiten Weltkrieg waren Marken wie Puch und Austro Daimler überall angesehene Qualitätsfahrzeuge, und die herrlichen Wagen von Gräf & Stift rangen zusammen mit Mercedes und Rolls-Royce um die Gunst der Reichen. Nach dem Ende des Nazi-Regimes war auch Österreich von den Alliierten in vier Zonen aufgeteilt worden, und in Wien gab es ebenso viele Sektoren. Von den ehemals berühmten Herstellern hatte nur noch Steyr-Puch eine Chance, wieder Personenwagen produzieren zu dürfen. Der Bestand an Kraftfahrzeugen war in Österreich nie hoch gewesen. Auch nach dem Krieg gab es nur wenige, die sich ein Auto leisten konnten. Steyr fertigte bald wieder dringend zur Versorgung der Bevölkerung und zum Wiederaufbau benötigte Lastwagen, schloß dann jedoch schon 1948 einen Vertrag mit Fiat zur Lizenzfertigung der italienischen Erfolgsmodelle. So war der beliebte Fiat 500 (Topolino) der erste Personenwagen, der jetzt in Österreich gefertigt werden durfte. In Ermangelung von einheimischer Konkurrenz boten jedoch schon bald eine Fülle ausländischer Hersteller ihre Produkte in der Alpenrepublik an; Anfang der fünfziger Jahre bevölkerten schon kleine und große Wagen aus zahlreichen europäischen Ländern die Straßen. Initiativen anderer Firmen und mutiger Konstrukteure, mit neuen Kleinwagen ins Geschäft zu kommen, schlugen nach kurzer Zeit durchweg fehl. Gegen Qualitätsautos wie VW, Austin A 35 und die große Zahl aus Deutschland importierter Kleinwagen konnten Mobile wie Libelle oder der Felber Autoroller nicht lange bestehen.
Eine wenn auch nur in einigen Teilbereichen eigenständige und relativ erfolgreiche Eigenkonstruktion auf dem Kleinwagensektor erschien erst 1957 in Form des Steyr-Puch 500 (Modell Fiat) mit im Lande entwickeltem Motor und modifizierter Radaufhängung sowie später auch leicht abgewandelter Karosserie. Diese zum Teil auch sportlich sehr erfolgreichen kleinen Wagen brachten es in Österreich zu beachtlicher Popularität, doch wurden Steyr-Puch von Fiat weitreichende Exportbeschränkungen auferlegt, die die Verbreitung dieser gelungenen Fahrzeuge weitgehend auf das Herstellerland beschränkte, wo sie heute schon recht selten geworden sind. Die beiden anderen Kleinwagenversuche der frühen fünfziger Jahre gerieten fast völlig in Vergessenheit, obwohl gerade Felber Autoroller einem breiten Publikum bekannt waren und es sogar einen Club der Freunde dieses ungewöhnlichen Kleinautos gegeben hatte.

## FELBER

Wie so mancher in jenen schweren Zeiten, hatte sich auch Ernst Marold während seiner zweijährigen Kriegsgefangenschaft überlegt, wie er nach der Freilassung wohl zu einem fahrbaren Untersatz kommen könnte. Als der autobegeisterte junge Mann mit einundzwanzig Jahren nach Hause zurückkehrte, waren die Pläne zu einem dreirädrigen Eigenbau-Mobil schon weit in seinem Kopf gediehen. In der väterlichen Autoreparaturwerkstatt in Wilfleinsdorf bei Bruck an der Leitha waren zudem die Grundvoraussetzungen für ein solch kühnes Vorhaben gegeben. Was die Beschaffung des Baumaterials betraf, so mußte Marold wie auch andere damals auf Schrott- und Gebrauchtteile zurückgreifen.
Nach nur sieben Monaten konnte Marold dann sein erstes Mobil ausprobieren, ein offenes Dreirad mit gelenkten Vorderrädern und einzelnem Hinterrad, das über eine Kardanwelle von einem 300-ccm-Stock-Motor angetrieben wurde. Erste Fahrversuche zeigten die Brauchbarkeit einer solchen Bauart, doch der emsige Konstrukteur hatte bereits ein verbessertes Modell vor Augen. Zusammen mit seinem inzwischen ebenfalls vom Dreirad-Bazillus befallenen Bruder Otto wurde erneut nach Einbauteilen gesucht; jetzt verwendete man einen ILO-Stationärmotor mit Wasserkühlung als Antrieb, während für den Bau der Rahmenteile die Rohre von alten Panzerfäusten zu zivilem Einsatz kamen.
Zur Jahreswende 1950/51 war das neue Dreirad »Murli« getauft, fertig. Ein Zentralrohr mit rechteckigem Querschnitt bildete das Rückgrat, und alle Räder waren an Schwingarmen und Blattfedern einzeln aufgehängt. Eine Dreigangschaltung (ohne Rückwärtsgang) vom Motorrad brachte die Kraft über eine Kette an das Hinterrad. Die Karosserie wies keine Türen auf und war aus 2,5 mm starkem Alublech gebogen; zwei Personen konnten nebeneinander sitzen.
Über 90 km/h erreichten die Brüder Marold mit diesem Dreirad. Bald war das kleine Mobil mit den großen Autorädern in der ganzen Gegend bekannt, denn auf Hunderten von Testfahrten sammelten Ernst und Otto Marold Erfahrungen zur ständigen Verbesserung ihrer Konstruktion. Selbst eine 600 km weite Fahrt über Graz, Leoben, Steyr und Wien bewältigte Murli klaglos, und sogar Anfahrversuche auf Bergstrecken mit 23% Steigung wurden gemeistert, ohne daß das Mobil Schaden genommen hätte. Allein ein Wetterschutz war sehr vermißt worden, und so stattete man das Fahrzeug nach der Rückkehr mit Türen und Verdeck aus.
Ende 1951 nahmen die Marolds den Chef der bekannten Seitenwagen- und Kleinstanhängerfirma Felber in Wien zu einer Probefahrt mit. Felber war sehr beeindruckt von dem Dreirad und den Fähigkeiten seines Konstrukteurs – er bot Ernst Marold an, in Zukunft in seiner Firma zu arbeiten und nebenher auf Kosten von Felber das Dreirad zur Serienreife weiterzuentwickeln. Marold hatte bereits Zeichnungen für ein neues Dreirad in der Tasche und willigte ein.
Für dieses neue Modell wurde ein besonders leichtes, ringförmiges Chassis aus Normrohren gebaut; auch die Schwingarmkonstruktion der Hinterradaufhängung und die ungewöhnliche Führung der Vorderräder bestand ausschließlich aus Stahlrohr. Dieses Chassis, mit

*Felber-Mobile in voller Aktion. Die Aufnahme oben links erweckt den Anschein, als sei ganz Wien mit diesen Fahrzeugen motorisiert gewesen! Einen äußerst stabilen Eindruck machte das solide Rohrrahmen-Chassis. Rechts oben: Ein Felber Prototyp.*

Rollerrädern und einem Einzylinder-DKW-Motorradmotor von 350 ccm Hubraum ausgestattet, diente – zunächst noch ohne Aufbau – der Erprobung. Die später angefertigte Karosserie aus Stahlblech überraschte durch eine ungewöhnliche Sitzanordnung: Rechts hinter dem Fahrer, der auf einem verhältnismäßig schmalen Sitz Platz nahm, befand sich ein bequemer Sessel mit breiter Rückenlehne für den Passagier, der auf der rechten Fahrzeugseite über die einzige Tür einsteigen konnte. Der Beifahrer erfreute sich eines luxuriösen Raumangebots, und hinter dem Fahrer blieb noch Platz für einen kleinen Kindersitz oder Gepäck, das sonst unter der Fronthaube mit Cyklopenscheinwerfer untergebracht werden konnte. Die geteilte Frontscheibe war am unteren Rand der Fahrerseite für die Antriebswelle des einzelnen Scheibenwischers durchbohrt, und ein Stoffverdeck mit Seitenteilen bot kompletten Wetterschutz. Die besondere Rahmenkonstruktion ergab einen tiefen Schwerpunkt, was zusammen mit der breiten Vorderachse zu einem für Dreiradfahrzeuge ungewöhnlich stabilen Kurvenverhalten führte, zumal sich die Vorderräder beim Lenken auch noch in die Kurve neigten.

Dieser Typ lief an die 100 km/h und erstaunte bei Testfahrten durch seine gute Straßenlage. Ging man allerdings zu schnell in die Kurve, so drehte sich das Mobil im Extremfall zwar wie ein Kreisel um die eigene Achse, zum Kippen war es aber nicht zu bringen.

Doch bis zur Serienfabrikation änderte sich noch manches am »Autoroller«, wie er künftig heißen sollte. Einen Motorenlieferanten fand man schließlich in den Rotax-Werken in Wels, deren 350-ccm-Zweitakt-Twin, ursprünglich ein Stationäraggregat, auf die Erfordernisse im Autoroller umgebaut wurde. Auch ein Vierganggetriebe – nun endlich mit Rückwärtsgang – nahm allmählich Gestalt an. Alle anderen Teile des Autorollers entstanden bei der Firma Felber, bis hin zu den Stoßdämpfern. Am Ende sollte auch die Karosserie ein noch autoähnlicheres Gesicht bekommen: Man ersetzte die runde Front des Vormodells durch eine eckigere Ausführung mit zwei normalen Scheinwerfern in angedeuteten Kotflügeln. Nächster Schritt war der

*Der Konstrukteur und seine Braut im Felber.*

Anbau eines maskenähnlichen Scheibenrahmens mit eingebauten Dreiecksfenstern über Eck; die geteilte Frontscheibe war nun deutlich kleiner. Um schließlich noch von dem »flatterhaften« Stoffverdeck wegzukommen, baute man ein festes Haubenmittelteil mit integrierten Seitenfenstern und Schiebedach, das an zwei Stellen seitlich hinter dem Innenraum drehbar befestigt war. Zum Einsteigen wurde es nach hinten geklappt, und bei Regen konnte als hinterer Abschluß noch ein Notverdeck hochgezogen werden.
Ab Mitte 1952 ging der Felber Autoroller, den Ernst Marold nun bis zur Serienreife entwickelt hatte, in Produktion. Die ersten etwa hundert Wagen, die die neu angemietete Werkshalle in Wiens 18. Bezirk verließen, hatten noch freistehende, mitgelenkte Kotflügel, einen Rückwärtsgang besaßen dagegen alle Serienwagen. Als der erste Autoroller auf der Wiener Messe gezeigt wurde, gingen viele Bestellungen ein – der Bedarf an billigen Fahrzeugen mit Wetterschutz war enorm. Gelobt wurde von allen die robuste Bauart und gute Verarbeitung des Autorollers. Die Auslegung des Getriebes war so gewählt, daß mehr auf gute Bergtüchtigkeit als auf hohe Geschwindigkeit Wert gelegt wurde. Der Schalthebel befand sich an der linken Bordwand, die vier Vorwärtsgänge legte man durch Vordrücken des Hebels ein, den Rückwärtsgang durch Zurückziehen. Ein gelbes Lämpchen am Armaturenbrett zeigte an, wenn der Leerlauf eingeschaltet war. Die Bremsen wirkten auf alle drei Räder.
Kurz nach Serienbeginn stellte man im Werk einen Fehler an der Rahmenkonstruktion fest, doch bevor es zu Brüchen kam, wurden die Kundenfahrzeuge während des Services nachgebessert. So erfuhr niemand von dieser Panne.
Bald etablierte sich sogar ein Club der Felber-Autoroller-Fahrer in Wien, und es wurden zahlreiche Ausfahrten und dergleichen veranstaltet. Mancher Wagen gewann Medaillen bei Berg- und Zuverlässigkeitsfahrten.
Als sich im Laufe des Jahres 1954 die österreichischen Grenzen für Importwagen öffneten, kam eine Fülle meist billigerer Konkurrenzfabrikate auf den Markt; das Interesse am Felber nahm merklich ab. In der Folge wurde die Fabrikation dieses Dreirades, bei der bis zu achtzig Leute beschäftigt waren, gegen Ende 1954 nach Fertigstellung von etwa 400 Exemplaren eingestellt. Ernst Marold, unermüdlicher Konstrukteur und Verbesserer seines Dreirades, der es auch nicht gescheut hatte, die nackten Chassis mitten im Winter über die Erprobungsstrecken zu hetzen, blieb der Firma treu. Aber auch das Seitenwagengeschäft verebbte, man mußte sich bei Felber nach neuen Aufgaben umsehen. So erwarb man später die Rechte zum Vertrieb und Service der BMW Isetta und der Heinkel Kabine in Österreich, die Felber später noch eine Weile aus irischer Fertigung importierte.
Dann spezialisierte man sich auf Einrichtungen für Großküchen und -wäschereien. 1970 wurde Herr Marold Drittelgesellschafter bei Felber, und war ab 1980 schließlich Alleininhaber der Firma. Nach der Übernahme durch Elektrolux schied Ernst Marold aus dem Unternehmen aus.
Soweit bekannt, existieren nur noch zwei Felber-Autoroller.

# LIBELLE

Der österreichische Dreirad-Kleinwagen Libelle stellte den mutigen Versuch dar, ein preiswertes und einfaches Massenverkehrsmittel auf den Markt zu bringen, ohne dabei Rücksicht auf das ästhetische Erscheinungsbild eines solchen Mobils zu nehmen. Ähnlich wie beim französischen Citroën 2 CV ging es dem Konstrukteur dabei vor allem um eine möglichst billige Herstellung seines Wagens, um den Preis in der Höhe eines mittleren Motorrades mit Beiwagen ansiedeln zu können. So waren auch die Motorradfahrer in erster Linie die Zielgruppe für dieses Dreirad, das immerhin den Vorteil eines kompletten Wetterschutzes bieten konnte, wenn auch seine Fahrleistungen nicht mit denen eines leichten Motorrades vergleichbar waren. Aber: zu zweit saß es sich bequem nebeneinander.
Von all diesen Überlegungen ging Ingenieur W. Edelböck, ein erfindungsreicher Techniker, aus, als 1951/52 seine Pläne zu einem dreirädrigen Mobil Gestalt annahmen, an denen Edelböck seit der frühen Nachkriegszeit gearbeitet hatte. Der Bau eines Vierradwagens war aus Gründen der hohen Herstellungskosten von vornherein ausgeschlossen, und so konzentrierte er sich auf eine möglichst einfache Dreiradkonstruktion. Edelböck konzipierte ein Fahrzeug mit zwei Rädern vorn und hinterem Einzelrad, wobei er jedoch darauf achtete, Insassen und Antrieb streng voneinander zu trennen und nicht wie sonst üblich in einem gemeinsamen »Haus« unterzubringen. Folglich sollte die Libelle nicht über eine Karosserie im herkömmlichen Sinn verfügen: Ein stabiler, das Passagierabteil umgebender Rahmen stellte die Insassen-»Zelle« dar. Er war dreieckig ausgelegt und bestand aus verwindungsfreien Preßstahlrohren. Er bildete den tragenden Teil der vorderen Fahrzeughälfte, während der Antriebsblock an einem auslegerähnlichen Rohrgerüst untergebracht war, das betont in die Länge gezogen war, um einen möglichst langen Radstand zu ermöglichen. Aus Stahlrohr wurden auch die Formen des vorderen Passagierabteils geschaffen, wobei selbst die Rohre der Sitzbank in diese käfigartige Bauweise integriert waren. Auffallend war auch ein kräftiges, lackiertes Rohr, das zwischen den Vorderrädern hervortrat und sich durch den Innenraum nach unten an die Verbindungsstelle zwischen Fahrgast- und Antriebsteil anschloß. Dieses Rohr teilte auch die plane, randlose Scheibe in zwei Hälften und diente als Befestigung für das Stoffverdeck. Die beiden Vorderräder mit Drahtspeichenfelgen waren unabhängig am Rahmen befestigt und wurden durch Schraubenfedern gedämpft; gelenkt wurde mit einem richtigen Lenkrad, das die Räder

über Schnecke und geteilte Spurstangen bewegte. Am hintersten Ende des Auslegers waren der Motor und das Hinterrad in einer Schwinggabel federnd aufgehängt, so daß sich beide gegenseitig ausbalancieren und die ungefederten Massen auf ein Minimum reduziert werden konnten. Die Schwinggabel selbst wurde nach oben hin gegen einen kräftigen Rahmenträger mit einer Spiralfeder und Gummipuffer gehalten. Dieser obere, hohle Träger diente gleichzeitig als Tank und faßte zehn Liter Zweitaktgemisch. Ein schmaler, langer Blechdeckel verbarg von den Rücksitzen bis über das Hinterrad die hintere Hälfte der Libelle und konnte nach oben geklappt werden, um an den Antrieb und an ein kleines Gepäckfach heranzukommen. Diese Haube war das einzige rund geformte Blechteil am Wagen. Um den Passagierraum zu verkleiden, mußten lediglich vier Bleche auf die passende Form zurechtgeschnitten werden, die dann mit der Rohrkonstruktion verschraubt wurden.
Zwei Personen hatten auf der Sitzbank der seitlich und oben offenen Libelle bequem Platz und konnten sich im Bedarfsfall ein Verdeck

Sitzen liegenden Hebel angeworfen, der durch beherztes Anziehen auf den Kickstarter wirkte. Der Schalthebel des Viergang-Ziehkeilgetriebes war wie eine Lenkradschaltung angeordnet: Durch Ziehen nach hinten wurde der erste Gang eingelegt, der zweite bis vierte durch Drücken nach vorne. Einen Rückwärtsgang gab es nicht. Die Luftzufuhr für den gebläselosen Motor geschah durch zwei riesige Luftschächte zu beiden Seiten der Heckverkleidung; nach hinten strömte die heiße Luft durch vier »Bullaugen« ins Freie. Auch mit zwei Erwachsenen besetzt, hatte es der Motor bei der Leichtigkeit der Libelle

*Rechts: Die Libelle auf einer Ausstellung. Der stählerne Bügel gibt dem kleinen Fahrzeug einen eigenwilligen Charakter.*

*Unten: Bilder, die anläßlich der Pressevorstellung der Libelle im Jahre 1952 gemacht wurden.*

über die Köpfe ziehen, die mit Flügelmuttern an der Windschutzscheibe gehalten wurde und bei schönem Wetter, von Riemen gehalten und zusammengerollt, hinter der Sitzlehne hing. Auch gab es Seitenteile, die sich mit Hilfe von Reißverschlüssen einhängen ließen. Natürlich war eine solchermaßen zugeknöpfte Libelle kein absolut dichtes Auto im Regen, auch war die Sicht mangels Scheibenwischer nicht optimal, doch sollte dies ja auch nur einen Notbehelf darstellen. Einige Exemplare erhielten versuchsweise eine geschlossene Karosserie, doch erwies sich diese Bauart als zu teuer. Von der Seite glich die skurril geformte Libelle tatsächlich jenem langgestreckten, schlanken Insekt mit dem großen Kopf. Den vorderen Abschluß bildete eine etwa dreieckige, massive, verchromte Stoßstange. Edelböck hatte sich ausgedacht, daß sich die Libelle auf die Nase kippen lassen sollte, um beim Nichtgebrauch wenig Platz zu beanspruchen. Bei einem Gewicht von nur etwa 170 kg kein völlig abwegiger Plan. Der Motor, ein 200-ccm-Einzylinder Zweitakter der Rotax-Werke in Wels, der bei 5200 Touren etwa 8,5 PS abgab, wurde mit einem vorn zwischen den

nicht allzu schwer und konnte selbst 12prozentige Steigungen noch im dritten Gang nehmen. Eine Spitzengeschwindigkeit bis 80 km/h waren zu realisieren; als Dauergeschwindigkeit wurden 65 km/h empfohlen. Bei den hydraulischen Bremsen an allen drei Rädern war nicht gespart worden; die Feststellbremse wirkte mittels Seilzug auf das Hinterrad.
Trotz seines sehr ungewöhnlichen Aussehens war der Libelle Allwetter-Autoroller, wie er in der Werbung genannt wurde, kein Spielzeug, sondern durchaus robust und im Rahmen seiner Möglichkeiten ein brauchbares Kleinfahrzeug. Selbst Gewerbetreibende mit kleinen Transportaufgaben sollten mit der Libelle bedient werden können, denn statt der normalen Heckverkleidung konnte man auch eine 107 × 125 cm große Ladefläche anbringen, die das Dreirad in den »Libelle-Lastenroller« verwandelte, der 150 Kilo Ladung befördern durfte, wobei der Antrieb dann allerdings unverkleidet blieb.
Nach einer gewissen Erprobungszeit wurde in Innsbruck eine Libelle Fahrzeugbau- und Vertriebsgesellschaft gegründet, und es begann all-

mählich eine handwerkliche Fertigung in kleinstem Rahmen. Zu diesem Zeitpunkt hatte Edelböck auch eine Lizenz an die Mailänder Firma Fratelli Boselli Mondial vergeben, die das ungewöhnliche Dreirad unter dem Namen Libellula mit einem 160-ccm-Mondial-Motor herstellen wollte. Doch noch im selben Jahr 1953 gab man dieses Vorhaben wieder auf. Auch in Österreich waren nur sehr wenige Käufer bereit, sich mit diesem, jedem Anspruch an Repräsentation spottenden Mobil auf die Straße zu wagen, und so wurde auch in Innsbruck die Herstellung der Libelle schon nach wenigen Exemplaren eingestellt. Konstrukteur Edelböck, wenig später nach Deutschland übersiedelt, versuchte hier nochmals eine Fertigung aufzuziehen, doch blieben diese Bemühungen bereits im Planungsstadium stecken.

## STEYR-PUCH

Die bekannte österreichische Automobilfirma Steyr, aus einer Waffenfabrik hervorgegangen, hatte 1935 mit Austro-Daimler und dem Motorrad- und Autohersteller Puch fusioniert und war durch leistungsfähige und technisch interessante Sportwagen und Limousinen bekannt geworden. 1936 war ein besonders gut gelungener Kleinwagen, der Typ 50 mit Vierzylinder-Boxermotor, in Serie gegangen, dessen stromlinienförmige Karosserie eine gewisse Ähnlichkeit mit dem späteren KdF-Wagen besaß.
Nach 1945 war man bei der Steyr-Daimler-Puch AG zunächst nicht mehr in der Lage, ein eigenes Automodell zu entwickeln. So kam es Ende der vierziger Jahre zu einem Vertrag mit Fiat, wonach die italienischen Wagen in Lizenz gebaut werden durften. Ab 1949 wurden die Limousinen vom Typ 1900 und auch der Topolino als Steyr-Fiat 500 produziert. Während mit Beginn der fünfziger Jahre in Turin an neuen Kleinwagen gearbeitet wurde, versuchte auch eine Gruppe von Ingenieuren unter Leitung von Erich Ledwinka, Sohn des bekannten ehemaligen Tatra-Chefkonstrukteurs Dipl.-Ing. Hans Ledwinka, für Steyr-Puch ein neues, eigenständiges Kleinfahrzeug zu entwerfen.

*Oben: Der Steyr-Puch 500 entsprach in seinem Erscheinungsbild ganz dem Fiat 500 C.*

*Rechts: Steyr-Puch 700 mit 643-ccm-Motor in der Ausführung als Kombiwagen.*

1954 gipfelten die Bemühungen in einem U 1 genannten Prototyp aus der Werkstatt in Graz-Thondorf. Es war dies ein adrett aussehender Vierrad-Kleinstwagen mit festen, aber sehr hoch angesetzten Seitentüren und Stoffverdeck, der im Heck von einem Puch-Zweitakt-Motorradmotor angetrieben wurde. Bald erkannte man, daß das Zweitaktverfahren im Automobilbau nicht die Ideallösung darstellte und konstruierte einen Viertakt-Boxermotor mit Luftkühlung. Bevor dieser neue Motor eingebaut wurde, bekam auch die Karosserie des Prototyps ein neues Aussehen. Die nach hinten öffnenden Türen mit Schlössern vom Topolino hatten beim Typ U 2 normale Dimensionen, und die Fahrgäste saßen nun unter einer vollverglasten Kuppel, wobei eine Scheibe vom oberen Rand des Frontrahmens bis zur hinteren Motorhaube reichte. Bei Testfahrten in den Bergen erwies sich der neue Motor als erfreulich leistungsfähig, und nach weiteren Verfeinerungen der Karosserie und des Innenraums entwickelte man bis 1956 einen dritten Prototyp U3, einen hübschen 2+2, der dem späteren NSU Prinz ähnelte.
Mittlerweile gehörte auch der Fiat 600 als Steyr-Modell zur Palette, und die Präsentation des noch kleineren Nuova 500 stand bevor. Nach ausführlicher Kostenrechnung und in dem Bestreben, den guten Kontakt zu Fiat nicht durch ein eigenes Konkurrenzmodell zu trüben, nahm man schließlich Abstand von dem Plan, den Steyr Kleinwagen künftig im neuen Grazer Werk in Serie zu bauen.
Also begann ab Herbst 1957 die Montage des Fiat 500 als Steyr-Puch 500 mit etwa 60 Wagen pro Tag. Die Österreicher hatten es durchgesetzt, diesem genialen Kleinwagen ihren persönlichen Stempel aufdrücken zu dürfen: Der Heckantriebsblock war samt Hinterachse ein Werk der Steyr-Puch-Ingenieure, ebenso wie das teilsynchronisierte Getriebe, die Bremsanlage und die Elektrik.
Der für den Prototyp entwickelte Boxermotor leistete im Serienwagen mit originaler Fiat-Karosserie 16 PS aus 493 ccm Hubraum und zeich-

nete sich durch erstaunliche Durchzugskraft aus, die ihn für Bergrennen in der kleinsten Klasse prädestinieren sollte. Die Achsrohre der hinteren Pendelachse waren im Gegensatz zum italienischen Schwestermodell am Getriebegehäuse angelenkt; Gummihohl- und Schraubenfedern übernahmen die Dämpfung.
1959 – schon weit über 12 000 Steyr-Puch 500 mit Rollverdeck bevölkerten inzwischen die Straßen Österreichs – gab es mit den neuen Modellen 500 D und DL weitere Veränderungen, auch an der Karosserie. Um den hinten Sitzenden eine aufrechtere Sitzposition zu erlauben, hatte man das Dach etwas höher und weiter nach hinten gezogen und in Ganzstahlausführung gebaut. Zudem unterschied sich der neue Steyr-Puch durch eine bessere Heizungs- und Belüftungsanlage und anderen Chromschmuck vom Original aus Turin. Im Typ 500 DL, kenntlich an vergrößerten Hecklampen, hatte man den Boxermotor durch Überarbeitung der Einlaßkanäle auf 19, später knapp 20 PS getunt. Der Straßenfloh lief jetzt deutlich über 100 km/h. Für Behörden gab es die Ausführung 500 DH mit dem 23 PS starken Motor des Haflinger (643 ccm), von der etwa 260 Stück entstanden.
Im gleichen Jahr stellte Steyr-Puch den wieselflinken Haflinger-Geländewagen vor, für den der Boxermotor auf 643 ccm vergrößert worden war. Der neue Motor setzte auch den Ende 1960 vorgestellten, vom beliebten Fiat 500 Giardiniera abgeleiteten Steyr-Puch 700 C in Bewegung. In diesem Kombi leistete der Motor 25 PS bei 4 800 U/min und verhalf dem Minitransporter zu erstaunlichem Temperament. Dabei hatten es die Österreicher insofern leichter gehabt, als der Boxer wesentlich einfacher unter der Ladefläche des Kombis unterzubringen war als der Zweizylinder von Fiat. Mit reichhaltiger Ausstattung und großem Sonnendach erfreute sich dieses Modell großer Beliebtheit.
1962 löste das Modell 650 T die 500er ab, mit einer Motorleistung von 20 PS und verbessertem Komfort. Inzwischen wurden die kleinen Steyr-Puch im Renn- und Rallyesport immer erfolgreicher; 1964 gab es dann auch eine heißere Serienversion »TR« mit 27 PS, die durch Doppelvergaser und höhere Verdichtung aus der 660 ccm Maschine herausgeholt worden waren. Und wer speziell an den Wettbewerbseinsatz seines Kleinwagens dachte, konnte 1965/66 den Typ TR II mit 40 PS bekommen.

*Rasanter Sportwagen: Imp 700 GT (Intermeccanica Puch). Das bei Corna in Turin karossierte Auto wurde 1961 in Wien präsentiert.*

In dieses Jahr fiel auch das kurze Auftauchen des auf der Basis des 650 T gebauten Coupés Adria mit Vignale-Karosserie, entsprechend dem Riviera von NSU-Fiat, doch konnte sich dieses zwar recht hübsche, aber zu schwache und teure Auto nicht durchsetzen. Es blieb bei 15 Exemplaren.
Auf noch weniger Exemplare brachte es ein anderer kleiner Sportwagen auf Steyr-Puch-Basis, der in Italien gebaut wurde. 1959 war es zu einer geschäftlichen Verbindung zwischen Johann Puch, einem entfernten Verwandten des Firmengründers dieser alten Marke, und der Firma Intermeccanica in Turin gekommen, mit dem Ziel, modifizierte Steyr-Puch-Fahrgestelle mit einer bei Corna in Turin gebauten, zweiplätzigen Coupékarosserie zu einem Sportwagen zu vereinen. 1961 wurde das erste Exemplar auf der Wiener Frühjahrsmesse gezeigt. Es erinnerte an die Abarth 500 Coupés, die Form war äußerst gelungen. Unter dem Markennamen »Imp« (InterMeccanica Puch) sollte der 40 PS starke Renner, der schon mit Seriengetriebe und -motor fast 150 km/h lief, als Imp 700 GT in Österreich verkauft werden. Doch ein Preis von umgerechnet etwa 10 000 Mark und eine allzu aufwendige Konstruktion, handgefertigte Aluminiumkarosserie, komplettiert mit zugekauften Serienteilen, ließen es innerhalb von rund zwei Jahren bei elf Stück dieses sehr reizvollen Modells bewenden, von denen heute angeblich noch neun existieren.
Bei den Serien-Steyr-Puch gab es im Frühjahr 1966 weitgehende kosmetische Veränderungen, außer beim Kombimodell. Alle Wagen hatten jetzt vollsynchronisierte Getriebe, und es gab nur noch die Karosserievariante mit kleinem Faltdach. Die Türen waren jetzt wie allgemein üblich vorne angeschlagen, eine vergrößerte Windschutzscheibe verbesserte die Sicht. Fiat hatte mittlerweile die Erlaubnis erteilt, daß Steyr-Puch-Wagen auch in eine Reihe von anderern Ländern exportiert werden durften, denn um Konkurrenz von den eigenen »Verwandten« zu vermeiden, war früher vereinbart worden, daß der Steyr-Puch nur in Österreich, Deutschland und einigen osteuropäischen Ländern verkauft werden sollte. Die Österreicher durften jetzt Länder wie Portugal und Israel beliefern und feierten diese Neuerung durch das Modell 650 TR Europa mit zunächst 30 PS aus einer höher verdichteten 660-ccm-Maschine. Wenig später gab es auch TR-II-Varianten mit 30 und sogar 40 PS, gefürchtet bei der rennsportlichen Konkurrenz. Ende 1968 machte Fiat Steyr-Puch indessen einen Strich durch die Rechnung: Ab 1969 durften nur noch von Fiat karossierte 500er, bis auf den Antrieb in Italien fertig montiert, als Steyr-Puch 500 verkauft werden. Allein die Motoren mit 16 bzw. 20 PS (500 S) unterschieden die Wagen jetzt noch von ihren italienischen Schwestermodellen. 1973 endete der Bau des Steyr-Puch 500 mit der Einführung des neuen Modells 126. Dieses Auto wurde komplett von Fiat geliefert und unterschied sich nicht vom italienischen Original.
Ein wachsender Liebhaberkreis kümmert sich heute um die vor allem in Österreich noch vorhandenen Steyr-Puch (Modell Fiat) Kleinwagen, die aufgrund ihrer kräftigen Motorisierung und ausgereiften Karosserie zu den reizvollsten Kleinwagen zählen, mit denen es auch heute noch Spaß macht, am Verkehr teilzunehmen.

AUS

# Australien

Auf dem fünften Kontinent lieferten sich schon in den zwanziger Jahren zahlreiche britische und amerikanische Importfirmen einen erbitterten Konkurrenzkampf. Nach dem Zweiten Weltkrieg – es waren seither nur wenige Versuche unternommen worden, australische Autofirmen zu gründen – stritten sich dann in der Hauptsache nur noch GM (Holden) und Ford um die Gunst der Autofahrer in diesem Land mit seinen endlosen Staub- und Wüstenstraßen. Die Macht der US-Firmen, die mittlerweile schon längst eigene Produktionsstätten in Australien unterhielten, war so gefestigt, daß nach 1945 eine nennenswerte heimische Automarke nicht entstehen konnte.
Inzwischen hatten zudem europäische und später japanische Firmen wie Renault, VW, Austin und Toyota produzierende Tochterfirmen gegründet, die den Markt auch mit kleineren und preiswerteren Modellen versorgten. An Kleinwagen im Sinne europäischer Mobile für Umsteiger vom Motorrad bestand in Australien so gut wie kein Bedarf. Trotzdem wurde zuerst mit dem Dart als Lizenzmodell des bayerischen Goggomobils und dann mit einer rein australischen Konstruktion, dem Zeta, der Versuch unternommen, solche Fahrzeuge dem eher verwöhnten australischen Publikum schmackhaft zu machen. Freilich endeten diese beiden und wenige andere Versuche solcher Art schon nach kurzer Zeit mit der Aufgabe des Herstellers. Australien war und ist ein Land, in dem große, bequeme und geräumige Automobile amerikanischer Prägung bevorzugt werden...

## BUCKLE

1959 brachte die Firma Buckle Motors Ltd. in Sidney, die bisher britische Ford Zephyr mit Spezialkarossen verschönt hatte, einen Kleinstsportwagen mit dem Namen Dart (Pfeil) heraus. Er war in Zusammenarbeit mit der bayerischen Firma Glas in Dingolfing entstanden, die komplette Fahrgestelle nach Australien lieferte. Es handelte sich hierbei um die 300-ccm-Version des beliebten und bewährten Goggomobils, und die Australier veränderten nicht viel am Originalchassis. Lediglich der Sturz der Hinterräder wurde zur besseren Straßenlage verändert, der Tank nach vorne und der Schaltknüppel nach hinten sowie das Lenkrad nach rechts versetzt. Auf das Chassis wurde eine offene, aus einem Stück bestehende Kunststoffkarosserie aufgesetzt, und fertig war der kleine Sportwagen. Dieser Dart war so niedrig, daß man auf Türen verzichtete; für den Notfall gab es ein leichtes Faltverdeck. Die Form des Dart war wesentlich schnittiger, als die Fahrleistungen halten konnten: Die Kraft des Zweitakt-Twins reichte nur für knappe 100 km/h. Für 685 australische Pfund sollten Käufer auf dem fünften Kontinent den Dart bestellen können, und selbst für den Export in die USA wurden Kontakte geknüpft. Doch es kam schließlich nur zu einer kurzen, handwerklichen Produktion von wenigen Exemplaren.

*Nur wenige Details erinnerten beim australischen Buckle an das Goggomobil aus Niederbayern.*

Zwar existierten Pläne, dieses Gefährt jährlich in etwa 70 Stück zu fabrizieren, doch kam es höchstwahrscheinlich nur zu einer Handvoll Exemplaren. Eines hat bis heute überlebt und wartet im National Motor Museum in Birdwood, Südaustralien, auf seine Restaurierung.

## EDITH

Das 1955 konstruierte Edith-Dreirad sollte Platz für zwei Erwachsene und ein Kind bieten und hatte das Einzelrad im Heck. Den Antrieb besorgte ein 197-ccm-Villiers-Einzylinder Zweitakter mittels Kette.

## HARTNETT

Der beachtenswerte Kleinwagenprototyp, den der Franzose J. A. Grégoire während des Krieges zusammen mit Aluminium Française entwickelt hatte, sollte seine Auferstehung am anderen Ende der

Weltkugel erleben dürfen, nachdem eine britische Firma mit der Lizenz gescheitert war und Panhard sich lediglich bei der Form des Dyna von Grégoires Wagen hatte beeinflussen lassen.
1947 hatte die Firma Hartnett Motor Co. Ltd. in Melbourne die Lizenzrechte erworben und entwickelte innerhalb von drei Jahren ihren Kleinwagen. Der Boxermotor mit zwei Zylindern und 594 ccm Hubraum leistete nun 19 PS bei 4000 U/min. Das Chassis hatte man weitgehend aus Frankreich übernommen, trotz seiner aufwendigen Alukonstruktion. Bei der Blechkarosserie ging Hartnett hingegen eigene Wege. Doch als 1951 die ersten Wagen ausgestellt wurden, hielt sich die Begeisterung in Grenzen. Das Pacific Tourer genannte, knapp viersitzige Cabriolet erinnerte in seiner Unbeholfenheit der Linienführung an frühe japanische Kreationen; der massige Karosseriekörper paßte nicht recht zum kurzen Radstand des eher zierlichen Grégoire-Wagens. Es gab keinen Kofferraumdeckel und keine festen Seitenscheiben, nur Steckscheiben mit schmalen Sehschlitzen. Mit 549 Pfund war der Hartnett Wagen zwar der billigste und sparsamste Personenwagen auf dem australischen Markt, doch nur wenige Käufer konnten sich für ihn erwärmen. Eine geplante Limousine mit dem Namen Tasman kam nicht mehr in Produktion.
Ende der fünfziger Jahre machte Hartnett noch einen Kleinwagen-Versuch mit der Lizenz-Montage des Bremer Lloyd 600, doch gelang auch hier kein Durchbruch mehr.

*Der Wiles-Thomson mit Cabrioverdeck und etwas eigenwilliger Heckpartie. Fünf Exemplare gab es unter dieser Markenbezeichnung.*

# TILLI CAPTON

1957 stellte die Firma Tilli Motor Company in Melbourne ihren Beitrag zur Kleinmotorisierung Australiens vor, das Capton Dreirad. Das zweisitzige, stromlinienförmig modellierte Gefährt mit hinterem Einzelrad hatte eine leichte Karosserie aus Fiberglas. Im Heck trieb ein Zweizylinder-Zweitaktmotor von Anzani das Hinterrad an. Doch auch dieses australische Kleinmobil schaffte es nicht bis zur Serienfabrikation; nach 1957 war von dem Projekt nichts mehr zu hören.

# WILES-THOMSON

Schon vor dem Ersten Weltkrieg hatte der Australier Jack Thomson eine Art Volkswagen konstruiert. Ein Prototyp wurde fertiggestellt und von einem DKW-Zweitakter angetrieben.
Ende der vierziger Jahre kam es dann zu vier weiteren Exemplaren dieses People's Car: offene, recht robust wirkende Vierradwagen mit Segeltuchverdeck und ohne Seitenfenster. Inzwischen hatte der Motorenkonstrukteur Harold Chisby aus Adelaide einen eigenen Zweitakter für diese Autos konstruiert, freilich in Anlehnung an die bewährten DKW-Aggregate. Das Getriebe mit drei Gängen hatte man sich von einem alten Ford geborgt. Jeder der vier Vorserienwagen unterschied sich ein wenig vom anderen, und ständig versuchte man das Zweitakt-Aggregat zu verbessern. Ohne kräftige finanzielle Unterstützung der Gebrüder Wiles hätte es nicht einmal diese vier Wagen gegeben, die auf mancher Ausstellung in Australien gezeigt wurden.
1952 starb ihr Konstrukteur Jack Thomson, wonach dessen Schwiegersohn noch ein fünftes Auto zusammenbaute. Dabei blieb es. Die Chancenlosigkeit eines solchen Projekts wurde schließlich doch erkannt. Das letzte Wiles-Thomson Modell hat sogar bis heute überlebt, doch kam inzwischen ein Vierzylinder-Ford-Motor unter seine Haube.

# J. B. MINOR

Bei der Firma Jeffrey Brothers in Brisbane entstand 1949 ein Dreirad mit einem geschlossenen Blechaufbau, aber ohne Türen. Auch gab es keinerlei Radausschnitte, was die Ähnlichkeit zum Autoscooter verstärkte. Angetrieben wurde der Minor jedoch nicht im Heck, wo das Einzelrad der Steuerung diente (!), sondern über die Vorderräder. Hier war ein Zweizylinder-Zweitakter unbekannter Herkunft eingebaut. Die drei Räder sollen unabhängig gefedert gewesen sein. Weitere Daten zu diesem merkwürdigen Auto sind nicht mehr vorhanden. Das von einem Mercedes-ähnlichen, funktionslosen Grill gezierte Modell blieb im Prototypenstadium stecken.

# ZETA

Die Firma Lightburn & Co. Ltd. in Camden nahe der südaustralischen Stadt Adelaide befaßte sich neben der Montage und dem Vertrieb von Alfa-Romeo-Wagen mit der Herstellung von so unterschiedlichen Produkten wie Zementmischern, Waschmaschinen und Glasfiberbooten. Seit den frühen fünfziger Jahren beobachtete man dort mit Interesse den Kleinwagenboom in Europa und arbeitete nebenher an einem ähnlichen Fahrzeug. Es sollte jedoch noch bis 1963 dauern, ehe der Wagen fertig wurde. Nach ausgiebigen Erprobungen unter den harten Bedingungen des australischen Klimas und gut überstandenen Zuverlässigkeitsfahrten der Prototypen lief der Serienbau

*Die erste Ausführung des Lightburn-Zeta mit einer Karosserie aus Kunststoff.*

*Rechts: Die letzte Version des Zeta Zweitaktwagens; darunter ein Sports mit Frisky-Karosserie.*

im Frühjahr 1964 an. Der Zeta war ein winziger Kombi geworden, jedoch ohne Heckklappe, dessen Karosserie aus Glasfiberkunststoff bestand, ein Werkstoff, mit dem man im Bootsbau schon Erfahrung hatte und der kostengünstig herzustellen war.

Das Chassis des nur knapp über drei Meter langen Zeta bestand in der Hauptsache aus einer X-förmigen Konstruktion aus U-Profilträgern mit Auslegern. Der Motor war am vorderen Ende installiert und trieb die Vorderräder an. Es war ein Zweizylinder-Zweitaktmotor mit 324 ccm Inhalt und 16,5 PS Leistung, der in Australien von der englischen Villiers-Tochterfirma produziert wurde und auch in zahlreichen britischen Kleinwagen zum Einsatz kam. Die Räder des Zeta waren einzeln aufgehängt und die Federung auf große Belastung eingestellt. Die Karosserie war recht wuchtig geraten, entbehrte aber nicht einer gewissen Pfiffigkeit mit angedeuteten Flossen über den Schiebefenstern an der Seite. Er wies über die Scheinwerfer gezogene Kotflügel und eine aggressive Lufthutze auf der Motorhaube auf.

Die Türen ließen sich um 180 Grad öffnen, und die Sitze waren leicht auszubauen, um das Vehikel schnell in einen Kleintransporter verwandeln zu können. Auch eine Pickup-Version wurde bald angeboten. Doch im Grunde war solch ein winziges und langsames Fahrzeug nicht das Richtige für einen Kontinent wie Australien mit seinen endlosen Highways und einer Bevölkerung, die sich beim Autokauf meist amerikanisch orientierte und hohe Ansprüche stellte. Mit seinem Vierganggetriebe schaffte der Zeta nicht einmal ganz die 100-km/h-Marke und scheute vor jedem Berg. Die Produktion kam nur mühsam in Gang.

Da half es auch kaum, daß ein Zeta mit mächtigem Bullengitter bei der mörderischen »Ampol« Wettfahrt über 7000 Meilen in vierzehn Tagen über zum Teil Sand- und Geröllpisten gut mithalten konnte und sogar manchen viel stärkeren Mitbewerber auf die Plätze verwies. Der Zeta wurde weiter eher als Kuriosität denn ernstzunehmendes Auto betrachtet…

Im Sommer versuchte Lightburn dann mit einem winzigen, verdeck- und türlosen Sportwägelchen für Aufsehen zu sorgen. Dabei hatte man recht exotische Zutaten gewählt, denn die Karosserie war die von Michelotti entworfene Hülle des ehemaligen »Frisky Sports«, dessen Hersteller mittlerweile aufgegeben hatten. Der Motor stammte vom Messerschmitt Tiger. Mit knapp 20 PS lief das ultraleichte Mobil zwar über 120 km/h, doch konnten sich nur wenige Australier entschließen, den Zeta Sports als Spaßauto zu kaufen.

1965 versuchte man ein weiteres Mal, Interesse für den Zeta zu erregen. Der australische Mini bekam eine neue, wesentlich schlichtere, aber dadurch gefälligere Karosserie angepaßt, natürlich wieder aus Kunststoff, nur die Türen waren wie schon beim Vormodell aus Sicherheitsgründen aus Blech gepreßt. Mit beachtlichem Werbeaufwand sollte der Zeta jetzt als Zweitwagen schmackhaft gemacht werden, doch nur noch wenige Kunden zeigten Interesse. 1966, nach insgesamt nur knapp über 400 verkauften Wagen, strich Lightburn das glücklose Mobil aus der Fabrikation. Gewinn hatte man mit dem Auto mit Sicherheit nicht einfahren können.

Der Zeta war aber der einzige Kleinwagen australischer Konstruktion, der es überhaupt zu einer, wenn auch sehr bescheidenen, Serienproduktion gebracht hatte. In Europa und zu einem früheren Zeitpunkt wäre solch einem Mobil sicher ein weit größerer Erfolg beschieden gewesen.

B

# Belgien

Vor dem Ersten Weltkrieg hatte das schon früh industriell hochentwickelte Königreich über eine respektable und international angesehene Automobilfabrikation verfügt. Namen wie Minerva oder Imperia haben auch heute noch unter Kennern einen bedeutsamen Namen. Doch von den weitreichenden Zerstörungen und Demontagen im Verlauf der Jahre 1914–1918 sollte sich das Land nicht so schnell erholen können. Von der einstigen Vielfalt an Fabrikaten war nicht einmal mehr ein halbes Dutzend übriggeblieben, dagegen begann damals schon durch die Firma Citroën die Errichtung von Produktionsstätten ausländischer Hersteller in Belgien. F.N. mußte 1935 die Autoproduktion einstellen, und Minerva kam 1938 zu Imperia, wo man die Produktion bereits auf eine Lizenz des deutschen Adler Trumpf Junior umgestellt hatte.
Nach der Befreiung des im Zweiten Weltkrieg von den Deutschen besetzten Landes durch die Alliierten im September 1944 erholte sich Belgien wirtschaftlich rasch, doch wurden die Schwerpunkte auf die Metallverarbeitung und den Bergbau gelegt; eine produzierende Autofirma belgischen Ursprungs bestand nur noch bis zum Ende der vierziger Jahre durch Imperia, wo noch einige hundert Wagen gefertigt wurden. Dann wurde auch Imperia zu einem Montagewerk, und zwar für englische Standard Mittelklassewagen. Auch was den Boom dieser Zeit an Kleinwagen betrifft, so trug Belgien so gut wie nichts mehr zu diesem Thema bei. Eine Lizenzproduktion des deutschen Kleinschnittger unter der Bezeichnung Kleinstwagen scheiterte an rechtlichen Problemen, und die belgische Neuentwicklung Claeys-Flandria – ein hübscher Wagen, der von einer Motorradfirma vorgestellt worden war – blieb in der Prototypenphase stecken.

## CLAEYS-FLANDRIA

Gleichsam zur Feier ihres 60jährigen Jubiläums hatte die belgische Zweiradfirma Claeys-Flandria als eine der wenigen Mutigen in einem klassischen Autoimportland wie Belgien ein Kleinauto entwickelt, das auf dem Brüsseler Salon von 1954 zum ersten Mal in Erscheinung trat. Leider durfte das entfernt einem Lloyd ähnelnde Wägelchen wegen seines Antriebs durch ILO-Motorradmotoren von 250 oder 400 ccm nicht neben den übrigen, meist größeren Automobilen präsentiert werden, sondern bekam einen Stand bei den Zweirädern.
Claeys-Flandria hatte bisher viel Erfolg mit Fahrradhilfsmotoren errungen und war mit einem Vierrad-Kleinwagen gleich mehrere Stufen auf einmal nach oben geklettert. Der Antriebsblock lag bei diesem Modell hinter der Hinterachse, und ein Dreiganggetriebe mit Rückwärtsgang sollte für die passenden Übersetzungen sorgen. Mit der stärkeren Maschine erreichte man angeblich 80 km/h. Als Verbrauchswert wurden durchschnittlich 4,5 Liter/100 km in Aussicht gestellt. Die ansonsten glattflächige und eher sachliche 2+2sitzige, geschlossene Blechkarosserie wirkte in der Heckgegend unvorteilhaft zusammengestaucht; große Fensterflächen mit Schiebefenstern in den Türen, die noch vorne angeschlagen waren, sollten den Innenraum größer wirken lassen. Die Türgriffe waren seltsamerweise so tief angebracht, daß man fast in die Knie gehen mußte, um sie zu fassen. Unter der nicht gerade perfekt eingepaßten Vorderhaube sollte noch Gepäck verstaut werden können, wenn hinten Kinder mitfuhren.
Nach der Brüsseler Show geriet der kleine Claeys-Flandria erwartungsgemäß rasch wieder in Vergessenheit. Gegen mittlerweile starke Anbieter aus dem Ausland wie Lloyd oder Citroën hatte die heimische Kleinfirma keine Chance.

*Claeys-Flandria, wie er 1954 in Brüssel als Prototyp gezeigt wurde.*

## MINERVA

Ebenso wie mancher andere Luxuswagenhersteller vor dem Krieg, so waren in den zwanziger Jahren auch für die alte Firma Minerva schwere Zeiten angebrochen, und man versuchte durch verschiedene Projekte im Militär-, Lastwagen- und Personenwagenbereich wieder Fuß zu fassen.
So probierte man es Anfang der fünfziger Jahre sogar fast unbemerkt mit einem primitiven Dreiradmobil. In einer Ecke des Brüsseler Salons stand ziemlich verschämt der Minerva Tricar, ein winziges, offenes und türloses Minimalfahrzeug, wie man es in ähnlicher Art sonst nur auf Golfplätzen kennt.
Auf einer Sitzbank konnten zwei Personen befördert werden. Das einzelne Hinterrad wurde über Kette von einem etwa 6 PS starken MV-Agusta-Motorrad-Einzylindermotor angetrieben. Als Höchstgeschwindigkeit wurden 60 km/h angegeben. Trommelbremsen an allen Rädern sorgten für adäquate Verzögerung.
Es interessierte sich indessen kaum jemand für das häßliche Mobil mit dem großen Namen und dem markanten Zyklopenscheinwerfer, und so blieb sein Erscheinen nicht mehr als ein flüchtiges Auftauchen, denn schon kurze Zeit später war diese Episode wieder vergessen.

# Brasilien

Unter den Ländern Süd- und Mittelamerikas ist Brasilien heute als größter Staat auch größter Automobilproduzent, wobei zahlreiche amerikanische, europäische und japanische Werke Montagebetriebe unterhalten. Einige Kleinhersteller versuchen, mit aus Fertigbau-Teilen gebauten Modellen Nischen auf dem hart umkämpften Markt zu belegen. Diese Vielfalt herrschte jedoch nicht immer. Vor dem Krieg und bis in die fünfziger Jahre waren Brasiliens Straßen vor allem durch amerikanische Wagen geprägt, erst durch Initiativen der europäischen Firmen Renault und VW wurde das Angebot etwas bunter. Daß bei den schlechten Straßenverhältnissen außerhalb der Ballungszentren und den enormen Entfernungen Kleinwagen und Kabinenroller so gut wie keine Chance hatten, liegt auf der Hand. Um so mehr erstaunt demnach das zähe Festhalten einer Firma in São Paulo an einem Lizenzbau der Isetta, der immerhin fünf Jahre im Angebot blieb und die Straßen São Paulos und Umgebung um eine eigenwillige Nuance bereicherte.

## ROMI

Mit der Idee, den ersten Kleinwagen für Brasilien bauen zu wollen, begab sich Americo Emilio Romi, italienischstämmiger Einwanderer in São Paulo, Mitte der fünfziger Jahre nach Europa, um die Lizenz für ein geeignetes Fahrzeug zu erwerben. In seiner neuen Heimat in Südamerika hatte Romi bereits eine gut laufende Fabrik für Landwirtschaftsmaschinen aufgebaut und dort den ersten brasilianischen Traktor gebaut. Romi war fasziniert von der ungewöhnlichen Kleinwagenkonstruktion namens Isetta der ISO SpA in Bresso bei Mailand. 1955 wurde er mit der italienischen Firma einig, mit deren Hilfe eine Isetta-Produktion in Brasilien in Gang zu bringen. Es war beabsichtigt, Motoren, Getriebe und verschiedene Fahrwerksteile vom Werk in Bresso und einer ISO-Tochtergesellschaft in Spanien zu beziehen, während die Karosserie und andere Ausstattungsteile nach genauen Plänen in Brasilien gebaut werden sollten.
Es dauerte bis September 1956, ehe die Produktionsanlagen soweit eingerichtet waren, daß man mit der Fertigung der künftig als Romi-Isetta bezeichneten Kabine beginnen konnte. Sie war eine exakte Kopie des italienischen Originals und unterschied sich von diesem nur durch kleine Abweichungen in der Innenausstattung. Als problematisch erwiesen sich hingegen die Doppelkolben-Zweitaktmotoren mit 236 ccm und nur 9,5 PS Leistung. Sie stammten zunächst aus spanischer Produktion und waren mit allerlei Fertigungsmängeln behaftet, die das Image des kraftlosen kleinen Mobils in Brasilien von Anfang an nicht gerade günstig beeinflußten.
Doch das Geschäft mit den Landmaschinen ermöglichte Romi trotz schwacher Nachfrage ein Weitermachen. 1957 wurde ein »sensationelles« neues Modell vorgestellt, doch beliefen sich die Neuerungen bei näherer Betrachtung auf unbedeutende Kosmetik. So waren die Scheinwerfer jetzt nicht mehr in kleinen Gehäusen über den vorderen Radausschnitten eingebaut wie bei der ISO-Isetta, sondern strahlten aus torpedoartigen Futteralen nach Art der ersten bayerischen Isetta-Variante. Auch am Heck des Mobils hatte man ein paar Details überarbeitet. Technisch betrachtet, hatte sich nichts geändert, nur stammten die Import-Motoren jetzt aus Italien und zeichneten sich durch größere Zuverlässigkeit aus. Aber ihre Leistung war nach wie vor zu schwach, und Ärger gab es auch mit dem instabilen Chassis, das den in Brasilien vorherrschenden abenteuerlichen Straßenverhältnissen nicht gewachsen war. Zur Rettung seiner Produktion nahm Romi nun Kontakt zu BMW auf und erreichte schließlich die Belieferung robusterer BMW-Isetta-Chassis und -Radaufhängungen aus München im gleichen Zuge mit den bewährten 300-ccm-Viertakt-Einzylindermotoren.
So konnte die Firma in Santa Bárbara D'Oeste bei São Paulo für 1959 ein stark verbessertes Modell anbieten. Stolz verwies man jetzt auf den 40prozentigen Leistungszuwachs der neuen Romi Isetta 300 de Luxe.
Was das äußere Erscheinungsbild der neuen Romi Isetta betraf, so hatte man auch den quergerippten Motordeckel und die seitlichen Blinker von BMW übernommen. Die Verkaufszahlen zogen nun ein wenig an, doch von Rentabilität konnte man noch immer nicht sprechen. Romi spielte auch kurz mit dem Gedanken, den BMW 600 und die italienische Lieferwagen-Isetta »ISO Autocarro« in Lizenz zu bauen. Er importierte einige Vorführmodelle, doch die dünne Finanzdecke des Unternehmens gestattete solche Erweiterungen der Produktionspalette letztendlich nicht mehr.
Inzwischen gab es sogar einen Romi-Isetta-Club in São Paulo, der Rallyes und Geschicklichkeitsfahrten organisierte, doch waren die Tage des eiförmigen Mobils gezählt. Die Nachfrage verebbte, und Anfang Dezember 1961 verließ der letzte Wagen das Werk. Ein Sohn des Firmengründers kümmert sich noch heute um die wenigen erhaltenen der insgesamt 3090 gebauten Romi Isettas.

*Links: Der Romi mit den Mitgliedern der Geschäftsleitung am Fließband-Ende.*

*Rechts: Belcar alias Brütsch aus Wollerau, gebaut 1955.*

# Schweiz

Obwohl sich das Automobil in der Schweiz in seiner Anfangszeit nur schwer durchsetzen konnte und das gebirgige Land mit seinem einst wenig ausgebauten Straßensystem dem Motorwagen das Vorwärtskommen nicht eben leicht machte, gab es schon um die Jahrhundertwende eine ganze Reihe von Werkstätten, die sich mit Eigenkonstruktionen versuchten. Im ersten Drittel dieses Jahrhunderts erlangten in kleinen Serien gebaute Schweizer Personenwagen wie Saurer, Pic-Pic, Martini und Turicum durchaus einen gewissen Bekanntheitsgrad in Europa, konnten sich jedoch vor allem preislich nicht mit ausländischen Marken messen, die inzwischen zur billigen Massenfertigung übergegangen waren.
So gedieh die Schweiz nach dem Zweiten Weltkrieg zu einem Eldorado für den Absatz von Automobilen aus aller Welt, nachdem 1934 die letzten Wagen aus einheimischer Fertigung entstanden waren. Mit Ausnahme des vierrädrigen Rapid Kleinwagens von Josef Ganz, der Mitte der vierziger Jahre von einer Rasenmäherfirma in Kleinserie hergestellt wurde, brachte das Land der Eidgenossen keine weitere Kleinwagenkonstruktion mehr hervor, die es bis zur Serienfertigung brachte. Das glücklose Belcar Dreirad von 1955 war eine Brütsch-Kopie, und der interessante Soletta aus der gleichen Zeit diente mehr als Studienobjekt, als daß damit beabsichtig war, eine Produktion einzurichten. Auch die zahlreichen Kleinwagenmodelle ausländischer Hersteller waren in der Schweiz nicht besonders erfolgreich, Wagen unter dem Niveau eines Fiat 500 oder Renault 4 CV sah man selten im Straßenverkehr.

## BELCAR

In der mit großen, ausländischen Wagen stets gut versorgten Schweiz war auch in den 40er und 50er Jahren, als in Frankreich oder in der Bundesrepublik Dutzende von mehr oder minder brauchbaren Kleinwagen auftauchten, kaum ein Bedarf an solchen Fahrmaschinen spürbar geworden. Trotzdem versuchte im Jahre 1955 die in Wollerau in der Nähe von Zürich ansässige Firma A. Grünhut & Co. an dem in Europa allgemein herrschenden Minicarboom teilzuhaben.
Um sich nicht die Kosten und Mühen einer Eigenkonstruktion auferlegen zu müssen, hielt man Ausschau nach einem brauchbaren, preiswert in Lizenz zu bauenden Vehikel und kam schließlich mit Egon Brütsch ins Geschäft. Der unermüdliche »Plastik-Eier«-Konstrukteur Brütsch hatte seine aktuellen Kreationen kurz zuvor in Genf ausgestellt. Bald war in Wollerau eine kleine Montagehalle eingerichtet, wo das Kunststoffauto Brütsch 200 dann unter dem wohlklingenden Namen »Belcar« entstehen sollte. An der Karosserie, die aus je einer Unter- und Oberschale zusammengefügt wurde, hatte man nur die Anordnung der Scheinwerfer etwas korrigiert, ansonsten glich der Belcar dem Brütsch 200 buchstäblich wie ein Ei dem anderen. Der Boden des Mobils wurde von einem Gitterrahmen verstärkt, die Radaufhängungen hingegen waren an der Karosserie verankert. Für den Antrieb sorgte im Gegensatz zum originalen Brütsch-Mobil ein 200-ccm-Einzylinder-Zweitakter der deutschen Victoria-Werke. In einem verbesserten Modell sollte dann später ein 250-ccm-Motor gleicher Herkunft installiert werden. Geschaltet wurde elektromagnetisch: Nach Treten der Kupplung wählte man einen Gang des Vierganggetriebes an einer Tastatur am Armaturenbrett. Eine 140 cm breite Sitzbank konnte drei (schlanke) Erwachsene aufnehmen, doch war dann einer zügigen Fortbewegung die Grundlage der Leichtgewichtigkeit entzogen.
Es entstanden indes aber nur einige Versuchswagen. Nachdem in Deutschland die schweren Konstruktionsmängel bei der Radaufhängung bekannt geworden waren (siehe »Spatz«), stellte die Firma Grünhut auch wegen zunehmender finanzieller Schwierigkeiten noch im selben Jahr ihre Aktivitäten auf dem Kleinwagensektor wieder ein.

## RAPID

Der in seiner Konstruktion sehr gut durchdachte und ebenso ungewöhnliche Rapid, einer der ersten Kleinwagen, die nach 1945 in – wenn auch bescheidener – Serie gefertigt wurden, geht auf den bekannten deutschen Ingenieur Josef Ganz zurück.
In Budapest geboren, arbeitete der als kritikfreudig gefürchtete Ganz als Konstrukteur vor dem Krieg für einige Autohersteller, darunter auch Daimler-Benz. Ganz pflegte seine Meinung über aktuelle Erscheinungen und Probleme der Fahrzeugbranche in der niveauvollen Zeitschrift *Motor-Kritik* kundzutun. Seine Ideen galten als progressiv, seine Arbeitsweise als dynamisch. Vielen seiner Zeitgenossen galt er als unbequem, weil er überkommene Denkweisen immer wieder in Frage stellte. Aber er hatte auch zahlreiche Bewunderer.

*Oben: Rapid-»Großserie« – es waren 36 Stück. Nur ein Exemplar blieb, soweit bekannt, erhalten.*

*Links: Ein Dutzend Rapid-Kleinwagen, fertig zur Auslieferung.*

*Heckansicht des Rapid aus der Schweiz. Zweifellos hat der Wagen eine gelungene Linie.*

Anfang der 30er Jahre vermochte er seine lange gehegten Ideen zu einer erschwinglichen, brauchbaren Fahrmaschine durch die Konstruktion eines Kleinwagens für die Motorradfirma Standard (später Gutbrod) in Ludwigsburg zu verwirklichen. Der geschlossene, in seinen Umrissen dem späteren VW Käfer nicht unähnliche Standard Superior hatte eine leichte Karosserie aus einem mit Kunstleder überzogenen Sperrholzgerippe und einem Zweizylinder-Zweitaktmotor mit 400 ccm Hubraum. Leider gab es bald Streit mit den tschechischen Tatra-Werken, die in der Chassiskonstruktion des Superior eine Verletzung ihrer patentrechtlich geschützten Bauart sahen, und so wurde dieser Ganz-Wagen bereits 1933 nicht weitergebaut.
Nach der Machtergreifung durch die Nationalsozialisten geriet der »Nichtarier« Ganz allmählich unter den negativen Einfluß der neuen Ideologie und kehrte Deutschland den Rücken. In Liechtenstein richtete Ganz daraufhin zusammen mit einigen Weggefährten ein kleines Konstruktionsbüro ein und beschäftigte sich dort mit dem Bau eines auf die reduzierten Bedürfnisse der Nachkriegszeit zugeschnittenen Kleinwagens. Es entstand der Prototyp eines offenen Zweisitzers mit geschwungener Stahlblechkarosserie und umschlossenen Hinterrädern. Ein kräftiges Zentralrohr bildete das Rückgrat dieses als »Erfiag« bezeichneten Modells. Die Räder waren einzeln an Querblattfedern aufgehängt, wobei hinten eine Pendelachse verwendet wurde. Der Motor, ein 300 ccm großer, luftgekühlter Einzylinder-Zweitakter trieb die um 10 cm enger als die Vorderräder zusammenstehenden Hinterräder mittels eines Dreigang-Motorradgetriebes (ohne Differential) an. Gestartet wurde der Motor mit einem Handhebel, der eine Spiralfeder spannte, die dann ihrerseits die Anlasserwelle auf dem Motor in Drehung versetzte.
Ende 1943 siedelte Josef Ganz mit seiner Konstruktion in die Schweiz über und versuchte dort, eine Firma zu finden, die seinen Kleinwagen bauen würde. Ihm selbst war als Emigrant jede Erwerbstätigkeit untersagt. Mit Hilfe des kantonalen Arbeitsamtes der Stadt Zürich

wurde dann nach einiger Zeit Kontakt zur Firma Rapid geknüpft, ein Hersteller für Motormäher und Kleintraktoren, der noch heute existiert. Diese Firma wollte zunächst ein paar Versuchsfahrzeuge bauen, um dann mit Hilfe eines finanzkräftigen Partners aus der Zulieferindustrie für Maschinen eine Serienproduktion in der Größenordnung von anfangs tausend Einheiten auf die Beine zu stellen. Mitte 1944 richtete die Firma Rapid in Zürich eine kleine eigene Werkstätte für den Prototypenbau ein und betraute vier Mitarbeiter mit dieser Aufgabe. Chef der Gruppe war der passionierte Techniker Walter Keller, der befand, daß der Ganz-Kleinwagen ohne größere Änderungen gebaut werden sollte. So waren schon im Frühjahr 1945 die ersten vier Prototypen fertig. Nicht recht zufrieden war man nach ersten Fahrten allerdings mit dem unkultivierten Einzylindermotor und der Handstartanlage.

Keller hatte jedoch früher für den Einbau in kleine Landmaschinen einen neuen Motor mit ungewöhnlicher Arbeitsweise entwickelt. Bei diesem Gegenkolbenmotor liefen zwei Kolben in einem Zylinder auf-

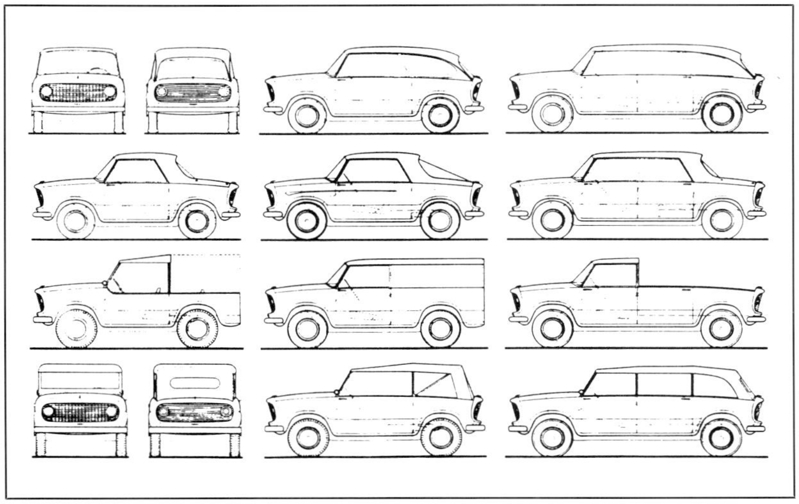

einander zu, hatten also den Brennraum gemeinsam in ihrer Mitte. Die Kurbelwelle lag unter dem Zylinder und war mit den Kolben über normale Pleuel und »Balanciers« verbunden. Dieses Aggregat mit ca. 350 ccm Hubraum arbeitete im Viertakt und überzeugte vor allem durch ganz erstaunliche Laufruhe. Acht bis zehn PS leistete dieser Gegenkolbenmotor, was für den nur etwa 400 kg wiegenden, jetzt »Rapid« genannten Wagen durchaus ausreichen sollte.

Beim Bau der nachfolgenden Null-Serie wurde dann dieser Spezialmotor verwendet, der den Rapid gut 70 km/h erreichen ließ.

Der auf Scheibenrädern mit Motorradreifen rollende kleine Roadster mit der kompakten, gebläsegekühlten Motorisierung war geradezu ein Muster an Geländegängigkeit durch das fehlende Differential, gleichzeitig verfügte er wegen seines niedrigen Schwerpunkts und der unabhängig geführten Räder über eine hervorragende Straßenlage.

Erste Demonstrationen für die Öffentlichkeit, bei denen Josef Ganz persönlich am Steuer saß, ließen manchem danebensitzenden Journalisten die Haare zu Berge stehen: Das kleine, gut geformte Wägelchen vermochte halsbrecherische Manöver zu absolvieren. Doch der Rapid gefiel nicht nur durch unerwartetes Temperament. Front- und Heckteil der Karosserie ließen sich komplett aufklappen, wodurch alle Aggregate besonders gut zugänglich waren und in bezug auf Wartung keine Wünsche offenließen. Eine schrägstehende, einteilige Windschutzscheibe verstärkte das sportliche Aussehen des kleinen Rapid, und im Innenraum ging es zwar spartanisch, aber bequem und großzügig zu. Die Beine fanden reichlich Platz, und die Einzelsitze sorgten für Wohlbefinden der Passagiere, schlossen sie auch die Mitnahme einer dritten Person weitgehend aus. Das Autolenkrad in Schwarz oder Elfenbein lag gut in der Hand, und man brauchte nur eine Dreiviertelumdrehung, um die Räder voll einzuschlagen, was dem Rapid eine erstaunliche Wendigkeit verlieh. Tacho und Öldruckmesser waren die einzigen Instrumente auf dem kleinen Armaturenbrett vor dem Fahrer, der den Motor jetzt mit elektrischem Anlasser anwerfen konnte. Selbst an die Steinschlaggefährdung der eng nebeneinanderliegenden Scheinwerfer war gedacht: feine Gitter aus Metallstäben sorgten für Schutz. Bei Regenwetter stand ein hinter den Sitzen verstautes Stoffverdeck zur Verfügung. Bis Anfang 1947 wurden 36 Rapid-Wagen gebaut und zum Teil für 3600 Franken an private Kunden verkauft.

Inzwischen hatte sich die Konjunktur positiv entwickelt; wie vor dem Kriege strömten von allen Seiten Autoimporte in die Schweiz. Bei der Firma Rapid kam man deshalb bald zu der Überzeugung, daß eine einfache Fahrmaschine wie ihr Kleinwagen keine Zukunftschancen mehr haben konnte. Schnell waren die restlichen Wagen verkauft, nur ein Exemplar blieb im Werk. Den Gegenkolbenmotor stellte die Motorradfirma Motosacoche noch bis 1954 für Rapid her, die damit ihre Einachstraktoren bestückte. Josef Ganz arbeitete später für Holden in Australien und verstarb 1967.

Der vermutlich einzige noch existierende Rapid-Kleinwagen wurde 1969 vom Herstellerwerk dem Verkehrshaus der Schweiz in Luzern übergeben, wo er heute besichtigt werden kann. Das kleine Auto gehört zu den Pionieren unter den Kleinwagen der Nachkriegszeit in Europa.

## SOLETTA

Obwohl die 1956 auf dem Genfer Salon vorgestellte Kleinwagenkonstruktion »Soletta« ein Einzelstück bleiben sollte, an deren Serienproduktion sich auf Grund ihrer ungewöhnlichen Bauart niemand heranwagte, gehört sie zu den interessanten Spielarten in dieser Wagenkategorie, auf deren Beschreibung ich nicht verzichten möchte.

Ingenieur Willi Salzmann, der in Solothurn ein Ingenieurbüro für Fahrzeugbau leitete, hatte im Jahre 1955 eine neuartige Hinterachsaufhängung entwickelt, bei der Kupplung, Getriebe und Differential zu einem Antriebsblock zusammengefaßt waren. An der Stirnseite des Motors war sie in Gummi gelagert, am Differential federnd in der Schwebe gehalten. Die Hinterräder waren mit Schraubenfedern und mit dem Differential verbundenen Pendelachsen aufgehängt. Salzmann bezeichnete diese Konstruktion als »Starrschwingachse« und baute mit seinen Mitarbeitern bis zum Genfer Salon 1956 einen Kleinwagenprototyp um diesen Antriebsblock herum. Eine dem späteren Austin Mini nicht ganz unähnliche Fiberglaskarosserie saß dabei auf einem Plattformrahmen und wurde durch eine Stahlrohrkonstruktion unterstützt. Die beiden Türen der Soletta (benannt in Anlehnung an den Herstellungsort Solothurn) bestanden hingegen aus Blech und waren untereinander austauschbar: Kurioserweise war die Fahrertür hinten angeschlagen, die Beifahrertür hingegen vorne.

Als Antrieb diente ein Zweizylinder-Viertakt-Boxermotor von

750 ccm Hubraum der Schweizer Motorradfirma Condor, der stehende Ventile aufwies und 22 PS bei 4200 U/min leistete. Das Getriebe stellte nur drei Gänge zur Verfügung. Die Soletta sollte 100 km/h erreichen können. Um unter der vorderen und hinteren Haube Stauraum bieten zu können, lag der Motor unter der hinteren Sitzbank; er hatte dadurch seine Probleme, durch die unter dem flachen Wagenboden vorbeiströmende Luft genügend gekühlt zu werden. Ein Gebläse hätte hier gut getan, zumal diese Anordnung auch für eine recht ausgewogene Gewichtsverteilung bei der Soletta sorgte. An beiden Enden wurde die Karosserie von einem gleich geformten, etwas nach innen geneigten, breiten Gitter abgeschlossen, in das nur verschiedene Leuchten eingesetzt zu werden brauchten.
Auch auf dem Pariser Salon im Herbst desselben Jahres tauchte die Soletta noch einmal mit leicht veränderter Heckpartie auf, doch blieb das kleine Auto mehr ein Diskussionsbeitrag als ernsthaft erhofftes Produktionsmodell. Etwas später arbeitete Salzmann noch zahlreiche neue Karosserievarianten für die Soletta aus, die nach dem Baukastensystem erdacht waren, doch wurden die Pläne diverser Coupés, Kombis, Pickups und Jeep-ähnlichen Varianten nicht in die Realität umgesetzt. Fast ebenso erging es auch einem geplanten neuen Vierzylindermotor in X-förmiger Anordnung, der es nur bis zum Holzmodell brachte.
Vielleicht mag mancher Autohersteller tatsächlich die eine oder andere Anregung durch das Erscheinen der Soletta aufgenommen haben, doch auch wenn dies nicht zuträfe, stellen solche eigenwilligen Konstruktionen stets das Salz in der Suppe in der Geschichte der Automobile dar.
Der Prototyp der Soletta hat sich übrigens bis heute in der Schweiz erhalten.

# T

Der Schweizer T-Kleinwagen, ein Projekt, das es – wenn überhaupt – nur zu einem Prototyp brachte, war der Wagen mit dem kürzesten Namen unter den Kleinmobilen. Doch auch seine Existenz währte nur kurz.
Er war ein weiterer Versuch des Dänen Henning Thorndal, der nach seinem Konkurs mit dem deutschen Champion Kleinstwagen in Thun in der Schweiz wieder ins Automobilgeschäft einzusteigen gedachte. Der T sollte ein ganz besonderer Wagen werden und sich von den zahlreichen Mobilen jener Tage positiv abheben. Thorndal mußte wieder eine Menge Geld für seinen Plan auftreiben. Der italienische Karosseriedesigner Giovanni Michelotti wurde beauftragt, für das ansprechende Äußere des T zu sorgen; in Thun entstand inzwischen das Fahrgestell. Es wurde ein kräftiges Chassis mit ovalen Längsträgern und Traversen, die Räder waren einzeln an Trapez-Dreieckquerlenkern und hinten an Längslenkern aufgehängt und durch Gummifederelemente gedämpft. Vor der angetriebenen Vorderachse saß der Motor, ein Zweizylinder-Boxer mit Luftkühlung von 578 ccm und etwa 24 PS Leistung, der dem T zu 120 km/h verhelfen sollte.
1956 wurde in der Schweiz ein hübscher Prototyp des T-Coupés gezeigt, danach wurde es wieder still um das Projekt. Zur Fertigung von weiteren Exemplaren kam es nicht mehr. Im Sommer 1957 wurde Thorndal wegen unlauterer Finanzgeschäfte verhaftet; ein großer Teil seines geliehenen Kapitals war für seine persönliche, luxuriöse Lebensführung verwendet worden.
Schade um den T, er wäre sicher einer der hübschesten Kleinwagen geworden.

*Links: Soletta Prototyp. Die Frontpartie nimmt sich ein bißchen gewaltig aus. Die Aufnahme stammt von 1956.*

# Tschechoslowakei

Als sich im Herbst 1918 die Tschechoslowakei als souveräner Staat aus der ehemaligen Donaumonarchie herausgelöst hatte, konnte man zwar das erste Mal von tschechischen Automobilen sprechen, doch hatte es große Marken wie Laurin & Klement und Tatra schon längst vorher gegeben. Auch Cyclecars und Kleinwagen wie die heute vergessenen, primitiven Fahrmaschinen von Gatter und Vaja sowie die DKW-Lizenz Jawa 700 waren für kurze Zeit in Erscheinung getreten, doch begründete sich das hohe Ansehen, das tschechische Automobile in der Zwischenkriegszeit genossen, auf die modernen bis futuristischen Wagen von Skoda und vor allem Tatra in Koprivnice, wo der berühmte Konstrukteur Hans Ledwinka mit seinen aerodynamisch konsequenten Heckmotorwagen zur Avantgarde der Automobilbauer in Europa gehörte.
Die Ereignisse des Zweiten Weltkrieges und die folgende, zwangsweise Orientierung des Landes nach Osten ließ ein Blühen der automobilistischen Aktivitäten nicht mehr zu. Eine straffe Planwirtschaft ließ eine Hoffnung auf Volksmotorisierung wie in den Staaten des Westens nur sehr langsam aufkommen. Tatra durfte erfreulicherweise seine Wagen weiterentwickeln und versorgte bald eine große Klientel osteuropäischer Funktionäre mit seinen Stromlinienwagen, während die andere überlebende Firma Skoda, einst Hersteller auch achtzylindriger Repräsentationswagen, Autos der Mittelklasse herstellen konnte, die jedoch für weiteste Kreise der Bevölkerung unerreichbarer Luxus blieben.
In den fünfziger Jahren versuchten deshalb zahlreiche private Konstrukteure, billige Kleinwagen mit Motorradmotoren zu bauen. Meist scheiterte eine Serienherstellung dieser teils recht einfachen, teils mit interessanten Details aufwartenden Mobile wie Avia und Moravan an mangelndem staatlichen Interesse an solchen Fahrzeugen. Es wurden zwar ein paar Versuche in dieser Richtung initiiert, aber nur mit halbem Herzen…
Und ohne finanzielle Unterstützung war niemand in der Lage, eine rentable Produktion in Gang zu bekommen.
Einzig die Seitenwagenfirma Velorex schaffte es Mitte der fünfziger Jahre, ein primitives Dreiradmobil zu produzieren, das meist als Versehrtenfahrzeug angeboten wurde und für das zahlreiche Bestandteile aus der laufenden Produktion von Motorrädern (Jawa) und Autos (Skoda) Verwendung fanden. Mit dem Beginn des Imports von Trabant Kleinwagen aus der DDR blieb auch dieses Modell in seiner Außenseiterrolle festgenagelt, und ein Ende der sechziger Jahre projektierter Vierrad Velorex blieb im Prototypenstadium stecken. Dennoch: Bis Anfang der siebziger Jahre gab es den Velorex zu kaufen.

*In der Tschechoslowakei gab es auch vor dem Kriege schon relativ erfolgreiche Kleinwagen-Konstruktionen, so den Aero (links ein Typ 18 von 1932) oder seinen Vorläufer, den Enka (Novotny-Kolanda) von 1928 mit 500-ccm-Einzylindermotor.*

## A. M.

A. M. steht für Antonín Majer, Konstrukteur dieses Prototyps aus Volyně. An dem offiziellen Wettbewerb für Volksautomobile, der 1948 in Prag stattfand, beteiligte er sich mit diesem offenen Zweisitzer, der auf einem dreiecksförmigen Rahmen basierte. Angetrieben wurde das verdecklose und nur 2,80 Meter lange Vierrad-Mobil, das nicht einmal eine Windschutzscheibe aufwies, von einem CZ-Motorradmotor im Heck, der aus 250 ccm 9 PS holte. Das nur mit drei Vorwärtsgängen in Motorradart zu schaltende Mobil soll etwa 65 km/h erreicht haben. Die Federung besorgten vorne wie hinten Blattfedern, die Bremsen wurden mechanisch aktiviert.

## AUTOCYKL

Den alten Traum vom Motorradauto versuchte neben Ladislav Požárek, Antonín Majer und Jan Anderle auch Rostislav Dýma zu realisieren. Bei seinem Einspurmodell »Autocykl« orientierte er sich in der Formgebung am normalen Personenwagen und versah sein Mobil mit einer schmalen Pontonkarosserie, in der die beiden Passagiere hintereinander sitzen durften. Als Antrieb benutzte er einen 500-ccm-Einzylinder-Viertakter von B.S.A., auch das Dreiganggetriebe stammte von einem britischen Motorrad. Die 12 PS ließen das abenteuerliche Gefährt, das sich beim Stillstand erschreckend zur Seite neigte und von Stützrädern aufgefangen werden mußte, an die 80 km/h erreichen. Zur Verzögerung stand lediglich eine mechanische Hinterradbremse zur Verfügung, und Schraubenfedern übernahmen die Dämpfung von Vorder- und Hinterrad.

## AVIA

Anfang der fünfziger Jahre wurde zwei Betrieben in der Tschechoslowakei von Staats wegen der Auftrag erteilt, ein kleines Volksautomobil zu entwickeln. Eine dieser Firmen war der Flugzeughersteller Avia in Prag. In der Leichtbauweise erfahren, baute man dort einen dreisitzigen, geschlossenen Wagen, dessen Karosserie selbsttragend war und durch kastenförmige Elemente versteift wurde. Als Material wurde Duraluminium verwendet, die Kotflügel waren angeschraubt. Das in Pontonform gebaute Modell Avia konnte erklettert werden, indem man das Dach mit Seitenteilen und Heckscheibe auf Schienen nach hinten verschob. Für den Fahrer gab es einen zentralen Einzelsitz vorne mit schmaler Rückenlehne, das Lenkrad ragte aus der Mitte des Armaturenbretts. Die Passagiere auf der Rückbank konnten ihre Beine zu beiden Seiten des Chauffeurs ausstrecken und hatten somit erstaunlich viel Platz. Überdimensionierte Scheiben sorgten für eine ideale Rundumsicht.

Den Antrieb des Avia besorgte ein Zweizylinder-Zweitaktmotor von Jawa im Heck, dessen rund 15 PS ausreichten, dem nur 330 kg wiegenden Mobil kurzzeitig zu 87 km/h zu verhelfen; man empfahl aber eine Reisegeschwindigkeit von nur 60 km/h. Nachdem diese Entwicklung den Mitkonkurrenten »Moravan« aus dem Feld geschlagen hatte, verunglückte der Prototyp jedoch auf einer Testfahrt. Danach ging man daran, ein verbessertes Modell zu bauen, von dem man sich eine Serie erhoffte. Die Verbesserungen beschränkten sich beim Nachfolgemodell hauptsächlich auf eine gefälligere Modellierung der Karosserie in Schalenbauweise. Man vermied das zu eckige und symmetrische Bild des ersten Modells durch flachere und gerundete Formen, behielt aber sonst alle Eigentümlichkeiten der Konstruktion wie Schiebehaube und Zentralsitz für den Fahrer bei. Das Vierganggetriebe mit Rückwärtsgang wurde mit einem kurzen Knüppel links neben dem Fahrersitz geschaltet wie beim ersten Typ. Testfahrten bescheinigten dem ungewöhnlichen Kleinwagen annehmbares Fahrverhalten und etwas mehr Geräumigkeit, bemängelt wurden aber der laute Motorradauspuff und der zwar verschiebbare, aber recht unbequeme Einzelsitz für den Piloten.

Man stellte bereits einen Preis des Wagens zwischen 12000 und 14000 Kronen in Aussicht, doch eine alle Aktivitäten erstickende Bürokratie ließ das Projekt dann letztendlich wieder scheitern. Es führte dies zu bitteren Kommentaren in tschechischen Fachzeitschriften, die das Schicksal des vielversprechenden Avia jedoch nicht zu ändern vermochten...

## DÁLNÍK

Einen besonders originellen Weg zur Lösung des Kleinwagenproblems ging der ideenreiche Konstrukteur und Pilot Jan Anderle aus dem Prager Stadtteil Vysočany. Nach Kriegsende konstruierte er, fasziniert von der Idee des Einspurwagens »Mauser«, ein ähnliches Fortbewegungsmittel, versuchte aber dabei die offenkundigen Nachteile bisheriger Wagen dieser Art zu vermeiden. Mit der Lage des Motors, ein 615 ccm-Zweizylinder-Zweitakter mit 19,5 PS Leistung, vor dem Vorderrad gab es keine Kühlprobleme wie bei früheren Wagen mit Heck- oder Mittelmotoren; der Fahrer konnte in einer niedrigen Karosserie mit tiefem Schwerpunkt untergebracht werden, was für die Stabilität eines solchen Fahrzeuges besonders wichtig war. 1948 stellte Anderle seinen »Dálník«, was etwa mit »Fernmobil« zu übersetzen ist, vor und sorgte damit für allerhand Aufsehen. Die schlanke, tropfenförmige Karosserie war bei Sodomka entstanden. Sie hatte kein Verdeck, war türlos und völlig glattflächig. Der Fahrer saß hinter einer dreigeteilten Windschutzscheibe auf einer Sitzbank für zwei Personen. Fuhr er allein, so saß er in der Mitte und steuerte das große Lenkrad mit einer mächtigen Lenkstange, die sich mit Hilfe eines Kardangelenkes nach links verschieben ließ, wenn ein Passagier an Bord kam. Der Schalthebel des Dreiganggetriebes ragte gebogen über der Lenkstange unter dem Armaturenbrett heraus. Das Vorderrad

*Prototyp des 1956 in Prag konstruierten Avia. Ihn trieb ein Zweizylinder-Zweitaktmotor von Jawa an.*

*Wo ist vorn, wo hinten? Zum Einsteigen gab es beim Avia eine Trittmulde in der Seite.*

trieb eine im Ölbad laufende Kette an, das spiralgefederte Hinterrad war kleiner dimensioniert. Noch kleiner waren die seitlichen Stützräder, die mittels Pedal herabgelassen werden konnten, näherte sich der Dálník bei langsamer Fahrt der Kippgrenze. Der relativ kräftige Motor verhalf dem windschnittigen Mobil zu Geschwindigkeiten bis zu 120 km/h, Vorder- und Hinterrad wurden mechanisch gebremst.
Optimistischerweise ließ Jan Anderle für seinen außergewöhnlichen Kleinwagen mit Jawa-Minor-Motor sogar Prospekte drucken, in der Hoffnung, vielleicht Partner zu einer Kleinserie aufzutreiben. Doch es fand sich niemand bereit, ein solch unkonventionelles Projekt zu unterstützen. So geriet der Dálník wie auch einige spätere Versuche Anderles auf dem Kleinwagensektor schnell in Vergessenheit.

## ELPO

Ein besonders leichtes Mobil steuerte der Prager Mechaniker Ladislav Požárek 1948 der tschechischen Kleinwagenszene bei. Der ELPO Vierradwagen wog mit Alukarosserie ganze 210 kg und war nur zwei Meter kurz. Im Heck des offenen Zweisitzers arbeitete ein kraftloser 4-PS-Motor mit 125 ccm Hubraum aus einem CZ-Motorrad. Im Innenraum soll es erschreckend eng zugegangen sein, und mehr als 50 km/h konnte das Minimobil nicht erreichen. Immerhin waren die vier Räder unabhängig gefedert, vorne mit Blatt-, hinten mit Schraubenfedern. Die Öffentlichkeit nahm diese Konstruktion verständlicherweise nicht besonders ernst.

*Rechts: Der einsitzige Krajan mit Motorradmotor im Heck. Das Auto entstand im Jahre 1948.*

*Links: Krejbich-Dreirad, ebenfalls 1948 in Prag entstanden. Auch hier sorgte ein Motorradmotor für den Antrieb. Unten: Der Krejbich hatte nur eine Tür sowie als Anlasser einen Kickstarter.*

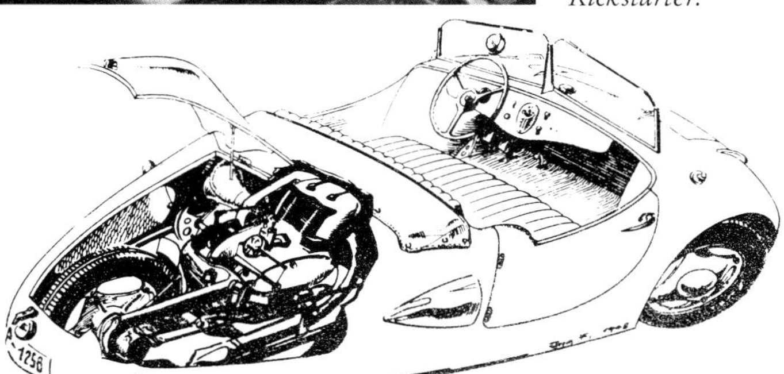

## FRADA

Ein erstaunlich primitives Wägelchen schickte 1948 František Adámek in die Konkurrenz um den besten Kleinwagenprototypen. Sein FRADA war äußerlich einem zeitgemäßen Roadster nachgebildet, hatte aber keine Türen und kein Verdeck. Bei 250 cm Gesamtlänge bot er knapp zwei Personen Platz. Es gab weder Federung noch Bremsen vorne; der Antrieb bestand aus einem Einzylinder-Sachs-Motörchen mit 97 ccm Hubraum und 3 PS Leistung. Mehr als 40 km/h waren da nicht drin, und nach 1948 hörte man auch nichts mehr von Adámeks Mobil.

## KRAJAN

Unter Mithilfe des Zündkerzenherstellers PAL baute 1948 Jan Kraman in Budweis seinen sportlichen Kleinstwagen »Krajan«, was soviel wie »Landsmann« bedeutet. Die rennautoähnliche Karosserie mit freistehenden Speichenrädern und Motorradbereifung war aus einem ausgedienten Flugzeugtank entstanden und ließ die beiden Passagiere recht beengt hintereinander sitzen. Bei Regen konnte eine Klarsichthaube aus Cellon aufgesetzt werden. Den Antrieb besorgte im Heck ein 250-ccm-Jawa-Einzylinder-Zweitakter, und von diesem Hersteller stammte auch das Getriebe mit vier Vorwärtsgängen. Um die Antriebskette zu spannen, konnte der Motor auf einer Längsachse verschoben werden. Hydraulische Stoßdämpfer und Schraubenfedern sorgten für Milderung der Fahrbahnstöße, die mechanische Bremse wirkte nur auf die Hinterräder. Auch der Krajan blieb nur eine flüchtige Erscheinung.

## KREJBICH

1948 wurde in Prag das von dem dort ansässigen Václav Krejbich gebaute, gleichnamige Dreirad vorgeführt, das einige interessante Details aufwies und manchen in der CSSR zum Bau ähnlicher Fahrzeuge inspirierte. Die eiförmige, offene Blechkarosserie des Krejbich wurde von einem leichten Rohrrahmen getragen, dessen hinteres Ende in eine Leichtmetall-Schwinge mündete, die das einzelne Antriebsrad aufnahm. Den Antrieb besorgte zunächst ein 250-ccm-Motorradmotor von Jawa; das endgültige Modell wurde von einem Ogar-350-ccm-Aggregat mit Gebläsekühlung mittels Kette bewegt. Vorn übernahmen Teleskop- und Schraubenfedern die Dämpfung der Räder.
Krejbich hatte sogar die großen Scheibenräder mit integrierten Bremstrommeln speziell für sein Dreirad aus Leichtmetall fertigen lassen. Der Heckmotor wurde mittels eines durch die Karosserie geführten, seitlichen Kickstarters zum Leben erweckt und machte das nur 285 kg schwere Dreirad mit Viergang-Getriebe an die 80 km/h schnell. Auf der breiten Sitzbank hinter den kleinen Doppelscheiben konnten not-

*Oben: Zdenék Pilat mit dem extrem leichten Fahrgestell des Lidovka, eine im Kriege entstandene Konstruktion.*

*Rechts: Der Lidovka mit seiner 1950 gebauten Karosserie. Das Auto wäre sicher ein Erfolg geworden, blieb indessen ein Einzelstück.*

falls auch drei Personen Platz finden. Unter einer vorderen Haube, gekrönt von einem Zyklopenscheinwerfer, war noch Platz für etwas Gepäck. Ebenso wie alle anderen Kleinwagenprojekte in der CSSR verschwand auch das Krejbich-Dreirad wenig später wieder von der Bildfläche.

## KURIER

Der mit Sicherheit verrückteste Beitrag zum 1948er Kleinwagenwettbewerb in Prag war das Kurier-Dreirad des Preßburgers Karel Strejc. Die Karosserie erinnert heute an den Messerschmitt, doch war sie wesentlich hochbeiniger und ohne Dach. Das ganze Gebilde war immerhin 330 cm lang und rollte auf Motorrad-Speichenrädern mit freistehenden Kotflügeln und Scheinwerfern. Die Kraft des über der Vorderachse stehenden 250-ccm-Einzylinder-Zweitakters von Jawa trieb über Kette allein das rechte Vorderrad an! Der Auspuff wurde nach Art alter Rennwagen an der Karosserieseite entlang geführt. Hinter dem Personenabteil mit Tandem-Sitzordnung endete das spitz zulaufende Heck in einem winzigen Hinterrad, das noch dazu gelenkt wurde. Karel Strejc gab an, daß sein Kurier mit dem 9-PS-Motor 80 km/h erreichen konnte, doch ist nicht überliefert, ob es jemand gewagt hat mit dieser fragilen Konstruktion in solche Geschwindigkeitsbereiche vorzustoßen. Zu bewundern bleibt am Kurier zumindest der Mut und die Phantasie des Konstrukteurs.

## LIDOVKA

Der schon 1939 projektierte Lidovka (Volkswagen) sollte zu einer der ausgereiftesten und interessantesten Konstruktionen unter den tschechischen Kleinwagenversuchen werden.

Der Jawa-Mitarbeiter Zdenék Pilát hatte zu Beginn der Besetzung durch die Deutschen den Plan gefaßt, ein Leichtauto zu bauen, das damaligen Vorbildern wie Fiat Topolino oder Jawa 500 überlegen sein sollte. Seine Maxime lautete, »einfachste und billigste Konstruktion bei größter Raumnutzung«.

1943 war das Chassis komplett und fahrfähig. Ein zentrales Stahlrohr bildete das Rückgrat, an dessen vorderem Ende längs ein 500-ccm-Zweizylinder-Zweitaktmotor von DKW saß. Von der Kupplung bis zum Dreiganggetriebe vor der Hinterachse (Transaxle-Bauweise!) verlief die Kardanwelle innerhalb des Zentralrohres, an dessen hinterem Ende die Kraft über Kegelräder an die Achsen übertragen wurde. Die vorne wie hinten in einfacher Art unabhängig aufgehängten Räder wurden durch mächtige Querblattfedern gedämpft, ein Differential gab es nicht. Die Seilzug-Bremsen stammten vom Jawa Minor.

Gleich nach Kriegsende im Mai 1945 sprach der Ingenieur beim Industrieministerium vor, in der Hoffnung auf weitere Unterstützung, doch stieß er dort auf taube Ohren. Bald wurden die Autohersteller in der Tschechoslowakei wie Jawa, Walter, Aero, Praga und Tatra auf Piláts Chassis aufmerksam, besonders das Leichtindustrieunternehmen Bata und Tatra prüften die Konstruktion eingehend. Schließlich wurde unter Mithilfe der bekannten Karosseriefirma Sodomka ein Kostenplan erstellt, wonach das Projekt indessen nicht weiter verfolgt wurde.

Später trat Pilát bei Tatra ein, und dort bekam der Lidovka um 1950 dann endlich eine offene Karosserie mit Stoffdach und Seitenfenstern aus Plexiglas, die vor allem – von vorne betrachtet – gewisse Ähnlichkeiten mit dem Wolfsburger Volkswagen erkennen ließ.

Liebevoll wurde der Wagen danach mit allen erdenklichen Extras wie Liegesitzen, abnehmbarem Lenkrad und sogar Wasserreservoir ausgestattet. Auch das Armaturenbrett präsentierte sich mit zahlreichen Anzeigeinstrumenten nicht gerade spartanisch. Zdenék Pilát benützte seinen Lidovka ein Jahrzehnt lang im Verkehr ohne große Probleme. Aber zur Serienfertigung kam es dennoch nicht. Der Lidovka hätte als Produktionsmodell sicher keinen geringen Erfolg gehabt.

*Oben: Aero Modell 662 von 1934, damals der populärste Kleinwagen in der Tschechoslowakei. Es gab Roadster, Limousinen und kleine Lieferwagen.*

*Rechts: Der einzige tschechoslowakische Kleinwagen, der in der Zeit nach dem Kriege serienmäßig hergestellt wurde. Zwar machte der Velorex einen behelfsmäßigen Eindruck, doch galt er als relativ zuverlässig.*

*Oben: Früher Beitrag der Borgward-Gruppe zum Thema Kleinwagen: Goliath Pionier 1934. Die letzten Exemplare wiesen dieses schräg abfallende Fließheck statt eines Stufenhecks mit Notsitz auf.*

*Rechts: Erster in großen Serien hergestellter deutscher Kleinwagen mit Vorderradantrieb war der DKW F1 mit 500-ccm-Einzylindermotor, vorgestellt im Frühjahr 1931. Dieses Auto ist der Ahnherr aller späteren DKW-Frontantriebswagen.*

*Links: Hanomag 2/10 PS, wegen seiner kantigen Form im Volksmund »Kommißbrot« genannt. Der sehr beliebte Zweisitzer, 1924 bis 1928 gebaut, hatte einen 500-ccm-Einzylindermotor im Heck.*

*Rechts: Kleinschnittger F 125, ein winziger Roadster mit 125-ccm-Motor, gebaut von 1950 bis 1954.*

*Links: Fuldamobil N1 von 1951 mit seiner typischen, silberfarbenen Aluminium-Karosserie.*

*Unten: Auch ein Kind der fünfziger Jahre: Der dreisitzige Spatz mit Kunststoff-Karosserie.*

OS-KN 98

*Oben: Gutbrod Superior Kombi (Westfalia-Aufbau), ein 1952 gebauter Zweitakter.*

*Links: Der einzige noch existierende Grewe & Schulte-Derne von 1952, Exponat im Automuseum Bad Rothenfelde.*

*Rechts: BMW Isetta in der Ausführung von 1957–62. Es gab eine 250- und eine 300-ccm-Version.*

Altes
OS-VY 7·8

MN 42 - 58

# MINICAR

1948 baute eine Gruppe von Enthusiasten unter der Leitung des Konstrukteurs Rudolf Vykoukal in einem Fahrzeugwerk in Prag den Prototyp eines Kleinwagens mit der Bezeichnung Minicar.
Der recht ansehnliche, vierrädrige Zweisitzer hatte einen stabilen Leiterrahmen, an dessen äußerstem vorderen Ende der Motor montiert war. Es war ein quasi halbierter, wassergekühlter Aero-Minor-Motor mit 308 ccm Hubraum, der 7,5 PS bei 3.800 U/min leistete. Der Minicar hatte Vorderradantrieb und ein ebenfalls von Aero übernommenes Dreiganggetriebe mit Rückwärtsgang, gut für knapp 70 km/h. Die Vorderräder wurden von Querblattfedern gedämpft, hinten wirkten Viertelelliptik-Federn. Die von Hand geformten Blechteile der offenen Karosserie mit Notverdeck wurden an einem stabilen Holzrahmen befestigt. Der Minicar hatte die Form eines kleinen Pontonwagens.
Zwar trug der Minicar bei dem bereits mehrfach erwähnten Kleinwagenwettbewerb in Prag 1948 den ersten Preis davon, doch an eine Produktion dieses gelungenen Kleinwagens dachte bei den schwierigen Verhältnissen in der damaligen CSSR niemand ernsthaft.

# MIPAL

In einem Werk des PAL-Industriekombinats in Kraslice, Westböhmen, entstand Ende der vierziger Jahre der auch vom beliebten Jawa-250-ccm-Zweitakter motorisierte Kleinstwagen Mipal. Der winzige Zweisitzer mit Notverdeck und vier Rädern hatte einen Zentralrohrrahmen, der eine wenig ansehnliche Pontonkarosserie aus Alublech trug. Die Lenkung stammte vom Aero Minor, die Hinterräder wurden über eine Kette angetrieben. Die Federung des winzigen Mipal teilten sich Blattfedern und Reibungsstoßdämpfer. Anstatt Türen gab es nur großzügige Karosserieausschnitte, dafür war die Frontscheibe nach Jeep-Art umlegbar. Im Cockpit ging es extrem beengt zu, geschaltet wurde mit einem Viergang-Motorradgetriebe. Auch der Mipal verschwand kurz nach seinem Auftauchen wieder.

# MIRDA

Das Mirda genannte Dreirad des Pragers Václav Vejvoda ähnelte sehr dem zur gleichen Zeit vorgestellten Krejbich. Die Karosserien waren zum Verwechseln ähnlich, doch trieb den Mirda ein 250-ccm-Jawa-Motor mit 9 PS an und sein Vierganggetriebe hatte keinen Rückwärtsgang. Der etwas längere und schwerere Mirda war langsamer als sein Konkurrent. Auch der Mirda schaffte es nicht, wenigstens in Kleinstserie produziert zu werden.

# MOBIL

Diesen einprägsamen Namen erhielt ein in nur einem einzigen Exemplar gebauter Vierradkleinwagen, der in der Genossenschaft »Velorex« in Hradec Králové entstand und sich durch eine besonders ungewöhnliche Formgebung von den meisten anderen Kleinwagen unterschied, wenn auch manche Stilelemente an Fronttürfahrzeuge wie zum Beispiel Isetta erinnerten.
1954 hatte man dort den Entschluß gefaßt, neben dem deutlich mit

*Oben: Zu dritt im Minicar, Baujahr 1948. Es geht ein wenig eng zu, wie man sieht…*

*Links: Motor und Antrieb des Minicar. Das Aggregat war ein Zweitakter mit knapp über 300 ccm Hubraum und 7,5 PS Leistung. Es trieb die Vorderräder an.*

*Links: Das Minicar-Cabrio mit Vorderrad-Antrieb.*

*Unten: Mobil mit Fronttür à la Isetta, aus dem Hause Velorex.*

dem Motorrad verwandten Dreiradwagen mit Segeltuchbespannung ein richtiges kleines Auto mit Blechkarosserie zu entwickeln. Ein erstes Modell in verkleinertem Maßstab entstand 1955 unter Mithilfe einer Karosseriebaufirma in Vysoké Mýto, doch war man sich noch nicht einig, ob das Mobil drei oder vier Räder und eine Fronttür oder Seitentüren bekommen sollte. Durch die steigenden Erfolge der BMW Isetta ermuntert, beschloß man 1956 einen Fronttürwagen mit vier Rädern zu bauen, dessen beide Achsen gleiche Spurweiten aufweisen sollten. Der Prototyp, der Anfang 1957 fertiggestellt wurde, hatte eine Länge von etwa drei Meter, wobei das hintere Drittel der viersitzigen Karosserie nach Art eines Stufenhecks gebaut war und den 350-ccm-JAWA-Motorradmotor und ein Gepäckabteil beherbergte. Die Fronttür fiel ähnlich wie bei der Isetta senkrecht ab, und an den Seiten des Personenabteils sorgten je zwei große Scheiben mit Ausstellfenstern für gute Sicht. Der Wagen wurde ausgiebig erprobt, und man dachte schon an Kombi- und Lieferwagenvarianten sowie an eine Cabriolimousine, doch standen die hohen Kosten eines solch aufwendig gebauten Fahrzeugs leider einer Serienproduktion im Wege, zumal mit staatlicher Unterstützung nicht gerechnet werden konnte. Der einzige gebaute Mobil-Wagen war ein liebevoll bis in die kleinsten Details handwerklich gebauter Kleinwagen, der sicher nicht nur in der Tschechoslowakei seine Käufer gefunden hätte, wäre die wirtschaftliche Situation in dieser Zeit nicht ein Hemmschuh solcher Aktivitäten gewesen.

## MORAVAN

Zur gleichen Zeit im Staatsauftrag entwickelt wie der Avia, offenbarte der bei der gleichnamigen Firma in Oktrokoviče gebaute Moravan die gleichen typischen Merkmale seines Konkurrenten. Es läßt sich heute kaum mehr nachprüfen, wer sich bei wem Anleihen geholt hatte, doch konnte man auch beim Moravan das Kabinendach ganz zurückschieben, das Lenkrad war in der Mitte angeordnet. Die Karosserie des Moravan war hingegen wesentlich moderner und eigenständiger gelungen. Das Mobil wirkte kompakter und niedriger mit kurzer Schnauze und großzügiger Verglasung. Über die technischen Einzelheiten dieses Modells liegen keine Daten vor, doch kann angenommen werden, daß diese in etwa denen des Avia entsprachen. Nachdem dieser dem Moravan vorgezogen worden war, hörte man nichts mehr von dem Kleinwagen aus Oktrokoviče.

## VELOREX

Ende der vierziger Jahre wurden verschiedene Betriebe in Ostböhmen zur Produktionsgemeinschaft »VELO«, später »VELOREX« zusammengeschlossen. In Hradec Králové (Königgräz) befaßte man sich danach mit der Herstellung von Fahrradteilen, Seitenwagen und auch Handwagen und Kinderwagen.
Um in erster Linie den vielen Kriegsversehrten im Land einen fahrbaren Untersatz zu verschaffen, wurde Anfang der fünfziger Jahre mit einfachsten Mitteln ein Dreirad konstruiert. Dabei hatte der vordere Teil des Karosseriekörpers in Form eines Rohrkäfigs starke Ähnlichkeit mit damaligen Seitenwagen. Um die hohen Kosten der Blechbearbeitung weitgehend zu sparen, war der Velorex mit Ausnahme einiger Partien der unteren Karosseriehälfte mit Matten aus dem kunstlederähnlichen Stoff »Igelit« bespannt. Die Einzelteile waren an den Rändern mit Ösen versehen, die man über Knöpfe auf dem Rohrrahmen zog, um sie so zu spannen. Das anfangs als »Oskar« bezeichnete Mobil hatte zwei Sitze nebeneinander und ging 1954 in handwerkliche Produktion.

*Links oben: Moravan und Avia, ähnlich und doch verschieden.*

*Ein ungleiches Paar: Mobil und Velorex auf Prager Kopfsteinpflaster.*

Das Velorex Dreirad rollte auf Motorrad-Speichenrädern. Der 250 ccm- (später auch 350 ccm-) Zweizylinder-Zweitakt-Heckmotor mit 9 (16) PS stammte von Jawa. Die Räder waren mit Stoßdämpfern gefedert, das Motorradgetriebe hatte vier Vorwärtsgänge. Die 6 Volt Anlage und der Tacho kamen von Skoda. Seitenscheiben aus Cellon vervollständigten die Ausstattung des spartanischen und zugigen Vehikels, das Invaliden zu besonders günstigen Konditionen erwerben konnten, unterstützt von der Krankenkasse. Ohne bedeutende Veränderungen wurde das wackelige Gefährt bis 1971 gefertigt. In geringem Umfang fand sogar ein Export nach Polen, Ungarn und Bulgarien statt.
1959 war ein neues Vierrad-Modell mit moderner Kunststoffkarosserie, vielen Skoda-Teilen und 350-ccm-Jawa-Heckmotor aufgetaucht, doch kam es aus Kostengründen nicht zu einem Serienbau dieses Kleinwagens. Interessenten mußten sich weiter mit dem alten, lauten und unübersichtlichen Dreirad abfinden.

Erst Anfang der siebziger Jahre ging dann ein neuer Velorex mit eckiger Karosserie in Kleinserie, doch kam es nur mehr zu einem geringen Ausstoß.

*Der tschechische Velorex war ein Primitiv-Fahrzeug, das seine Verwandtschaft mit dem Motorrad nicht verleugnete. Es gab dieses Vehikel mit Namen »Oskar« von 1954 bis 1971 zu kaufen.*

## VLAH

Dieses beinahe sportlich aussehende Vierradmobil war das Werk des Konstrukteurs Vladimír Hadraba aus Náměšt. Der 1948 präsentierte Kleinwagen für zwei Personen hatte keine Türen, kein Verdeck und keine Kotflügel. Angetrieben wurde der Vlah von einem Viertakt-Einzylinder-Motorradmotor der Marke Excelsior, von der auch das Getriebe mit vier Vorwärtsgängen stammte.
Aus 500 ccm wurden 9 PS gewonnen, die für eine Geschwindigkeit des weniger als 300 kg schweren Wagens von bis zu 80 km/h reichten. Von dem nur mit Hinterradbremsen ausgerüsteten Mobil hörte man nach dem Prager Kleinwagenwettbewerb nichts mehr.

## ZEDA

Das auf winzigen, womöglich Sackkarrenreifen rollende Mobil des Pragers Josef Zelenda soll angeblich zwei Personen bequem Platz geboten haben. Der Ogar-350-ccm-Zweizylinder Zweitaktmotor war vorne angeordnet, doch bereitete Zelenda ein Vorderradantrieb wohl großes Kopfzerbrechen, weshalb er auf die nicht besonders glückliche Idee kam, die Kraft mittels langer Ketten an die Hinterachse zu leiten. So lief der Zeda trotz annehmbarer 12 PS nur 65 km/h. Er besaß vier Vorwärtsgänge, aber keine Türen und kein Dach und wog leer etwa 280 kg. Die einzeln aufgehängten Vorderräder wurden wie die hintere Starrachse mit Schraubenfedern gedämpft. Im Gegensatz zu manch ähnlich primitiver Fahrmaschine jener Zeit im Westen, kam der Zeda nicht über das 1948 erreichte Prototypenstadium hinaus.

# Bundesrepublik Deutschland

Als Deutschland am 9. Mai 1945 vor den Alliierten kapitulierte, war unter anderem auch von den einst weltberühmten Autofabriken nicht allzuviel intakt geblieben. Die Werksanlagen von Daimler-Benz und Borgward lagen zu mehr als Dreivierteln in Schutt und Asche; das VW-Werk, das die Deutschen nach dem Willen ihres »Führers« einst mit einem billigen Einheits-Volksautomobil hätte versorgen sollen, hatte diesem Auftrag nicht nachkommen können und war ebenfalls zum großen Teil zerstört worden. Kein größerer Hersteller von Personenwagen war ungeschoren davongekommen. BMW mit 30 Prozent Schaden und Ford mit etwas weniger, gehörten noch zu den weniger hart Betroffenen. Doch dann drohte die Demontage noch intakter Produktionsanlagen. Manches wanderte in die Sowjetunion, wo schon 1946 vor den Toren Moskaus ein »russischer Volkswagen« vom Band lief, der nichts anderes als ein originalgetreu nachgebauter Opel Kadett war. Das VW Werk hatte in dieser Beziehung Glück: In der britischen Zone gelegen, entgingen die Produktionsanlagen einem Abbau. Die Engländer ließen die Produktion des »Käfers« schon kurz nach Kriegsende anrollen, um den Eigenbedarf an Stabsfahrzeugen zu decken.

In der Bevölkerung des Dreizonengebildes »Trizonesien«, das unter amerikanischer, britischer und französischer Verwaltung stand, war die Hoffnung auf einen industriellen Wiederaufbau zunächst fast auf Null geschrumpft.

Der amerikanische Politiker Henry Morgenthau drängte darauf, Deutschland in ein Agrarland und die Deutschen in Farmer zu verwandeln, um diesem Volk ein für allemal seine kriegerischen Gelüste abzugewöhnen. Unter diesen Umständen an ein neues, eigenes Auto zu denken, war völlig absurd. Die wenigen der Requirierung entgangenen Autos aus Vorkriegsbeständen (in großer Zahl die von der Wehrmacht verschmähten Zweitakter von DKW) konnten von Deutschen nur bewegt werden, wenn die Besitzer eine spezielle Fahrerlaubnis besaßen und man über Bezugsscheine für Kraftstoff verfügte, wobei noch 1946 das Limit bei 10 Liter pro Monat lag. Holzgasgeneratoren waren eine problematische Möglichkeit, trotz der Restriktionen ein paar Kilometer mehr zu fahren. Der Schwarzmarkthandel blühte.

Nachdem die nötigsten Reparaturen an den westdeutschen Autowerken vorgenommen worden waren, liefen erst einmal dringend zum Wiederaufbau der zerstörten Städte benötigte Lastwagen vom Band. Die wenigen Personenwagen, die schon 1947 bei Mercedes, VW und Opel gebaut wurden, waren für die Besatzer und den Öffentlichen Dienst bestimmt; nur sehr wenige wanderten damals schon in private Hände.

Die Motorisierung der Deutschen in den späten vierziger Jahren bestand in der Hauptsache aus Fahrrädern mit Hilfsmotor am Vorder- oder Hinterrad und aus Motorrädern. Gütertransporte wurden mit Handwagen, Lastenfahrrädern oder knatternden Dreirädern von Tempo und Goliath erledigt. Hier und da versuchten aber schon bald geschickte Bastler aus Altmetall und Militärschrott fahrbare Untersätze für den Eigenbedarf zu bauen, und solchen Eigenbauten begegnete man damals auf den verkehrsarmen Straßen nicht selten. Doch dank der Hilfe der Siegernationen, die eingesehen hatten, daß nur ein starkes, demokratisches Westdeutschland zusammen mit seinen Nachbarn ein Gegengewicht zum Ostblock in Europa herstellen konnte, ging es nach der Währungsreform am 20. Juni 1948 zunächst noch langsam, aber unaufhaltsam wieder wirtschaftlich bergauf. Pioniere der Kleinstwagenbewegung nach 1945 wie Fritz Fend und Hermann Holbein bauten unter schwierigsten Bedingungen einfache, aber den bescheidenen Bedürfnissen der meisten gerade genügende ein-

*Rechts: Populärster deutscher Kleinwagen der zwanziger Jahre: Der 2/10 PS Hanomag, genannt »Kommißbrot«.*

*Ganz links: Solche abenteuerlichen Dreiradwagen gab es in Deutschland unter den Marken Phänomen und Cyklonette schon vor dem Ersten Weltkrieg. Links: Framo Stromer mit DKW-Mechanik von 1933.*

und zweisitzige Fahrmaschinen in kleinsten Serien, die nun jeder, der das nötige Kleingeld hatte, ohne Bezugsschein kaufen konnte. Das Zauberwort hieß damals »Wetterschutz«. Saß man auch noch so beengt im schwächlichen Kleinstwagen – die neidvollen Blicke der den Witterungseinflüssen ungeschützt ausgelieferten Zweiradfahrer waren einem sicher...
Erstaunlicherweise erkannte nur einer der großen Hersteller schon früh die Notwendigkeit einer Kleinwagenentwicklung in großem Stil und verwirklichte ein entsprechendes Fahrzeug bereits zu Beginn des Jahres 1950: Carl F. W. Borgward. Sein Lloyd LP 300 war damals die einzige vollwertige Alternative zum VW, wollte man ein billiges Auto mit vier Sitzen erstehen. Dabei sparte man gegenüber einem Wolfsburger Standard-Modell fast 1500 Mark, mußte aber große Abstriche beim Temperament und der Geräumigkeit des kleinen 10-PS-Wagens machen, der mit der ganzen Familie besetzt nur noch mühsam und unter ohrenbetäubendem Lärm von der Stelle kam. Doch selbst solch ein Mobil war für die meisten Deutschen noch unerreichbar.
Manche Firma, und hatte sie auch bisher nichts mit Automobilen zu tun gehabt, fühlte sich nun angespornt, ebenfalls ein billiges Kleinstauto zu konstruieren, wobei heute auffällt, daß man sich merkwürdigerweise nur in den wenigsten Fällen darum bemühte, ein wirklich vernünftiges und nützliches Wägelchen zu bauen, sondern sich vielmehr Mühe gab, die Käufer durch allerlei Modisches und Verspieltes zu ködern. Elfenbeinfarbige Lenkräder und Fernschaltung sollte solch ein Mobil schon haben, und eine schnittige Coupéform wurde einem sicher etwas klobiger wirkenden, aber praktischen Viersitzer stets vorgezogen. Daß die wenigsten dieser Kleinwagen familientauglich waren, kümmerte kaum. Den Antrieb besorgten aus Kostengründen natürlich einfache, wenn auch viel Gemisch schluckende, laute, luftgekühlte Zweitaktmotoren.
Inzwischen hatte sich Fends spartanischer »Flitzer« zum »König der Roller« (Messerschmitt Kabinenroller) gemausert, und Egon Brütsch versuchte das Kleinwagenproblem mit eiförmigen Kunststoffmobilen ebenso originell wie leider auch erfolglos zu lösen. Schlichte, aber auch relativ langweilige Fahrzeuge wie das Fuldamobil fristeten derweil ein zähes Schattendasein, und erst 1955 kamen fast zeitgleich zwei völlig unterschiedliche, aber genial durchdachte Kleinstwagen auf den deutschen Markt. Die völlig unkonventionell gebaute BMW Isetta und das biedere, aber höchst praktische und robuste Goggomobil machten es fortan jeglicher Neuerscheinung auf dem Kleinwagensektor fast unmöglich, auf dem Markt zu bestehen. Zudem wurde der VW immer billiger und näherte sich schon dem Preisniveau gut ausgestatteter Kleinwagen. Gleichzeitig nahm die Wirtschaft und damit der Wohlstand der Bevölkerung einen enormen Aufschwung; das Wirtschaftswunder füllte die Taschen der Autokäufer spürbar. Die Mittelklasse war nun schon für viele erschwinglich geworden, die Schar der Klein- und Kleinstwagen sah sich mehr und mehr ins Abseits gedrängt. Mobile wie Isetta, Lloyd und Champion hatten Nachfahren mit größeren Karosserien und stärkeren Motoren bekommen; die einst beliebte 250-ccm-Klasse verlor rasch an Bedeutung. Mitte der sechziger Jahre waren von den rund 30 Firmen, die sich mit dem Bau von Kleinwagen beschäftigt hatten, nur noch Glas, BMW und Fuldamobil übrig, der Rest hatte aufgeben müssen. Nur zehn Jahre nach einem regelrechten Boom solcher Autos hatte sich das Blatt zur Gänze gewendet, in Deutschland war die Ära der Kleinwagen zu Ende gegangen.

*Oben: Goliath Pionier, ein Dreirad mit 200-ccm-Motor von 1933.*

*Rechts oben: BMW Wartburg Sport 1931, ein richtiger kleiner Sportwagen. Darunter: Ein zweisitziger Versuchswagen von BMW, etwa 1932/33 auf die Räder gestellt.*

# ADI

Die Firma Fahrzeugbau Artur Diebler in Berlin-Neukölln begann nach Ende des Krieges mit der Fertigung einfacher Lastendreiräder. Der Motor saß über dem Vorderrad, das von einer Kette angetrieben wurde, das Ladegut wurde auf einer Pritsche oder in einem Kofferaufbau hinter dem offenen Fahrerplatz verstaut. Um 1950 unternahm die Firma den Versuch, einen ähnlich konstruierten Zweisitzer auf den Markt zu bringen. Zwischen den Hinterrädern befand sich eine kunstlederbezogene Sitzbank; der Fahrer bediente die Lenkung mit einem langen Hebel und bremste mit dem Fußpedal die Hinterräder. Die 4,2 PS des kleinen Einzylinder-Zweitakters mit 120 ccm ließen den ADI maximal 50 km/h erreichen; ein Wetterschutz fehlte. Von diesem primitiven Fortbewegungsmittel sind aller Wahrscheinlichkeit nach nur ein paar wenige Exemplare entstanden.

*Keine orientalische Rikscha, sondern der Versuch eines Mikro-Automobils. Das Adi-Dreirad entstand kurz nach dem Kriege in Berlin.*

# BASSE

Auch das gab es: Den schnittig aussehenden Roadster mit dem Namen Amateur konnte man nicht fahrbereit beim Händler kaufen, sondern er wurde als Baukasten angeboten. Es gab eine Anleitung zum Selbstbau dieses Kleinwagens, die man bei Karlheinz Basse in Köln bestellen durfte.
Anfang der fünfziger Jahre hatte Basse die Pläne zum Eigenbau eines solchen Modells ausgearbeitet; 1953 bot er erstmals eine Baumappe zum Versand an, die den Interessenten (mit Vorkenntnissen) in die Lage versetzen sollte, den Amateur selbst zu bauen.
Für 10 Mark erhielt der künftige Autobastler eine Schnellheftmappe im Oktavformat mit 20 Textseiten und zehn detaillierten Konstruktionszeichnungen zugesandt. Wer das nötige Geschick besaß, sollte so angeblich billiger zu einem Kleinwagen kommen können als andere.
Diese Anleitung war relativ gut ausgearbeitet, enthielt eine Baukostenübersicht an Material und Lohnarbeiten und sogar eine Bezugsquellenliste. Die Stückliste umfaßte nicht weniger als zehn Seiten.
Als Motorisierung wurden Zweitakter von nicht mehr als 250 ccm empfohlen, die den Zweisitzer dann über Kette an die Hinterachse antreiben konnten.
Wieviele Amateur-Kleinwagen mit Hilfe dieser Mappe, die Herr Basse im Rotaprint-Verfahren selbst herstellte und verlegte, tatsächlich gebaut wurden, ist nicht mehr festzustellen.

# BMW

Die Bayerischen Motoren Werke, bislang berühmt als Fabrikanten hochwertiger Sportwagen und Limousinen, hatten 1928 mit der Herstellung von Automobilen durch die Übernahme des Dixi aus Eisenach (ein Kleinwagen unter Austin-Lizenz) begonnen. Nach dem Ende des Zweiten Weltkrieges sollte sich erneut die Aufnahme eines Kleinmobils in das BMW-Programm als schicksalhaft erweisen.
Die teuren Sechszylinderwagen vom Typ 501 bewahrten der mit großen finanziellen Schwierigkeiten kämpfenden Münchener Firma zwar das Image des Klassewagenherstellers in Konkurrenz zu Daimler-Benz, doch in einer Zeit, als Fahrräder mit Hilfsmotoren ihre Blütezeit erlebten, waren nur wenige in der Lage, sich einen neuen BMW anzuschaffen.
Ein eigener Kleinwagenentwurf, den Chefkonstrukteur Fritz Fiedler um 1950 bis zum Prototypenstadium vorangetrieben hatte, war von der Firmenleitung nicht zur Produktion freigegeben worden. Dabei hätte dieser attraktive Wagen, der eine gewisse Ähnlichkeit mit dem italienischen Fiat Topolino aufwies und von einem Motor aus der Zweiradproduktion angetrieben wurde, sicher keine schlechten Chancen auf dem Markt gehabt. Weitere Kleinwagenpläne waren im Hause BMW zunächst nicht mehr aufgegriffen worden. Erst als man 1954 erkennen mußte, daß die letzte Rettung für die Firma nun doch in einem Kleinwagenmodell liegen müßte, konnte man eine Eigenentwicklung nicht mehr schnell und billig genug auf die Räder stellen. Die Aufnahme einer Fremdkonstruktion erschien als der einzig verbleibende Weg.
Als eine der originellsten und zugleich brauchbarsten Neuerscheinungen unter den Kleinmobilen war 1953 in Italien die Isetta von der Firma ISO auf dem Markt erschienen, deren Erfolg sich in Italien jedoch in Grenzen hielt. Es war ein vierrädriges Fortbewegungsmittel, das ohne Rücksicht auf bestehende Konventionen im Hinblick auf größten Nutzen bei kleinsten Abmessungen erdacht worden war, wobei man sogar vor exotischen Details wie Fronttür, hinterer Schmalspur und asymmetrisch angeordnetem Mittelmotor nicht zurückgeschreckt war. Bei genauer Inspektion dieses Modells durch die BMW-Ingenieure zeigte sich jedoch auch das im Vergleich zu anderen Kleinstwagen hohe Qualitätsniveau der Isetta. Sie hatte durchaus ihre Vorteile, wie angenehme Sitzposition für zwei Erwachsene, gute Fahreigenschaften und ein originelles, wenn auch recht gewöhnungsbedürftiges Aussehen.
Für die Firma ISO Spa von Renzo Rivolta, die in Mailand außer der Isetta Motorräder produzierte und später durch großkalibrige Sportwagen auf sich aufmerksam machen sollte (ISO Grifo!), war die Geschäftsverbindung mit den Deutschen natürlich ebenfalls interessant. So wurde man sich schließlich Ende 1954 handelseinig. BMW war der Entschluß, ein derartig unkonventionelles Mobil zu bauen, natürlich keineswegs leichtgefallen, man muß heute den Mut der Verantwortlichen zu einem solchen Schritt aufrichtig bewundern. Doch so, wie die Isetta in Italien angeboten wurde, wollten die Bayern das Mobil nicht bauen. Der Motor des Originals, ein Zweitakt-Doppelkolbenaggregat, das durch Kraftlosigkeit und Lärm gekennzeichnet war, wurde gegen einen 250-ccm-Viertakter aus dem Motorrad R 25 ausgetauscht, der durch ein Gebläse für den Betrieb in geschlossener Karosserie angepaßt worden war. Ferner wurden die Scheinwerfer höher gesetzt

*Oben links: Die klassische Isetta, gebaut in München, in ihrer ersten Ausführung von 1955/56. Wetterschutz ist das Losungswort!*

*Oben: Blick auf das Fahrgestell der Münchner Isetta. Der Motor hängt sozusagen außenbords.*

*Variationen eines Themas. Die bekannte und weit verbreitete Isetta als Pickup und als Landaulet (rechts), bei welchem die hintere Dachpartie cabrioähnlich zu öffnen war…*

*Die Isetta in ihrer zweiten Bauform, 1957 auf den Markt gekommen. Auffallend sind die veränderten Fensterflächen und die kürzeren Scheinwerfergehäuse. Insgesamt 160000 Exemplare wurden von beiden Versionen gebaut.*

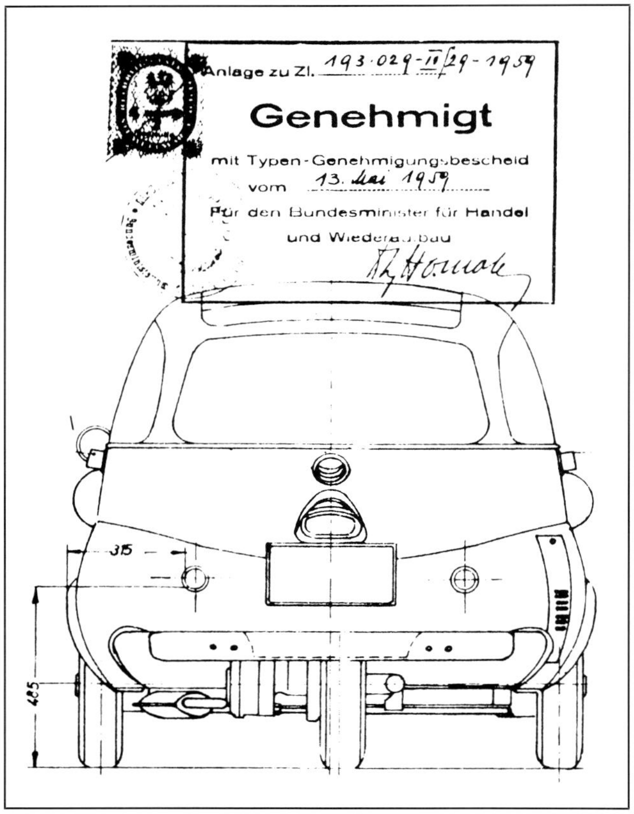


*Oben: Typenfreigabe durch das österreichische Handels- und Wirtschaftsministerium für den Import der dreirädrigen Isetta.*

*Oben: Isetta Export-Sondermodell. Ein wenig dürftig sah das Fahrzeug in dieser Ausführung schon aus…*

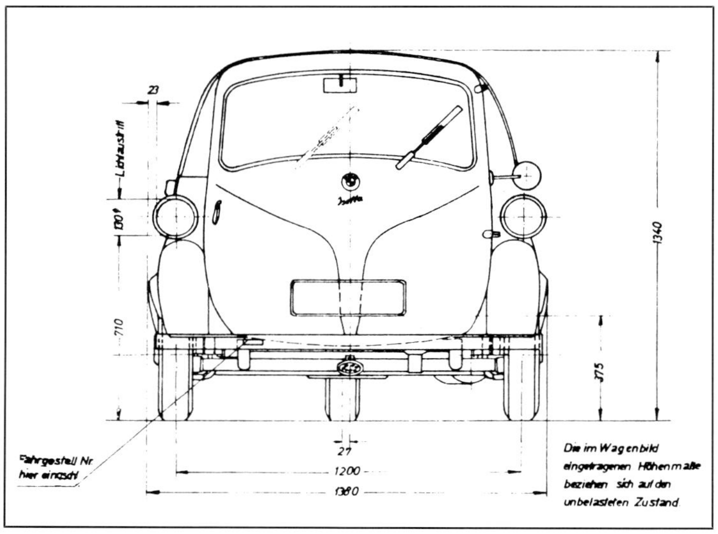


*Rechts: Von vorn unterschied sich die Exportversion mit drei Rädern nicht von der vierrädrigen Originalausgabe. Der Umbau auf drei Räder hatte steuerliche Gründe – in etlichen Ländern genossen »Threewheeler« fiskalische Vorteile.*

und in länglichen Gehäusen untergebracht. Auf Belüftungsschlitze auf dem seitlichen Motordeckel, die beim ISO-Original an Haifischkiemen erinnerten, verzichtete man. Ein Paar seitliche Blinker und ein anderes Lenkrad vor dem winzigen »Armaturenbrett« machten das italienische Mobil zur BMW Isetta, wie sie dann im April 1955 offiziell vorgestellt wurde und kurze Zeit später in Produktion ging.
Aufwendige und gekonnte Werbung verhalf dem eiförmigen Winzling bald zu einem hohen Bekanntheitsgrad und ließ das Fronttür-Mobil schnell zum Traum der kleinen Leute werden. Zur Not konnte auch noch ein Kleinkind zwischen den Eltern auf der Sitzbank untergebracht werden; für Gepäck war dann jedoch nicht mehr viel Raum. Hinter den Sitzen gab es nur noch eine Hutablage. Koffer und andere sperrige Güter mußten entweder im Fußraum oder auf einer dem Wetter ausgesetzten Kofferbrücke auf dem Heck transportiert werden. Vielleicht war der Mangel an Stauraum das größte Handicap der Isetta.

Das unorthodoxe Mobil mit dem vertrauenerweckenden Firmennamen eroberte die Herzen im Sturm. Bereits im November 1955 waren 10000 Exemplare gebaut; Interessenten mußten sich an lange Lieferzeiten gewöhnen. Ab Februar 1956 gab es dann auch einen 300-ccm-Motor, der zwar nur 1 PS mehr leistete, aber deutlich elastischer war. Das Schalten im »Motocoupé«, wie die Isetta von BMW genannt wurde, gehörte ohnehin zu den Arbeiten, die vom Isetta-Neuling eine gewisse Zeit der Gewöhnung verlangten. Der kleine Hebel der unsynchronisierten Klauenschaltung ragte links neben dem Fahrer aus der Bordwand, und die Gänge lagen genau umgekehrt wie bei üblichen H-Kulissen. Man mußte das Fahren in der Isetta also gewissenhaft üben, bevor man ohne Komplikationen am Verkehr teilnehmen konnte.
Ständig erfuhr das Mobil kleine Veränderungen und Verbesserungen, wie bei der Belüftung und durch kleinere Scheinwerfergehäuse. Es wurde auch mit Sonderkarosserien experimentiert, zum Beispiel einer

Version mit Klappverdeck an Stelle des Heckfensters und einer anderen mit einer im Huckepack-Verfahren aufgesetzten Ladefläche mit Plane! Diese Lasten-Isetta hatte versuchsweise auch horizontal geteilte Seitenfenster zum Hochklappen, ähnlich wie beim 2 CV. Daneben wurde für den Export nach Amerika ein Modell mit mächtigen Stoßstangenbügeln und grotesk großen »sealed beam« Scheinwerfern entwickelt. Etwa 1 000 Stück davon wurden über den großen Teich verkauft.

Auf der IAA 1956 im September feierte eine neue Isetta Premiere, deren Karosserie deutliche Verbesserungen erfahren hatte. Die früher weit nach oben gewölbten Plexiglas-Scheiben waren nun niedrigeren Schiebefenstern gewichen, wodurch die Sonne nicht mehr so stark den Innenraum aufheizen konnte, und auch was das Fahrwerk und die Federung der Isetta betraf, waren Fortschritte erzielt worden. Das Mobil sah jetzt etwas weniger exotisch aus und hatte an Harmonie gewonnen. Ab Oktober 1956 wurde das neue Modell in beiden Motorvarianten produziert; die alte Ausführung gab es als billigeres Standard-Modell noch bis März 1957.

Auch die neue Isetta wurde wieder ausschließlich mit Klappdach geliefert, um den Insassen bei einem die Fronttür verklemmenden Unfall einen Notausstieg zu erhalten. Es gab wieder ein Exportmodell, wahlweise mit dem Cabrioverdeck und zusätzlichen Belüftungsschlitzen in der Fronttür für tropische Hitze. Auch das Liefermodell wurde nun offeriert, wobei man zwischen Pritsche mit oder ohne Plane und Kastenaufbau wählen konnte. Diese Ladefläche ließ sich am Wochenende leicht abmontieren und durch ein Cabrioverdeck ersetzen. Sogar ein rundes Heckfenster aus Zelluloid war in die Plane eingearbeitet worden, doch mehr als zwei Schreibmaschinen waren in diesem Lastenmodell nicht unterzubringen. Nur sehr wenige Liefer-Isettas wurden verkauft.

Von den Erfolgen der kleinen Isetta ermuntert, hatte BMW inzwischen an einem ähnlichen, aber viersitzigen Modell zu arbeiten begonnen. Die Front dieser »großen Isetta«, die im Spätsommer 1957 vorgestellt wurde, entsprach noch weitgehend dem Motocoupé. Hinter der vorderen Sitzbank hatte BMW jedoch ein neues Heck angefügt. Bei über einem halben Meter Längenzuwachs hatte dieses Modell nun eine Hinterachse von fast gleicher Spurweite wie die Vorderräder, und ein bewährter Zweizylinder-Boxermotor aus dem Motorradprogramm, der auf 19,5 PS gedrosselt worden war und über 582 ccm verfügte, war mit einem vor der Achse liegenden, vollsynchronisierten Vierganggetriebe verblockt.

Um die verhältnismäßig geräumige Heckbank des später »Isetta 600« getauften BMW Kleinwagens erreichen zu können, gab es nun eine Seitentür auf der rechten, dem Gehsteig zugewandten Seite. Der BMW 600 hatte ein richtiges Armaturenbrett mit modernem Breitbandtacho, obwohl sich die Lenksäule noch immer beim Öffnen der Fronttür mitbewegte. Eine sportliche Mittelschaltung und freundliche Innenausstattung machten den Umgang mit diesem kleinen Viersitzer recht angenehm, doch ließen sich nun viele Interessenten von dem ungewöhnlichen Erscheinungsbild des im Vergleich zur Isetta über 1 000 Mark teureren Modells abschrecken. So wurde das Jahr 1959, in dem auch eine »Saxomat« genannte, automatische Kupplung in den BMW 600 eingebaut werden konnte, zum letzten Baujahr dieses höchst ungewöhnlichen Fahrzeuges, von dem etwa 35 000 Stück verkauft werden konnten.

Bei BMW hatte man diesen Mißerfolg schon früh geahnt und mit der Entwicklung eines etwas konventionelleren Kleinwagens begonnen.

*Oben: Prototyp der Isetta als BMW 600 - mit vier Rädern an den »richtigen« Stellen und einer zusätzlichen Seitentür. Die Fronttür und die Scheinwerfer entstammen der Serien-Isetta. Unten ein Vorserienmodell des 600 von 1957.*

Um auch stilistisch auf der Höhe der Zeit zu sein, hatte man für den Entwurf der selbsttragenden Karosserie den Italiener Giovanni Michelotti engagiert, der durch besonders ansprechende Kleinwagenkarosserien bekannt geworden war. Was die Radaufhängungen betraf, so lehnte man sich eng an den Typ 600 an, doch diente als Kraftquelle für das neue Auto ein 700-ccm-Boxermotor mit 30 PS Leistung. Um für angemessenes Aufsehen zu sorgen, stellte BMW dann im Frühjahr 1959 eine bildhübsche Coupéversion des neuen Kleinwagens vor. Michelotti hatte ganze Arbeit geleistet! Von jedem Winkel aus betrachtet, sah der neue Kleinwagen harmonisch und ansprechend aus, und auch im Innenraum herrschte angenehmste Atmosphäre mit klaren Rundinstrumenten, niedrigen Schalensitzen und kurzem Schaltknüppel. Zu zweit saß man äußerst kommod im kleinen BMW Coupé, und der bullige Motor sorgte für 125 km/h Spitze. Angelassen wurde die Maschine über ein vor dem Schaltknüppel auf dem Mitteltunnel angebrachtes Zünd-/Anlaßschloß. Unter der Fronthaube gab es ausrei-

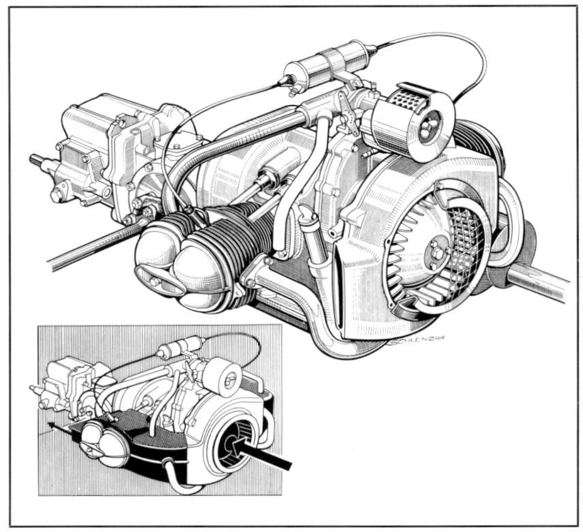

*Röntgenzeichnung des BMW 600. Es gab ausreichend Platz für vier Insassen. Rechts: Interieur des Prototyps und der luftgekühlte Motor dieses Fahrzeugs.*

*In der US-Version – etliche Exemplare wurden in alle Welt exportiert – gab man dem BMW 600 wuchtige Stoßstangen.*

*Rechts: BMW 700 Coupé, ein erfolgreiches Kleinwagenkonzept, das im August 1959 der Öffentlichkeit präsentiert wurde. Am Karosseriedesign hatte der Italiener Michelotti mitgewirkt.*

chend Platz für Gepäck. Im August ging dieses Coupé in Serie; die etwas schlichtere, viersitzige Limousine folgte noch im Dezember 1959. Bald gab es eine besser ausgestattete Luxus-Limousine sowie ein Sport-Coupé, das mit seinem 40-PS-Motor als erfolgreiches Sportfahrzeug diente.
Im Herbst 1961 brachte BMW das attraktivste Modell dieser recht erfolgreichen Modellreihe heraus, ein von der Karosseriefirma Baur gefertigtes Zweisitzer Cabriolet mit besonders schöner Ausstattung. Es kostete 7000 Mark und fand bis Ende 1964 immerhin etwa 2500 Liebhaber.
Im Frühjahr 1962 wurde die Limousine mit um 16 cm verlängertem Radstand als BMW 700 LS Luxus angeboten, um den Fondpassagie-

ren den Aufenthalt im 700er angenehmer zu machen. Zur IAA 1964 erschien dann auch ein verlängertes Coupé als Modell LS, doch hatte man hier des Guten zu viel getan und hauptsächlich das Heck in die Länge gezogen, womit die harmonische Linie des Wagens empfindlich gestört war. Mit dem 40-PS-Motor ließen sich fast 140 km/h erreichen.
Als die Modellreihe 700 im September 1965 eingestellt wurde, waren insgesamt über 180000 Einheiten verkauft worden. Bis dahin also das erfolgreichste BMW Modell! Doch was war inzwischen aus dem Mo-

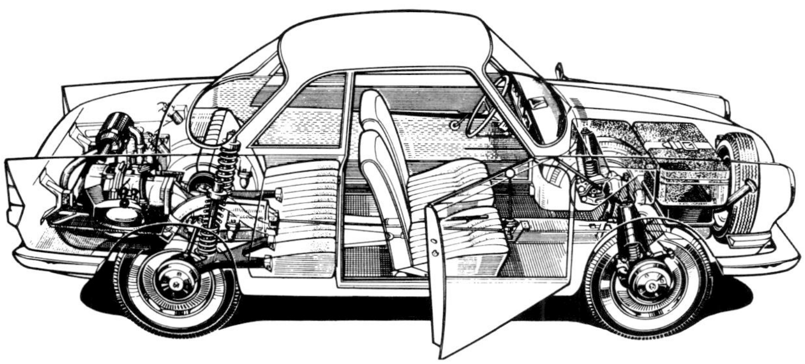

*Links: Das 700 Coupé bot zur Not zwei weiteren Personen Platz. Auf dem Foto unten sind die Proportionen des längeren LS Coupés erkennbar.*

*Der BMW 700 war im Motorsport ein Favorit. Oft genug gewann er seine Klasse gegen italienische Konkurrenz, wie hier beim Trierer Flugplatzrennen im Oktober 1966.*

tocoupé Isetta geworden? Seit dem mit 22543 Wagen erfolgreichsten Isetta-Jahr 1956 war das Interesse am BMW Kleinstmodell erst langsam, dann immer rapider geschwunden. Der rasante wirtschaftliche Aufschwung in Deutschland hatte eine bereits in der Mitte der fünfziger Jahre beginnende Abkehr vom Kleinstwagen zur Folge, und außerdem machte sich BMW ja mit seinem attraktiven Kleinwagen Konkurrenz im eigenen Hause. Als die sechziger Jahre anbrachen, waren es dann hauptsächlich die Besitzer der alten Führerscheine Klasse IV, die noch an einer Isetta, hauptsächtlich mit 250-ccm-Motor, interessiert waren. Im Mai 1962, als bereits die ersten neuen Mittelklassemodelle die Bänder verließen, kam das Ende für die Isetta in Deutschland, nachdem auch die anderen ausländischen Lizenznehmer des »rollenden Eis« in England, Frankreich, Spanien und Brasilien längst das Handtuch geworfen hatten. Die ISO Isetta war nur bis 1957 gebaut worden.
In Deutschland gehörte dieses unter heutigen Kleinwagensammlern noch weitverbreitete Mobil zu den erfolgreichsten Vertretern seiner Art. Innerhalb von acht Baujahren waren nicht weniger als 160000 Exemplare verkauft worden – ein für ein solch extremes Fahrzeug wohl einmaliges Ergebnis.

# BÖHLER

*Böhler Einsitzer von 1946. Eine Konstruktion von 1945/46 mit 4-PS-Heckmotor.*

Ingenieur Fidelis Böhler, der sich schon in den zwanziger Jahren einen Namen im Kleinwagenbau erworben hatte, (das berühmte Hanomag »Kommißbrot« ging auf seine Arbeit zurück), versuchte auch nach 1945 wieder auf diesem Gebiet zu arbeiten.
Das Mobil, das er Ende 1946 präsentierte, glich indessen mehr einer Kleinwagen-Karikatur als einem ernsthaften Beitrag zur Kleinmotorisierung. Nur etwa zwei Meter lang war der offene Einsitzer, der auf viel zu großen Scheibenrädern dastand und dessen Blechkarosserie noch entfernt an den Hanomag von 1925 erinnerte. Freistehende Scheinwerfer und Kotflügel und tiefe Ausschnitte anstatt Türen deuteten an, daß mit geringstem Aufwand gearbeitet worden war, doch der größte Nachteil des Mobils war der fehlende Wetterschutz und die Einsitzigkeit. Nicht mehr als 4 PS produzierte der Einzylinder-Heckmotor des Prototyps mit rund 150 ccm Hubraum, was nur für vielleicht 40 km/h ausreichte. So hielt sich das Interesse an diesem Ein-Mann-Mobil sehr in Grenzen und blieb der letzte Versuch Herrn Böhlers, an die Erfolge vor dem Krieg anknüpfen zu können.

# BRÜTSCH

Unter den vielen Tüftlern, Bastlern und Ingenieuren, die sich in der Nachkriegszeit mit dem Thema Kleinwagen beschäftigten, nahm Egon Brütsch in Stuttgart eine Sonderstellung ein. Er mußte nicht wie die meisten aus dem Nichts und unter primitiven Bedingungen seine Pläne verwirklichen, sondern war Sproß einer wohlhabenden Industriellenfamilie, deren Erfolge auf der Herstellung von Damenstrümpfen basierten. So konnte es sich der junge Brütsch in den dreißiger Jahren leisten, seiner Leidenschaft, dem Rennsport, nachzugehen und verbuchte auf Motorrädern und auf Automobilen einige Erfolge. Auch nach dem Krieg war Egon Brütsch im Motorsport aktiv und kam auf die zwar naheliegende, aber in jenen Tagen ebenso unrealistische Idee, einen Maserati-Rennwagen in eigener Werkstatt als 2:1-Modell für Kinder reicher Eltern herstellen zu lassen. Das Spielauto mit Fahrradhilfsmotor bot er für 750 Mark an, doch nur sehr wenige konnten damals ihrem Sprößling ein solches Geschenk unter den Weihnachtsbaum legen. Dies sah auch Brütsch bald ein und wandte sich der Entwicklung eines Fahrzeuges für Erwachsene zu.
Erstes Brütsch-Auto wurde Ende 1950 ein noch sehr vom Rennsport inspirierter Einsitzer in Monoposto-Form mit Kotflügeln, dessen rechtes Hinterrad von einem NSU-125-ccm-Einzylinder-Motor mit Fliehkraftkupplung angetrieben wurde; später kam ein Baumsägenmotor von Baker & Pölling zum Einsatz. Dieser auf Sackkarrenreifen stehende, winzige Roadster ohne Verdeck war leider wieder am tatsächlichen Bedarf vorbeigebaut worden und verschwand schnell von der Bildfläche. Zweiter Versuch war ein »Modell T« oder »Eremit« genannter Einsitzer mit normaler, wenn auch zwergenhafter Pontonkarosserie in offener und geschlossener Version. Beide Wagen mit 125-ccm-ILO-Motor debutierten 1951 in Frankfurt, doch fand sich kein Lizenznehmer für die beiden hübschen, aber auch unpraktischen Autos, und Brütsch konnte oder wollte selbst keine Produktion finanzieren.
So entstand wenig später, Anfang 1953, ein zweisitziges Sportcabriolet. Es basierte auf der Mechanik des Lloyd 400. Bei Wendler hatte Brütsch zwei Versuchswagen karossieren lassen; die Wagen sahen von hinten einem Porsche 356 ähnlich. Doch blieben die Fahrleistungen weit hinter den Erwartungen zurück, die die schnittige Karosserie weckte. Auf mancher Ausstellung wurden die Brütsch-Kreationen gezeigt, doch wagte sich auch diesmal niemand an eine Serie heran.
In jener Zeit hatte die amerikanische Chevrolet Corvette mit ihrer Kunststoffkarosserie für Aufsehen gesorgt, und Brütsch sah in dieser Technik die Zukunft seiner Kleinwagen-Pläne. In Zusammenarbeit mit BASF in Ludwigshafen entwickelte er eine einfache, offene Dreiradkarosserie, bestehend aus einer oberen und einer unteren Schale, die durch ein rundumlaufendes Band zusammengehalten wurde. Das türlose, eiförmige Mobil konnte auf einer breiten Sitzbank bis zu drei Passagiere befördern. Der Fahrer bediente ein elektrisch geschaltetes Viergang-Ziehkeilgetriebe, das die Kraft des 10-PS-Fichtel & Sachs-Motors auf das in einer Schwinge geführte Hinterrad übertrug. Aus Kostengründen war die Vorderradaufhängung direkt mit der unteren Kunststoffschale verschraubt; das Vehikel hatte zudem hydraulische Bremsen, die allerdings nur auf die vorderen Räder wirkten.
Ein ernsthafter Lizenznehmer fand sich für dieses Brütsch 200 oder Spatz genannte Dreirad in der Werkzeugmaschinen-Firma Alzmetall in Altenmarkt. Leider stellte sich bei anschließenden Testfahrten heraus, daß die Befestigung der Vorderräder direkt an der Kunststoffschale ein schwerer Konstruktionsfehler war: bei harter Beanspruchung kam es zu Rißbildungen.

*Brütsch Typ 1 Cabriolet. Das Auto macht einen durchaus professionellen Eindruck und basierte auf der Mechanik des Lloyd 400.*

Ein solches Fahrzeug konnte man nicht in Serie bauen, deshalb beauftragte die Firma den ehemaligen Tatra-Konstrukteur Ledwinka zur Umkonstruktion des Brütsch-Wagens und verweigerte die Zahlungen an den Stuttgarter, der zwar anderer Meinung war, aber am Ende in einem Gerichtsverfahren unterlag. Doch schon auf der IAA 1955 präsentierte der rastlose Kleinwagen-Entwickler zwei neue Kreationen, beide mit Kunststoffkarosserien. Die Dreiräder mit dem Namen Zwerg hatten deutliche Ähnlichkeit mit dem Spatz, nur waren nun ihre Frontpartien kürzer ausgefallen, was die Zwerge bulliger aussehen ließ. Der Zwei- und der Einsitzer-Zwerg waren auf stabilen Stahlrohr-Fahrgestellen montiert. Es standen vier Motoren zur Wahl: Ein 200-ccm-Fichtel & Sachs (10 PS), zwei Victoria-Einzylinder mit 200 bzw. 250 ccm (11,5 oder 13,5 PS) sowie als stärkste Version ein 250-ccm-Maico-Zweitakter (14 PS), der den zweisitzigen Zwerg fast

*1950er Brütsch Monoposto mit NSU-Motorradmotor.*

Kraftübertragung für kinderleichtes Fahren sorgte. Beide Fahrzeuge waren indessen erneut am Publikumsbedarf vorbeigebaut worden und brachten es zusammen auf nicht einmal 20 verkaufte Exemplare. Die Leute wollten Mitte der 50er Jahre keine einfachen Fahrmaschinen mehr, noch dazu ohne Wetterschutz, und sahen sie noch so niedlich aus. Ein Kleinwagen mit Erfolgschancen mußte damals schon vier Räder, ein festes Dach und ein möglichst »normales Aussehen« bieten, um gekauft zu werden.

Doch Brütsch hatte sich in seine Polyester-Mobile verrannt und bereitete schon die nächste »Sensation« vor. Zur IFMA im Oktober 1956 zeigte er gleich vier neue Modelle, von denen das kleinste wirklich einiges Aufsehen erregte. Das »schwimmende Moped-Auto Mopetta« schien aus einem Zeichentrickfilm zu stammen: Man konnte sich kaum vorstellen, als Erwachsener in solch einem Spielmobil durch die Landschaft zu kurven. Das gerade 1,70 Meter lange Plastik-Auto mit dem ulkigen, aber sinnlosen Kühlergrill und zentralen Mopedscheinwerfer bot gerade einer Person Platz. Das Vorderrad wurde mit einem Motorradlenker gesteuert, an dem der Dreigang-Schaltdrehgriff befestigt war; auf einen Rückwärtsgang konnte bei einem Gewicht von nur 78 kg getrost verzichtet werden. Ein 50-ccm-Motor von Fichtel & Sachs mit 2,3 PS Leistung setzte das Ganze in Bewegung. Das Höchsttempo betrug 45 km/h. Daneben stand als größeres Schwestermodell

*Oben: Brütsch Mopetta vom September 1957. Das Bild entstand auf dem Frankfurter Messegelände. Rechts daneben ein Brütsch 400 – bildhübsch, aber zu aufwendig.*

*Rechts: Brütsch Rollera mit 5,2-PS-Sachsmotor. Daneben: Das elegante V2N-Cabriolet von 1958, Schlußlicht einer langen Reihe interessanter Brütsch-Kleinwagen.*

100 km/h schnell machte. Beim schwächsten und stärksten Motor wurde mit einer Viergang-Ratschenschaltung gearbeitet, während zu den Victoria-Motoren eine elektromagnetische Drucktastenschaltung gehörte.

In den Einsitzer baute Brütsch ausschließlich den 74-ccm-Motor aus dem DKW Motorroller »Hobby« ein, der mit seiner automatischen

die »Rollera«, 40 cm länger und vor dem rechten (Mopetta-Motor: vor dem linken!) Hinterrad mit einem 5,2 PS starken 98-ccm-Sachs-Motor bestückt, der für 80 km/h ausreichen sollte. Für beide Modelle gab es als Zubehör einen Heckgepäckträger.

Bei den beiden größeren Modellen handelte es sich um den Brütsch-200-Nachfolger »Bussard« mit drei Rädern und geänderter Frontpartie, aber sonst weitgehender Übereinstimmung mit dem Urmodell, sowie um das davon abgeleitete Vierradmodell »Pfeil« mit breiter Hinterachse und festem, nach vorn umlegbarem Dach und einzelnem Scheibenwischer. Dieser Brütsch wurde von einem 400-ccm-Zweizylinder-Motor von Lloyd und dazugehörigem Dreiganggetriebe in Bewegung gesetzt. Das Auto sollte 2990 Mark kosten. Soweit bekannt, fanden ganze sechs Pfeil und elf Bussard Käufer. Natürlich hatte die putzige Mopetta für das größte Aufsehen gesorgt, und fast wäre es sogar zur Serienfabrikation gekommen, denn der Frankfurter Automobil-Großhändler Georg von Opel hatte sich von Brütschs Begeisterung für das Micromobil anstecken lassen. Die nach Aufträgen lechzende Zweiradfirma Horex sollte dabei als Produzent eingeschaltet werden, doch bald verließ die Beteiligten der Mut. Inzwischen war auch der angepeilte Preis von 750 auf 1045 Mark geklettert, und die angekündigte Schwimmfähigkeit der Mopetta hatte sich als schlechter Scherz entpuppt, da der Motor ja deutlich sichtbar offen lag und den Kapitän eines solchen »Bootes« augenblicklich in höchste Seenot gebracht hätte. Brütsch setzte die Suche nach Lizenznehmern jedoch fort. Schließlich fand er einen Indonesier namens Ngo, der den Pfeil in Frankreich bauen wollte.

Im Herbst 1957 stellte Brütsch ein neues Modell mit dem düsteren Namen »V-2« vor, was soviel wie »Volkszweisitzer« bedeuten sollte. Es war wiederum ein Vierradmodell im Stil des Pfeil, jedoch mit einer etwas aufgeblasen wirkenden Kunststoffkarosserie. Zum Einbau kamen ein 98-ccm-Sachs oder ein 250-ccm-Maico-Motor. Der V-2 mit sportlicher Mittelschaltung und Vierganggetriebe kostete zwischen 1850 und 2180 Mark. Doch kaum jemand wollte solch ein unpraktisches und primitives Vehikel mehr haben, so daß nur ein Dutzend V-2 abzusetzen waren.

Auch Monsieur Ngo war inzwischen dahintergekommen, daß dieses Fahrzeug keinen Erfolg versprach und stellte seine Produktionsvorbereitungen ein. Zuvor hatte Brütsch sich noch zu einem letzten Versuch aufgerafft, seinen V-2 attraktiv zu machen. Die Karosserie wurde völlig überarbeitet und mit Heckflossen, einer seitlichen Mulde nach Art der Chevrolet Corvette, falschen Speichenrädern und einer Fülle an Chromzierat ausgestattet, Dinge, die das kleine Auto vollends zum Karussellvehikel werden ließen. Da half auch der Einbau des 500-ccm-Fiat Motors nicht mehr, der zwar für ungewöhnliches Temperament sorgte, aber auch den Preis auf 3900 Mark schnellen ließ.

Im Hinblick auf die Lizenz des Indonesiers taufte Brütsch den Wagen »V-2 Ngo«, eine Bezeichnung, die deutschen Interessenten wohl nur Rätsel aufgegeben hätte, doch es kümmerte sich ohnehin fast niemand mehr um die Experimente aus Brütschs Werkstatt.

Nun hatte auch Brütsch genug von seinem Engagement in Richtung Kleinwagen und Volksmotorisierung und wandte sich anderen Branchen zu. Bis in unsere Tage blieben nur wenige Brütsch-Fahrzeuge erhalten, darunter jedoch erstaunlicherweise vier von insgesamt vierzehn Mopettas.

## CHAMPION

Jene Kleinwagen, die zwischen 1946 und 1955 unter dem Namen Champion entstanden, gehörten zu den bekanntesten ihrer Zeit, wenn ihren Erbauern auch stets der wirtschaftliche Erfolg versagt blieb. Neben dem Lloyd, der Isetta und dem Goggomobil waren diese zwei- bis viersitzigen Autos damals am häufigsten unter den deutschen Kleinwagen im Straßenverkehr anzutreffen, sie gehörten zweifellos zu den ansehnlichsten Vertretern ihrer Gattung.

Meist wird der ehemalige BMW-Ingenieur und Rennfahrer Hermann Holbein als geistiger Vater dieser Wagen angesehen, doch ist dies nur teilweise richtig. Zwar arbeitete Holbein in der Nähe von Ulm schon seit Kriegsende an den Plänen zu einem kleinen Vierradwagen, doch kam es erst durch die intensive Zusammenarbeit mit der Zahnradfabrik Friedrichshafen, dem bedeutendsten deutschen Getriebehersteller, zu einer ersten, bescheidenen Serienfertigung. Dort hatte man mangels ausreichender Betätigungsmöglichkeiten ebenfalls an einem Kleinwagenprojekt gearbeitet und schon 1946 einen Prototyp fertiggestellt, ein nicht einmal zwei Meter langer, offener Roadster mit Zentralrohrrahmen, freistehenden Motorradrädern und frei aus dem kurzen Heck herausragendem Einzylinder-200-ccm-Motor von Triumph mit 5 PS Leistung.

Durch gute Beziehungen zum Vorstand dieser Firma erfuhr Holbein 1947 von den ZF-Kleinautoplänen. Kurze Zeit später bekam er die Möglichkeit, eine Lizenz für den Bau dieses Fahrzeugs zu erwerben. Doch es sollte noch geraume Zeit vergehen, bis der Schwabe sich in der Lage sah, ein solches Projekt zu übernehmen. Zum Jahresbeginn 1949 wurde dann der Vertrag unterzeichnet, wobei Holbein den Wagen zur Serienreife zu bringen hatte, während ZF für die Weiterentwicklung verantwortlich blieb.

Holbein machte sich dabei wohl keine Illusionen, daß der kleine Wagen, der »Champion« heißen sollte, noch einiger Verbesserungen bedurfte. In seiner Werkstatt in Herrlingen wurde mit ein paar Mitarbeitern an einem serienfertigen Modell getüftelt; es entstand zunächst eine Version, die einige Ähnlichkeit zum VW aufwies, doch wegen ihres hohen Gewichtes für den 5-PS-Motor schließlich nicht zu gebrauchen war. Der nächste Versuch geriet realistischer. Der Triumph-Motor hing zwar noch immer nackt am Heck, doch irgendwie sah das primitive Auto ganz hübsch und sportlich aus. Erste Prospekte wurden gedruckt, in denen eine baldige Serienproduktion angekündigt wurde. Inzwischen hatte ZF ein neues Dreiganggetriebe für den Champion entwickelt, das fortan das unselige Rasenmähergetriebe ersetzte. Es kam zum ersten Mal im Nachfolgetyp CH-2 zum Einsatz, der zudem einige weitere Verbesserungen aufwies. Eine einteilige Windschutzscheibe sorgte für ein moderneres Gesicht, und ein größerer Triumph-250-ccm-Motor mit 6,5 PS (eigentlich ein Stationäraggregat) saß nun unter einer buckelartigen Blechhaube mit Lüftungsschlitzen. Zwei Scheinwerfer waren jetzt in die Kotflügel integriert; der Fahrer saß, wie schon beim CH-1 (von dem es nur ein Exemplar gab) hinter einem Blechlenkrad ohne unterem Kranz, um das Besteigen des engen Cockpits zu erleichtern. Der Champion CH-2 lief trotz der recht schweren Karosserie an die 60 km/h. Mühsam kam im Sommer 1949 eine kleine Serienfertigung in Gang, wobei die Firma Böbel in Laupheim das Pressen der Blechteile übernahm. Das Wägelchen mit schwarzem Notverdeck wurde für 2650 Mark angeboten. Im Spätherbst konnten die ersten Kunden ihre Wagen in Empfang nehmen.

Mancher Sonderwunsch wurde berücksichtigt, so daß kaum ein Wagen dem anderen entsprach. Und es gab bald Ärger mit defekten Getrieben und Achsen. In aufwendiger Nachbesserungsarbeit mußte um den Ruf des neuen Kleinwagens gekämpft werden. Nach einer Produktion von nur elf CH-2 gab es im Frühling 1950 ein weiterentwickeltes Modell unter der Bezeichnung »Champion 250«.

Die Erfahrungen mit den Mängeln an den Vormodellen hatten zu

*Oben: Champion Werbefoto. Der kleine Roadster hat rassige Linien!*

*Ganz links: Der erste von Hermann Holbein gebaute Champion, konstruiert 1946. Rechts daneben Der Champion CH 1 Prototyp von 1949.*

einer robusteren Konstruktion der betreffenden Teile geführt. Auch optisch präsentierte sich der 250 leicht modifiziert. Das neue, stabilere Klappverdeck wurde an einer geteilten Windschutzscheibe mit dikkem Rahmen befestigt, an dem sich rechts und links Haltegriffe für die Passagiere befanden und an dessen Seiten die schwarzen Winkergehäuse befestigt waren. Ein richtiges Kunststofflenkrad ersetzte jetzt die blecherne Notlösung; Stoßstangen vorn und hinten komplettierten die neue Version. Auch taten nun kleinere Motorradreifen der Optik sehr gut; auf Wunsch konnten die lackierten Motorrad-Speichenräder mit Blechscheiben abgedeckt werden, um die Illusion von richtigen Autofelgen hervorzurufen. Wichtigste Neuerung war aber der neue Triumph-Doppelkolbenmotor mit etwa 10 PS Leistung, den man gegen einen Aufpreis von 100 Mark erhielt. Der machte den Champion 250 S fast 80 km/h schnell, was die Grenze der Belastbarkeit für Chassis und Bremsen bedeutete.

Nun wäre es an der Zeit gewesen, in eine höhere Produktionskapazität zu investieren, doch Holbein war dazu finanziell nicht in der Lage. Er mußte sich nach einem seriösen Partner umsehen. Inzwischen wa-

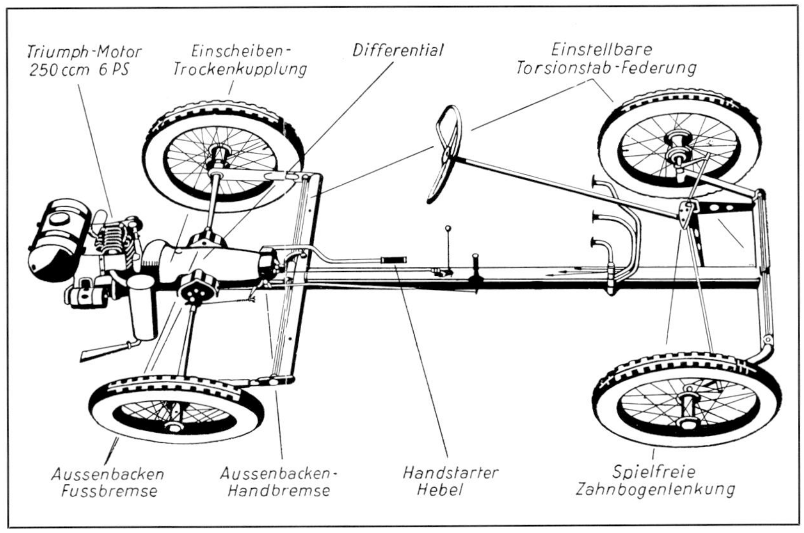


*Oben: Champion CH 2 von 1949 in flotter Fahrt und Darstellung seines Zentralrohr-Fahrgestells aus einem zeitgenössischen Prospekt.*

*Links: Champion-Prototyp, karossiert von der Stuttgarter Firma Vischer.*

ren beim Lizenzgeber ZF ein paar eigenkarossierte Champion mit hübschen, aber zu schwergewichtigen Karosserien entstanden, auch hatte ein Franzose namens Lepoix ein geschlossenes Coupé auf dem Champion-Fahrgestell gebaut und Holbein zum Bau angeboten. Doch wäre ein solch schwerer Wagen mit dem kleinen Triumph-Motor hoffnungslos untermotorisiert gewesen: Holbein winkte ab. In der Zwischenzeit hatte er selbst an die Weiterentwicklung seines Champion 250 zum geschlossenen Wagen gedacht und verschiedenen Karosseriebaufirmen drei Entwürfe zur Ausarbeitung gegeben. Bei Fries in Stuttgart entstand so ein recht ansehnlicher, fast stromlinienförmiger Zweisitzer mit festem Dach und planer Frontscheibe, und bei Vischer, ebenfalls in Stuttgart, eine Cabriolimousine ähnlichen Aussehens. Letztere entstand sogar in einigen Exemplaren in Eigenregie eines Champion-Händlers, der von Holbein die Fahrgestelle bezog und Baker & Pölling-Motoren installierte, ehe Holbein wegen Qualitätsmängel dieser Autos die Zusammenarbeit aufkündigte.

*Der Champion war ein ansehnlicher und sogar verhältnismäßig geräumiger Kleinwagen. Dies ist die letzte Ausführung als Rolldach-Coupé.*

*Unten: Präsentation des Champion 400 im Frühjahr 1950 in den Messehallen am Funkturm in Berlin.*

Als beste Lösung stellte sich die dritte Variante heraus, die bei der renommierten Karosseriefirma Drauz in Heilronn in Auftrag gegeben worden war. Mit einem Minimum an Preßwerkzeugen konnte man den dort entwickelten Aufbau herstellen, da beide Türen, beide Hauben und je zwei diagonal liegende Kotflügel nur eine Form benötigten. Diese Variante entpuppte sich bei genauer Kalkulation als die kostengünstigste, und Holbein machte sich mit seinem Team daran, auch unter dieser Blechhaut für Neues zu sorgen.

Inzwischen waren die Gebrüder Benteler, Inhaber zweier großer Betriebe der Zulieferindustrie, auf Holbeins Wagen aufmerksam geworden. Nachdem auf der Berliner Autoausstellung im Mai 1950 der 250-ccm-Roadster und der 400-ccm-Prototyp großen Zuspruch gefunden hatten, brachte man den zögernden Holbein schließlich zur Vertragsunterzeichnung für die Gründung einer neuen Firma unter dem Namen »Champion Automobilbau GmbH«. Als Fertigungsort wählten die Bielefelder die halb verfallenen Hallen eines ehemaligen Militärflughafens in der Nähe von Paderborn, die günstig zu bekommen gewesen waren. Während die neue Autofabrik eingerichtet wurde, entstanden einige Champion 250 in den Benteler-Werken in Handarbeit, um die Fertigung nicht ganz zum Stillstand kommen zu lassen. Die Umstellung der Produktion kostete Holbein erneut sehr viel Geld, sein Anteil an der neuen Firma schmolz dahin. Doch schließlich verließen im Februar 1951 die ersten Vorserienexemplare des neuen Champion 400 die Halle. Der neue Wagen hatte nun anstatt der von Holbein projektieren freitragenden Bodengruppe einen Rohrrahmen, den die Benteler-Werke selbst herstellen konnten; im Heck arbeitete ein 400-ccm-ILO-Motor mit 14 PS Leistung, gut für ca. 85 km/h. Wenig später lief die Fertigung des Champion 250 aus, nach 267 Exemplaren. Im Mai begann die Serienproduktion des ansehnlichen und geräumigen neuen Modells, und auf der IAA im September konnte man einen erstaunlichen Auftragseingang verbuchen: Der Wagen war gut angekommen. Der Champion 400 unterschied sich auch deutlich von seinem Konkurrenten Lloyd LP 300, der neben dem Champion recht bieder wirkte. Ein witziges Detail beim Champion 400 waren die halbrunden Drehfenster, die nicht nach unten gekurbelt wurden, sondern sich gegen den Uhrzeigersinn aufdrehen ließen. Als sehr an-

genehm erwiesen sich auch das bis zum Heck zu öffnende Verdeck, die Einzelsitze und die Mittelschaltung des Dreiganggetriebes, obwohl die Mode bereits in eine andere Richtung ging. Der kleine Wagen erfreute sich bald recht großer Beliebtheit. Holbein wurde in seiner Entscheidungsfreiheit auf konstruktiver Seite indessen immer mehr beschnitten, so daß er sich schließlich veranlaßt sah, seinen Gesellschaftsvertrag zu kündigen, doch er blieb weiterhin technischer Geschäftsführer in Paderborn. Bald standen Preiserhöhungen ins Haus, ausgelöst durch eine Rohstoffkrise, wodurch der Preis des Champion bald über 4000,– Mark schnellte. Nun ging die Nachfrage rapide zurück, was zur Folge hatte, daß der Autobau unrentabel wurde. Inzwischen war Holbein ganz ausgeschieden, woraufhin die Firma Benteler nach einem Käufer für den Champion suchte.
Es gab Verhandlungen mit dem späteren Goggo-Fabrikanten Hans Glas, doch schließlich verkaufte man die Konstruktionsrechte an den Champion-Händler Hennhöfer, der es schaffte, das nötige Kapital aufzubringen, um alles zu übernehmen. Er gründete die »Rheinische Automobilfabrik, Hennhöfer & Co« in Ludwigshafen, wohin die Produktion verlegt wurde.
Im April 1953 verließen die ersten »RAF-Champion«, die den Vormodellen weitgehend entsprachen das Werk, nur arbeitete im Heck jetzt ein 15 PS starker 400-ccm-Motor von Heinkel anstatt des wassergekühlten ILO-Motors. Im Vergleich zum Lloyd Kleinwagen, dem der Champion in mancher Hinsicht überlegen war, galt jedoch sein auf zwei Erwachsene beschränktes Platzangebot stets als gravierender Nachteil, und so entstand bis zum Sommer 1953 eine bereits von Holbein konzipierte Kombiversion mit vier Sitzplätzen und einem Heckteil in Holzbauweise. Da dieses Auto aber über 4500 Mark kosten sollte, fanden sich bis zum Frühling 1955 nur etwa zwei Dutzend Käufer für dieses Modell, dessen 500-ccm-Heinkel-Motor 18 PS leistete, um den stärkeren Belastungen gewachsen zu sein.
Schon Ende 1953 hatte die Rheinische Automobilfabrik Hennhöfer & Co. das Schicksal ereilt, denn trotz aller Anstrengungen hatte man die Produktion des Champion nicht steigern können. Das ganze Unternehmen hatte nichts als Schulden eingebracht. Doch nach einem halben Jahr Produktionsstillstand erschien wieder einmal ein »Retter«. Ein Däne namens Henning Thorndal übernahm die kleine Autofabrik in Ludwigshafen und versuchte durch Preissenkungen, Autointeressenten noch einmal Appetit auf den Champion zu machen – doch vergebens. Gleichzeitige Preissenkungen bei VW machten dieser Strategie einen Strich durch die Rechnung, denn der Käfer war jetzt nur noch 100 Mark teurer als der Champion Zweisitzer. Thorndal trat die Flucht nach vorn an und ließ eilends einen Viersitzer mit Heinkel-Frontmotor auf der Basis des Champion zusammenbasteln, doch ehe dieses Modell zur Serienreife gebracht werden konnte, erkannte der Däne die Ausweglosigkeit seiner Situation und setzte sich schleunigst ab – ein beachtlicher Schuldenberg blieb zurück.
Im Grunde war der Champion 400 an der Unfähigkeit seiner Produzenten gescheitert, eine rationelle und damit preiswerte Fertigung des hübschen Wagens zustandezubringen. Der kleine Wagen steckte voller guter Ideen und wirkte damals weit moderner und pfiffiger als die biederen Lloyd. Es hätte genug Familien gegeben, denen das Platzangebot völlig ausgereicht hätte, denen der Wagen aber zu teuer war.
Von dem Ur-Champion, dem CH-250 Roadster, sind nur noch eine Handvoll im Museum oder in Privatsammlungen zu finden, doch auch ein Wagen vom Vorserientyp CH-2 mit dem auffallenden Höcker am Heck hat bis heute überlebt und wurde vor kurzem einer liebevollen und perfekten Restaurierung unterzogen.

## DELTAMOBIL

Der Initiative des Deltawerkes Lindner GmbH in München verdanken wir den einzigen Versuch, in der bayrischen Hauptstadt neben der BMW Isetta einen Kleinstwagen auf die Räder zu stellen. In diesem Betrieb, auf die Konstruktion und Herstellung von Heizungsanlagen spezialisiert, befaßte sich Konstrukteur Heinrich Auer mit Beginn des Jahres 1954 mit der Idee, einen praktischen und billigen kleinen Wagen zu bauen, für den man sich in jener Blütezeit der Kleinmotorisierung gute Verkaufschancen ausrechnete.
Aus Kostengründen entschloß man sich zum Dreirad mit hinterem, angetriebenen Einzelrad, für das man bei der Firma ILO einen passenden 200-ccm-Einzylinder-Zweitaktmotor mit knapp 10 PS Leistung

*Deltamobil der Münchner Firma Lindner. Der ILO-Heckmotor hatte knapp 10 PS Leistung. Die ersten Exemplare entstanden 1954 – es blieb bei insgesamt acht Stück.*

einkaufen konnte. Das Fahrgestell bestand aus einem eiförmig um die drei Räder laufenden Rahmen mit Verstrebungen zur Aufnahme der vorderen Starrachse und der hinteren Triebsatzschwinge sowie einer zweisitzigen Cabriokarosserie aus gezogenen Aluminiumblechen. Heinrich Auer verzichtete bei seinem »Deltamobil« auf teure und gewöhnungsbedürftige Lösungen bei der Anordnung der Türen, so daß man das fertige Fahrzeug durch zwei nach hinten öffnende, normale Seitentüren besteigen konnte. Unterhalb der Türen lief ein breites Blechband als unterer Abschluß um die ganze Karosserie herum und verdeckte dabei zur Hälfte die vorderen kleinen 8-Zoll-Räder. Dieses Detail gab dem Deltamobil ein unverwechselbares Aussehen, das an Jahrmarkts-Autoscooter mit ihren umlaufenden Gummiwülsten erinnerte.

Im Sommer 1954 begann man mit der handwerklichen Fertigung der Vorserienexemplare, in der Hoffnung, die Konstruktion anschließend einem kapitalkräftigen Lizenznehmer verkaufen zu können, da die finanziellen Mittel des kleinen Münchener Betriebes nicht ausreichten, eine rationelle Produktionsanlage einzurichten.

Im Inneren gefiel das winzige Mobil mit einer durchdachten Ausgestaltung des Cockpits, wo man sich trotz der kompakten Außenmaße recht wohlfühlte. Originell war die Konstruktion der Sitzbank mit steiler Lehne, wobei Fahrer und Beifahrer je ein Sitz- und Rückenkissen hatten, das aus aufblasbaren und mit Stoff bezogenen Kunststoffpolstern bestand. Gesteuert wurde mit einem hellen, kleinen Autolenkrad, hinter dem an der Lenksäule Blinker- und Lichthebel befestigt waren. Auch die Pedalerie entsprach normaler Anordnung, und die Dreigangschaltung mit Rückwärtsgang wurde mit einem sportlichen Mittelschalthebel betätigt, neben dem der Handbremshebel aus dem Boden ragte. Um dem Fahrer das Rätselspiel der Motorradschaltung abzunehmen, bei der man oft nicht wußte, in welchem Gang man sich gerade befand, da der Knüppel nur vorwärts und rückwärts gezogen wurde und stets in die Mittelposition zurücksprang, gab es im Tachometer eine »optisch-elektrische« Ganganzeige, die gleich nach Einschalten der Zündung den eingelegten Gang sichtbar machte. Eine große, gebogene Windschutzscheibe ohne störenden Mittelsteg sorgte für eine gute Sicht, und ein Stoff-Faltverdeck mit seitlichen Steckscheiben machte das Deltamobil vollkommen wetterfest. Bei Sonnenschein ließen sich alle Dachteile vollständig hinter den Sitzen verstauen.

Der mittels Gebläse gekühlte Motor wurde mit einem elektrischen Anlasser zum Leben erweckt und trug zum nicht gerade geringen Geräuschpegel im Innenraum bei. Wer es wissen wollte und genügend Anlauf nahm, konnte im günstigsten Fall an die 80 km/h erreichen, doch war der Aufenthalt im bayerischen Rollermobil dann durch die laute Antriebseinheit und zunehmende Mängel in der Federung kaum mehr erstrebenswert. Wegen des kurzen Radstandes und der primitiven Gummibandfederung der Vorderräder kam es zu deutlichen Nickschwingungen des Aufbaus; bei hoher Geschwindigkeit und mäßiger Fahrbahnqualität bewegte man sich dann mehr hoppelnd als fahrend von der Stelle.

Doch stand ja das Deltamobil mit solchen Mängeln keineswegs allein da, und was wollte man für einen Preis von 1960 Mark schon erwarten? Jedenfalls hatte das Deltawerk keine Mühe, seine bis zum Jahresende 1954 gebauten sieben Vorserienwagen zu verkaufen. Ein weiteres Exemplar blieb zu Versuchszwecken im Werk.

Anfang 1955 erprobte man eine neue Version mit stärkerem 250-ccm-Motor, doch wurde dieser Wagen nur ein einzigesmal gebaut. Trotz seiner Vorteile wie der nicht gewöhnungsbedürftigen Handhabung, der Wirtschaftlichkeit (Verbrauch nur gut vier Liter dank des geringen Gewichts von 300 kg), und der einfachen Wartung, etwa durch geschlossenen Kettenkasten, und optimale Zugänglichkeit des Motors durch große Heckklappe fand sich kein ernsthafter Interessent für diese ungewöhnliche Kleinwagen-Konstruktion. Hinzu kam, daß inzwischen in Gestalt der BMW Isetta und des Goggomobils Großserien-Kleinwagen erschienen waren, gegen die es jegliche Konkurrenz schwer hatte und die in Sachen Verarbeitungsqualität und Leistung kaum zu schlagen waren.

So blieb es bei acht Deltamobilen, und die Firma in München-Pasing konzentrierte sich wieder auf den Bau von Ölheizungen. Alle acht Deltamobile gelten heute als verschollen.

# DKW

Als DKW-Firmengründer Jürgen Skafte Rasmussen im Jahre 1919 sich in der sächsischen Industriestadt Zschopau niederließ, war noch nicht vorauszusehen, daß damit der Grundstein zu der wohl bedeutendsten Entwicklung auf dem Gebiet des Zweitakt-Motorenbaus in ganz Europa gelegt wurde. Die hier entwickelten und gebauten Aggregate machten die Marke DKW schon innerhalb der ersten zehn Jahre nicht nur zur meistverkauften auf dem Motorradsektor, sondern sie wurden auch von einer großen Zahl in ganz Deutschland ansässiger Betriebe erworben, um Kleinstvehikel aller Art zu motorisieren.

DKW-Einbaumotoren – meist unter 500 ccm Hubraum – verwendeten Firmen wie Framo und Alfi ebenso wie Herrmann & Lommatzsch (Helo Dreiradwagen), Kaiser wie Schivelbusch, Luther & Heyer wie Steigboy, Monos wie Tornax. Der berühmte SB-Elektrowagen der frühen zwanziger Jahre war alternativ mit DKW-Motor erhältlich, und unzählige Bastler von Einzelkonstruktionen bedienten sich des zuverlässigen Zweitakters, wenn es um die problemlose Lösung der Antriebsfrage ging.

Unter der Marke DKW kam 1931 auch eine der erfolgreichsten Kleinwagen-Konstruktionen der Vorkriegszeit auf den Markt – das war der frontgetriebene Typ F1 mit 500-ccm-Einzylindermotor, der mit einem Preis unter 1700 Mark zugleich das preisgünstigste »richtige« Auto auf dem deutschen Markt darstellte. In der Zeitfolge mauserte sich der DKW (jetzt im Auto-Union-Markenverbund) als Zweizylinder bis zum 700-ccm-Wagen mit allen Attributen der unteren Mittelklasse; er hatte hier bald eine beherrschende Marktposition inne.

Von einem »Kleinwagen« konnte man schon von den Abmessungen her indessen nicht mehr sprechen. Auch der nach dem Kriege in Düsseldorf bzw. Ingolstadt neu entstandene DKW – basierend auf der Vorkriegs-Konstruktion und den bereits vor 1940 entwickelten Ideen zur Modernisierung – war mit einer Länge von 4,20 m (womit er länger war als ein Opel Olympia) alles andere als der typische Kleinwagen der Nachkriegszeit. Doch von der Motorisierung her hätte man ihn dazurechnen können: Die knapp 23 PS aus 684 ccm waren ein Minimum für einen Wagen dieser Kategorie.

Es gab bei der Auto Union in Düsseldorf in den fünfziger Jahren dennoch Versuche, einen sehr viel kleineren DKW auf die Räder zu stellen. Verschiedene Konzepte wurden auf ihre Chance zu einer Realisierung abgeklopft, ehe endlich auf der IAA des Jahres 1957 der Öffentlichkeit ein erstes sichtbares Ergebnis dieser Überlegungen präsentiert wurde. Der neue »Kleine DKW« unterschied sich vor allem stilistisch völlig von seinen größeren Geschwistern, deren Karosserie-Design letztlich aus den späten dreißiger Jahren stammte. Man hatte sich deutlich an amerikanischen Linien orientiert. Die ausladende Karosserie deutete Heckflossen an, wies nach vorn gezogene vordere Kotflügelkanten auf, eine breite, fast panoramaförmige Frontscheibe und glich im großen und ganzen einer Miniaturausgabe des Detroiter Ford Fairlane.

Im Prototyp von 1957 arbeitete ein 600-ccm-Zweitakter, und selbstverständlich wies auch dieses Auto Vorderradantrieb auf. Die ersten Beurteilungen fielen sehr positiv aus, für eine Serienfertigung gab es Grünes Licht. Aber es dauerte bis zum August 1959, ehe der »DKW Junior« genannte Wagen endlich vom Band lief. In Düsseldorf hatte man keine Fertigungskapazität freimachen können, und so mußte man bis zur Fertigstellung eines Werksneubaus in Ingolstadt warten, der mit dem Serienbeginn des Junior sein Debüt gab. Der Dreizylinder-Zweitaktmotor des Wagens hatte jetzt 741 ccm Hubraum, und mit seinen 34 PS erreichte er an die 110 km/h.

Trotz eines Preises, der deutlich über dem des VW Export-Käfers lag, fand der »Kleine DKW« lebhaften Zuspruch. Vom Grundmodell, bis Ende 1962 gebaut, wurden fast 120000 Einheiten verkauft. Im Herbst 1961 hatte man dem Junior ein attraktiver ausgestattetes De-Luxe-Modell zur Seite gestellt; sein Motor hatte knapp 800 ccm und – bei gleicher Leistung – eine höhere Elastizität. Außerdem wies das Aggregat die neue Frischöl-Automatik auf, durch die das Beifügen von Zweitaktöl beim Kraftstofftanken entfiel: Das Öl gab man in einen separaten Behälter, der Mischvorgang fand erst im Vergaser statt. Ein ökonomisch wie ökologisch interessanter Schritt, denn der Schmiermittelverbrauch verringerte sich in gleichem Maße, wie die blaue Auspuffahne sich verminderte.

Innerhalb von zwei Jahren erreichte der Junior de Luxe die gleichen Verkaufszahlen wie das Basismodell. Doch mit dem Anfang 1963 präsentierten Nachfolgemodell DKW F 12 entwuchs der Junior der Kleinwagen-Familie endgültig. Sein Motor hatte jetzt 889 ccm Hubraum und eine Leistung von stolzen 40 PS. Das Auto war zum ernsthaften Konkurrenten in der Mittelklasse geworden, auch Karosserie und Ausstattung kontrastierten in bemerkenswerter Weise zum VW Käfer. Es gab auch eine Sparversion unter der Modellbezeichnung DKW F 11, sie wies die Mechanik des Junior de Luxe auf. Auch ein hübsches Cabriolet wurde angeboten, der F 12 Roadster, der bis 1965 in geringen Stückzahlen gebaut wurde.

Der »Kleine DKW« war ein Auto, das in überzeugender Weise den Übergang vom Kleinmobil zum Mittelklasseauto darstellte. Es gab seitens der Auto Union Versuche, ein noch kleineres Modell mit Motoren unter 500 ccm zu konstruieren, doch in Anbetracht der guten Verkaufserfolge mit dem Junior und der Erkenntnis, daß die Zeit der Kleinstfahrzeuge unaufhaltsam zu Ende ging, ließ man von diesem Experiment alsbald wieder ab.

*Links: So präsentierte die Auto Union ihren ersten Nachkriegs-Kleinwagen – als Typ 600.*

*Rechts: Eine Stylingstudie, die von der Auto Union für den Junior bei Pinin Farina in Auftrag gegeben wurde. Es blieb beim Prototyp.*

*Rechts: Erste Probefahrten mit Journalisten anläßlich der Vorstellung des DKW Junior. Auf dem Programm standen Schleuderkurse auf einem Flugplatzareal.*

*Unten: Heckansicht des DKW Junior de Luxe mit 800-ccm-Motor und Frischöl-Automatik.*

*Oben: DKW F12 am Hamburger Hafen. Ein Foto von 1962. Rechts: Junior vom August 1959.*

# DORNIER

Neben Messerschmitt und Heinkel war Dornier der dritte bekannte Flugzeughersteller in Deutschland, der sich nach dem Kriege mit der Konstruktion eines Kleinwagens befaßte. Im Unterschied zu seinen berühmten Kollegen kam Dornier jedoch nur bis zur Präsentation eines – wenn auch höchst interessanten – Prototyps. Vater und Sohn Dornier hatten schon 1950 wieder in den Flugzeugbau einsteigen dürfen. Da aber deutschen Firmen von den Alliierten die Beschäftigung mit Luftfahrzeugen untersagt war, hatte sich das Haus Dornier bei einer Ausschreibung der spanischen Luftwaffe beworben und sie prompt gewonnen. Daraufhin war ein Büro in Madrid eingerichtet worden, das Claudius Dornier führte. Dieser hatte sich schon seit seiner Studienzeit in Amerika mit der Idee eines Kleinwagens befaßt; bei Aufenthalten in den südlichen Ländern dieses Kontinents war ihm der Bedarf an solch einem einfachen Fortbewegungsmittel immer wieder bewußt geworden.

Dornier ließ der Gedanke an einen genialen Kleinwagen nicht los, und als immer mehr Mobile dieser Art auftauchten, von denen jedoch nur wenige eine Überlebenschance hatten, entstanden auch bei Dornier in Madrid neben der Flugzeugentwicklung erste Zeichnungen für dieses Fahrzeug.

Bei seinen Überlegungen hatte Dornier schon sehr früh festgestellt, daß der ideale Einstieg in solch ein winziges Gefährt vorne sein müßte, da die Seitenflächen zu klein wären, um den Einbau einer ausreichend großen Tür zu erlauben. Weiterhin sollten die Blechteile mit geringsmöglichem Aufwand zu pressen sein, und so kam es zu einem konsequent symmetrischen, annähernd dreieckigem Seitenprofil mit je einer Tür an Front und Heck. Sehr gewagt war ferner die Anordnung der zwei Sitzbänke Rücken an Rücken, mit dem Motor dazwischen, genau in der Mitte des Wagens. Bei einer Länge von deutlich unter drei Metern bot der Wagen somit konkurrenzlos viel Platz und verfügte wegen der idealen Gewichtsverteilung über hervorragende Fahrsicherheit. Dornier junior entwarf auch weitere Karosserievarianten und legte das Projekt Anfang 1954 seinem Vater vor, der sich von den Ideen seines Sohnes überzeugen ließ und beschloß, in seinem Münchner Werk zumindest einen Prototyp zu bauen.

In Madrid entstanden die endgültigen Konstruktionszeichnungen, während in München der Delta benannte Kleinwagen auf die Räder gestellt wurde. Bei einer Serienfertigung, so war geplant, hätten nur zwei Blechpressen genügt, um Seitenteile und Türen zu fertigen. Die Türen verjüngten sich nach unten und gaben vorn Platz frei zur Anbringung von freistehenden Scheinwerfern. Selbst die an den Dachseiten angebrachten Blinker und der Tankstutzen links lagen genau in der Mitte des Wagens; geteilte Front- und Heckscheiben gaben dem Dornier Wagen ein eigenwilliges Janus-Gesicht. Die Türen öffneten nach oben und waren über dem Dach mit einer kräftigen Feder verbunden, stark genug, um sie einzeln oder gleichzeitig offen zu halten, eine genial einfache Lösung. Die 12-Zoll-Räder waren einzeln an Schwingarmen aufgehängt und wurden hydraulisch gebremst. Gesteuert wurde mit einem Autolenkrad, das nicht mit der Tür mitschwenken konnte und so den Einstieg des Fahrers etwas behinderte. An der linken Seitenwand gab es ein kleines Armaturenbrett mit einem Handschuhfach, einem Tachometer und Schaltern, die zur Bedienung des Delta nötig waren.

Was den Motor betraf, so hatte man zuerst mit dem Gedanken gespielt, ein Dieselaggregat einzubauen, doch mangels Angebot auf 200-ccm-Zweitaktmotoren von Sachs und ILO zurückgegriffen.

Dabei reichte die Kraft von knapp 9 PS bei beiden Maschinen im etwa 400 kg schweren Delta nur für klägliche 65 km/h. Doch war hier noch nicht das letzte Wort gesprochen, denn es sollte einem künftigen Lizenznehmer überlassen bleiben, den Delta angemessen zu motorisieren. Geschaltet wurde mit einem Dreiganggetriebe mit Rückwärtsgang von Hurth. Der Schalthebel saß links vom Fahrer, die Kraft des Motors wurde über eine Kardanwelle und Differential an die Hinterachse übertragen.

Bei ersten Probefahrten zeigte sich, daß der Delta über eine erstaunlich gute Straßenlage verfügte und einen Reifegrad besaß, der es gestattete, das Mobil der Öffentlichkeit zu präsentieren.

Die Presse zeigte sich im Frühsommer 1955 dann auch durchaus beeindruckt vom Dornier Kleinwagen und seinen originellen Details, doch wurde auch deutlich Kritik laut, denn die Anordnung der Passagiere Rücken an Rücken stellte für manchen doch eine nicht akzeptable Lösung des Platzproblems dar.

Im September 1955 stellte man den Delta einer breiten Öffentlichkeit auf der Frankfurter IAA vor. Leider ließ die Automobilindustrie kein ernsthaftes Interesse erkennen. Erst im Januar 1956 gab es Hoffnung,

*Dornier Delta, ein in jeder Beziehung eigenwilliges Design. Ähnlichkeiten mit dem späteren Zündapp Janus sind unverkennbar.*

*Rechts: Die Türen ließen sich nach oben aufklappen; sie wurden durch eine zentrale Feder gehalten.*

*Rechts: Interieur des Dornier Delta. Durch Umlegen der Rückenlehnen erhielt man einen Schlafplatz für zwei Personen. Im Auto zu übernachten lag im Trend der neuen Camping-Ära.*

als die Zündapp-Werke den Delta eingehend prüften, da sie sich durch Rückgänge im Motorradgeschäft nach einer passenden Kleinwagenkonstruktion umschauten. Schließlich überzeugte die Grundidee des Delta die Zündapp-Ingenieure, dennoch wollte man das Fahrzeug einer eingehenden Überarbeitung unterziehen, um dem Publikumsgeschmack weiter entgegenzukommen, der von der Schlichtheit des Delta überfordert gewesen wäre.

So kam es zu einem Lizenzvertrag zwischen Dornier und Zündapp – dies war die Geburtsstunde des später »Janus« genannten Kleinwagens. Claudius Dornier tüftelte wenig später ein noch einfacheres Dreiradauto mit 50 ccm unter der Bezeichnung »Minimo« aus, von dem zwanzig Stück zum werksinternen Gebrauch angefertigt wurden; ein Verkauf dieses Minimalautos war nicht beabsichtigt. Nach Konzentration auf die Flugzeugentwicklung sollte es Ende der 60er Jahre erneut zu einem Kleinwagenprojekt der Firma Dornier kommen: der Delta II war ein vollverglaster, würfelförmiger Stadtwagen modernster Konzeption, der mit unserem Thema der Pionierleistungen der Nachkriegszeit indessen nichts zu tun hatte. Der Delta Prototyp von 1955 wurde erst kürzlich wiederentdeckt.

## ECONOM

Der »Teddy« genannte Vierrad-Kleinstwagen aus Berlin, von dem im Jahre 1950 ganze drei Exemplare entstanden, war das Werk des Ingenieurs Hellmuth Butenuth, einem bekannten Mann der Automobilgeschichte. Nach dem ersten Weltkrieg hatte der junge autobegeisterte Ingenieur maßgeblichen Anteil an der Konstruktion des Hanomag Kleinwagens vom Typ 2/10 PS gehabt, einem der erfolgreichsten Vertreter dieser Gattung zwischen den Kriegen. 1937 hatte Butenuth in Berlin eine Ford-Vertretung eröffnet und sah sich nun, nach der Heimkehr aus der Gefangenschaft, gezwungen, eine neue Beschäftigung zu suchen, da es Ford-Wagen in Deutschland 1946 noch nicht wieder zu verkaufen gab.

Butenuth baute sich in Berlin-Spandau einen neuen Betrieb auf und konzentrierte sich auf die Konstruktion und Herstellung von Kommunalfahrzeugen für die Stadtwerke. Der Bedarf an solchen Fahrzeugen bescherte der kleinen Firma eine sichere Existenz. Gleichzeitig begann Butenuth mit der Entwicklung eines billigen Fortbewegungsmittels.

Es entstand der Entwurf zu einem nur 2,15 Meter langen, offenen Mobil für zwei Personen und einem Notsitz über dem Heckmotor auf der Schmalspurhinterachse, die den Einbau eines teuren Differentials entbehrlich machte. Die Karosserien der beiden ersten Prototypen waren im Grunde Verkleinerungen richtiger, moderner Pontonwagen, ohne Kotflügel und mit verdeckten Hinterrädern. Der auf Rollerreifen rollende »Teddy« konnte mit einem Klappverdeck und einknöpfbaren Seitenscheiben in ein regendichtes Rollermobil verwandelt werden.

Als Antrieb diente ein 6,5 PS starker 250-ccm-ILO-Motor mit einem Zylinder, der über Handstarter angeworfen werden mußte. Die Hinterräder wurden über ein Dreiganggetriebe mit Mittelschaltung angetrieben. Die recht einfach geformte Blechkarosserie erforderte zu ihrer Herstellung nur wenige Werkzeuge. Dennoch – der Teddy hatte richtige Automerkmale wie zwei Scheinwerfer und zwei hinten angeschlagene Türen aufzuweisen. Die Fahrleistungen hielten sich in bescheidenem Rahmen, denn immerhin wog das Mobil mit Fahrer rund 350 kg, so daß bei einer Geschwindigkeit von etwa 70 km/h die Obergrenze erreicht war. Aber der Teddy war ja im Grunde auch als Stadtwagen gedacht.

Als Butenuth nach einer Firma Ausschau hielt, die über die finanziellen Mittel verfügte, um eine Serie auflegen zu können, trat wieder einmal der spätere Goggo-Produzent Hans Glas auf den Plan. Gern hätte dieser den Teddy gebaut, doch sollte zu diesem Zweck Butenuth selbst gleich mit nach Niederbayern kommen, was dieser ausschlagen mußte, denn sein Geschäft, inzwischen auch wieder mit der Ford-Vertretung, lief nur allzu gut. So wurde nichts aus dem Handel.

Inzwischen hatte der Teddy ein neues Gesicht bekommen, und ein dritter Prototyp war entstanden. Dabei war die vorher recht schlichte Frontpartie dem damaligen Geschmack deutlicher angepaßt worden, mit großem Kühlermaul mit Zähnen, größeren Scheinwerfern und allerlei Chromzierat an Front und Heck. Einzig der links außen ins

*Econom Teddy in der ersten Version (oben) und in der zweiten – mit etwas weniger breitem »Grinsen« (unten).*

Freie ragende Motorradauspuff ließ die sportliche Aufmachung des kleinen Mobils etwas fragwürdig erscheinen.
So mußte Butenuth, nachdem sich keine weiteren Interessenten für seine Schöpfung vorstellten, Ende 1950 das Projekt Teddy zu den Akten legen. Die drei Prototypen wurden noch eine Zeitlang von der Familie gefahren, bis der Verschleiß den Berliner Winzlingen ein Ende bereitete.

## F. A.

Die in den zwanziger Jahren von Friedrich Albrecht in Berlin gegründete Versehrtenfahrzeugfabrik brachte nach dem Zweiten Weltkrieg neben verschiedenen Lastenrollern und Personenrikschas ein »Kabrio-Roller« genanntes Dreirad auf den Markt, das auch Nichtbehinderten als Fortbewegungsmittel dienen sollte. Der F. A. Kabrio-Roller war ein qualitativ hochwertiges Produkt, das jedoch einen gravierenden Nachteil aufwies: Es war unansehnlich und erinnerte an primitive Lastendreiräder. Es hatte zwei Sitze nebeneinander, allerdings ein Lenkrad anstatt eines Motorradlenkers.
Ähnlich wie bei manchen englischen Kleinwagen hatte der F. A. den Motor über dem einzelnen, in einer Schwinggabel geführten Vorderrad, das über Kette angetrieben wurde. Ein Vierganggetriebe mit Rückwärtsgang wurde mit einer einfachen Lenkradschaltung betätigt. Auf Wunsch gab es auch Ausführungen mit Handgas und -kupplung für behinderte Fahrer. Die offene Stahlblechkarosserie ruhte auf einem geschweißten Rohrrahmen, alle drei Räder hatten mit Seilzügen betätigte Trommelbremsen. Selbst einen elektrischen Anlasser hatte der Kabrio-Roller serienmäßig. Als Motor verwendete Friedrich Albrecht einen Sachs-Einzylinder mit 9 PS aus 175 ccm und Gebläsekühlung, wie er auch im Messerschmitt KR 175 seinen Dienst versah. Steck-Schiebescheiben und ein Verdeck konnten den F. A. Roller in ein geschlossenes und somit wetterfestes Fahrzeug verwandeln, das jedoch nicht schneller als 60 km/h lief. Für die Passagiere gab es zwei verstellbare Einzelsitze und zwei nach hinten öffnende Türen. Der im Grunde recht komplett ausgestattete und vernünftig gebaute Kabrio-Roller mit 10-Zoll-Bereifung war mit einem Preis von 3150 Mark allerdings recht teuer. Ein Lloyd LP 300 kostete nur wenig mehr, bot aber vier Erwachsenen Platz und sah vor allem wie ein richtiges Auto aus.

## FEND / MESSERSCHMITT

Der Messerschmitt Kabinenroller dürfte eines der skurrilsten Kleinfahrzeuge der Welt gewesen sein. Selbst eine BMW Isetta mit ihrer ungewöhnlichen Fronttür wirkt neben einem »Karo« fast wie ein ganz normales Auto.
Im Krieg hatte der junge Fritz Fend bei der Firma Messerschmitt an der Entwicklung der ersten Düsenjäger mitgewirkt und nach Kriegsende keine Aussicht, in seinem Beruf erneut Fuß zu fassen. Zunächst übernahm er 1946 das elterliche Lebensmittelgeschäft in Rosenheim und bastelte nach Feierabend an der Konstruktion eines kleinen Dreiradfahrzeugs, das sich mit Hilfe eines Fußpedalantriebes vorwärts bewegen ließ. Zu dieser Zeit war es noch völlig illusorisch, an eine zukünftige Neumotorisierung zu denken – allein bei der Beschaffung elementarster Rohmaterialien gab es große Probleme. Zudem war es sehr schwer, von den Amerikanern eine Genehmigung für die Eröffnung eines Betriebes zu erhalten, da den Besatzern jede Art von technischer Betätigung der Deutschen suspekt war. Im April 1947 wurde ihm schließlich die Erlaubnis zur Gründung eines »Technischen Fertigungsbetriebes« erteilt. Er stellte zwei Mitarbeiter ein und verschaffte sich einen bescheidenen Maschinenpark im Tauschhandel, so daß die Arbeiten an dem kleinen Dreirad mit Fußpendelantrieb vorankamen. Im Herbst 1947 konnte der Prototyp seine ersten Versuchskilometer sammeln. Fend wandte sich an den Verband Deutscher Kriegsbeschädigter, um für sein Fahrzeug bescheidene Blechzuteilungen zu erhalten. Es wurden einige Dutzend dieser Versehrtenfahrzeuge auch mit Handantrieb für den VDK gefertigt und für 200 RM das Stück verkauft. Dann folgte der Umbau des größeren (ersten) Modells mit der Andeutung einer Karosserie: Kurz vor der Währungsreform am 20. Juni 1948 war der erste »Flitzer« fertig. Das Dreirad rollte auf kräftigen Lastenfahrrädern; die Karosserie erinnerte von vorn an einen Zeppelin und lief hinten spitz zu, während sich das Dach nach Art einer Flugzeugkanzel an zwei Scharnieren nach vorn klappen ließ. Von Fahrraddynamos angetriebene Lampen vervollständigten die

*Ganz oben: Der Fend-Flitzer mit schwungvoller Zierlinie und Löchern zur Kühlung an den Flanken.*

*Oben: Ein stolzer Besitzer des Karo 175, wie er von 1953 bis 1955 gebaut wurde.*
*Rechts: Messefoto von 1955.*

Ausrüstung. Durch Vor- und Zurückdrücken des zwischen den Fahrerbeinen herausragenden Lenkhebels war der Flitzer leicht zu fahren. Solch ein Fahrzeug erregte in jenen Zeiten enormes Aufsehen, und innerhalb kurzer Zeit hatte Fend die ersten Aufträge in der Tasche.
Nichts reizte den Konstrukteur jetzt mehr, als seinen Flitzer zu motorisieren, und nachdem sich die Lage in Deutschland allmählich zum Besseren wendete, war der Bau eines Kleinwagens keine pure Utopie mehr. Die ersten motorisierten Fortbewegungsmittel mit größerer Verbreitung stellten damals Fahrräder mit Hilfsmotoren dar, und bald baute Fend einen Victoria-Motor mit 38 ccm in seinen Flitzer ein. Der Motor saß vor dem in einer Gabel geführten Hinterrad und trieb dieses mittels einer Zweigangschaltung (Schaltgriff am Motorradlenker) und Kette an. Zum Anlassen mußte man den Flitzer mit dem beibehaltenen Pendelantrieb in Schwung bringen und dann die Kupplung »kommen« lassen. Einen elektrischen Anlasser gab es nicht. Zum Bremsen mußte man sich auf eine Fahrradnabenbremse verlassen, die einzig auf das ungefederte Hinterrad wirkte, doch waren mit dem ersten Motor-Flitzer höchstens 40 km/h zu erreichen, was gewisse Risiken minderte. Bis März 1949 wurden etwa 30 Exemplare dieses Fahrzeugs gebaut. Ab Frühjahr 1949 gab es den Flitzer mit einem 98-ccm-Fichtel & Sachs-Motor mit 2,5 PS. Vorne taten jetzt Schubkarrenreifen ihren Dienst, und eine 6-Volt-Batterie mit Lichtmaschine machte den Einbau eines richtigen Scheinwerfers möglich. Bei den Bremsen verließ sich Fend noch immer auf Fahrradnabenbremsen, auch, als ein Jahr später ein nochmals stärkerer Flitzer mit 98-ccm-Riedel-Motor und 4,5 PS gebaut wurde, mit dem fast 80 km/h zu erreichen waren. Dieses Modell hatte endlich drei gleich große Räder, 10-Zoll-Reifen von Dunlop und sah mit Winkern und Scheibenwischern schon fast wie ein richtiges kleines Auto aus. Es gab den Fend Flitzer 100 als rasanten Roadster auf Wunsch mit montiertem Motorradsattel auf dem Heck als Notsitz und aufblasbarem (!), transparentem Notverdeck aus Plastik, das sich jedoch durch den Fahrtwind arg

sammengenietet waren, da die Gußformen für die komplette Kanzel noch fehlten. Hatte man für die Erprobungsfahrten 150-ccm-Sachs Motoren mit 6,5 PS eingebaut, so kamen bei Serienanlauf im März 1953 schließlich neue 175-ccm-Aggregate mit 9 PS desselben Herstellers zum Einsatz. Das Flitzer-Getriebe war einer Viergang-Ratschenschaltung mit mechanischer Automatik (Schiene zwischen Schaltknüppel an der rechten Seite und Kupplung) gewichen, die sich jedoch in der Serie nicht bewährte und nach einem Jahr durch eine normale Kupplung mit Handhebel ersetzt wurde. Das neue Fahrzeug erhielt die Bezeichnung »Messerschmitt KR 175« und wurde zu einem Preis von anfangs 2100 Mark angeboten. Bald stapelten sich die Bestellungen; bis zur Vorstellung des Nachfolgemodells zwei Jahre später wurden annähernd 20000 Stück des KR 175 verkauft.
Wer heute eine Fahrt im KR 175 unternimmt, vermag kaum die Begeisterung zu verstehen, mit der dieses Fahrzeug vor mehr als dreißig Jahren aufgenommen wurde. Man sitzt recht beengt, hat Mühe sich an die ungewohnten Bedienungsorgane und die erschreckend direkte

*Ganz oben: KR 201 Roadster mit Ausstattung in Schlangenleder! Darunter: Pressefoto eines Tiger Tg 500 vom September 1957.*

*Links: Ein Tg 500, der im Kleinwagenmuseum Störy-Bockenem ausgestellt ist.*

verformte. 154 Stück ließen sich von diesem seltsamen, aber genial einfachen Gefährt mit den vielen runden Lüftungslöchern am Heck bis Ende 1951 verkaufen (Flitzer mit Sachs-Motor: 98 Stück). Der Preis betrug 1285 Mark.
Wenig später nahm Fritz Fend wieder Kontakt mit Professor Willy Messerschmitt auf, der auf der Suche nach neuen Produktionszweigen für sein Regensburger Werk war. Messerschmitt gefiel der Flitzer, doch erkannte er richtig, daß die Zukunft nicht dem Einsitzer gehören konnte. Er übernahm indes gerne Fends Pläne zum Bau eines neuen Kabinenrollers mit zwei hintereinander liegenden Sitzen und Plexiglashaube. Fend wurde mit der Entwicklung eines solchen Fahrzeugs zur Serienreife beauftragt, während die Produktion das Messerschmitt-Werk in Regensburg übernehmen sollte.
Im Juni/Juli 1952 wurden die ersten Prototypen fertig, deren Karosserie mit halb verdeckten Vorderrädern, je zwei Scheinwerfern und Heckleuchten einen sichtbaren Fortschritt gegenüber den archaischen Flitzern darstellte, während die Plexihauben aus einzelnen Platten zu-

Lenkung zu gewöhnen, während der Motor einen Höllenlärm macht. Auch der Sozius hat nicht viel zu lachen, sitzt er doch mit gespreizten Beinen hinter dem Piloten und bekommt die Motorgeräusche noch direkter zu hören, während sich bei Sonnenschein der Treibhauseffekt der Plexikanzel schweißtreibend bemerkbar macht.
So gehörte zu den Extras, mit denen sich der Karo-Fahrer das Leben leichter machen konnte, bald eine Art Sonnensegel, außerdem gab es ein Radio, verschiedenen Chromzierat und seitliche Halterungen außenbords zur Befestigung von Gepäck oder Skiern.
Anfang 1955 wurde dieser Kabinenroller von einem in den wesentlichsten Punkten überarbeiteten KR 200 abgelöst. Mit Gas-, Brems- und Kupplungspedal war der Karo jetzt wie ein Auto zu fahren, und die 10,2 PS ließen das Dreirad bei erstaunlicher Beschleunigung fast 100 km/h schnell werden. Hatte man den KR 175 noch per Hand rückwärts in Parklücken schieben müssen, so hatte man jetzt gar vier Rückwärtsgänge zur Verfügung, da bei Drehung des Zündschlüssels entgegen der normalen Anlasserrichtung der Drehsinn des Motors

wechselte und man alle vier Gänge durchschalten konnte. Auch im Inneren hatte sich einiges geändert: Der stark gekröpfte Motorradlenker war einem neuen, durch Flugzeuglenker inspiriertem Modell gewichen, und das Armaturenbrett war freundlicher gestaltet. Eine winzige Panoramascheibe als vorderer Einsatz in der Plexiglaskanzel verbesserte die Sicht. Die vorderen Radausschnitte trugen zu einem sportlicheren Aussehen des KR 200 bei. Gleich im ersten Jahr wurden von diesem Zweisitzer mehr verkauft als vom Vormodell insgesamt.
Im Herbst 1955 stellte ein auf 13 PS frisierter KR 200 mit Stromlinienkarosserie auf dem Hockenheimring 25 Weltrekorde seiner Klasse auf, doch begannen sich erste Schwierigkeiten in bezug auf die Rentabilität des Karos bemerkbar zu machen. Als Messerschmitt sich 1956 wieder auf den Flugzeugbau konzentrieren konnte und die Kabinenroller-Produktion nur mehr unter Verlusten lief, trat der Professor das Regensburger Werk an den bayrischen Staat ab, dieser wiederum bot es zum Verkauf an. Als Käufer traten Fritz Fend und der Bremsen- und Radnabenhersteller Valentin Knott auf den Plan. Zwar hatte nun Fend

*Links: Die gesamte Ahnengalerie der Fend-Messerschmitt-Fahrzeuge ..*

seinen Traum von der Eigenproduktion des Karo verwirklichen können, doch mußte man realistischerweise mit einem Nachlassen des Kabinenrollerbooms rechnen. Schwierigkeiten hatte es auch mit Daimler-Benz gegeben: Die Stuttgarter hatten am Firmenzeichen des Messerschmitt (stilisierter Vogel im Kreis) Anstoß genommen wegen der angeblich zu großen Ähnlichkeit mit dem Mercedes-Stern. So zierten die nach der Übernahme gebauten Karos an der Front die Buchstaben FMR für die neugegründete Firma »Fahrzeug- und Maschinenbau GmbH Regensburg«.
Die Produktion wurde rationalisiert, um wieder mit Gewinn arbeiten zu können. Auch mit einer Geländewagenkonstruktion versuchte Fend – leider vergeblich – ein zweites Standbein zu bekommen.
Ab Februar gab es einen Roadster mit Scherenverdeck. Im KR 201 mußte man nicht mehr unter einer »Käseglocke« sitzen. Doch den Höhepunkt in der Geschichte des Kabinenrollers sollte erst der vierrädrige Typ Tg 500 darstellen, der auf der IAA in Frankfurt 1957 gezeigt worden war. Fend hatte das Einzelrad des KR 200 durch eine Pendelachse mit senkrechtem Führungsrohr und Schraubenfedern ersetzt und als Antrieb einen Zweizylinder-Zweitakt-Reihenmotor von Sachs mit 20 PS Leistung verwendet, der den ansonsten fast unveränderten Karo nun 130 km/h schnell machte, so daß damals nur noch Wagen der oberen Mittelklasse mithalten konnten. Für anfangs 3 650 DM erhielt man mit dem Tg 500 ein zwar spartanisches, aber ungemein wendiges und sportliches Fahrzeug. Eigentlich hätte der Wagen »Tiger« heißen sollen, doch die Lastwagen-Hersteller Südwerke erhoben Einspruch, da sie sich alle exotischen Tiernamen hatten schützen lassen. Auch die drei Ringe des FMR-Zeichens mußten nun Rhomben weichen, da sie mit den vier DKW-Ringen zu verwechseln waren. Doch nach der anfänglichen Begeisterung über den »Tiger« war zu erkennen, daß Fahrzeuge solcher Art nicht mehr gefragt waren. Die Leute strebten unaufhaltsam nach dem Erwerb »richtiger« Autos und wollten nicht in Kabinenrollern belächelt werden. Nach den Rekordverkäufen 1955/56 ließ das Interesse am Karo rapide nach; ein Teil der Produktionskapazität wurde 1959 durch die Herstellung von Getränkeautomaten genutzt.
Fend machte sich 1962 noch einmal an eine Weiterentwicklung seines Kabinenrollers bis zum Bau eines Prototyps, der es jedoch – beladen mit modischen Stilelementen der Zeit wie enormen Heckflossen, Fischmaul und Lufteinlaßgittern nach Art amerikanischer Straßenkreuzer – nur zu einem fahrenden Kuriosum brachte. Die Getränke-

*Rechts: Prototyp eines Vierrad-Fendt, entstanden 1962.*

*Heckansicht des Prototyps. Man erkennt, daß er zum Zeitpunkt der Aufnahme noch unfertig war.*

automaten verdrängten die FMR-Kabinenroller jedoch immer mehr, und 1964 verließen die letzten Dreiräder und Tg 500 Roadster das Regensburger Werk.

## FULDAMOBIL

Das pummelige Mobil aus Fulda kann für sich verbuchen, das in verschiedenen Versionen am längsten gebaute Kleinfahrzeug der Welt zu sein, obwohl während seiner fast 20jährigen Bauzeit zwischen 1951 und 1969 nicht einmal 3 000 Stück entstanden.
Für die Hersteller dieses Kleinwagens war der Bau des Fuldamobils nicht die Existenzgrundlage. Die Elektomaschinenbau Fulda GmbH verfügte über eine solide Basis durch die Produktion von Not-

*Oben: Fuldamobil-Prototyp mit Ambiente – Abbildung in einem der ersten Prospekte von 1950.*

*Links: Ein 1953 in Madrid gesichtetes Fuldamobil vom Typ N 2 Cabriolet.*

*Rechts: Fuldamobil S 6. Zwar blieben die Stückzahlen bescheiden, dennoch erwies sich dieses Auto als eine langlebige Konstruktion.*

stromaggregaten, elektrischen Kleingeräten und eine Regionalvertretung der Firma Bosch.

Firmenchef Dipl. Ing. Karl Schmitt hatte sich bereits kurz nach dem Krieg mit dem Plan beschäftigt, einen Kleinwagen zu bauen und wurde durch die Bekanntschaft mit dem autobegeisterten Freizeitkonstrukteur Norbert Stevenson ermutigt, sein Projekt in die Tat umzusetzen. Anfangs liebäugelte man noch mit einer Konstruktion mit zwei Sitzen hintereinander, doch dann entstand ein dreirädriges Chassis mit zwei Vorderrädern und einer Sitzbank für zwei Personen. Stevenson arbeitete dabei unter für die damalige Zeit beinahe idealen Bedingungen, indem Firmenchef Schmitt ihm weitgehend freie Hand bei der Konstruktion ließ und Stevenson kein finanzielles Risiko zu tragen hatte. Als Antrieb wählte man für den Prototyp einen 200-ccm-Zündapp-Motorradmotor mit 6,5 PS, der mit dem Rohrrahmenchassis leichtes Spiel hatte. Die Karosserie für dieses erste Fuldamobil gab man bei der Fuldaer Wohnwagenfirma Leibold in Auftrag.

Als im Februar 1950 das Auto fertig war, konnte man eine Ähnlichkeit mit einem Wohnwagen nicht leugnen. Das mit einem nach vorne aufrollbarem Stoffdach, kleinen Doppelscheiben vorne und winzigen 8-Zoll-Rädern ausgerüstete Dreirad hatte einen Aufbau aus einem Holzgerüst mit aufgenagelten und lackierten Blechteilen bekommen, der zwar zwei Personen und Gepäck einigermaßen ausreichend Platz bot, das Leistungsgewicht des Mobils aber verschlechterte. Nur mit Mühe fuhr das Ding etwas über 60 km/h. Ein technisch interessantes Detail war eine von Stevenson erdachte sogenannte Rad-Mittellenkung (Center Point Axle), wie sie erst viel später von großen Automobilherstellern verwendet wurde. Die Federung von Pendelachse und hinterer Einzelradschwinge übernahmen Schraubenfedern. Seilzugtrommelbremsen wirkten allein auf die Vorderräder.

Die Öffentlichkeit reagierte skeptisch auf das ungewohnte Erscheinungsbild des Fuldamobils. Nachfolgenden Prototypen gab man eine »Schnauze«, um wenigstens etwas Ähnlichkeit mit normalen Autos zu erreichen. Doch für eine geplante Serienfertigung waren zwei große Probleme zu lösen: Zum einen entsprach der Zündapp-Motor mit seiner schwachen Leistung nicht den Erwartungen, und zweitens galt es, eine rationeller zu fertigende Karosserie zu entwickeln. In dieser

Hinsicht experimentierte man zunächst mit einer hölzernen und lakkierten Karosse, entschied sich dann aber für eine Karosserie nach Art des Lloyd LP 300: Sie bestand aus einem mit Kunstleder überzogenen Sperrholzgerüst, das man von der Segelflugzeug-Firma Schleicher bekam.

Was das Problem der Motorisierung betraf, so versuchte man es durch einen modifizierten Baumsägemotor der württembergischen Firma Baker & Pölling zu lösen. Doch die 250-ccm-Motoren erwiesen sich als kaum kräftiger als das Zündapp-Aggregat. Konstruktions- und Verarbeitungsfehler führten außerdem zu zahlreichen Motorschäden. Inzwischen gab es neben der Limousine auch eine niedliche Cabrioletversion mit flachem Heck, Klappverdeck und Steckscheiben. Von diesen später Typ N genannten Fuldamobilen wurden bis September 1952 immerhin fast 400 Stück verkauft, ehe der verbesserte Typ N-2 vorgestellt wurde. Dieses Modell bekam eine neue, vor allem im Bugbereich leicht veränderte Karosserie, wobei nun gehämmerte Alubleche auf den Holzrahmen genagelt wurden, was dem Dreirad den Namen »Silberfloh« einbrachte. Auf eine Lackierung der rostbeständigen Außenhaut wurde verzichtet.

Die Suche nach einem geeigneten Motor führte schließlich zum Einbau des auch nicht gerade idealen 360-ccm-Stationärmotors von Fichtel & Sachs, der sich zwar weniger durch Drehfreude auszeichnete, aber dessen 9,5 PS das Fuldamobil nun erstmalig die 80-km/h-Marke erreichen ließen. Als Getriebe fungierte – wie schon bei den ersten Modellen – eine Dreigang-Klauenschaltung der Firma Hurth mit Mittelschalthebel. Bis zum Sommer 1955 wurde das Fuldamobil mit der silbernen Alukarosse weitergebaut, obwohl schon im Juli 1953 ein neues Modell Premiere gefeiert hatte. Dieser Typ S-1 hatte nun eine Karosserie, die aus warm verformten, glatten Alublechen bestand, die man von den Vereinigten Deutschen Metallwerken in Werdohl bezog. Dadurch wirkte das Dreirad nicht mehr so eckig und erinnerte weniger an einen Eigenbau. Die neue, rundliche Form machte das Mobil attraktiver, wenn auch gleichzeitig das Leergewicht um rund 70 kg gestiegen war – was das Temperament des Kleinwagens aus Fulda nicht gerade günstig beeinflußte. Auch gab es jetzt eine Gepäckklappe hinten mit winzigem Rückfenster, die zumindest die Beladung des Wagens erleichterte.

Für den Typ S-1 interessierte sich die Nordwestdeutsche Fahrzeugbau GmbH Wilhelmshaven, die Aufbauten für Ford-Lastwagen herstellte. Schnell wurden sich beide Firmen einig, und fortan entstand das Fuldamobil unter der Bezeichnung »NWF 200« in Wilhelmshaven, wobei die Norddeutschen als praktisch einzige Modifikation einen 200-ccm-ILO-Motor einbauten, um Kunden mit dem alten Führerschein IV zu interessieren.

Der Absatz des Wilhelmshavener Fuldamobils gestaltete sich jedoch träge; mancher Wagen wanderte anstatt der fälligen Linzenzgebühren zurück nach Fulda, wo inzwischen auch ein fast unverändertes Modell S-2 gebaut wurde.

Im Sommer 1955 gab die NWF schließlich die Lizenz zum Bau des Fuldamobils zurück. Doch auf der IAA im September des gleichen Jahres sah man wieder ein verbessertes Modell aus Fulda mit der Bezeichnung S 4 (vom Typ S 3 gab es nur zwei Versuchsmodelle). Inzwischen war die Regelung aufgehoben worden, nach der es für dreirädrige Fahrzeuge steuerliche Vergünstigungen gab, was dazu führte, daß der Typ S 4 mit einer Schmalspur-Hinterachse à la Isetta gebaut wurde. Nun war ein hinteres Radpaar mit einer Spur von nur 40 cm eher als Zwillingsrad zu bezeichnen, dennoch waren im Kurvenverhalten des Mobils dadurch Fortschritte spürbar, wenn auch die Kippgefahr mit dieser Notlösung nicht gebannt werden konnte.

Was jedoch den Antrieb betraf, so hatte es ebenfalls Veränderungen gegeben. Im Fuldamobil S 4 verrichtete jetzt der vom Messerschmitt-Kabinenroller her bekannte 191-ccm-Sachs-Motor seinen Dienst; mit 10 PS verfügte er etwa über die gleiche Leistung wie der 360-ccm-Motor. Doch in der Charakteristik unterschieden sich beide Aggregate deutlich: Beim neuen Motor mußte man emsig schalten und mit hohen Drehzahlen fahren. Das Fuldamobil hatte auch dasselbe Getriebe wie der Messerschmitt Karo, mit theoretisch vier Rückwärtsgängen. Erfreulicherweise war der S 4 mit einem Preis von nur 2780 Mark fast 600 Mark billiger geworden. Vom Typ S 4 gab es erstmals seit Einführung der rundlichen Karosserie wieder eine Roadsterversion, sie trug die Bezeichnung S 5. Es blieb jedoch nur bei einem Einzelstück, das man einem potentiellen Lizenznehmer aus Holland vorführte, der jedoch bald abwinkte. Große Verkaufszahlen erreichte auch der Typ S 4 nicht (den man auf Wunsch noch mit dem hinteren Einzelrad haben konnte); selten verließen mehr als ein Dutzend Fuldamobile pro Monat das Werk.

Im Herbst 1955 kam indessen ein vielversprechender Lizenzvertrag mit der Firma Zündapp zustande, die auf der Suche nach einer passenden Kleinwagenkonstruktion war, um Einbußen im Motorradgeschäft kompensieren zu können. Doch bei näherer Betrachtung durch die Zündapp-Techniker stellte sich die Bauweise des Fuldamobils als viel zu kompliziert heraus, um das Vehikel in wirtschaftlicher Serienproduktion herstellen zu können. Außerdem rieten den Nürnbergern viele davon ab, einen Zweisitzer zu bauen, der nicht für die Beförderung einer kleinen Familie taugte.

So zog sich Zündapp wieder vom Vertrag zurück. Eine andere Lizenz wurde an einen rhodesischen Interessenten verkauft, der das Kleinauto dann auch tatsächlich in kleiner Zahl in Afrika zusammenbaute.

Erfolglos blieben Versuche mit einem winzigen, eckigen Transporter, der von einem 400-ccm-Lloyd-Motor angetrieben wurde, denn man sah schnell ein, daß für solch ein Primitivfahrzeug kein Bedarf bestand. Es blieb vermutlich bei einem einzigen Versuchsmodell, das bis heute überlebt hat. Mitte der 50er Jahre führte das Fuldamobil schon ein bescheidenes Schattendasein, da immer neue und bessere Kleinwagen wie Goggomobil, Lloyd 600 und NSU Prinz auf den Plan getreten waren. Firmenchef Schmitt hing jedoch an seinem Mobil und wollte es noch einmal aufwerten. Vereinzelt waren inzwischen Fahrzeuge mit neuartigen Glasfiber-Karosserien aufgetaucht, die preiswert und in kleinen Stückzahlen leicht herzustellen waren. Solche Eigenschaften paßten hervorragend zur Verbesserung des betagten Kleinwagens, und so entstand das Fuldamobil S 7 mit modernisierter Kunststoffkarosserie. Optisch hatte das Fahrzeug wirklich sehr viel gewonnen; vergrößerte Fensterflächen und eine große Panorama-Heckscheibe machten den Innenraum nun viel heller und freundlicher. Auch wurde das Temperament des neuen Modells durch gut einen Zentner Gewichtseinsparung spürbar günstig beeinflußt.

Kurze Zeit später erwarb der Engländer York Nobel die Rechte zum Bau des Fuldamobils und begann mit aufwendigen Kampagnen für »seinen« Kleinwagen (er verschwieg die deutsche Herkunft des Mobils) zu werben. Doch der Verkauf des Nobel 200 vollzog sich nur schleppend. Die Zeit der Kabinenroller war zu Ende gegangen. Nobel bot auch eine offene Version des Wagens mit Sonderkarosserie als »Einkaufswagen« an, doch mit noch geringerem Erfolg.

Durch den verminderten Fertigungsaufwand des Fuldamobils wurden auch andere Interessenten für eine Lizenz auf den Plan gerufen. Mit unterschiedlichem Erfolg wurden schließlich Rechte und Teilesätze nach Holland, Schweden, Norwegen, Griechenland, Chile und Argentinien verkauft, während man nach Südafrika eine recht hübsche offene Version mit Namen »Sporty« exportierte. Inzwischen verebbte in Deutschland die Nachfrage nach dem imagetötenden Kabinenroller zusehends, so daß innerhalb achtjähriger Bauzeit des Typs S 7 mit Sachs-Motor nur mehr knapp über 400 Fuldamobile ihre Käufer fanden, in der Hauptsache ältere Leute mit dem alten Führerschein Klasse IV.
Als Fichtel & Sachs dann 1964, zeitgleich mit dem Verschwinden des ebenfalls von dem 200-ccm-Zweitakter motorisierten FMR KR 200 (Messerschmitt), die Produktion dieses Kleinmotors einstellte, schien auch für das Fuldamobil das letzte Stündlein geschlagen zu haben. Karl Schmitt wehrte sich aber noch einmal erfolgreich gegen den Untergang seines Mobils. Er bezog etwa gleich starke 200-ccm-Motoren von Heinkel, wo man froh war, Restposten des alten Viertakters loszuwerden.
Zwischen 1965 und 1969 kamen etwa 250 Käufer in den Genuß eines Viertakt-Fuldamobils, sicher das beste Modell seit 1950. Das Werk schaffte es sogar immer wieder, die ab 1960 gültige Verordnung zu umgehen, die bei neuen Wagen keine hinten angeschlagenen Türen mehr zuließ.
Wäre Heinkel 1968 nicht von Daimler-Benz aufgekauft worden, was die Streichung unrentabler Produkte nach sich zog, so könnte man vielleicht heute noch ein fabrikneues Fuldamobil kaufen. Als im Frühling 1969 schließlich keine Heinkel-Motoren mehr auf Lager waren, endete die Produktion dieses neben dem Goggomobil letzten deutschen Kleinwagens.

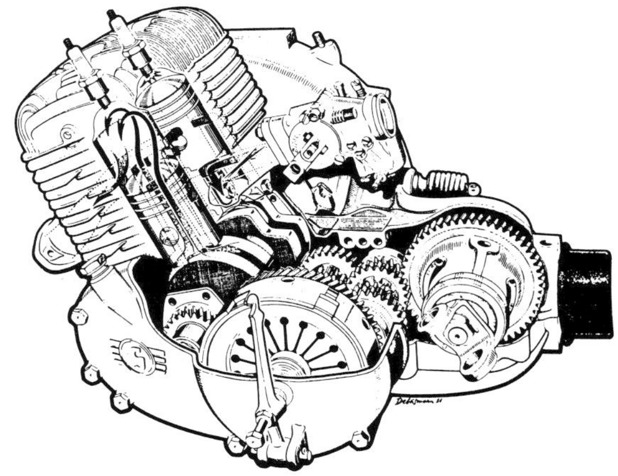

*Die ersten Abbildungen vom Goggomobil vermittelten etwas mehr Großzügigkeit als die Realität zu halten vermochte. Rechts der luftgekühlte Zweizylindermotor des kleinen Autos.*

## GLAS

Wovon die meisten Hersteller von Klein- und Kleinstwagen jener Tage nur träumen konnten, erreichte die Landmaschinenfirma von Hans Glas in Dingolfing/Niederbayern, nämlich die Großserien-Herstellung eines populären Fahrzeugs über einen langen Zeitraum.
Als am 25. Juni 1969 schließlich das letzte »Goggo« die inzwischen von BMW übernommenen Hallen verließ, waren nicht weniger als 280728 Expemplare dieses Vierradmobils gebaut worden, eine Zahl, die weltweit von keinem vergleichbaren Fahrzeug erreicht wurde.
Anfang 1950 sah man sich bei der Firma Glas, einst einem der größten Hersteller von Sämaschinen, durch Absatzschwierigkeiten gezwungen, ein neues Standbein zu entwickeln und konstruierte einen Motorroller, inspiriert von italienischen Zweirädern wie Vespa und Lambretta. Die Niederbayern konzipierten ein völlig eigenständiges Fahrzeug dieser Art, das sich durch ausgeprägt rundliche Verkleidung hervorhob. Seniorchef Hans Glas gab ihm den Kosenamen seines Enkels Andreas: »Goggo«. Der ursprünglich gewählte Name »Isaria«, unter dem die Landmaschinen verkauft wurden, war schon einer anderen Firma für zwei- und vierrädrige Kraftwagen geschützt.
Das Geschäft mit den Rollern lief gut. Drei unterschiedlich starke Motoren von ILO kamen zum Einbau; 1953 nahm man ferner die Herstellung eines dreirädrigen Lastenrollers auf. Doch bald sah sich die Firmenleitung zur Verbreiterung der Angebotspalette nach einer geeigneten Kleinwagenkonstruktion um. Hans Glas und Sohn Andreas reisten kreuz und quer durch Deutschland, um sich Projekte und zum Verkauf stehende Kleinwagen-Konstruktionen anzusehen. Manches Angebot erreichte die Firma, doch die Ansprüche der Niederbayern waren hoch, und so hatten Mobile wie Champion, Pinguin oder Kersting keine Chance akzeptiert zu werden. So sah man sich Ende 1953 schließlich gezwungen, die Sache selbst in die Hand zu nehmen. Vater und Sohn Glas sowie Chefkonstrukteur Karl Dompert arbeiteten ein Kleinwagenkonzept nach eigenen Vorstellungen aus. Man wollte sich auf keine Experimente mit kuriosen Karosserieformen einlassen, sondern strebte danach, eine kleine, normal aussehende Stufenhecklimousine zu bauen, mit vier Rädern gleicher Spur und einem Zweitaktmotor von höchstens 250 ccm im Heck, um auch den noch großen Kreis der Inhaber des alten Führerscheins IV in den künftigen Abnehmerkreis miteinbeziehen zu können. Bei der Kalkulation der Kosten – man wollte den Preis unter 3000 Mark halten – war das größte Problem die Beschaffung eines geeigneten Motors. Schließlich entschied man sich, auch das Antriebsaggregat selbst herzustellen und engagierte dafür Mitte 1954 den Motorenkonstrukteur Felix Dozekal, der früher bei den Adler-Werken gearbeitet hatte.
Im Laufe des Sommers 1954 entstand der erste Prototyp des Goggomobils mit Plattformrahmen, vorderer Schwingachse und Pendelachse, hinten mit Schraubenfedern und hydraulischen Teleskopstoßdämpfern an allen vier 8-Zoll-Rädern. Im Heck war zunächst ein 200-ccm-ILO-Motor eingebaut, da der eigene Motor noch nicht fertig war. Das Getriebe lag wie der Motor quer zur Fahrtrichtung, ebenso verliefen demzufolge die Schaltebenen. Die winzige Stahlblechkarosserie hatte symmetrische Seitenteile und darin nur eine breite Fensteröffnung mit verschiebbaren Scheiben, wodurch wenige Preßwerkzeuge nötig waren. Was den Einstieg betraf, so wollte man etwas besonders Fortschrittliches bieten und lieh sich von der erst kurz

zuvor gezeigten Isetta die Idee mit der Fronttür. Beim Goggo-Prototyp schwenkten beim Öffnen der Tür jedoch Lenkrad und Armaturentafel nicht mit, so daß es recht unbequem war, in diesem Versuchsmodell Platz zu nehmen. Die Fondpassagiere mußten sich erst an dem zur Seite klappbaren Beifahrersitz vorbeizwängen. Kurz vor dem Jahreswechsel 1954/55 wurde dann die Sache mit der Fronttür – angeblich auf Glas-Freund Schorsch Meiers Einfluß hin – wieder fallengelassen. In den ersten Wochen des neuen Jahres entstanden drei neue Vorserienautos mit nach hinten öffnenden Seitentüren und dem neuen 250-ccm-Motor von Dozekal, 14 PS stark. Bis zur Serienfertigung wurden an der Karosserie noch einige Veränderungen vorgenommen. So zog man das Dach vorn etwas über den Scheibenrand hinaus und gab dem Auto Regenrinnen; der einzelne Scheibenwischer wanderte von der Scheibenmitte etwas mehr zum Fahrer hin. Auch die Radaufhängungen wurden nicht von den Vorserienmodellen übernommen: vorn übernahmen jetzt Querlenker und hinten eine Pendelachse mit Längslenkern die Radführung. Erfreulicherweise wurden schon von Anfang an hydraulische Vierrad-Trommelbremsen eingebaut. Zum Verschweißen der Kotflügel fehlten bis zum September 1955 noch die

*Charmant und liebenswert: Das Goggomobil gedieh zu einem wahren Bestseller, nicht nur in Deutschland.*

*Oben: Goggomobil Coupé. Dieses Fahrzeug war von 1958 bis 1969 auf dem Markt.*

*Rechts und unten: Glas Isar S-35 Prototyp in Frankfurt 1957 und in Dingolfing.*

*Das Goggomobil gab es auch in einer Transporter-Version, ausgelegt für 300 kg Nutzlast. Mit dem 400-ccm-Motor hatte man 20 wackere Pferde am Zügel...*

nötigen Anlagen, und so wurden diese Blechteile der ersten etwa 5000 Goggos noch unter Einlage von Gummistreifen verschraubt.
Mit dem ersten Erscheinen der Dingolfinger Mobile auf der IAA, begleitet von durchweg positiven Testbeurteilungen, stieg die Nachfrage nach dem neuen Kleinstwagen sehr schnell. Schon am 2. Januar 1956 lief das 10000. Goggomobil vom Band. Die Glas-Leute hatten mit ihrem Goggo einen Volltreffer gelandet, denn in vieler Hinsicht enstprach das kleine Fahrzeug den Träumen des »kleinen Mannes« vom ersten erschwinglichen Auto. Man konnte damit zu viert reisen, mußte sich nicht wegen merkwürdiger Karosserieform den Spott anderer anhören oder auf die Grundbedürfnisse an Komfort verzichten. Natürlich war der Zweitakter laut, und wer zügig fahren wollte, mußte das immer noch quer zu schaltende Vierganggetriebe eifrig benutzen. Doch das Goggomobil war sauber verarbeitet, hübsch anzusehen und vergleichsweise zuverlässig – was wollte man damals mehr? Der Preis war inzwischen zwar auf über 3000 Mark geklettert, doch das störte kaum jemanden. Mit 85 km/h konnte man jetzt zur Arbeit, ins Wochenende und im Urlaub nach Italien oder noch weiter wie in einem »richtigen« Auto fahren. Eine Isetta oder gar ein Messerschmitt Kabinenroller war im Vergleich zum Goggomobil ein eher abenteuerliches Gefährt; höchstens Lloyd aus Bremen konnte den Niederbayern etwas Gleichwertiges entgegensetzen.
Es dauerte nicht lange, bis die ersten Goggos im Rallyeeinsatz erprobt wurden, wo sie oft erstaunliche Erfolge erzielten. Es gab sogar Goggofahrer, die mit ihrem Autochen auf Weltreise gingen, wie ein holländisches Pärchen, oder eine junge Dame aus Hamburg, die allein bis nach Kapstadt fuhr.
Die Dingolfinger Ingenieure sonnten sich nicht in ihrem Erfolg. Bald kamen neue Goggo-Autos auf den Markt, so ein 300-ccm-Modell mit fast 15 PS noch im Oktober 1955 und eine mit 20 PS aus 440 ccm schon fast gefährlich starke Version genau zwei Jahre später, deren Leistung man im Frühjahr 1961 auf 18 PS drosselte. An der Karosserie der Limousine änderte sich im Laufe von 15 Produktionsjahren nur wenig: Ab Oktober 1956 gab es Kurbelfenster und eine die Umrisse einer Motorhaube vortäuschende Sicke an der Front sowie seitliche Lufteinlaßgitter für den Motor anstatt der Hutzen. Erst ab März 1964 wurden dann die Türen, wie vom Gesetzgeber gefordert, vorn angeschlagen. Auch im Innenraum gab es laufend kleine Verbesserungen, und ein großes Stoff-Sonnendach war ein beliebtes Zubehör. Überhaupt blühte der Handel mit allerhand nützlichem wie auch überflüssigem Beiwerk für das Goggo. Von der verchromten Auspuffzierblende über die Sonnenblende (»Nordlandschute«) bis zur Kühlergrillattrappe und Blumenvase konnte man alles kaufen, was des Goggomobilisten Herz begehrte. Ein weiteres gelungenes Fahrzeug war das im Oktober 1956 vorgestellte und ab Dezember gebaute Goggomobil-Coupé, ein Zweisitzer mit Notsitzen auf der technischen Basis der Limousine mit Panoramascheiben, dezent angedeuteten Flossen und einer hübschen Innenausstattung. Als Antrieb wurden die gleichen Zweitakter wie für die Limousine angeboten, doch gab es hier serienmäßig ein elektromagnetisches Ziehkeilgetriebe, dessen Schalthebel zierlich aus dem Armaturenbrett ragte. Durch Anheben des Hebels ließ sich der gewünschte Gang vorwählen, der dann durch Betätigen des Kupplungspedals einrastete. Ab März 1957 konnte gegen Aufpreis auch die Limousine mit dieser Schaltung geliefert werden.
Neben den Coupés, die es nur mit festem Dach gab, waren in den Jahren 1957 und 1958 auch einige Cabriolets entstanden, die vorwiegend als Blickfang auf Ausstellungen dienen sollten. An eine Serienfertigung dieser aufwendigen und damit teuren Wagen dachte man nicht ernsthaft, es blieb, soweit bekannt, bei nur neun Exemplaren.
1957, als auch der Transporter auf Goggo-Basis vorgestellt wurde, ging als Rekordjahr in die Annalen der Firmengeschichte ein: Rund 43000 Goggomobile aller Motorversionen verließen das Werk.
Die Firmenleitung war der Ansicht, daß der Markt ein etwas größeres Modell erforderte, und beauftragte den von BMW übergewechselten Konstrukteur Max Ischinger mit dem Entwurf eines Zweizylinder-Viertaktmotors. Es entstand ein dem berühmten BMW-Boxer auffallend ähnliches Aggregat, und Karl Dompert entwarf eine Karosserie für das neue »große Goggomobil« mit Panoramafrontscheibe. Der neue Wagen sollte Frontmotor und -antrieb haben. Auf der IAA 1957 war ein erster Prototyp des T 600 zu sehen. Mit höchster Eile wurde an der Serienreife des neuen Wagens gearbeitet, doch aus Gründen der besseren Gewichtsverteilung mußte schließlich auf Hinterradantrieb umgeschwenkt werden. Auch die Karosserie gab Probleme auf, denn in der Eile hatte man einige Grundsätzlichkeiten der Statik außer acht gelassen, was sich jetzt durch aufwendige Nachbesserungsarbeit rächte. Doch pünktlich zum Geburtstag des Seniorchefs rollte am 12. Juni 1958 der erste Glas T 600 vom Band, nun mit etwas schlichterer Front und zierlicheren Fensterrahmen. Das offizielle Debut feierte das neue Serienmodell auf der IAA 1958. Doch kaum waren die ersten Wagen ausgeliefert, hagelte es Reklamationen. Karosserie und Motor zeigten noch immer schwere Mängel, die zwar eilends behoben wurden, doch die strahlende Geburt des großen Goggomobils wurde durch diese Ereignisse überschattet. Ab August wurde der Wagen auch mit einem 30 PS starken, auf 700 ccm aufgebohrten Motor geliefert, der ihn knapp über 110 km/h schnell werden ließ. Doch die Verkaufszahlen konnten die Erwartungen bei weitem nicht erfüllen.
Im November 1959 gesellte sich ein Kombi zur Limousine, ebenfalls alternativ mit dem größeren Motor lieferbar. Fast 24000 Exemplare

*Oben links: Glas Isar T 600, der große Bruder des Goggomobils. Oben: Als Isar Kombi, genannt K 600, durfte das Auto 475 kg Nutzlast befördern. Es gab die 600- bzw. 700-ccm-Autos von 1958 bis 1965.*

*Links: Goggomobil und T 600 im Größenvergleich, ein Foto von 1958. Der große Bruder durfte schon beinahe zur unteren Mittelklasse gerechnet werden.*

des großen Goggos konnten in jenem Jahr verkauft werden, doch bereits 1960 halbierte sich diese Zahl. Ab August hieß der Wagen übrigens »Isar«, um den Abstand zum Goggomobil zu verdeutlichen. Ein größeres Heckfenster, schönere Heckleuchten und Stoßstangen sollten den Isar attraktiver machen, doch die Verkaufszahlen fielen unaufhaltsam weiter. Nachdem 1964 nur mehr 3989 Exemplare verkauft werden konnten, entschloß man sich zur Aufgabe dieser Linie. Die Firma Glas versuchte ihr Glück nun mit noch größeren Wagen, doch allein das kleine Goggo hatte nach wie vor einen zwar ebenfalls langsam schwindenden, aber treuen Kundenstamm. Nur die 300-ccm-

Version wurde 1965 mangels Nachfrage gestrichen; die letzten Limousinen und Coupés mit dem 400er Motor verließen 1967 und 1968 das Band, nachdem schon im November 1966 BMW neuer Herr im Hause Glas geworden war. Doch den Münchnern paßte das Goggomobil überhaupt nicht ins Image. So kam es, daß im Juni 1969 die letzten Limousinen und Coupés Dingolfing verließen.
Beinahe hätte es das kleine Coupé zehn Jahre zuvor sogar zum richtigen Sportwagen gebracht, denn damals wurden zwei dieser Wagen mit einem frisierten 700-ccm-Boxermotor aus dem Isar mir 34 PS ausgerüstet, die fast 140 km/h erreichten und sich sehr sportlich fahren ließen. Noch heißer wurde dieses Versuchscoupé mit der Bezeichnung »Isar S-35«, als auch der neue 1-Liter-Vierzylinder mit von Zahnriemen getriebener, obenliegender Nockenwelle und 50 PS probeweise eingebaut wurde, doch die alte und zu kleine Karosserie stellte für solch einen Sportwagen ein zu arges Handicap dar. Eine angepeilte Serienproduktion des Isar S-35 mit dem 700er Boxermotor im Sommer 1960 wurde zu Gunsten der Entwicklung neuer, größerer Wagen nicht realisiert.

## GNOM

Die Gnome aus Berlin gehörten zu den primitivsten und in ihrem Aussehen witzigsten Vehikeln, die in der Nachkriegszeit gebaut wurden. Aber sie blieben im Prototypenstadium stecken. Ihr Konstrukteur Curt Max Gick hatte vor dem Krieg für die Luftwaffe gearbeitet und verdiente sein Geld zunächst mit der Fertigung von einfachen Handwagen. 1946 konnte Gick sich eine kleine Werkstatt für die Herstellung von Bohrmaschinen einrichten. Mit einer Handvoll Mitarbeiter wurden diese wertvollen Werkzeuge zum Teil aus Gebrauchtteilen gefertigt; das Geschäft lief gut. Doch der Autonarr Gick hatte mehr vor: Um das Jahr 1947 entstanden auf seinem Reißbrett erste Pläne für ein kleines Dreiradfahrzeug. Doch dauerte es bis zum Frühjahr 1949, bis der erste Prototyp auf den Rädern stand, da es in jenen Tagen Schwierigkeiten bereitete, alle Materialien und Einbauteile wie Räder, Reifen, Scheinwerfer und nicht zuletzt Motoren zu organisieren.
Neben dem Bau von Bohrmaschinen war dieses »Gnom« getaufte Dreirad in vielen Arbeitsstunden entstanden. Es hatte eine offene, türlose Blechkarosserie, die das vordere Einzelrad umschloß. Unter einer Fronthaube war etwas Platz für Gepäck. Als Haubengriff diente eine mächtige Kühlerfigur, die einem liegenden Gartenzwerg ähnlich sah. Auf dem Heck ragte eine spitze Haifischflosse in die Luft, die das kleine Dreirad vollends grotesk erscheinen ließ. Zwei Personen konnten auf einer breiten Sitzbank mit Kunstlederbezug Platz nehmen; ein Wetterschutz war zunächst nicht vorgesehen.
Das Rückgrat des Gnom bildete ein kräftiges Stahlrohr mit Querverstrebungen. Dieses Fahrgestell war mit der Karosserie verschweißt. Das Vorderrad wurde in einer Gabel geführt und von Schraubenfedern gedämpft; hinten gab es eine Starrachse, ebenfalls mit Schraubenfedern. Der Gnom war nur etwa 2,20 m lang und wog um die 300 kg. Um dieses Gewicht von der Stelle zu bewegen, war im Heck ein Einzylinder Zweitaktmotor von ILO mit 125 ccm und 5,5 PS Leistung installiert, wie er auch später im Kleinschnittger F 125 zum Einsatz kam. Wer mit dem Gnom fahren wollte, mußte den Motor mit einem Seilzug anwerfen. Drei Vorwärtsgänge standen zur Verfügung; der Schalthebel der Motorrad-Ratschenschaltung stand in der Mitte vor der Sitzbank. Mit einiger Anstrengung waren 60 km/h zu erreichen; Steigungen mußte man tunlichst aus dem Wege gehen.
Die Fahreigenschaften des Gnom müssen vom Fahrer und Beifahrer ein hohes Maß an Toleranz verlangt haben, denn nur das rechte Hinterrad wurde über Kette angetrieben, und dieser Umstand beeinflußte die Lenkbewegungen merklich. Doch der Gnom war in erster Linie als Stadtwagen für Berlin gedacht, und eine empfohlene Reisegeschwindigkeit von 45 km/h war sicher ohne größeres Risiko möglich, da auch die Seilzugbremsen nur auf die Hinterräder wirkten.
Die im Ostberliner Stadtteil Grünau gegründete Firma IFG Ingenieurbüro, Fahrzeug- und Gerätebau C. M. Gick, baute noch zwei dreirädrige Versuchswagen, danach einen mit vier Rädern und zwei Türen sowie Blechdach, dessen Karosserie ansonsten den Dreirädern entsprach. Eine Starrachse vorn und angesetzte Kotflügel ließen dieses Vehikel zwar schon eher wie ein Auto aussehen, doch trotz eines stärkeren ILO-143-ccm- Motors mit 7 PS Leistung, machte der Um-

*Links: Konstrukteur Curt Max Gick und sein Gnom. Unten: Der Prototyp in der geschlossenen Version.*

gang mit diesem Super-Gnom keine Freude, da sein Gewicht auf weit über eine halbe Tonne geklettert war und sich der Motor zudem nicht gerade durch Drehfreudigkeit auszeichnete. Nicht einmal 50 km/h waren damit zu schaffen, doch Gick hatte nun zumindest zwei Modelle anzubieten.
Der Öffentlichkeit präsentierte Gick seine vier Mobile auf seinem Stand anläßlich der ersten internationalen Autoschau in Deutschland am 27. Mai 1950 in Berlin. Er bot sein Gnom Dreirad zu einem Preis von 1490 Mark an. Eines der Mobile war nun sogar mit einem einfachen Dach (ohne Seitenteile) ausgestattet – ein wichtiges Argument, um Motorradfahrer zum Umsteigen zu bewegen. Handgezeichnete Prospekte wurden verteilt, und zahlreiche Interessenten ließen sich für einen Gnom vormerken; richtige Bestellungen oder gar Anzahlungen nahm Gick ehrlicherweise noch nicht an, da die Frage einer Produktionsfinanzierung noch völlig ungeklärt war.
Weniger freundlich reagierte dagegen die Fachpresse auf Gicks Schöpfungen. Kein gutes Haar wurde am Ostberliner Gnom gelassen. Kon-

strukteur Gicks Traum, zum Kleinwagenhersteller aufzusteigen, ging nicht in Erfüllung. Die vier Prototypen wurden verkauft, ihr Erfinder widmete sich wieder seinem Konstruktionsbüro. Alle vier Gnom Kleinstwagen gelten heute als verschollen.

## GUTBROD

In der Firma Gutbrod in Plochingen, bis heute ein bekannter Hersteller von Landwirtschafts- und Gartengeräten, hatte man bereits in den zwanziger Jahren erste Erfahrungen im Bau von Kraftfahrzeugen sammeln können. Unter dem Markennamen »Standard« hatte man zunächst Motorräder gebaut, und 1934 wurde ein von Josef Ganz (siehe auch »Rapid«) konstruierter Kleinwagen mit 400 ccm Motor als »Standard Superior« ins Programm genommen, dessen Karosserie, ähnlich der des späteren Lloyd LP 300, aus einem Holzgerippe mit Kunstlederbezug bestand. Zwei Jahre später stellte Gutbrod die Fertigung dieses Kleinwagens wieder ein, da es zu Patentstreitigkeiten mit dem Tatra-Werk gekommen war. Bis zum Beginn des Zweiten Weltkrieges konzentrierte man sich auf den Bau von Motorrädern sowie kleinen drei- und vierrädrigen Lieferwagen.
Schon Mitte 1947 hatte die Firma Gutbrod nach dem Krieg wieder die Erlaubnis zum Bau von Kleintransportern bekommen, wobei der Vierradlieferwagen »Heck 504« von einem Motorsegler-Aggregat, das mit vier Zylindern in Boxeranordnung mit Luftkühlung im Zweitaktverfahren arbeitete, angetrieben wurde. Dieses eher problematische

*Links: Der Gnom-Stand auf der Berliner Autoschau 1950. Für 1490 Mark war der »kleene Berliner« wirklich preisgünstig.*

*Oben: Der erste Gutbrod Superior von 1949. Unten: Der Gutbrod Superior als Cabriolet, karossiert von der Firma Wendler.*

Triebwerk konnte erst 1949 durch einen modernen Zweizylinder-Zweitaktmotor mit 600 ccm und 18 PS ersetzt werden, den Adolf Schnürle, der bekannte Erfinder der »Umkehrspülung«, für Gutbrod entwickelt hatte.
Zu jener Zeit holte sich Walter Gutbrod noch einige andere fähige Konstrukteure in die Firma. Zwei neue Projekte waren geplant: Ein moderner Frontlenkerlieferwagen nach Art des VW Konkurrenten Tempo sowie ein kleiner Personenwagen. Um Kosten zu sparen, verwendete man hierfür den bewährten 600-ccm-Motor des Transporters Heck 604, der die Vorderräder des geplanten Zweisitzers antreiben sollte.

Bei der Gestaltung der Karosserie achtete man bei Gutbrod darauf, daß die diagonal liegenden Kotflügel, die Türen und selbst die Hauben von je nur einem Preßwerkzeug zu fabrizieren waren – wie beim Champion 400. Zuerst wurde ein fahrbares Versuchschassis gebaut, bestehend aus Zentralrohrrahmen mit vorne querliegender Halbelliptik-Blattfeder und hinterer Pendelachse.
Im Herbst wurden die ersten fünf Karosserien von einer kleinen Firma in Bad Cannstatt geliefert. Die Öffentlichkeit zeigte sich sehr angetan von der hübschen Form des kleinen Zweisitzers, der als »Gutbrod Superior« verkauft werden sollte. Zwar fehlten dem Wagen modische Attribute wie eine breite Sitzbank und die allseits beliebte Lenkradschaltung, doch dafür bot der sehr geschmackvoll ausgestattete Gutbrod immerhin ein weit zu öffnendes Rolldach nach Art des Fiat Topolino. Hinter den bequemen Vordersitzen war reichlich Platz für Gepäck oder die kurzzeitige Mitnahme eines dritten Passagiers.
Einer Serienproduktion stand jetzt nicht mehr viel im Wege, und Gutbrod suchte, weil für eine Eigenfertigung aller Teile die Fabriken in Plochingen und Calw zu klein waren, nach Firmen, die Motor, Getriebe und die Karosserien liefern konnten. Nachdem für die Antriebsaggregate erfahrene Partner gefunden waren, einigte man sich schließlich mit der auch für NSU-FIAT arbeitenden Firma Weinsberg über den Bau der Superior-Karosserien. Dort entwickelte man eine selbsttragende Karosserie, ohne die ansprechende Linie zu verändern.
Offiziell präsentiert wurde der neue Gutbrod anläßlich der Frankfurter Frühjahrsmesse im März 1950. Dort stellte man auch eine weniger gelungene Cabrioletversion von der Firma Wendler aus, die indessen wenig Anklang fand. Der Superior fand hingegen durchwegs positive Aufnahme, und bald stapelten sich die Bestellungen. Bis zur Serienproduktion dauerte es bis Ende Juli, und in der Zwischenzeit konnte einer der beiden Gutbrod-Brüder mit Vorserienwagen einige aufsehenerregenden Siege bei internationalen Rallies erringen.
Waren auf der Frankfurter Ausstellung noch eine Standardversion für 3990 und eine Luxusausführung für 4380 Mark angekündigt worden, baute man zuerst einmal nur den teureren Wagen, weil an diesem natürlich mehr verdient wurde. Gegenüber den Prototypen hatten die

*Oben: Klappe für das Reserverad im Heck. Man sieht, der Wagen war durchdacht und sauber verarbeitet.*

*Rechts: Kombiwagen Superior. Die Karosserie dieses Gutbrod baute die bekannte Wohnwagenfirma Westfalia.*

*Oben: Prototyp einer Kombilimousine mit großen Fensterflächen, ein gelungenes Design.*

*Links: Gutbrod Viersitzer, vorgestellt 1954. Ebenfalls ein gelungenes Auto, das aber zu spät erschien und keine Chancen hatte, in Serie zu gehen.*

Serienwagen einen etwas höher verdichteten Motor, der nun leicht 20 PS leistete und kurzzeitig auch zur Abgabe von 24 PS fähig war, was gut zum sportlichen Erscheinungsbild des Zweisitzers paßte. 100 km/h waren mit dem Gutbrod Superior kein Traum, nur war das Dreiganggetriebe leider recht lang übersetzt. Die Wagen wurden zunächst mühelos abgesetzt; lange Wartezeiten waren die Regel, obwohl schon kurz nach Serienlauf der Preis der allein lieferbaren Luxusversion um 300 Mark angehoben werden mußte. Doch der Superior war für viele einfach das hübschere Auto als ein gleich teurer Volkswagen Käfer.

Bald wurde von vielen Fahrern der Wunsch nach kräftigerer Motorisierung geäußert. Gemeinsam mit der Firma Bosch tüftelten die Gutbrod-Techniker eine Einspritzanlage aus, die Gemisch an Lagerstellen und in den Brennraum spritzte und die Leistung des nun auf 660 ccm aufgebohrten Zweizylinders auf 30 PS anhob. Dabei fiel auch das lästige Mischen des Zweitakttreibstoffes aus Benzin und Öl weg. Zur gleichen Zeit wurde bei Wendler ein neuer Roadster geformt, etwas gelungener als der erste Prototyp, doch immer noch recht dickbauchig und in den Linien nicht sehr harmonisch. Auch dieser »Gutbrod Sport« bekam den neuen Einspritzmotor und lief damit knapp 120 km/h. Bis Herbst 1952 konnten aber nur etwa zehn Stück dieses mit 7800 Mark recht teuren Sportwagens verkauft werden. Auch die nun etwa 110 km/h schnellen Superior 700 E Limousinen waren mit 5725 Mark nicht gerade billig, doch klappte der Verkauf hier noch deutlich besser, wenn auch die hohen Erwartungen der Firma keineswegs erfüllt wurden.

Größter Nachteil auch der unverändert weitergebauten Vergasermodelle mit 600 und 660 ccm war das Fehlen einer hinteren Sitzbank sowie eines Kofferraumdeckels, denn große Stückzahlen waren nur mehr mit familientauglichen Autos zu erreichen. Bei Gutbrod sah man sich jedoch mit der zusätzlichen Entwicklung eines Viersitzers überfordert und legte erst einmal in Kleinserie eine Kombiversion auf, die in zeitraubender Handarbeit bei der Firma Westfalia entstand und für knapp 6000 Mark neben der kleinen Ladefläche auch eine Rücksitzbank bot. Zum Vergleich: der Lloyd Kombi LS 300 kostete 3964 Mark.

Mittlerweile hatte sich als Auswirkung des Koreakrieges die Materialversorgung drastisch verschlechtert, was auch die Produktion der kleinen Gutbrod-Wagen verteuerte. Gleichzeitig wurde die Nachfrage nach einem Viersitzer immer stärker. Als Versuchsmodell wurde schließlich ein Fahrgestell um etwa 30 cm verlängert und mit einer provisorischen Karosserie bestückt, doch wurde der Wagen nicht bis zur Serienreife weiterentwickelt.

Auch zeichnete sich Anfang 1952 die Dringlichkeit einer Verbesserung des zweisitzigen Superior ab, der zwar weiterhin in zahlreichen Wettbewerben brillierte, aber oft auch böse Kritiken erfuhr, die seiner veralteten Türanordnung (hinten angeschlagen) oder der miserablen Belüftungsmöglichkeit des Innenraums galten. Mit großem Kostenaufwand wurde der Superior nun gründlich modernisiert. Ab Herbst 1952 hatten die drei Limousinen Standard (22 PS), 700 Luxus (26 PS) und 700 E (30 PS) vorn angeschlagene Türen sowie eine befriedigende Belüftung. Mängel in der Karosserieverarbeitung waren ebenfalls behoben worden. Doch Ende des Jahres waren trotz aller Anstrengungen über tausend Wagen weniger verkauft worden als im Vorjahr. Schuld daran war offensichtlich auch der hohe Preis.

Im Frühjahr und Sommer 1953 entstanden dann gleich drei verschiedene, viersitzige Prototypen, um der immer stärker werdenden Konkurrenz vielleicht doch noch etwas entgegensetzen zu können. Prototyp Nummer eins wurde eine für damalige Verhältnisse sehr fortschrittliche Sonnendach-Limousine im Stil heutiger Kleinwagen wie VW Golf mit Kombiheck und hinterer Tür. Wagen Nummer zwei war ein Viersitzer mit Stufenheck auf dem kurzen Fahrgestell des Superior, ausgerüstet mit dem 22-PS-Motor. Die Fondpassagiere hatten es in diesem Modell durch den sich nach hinten verjüngenden Dachaufbau mit beengten Platzverhältnissen zu tun. Wagen Nummer drei wurde hingegen auf einem um 18,5 cm verlängertem Superior-Fahrgestell aufgebaut und geriet zu einer bildhübschen kleinen Limousine mit ausreichend geräumiger Fondsitzbank. Mit dem 700er Motor sollte dieser Wagen knapp fünfeinhalbtausend Mark kosten – immer noch mehr als der VW Export, der in immer größeren Stückzahlen vom Band lief.

Bald nach der Präsentation dieser drei Prototypen auf der IAA im September 1953 war bei Gutbrod der Traum vom Automobilbau indessen ausgeträumt: die Firma war zahlungsunfähig geworden.

Gutbrod erging es nicht anders als vielen anderen Mitkonkurrenten. Vorliegende Bestellungen von Superior-Wagen wurden noch bis Anfang 1954 ausgeführt, dann begann der Ausverkauf. Ein großer Elektrohersteller übernahm schließlich dasWerk; die Einrichtungen wurden kurz darauf verschrottet.

Daß die Firma Gutbrod mit ihrem Superior stets einen besonderen Kleinwagen anbieten wollte, merkt man auch heute noch bei der Betrachtung erhaltener Exemplare. Bis auf den kleinen Zweitaktmotor wirkt der Wagen keineswegs primitiv oder gar skurril, wie so viele andere Versuche der Kleinmotorisierung in der frühen Nachkriegszeit. Im Innenraum fühlt man sich hinreichend bequem untergebracht. Der Prototyp des 700er Viersitzers mit Stufenheck wäre bei einem interessanten Preis sicher ein Verkaufserfolg geworden.

# HEINKEL

Das Erscheinen der revolutionären Isetta brachte es Mitte der 50er Jahre mit sich, daß einige Konstrukteure sich an diesem Vorbild orientierten, und so sieht man auch der Heinkel Kabine an, daß ihre Erbauer das italienische »rollende Ei« genau studiert haben mußten. Der Flugzeugfabrik von Professor Ernst Heinkel erging es nach dem Krieg ähnlich wie den Messerschmitt-Werken: Man durfte keine Flugzeuge mehr bauen. So hielt sich der Betrieb mit anderen Aufträgen über Wasser. Heinkel hatte sich in diesem Zusammenhang schon früh für Aktivitäten auf dem Autosektor entschieden. Anfangs baute man für die Sportwagen-Firma Veritas Motorenteile; zu Beginn der 50er Jahre kam man ins Geschäft mit der schwedischen Flugzeug-Firma Saab, die nun ebenfalls im Autobau Fuß fassen wollte. Bei Heinkel entwickelte man einen Dreizylinder-Zweitaktmotor, der die Schweden sehr interessierte. 1953 erschien der Motorroller »Heinkel Tourist«, der mit seinem Viertaktmotor zu den erfolgreichsten Maschinen dieser Art avancierte. Doch wie viele andere Zweiradhersteller spürte auch Heinkel nach anfänglich gutem Verkaufserfolg daß die Kundschaft größeren, geschlossenen Fahrzeugen den Vorzug gab. So kam es zu dem Entschluß, einen Kabinenroller zu bauen. Ohne sich um eine Lizenz für den Bau der Isetta zu bemühen, ging man bei Heinkel daran, ein ähnliches Fahrzeug zu bauen.

Ende 1954 entstand ein Mobil, das trotz einer prinzipiellen Verwandt-

*Ähnlich wie die Isetta – und doch anders – war die Kabine von Heinkel konstruiert. Hinter den Sitzen gab es eine Spur zusätzlichen Stauraums, notfalls für zwei Kinder ausreichend.*

*Rechts: Auch in die Kabine von Heinkel stieg man durch eine Fronttür ein. Aber die Lenksäule schwenkte beim Öffnen der Tür nicht mit. Die Verglasung war als recht großzügig zu bezeichnen.*

schaft mit der Isetta ein deutlich anderes Aussehen hatte. Auf einer sehr zierlichen, selbsttragenden Blechkarosserie, die von vorne noch am meisten an die Isetta erinnerte, saß eine verhältnismäßig große Glaskuppel. Die stark gewölbten, trapezförmigen Seitenfenster waren von je zwei Dreiecksfenstern flankiert, während eine überdimensionale Heckscheibe bis weit ins Dach hinein reichte. Zwischen den Scheiben blieb nur Platz für dünne Blechstreben; überhaupt war die Heinkel Kabine ein Meisterstück an Leichtbau. Die ersten »Kabinen«, die im März aus der eigens für diesen Zweck erworbenen Fertigungshalle in Speyer rollten, wogen leer nicht einmal 250 kg. Bei einer Motorleistung von 9,3 PS war der Zweisitzer im Vergleich zu der von BMW gebauten Isetta mit 12 PS bei ihrem um fast 100 kg höheren Gewicht kaum langsamer. Die Heinkel Kabine hatte somit fast das Gewicht des Messerschmitt KR 200, die großen Erfahrungen im Leichtbau bei Flugzeugen kamen hier also deutlich zum Tragen. Natürlich mußte der winzige Viertakter fleißig geschaltet werden, wollte

man mit der Kabine gut im Verkehr mithalten, aber das Viergang-Klauengetriebe mit Schalthebel links an der Seitenwand eignete sich gut für das kleine Fahrzeug.
Um nicht Lizenzgebühren an ISO wegen der patentierten Fronttür zahlen zu müssen, verzichtete man bei der Heinkel Kabine auf das Mitschwenken von Lenkrad und Armaturenträger beim Öffnen, wodurch sich das Einsteigen jedoch als deutlich mühsamer als bei der Isetta vollzog. War man erst einmal hineingeklettert, saß man recht gut auf einer bequem geformten Sitzbank für zwei Personen und konnte sogar zwei Kleinkinder dahinter unterbringen oder den Raum für Reisegepäck nutzen. Dieses Plus an nutzbarem Raum stellte wohl den größten Vorteil der Heinkel Kabine gegenüber der Isetta dar, denn es war geradezu erstaunlich mit anzusehen, wenn dieser Winzling hielt und vier Personen ausstiegen, wobei in der Isetta nur unter großem Komfortverlust ein Kleinkind mitgenommen werden konnte.
Unter optimalen Bedingungen lief die Heinkel Kabine fast 90 km/h. Die Federung mit Schwingarmen und Schraubenfedern vorne und einer Hinterradschwinge für das angetriebene Einzelrad sowie Teleskopstoßdämpfer rundum erfüllten durchaus die Erwartungen, die man an den Komfort eines solchen Minimalautos stellte. Gebremst wurde hydraulisch mit den Vorderrädern, und das so kräftig, daß man später die Bremsfläche sogar verkleinerte, da die Kabine sonst schon bei geringem Pedaldruck die Räder blockieren ließ. Mit einem Preis von 2750 Mark lag die Heinkel Kabine noch knapp unter der Isetta 250.
Probleme gab es nach Serienanlauf vor allem mit Undichtigkeiten der Fenster, denn die zierliche Kabinenkarosserie neigte zum Verwinden. Als verschiedene Maßnahmen zur Behebung dieses Mangels keinen Erfolg brachten, wurden kurzerhand Ablauflöcher in den Fahrzeugboden gebohrt, somit sammelte sich eingedrungenes Regenwasser wenigstens nicht mehr an.
Schlimmer war aber das enorme Aufheizen der Fahrgastzelle in der Sonne. Hätte es kein Faltdach gegeben, wäre bei Sonnenschein der Aufenthalt in der Kabine, bei der man nur zwei kleine Dreiecksfenster öffnen konnte, unerträglich geworden. Die Hitze war der ärgste Feind der Heinkel-Kabinen-Fahrer...
Das Geschäft mit der Kabine lief nicht schlecht an. Im Herbst näherten sich die Verkaufszahlen schon der 2000er-Grenze, doch mußte gleichzeitig festgestellt werden, daß immer mehr Interessenten absprangen, da es sich »nur« um ein Dreirad handelte, dessen Zeit eigentlich schon längst abgelaufen war. So baute Heinkel ab Oktober auch eine Kabine mit hinterer Doppel-Schmalspur unter der Bezeichnung Typ 154. Die weitergebaute Dreiradversion hieß zur Unterscheidung jetzt 153.
Beide Typen hatten inzwischen einen stärkeren Motor mit 204 ccm und 10 PS Leistung bekommen, denn das Vierradmodell hatte über 40 kg zugelegt. Auch der Dreiradversion tat die kleine Leistungsspritze gut. Nicht jedoch dem Motor, der im Roller ja ursprünglich nur 150 ccm gehabt hatte. Mit der letzten Hubraumvergrößerung war der Maschine nun leider zuviel zugemutet worden, die Störungen häuften sich. So wurde das Hubvolumen bald wieder auf 198 ccm gesenkt, was der Lebensdauer zuträglich war und die Kabine auch wieder in eine günstigere Steuerklasse rutschen ließ.
Wer indessen lieber das alte 174-ccm-Modell haben wollte, konnte noch bis Februar 1958 bedient werden, mußte jedoch auf ein viertes Rad verzichten.
Gut lief der Export der Dreirad-Kabinen. In Ländern wie Österreich und England konnte man die Winzlinge mit dem Motorradführerschein fahren, dort zahlte man auch wesentlich geringere Steuern als für vierrädrige Mobile. Bis zum Frühsommer 1958 waren soviele Kabinen verkauft worden, daß endlich die Anschaffung einer Karosseriepresse in Speyer lohnte, waren doch bisher die Blechteile von der Tempo-Firma Vidal & Sohn, einem Motorenabnehmer Heinkels, gefertigt worden.
1957 war auch das Rekordjahr, was den Absatz der Kabinen betraf: Fast 7000 Stück verließen damals das Werk. Doch bei Heinkel ließ man sich von diesem Erfolg nicht blenden und rechnete schon in naher Zukunft mit deutlichen Rückgängen, denn der Trend zum richtigen Viersitzer war unverkennbar. So baute man in Speyer das Versuchsmodell einer rückwärtig vergrößerten Kabine mit Platz für vier Erwachsene. Das Fahrzeug wurde jedoch zu unförmig und zu schwer, um eine Chance auf dem Markt zu haben.
Schließlich plante man in Zusammenarbeit mit Vidal & Sohn ein neues Modell mit Frontmotor, jenen von Heinkel gebauten 400-ccm-Zweitakter, den die Hamburger in ihren Matador-Kleinlaster einbauten. Bald stellte sich aber heraus, daß beide Firmen nicht die Mittel für den Bau dieses »Typ Y« genannten Projektes aufbringen konnten.
Es zeichnete sich Anfang 1958 ein rapider Rückgang des Interesses an der Heinkel Kabine ab. Inzwischen hatte die Firma auch endlich die Erlaubnis erhalten, ihr altes Metier, den Flugzeugbau, wieder auszuüben, was man nur allzu gerne in Angriff nahm. Deshalb versuchte man, für die nicht mehr rentable Kabinenfertigung einen Lizenznehmer zu finden, der möglichst auch die Produktionsanlagen übernahm. Einen ersten Erfolg hatte Heinkel damit schon Ende 1957 gehabt, als man in Argentinien eine Produktion in Gang brachte, wo bis 1959 an die 2000 Kabinen gebaut wurden. 1958 wurde eine irische Firma vorstellig und bekam auch die Lizenz. Bis 1959 wurden ein paar hundert Heinkel-I gebaut, doch gab es viel Ärger mit diesen Fahrzeugen, da die Qualitätsvorstellungen der irischen Kabinenbauer sehr zu wünschen übrig ließen. So gab man dort die Lizenzproduktion wieder auf und verkaufte die Rechte und Werkzeuge an die englische Firma Trojan, die das Heinkel-Dreirad noch bis 1966 baute, ehe das Interesse an solchen Fahrzeugen auch in Großbritannien verebbte.
Immerhin waren allein in Deutschland binnen etwas mehr als zwei Jahren knapp 12000 Heinkel Kabinen entstanden, so daß man dieses Modell schon zu den erfolgreichen Kleinwagen der Nachkriegszeit rechnen muß. So kommt es auch, daß bis heute nicht wenige dieser Wägelchen überlebt haben, wenngleich sie auch völlig aus dem Straßenverkehr verschwunden sind.

# HOFFMANN

Der Düsseldorfer Kaufmann Jakob Oswald Hoffmann dürfte die gute Chance gehabt haben, erfolgreicher Produzent von Kleinwagen im Nachkriegs-Deutschland zu werden, hätte er es sich nicht zu leicht gemacht und seinen Kleinwagen kühnerweise auf der Idee einer patentrechtlich abgesicherten Konstruktion basieren lassen.
Vor dem Zweiten Weltkrieg war Hoffmann Fahrradhersteller gewesen, mußte nach dem Krieg jedoch wieder von vorne anfangen, da sein Solinger Werk Opfer von Bombenangriffen geworden war.

Chassis der Hoffmann-Kabine. Im Unterschied zur Isetta saß der Motor hier mittig im Fahrgestell.

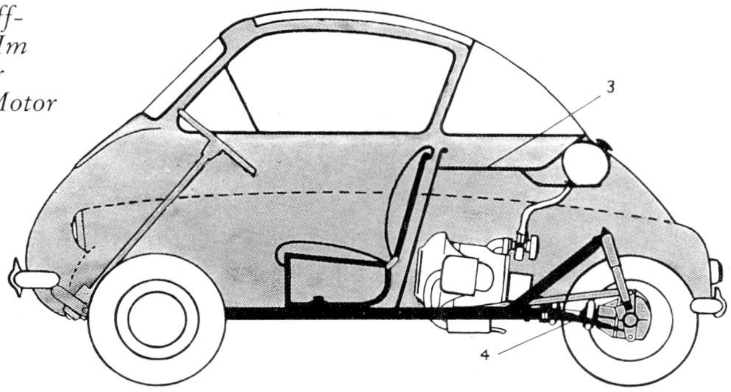


1946 war er dann wieder so weit, erneut ins Fahrradgeschäft einsteigen zu können und verdiente außerdem gut an der Produktion von Motorradrahmen für DKW. Ein gutes Gespür bewies der Rheinländer schließlich 1949, als er sich als erster erfolgreich um eine Lizenz zum Bau des italienischen Motorrollers »Vespa« der Piaggio-Werke bewarb. Mit diesem Motorroller, der in der Folgezeit einen enormen Beliebtheitsgrad erreichte und zum Statussymbol der jungen Generation wurde, hatte Hoffmann voll ins Schwarze getroffen. Lange gab es in Deutschland keine ernsthafte Konkurrenz für die Vespa, und die Hoffmann Werke, jetzt in Lintorf bei Düsseldorf ansässig, erlebten einen beachtlichen Aufstieg.

Doch Hoffmann ließ es nicht beim Rollerbau bewenden. In eigener Regie wurde ein 250-ccm-Zweizylinder-Viertakt-Boxermotor entwickelt; mit ihm entstand das Hoffmann-Motorrad »Gouverneur«, das sich Anfang der 50er Jahre ebenfalls recht gut verkaufte. Doch die Verkaufszahlen an motorisierten Zweirädern des Jahres 1953 ließen für die Zukunft der Hoffmann Werke nichts Gutes mehr erwarten. Die Deutschen waren zunehmend in den Genuß des wirtschaftlichen Aufschwungs gekommen, der Trend ging endgültig weg vom Zweirad.

So wollte und mußte man auch im Hoffmann-Werk mit der Zeit gehen und begann mit dem Entwurf für einen Kleinwagen. Es war ein vierrädriges Fahrzeug geplant, mit einfach zu pressender, glattflächiger Karosserie und nur einer Sitzbank im Innenraum. Chefkonstrukteur Hans Röger zeichnete für die Pläne verantwortlich und kam bis zum Bau eines Modells, als Hoffmann plötzlich eine ganz andere Idee verfolgte. Der Chef hatte nämlich das Bild eines neuen, revolutionären Kleinwagens, konstruiert von den ISO-Werken in Mailand, gesehen und war von den Formen und ungewöhnlichen Lösungen so begeistert, daß ihn das eigene Projekt von nun an nicht mehr interessierte.

Hoffmann bemühte sich schnellstens um eine Lizenz für den Bau dieses später so erfolgreichen Zweisitzers, doch diesmal blitzte der geschäftstüchtige Fabrikant ab. Die ISO-Werke, von dem Wert ihrer Schöpfung stark überzeugt, wollten nur einer wirklich großen, finanzstarken Firma die Lizenz verkaufen und ließen sich auf kein Risiko

*Äußerlich sind die Unterschiede der Hoffmann-Kabine zur Isetta kaum zu erkennen. Kein Wunder, daß es zu patentrechtlichen Auseinandersetzungen kam.*

ein. Und nun begann Hoffmann seine Pläne auf riskante Weise eigenmächtig zu realisieren. Fest entschlossen, etwas in der Art der Isetta auf die Räder zu stellen, wurden schleunigst Erkundigungen eingeholt, wie es mit dem patentrechtlichen Schutz der ISO Isetta in Deutschland stand. Seinen juristischen Beratern schien dabei allein die Idee der Fronttür zur Nachahmung zu gefährlich. Schnell wurde nun in Lintorf ein kräftiges Chassis in Form eines Rohrrahmens gebaut. Die Vorderräder wurden dabei von geschobenen Längsschwingarmen getragen, während die Hinterräder an einer starren Schmalspurhinterachse mit Blattfedern aufgehängt wurden. Zwischen die Hinterräder baute man den 250-ccm-Viertakt-Boxer aus dem Gouverneur Motorrad ein. Probleme gab es bei ersten Erprobungen mit dem Vierganggetriebe mit Rückwärtsgang, denn Hoffmann hatte auf einer modischen Lenkradschaltung bestanden, die nun durch die verschlungenen Übertragungswege bis zur Hinterachse Schwierigkeiten bereitete. Inzwischen waren auch mit vorhandenen Werkzeugen zwei Karosserien gebaut worden, und hier war Hoffmann nun entschieden zu weit gegangen. Von vorne betrachtet war das Mobil eine getreue Kopie der ISO Isetta, und nur das verlängerte Heck ließ eine Abweichung von der Form des Originals erkennen. Einzig bei der Anordnung der Türen hatte man sich in Lintorf notgedrungen etwas anderes als das ISO-Patent einfallen lassen müssen, und so wies der Prototyp nur eine nach hinten öffnende Seitentür auf, während beim zweiten Hoffmann-Mobil an jeder Seite eine Tür vorhanden war. Dies hatte beim Standard-Modell den offensichtlichen Nachteil, daß immer erst der Beifahrer aussteigen mußte, wollte der Fahrer das Fahrzeug verlassen, von Fragen der Unfallsicherheit ganz zu schweigen.

In fahrfertigem Zustand bekamen beide Prototypen dann einen auf knapp 300 ccm aufgebohrten Motor eingebaut, der 18,5 PS abgab und das Kleinauto recht zügig auf 90 km/h beschleunigen konnte. Innen hatten die nun »Hoffmann Auto Kabine 250« genannten Mobile ein richtiges Armaturenbrett aus einer Preßholzplatte. Auf einer Notsitzbank konnten zwei Kleinkinder befördert werden.

Als Hoffmann mit seinen Kabinen an die Öffentlichkeit trat und farbenfrohe Prospekte verteilen ließ, glaubte die Branche, daß die ISO-Lizenz nun doch ans Lintorfer Werk vergeben worden war.

Nachdem Hoffmann inzwischen nach Streitereien mit Piaggio die Vespa-Lizenz entzogen worden war und die Roller nun vom Messer-

schmitt-Werk gebaut wurden, begann auch ISO gegen den Plagiator ihrer Kabine anzugehen. Zusammen mit den Italienern bewirkte auch BMW, inzwischen akkreditierter Lizenznehmer für die Isetta, eine einstweilige Verfügung gegen Hoffmann. Dieser ließ sich jedoch davon kaum beeindrucken, baute die ersten Kabinen, die von Kunden bereits geordert worden waren und stellte seine Kreation sogar in Paris aus. Hoffmann wäre für eine rentable Serienproduktion jedoch technisch noch gar nicht gerüstet gewesen und hätte teure Maschinen anschaffen müssen, die er durch Kredite finanzieren wollte. Doch mittlerweile fand sich keine Bank mehr, die den Hoffmann-Werken einen höheren Kredit eingeräumt hätte, da die laufenden Rechtsstreitigkeiten und der Verlust der Vespa-Lizenz kein gutes Licht auf das Unternehmen fallen ließen. Hoffmann gab schließlich gezwungenermaßen auf und mußte im November 1954 den Vergleich anmelden. Um bestehende finanzielle Forderungen wenigstens noch zum Teil erfüllen zu können, opferte er einen beträchtlichen Teil seines Privatvermögens und baute mit kleiner Belegschaft noch bis zum März 1955 Motorräder und Kabinen aus Restbeständen zusammen.
Zur gleichen Zeit wurde ihm in einem von ISO und BMW geführten Prozeß nachgewiesen, die Isetta unrechtmäßig weitgehend kopiert zu haben. Hoffmann hatte noch Glück, daß BMW sich auf einen Vergleich einließ.
Von den innerhalb eines halben Jahres immerhin knapp über hundert zu einem Preis von 2900 Mark verkauften Auto-Kabinen 250, die alle nur über eine Beifahrertür verfügten (zum Bau der geplanten zweitürigen Ausführung war es nicht mehr gekommen), hat aller Wahrscheinlichkeit nach keine einzige überlebt. Man kommt indes nicht umhin, abschließend festzustellen, daß das Hoffmann-Mobil durchaus Eigenschaften hatte, die auch der später so erfolgreichen BMW Isetta gut gestanden hätten: Ein längerer Radstand, ein ruhigerer Boxermotor und mehr Platz im Innenraum hätte sich mancher Isetta-Fahrer später sehr gewünscht.

## HURST

Arthur Friedrich Hurst hatte nach dem Krieg den großen Bedarf an Versehrtenautos erkannt. Im Sommer 1946 begann der Ingenieur in Stuttgart mit der Konstruktion einer vierrädrigen Fahrmaschine, die mit Hilfe eines zentralen Hebels gesteuert, gebremst und beschleunigt werden konnte. Ein erster Prototyp wurde Ende des Jahres fertig, bekam jedoch statt des komplizierten Drei-Funktionen-Hebels einen Motorradlenker. Im Heck arbeitete ein hinter der Hinterachse eingebauter 100 ccm-NSU-Motor; eine Kette übertrug die Kraft von 2 PS auf das linke Hinterrad.
Unterstützung fand Hurst von seiten der Landesversicherungsanstalt, die ihm die nötigen Bezugsscheine für Rohmaterialien zukommen ließ. Rückgrat einer neuen, selbsttragenden Karosserie seines Fahrzeugs war ein kräftiges Zentralrohr, das in Ellenbogenhöhe zwischen den beiden Passagieren schräg nach hinten verlief. Alle vier Räder waren an Torsionsstäben aufgehängt. Ein ILO-Einzylinder-Zweitaktmotor mit 250 ccm Hubraum und 6 PS Leistung hatte das schwächliche NSU-Triebwerk ersetzt. Die Arbeiten fanden an diesen Prototypen nicht mehr in der Garage Hursts statt, sondern in einem Teil der Halle einer Glasdachfabrik in der Nähe von Stuttgart. Als drei Versuchswagen fertiggestellt waren, kam die Währungsreform und stellte

*Vor allem für Kriegsversehrte gedacht: Hurst Kleinwagen von 1947.*

die weitere Entwicklung des Projekts erst einmal in Frage. Hurst sah sich gezwungen, eines der Versuchsfahrzeuge zu verkaufen, um weitermachen zu können.
Bei weiteren Erprobungen zeigten sich bald auch Mängel am einfachen Fahrwerk. Interessenten wünschten zudem ein noch autoähnlicheres Aussehen des Wagens. Hurst sah, daß er ein neues Fahrzeug entwickeln mußte und verkaufte auch die anderen beiden Prototypen, um etwas Geld in die Kasse zu bekommen.
Nun traten auch erste Interessenten an den Rechten zum Lizenzbau des zukünftigen Hurst 250 auf den Plan, doch nur eine Firma in Mannheim schaffte es schließlich, eine begrenzte Produktion in Gang zu bringen. Im Sommer 1948 war der Prototyp des verbesserten Hurst 250 fertig, mit eckigen Kotflügeln und zwei Scheinwerfern am Bug. Doch bis zur Serienreife sollte es Januar 1949 werden, und bis dahin war noch manches Detail einer Änderung unterzogen worden. Unter einer vorderen Klappe gab es jetzt einen kleinen Kofferraum; gegossene Aluräder ersetzten die alte Ausführung mit Motorradfelgen. Zwei Passagiere konnten durch breite, vorn angeschlagene Türen einsteigen. Pedale fehlten völlig im Hurst 250, da die Hauptkäufergruppe aus Beinamputierten und Gehbehinderten bestand; alle Bedienungsorgane – mit Ausnahme des gekröpften Schalthebels des Dreigang-Klauengetriebes mit Rückwärtsgang – befanden sich am Motorradlenker. Sogar ein Scheibenwischer mit Handhebel fehlte nicht, und ein Klappverdeck schützte die Insassen bei Regen, Seitenteile waren nicht vorgesehen. Mit dem ILO-Motor erreichte der Hurst 250 fast 60 km/h. Die Radaufhängung vorn bestand aus Querlenkern mit Schraubenfedern.
Dieses Fahrzeug war das bequemste und ohne Zweifel am besten aussehende Versehrtenfahrzeug der damaligen Zeit. Im April begann in Mannheim der Lizenzbau des Hurst 250. Arthur Hurst selbst bekam im Sommer 1949 ausreichende Räumlichkeiten in Stuttgart-Untertürkheim zugewiesen, um dort mit dem Serienbau beginnen zu können.
Mit kleinem Mitarbeiterstab wurden die Wagen an beiden Produktionsstätten handwerklich gefertigt. Leider entwickelte sich jedoch das Geschäft weder in Mannheim noch in Stuttgart rentabel. Weniger Bestellungen als erwartet gingen ein. So mußte der Mannheimer Betrieb schon im Herbst wieder geschlossen werden, nach Fertigstellung von nur 32 Wagen. Der »Fahrzeugbau Hurst« in Untertürkheim versuchte die Verluste noch mit verschiedenen Werkstattarbeiten an Fremdfabrikaten zu überbrücken, doch zum Jahresanfang 1950 wurde auch hier aufgegeben.
Hurst unternahm noch den Versuch, die Konstruktion an andere Hersteller von Versehrtenfahrzeuge im In- und Ausland zu verkaufen, doch aus diesen Bemühungen wurde nichts.

# KERSTING

Der kleine Ort Waging in Oberbayern wäre Anfang der 50er Jahre beinahe zur Stätte einer kleinen Autoproduktion geworden, hätten die drei Brüder Kersting ihren Traum vom Kleinwagen realisieren können. Der Vater, Professor Walter Kersting, hatte als vielseitiger Ingenieur und Designer bereits vor dem Zweiten Weltkrieg an verschiedenen Kleinwagen getüftelt, war aber über den Bau von Modellen nie hinausgekommen.

Gemeinsam mit seinen Söhnen hatte er später die Firma Kersting Modellwerkstätten gegründet, die sich mit der Formgestaltung der verschiedensten Produkte beschäftigte – heute würde man so etwas ein Design Studio nennen. Der Entschluß, ins Kleinwagen-Geschäft einzusteigen, war 1948 gefaßt worden; ein Jahr später begann man dann ernsthaft mit dem Bau eines kleinen Wagens, in dem zwei Personen bequem nebeneinander Platz finden sollten. Um Gewicht zu sparen, hätten die Brüder Kersting die Karosserie gern aus Kunststoff gefertigt, doch genügten die Erfahrungen mit diesem Werkstoff noch nicht, um damit ein Automobil auszustatten. So baute man die Karosserie aus mit Kunstleder überzogenem Sperrholz in selbsttragender Bauweise. Vorder- und Hinterachse waren als Fahrschemel aus Stahlrohr gefertigt, welche die vier Räder mit gleichen Spurweiten an Schwingarmen führten. Da auch Anfang 1950 kaum Autoreifen zu bekommen waren, mußte man auf Lastenfahrradreifen zurückgreifen und baute sich dazu die Scheibenräder selbst. Als Motor hatte man den bewährten 123-ccm-Zweitakter von DKW gewählt, doch ließ die Lieferung geraume Zeit auf sich warten, so daß erste Fahrversuche in der Art von Seifenkisten, ohne Antrieb, auf Gefällstrecken vonstatten gingen. Die Karosserie wies keine Türen auf, um die Steifigkeit der Holzbauweise zu optimieren. Das kleine Dach war nur aufgesetzt und konnte zum Einstieg nach hinten geschoben werden.

Im Spätsommer war endlich der 5-PS-Motor von DKW verfügbar, dessen Dreigang-Klauengetriebe mit einem kleinen Schalthebel links vom Fahrer geschaltet wurde; selbst ein Rückwärtsgang war vorhanden. Zuvor hatte man mit dem Gedanken gespielt, ein einfaches automatisches Getriebe zu verwenden, in der Art eines sich verstellenden Riemenantriebes; da jedoch nichts Passendes auf dem Markt zu finden war, hatten die Kerstings mit dem Motorradgetriebe vorliebnehmen müssen.

Zuerst wurde nur das linke Hinterrad über eine Kette angetrieben, um ein Differential zu sparen, doch wurden die Fahreigenschaften des Winzlings durch den einseitigen Schub derart negativ beeinflußt, daß man schon kurz darauf zum Antrieb der Hinterachse über ein Differential übergehen mußte. Am Differential lagen auch die einzig vorhandenen Seilzug-Trommelbremsen, doch da das ganze Mobil leer nur knapp drei Zentner wog, genügte das vollkommen. Praktisch war, daß sich die ganze Hinterachse samt Antrieb nach Lösen von vier Schrauben abbauen ließ, was für die zukünftigen Serienwagen eine hohe Wartungsfreundlichkeit versprach. Ein Gag war auch der Tachometer, eigentlich ein von einem an der Hinterachse sitzenden Dynamo angetriebenes Voltmeter, bei dem man einfach die Skala in eine km/h-Anzeige geändert hatte.

Die Zulassung des Mobils bereitete kaum Schwierigkeiten, und im Fahrbetrieb erfüllte der »Kleine Kersting« durchaus die in ihn gesetzten Erwartungen. Leider fanden sich weder öffentliche noch private Geldgeber bereit, die erwartungsgemäß hohen Kosten für die nötigen Produktionsanlagen zu finanzieren. Firmen wie DKW, Glas und Ford zeigten sich zwar beeindruckt von dem winzigen, sauber gebauten Zweisitzer, scheuten jedoch am Ende das Risiko, ein solch primitives Fahrzeug zu bauen.

*Oben: Kersting Kleinwagen mit Hardtop-Dach. In den Dimensionen mit dem Champion vergleichbar, dennoch von geringerem Charme. Rechts. Vorderansicht des Wagens. Die Bilder entstanden 1950 am Waginger See.*

So verbesserte man in Waging den Kersting erst einmal durch den Einbau eines immerhin doppelt so starken ILO-200-ccm-Motors, der das winzige Gefährt jetzt atemberaubende 90 km/h erreichen ließ. Gleichzeitig waren Verstärkungen der Radaufhängung notwendig geworden, auch die Gummibandfederung hatte die Grenze ihrer Belastungsfähigkeit erreicht. Nebenher entstand das Modell einer neuen Karosserie mit vollverkleideten Rädern, das jedoch nicht mehr verwirklicht werden konnte. Es fand sich niemand, der den kleinen Kersting in Serie bauen wollte, zumal weit attraktivere Kleinstwagen inzwischen auf den Plan getreten waren. So diente der Wagen der Familie Kersting noch einige Jahre als Versuchsobjekt, bis er in den Händen eines Studenten sein Dasein endgültig beschloß...

# KLEINE WOLF

Hatte der Konstrukteur Georg Wolf in Niebüll auch keinen Erfolg mit seinem nach ihm benannten Kleinstwagen, so durfte er für sich in Anspruch nehmen, den ersten deutschen Wagen mit Kunststoffkarosserie gebaut zu haben.

*Links: Kleine Wolf.*

*Rechts: Kleinschnittger 1950 – niedlich wie ein Spielzeugauto. Darunter drei Exemplare beim Kleinwagentreffen in Störy-Bockenem.*

Ende der vierziger Jahre hatte sich Wolf aus Amerika das Material zur Herstellung von Kunstharz-Karosserien beschafft. Er entwickelte daraufhin eine billige, ohne Preßwerkzeuge herzustellende, offene Kleinwagenkarosserie aus einem Stück. Die frech mit zwei Scheinwerfern, Kühlerattrappe und ausgeprägter »Nase« dreinschauende Karosserieschale war auf ein Chassis mit vier Rädern montiert. Im zweisitzigen Cockpit ging es so eng zu, daß das Lenkrad umgeklappt werden mußte, um das Einsteigen zu ermöglichen. Im Heck wies der Wagen einen Wanderer-Motorradmotor auf, dessen einzelner Zylinder mit 200 ccm Hubraum etwa 3 PS leistete. Doch die Zeit für solche Primitivstlösungen war 1950 längst zu Ende; zu einer Serienherstellung des kleinen Wolf fand sich niemand bereit.

## KLEINSCHNITTGER

Der Kleinschnittger F 125 war einer der originellsten Kleinwagen, die in Deutschland nach 1945 in größerer Zahl gebaut wurden, immerhin fast 3000 Stück rollten zwischen 1950 und 1957 aus dem Werk in Arnsberg/Westfalen.

Begonnen hatte die Geschichte dieses Kleinautos bereits vor dem Krieg. Ingenieur Paul Kleinschnittger hatte Ende der 30er Jahre an einer Idee zu einem möglichst billigen fahrbaren Untersatz gearbeitet, doch der Krieg hatte die Pläne ruhen lassen. Nach 1945 begann Kleinschnittger erneut, sich mit seinen Kleinwagenplänen zu beschäftigen. Auf einem nahegelegenen Schrottplatz besorgte er sich diverse Bauteile, und so kam es, daß sein erstes Auto im Sommer 1949 beispielsweise eine Plexiglasscheibe aus einem Flugzeug trug. Es war ein nur 220 cm langer, offener Zweisitzer, mit einem Scheinwerfer in der Mitte und Lastenfahrrädern. Die Form erinnerte an ein Kindertretauto. Im Heck gab es einen 100-ccm-Motor von der DKW RT 100, der etwa 3 PS produzierte. Ebenfalls vom Motorrad stammte die Ratschenschaltung mit drei Gängen; auf einen Rückwärtsgang konnte leicht verzichtet werden, denn der nur 110 kg schwere Zweisitzer ließ sich leicht anheben und in eine Lücke stellen.

Viele mechanische Teile waren in mühsamer Handarbeit entstanden. Natürlich erregte der Ingenieur bei seinen Versuchsfahrten gehöriges Interesse in der Öffentlichkeit, und es lag durchaus nahe, eine kleine Serie aufzulegen, die mit Sicherheit reißenden Absatz gefunden hätte. Außer dem Champion CH-2, der ebenfalls noch im Versuchsstadium steckte, gab es nichts Vergleichbares auf dem Markt.

Zusammen mit einem Hamburger Geschäftsmann, der einen Großteil seines Kapitals in den vielversprechenden Kleinstwagen investieren wollte, gründete Kleinschnittger schließlich wenig später eine GmbH und machte sich auf die Suche nach einem geeigneten Produktionsort; Kleinschnittgers Werkstatt war für eine Serienfertigung ungeeignet. Schließlich fand man durch Vermittlung im sauerländischen Städtchen Arnsberg ein geeignet großes Gelände zum Bau einer Fabrikationshalle und machte sich mit ein paar eilig angestellten Arbeitern sofort ans Werk. Doch nicht der kleine Heckmotor-Wagen, den man inzwischen nach seinem Konstrukteur »Kleinschnittger« nannte, was auch gut zu dem Flitzer paßte (klein und schnittig), sollte in den neuen Hallen entstehen, sondern schon ein weiterentwickeltes, neues Modell. Der Urtyp hatte seinem Erbauer hauptsächlich als Versuchsfahrzeug gedient, doch war das Mobil noch zu unvollkommen, vor allem was die Fahreigenschaften betraf. Das neue Modell sollte einen etwas größeren Frontmotor sowie Frontantrieb bekommen und im Ganzen auch etwas erwachsener wirken. Schwierigkeiten machte es Kleinschnittger, seinen Wunschmotor, ein ILO-125-ccm-Einzylinderaggregat, zu erhalten, da die Pinneberger Motorenbauer ihrer Maschine nicht die Eignung zum Antrieb eines kleinen Autos zutrauten. Kleinschnittger und seine kleine Mannschaft mußten nun in zeitraubenden und anstrengenden Testfahrten mit einem neuen Chassis erst das Gegenteil beweisen. Der luftgekühlte Motor zeigte keinerlei Probleme an seinem ungewohnten Arbeitsplatz, und so stand einer Belieferung nichts mehr im Wege.

Um die Baukosten niedrig zu halten, bekam auch das neue Modell einen räderlosen Ausgleich, eine Eigenentwicklung, die ein teures Dif-

*Paul Kleinschnittger in seinem neuen 250er Modell; daneben der F 250 S von 1957, dem ein Erfolg ebenfalls versagt blieb.*

ferential ersparte, jedoch nicht ganz unproblematisch war. Als Federung dienten einfach starke Gummibänder, die zwar wenig Komfort boten, aber die gröbsten Stöße mildern halfen. Der Motor saß zur optimalen Kühlung noch vor der Vorderachse hinter einem engmaschigen Gitter.

Ende April 1950 kamen die ersten Serien-Kleinschnittger F 125 aus der Halle gerollt. Die Karosserie war jetzt deutlich autoähnlicher als beim Prototyp, mit lang geschwungenen Kotflügeln und tiefen Türausschnitten.

Leider war Paul Kleinschnittgers Partner inzwischen in Geldschwierigkeiten geraten und aus der Firma ausgetreten, die Kleinschnittger daraufhin gemeinsam mit seiner Frau führte, doch es mußte nun mit beachtlichen Krediten gearbeitet werden.

Der kleine Wagen hatte nun auch die amtliche Betriebserlaubnis erhalten, und die Bestellungen häuften sich in Arnsberg – an die 50 Wagen entstanden pro Monat. Mit einem Grundpreis von anfangs 1995 Mark war der Kleinschnittger durchaus vom Preis her eine Alternative zu Motorrädern mit Seitenwagen. War das einfache Verdeck auch nicht immer vollkommen dicht und beengte es in geschlossenem Zustand die Insassen erheblich, so saß man doch in einem vierrädrigen, wettergeschützten kleinen Automobil! Man konnte sich seinen Roadster in sechs verschiedenen Farben von Elfenbein bis Fischsilber bestellen, und für den »verwöhntesten Geschmack«, wie es im Prospekt hieß, bot das Werk eine Reihe von Extras an. Für ganze 20,70 Mark konnte man eine vordere Leichtmetall-Stoßstange bekommen oder für 34,50 Mark elektrische Doppelscheibenwischer. Auch ein Rückspiegel war nicht serienmäßig, doch mit 7,50 Mark noch erschwinglich. Ein hübsches Armaturenbrett mit zentralem Instrumententräger (es enthielt einen Tacho und gegen Aufpreis eine Uhr) sowie ein sportliches, elfenbeinfarbenes Speichenlenkrad hatten alle Wagen, und sogar eine Lenkradschaltung, die über eine gerade Stange das ganz vorne liegende Getriebe erreichte. Bei einem Eigengewicht von nur 150 kg durfte man 180 kg zuladen. Gab es Probleme mit den dünnen Motorradreifen, so war auch dies kein Anlaß zu großem Ärger, denn Ersatz war für ganze 9,80 Mark zu haben. Dennoch wurde der sauerländische Winzling nicht überall ernstgenommen; es sah ja auch zu drollig aus, wenn zwei Erwachsene im Kleinschnittger eingezwängt saßen. Der kleine Motor hatte mit diesem Muster an Leichtbau keine besonderen Probleme, in der Ebene konnte man mit dem ursprünglichen 4,5-PS-Motor fast 70 km/h erreichen. Spätere Leistungssteigerungen auf 5,5 PS (1951) und 6 PS (1953) bei gleichem Hubraum machten den Kleinschnittger noch spritziger.

Bald schlossen sich manche Kleinschnittger-Fahrer zu Clubs zusammen, und es dauerte nicht lange, bis sich Kleinschnittger-Fahrer sogar erfolgreich an Wettfahrten beteiligten. Der größte Triumph gelang einem Teilnehmer bei der Rallye Lissabon – Madrid, als solch ein 125-ccm-Mobil in der Klasse bis 1,1 Liter nur von einem Porsche 356 geschlagen werden konnte!

Kleinschnittger verkaufte sogar eine Lizenz an ein belgisches Montagewerk, doch wurde die Zusammenarbeit schnell wieder gelöst, als festgestellt wurde, daß die Wagen dort unsachgemäß zusammengebaut wurden und so dem guten Ruf der Marke hätten schaden können. Ferner gab es Verhandlungen mit japanischen Interessenten, und von der Größe her hätte der Kleinschnittger auch hervorragend ins Land der untergehenden Sonne gepaßt, doch das Geschäft verlief unter mysteriösen Umständen im Sande.

Auch ohne Lizenzen war das ausländische Interesse am Kleinschnittger F 125 beachtlich. Etwa die Hälfte der Produktion wurde exportiert.

Nach gut dreijähriger Produktionszeit waren indessen viele Konkurrenten auf diesem Markt aktiv geworden. Kleinschnittger plante daher ein größeres, geschlossenes 250-ccm-Modell. Noch vor Weihnachten 1954 wurde der neue F 250 vorgestellt. Er hatte eine modern aussehende Blechkarosserie und ließ keine Ähnlichkeit mehr mit dem Roadster erkennen. Es war eine Art Coupé mit steil abfallendem Heck und zwei Sitzen. Als Motor diente ein ILO-Zweizylinder-Zweitaktmotor mit 250 ccm Hubraum und 15 PS Leistung, der dem neuen Kleinwagen zu passablen Fahrleistungen verhalf. Von Nachteil war das Fehlen einer Belüftungsmöglichkeit, da alle Fenster fest eingebaut waren. Auch hatte man an der primitiven Gummibandfederung festgehalten, nur am Einbau eines Differentials war man bei diesem Modell nicht mehr herumgekommen. Der Motor saß wie beim F 125 am vorderen Ende der Karosserie.

Auf der IAA 1955 wurde ein verbesserter Prototyp dieser Art ausgestellt, mit größeren, aber leider immer noch nicht zu öffnenden Fenstern. Als Preis wurden für dieses Fahrzeug mit der Bezeichnung F 250 C 3450 Mark genannt, das waren immerhin 100 Mark mehr als für den fast in jeder Beziehung überlegenen Lloyd. In Anbetracht dieser Tatsache hatte Kleinschnittger einen weiteren Prototyp mitgebracht. Bei diesem F 250 S handelte es sich um einen Dreisitzer in Blech-Schalenbauweise, wobei der Fahrer in der Mitte saß, während sich rechts und links davon die beiden Beifahrer an die Seiten quetschen mußten. Die Gesamtsitzbreite betrug nur 140 Zentimeter. Technisch war der F 250 S mit dem F 250 C identisch.

Nach der Messe legte man bei Messerschmitt die Pläne zum Coupé schnell wieder beiseite und brachte erst einmal das Schalenauto zur Serienreife, was nicht ohne große Schwierigkeiten zu bewerkstelligen war, da die primitive Federung und die Luftkühlung immer wieder zu Umkonstruktionen zwangen. Kleinschnittger hatte sogar eine Karosseriepresse selbst hergestellt, und als es 1957 Sommer wurde, näherten sich auch die ersten F 250 S ihrer Fertigstellung. In den schon gedruckten Prospekten sah man sogar Viersitzer- und Cabrioletvarianten dieses neuesten Kleinschnittgers. Doch Kleinschnittger war inzwischen in finanzielle Schwierigkeiten geraten und sah sich außerstande, seine Bankkredite zurückzuzahlen. So schnell wie einst die Produktion in Arnsberg angelaufen war, ging nun alles zuende. Kleinschnittger mußte Konkurs anmelden und den Weiterbau des neuen Typs sofort stoppen. Nicht mehr Herr in den eigenen Hallen, versorgte er noch einige Jahre treue Kunden mit Ersatzteilen für die kleinen Roadster und nahm dann Abschied vom Automobilgeschäft.

*Kroboth Favorit – diesen Roadster baute Gustav Kroboth im Jahre 1931.*

*Unten: Kroboth Roadster mit Sachs-Motor von 1954 – gut für 75 km/h.*

## KROBOTH

Der Kroboth Allwetterroller war die Schöpfung eines ideenreichen und emsigen Geschäftsmannes aus dem Sudetenland namens Gustav Kroboth, der schon in den frühen 20er Jahren einen Motorradmotor konstruiert hatte. 1928, gerade 25 Jahre alt, legte er eine Kleinserie eines Zweisitzers mit 500-ccm-Motor auf, der es jedoch nur auf bescheidene Stückzahlen brachte.

Nach dem Zweiten Weltkrieg übersiedelte Kroboth in das kleine Dorf Seestall in der Nähe von Landsberg am Lech. Dort begann er, aus Kriegsschrott eine kleine Produktion von Mohnmühlen aufzubauen, die ihm eine bescheidene Existenz sicherte. Dies ermöglichte Kroboth, sich erneut mit seiner alten Leidenschaft, dem Bau von Kraftfahrzeugen, zu befassen. Damals waren gerade Motorroller stark im Kommen, und auch Kroboth baute 1951 ein solches Fahrzeug, jedoch nicht in rollertypischer Bauweise mit hintenliegendem Motor und tiefem Durchstieg, sondern mehr als vollverkleidetes Motorrad mit großen »Bullaugen« an den Seiten und Lüftungsschlitzen in der halbrunden Frontverkleidung. Stilmerkmale, die die Nähe eines solchen Fahrzeuges zum ersehnten Automobil ausdrücken sollten. Dieser Motorroller wurde später in Serie produziert und einige Jahre hindurch verkauft. Als 1954 die Nachfrage nach den Rollern zu stagnieren begann und immer mehr Kleinwagenkonstruktionen auf den Markt kamen, sah auch Kroboth seine Chance im Autobau und konstruierte in kürzester Zeit ein winziges Dreiradmobil. Die Basis bildete ein kräftiges Zentralrohr mit drei Querträgern zur Aufnahme der Karosserieteile. Das Fahrwerk bestand aus zwei querliegenden Halbelliptikfedern für die Vorderräder und einer längsliegenden Halbelliptikfeder für das hintere Einzelrad. Dabei war die Vorderachse des »Allwetterrollers« so weit zur Mitte gerückt, daß die Passagiere ihre Beine über einen querverlaufenden Tunnel im Fußraum heben mußten, um die normal angeordnete Pedalerie im vorderen Ende des Dreirades zu erreichen. Als Motor diente ein 9,5 PS starker Einzylinder-Zweitakter von ILO, der jedoch nach einer Vorserie von fünf Allwetterrollern gegen ein 9-PS-Aggregat von Fichtel & Sachs ausgetauscht wurde. Der Motor saß vor dem Hinterrad, das durch eine Kette angetrieben wurde; die Dreigangschaltung ohne Rückwärtsgang wurde mittels Lenkradschalthebel bedient, der zusammen mit dem dreispeichigen Autolenkrad das Gefühl vermitteln sollte, in einem richtigen Auto zu

*Oben: Gustav Kroboth mit einem seiner Wagen bei der Lechtaler 10-Stunden-Fahrt im April 1954, die er mit Auszeichnung beendete.*

*Rechts: Der Allwetter-Roller mit geschlossenem Verdeck.*

fahren. Die Windschutzscheibe entlieh sich Kroboth vom VW Käfer. Während es bei den ersten Exemplaren beim Einsteigen hohe Türausschnitte zu überwinden galt, verfügten die Serienwagen über winzige Blechtüren. Auf dem glattflächigen Vorderteil des Wagens saß eine völlig unmotivierte »Nase« mit Zierstreifen, die Seiten des Mobils waren notdürftig mit Aufsteckfenstern abzudichten, und auf dem runden Heckteil, das sich hochklappen ließ (um an den Antrieb zu kommen), gab es eine winzige Blechklappe über dem Tankverschluß.
Die Illusion vom Auto verschwand schnell während des Fahrbetriebs, denn auch mit der Viergangschaltung der Serien-Kroboth war dem kleinen Motor nur mühsam die Leistung zu entlocken: Bei 75 km/h war zum Glück die Höchstgeschwindigkeit erreicht, denn höhere Tempi hätten das Fahrwerk überfordert. Rollerreifen stellten den Kontakt zur Fahrbahn her, über deren Zustand man stets bestens informiert war, denn die primitive Federung und ein Radstand von ganzen 160 cm ließen das Gefährt lustig durch die Gegend hoppeln.
Aufsehen erregte das Kroboth Dreirad im Frühsommer 1954 durch einen Klassensieg bei der Lechtaler Berg- und Seenfahrt. Bald hatte Kroboth die ersten Kaufverträge in der Tasche. Die Wagen entstanden in reiner Handarbeit, denn für die Einrichtung einer Fabrik zur Großserienfertigung fehlte Kroboth das Kapital. Dabei sollte es auch bleiben, denn die meisten Interessenten zogen sich bei näherer Betrachtung und Kalkulation der Allwetterrollerproduktion spontan zurück, so daß Gustav Kroboth sich gezwungen sah, den kostspieligen Dreiradbau, der seine Firma bereits zugrunde gerichtet hatte, aufzugeben. Bis zum Frühling 1955 wurden noch etwa 50 Dreiräder zusammengebaut, ehe sich Gustav Kroboth anderen Aktivitäten zuwandte. Von diesen Wagen existieren heute noch zwei Stück.

## LLOYD

Der Lloyd aus Bremen war neben dem Goggomobil der meistgebaute Kleinwagen der Nachkriegszeit nicht nur in Deutschland, sondern weltweit. Mit insgesamt 301 194 verkauften Wagen vom LP 300 bis zum Alexander Frua zwischen 1950 und 1961 würden die kleinen Lloyds sogar die Zahl der Goggomobile übertreffen, doch waren die Autos aus Bremen zu verschieden karossiert und motorisiert, um mit den viel einheitlicheren Goggos direkt verglichen werden zu können.
1938 war der erstmals im Jahre 1906 verwendete Markenname Lloyd zunächst verschwunden, als Carl F. W. Borgward die einzelnen Fabrikate Goliath, Hansa und Lloyd unter seinem Namen vereint hatte. Doch schon am 2. Februar 1949 rief Borgward den alten Namen wieder in Erinnerung, als er die Lloyd Maschinenfabrik GmbH gründete, wenn auch noch nicht in der Absicht, wieder Automobile unter diesem Namen zu produzieren. In den einstigen Goliath-Hallen begann man zunächst mit der Herstellung einfacher Webstühle, bekam dann aber von den britischen Besatzern den Auftrag zum Bau von Nutzfahrzeugen mit Elektroantrieb. Das Geschäft lief wieder einigermaßen, und nichts lag dem autobegeisterten Borgward näher, als möglichst bald mit der Herstellung eines Kleinwagens zu beginnen.
Ende 1949 wurde eine Ingenieur- und Konstrukteur-Arbeitsgemeinschaft in Hude mit dem Bau eines Kleinwagenantriebs beauftragt. Borgward selbst machte sich einstweilen an die Arbeit, eine Karosserie zu entwerfen, und auch das Fahrgestell begann mit den alten Hallen bald Gestalt anzunehmen. Um die Kosten für eine teure Blechkarosserie sparen zu können, beschloß Borgward, wieder auf die alte Holzbauweise zurückzugreifen, die sich schon beim Hansa Kleinwagen Typ 400/500 Mitte der dreißiger Jahre bewährt hatte, zu deren Herstellung andererseits jedoch viel Handarbeit nötig war. Das Gerüst dieser Karosserie bestand aus Hartholz, worauf Sperrholzplatten genagelt wurden. Diese erhielten eine Beschichtung aus Filz, und das ganze wurde mit Kunstleder überzogen – fertig war der »Leukoplastbomber« – ein Spitzname, den der Lloyd auch nach der späteren Umstellung auf Blechkarosserien hören mußte. Dabei bot die Karosserie kein ungewöhnliches Erscheinungsbild, sondern war einer relativ modernen Pontonlimousine in verkleinertem Maßstab nachempfunden. Die Motorenbauer präsentierten zum Jahreswechsel 1949/50 ihr neu entwickeltes Zweizylinder-Zweitaktaggregat mit Dreiganggetriebe, das eine gewisse Ähnlichkeit mit dem DKW-Motor nicht verleugnen konnte: Hatten einige der Konstrukteure des 300-ccm-Motors doch vor dem Krieg für DKW gearbeitet...
Im Mai 1950 verließen dann die ersten Lloyd LP 300 die Werkshalle. Deutschland hatte seinen ersten wirklich brauchbaren Kleinwagen nach 1945 bekommen. Der neue Lloyd war ein ehrliches Gebrauchsauto, ohne modischen Firlefanz – kein Mobil, sondern ein richtiger kleiner Wagen. Der winzige Motor vor der angetriebenen Vorderachse kreischte zwar entsetzlich, wurden ihm hohe Drehzahlen abverlangt – was jedoch angesichts einer Höchstleistung von 10 PS unvermeidbar blieb, wollte man nicht den übrigen Verkehr aufhalten. Bei 75 km/h kam die Tachonadel zitternd zum Stillstand; als Reisegeschwindigkeit wurden etwa 60 km/h empfohlen. Doch mangelndes

*Lloyd LP 300. Auf diesen Wagen hatten viele gewartet. Seine Karosserie bestand aus Sperrholz, mit Kunstleder bezogen.*

*Links: Mit dem Lloyd auf Alpenfahrt: Darunter: In zwei Exemplaren entstand 1955 im Werk dieses 2+2-Cabriolet auf Basis des LP 600.*

*1955er LP 600 in seiner Ausführung als Kombiwagen. Das Auto kostete damals 3790 Mark.*

*Oben: Motor des LP 600 von 1955. Der Zweizylinder-Zweitakter hatte 596 ccm Hubraum und leistete 19 PS. Er trieb die Vorderräder an.*

*Links: Besonders schick war die Ausführung als Cabrio-Limousine, eine Bauart, die es nur noch beim Opel Rekord gab und dann aus dem Karosserie-Angebot verschwand.*

Temperament und Lautstärke waren Eigenschaften, die zumeist nur die übrigen Verkehrsteilnehmer wahrnahmen, denn im Lloyd ging es relativ gemütlich zu. Fahrer und Beifahrer saßen auf zwar recht niedrigen, aber gut gepolsterten Einzelsitzen, die sich klappen ließen, um den Zugang zum Fond zu ermöglichen, wo zwei weitere Erwachsene Platz finden konnten. Drinnen hörte man vom Motorenlärm wegen der schalldämpfenden Karosserie nicht soviel wie draußen. Die Federung vorne mit Doppelquerfedern und hinten mit Halbelliptik-Längsfedern schluckte das Nötigste, doch mangels Stoßdämpfer brachen gelegentlich die Federn. Obwohl man versucht hatte, den Lloyd für 2800 Mark anbieten zu können, nach Serienanlauf jedoch 3334 Mark verlangen mußte, rissen sich die Leute um den neuen Kleinwagen aus Bremen. Ein VW Standard kostete damals über 1000 Mark mehr, und man mußte lange auf ihn warten. Doch auch im Lloyd durften vier Erwachsene mit nicht zu üppigem Gepäck auf Reisen gehen. Hinter der Rückbank lag zwar das Reserverad, doch es blieb noch Platz; eine Heckklappe gab es nicht. Der Lloyd wog etwa 450 kg, und so hatten seine 10 PS, war der Wagen voll besetzt, eine dreiviertel Tonne zu bewegen! Die Fahrt wurde zum Geduldsspiel und jede noch so leichte Steigung zum Abenteuer. Geschaltet wurde mit einem gekröpften Hebel neben dem Dreispeichenlenkrad; alle Gänge waren unsynchronisiert.

Nur einen Monat nach Vorstellung der Limousine kam auch ein Kastenwagen für den Kleingewerbetreibenden auf den Markt, der LK 300, der zwei Personen und 300 kg Fracht tragen durfte. Durch eine winzige Hecktüre konnte man den seitlich fensterlosen Laderaum füllen, der 110 cm Länge aufwies und vom Führerhaus abgeteilt war. Bis Ende 1952 konnten nur 412 Stück dieses Modells verkauft werden; der LK 300 war vermutlich etwas zu speziell ausgefallen. Beliebter wurde da schon der im April 1951 vorgestellte Kombi LS 300 (S für »Stationswagen«), dessen Rückbank man leicht umklappen konnte und der über Seitenfenster hinter den Türen verfügte. Von ihm wurden fast 6000 Einheiten gebaut. Kurz darauf wurde auch eine zweisitzige Coupé-Version, genannt LC 300, angeboten, die mit 3818 Mark das teuerste Modell war. Doch entschlossen sich nur sehr wenige Interessenten für diesen zwar hübschen, aber im Grund unpraktischen Lloyd.

Zum Beginn des Jahres 1952 gab es dann sichtbare Veränderungen. So wurde die winzige Motorhaube durch ein breiteres Exemplar ersetzt, man hatte die Innenausstattung verbessert, und gegen Aufpreis gab es Stoßdämpfer, für die LP- und LC-Modelle sogar ein Stoffschiebedach. Bis zum Jahresende wurden insgesamt über 12000 Lloyd LP 300 ausgeliefert.

Inzwischen war der Ruf nach einem stärkeren Motor immer deutlicher geworden. So bereitete man für das Modelljahr 1953 einen 13-PS-Motor mit 400 ccm Hubraum vor, der durch Aufbohren der 300-ccm-Maschine und eine Erhöhung der Verdichtung entstanden war. Auch optisch wollte man diesen neuen LP 400 von den Urmodellen unterscheidbar machen und hatte die Karosserie gründlich überarbeitet. Vor allem die Front mit flacherer Motorhaube und höher gesetzten Scheinwerfern profitierte von der Verschönerungskur, doch auch der Rest des Wagens sah nun moderner und freundlicher aus. Ab Januar 1953 ersetzte dieser neue LP 400 seinen Vorgänger, auch einen Kombi LS 400 gab es wieder. Ein Nachfolger für die schlecht verkaufte Coupé-Version wurde nicht mehr angeboten. Doch nur zwei Monate währte die Bauzeit des LP/LS 400 mit vollständiger Holzkarosserie, denn schon im März bekam der Lloyd Kotflügel und Türen aus Stahl-

*Oben: Heckansicht des Lloyd 600. Radzierblenden mit Zentralverschluß-Effekt und Weißwandreifen…*

*Rechts: Kleinbus auf der Basis des 600er Lloyd.*

*Unten: Lloyd Alexander TS 1958 im Hafen von Bremen.*

blech angeschraubt, die Metamorphose zum Ganzstahlauto begann. Im Januar 1954 wurden auch Motorhaube und Heck aus Metall gepreßt.
Der Lloyd war mit 400 ccm und 13 PS noch immer nicht schneller als der 300er, nur in der Beschleunigung war ein kleiner Fortschritt fühlbar. Zur IAA in Frankfurt im September präsentierte sich dann auch das Dach blechern, und die Türscharniere hatte man nach innen verlegt; der ganze Wagen erschien jetzt in einem einheitlichen, ansprechenden Kleid. Alle Teile der Karosserie waren in Schalenbauweise angeschraubt und erlaubten einfache und billige Reparaturen. Überhaupt war der Lloyd in jeder Hinsicht preiswert – der 300-ccm-Austauschmotor kostete nicht mehr als 98 Mark, und auch das neue 400-

ccm-Aggregat war im Austausch schon für 128 Mark zu haben, Karosseriebleche waren schon fertig lackiert lieferbar.
Zur IAA 1955 gab es dann gleich zwei neue Lloyd-Modelle zu feiern, zum einen den neuen LP/LS 600 mit modernem Zweizylinder-Viertakt-Reihenmotor mit obenliegender Nockenwelle, der mit seinen 19 PS dem Wagen endlich auch zu akzeptablen und konkurrenzfähigen Fahrleistungen verhalf, so zu einer Spitze von 95 km/h. Daneben gab es den 400er Motor weiterhin. Neu war aber der LC 400/600, eine schicke Cabriolimousine für 3680 Mark. Im Innenraum hatten alle Modelle durch fröhlichere Farben und ein moderneres Lenkrad gewonnen. Allen Modellen gemeinsam war indessen schon ab 1953 ein seltsames und gefährlich aussehendes Kühlerornament. Im gleichen Jahr schaffte es Lloyd fast, eine Produktion von 50000 Stück zu erreichen. Die Marke Lloyd lag hinter VW und Opel an dritter Stelle der Bundesrepublik; selbst der Export nach Übersee blühte.
Gleichsam als Gegengewicht zu den immer attraktiver werdenden Lloyd-Wagen brachte das Werk im März 1956 eine 250-ccm-Sparversion heraus, den LP 250, der nur als Limousine lieferbar war. Durch Weglassen jeglichen Chromschmucks einschließlich der Radkappen und durch eine radikale Abmagerung der Innenausstattung auf das Nötigste (selbst die Rückbank fehlte) konnte der Preis für dieses spartanische Gefährt knapp unter 3000 Mark angesetzt werden, doch gab es für etwas anspruchsvollere Käufer auch einen normal ausgestatteten und 3350 Mark teuren LP 250 V (= Vollausstattung), der sich innen wie der LP 400 präsentierte, der – nachdem auf Ganzstahlbauweise umgestellt worden war – jetzt LP 400 S hieß. Man spekulierte mit diesen Modellen vor allem auf das Interesse der Inhaber des alten Führerscheins IV, doch blieben die Bestellungen für die 250er, die wirklich nicht mehr zeitgemäß waren, gering. Bis November 1957 entstanden nur 3768 Wagen dieses Typs.
Der neue Lloyd 600 hingegen wurde mit über 43000 Exemplaren zum Verkaufsschlager bis Ende 1956. Noch zwei Monate vor der IAA 1957 brachte Lloyd ein in der Ausstattung wesentlich aufgewertetes Modell heraus, den allbekannten Alexander. Endlich gab es bei diesem Lloyd eine Heckklappe, und Kurbel- und Ausstellfenster ersetzten die immer nur halb zu öffnenden Schiebescheiben. Der Motor blieb der gleiche wie beim 600, von dem es wenig später auch eine billigere Standardversion gab, doch das Getriebe hatte nun auf Wunsch vier vollsynchronisierte Gänge (200 Mark Aufpreis). Auch war die Fede-

rung des Alexander verfeinert worden, und im Innenraum erfreute man sich einer reichhaltigeren Ausstattung.
Eine weitere Steigerung der Qualität erfuhr dieser Lloyd zur IAA Frankfurt 1958 mit dem Debut des Schwestermodells Alexander TS. Eine ganz neue Hinterachse mit gezogenen Längslenkern, Schraubenfedern und Stabilisator verbesserte das Fahrverhalten dieses Super-Lloyd merklich; der Motor hatte durch höhere Verdichtung und einen größeren Solex-Vergaser einen Leistungszuwachs von 6 PS erhalten, fast ein Drittel mehr als die bisherige Maschine. Dies machte sich nun deutlich in den Fahrleistungen bemerkbar: 110 km/h konnten jetzt geschafft werden, und in der Beschleunigung auf 100 km/h nahm der TS dem schwächeren Bruder gleich zehn Sekunden ab. Dieser Lloyd Alexander TS, der jetzt sogar für seine Klasse über »Luxusextras« wie Lichthupe, Scheibenwaschanlage und Verbundglasfrontscheibe verfügte, kostete mit 4330 Mark (Kombi 4430) jetzt schon über 500 Mark mehr als ein VW Standard! Äußerlich erkannte man das Spitzenmodell vor allem am neuen, verchromten Kühlergitter; innen war die vorsintflutliche »Krückstockschaltung« einer (allerdings recht hakeligen) Lenkradschaltung gewichen – das alte 400-ccm-Modell gab es schon seit November des vergangenen Jahres nicht mehr.
Zur IAA 1959 brachte Borgward mit der Lloyd Arabella einen Wagen der unteren Mittelklasse mit 38 PS starkem 900-ccm-Motor heraus. Er kostete 5250 Mark und war damit nur 1000 Mark teurer als der Alexander TS. Der Trend ging ohnehin weg vom Kleinwagen. Innerhalb eines Jahres fiel die Verkaufszahl des Alexander von fast 35000 (1959) auf knapp 5000 (1960). 1961 mußte die Produktion des einst so beliebten Kleinwagens zur Gänze eingestellt werden, der Borgward-Kon-

zern meldete damals bekanntlich Konkurs an. 1958/59 hatte es noch eine Sportversion des Alexander gegeben, schnittig karossiert von Pietro Frua, doch mit nur 25 PS leider nur ein »Schaf im Wolfspelz«. Nicht mehr als 49 Stück dieses Autos wurden damals gefertigt.
Von den über 300000 Lloyd-Kleinwagen aller Varianten haben etliche bis heute überlebt, vor allem jedoch die Ganzstahlwagen; fast alle Autos mit Holzkarosse sind längst verrottet. Nur wenige wissen übrigens, daß es Lloyd-Montagewerke sogar in Belgien und Australien gab, wo der Wagen als Lloyd-Hartnett hergestellt wurde.

## MADA

Kurz nach dem Zweiten Weltkrieg beschäftigte sich die Firma Maschinenfabrik G. Danger GmbH in Säckingen mit der Konstruktion eines vor allem für Körperbehinderte gedachten Kleinfahrzeuges. Die Bemühungen gipfelten wenig später im einsitzigen, offenen Dreirad mit der Bezeichnung »Autino«. Das Mobil mit einem 125-ccm-Motorradmotor von Ilo über den Vorderrädern und einem hinteren Einzelrad hatte keine Türen; der ganze, dünnwandige Vorderbau der Karosserie ließ sich zum Einsteigen nach vorne klappen. Gesteuert mit einem Motorradlenker, an dem auch die Hebel für Bremse, Kupplung und Dreigangschaltung montiert waren. Bei schlechtem Wetter konnte der Autino-Fahrer ein leichtes Verdeck schließen, im Bug saß ein einzelner Scheinwerfer. Nur wenige Wagen scheinen gebaut worden zu sein.

*Oben rechts: Maico 500 auf der IFMA 1956.*

*Links: Mada Einsitzer von 1947.*

*Gegenüberliegende Seite: Lloyd Alexander TS und Alexander Frua Coupé.*

1949 tauchte auf einer Ausstellung ein erster vierrädriger Wagen von Danger mit der Bezeichnung »Libelle 250« auf. Der in der seitlichen Silhouette ein wenig an einen verkleinerten VW erinnernde Wagen war für zwei Personen gedacht, die nebeneinander sitzen konnten. Die geschlossene Karosserie ruhte auf einem Kastenprofilrahmen. Hinten sorgte eine Blattfeder für die Dämpfung, vorne waren die Räder einzeln mit Schraubenfedern aufgehängt. Der Hersteller erklärte, daß man die Libelle mit zwei verschiedenen Reifengrößen haben könnte: 15 × 4 für hohe Geschwindigkeit (72 km/h) oder kleine 8 × 4 für gute Bergsteigfähigkeit. Der Antriebsmotor, ein 250-ccm-ILO-Einzylinder mit 6,3 PS und Dreiganggetriebe wirkte auf die Vorderräder. Auch dieses Modell wurde mit Handbedienung angeboten. Später zeigte Danger noch einige weitere Prototypen, doch zu einem Serienbau kam es nicht.

## MAICO

Die zwischen September 1955 und Oktober 1957 in knapp 8000 Exemplaren verkauften Maico Kleinwagen basierten auf dem Champion 400 des Ingenieurs Hermann Holbein, der 1950 einen Zweisitzer mit symmetrisch gezeichneter Karosserie vorgestellt hatte.
Die Pfäffinger Zweirad-Firma Maico, durch das Mitte der 50er Jahre stark rückläufige Motorrad- und Mopedgeschäft arg in Mitleidenschaft gezogen, griff zu, als die Produktionsanlagen für den zweisitzigen Champion 400 und den Kombi in Gemischtbauweise 500 G gün-

stig zu haben waren. Richtig wurde dabei von der Maico-Geschäftsleitung erkannt, daß viersitzige Personenwagen eine bessere Marktchance versprachen und beauftragte die Karosseriebaufirma Baur, um einen Viersitzer auf der Grundlage des Champion 400 H zu entwikkeln. Während Maico aus Restbeständen Zweisitzer- und Kombis weiterbaute, entstand bis zur IAA 1955 ein hübscher, glattflächiger Viersitzer mit einem Heinkel-Motor von 15 PS Leistung im Heck, wie beim Vorgänger. Der Wagen, Maico-Champion 400/4 genannt, gefiel durch seine saubere Verarbeitung und freundliche Innenausstattung. Der Erfolg auf der Ausstellung ließ eine positive Zukunft erwarten. Doch es dauerte bis zum Juni des folgenden Jahres, ehe die ersten Wagen ausgeliefert werden konnten: konstruktive Veränderungen hatten sich als nötig erwiesen, um aus dem Zweisitzer einen Viersitzer zu machen, wie eine verstärkte Hinterradaufhängung und Modifikationen an der Kraftübertragung. Während dieser Zeit waren 1400 Stück des Zweisitzers verkauft worden, wobei vielleicht der neue und bekannte Name »Maico« zu dem gestiegenen Interesse beigetragen hatte. Für den Kombi mit Holzaufbau, der jetzt Maico MC 500 G hieß, hatten sich noch 21 Käufer finden lassen.
Gleich nach Serienanlauf des neuen Viersitzers wurde die offensichtliche Untermotorisierung kritisiert: die 15 PS des wassergekühlten Heinkel-Zweizylinders vermochten den Maico nur mit Mühe auf 80 km/h zu beschleunigen. Bei Maico reagierte man schnell und baute nach nur 21 Viersitzern mit 400-ccm-Motor den 500-ccm-Motor des Kombis ein, der drei zusätzliche PS abgab und den nun Maico MC 500/4 getauften Kleinwagen knapp über 90 km/h schnell machte und vor allem am Berg für mehr Kraftreserven sorgte.
Die Nachfrage nach dem neuen Maico war dann in der ersten Zeit auch durchaus zufriedenstellend, denn allseits wurde das Mobil wegen

*Oben: Maico 500 Sport mit 20-PS-Heinkel-Motor, von Beutler karossiert und 1957 präsentiert – ein glückloser Versuch, zu spätem Ruhm zu gelangen…*

*Rechts: Viersitzer Maico 500 in Holland. Das Auto bot vier Erwachsenen durchaus gut Platz.*

seiner hübschen Ausstattung und modernen Form gelobt. Noch 1956 fanden über 1 500 Wagen einen Käufer. Doch traten inzwischen immer mehr Konkurrenten auf den Plan. Mit fast 4 000 Maico 500/4 wurde 1957 zwar ein Rekord aufgestellt, doch die Nachfrage verebbte deutlich und stellte die Rentabilität der zukünftigen Produktion in Frage, denn Maico hatte sich auf einen Ausstoß von etwa 400 Wagen pro Monat eingerichtet – eine Zahl, die in absehbarer Zeit nicht mehr zu erreichen sein würde. Man suchte bei Maico nun nach einem attraktiven, weiteren Modell um dem sich abzeichnenden Trend zu sportlichen, exklusiven Wagen folgen zu können. Im Frühjahr 1957 wurde bei der Schweizer Karosseriefirma Beutler ein zweisitziges Sportcabriolet auf der technischen Basis des Maico MC 500/4 in Auftrag gegeben. Um dem neuen Wagen ausreichende Fahrleistungen zu garantieren, beschloß man die Karosserie aus Kunststoff zu formen, wobei auch der Rat des Kunststoff-Experten Egon Brütsch eingeholt wurde.

Zur IAA 1957 wurden die ersten vier Exemplare des neuen Maico Sportwagens fertig und sorgten für großes Aufsehen. Beutler hatte eine attraktive Karosserie geschneidert, die durch geschwungene Chromleisten getrennt zweifarbig lackiert war und zusammen mit Speichenradattrappen und einer geschmackvollen Innenausstattung den Wagen zu einem begehrenswerten Automobil machte. Der Heinkel-Motor im Heck war auf 20 PS frisiert worden, was genügte, um den kleinen Sportwagen auf 110 km/h zu beschleunigen.

Mitte 1958 wollte man bei Maico mit der Serienfertigung des Maico 500 Sport beginnen; eine abgemagerte Version sollte ebenfalls ins Programm aufgenommen werden. Doch dazu sollte es nicht mehr kommen. Mitte 1957 hatte eine Rückrufaktion von über tausend Maico-Wagen zu erheblichen finanziellen Einbußen geführt, als wegen defekter Lenkhebel einige Wagen verunglückt waren und Maico eine neue Vorderachse einbauen mußte. Zulieferfirmen bezweifelten den weiteren Erfolg des Maico, als die Produktion des Viersitzers zusehends schrumpfte. So kam es Anfang 1958 zum Konkurs. Bis zum Sommer wurden aus Restbeständen noch einige Limousinen gebaut, doch zur Produktion des Sportwagens kam es nicht mehr. Maico verkaufte die Produktionsanlagen nach Argentinien, wo es aber nicht zur Weiterproduktion des Autos kam, und kehrte zum Zweiradbau zurück.

## MESSERSCHMITT

*siehe FEND*

## MEYRA

Die Meyra Dreiräder aus Vlotho an der Weser gehören zu den Grenzfällen der in diesem Buch beschriebenen Kleinwagen, da sie im Grunde eine Weiterentwicklung motorisierter Versehrtenfahrzeuge darstellten. Zahlreiche dieser Fahrzeuge wurden auch von nicht körperbehinderten Fahrern geordert.

Und es waren sogar sehr originelle Mobile, deren Ursprung 1948 mit

*Oben: Meyra Cabriolet – nicht nur für Kriegsversehrte. Rechts: Meyra 200 als Viersitzer. Der Wagen hatte nur eine halbe Fronttür zum Einsteigen.*

dem Bau des ersten motorisierten Versehrtenfahrzeugs nach dem Krieg anzusetzen ist. Der erste dieser dreirädrigen Einsitzer mit »Schwiegermuttersitz« hatte einen 200-ccm-ILO-Motor in der Mitte; dieser Typ 48 wurde kontinuierlich weiterentwickelt, ihn gab es auch mit einem einfachen Verdeck.
Ende der 40er Jahre kam Firmenchef Wilhelm Meyer mit einer indonesischen Firma für Motorrikschas ins Geschäft. Das Werk in Vlotho, das sich auf Grund der großen Nachfrage nach Versehrtenfahrzeugen nach dem Krieg deutlich vergrößert hatte, lieferte schließlich eine ganze Anzahl verschiedenartiger Rikschas nach Asien. Dabei kam Meyer zugute, daß er bei der Zuteilung von Rohmaterial keine Bezugsschwierigkeiten hatte, da der Verband der Kriegsversehrten darauf bedacht war, den Herstellern solcher dringend benötigter Hilfsmittel die Zuteilungen zu vermitteln. Vielleicht durch den Rikschabau angeregt, baute Chefkonstrukteur Ernst Hoberg 1950 einen schon etwas autoähnlicheren Versehrtenfahrstuhl. Dieser Typ 55 fuhr auf Rollerreifen, wobei das Vorderrad unter der spitz zulaufenden Karosserie mit integriertem Scheinwerfer freistand. Der Fahrer hatte eine richtige Windschutzscheibe vor sich, auf Wunsch sogar mit Scheibenwischer. Ein Verdeck gab es ebenfalls. Bedient wurde der mit einem Baker & Pölling-Mittelmotor (250 ccm) ausgerüstete Typ 55 mittels eines Motorradlenkers, der mit Gas, Kupplung und Bremse für reine Handbedienung ausgelegt war. Mit seinen 7 PS konnten mit diesem Dreirad Geschwindigkeiten bis zu 70 km/h erreicht werden. Störend war bei diesem Mobil die Lage des Motors vor dem Sitz im Fußraum, doch die Konstrukteure sannen auf Abhilfe. Zwei Jahre später erschien ein deutlich verbesserter Typ 55, der sich dem Erscheinungsbild des Goliath »Pionier« aus der Vorkriegszeit genähert hatte. Die Blechkarosse mit Holzrahmen war in die Breite gegangen, so daß man jetzt zu zweit nebeneinander sitzen konnte; das Vorderrad verbarg sich unter einer Haube. Einzig das rund abfallende Heck erinnerte noch an den Versehrtenwagen, doch gab es jetzt außer dem Verdeck schon Seitentüren aus Segeltuch.
Ein Jahr später bekam dieser Typ richtige, hinten angeschlagene Türen mit Schiebefenstern – aus dem Versehrtenfahrzeug war eine Cabriolimousine geworden. Ein Autolenkrad ersetzte den Motorradlenker, von dem nur noch der Schalt- und Kupplungsgriff rechts unter dem Lenkrad übrigblieb, denn im Grunde war der Meyra 55 ja noch immer für Behinderte gedacht. Das Dreirad verfügte nun auch über einen Rückwärtsgang, und der Baker & Pölling-Motor war etwas stärker geworden. Doch dieses Plus wurde von der schwerer gewordenen Karosserie verzehrt, aber der Meyra war ohnehin nicht zum Schnellfahren gedacht.
Für Wilhelm Meyer und seine Mitarbeiter wurde es nun immer offensichtlicher, wie viel Bedarf an kleinen Wagen mit geringen Unterhaltsansprüchen bestand, und so ging man im Konstruktionsbüro schon im Frühling 1953 an die Arbeit, einen »richtigen« Kleinwagen zu konzipieren. Es wurde ein dreirädriger Prototyp gebaut, dessen Einzelrad hinten unter einem ausladenden Heck saß, das wohl ein Vierradauto vortäuschen sollte. Der Zweisitzer mit planer Frontscheibe, freistehenden Scheinwerfern und Steckscheiben wies jedoch sehr unbefriedigende Kurveneigenschaften auf. So entstand bald darauf ein weiterer Prototyp mit vier großen Scheibenrädern und gleicher Spur vorne und hinten. Das Cabriolet hatte allerdings eine nicht sehr attraktive, geteilte Frontscheibe mit zwei oben montierten Wischern bekommen, und die Front dieses Modells war derart zerklüftet geraten, daß eine Serienfertigung viel zu kostspielig geworden wäre, wie man von der Karosseriebaufirma Karmann in Osnabrück erfuhr. Doch schon kurze Zeit später war ein neues Modell entstanden, jetzt mit steil abfallender Front und später auch Heck, doch eine für den Spätsommer geplante Serienfertigung dieses Modells sollte es nicht mehr geben.
Inspiriert durch die in dieser Zeit neu vorgestellte Isetta verlor Meyer den Glauben an eine Zukunft für den Kleinwagen in konventioneller Bauweise und machte sich eilends daran, ebenfalls ein Fronttür-Auto zu entwerfen. Es wurde erneut ein Dreirad mit hinterem Einzelrad, das in einer gezogenen Schwinge mit selbst konstruiertem mechanischem Teleskopstoßdämpfer geführt wurde. Über dem Rad war ein 9,5 PS starker ILO-Motor mit einem Zylinder und 200 ccm Hubraum montiert, der das Rad über eine Kette antrieb. Das Chassis bestand aus einer Rohrrahmenkonstruktion mit von Drehstabfedern und Schraubenfedern geführten Vorderrädern, auf das die Karosserie aufgeschraubt war. Um auch bei der Karosserie möglichst günstig zu bauen, wählte man die Technik der mit Kunstleder bezogenen Sperrholzkonstruktion, die gleichzeitig Gewicht einsparen half. Es entstand ein der Isetta nur entfernt ähnliches Dreirad mit zwei bequemen Vordersitzen und einer kleinen Sitzbank dahinter für Kinder.
Einen bemerkenswerten Weg wählte man bei der Gestaltung der Fronttür: Nur die vor dem Beifahrer liegende Hälfte ließ sich öffnen. Wollte der Fahrer einsteigen, so rutschte er über den Beifahrersitz auf den Führerplatz. Durch diese ungewöhnliche Lösung vermied es Meyra, das ISO-Fronttürpatent zu verletzen. Das Meyra 200 genannte Gefährt hatte vorn durch einen breiten Steg geteilte Doppelfenster, die nicht gerade zur Harmonie der Front beitrugen, ansonsten war das Fahrzeug recht brauchbar.
Im Meyra 200 ragte ein halber Motorradlenker unter dem hellen

Lenkrad heraus, mit dem die Drehgriffschaltung des Dreiganggetriebes mit Rückwärtsgang bedient wurde. Somit hatte auch dieser Wagen noch deutlich das Image eines Versehrtenfahrzeugs.
Für das Meyra Werk war aber der Bau dieses Mobils nicht die Grundlage des Geschäfts, sondern der nach wie vor florierende Bau von Spezialfortbewegungsmitteln für Versehrte. Der Meyra 200 konnte auch nicht mehr mit anderen Kleinwagen in Deutschland konkurrieren, denn Fahrzeuge wie der Lloyd oder das neue Goggomobil boten bei nicht wesentlich höherem Preis bessere Fahreigenschaften und vor allem das Aussehen richtiger Autos.
Doch noch einmal versuchte Wilhelm Meyer seinen Kleinwagen attraktiver zu machen. Inzwischen waren die ersten Kunststoffautos aufgetaucht, und um solch eine rostunempfindliche Karosserie herstellen zu können, nahm Meyer Kontakt zur Firma BASF in Ludwigshafen auf. Dort zeigte man sich interessiert an der Entwicklung eines geeigneten Polyesterharzes. Nach anfänglichen Schwierigkeiten mit dem neuen Werkstoff und zahlreichen Experimenten war man Ende 1954 soweit, eine kleine Serie auflegen zu können.
Technisch hatte sich nicht viel geändert; nur war das Dreirad jetzt vorn mit Schraubenfedern und hydraulischem Stoßdämpfer hinten bestückt. Durch geringfügige Erhöhung der Verdichtung hatte man die Leistung des Motors geringfügig angehoben, doch die schwerere Plastikkarosse glich dies wieder aus. Bei dieser Karosserie hatte sich Chefkonstrukteur Ernst Hoberg sichtlich Mühe gegeben, mehr Dynamik ins Spiel zu bringen; dennoch hatte das hochbeinige Dreirad größte Mühe, unter gehöriger Geräuschentwicklung auf 70 km/h zu beschleunigen. Mit zwei Erwachsenen und zwei Kindern besetzt, war der Meyra 200-2 ein arges Verkehrshindernis. Beibehalten hatte man die charakteristische, halbe Fronttür, doch hatte Hoberg dem Mobil nun einen Vorbau anmodelliert. Der Meyra 200-2, im September 1955 auch auf der IAA gezeigt, löste trotz seines hohen Preises von 3450 Mark auch eine für Meyer unerwartete Flut von Bestellungen aus. Leider mußte man in Vlotho auch erkennen, daß sich die Herstellung des Fahrzeugs in fast ausschließlicher Handarbeit gar nicht mehr rentierte, sondern daß sogar bei jedem verkauften Wagen draufgezahlt wurde. Hunderte von Bestellungen versuchte man zu annullieren. Eine Anzahl von Kunden setzte allerdings juristisch durch, daß Meyer die bereits abgeschlossenen Kaufverträge zu erfüllen hatte. So entstanden bis Mitte 1956 noch fast 500 Meyra 200-2, und kurz vor Produktionsschluß gab es für einige Exemplare sogar einen stärkeren ILO-Motor mit 350 ccm und 14 PS Leistung, gut für 80 km/h.
Die Firma Meyra konzentrierte sich wieder ausschließlich auf den Bau und die Entwicklung von Versehrtenfahrzeugen. Soweit bekannt, blieb von den etwa 530 gebauten Meyra 200 und 200-2 nur ein Exemplar mit Kunststoffkarosserie bis heute erhalten. Von den dreirädrigen Exemplaren mit vorderem Einzelrad und Verdeck sind es ein paar mehr, die die Zeiten überdauerten.

## MOTOFLITZ

1949 machte eine kleine Firma in Kleve mit einer auf den ersten Blick recht ansprechenden Kleinwagenkonstruktion auf sich aufmerksam. Der »Motoflitz« genannte Wagen wies eine zweisitzige Pontonkarosserie mit Klappverdeck auf und war immerhin einen halben Meter länger als ein Champion 250. Die aus Blech geformte Karosserie ruhte auf einem Doppelrohrrahmen mit Traversen und war vorn mit dicken Querstäben verziert, um einen Frontmotor vorzutäuschen. Der Antrieb saß indessen hinten. Es handelte sich um einen luftgekühlten Einzylindermotor der Marke Kolumbus mit 500 ccm und einer Leistung von angeblich 12 PS. Der Clou sollte ein automatisches Getriebe sein, das dem Fahrer mit hydraulischer Unterstützung das Schalten und Kuppeln ersparen würde. Doch schon kurz nach dem Auftauchen des Motoflitz war sein Schicksal bereits besiegelt. Er verschwand von der Bildfläche.

## NSU

1873 in Neckarsulm als Unternehmen zur Herstellung von Strickmaschinen gegründet, baute die von Christian Schmidt und Heinrich Stoll 1886 das erste Hochrad und beschritt damit den schicksalhaften Weg des Fahrzeugbaus. 1892 wurde die Firma in NSU umbenannt, eine eigenwillige Abkürzung von Neckarsulm. 1900 begann man die ersten Fahrräder mit kleinen, aus der Schweiz importierten Motoren auszurüsten. Die 1906 aufgenommene Automobilherstellung bescherte den Schwaben weniger Erfolg als der Motorradbau und wurde 1929 wieder aufgegeben; in das Heilbronner Autowerk zog daraufhin die Firma Fiat ein.
Mitte der fünfziger Jahre, auf der Höhe des wirtschaftlichen Erfolges im Motorradgeschäft, erkannte die Firmenleitung indessen die ersten Anzeichen eines Rückgangs in der Branche und begann über eine Erweiterung des Programms durch einen Kleinwagen nachzudenken. Erste Überlegungen führten zu einem Entwurf eines dreirädrigen Kabinenrollers nach Art des Heinkel-Mobils mit einer hinteren Triebsatzschwinge für das Einzelrad. Diese »Max Dreiradkabine« (als Antrieb hätte der 17 bis 18 PS starke Einzylinder des berühmten 250 ccm-Motorrades Verwendung gefunden) wurde jedoch wieder zu den Akten gelegt. Es war deutlich geworden, daß solch ein Mobil den bereits existierenden Vertretern dieser Gattung von BMW, Messerschmitt und Heinkel hinterherfahren würde und daß der allgemeine Trend zum adretten kleinen Vierradwagen führte.
Unter dem Einsatz erheblicher Investitionen machte man sich in Neckarsulm anschließend an die Entwicklung eines »richtigen« kleinen Autos, das auch den Bedürfnissen künftiger Kleinwagenfahrer gerecht werden sollte. Es sollte mit allen Attributen des modernen Automobilbaus ausgestattet sein und eine selbsttragende Karosserie sowie Einzelradaufhängung aufweisen. Auf den Erfahrungen, die man mit dem unverwüstlichen »Max« Motor mit Schubstangenantrieb gesammelt hatte, aufbauend, entstand ein luftgekühltes Zweizylinder-Viertakt-Aggregat mit 583 ccm und 20 PS Leistung, genug, um den Kleinwagen die 100-km/h-Marke passieren zu lassen. Auf dem Zeichenbrett entstanden derweil die ersten Konturen einer kompakten Karosserie, bei der sich später jedoch das Heck als etwas zu plump erwies. Diese Partie mußte neu gestaltet werden. Ein ungewöhnliches Detail waren auch die weit um die Ecken herumgezogenen hinteren Seitenfenster, ein durchaus gewöhnungsbedürftiges Stylingelement, doch wurde damit der NSU Kleinwagen auch unverwechselbar.
Der Motor, mit dem noch unsynchronisierten Vierganggetriebe verblockt, wurde im Heck eingebaut, die Hinterräder waren an Querlenkern aufgehängt und waren wie die Vorderräder mit hydraulischen Stoßdämpfern und Schraubenfedern versehen. Auf modischen

*Links: NSU Prinz I, Baujahr 1957. Im Heck arbeitete ein bewährtes Motorrad-Aggregat. 3600 Mark kostete das Kleinauto bei seinem Erscheinen.*

*Oben: Prinz III, wie er 1960 bis 1962 hergestellt wurde. Die Technik des Wagens war perfekt ausgefeilt.*

*Unten: In völlig neuem Gewand präsentierte sich der Prinz IV von 1961. Sein Grundpreis betrug 4700 Mark.*

Schnickschnack legten die NSU Designer bei der Gestaltung des Innenraums weniger Wert; so gab es keine Lenkradschaltung, und das Armaturenbrett mit Bandtacho präsentierte sich sehr nüchtern. Zur IAA 1957 wurde der Wagen präsentiert. Der neue NSU mit dem sympathisch klingenden Namen »Prinz« war zwar keine herausragende Schönheit, doch trennten ihn Welten von anderen in diesem Jahr aufgetauchten Kleinwagen. Diesen sah man meist ihre Entstehung in der frühen Nachkriegszeit an; der Prinz war hingegen auf der Höhe der Zeit entstanden.
Nach 150 Vorserienwagen begann im März 1958 die eigentliche Produktion, wobei von Anfang an zwei Versionen angeboten wurden. Der Prinz I war das Standardmodell, in nur einer Farbe (Lichtgrün) erhältlich. Auf Teile der Ausstattung wie Sonnenblende für den Beifahrer, Kurbelfenster, Handschuhkastendeckel oder Chromverzierungen hatte man hier verzichtet. Für rund 3700 Mark erhielt man ein zwar einfach ausgestattetes, ansonsten mit dem Prinz II technisch identisches Fahrzeug. Diesen konnte man in sieben Lackierungen haben, darunter auch drei Zweifarbkombinationen. Eine komplette und freundliche Ausstattung machten den Prinz II zu einem adretten Wägelchen.
Knapp über 100 km/h lief der Prinz allemal. Die vorn Sitzenden konnten über Mangel an Bewegungsfreiheit nicht klagen, und auf Wunsch wurde ein großes Stoffschiebedach eingebaut. Im Fond ging es nicht ganz so bequem zu, doch konnten hier auf Kurzstrecken durchaus zwei Erwachsene befördert werden, wenngleich diese Plätze mehr Kindern zugedacht worden waren.
Nach gut einem Jahr Produktionszeit, in welchem sich der Tagesausstoß auf eine Zahl von etwa 160 Stück eingependelt hatte, gab es erste Veränderungen. Seit Februar 1959 verließen die Wagen das Werk mit Vollsynchron-Getriebe, das gut ausgestattete Modell Prinz II bekam

gleichzeitig einen stärkeren Motor. Durch Erhöhung der Verdichtung von 6,8:1 auf 7,6:1 und einen größeren Vergaser hatte man die Leistung des 583-ccm-Viertakters um 50 Prozent gesteigert; diese 30 PS machten den Prinz zu einem der schnellsten Kleinwagen seiner Zeit. Fast 120 km/h waren jetzt zu erreichen! Aufgrund der relativ hohen Verdichtung mußte man jetzt allerdings Superbenzin tanken, doch verbrauchte der 30 PS Prinz nicht mehr als der Prinz I Normalbenzin. Ein sicheres Indiz für den hohen Qualitätsstandard des NSU war die saubere Gestaltung auch der Fahrzeug-Unterseite.
Bis zu den Werksferien in Neckarsulm im August 1960 wurden diese beiden Versionen hergestellt, zusammen mit einer »E« (Export-)Aus-

führung des Prinz II, die zusätzlich Ausstellfenster, Liegesitze und eine aufwendigere Geräuschdämpfung besaß. Danach kam als Basismodell der Prinz III heraus, mit angehobener Verdichtung nun 23 PS stark und mit weiteren Verbesserungen des Fahrwerks und der Karosserie. Die Federung war durch den Einbau neuer Stoßdämpfer mit Luftpolster komfortabler geworden, und es gab ganz neue Sitze, wobei vor allem für die hinten Sitzenden mehr Platz geschaffen wurde. Auf Wunsch konnte noch immer der spartanische Prinz I mit 20 PS geliefert werden. Der Prinz mit 30-PS-Motor wurde in Prinz 30 umgetauft und erhielt ebenfalls alle Verbesserungen des Prinz III, außerdem gab es weiterhin die Exportausführung Prinz 30 E. Durch die sich ständig ändernden Modellbezeichnungen fühlte sich mancher NSU-Interessent etwas verunsichert, doch eine pfiffige Werbeabteilung sorgte stets für frischen Wind und zugkräftige Ideen. 1960 entstanden Pläne für einen Nachfolgetyp, den Prinz IV. Stilistisch wollte man etwas Besonderes bieten und orientierte sich an dem Styling des Anfang des Jahres erschienenen Chevrolet Corvair, eines der ersten US Compact Cars mit selbsttragender Karosserie und Heckmotor. Dieses Modell bescherte der Herstellerfirma wenig später wegen mangelhafter Fahreigenschaften zwar etlichen Ärger, doch die Form des Corvair war eine Sensation. Noch vor der IAA 1961 wurde der neue Prinz vorgestellt, mit umlaufender Blechfalte, Chromrand und senkrecht abfallendem Front- und Heckabschluß. Dieses NSU-Modell, bei dem Radaufhängungen und der Antriebsblock fast unverändert vom Vorgänger übernommen worden waren (lediglich der Hubraum war auf 598 ccm gewachsen, die Leistung entsprach mit 30 PS dem Prinz 30), sollte vor allem VW-Käfer-Fahrer zum Umsteigen veranlassen. Bei in etwa gleichen Fahrleistungen hatte der Prinz IV ansonsten deutliche Vorteile zu bieten, denn er war das weit modernere und hübschere Auto, bot mindestens ebenso viel Platz im Innenraum und hatte wesentlich mehr Lademöglichkeiten für Gepäck zu bieten. Die Prinzen mit alter Karosserie wurden noch bis Ende 1962 weitergebaut und kamen auf eine Gesamtproduktionszahl von 95 000 Stück.

Neben diesen Viersitzern gab es auch ein hübsches Sportcoupé, dessen Karosserieentwurf von Designer Nuccio Bertone stammte. Auf der IAA 1958 war das schöne Coupé zum ersten Mal aufgetaucht, und ab März 1959 wurden in Italien die Karosserien für NSU gebaut, die anschließend in Deutschland mit der Technik des 30-PS-Prinzen komplettiert und als Sport Prinz verkauft wurden. Der stolze Preis von 6 550 Mark war allerdings an einem schleppenden Verkauf schuld. Ende 1960 begann die Firma Drauz in Heilbronn mit dem Bau dieser Karosserien. Obwohl die Nachfrage gering blieb, wurde der Sport-Prinz noch bis 1967 produziert, wobei der Preis stetig bis nur noch knapp über 5 000 Mark absank – ein Geschäft war der Sport-Prinz für NSU keinesfalls. 20 831 Wagen dieses Typs wurden immerhin gebaut.

Der Prinz IV entwickelte sich inzwischen zu einem sehr erfolgreichen Modell, das ohne tiefgreifende Veränderungen und in verschiedenen Ausstattungsstufen vom Prinz IV mit Grundausstattung über den Prinz S bis zum Prinz L mit einigen Luxusmerkmalen bis 1973 im Programm blieb. Auch der Export des zuverlässigen und robusten Wagens blühte, vor allem nach Italien, wo der Prinz besonders beliebt war. Nicht nur komplette Wagen wurden ins Ausland verkauft. In Südamerika und Irland gab es Lizenznehmer, die aus den gelieferten Einzelteilen (CKD-Sätzen) Fahrzeuge zusammenbauten. Selbst eine Firma in Kairo stützte sich beim Bau des einzigen ägyptischen Automobils der Marke Ramses auf Zulieferteile aus Neckarsulm.

*Oben: Variation eines Themas: NSU Sportprinz von 1959, ein Coupé mit Bertone-Linie.*

*Links: NSU TT 1967. Ein Kleinwagen wächst über sich hinaus…*

*Rechts: TTS-Version 1967, inzwischen auf 70 PS erstarkt.*

*Unten: Wankel Spider, der interessanteste aller kleinen NSU. Das Cabrio mit Kreiskolbenmotor gab es von 1964 bis 1967.*

Auf dem Prinz IV basierten auch zahlreiche größere Modelle von NSU, die ab 1964 mit Vierzylinder-Heckmotoren gebaut wurden, doch allein der Prinz IV schaffte eine Rekordverkaufszahl aller NSU-Autos von 625 171 Exemplaren.
Die Wagen der Prinzengarde gehörten sicher zu den sympathischsten Vertretern ihrer Klasse in Deutschland und hatten mit primitiven Kleinwagen wenig gemein. Sie waren im Grunde geschickt verkleinerte Wagen der Mittelklasse und werden zum Teil noch bis heute als Gebrauchswagen verwendet, sieht man einmal von den Fahrzeugen der ersten Generation ab.

*NSU Fiat Karosserie Weinsberg, ein sehr elegantes Coupé mit Panoramascheibe.*

## NSU-FIAT/NECKAR

Die italienische Marke Fiat gehörte schon vor dem Zweiten Weltkrieg zu den erfolgreichen Exporteuren nach Deutschland und übernahm 1929 von NSU deren Automobilwerk in Heilbronn, nachdem zur Sanierung der alten deutschen Fahrrad-, Motorrad- und Autofirma die Einstellung der Personenwagen-Herstellung beschlossen worden war. Fiat erhielt das damals noch fast neue Werk für eine Million Reichsmark und produzierte dort fortan vor allem den beliebten Typ Balilla. Sogar den Namen »NSU« durften die Italiener weiterverwenden: Die am Neckar montierten Fiat hießen in der Folge NSU-Fiat.
Nach dem Krieg war der legendäre Topolino der Typ 500 C mit Vierzylindermotor das erste Automobil, das unter der Bezeichnung NSU-Fiat wieder in Heilbronn montiert wurde. Ab 1952 gab es aus deutscher Produktion eine Limousine und einen hübschen Ganzstahlkombi sowie einen Lieferwagen ohne hintere Seitenfenster. Neben verschiedenen größeren Fiat-Modellen gehörte ab Sommer 1956 auch der erfolgreiche Nachfolger des Topolino, der Typ 600, zum Bauprogramm des Heilbronner Fiat-Werkes. Mit nur kleinen Unterschieden in der Ausstattung wurde der Viersitzer unter dem Namen »NSU-Fiat Jagst« angeboten. Ab Frühjahr 1957 wurden die Schiebefenster durch Kurbelscheiben ersetzt, und im März 1959 stieg die Motorleistung um

*NSU Fiat Jagst, eine Variante des Fiat-600-Themas mit deutschen Akzenten. Ende der fünfziger Jahre ein beliebtes Auto.*

ein PS auf 20 Pferdestärken, ausreichend für ehrliche 100 km/h. Äußerlich waren diese Wagen hauptsächlich durch das NSU-Fiat Emblem an der Front von den italienischen Originalen zu unterscheiden.
Der in Italien 1957 auf den Mark gekommene, winzige und genial durchdachte Typ Nuova 500 wurde in Heilbronn nie montiert, jedenfalls nicht mit der originalen Karosserie. Doch im Januar 1959 erschienen mit den beiden 500-Typen Coupé und Limousette von Weinsberg zwei sehr hübsch karossierte Kleinstwagen mit der Technik des neuen Fiat 500. Serienmäßig hatten diese Winzlinge Faltschiebedach und Zweifarbenlackierung; die 15 PS des kleinen Zweizylindermotors im Heck reichten für knapp 100 km/h. Beide Modelle wurden 1959 für den gleichen Preis von 3 990 Mark angeboten, der damit um 200 Mark höher lag als der eines VW Standard. Bis zum Frühjahr 1963 konnten insgesamt 6 190 Weinsberg Limousetten und Coupés abgesetzt werden; der Preis war inzwischen um 350 Mark gesenkt worden.
Ab der IAA 1960 wurde der NSU Fiat 600 durch den Jagst 770 ersetzt, dessen Motor bei vergrößertem Hubraum nun 25 PS leistete. Auf der technischen Basis dieses Typs wurden auch ein von Vignale karossiertes Coupé sowie ein Spider vorgestellt, die 120 km/h erreichen sollten, doch gingen diese Autos nicht in Serie.
Letzter in Heilbronn gebauter Fiat Kleinwagen wurde ab Juni 1964 der weiter modernisierte NSU-Fiat Jagst 2, dessen Motorleistung man auf 23 PS gedrosselt hatte, um in eine günstigere Versicherungsklasse zu kommen. Er hatte nun vorn angeschlagene Türen und wurde 1965 ein letztes Mal durch Gummipuffer an den Stoßstangen und größere Scheinwerfer aufgewertet. Für 4 000 Mark war dieses ausgereifte und noch immer sehr beliebte Modell bis 1969 zu haben, als auch in Italien der Bau dieses Klassikers zugunsten neuerer Modelle eingestellt wurde.
Das ehemalige Montagewerk in Heilbronn dient noch heute der Deutschen Fiat AG als Zentrale, Autos werden dort aber seit zwanzig Jahren nicht mehr produziert.

## PINGUIN

Die Träume vom Kleinwagengeschäft in der Nachkriegszeit endeten nicht selten in einem finanziellen Fiasko für die Beteiligten, ohne daß eine nennenswerte Anzahl von Fahrzeugen gebaut oder gar verkauft worden war. Zu diesen Verlierern im Geschäft mit den kleinen Autos

gehörte auch der im Sauerland ansässige Landmaschinenvertreter Romanus Müthing, der viel Geld in die Entwicklung eines Dreiradfahrzeuges mit dem Namen »Pinguin« steckte. Schon zu Beginn des Jahres 1953 hatte der autobegeisterte Müthing den Versuch gewagt, als Vertreter in der Autobranche Fuß zu fassen, jedoch das Pech gehabt, an ein Projekt mit dem Namen »Aeolus« eines gewissen Passat-Werkes in Gelsenkirchen zu geraten, das außer einem unbrauchbaren Prototyp namens Passat nicht mehr zustande brachte als den Druck eindrucksvoller Prospekte für ihren futuristisch anmutenden Kleinwagen mit 200-ccm-Motor. Als die Firma pleitegegangen war, trat Müthing die Flucht nach vorn an und tat sich mit dem einstigen Passat-Kapitalgeber Heinz Elschenbroich zusammen, um nun ein Kleinauto in eigener Regie zu entwickeln.
Als Konstrukteur hierfür gewann man Kurt Volkerath, der einst den berühmten Opel Raketenwagen gebaut hatte. Zunächst war beabsichtigt, ein schnittiges Coupé auf dem Chassis des Volkswagens zu bauen, doch aus Kostengründen einigte man sich am Ende auf einen Kleinwagen mit drei Rädern.
Im Frühjahr 1953 gründete man in Herne die M.E.V. (Müthing, Elschenbroich, Volkerath) Studiengesellschaft für Kraftfahrzeugentwicklung. Mit ein paar Helfern entstand ein Zentralrohrrahmen mit vorderer Pendelachse und gezogener Schwinge für das hintere Einzelrad. In mühsamer Handarbeit baute man dafür eine aerodynamisch geformte Aluminiumkarosserie, und als Antrieb verwendete man einen 200-ccm-ILO-Motor, der seine Kraft über ein Hurth-Dreiganggetriebe mit Lenkradschaltung und Rückwärtsgang mittels Kette auf das Hinterrad übertrug. Mit neun Zentnern Leergewicht hatte der nur rund 10 PS leistende Motor allerhand zu kämpfen, und dementsprechend mäßig waren auch die Fahrleistungen des Pinguin, der nur unter Einsatz höchster Drehzahlen einigermaßen flott zum Laufen zu bringen war. Auf der Sitzbank konnte zur Not auch ein dritter Passagier befördert werden, doch stellten dann schon geringe Steigungen fast unüberwindliche Hindernisse dar.
Für den Bau des zweiten Prototyps kam man mit den Vereinigten Deutschen Metallwerken in Werdohl ins Geschäft, die auch dem Fuldamobil schon zu seiner rundlichen Aluminium-Hülle verholfen hatten. Auf der Zweirad-Ausstellung 1953 in Frankfurt tauchten dann die ersten beiden Pinguine in noch recht unfertiger Form auf, doch das Interesse an den Prototypen war recht groß. Die strömungsgünstige Karosserie konnte eine entfernte Ähnlichkeit mit dem Porsche nicht verleugnen, wenn auch unter dem sportlichen Heck nur ein Rad den Kontakt zur Straße herstellte. Mußten die Leute schon Kleinwagen fahren, so sollten sie wenigstens nach mehr aussehen…
Bald darauf wurde in Herne der Ruhrfahrzeugbau R. Müthing gegründet, um möglichst schnell serienreife Kleinwagen anbieten zu können. Bei ausgiebigen Erprobungsfahrten mußte man nun leider feststellen, daß das von Volkerath konstruierte Chassis den Anforderungen im Alltagsbetrieb nicht gewachsen war. Das zu hohe Gewicht des Wagens machte sich deutlich in schwachen Fahrleistungen bemerkbar, die zu dem sportlichen Äußeren des Pinguin nicht paßten.
Inzwischen hatte ein Herr Hoffmann aus Lintorf, der später die »Hoffmann Kabine« bauen sollte, Interesse am Pinguin gezeigt, doch wollte es Müthing nicht verantworten, dieses unausgereifte Auto vorzeitig in Produktion gehen zu lassen. Aus einem Lizenzvertrag wurde deshalb nichts.
Nach Hoffmann erschien bei Müthing Norbert Stevenson, der bei der Konstruktion des Fuldamobils reichlich Erfahrung mit dem Bau von

*Pinguin Passat 1953, ein Prototyp, dessen Entwicklung wieder eingestellt wurde.*

*Unten: Der Meister und sein Modell: August 1953.*

*Heckansicht des ersten Pinguin. Aerodynamisch sicher konsequent – von der Ästhetik her zumindest fragwürdig…*

Oben: *Das stabile Fahrgestell des Pinguin. Es macht einen vertrauenerweckenden Eindruck.*

Rechts: *Der Pinguin macht sich recht groß zwischen seinen (erfolgreicheren) Konkurrenten Messerschmitt und Kleinschnittger.*

Kleinwagen gesammelt hatte. Müthing engagierte den ideenreichen Konstrukteur und steckte noch einmal viel Geld in eine völlige Überarbeitung seines Dreirades. Dabei wurde an nichts gespart, um endlich ein brauchbares Modell vorzeigen zu können. Hydraulische Bremsen ersetzten die alten Seilzugbremsen, die Gummibänder der Federung wurden gegen Federbeine mit Teleskopstoßdämpfern ausgetauscht, ein neuer Doppelrohrrahmen gab dem Chassis die nötige Festigkeit. Leider blieb man weiterhin beim zu schwachen ILO-Motor, doch war dieser jetzt in einer Triebsatzschwinge untergebracht, was den Geräuschpegel im Innenraum minderte und auch die Straßenlage des Pinguin günstig beeinflußte. Auch die Karosserie des Dreirades wurde weiterentwickelt; so gab es ein Zwischenmodell mit vorderer Kofferklappe, und man begann mit dem Bau einer kleinen Serie von Pinguinen mit bis ins Detail verbesserten Karosserien. Im Innenraum gab es jetzt eine Notsitzbank, das Heck fiel nicht mehr so steil ab, und zwei zusätzliche Seitenfenster machten den Innenraum heller. Der Pinguin hatte sich zu einem wirklich vorzeigbaren kleinen Wagen gemausert und bald meldete sich ein ernsthafter Interessent zur Serienfertigung, der Landmaschinenfabrikant Rudolf Stierlen aus Schweinfurt, der bei Müthing nicht weniger als zwölf Versuchswagen bestellte. Für September 1954 wurde ein Beginn der Serienfertigung in Aussicht gestellt, und schließlich wurden alle Produktionsanlagen sowie die Belegschaft des kleinen Ruhrfahrzeugbaus in Herne nach Schweinfurt umquartiert.

Doch dann bekam Stierlen Zweifel an der Richtigkeit seiner Absicht, einen solch schwachen Dreiradwagen zu bauen. Inzwischen waren andere, erfolgreiche Kleinwagen auf dem Markt erschienen, die den Pinguin antiquiert erscheinen ließen, und so vermied es Stierlen vorsichtigerweise, sich mit Müthing auf weitere Produktionsdetails vertraglich festzulegen. In Schweinfurt experimentierte man mit der Möglichkeit, den Pinguin in ein Vierradauto zu verwandeln; auch die Verwendung einer Kunststoffkarosserie wurde in Betracht gezogen, doch all dies änderte nichts daran, daß das Auto im Grunde dem Trend hinterherhinkte und auch zu aufwendig konstruiert war, um eine rationelle Produktion zu ermöglichen. Stierlen suchte schließlich gemeinsam mit Müthing nach einem neuen Interessenten für den Pinguin. Es kam zu Verhandlungen mit den Motorradherstellern Horex und Express, doch bei näherer Betrachtung des Wagens winkten beide Firmen ab. Am Ende wurde Stierlens Unternehmen von der Firma Kugelfischer geschluckt und das Schweinfurter Werk geschlossen. Da sich nun niemand mehr für den Pinguin interessierte, wurden im Frühjahr 1956 die Fertigungseinrichtungen und alle Vorserienwagen als Schrott verkauft. Für Romanus Müthing blieb vom Traum der Kleinwagenherstellung nur ein großes Loch in der Brieftasche übrig. Der Pinguin hatte ein beträchtliches Vermögen an Entwicklungskosten verschlungen. Müthing konzentrierte sich anschließend wieder auf das sicherere Geschäft mit Landmaschinen.

# PIO

Zu den so gut wie unbekannt gebliebenen Kleinwagen, die in der Nachkriegszeit in Deutschland entstanden, gehört zweifellos der PIO, Produkt einer Karosseriebaufirma in Hamburg, deren Eigentümer Bruno Piotrowski sich schon bald nach der Währungsreform mit den Plänen für ein Kleinfahrzeug befaßt hatte.

Piotrowski wollte ein billiges Fortbewegungsmittel schaffen, bei welchem die Besitzer aber nicht auf die von normalen Autos her bekannten Annehmlichkeiten wie elektrischen Starter und Sitze nebeneinan-

der verzichten mußten. Um Kosten zu sparen, sollte für den Antrieb ein Zweitaktmotor eingebaut werden, der hinten ein einzelnes Rad antrieb. Durch Verwendung eines Zwillingsrades versuchte man eine erhöhte Bremswirkung zu erzielen.
Als Karosseriefirma im Umgang mit Blech erfahren, wurde eine im weitesten Sinne selbsttragende Karosserie entworfen, hinten genauso breit wie vorne, um nicht sofort das fehlende Rad zu offenbaren. Vorne war eine extrem kurze Schnauze modelliert worden, die die Beine der Insassen aufnehmen mußte. Das ganze Mobil war nur drei Meter lang. Auf Türen wollte man der Einfachheit halber verzichten und konstruierte einen im Ganzen nach hinten verschiebbaren Dachaufbau, der sowohl zum Einsteigen gedacht war als auch in Fahrt offen bleiben konnte und so das PIO-Mobil in eine Art Cabrio-Limousine verwandelte. Den Antrieb der hinteren Zwillingsräder übernahm ein 400-ccm-ILO-Zweizylinder, der auf ein Stationäraggregat zurückging und mit 12 PS ausreichend Kraft versprach. Selbst ein Dreiganggetriebe mit damals nicht selbstverständlichem Rückwärtsgang hatte man für den Prototyp aufgetrieben.
Ende 1949 nahm der PIO allmählich Gestalt an. Die 8-Zoll-Räder ließen das Vehikel etwas kümmerlich wirken, und das ausladende Heck im Verhältnis zur kurzen Front trug nicht gerade zur Harmonie der Linienführung bei. Piotrowski pries seine Schöpfung zwar als zwei- bis dreisitziges Mobil an, doch schon zwei Erwachsene hatten es nicht leicht, sich nebeneinander in den PIO einzufädeln. Das Einsteigen über die hohe Bordwand war ohnehin eine Zumutung, vor allem für Damen.
380 kg brachte das Mobil fahrfertig auf die Waage, und bei Erprobungsfahrten konnten angeblich bis zu 80 km/h erreicht werden. Von Fahrkomfort konnte keine Rede sein.
Piotrowski hatte eine Menge Geld in sein Kleinwagenprojekt gesteckt und versuchte nun die Öffentlichkeit auf seine Schöpfung aufmerksam zu machen. Einen Platz auf einer der großen Automobilausstellungen erhielt er nicht, und so wurde das Mobil auf kleineren Veranstaltungen wie der Motorschau in Winsen an der Luhe präsentiert. Das weinrot und beige lackierte Einzelstück konnte keinen Geldgeber begeistern – zu wenig attraktiv war schon damals die Erscheinung des PIO. Es gab immerhin schon einen Lloyd für 3334 Mark, selbst ein Lockpreis von 2800 Mark, wie ihn Piotrowski für seinen Zwerg forderte, vermochte niemanden zum Kauf zu veranlassen. So ging das Projekt sang- und klanglos wieder unter; der Prototyp wurde vermutlich schon nach kurzer Zeit verschrottet.

*Pio Kleinstwagen 1950. Er hatte einen 400-ccm-Motor von ILO im Heck. Standardfarbe: Weinrot.*

# SPATZ

Der Spatz Kleinwagen, der es in den fünfziger Jahren zu einem hohen Bekanntheitsgrad gebracht hatte, ging auf eine der zahlreichen Kreationen des Stuttgarter Ingenieurs Emil Brütsch zurück, der mit seinen »Plastik-Eiern« damals auf fast jeder Fahrzeugausstellung für Überraschungen sorgte, es aber andererseits nie zu einer richtigen Serienfabrikation seiner Mobile brachte. Seinen größten Erfolg hatte er durch den Lizenzverkauf seines Dreisitzers »Typ 200« alias »Spatz« an die Werkzeugmaschinenfirma Alzmetall verbuchen können, deren Mitinhaber Harald Friedrich nach einem neuen Standbein für seine Firma gesucht hatte.
Leider stellte man bei Erprobungsfahrten mit dem hübschen Polyester-Mobil fest, daß Brütsch, indem er die Radaufhängungen direkt an der unteren Plastik-Schale befestigt hatte, doch wohl zu sparsam vorgegangen war, denn im Kunststoff traten bald Rißbildungen auf. Es wäre unverantwortlich gewesen, solch eine mangelhafte Konstruktion auf den Markt zu bringen.
In Ermangelung erfahrener Konstrukteure im eigenen Betrieb suchte Friedrich nach einem fähigen Mann, der den Spatz zur Serienreife umkonstruieren konnte. Er fand ihn in dem nach München verzogenen Tatra-Konstrukteur Dr. Hans Ledwinka. Mittlerweile Ende siebzig, doch noch voller Schaffenskraft, kam Ledwinka die reizvolle Aufgabe wie gerufen. Mit großer Sorgfalt entstanden die Pläne zu einem umkonstruierten Kleinwagen.
Ein stabiles Zentralrohr bildete nun nach Tatra-Manier das Rückgrat des neuen Chassis, die Vorderräder waren einzeln an Kurbellenkern aufgehängt. Da diese Maßnahmen den Verkaufspreis des Spatz ohnehin in die Höhe treiben würden, wagte man auch gleich den Schritt zum Vierradwagen mit hinterer Pendelachse. Alle vier Räder erhielten Federbeine und hydraulische Bremsen. Der Fichtel & Sachs-Motor mit gut 10 PS wurde beibehalten, mit seiner Lage vor der Hinterachse machte er den Spatz zu einem der ersten Serienautomobile mit Mittelmotor. Durch das vierte Rad mußte Ledwinka auch die Karosserie überarbeiten: Das Heck wurde verbreitert, vorne wurden angedeutete Kotflügel einmodelliert und die ursprüngliche Plexiglasscheibe des Brütsch-Mobils durch eine geteilte Glasscheibe ausgetauscht. Der neue Spatz besaß nun nicht mehr die rundliche Eiform des Prototyps, sondern hatte einen fast quadratischen Grundriß, selbst die zuvor runden Radausschnitte waren jetzt eckig. Aus dem Brütsch-Dreirad war ein richtiger kleiner Roadster geworden, der mit dem Urmodell nur noch entfernte Verwandtschaft zeigte.
Auf der IAA 1955 präsentierte Friedrich den neuen Spatz, auch in einer geschlossenen Coupéversion mit einer Seitentür. Egon Brütsch, der darauf beharrte, daß dieses Auto trotz aller Modifikationen sein Werk sei, war von dem neuen Auto allerdings weniger begeistert.
Um für einen zügigen Serienbau des Kleinautos zu sorgen, wurde eine Presse für die Fertigung der Karosserieschalen entwickelt. Mit dem Vertrieb des Spatz beauftragte man die Zweiradfirma Victoria in Nürnberg, die unter dem rückläufigen Motorradgeschäft litt und das Auto gern ins Programm nahm. Die Bayrischen Autowerke GmbH (BAG) wurden gegründet und das Victoria-Händlernetz ausgebaut. Etwa 600 Fahrzeuge konnten 1956 verkauft werden. Erste Tests in Fachzeitschriften zeigten die Vor- und Nachteile des kleinen Roadsters auf. Da war von der guten Straßenlage und dem adretten Aussehen die Rede, aber auch von akrobatischen Übungen beim Aus- und

*Oben rechts: Offener Spatz in voller Fahrt. Links daneben: Coupé, wie es auf einem Prospekt von 1955 erschien.*

*Links: Burgfalke mit Verdeck. Letzter Versuch, dem wechselhaften Spatzenschicksal eine positive Wende zu geben…*

Einsteigen, vor allem bei geschlossenem Verdeck. Dem Motor mangelte es ein wenig an Temperament, von der Geräuschentwicklung ganz zu schweigen. Geschaltet wurde im Spatz mit einer Ratschenschaltung am Lenkrad, wobei der Rückwärtsgang durch Drehsinnwechsel des Motors eingeschaltet wurde. Theoretisch standen auch rückwärts alle vier Gänge zur Verfügung.

Ärger gab es nicht nur mit Spatz-Vater Brütsch, der auf Lizenzgebühren bestand, sondern auch mit der nicht feuerbeständigen Polyesterkarosserie: Mancher Spatz war in Flammen aufgegangen. Brütsch ging vor Gericht, um seine vermeintlichen Rechte durchzusetzen, doch gelang dies nicht, da Sachverständige ihm die Verkehrsuntauglichkeit seiner Konstruktion bescheinigten. Friedrich hatte indessen ganz andere Sorgen, denn mittlerweile ließ die Rentabilität des Kleinwagens zu wünschen übrig. Ende 1956 stieg Friedrich aus dem Geschäft aus. Zuvor präsentierte er noch eine geschlossene Version mit Flügeltüren im Stil des Mercedes Benz 300 SL, auch mit einem Coupé mit festem Dach und zwei Türen wurde experimentiert. Nur wenige Exemplare der ersteren Variante wurden schließlich verkauft.

Victoria übernahm alle Rechte am Spatz, beließ es aber bei der Produktion in Traunreuth. Die Nürnberger Motorradbauer begannen, das Fahrzeug zu verbessern. Ein neuer Motor mit 250 ccm Hubraum und 14 PS wurde entwickelt und dazu passend ein elektromagnetisch geschaltetes Ratschengetriebe mit fünf Gängen und Rückwärtsgang. Über drei Tasten am Armaturenbrett schaltete man Rückwärtsgang, Leerlauf und erste Fahrstufe ein, während ein darüber angeordneter Hebel in die Positionen für die Gänge zwei bis fünf gebracht werden konnte, die nach Treten der Kupplung einrasteten. Eine Spitze von 100 km/h war jetzt möglich, während der alte Spatz kaum auf 80 km/h zu bringen gewesen war. Nach eingehender Erprobung lief der Serienbau des jetzt »Victoria 250« genannten Roadsters im Juni 1957 an. Die Kunststoffkarosserie bezog man noch aus dem alten Spatz Werk in Traunreuth, die Montage nahm man indessen in Nürnberg vor. Doch die Freude über den verbesserten Kleinwagen sollte nicht lange währen. Schon die IAA im September 1957 hatte ein nachlassendes Interesse am Spatz gezeigt. Für Autokäufer mit kleinem Budget gab es Wagen wie Fiat 500, NSU Prinz oder Lloyd Alexander, Autos mit Blechkarosserie, Türen, perfektem Wetterschutz und den äußeren Attributen erwachsener Automobile. Der Markt für solche Mobile hatte sich in kleine Nischen zurückgezogen, lohnende Umsätze waren mit solchen Vehikeln nicht mehr zu machen. Nach 729 Roadstern wurde die Nürnberger Fertigung im Februar 1957 gestoppt.

Doch noch einmal trat ein unerschrockener Interessent für den Weiterbau dieses Kleinwagens auf den Plan. Die niederbayrische Segelflugzeugfabrik Burgfalke in Obermurnthal sprach ein Jahr nach dem Produktionsstop in Nürnberg vor. Die Victoria Werke zeigten sich erfreut, ihre Produktionsanlagen loszuwerden, doch trotz großer Unterstützung beim Aufbau einer erneuten Produktion für das jetzt in »Burgfalke 250 Export« umgetaufte Gefährt kam es zum Bau nur weniger Exemplare, ehe auch dieser letzte Versuch scheiterte.

Von den insgesamt etwa 1600 Brütsch 200/Spatz/Victoria 250/Burgfalke Wagen haben etwa zwei Dutzend bis in unsere Tage überlebt. Es gibt sogar einen Club, der sich um den Erhalt dieser Wagen mit bewegter Vergangenheit sorgt.

## STAUNAU

Die in den Jahren 1950 und 1951 in kleiner Stückzahl gebauten Staunau-Wagen stellten den Versuch dar, das äußere Erscheinungsbild und das Platzangebot eines Mittelklassewagens mit einfacher Technik und einem kleinen Motor zu verbinden. Der Schöpfer dieses Wagens, Karl-Heinz Staunau, hatte nach dem Krieg sein Glück mit der Fabrikation von Bau- sowie Eis- und Konditoreimaschinen versucht und war Ende der vierziger Jahre auf die Idee gekommen, es mit einem Automobil zu wagen. Unter der Mitarbeit eines erfahrenen Konstrukteurs der Firma Blohm & Voss begann man im Herbst 1949 mit den Entwicklungsarbeiten. Zuerst dachte Staunau an den Bau eines ko-

stengünstigen Dreirades, doch wurde diese Möglichkeit bald wieder verworfen. Was die Technik des Wagens betraf, so mußte man freilich kleine Brötchen backen. Als Motor wählte man ein Zweizylinder-Zweitakt-Aggregat von ILO mit 13 PS Leistung, die Vorderräder wurden von einer DKW-Vorkriegsachse zusammengehalten. Auch die übrige Technik wurde bei verschiedenen Firmen eingekauft, da Eigenentwicklungen zu viel Zeit und Geld verschlungen hätten. Bei der Karosserie indessen bewies man viel Mut und entwarf einen selbsttragenden Coupéaufbau in Anlehnung an Stilelemente von Staunaus Buick.
Binnen kurzem entstanden zwei weitere Vorserienexemplare, und im Mai 1950 trat man das erste Mal anläßlich der Berliner Automobilschau an die Öffentlichkeit. Das Echo auf den dynamisch aussehenden Wagen, der trotz seiner spärlichen Motorisierung eine Länge von 4,12 Meter (mehr als ein Opel Olympia) aufwies, war entsprechend euphorisch. Viele Besucher ließen sich von den spektakulären Äußerlichkeiten und Ausstattungsdetails wie Lenkradschaltung und vorderer Sitzbank beeindrucken. Bei Testfahrten blieben außer der Tatsache, daß sich bis zu sechs Personen in diesen Kleinwagen quetschen konnten, keine nachhaltigen Eindrücke. Dank einer riesigen Schwungscheibe setzte sich der Staunau K 400 anfangs zwar vehement in Bewegung, doch schaltete man vom sehr niedrig übersetzten ersten Gang des dreistufigen Getriebes in den zweiten, konnte von Beschleunigung nicht mehr gesprochen werden. Die angegebene Höchstgeschwindigkeit von etwa 90 km/h stellte einen sehr theoretischen Wert dar, man konnte froh sein, wenn die Tachonadel 70 anzeigte. Dennoch: Es gab Käufer für dieses Auto. Günstig auf die Publicity des Wagens wirkte sich wenig später ein erstaunlicher Sporterfolg aus, als nämlich ein Staunau K 400 bei der ADAC Sternfahrt über 1500 km den Klassensieg bis 750 ccm davontrug.
Inzwischen lief im Staunau-Werk eine stärkere Version mit einem neuen, wassergekühlten 750-ccm-Motor von etwa 25 PS Leistung im Versuch, während die Serienfertigung des K 400 allmählich in Gang kam. Die Karosserieteile wurden nun im teuren Preßverfahren in Bielefeld und Hamburg hergestellt. Im Staunau-Werk arbeiteten zeitweise 800 Personen.

*Rechts: Aprilscherz per Fotomontage: Angeblicher Tempo Troll Pkw von 1951.*

*Links: Staunau auf einer Ausstellung.*

Trotz der offensichtlichen Mängel am 750-ccm-Motor wurde auch dieser in einzelne Wagen eingebaut. Verarbeitungsmängel und zu hohe Preise (zwischen 4752 und 6457 Mark) schlugen sich in der Verkaufsbilanz negativ nieder. Zudem erwies sich die Fertigung als unwirtschaftlich. Anfang 1951, nach insgesamt nur 80 fertiggestellten Wagen (16 mit 750 ccm Motor), mußte Staunau aufgeben. Kontakte zu südamerikanischen, dänischen und schwedischen Firmen erbrachten ebenfalls keine Möglichkeit des Verkaufs der Staunau Auto-Produktion, und so kam es zwei Jahre später zur Verschrottung der kostspieligen und längst noch nicht amortisierten Fertigungsmaschinen und Werkzeuge.
Wie so oft in der Geschichte der Kleinwagen, waren hochtrabende Pläne nach kurzer Zeit im finanziellen Desaster zerplatzt. Doch wenn man den Staunau auf Grund seiner Dimension auch nur bedingt zu den Kleinwagen rechnen darf, so war sein Werbeslogan »der schönste Kleinwagen« nicht einmal übertrieben. Er wirkte wie ein geschrumpfter Straßenkreuzer und damit einzigartig in seinem Aussehen. Kein einziger Staunau hat, soweit bekannt, bis heute überlebt.

## TEMPO TROLL

In einer großen deutschen Automobilzeitschrift erschien im Frühling 1951 das Bild eines neuen Kleinwagens, der aus dem Vorderteil und Führerhaus des Tempo Boy Dreiradlieferwagens mit einem Gepäckkoffer dahinter bestand und durchaus realistisch wirkte. Viele achteten nicht auf den kleinen Vermerk: lieferbar ab 1. April 1951. So kam es, daß zahlreiche Anfragen die Redaktion und das Tempo-Werk in Hamburg erreichten. Doch schnell kam die Ernüchterung, denn Vidal & Sohn bauten mit Ausnahme einiger Mehrzweck-Kombis mit Klappsitzen nach 1945 keine Personenwagen – die Redakteure des Fachblattes hatten sich einen April-Scherz ausgedacht! Die Enthüllung kam im nächsten Heft. Für einige jedoch offensichtlich vergebens, denn selbst heute gibt es noch phantasievolle Experten, für die der Tempo Troll real existiert hat.

## TRIPPEL

Zwischen 1949 und 1958 versuchte der ehemals erfolgreiche Schwimmwagenkonstrukteur Hanns Trippel mit eigenwilligen Kleinwagenkonstruktionen im Automobilbau wieder Fuß zu fassen. In den Kriegsjahren hatte Trippel in den Bugatti-Werken in Molsheim für die Wehrmacht an die tausend Schwimmwagen mit dem Sechszylindermotor des Opel Kapitän unter der Typenbezeichnung »Trippel SG 6« gebaut. Wegen dieser Tätigkeit steckten ihn die Franzosen nach dem Krieg für fast drei Jahre ins Gefängnis.
Nach seiner Entlassung gründete er mit seiner Frau in Stuttgart ein

*Links: Trippel SK 10 von 1951 mit selbsttragender Ganzstahlkarosserie. Der Motor war ein 600-ccm-Zweitakter von Zündapp.*

*Oben: Prototyp des Trippel SK 10, entstanden 1950.*

Konstruktionsbüro, um mit der finanziellen Unterstützung seines Schwiegervaters einen lange geplanten Kleinwagen zu bauen. Erstes Versuchsmodell wurde ein extrem niedriger, offener Zweisitzer mit 300-ccm-DKW-Motor im Heck und der Fähigkeit zum Schwimmen, was jedoch im Jahre 1949 keine große Rolle spielte. Doch Schwimmwagen waren eben Trippels Metier. Trippel erkannte, daß für diese Fortbewegungsmittel kein Bedarf vorhanden war; ein geschlossener Wagen mußte gebaut werden.

Mit seiner kleinen Mannschaft bezog Hanns Trippel die Fabrik für medizinische Geräte seines Schwiegervaters in Tuttlingen. Dort begannen die Arbeiten am Folgemodell SK 10. Es entstand eine dem neuen Porsche nicht ganz unähnliche, selbsttragende zweisitzige Coupé-Karosserie, bei der die Räder halb verkleidet waren. Die Passagiere konnten nur auf der rechten Seite durch eine in sich klappbare Flügeltür einsteigen, ein etwas mühsames Unterfangen. Handbremse und Schalthebel des Dreiganggetriebes lagen links vom Fahrer, der immer erst den Beifahrer aussteigen lassen mußte, wollte er den SK 10 verlassen. Die vier Räder waren an Längsschwingen mit Gummitorsionsfedern aufgehängt, und im Heck gab ein 600-ccm-Einzylinder-Zweitaktmotor von Horex 18 PS ab, die den leichten, aber auch sehr lauten SK 10 fast 100 km/h erreichen ließen.

Im Mai wurde dieses Modell der Öffentlichkeit vorgestellt. Tester durften erste Probefahrten machen, wobei die ausgefallene Konstruktion auf große Bewunderung stieß. Den Gedanken an einen Schwimmwagen hatte Trippel auch beim SK 10 noch nicht aufgegeben – der Boden war beim ersten Wagen wasserdicht ausgeführt.

Durch zahlreiche Verbesserungsvorschläge motiviert, entstand im Sommer 1950 ein weiterentwickeltes Modell mit glattflächiger, für damalige Begriffe recht futuristischer Blechhaut, immer noch mit nur einer Tür rechts, obwohl die Kulissenschaltung nun in die Mitte gerückt war. Langsam wurde es jedoch offensichtlich, daß ein Auto mit diesem Mangel kaum zu verkaufen war. Auch die Schwimmwagenpläne wurden endlich als unrealistisch erkannt, wonach noch im Herbst ein weiterer SK 10 mit zwei nach hinten öffnenden Seitentüren gebaut wurde.

Trippels Problem lag aber weniger im konstruktiven Bereich, sondern in der Finanzierung einer rentablen Produktionsanlage. Zudem hatte sich das gute Verhältnis zum Schwiegervater mit der Tuttlinger Firma abgekühlt, und Trippel mußte mit seinen Prototypen nach Stuttgart zurück. Zudem hielt die damalige Rohstoffkrise eventuelle Lizenzinteressenten davon ab, sich mit Trippels Plänen zu beschäftigen. Trippel gab aber nicht auf und baute seinen SK 10 erst einmal durch Verlegung der Rückwand zu einem Viersitzer um; inzwischen arbeitete im Heck ein Zweizylinder-Viertakt-Boxer mit 500 ccm und 18,5 PS, den man von Zündapp bezog. Interessierte Händler hatten derweil eine Verkaufsorganisation für den Trippel SK 10 Wagen gebildet, die es Trippel ermöglichte, die Fertigung der Karosserien der Firma Böbel in Laupheim zu übertragen, die auch gleich eine Cabrioversion baute. Um für den nahenden Genfer Salon gerüstet zu sein, baute man auch einen SK 10 mit einem auf 600 ccm aufgebohrten und durch erhöhte Verdichtung und zwei Vergaser auf 26 PS frisierten Zündapp-Motor, gut für angeblich 140 km/h.

Doch schon kurz nach dem Salon ging die Karosseriefirma Böbel in Konkurs. Wieder war nach inzwischen nicht einmal zwei Dutzend fertiggestellten Wagen der Traum vom Serienwagen zerronnen. Trippel konnte wenigstens eine Lizenz nach Frankreich verkaufen, wo der SK 10 als »Marathon Corsair« (Limousine) und »Pirate« (Cabrio) mit modifizierter Kunststoffkarosserie und Panhard-Motor gebaut werden sollte. Um diese französische Produktion in Gang zu bringen, war Trippel sogar vorübergehend nach Paris gezogen. Der erste fertige Marathon erregte beachtliches Interesse beim Salonpublikum des Jahres 1953. In der Folgezeit bemühten sich auch eine belgische und eine österreichische Firma (Perl-Auhof) um die Lizenz für die Marathon-Modelle, doch es sollte auch dort nicht zu einer nennenswerten Produktion kommen.

Trippel, wieder in Stuttgart, sah eine Chance in der neuerlichen Verbesserung seiner Schöpfung, die er mit kleinstem Mitarbeiterstab zu realisieren gedachte. Auf der Form des Marathon Corsair aufbauend, entstand bis 1956 ein in vielen Punkten verbessertes, großzügig verglastes 2+2-Coupé mit der Bezeichnung »Trippel 750«, motorisiert von einem Dreizylinder-Zweitakt-Motor aus dem Hause Heinkel, der 26 PS bei 4000 U/min abgab. Der Trippel 750, von dem ein Coupé und ein Cabriolet mit Kunststoffkarosserien entstanden, hatte ein vom zweiten bis zum vierten Gang synchronisiertes Getriebe mit Mittelschaltung und erreichte angeblich mehr als 130 km/h. Wieder begab sich Trippel auf die Suche nach Lizenznehmern und hatte auch diesmal vermeintlichen Erfolg, als wieder eine belgische Firma die Montagerechte erwerben wollte. Die »Etablissements Wilford« in Brüssel

*Links: Wendax Aero Cabriolet von 1949.*

*Oben: Weidner Condor Coupé mit Heinkel-Motor.*

zahlten schließlich auch eine erste Lizenzgebühr zum Bau des Trippel 750, doch verhinderten bald finanzielle Probleme der Belgier eine Serienherstellung des Coupés.
Selbst in Norwegen fand Trippel damals einen ernsthaften Interessenten, doch ließ sich jene Firma nur zu einer Nachahmung inspirieren, woraus der einzige norwegische Kleinwagen nach 1945, der »Troll«, entstand.
Als letzter Interessent meldete sich die heute noch existierende Firma Weidner in Schwäbisch Hall, ein Hersteller von Anhängern für Lastwagen und Traktoren. Nach kleineren Modifikationen an der Front und Austausch der vorher großen Panoramascheibe gegen eine billigere Ausführung rollte der Weidner Condor Anfang 1957 aus der Halle. Die Kunststoffkarosserien für den Condor wurden bei der Firma Binz in Lorch gefertigt, Hersteller von Spezialaufbauten auch für Ambulanzfahrzeuge.
Um den Absatz brauchte sich die Firma Weidner nicht zu sorgen; eine neue Vertriebsorganisation nahm alle fertigen Wagen sofort ab und entrichtete auch die Lizenzgebühren an Trippel. Für 7500 Mark wurde der Weidner Condor mit einem auf 32 PS frisierten Heinkel-Zweitakter angeboten.
Ende 1958, nachdem zahlreiche attraktive Konkurrenzmodelle aufgetaucht und der Absatz des nun in S-70 umgetauften Trippel ins Stokken geraten waren, beschloß die Weidner oHG den Autobau aufzugeben. Etwa 200 Coupés waren bis dahin verkauft worden.
Wie viele seiner damaligen Mitstreiter konnte auch Hanns Trippel schließlich dem wachsenden Druck der großen Automobilhersteller nicht standhalten, die wesentlich billiger produzierten und deren Erzeugnisse einen ungleich höheren Qualitätsstandard boten. Es war kein Platz für kleine, teure Autos, die weniger nutzbaren Raum hatten als ein Lloyd, wenn sie auch eine avantgardistische Form boten, wie Trippels SK 10.

## WENDAX

Der Hamburger Wendax, gebaut von 1949 bis 1951, gehörte zu den umstrittensten Fahrzeugen seiner Zeit. Seine zahlreichen Qualitäts- und Konstruktionsmängel veranlaßten den damaligen Auto-Tester Werner Oswald, in einem ausführlichen Artikel darzulegen, wie es um die Brauchbarkeit der Vehikel bestellt war und mit welchen Methoden die Vertriebsleitung ihre Vertreter unter Druck setzte und finanziell übervorteilte. Dieser in seiner Schärfe wohl einmalige Artikel in der deutschen Nachkriegs-Automobilpresse trug dazu bei, daß die Firma Wendax ihre Autobasteleien – nicht zuletzt auch aus finanziellen Gründen – wieder einstellte.
Die Firma Wendax hatte vor dem Krieg ihr Geschäft mit der Konstruktion und dem Bau von Draisinen gemacht, Fahrzeuge, für die in den ersten Nachkriegsjahren nur geringer Bedarf existierte. Auf der Suche nach anderen Produkten hatte man mit der Verarbeitung von Stahlrohren zu allerlei Gebrauchsgegenständen begonnen, und nachdem die Geschäfte wieder einigermaßen liefen, begann man mit der Herstellung eines Vorderlader-Lastendreirades, wie es bei Wendax bereits in den Jahren 1937 bis 1940 entstanden war. Das Vorkriegsmodell wurde technisch überarbeitet und mit einem 200-ccm-ILO-Motor bestückt. Es hatte eine große Windschutzscheibe, auf Wunsch sogar mit Wischer, einen Sitz mit Lehne und ein Autolenkrad. Mit der großen »Truhe« zwischen den zwei vorderen Scheibenrädern war es ein praktisches und wirtschaftliches Transportmittel, das dem Fahrer in dieser Klasse ein Höchstmaß an Bequemlichkeit bot.
Bald wurde der Bedarf an größeren Transportfahrzeugen zum Anlaß genommen, einen Frontlenker-Kleinlaster zu konstruieren, der auf einem Rohrrahmen basierte und als Antrieb aufgearbeitete VW-Motoren aus ehemaligen Wehrmachtsfahrzeugen erhielt. Die ebenfalls in Hamburg ansässige Karosseriebaufirma Gebrüder Ehlers, die bisher die Aufbauten für die Draisinen gefertigt hatte, baute nun auch das Gerüst für das Führerhaus dieses Anderthalbtonners. An solchen Nutzfahrzeugen bestand ein großer Bedarf in jener Zeit. Eine technische Besonderheit war der selbst entwickelte Frontantrieb des Fahrzeugs, der aus zwei ineinandergreifenden Klauen bestand und in dieser Form auch für die spätere Limousine übernommen wurde.
Durch das allmähliche Wiedererscheinen mancher Vorkriegsmodelle unter den Personenwagen und verschiedene Anfragen an die eigene

*Oben: Wendax mit »geschönter« Bugpartie. Ihn zu fahren, war ein Abenteuer…*

*Ganz links: Auf einem Abstellplatz in den fünfziger Jahren aufgenommen: Wendax mit Ilo-Motor. Rechts daneben der komfortable Weidner Condor.*

Firma ermutigt, machte man sich auch an den Bau eines kleinen Sportroadsters.
An einem einfachen Profilrahmen-Chassis hängte man Vorder- und Hinterräder ähnlich wie beim VW mit Längsschwingarmen und Drehstabfedern auf und setzte einen 400-ccm-Zweizylinder-Zweitakter von ILO als Mittelmotor vor die Hinterachse, der über Kette das rechte Hinterrad antrieb, eine Bauweise, die das teure Differential sparte. Nach den Vorgaben des Firmenchefs Dr. Adolf Alpers wurde dafür eine türlose Roadsterkarosserie in Pontonform mit langem Fließheck entworfen, die bei der Firma Ehlers in Draisinenbau-Manier gefertigt wurde, wobei über einem Holzgerüst die zurechtgeformten Blechteile befestigt wurden. Der Roadster erhielt drei Scheinwerfer, eine breite Sitzbank und ein helles Autolenkrad; das Gebilde sah für damalige Verhältnisse recht flott aus. Die Hinterradausschnitte waren mit Blechen abgedeckt, und jede Hälfte der geteilten Windschutzscheibe hatte ihren eigenen Wischer samt Motor. Ein unsynchronisiertes Dreiganggetriebe von Hurth übertrug die mit 11,5 PS recht mäßige Kraft des Motors (eigentlich ein Kreissägenaggregat). Da nur das rechte Hinterrad angetrieben wurde, gestalteten sich die Fahreigenschaften des Wendax Aero WS 700 für den auch ein Notverdeck lieferbar war, recht abenteuerlich. Der 4750 Mark teure Wagen war nur mit Mühe in der Spur zu halten, wenn beschleunigt oder gebremst wurde, wobei mechanische Trommelbremsen allein für die Hinterräder vorgesehen waren. Ein Glück, daß der Wagen ohnehin nur mit Mühe 80 km/h erreichte. Der Markenname »Wendax« rührte übrigens von der Wendenstraße in Hamburg her, wo der Betrieb ansässig war, während die Typenbezeichnung WS 700 für »Wendax Sport« stand. Was die Zahl 700 zu bedeuten hatte, blieb ein Geheimnis…
Trotz aller offensichtlicher Mängel wurden die Wagen von vielen Kunden bestellt, vor allem nach der Hannoverschen Export Messe im Mai 1949. Durch den Zuspruch des Publikums ermutigt, wurde noch im nächsten Monat eine Wendax Fahrzeugbau GmbH gegründet. In reiner Handarbeit entstanden daraufhin durchschnittlich zwei WS 700 Sportwagen pro Monat. Zugleich machte man sich an die Konstruktion einer viersitzigen Limousine von repräsentativem Äußeren, aber mit kleinem Motor: Ein neu entwickeltes ILO-Doppelkolben-Aggregat mit 750 ccm und 25 PS Leistung sollte als Antrieb dienen und seine Kraft auf die Vorderräder übertragen. Das Chassis wurde weitgehend vom Wendax übernommen, erhielt allerdings hydraulische Vierradbremsen.
Die viertürige Limousinenkarosserie war im Stil moderner Pontonwagen gehalten und erfreute durch große Fensterflächen und viel Platz im Innenraum. Gebaut wurde sie bei der Firma Böbel in Laupheim, die auch für Champion tätig war. Aluzierstreifen verliehen dem über vier Meter langen Wagen ein eindrucksvolles Äußeres.
Im März 1950 wurde der erste fertige Wagen der Öffentlichkeit gezeigt. Obwohl der Sportwagen inzwischen eine hohe Reklamationsquote zu verbuchen hatte und dem Ansehen der Marke Wendax starke Einbußen bescherte, wurden wieder eifrig Bestellungen notiert. Dabei kostete der WS 750 5750 Mark, also mehr als ein VW Käfer. Doch viele Kunden ließen sich von dem modischen Aussehen und den Ausstattungsdetails blenden. Es gab kaum Kritik an der schlechten Verarbeitungsqualität.
Erst später mehrten sich die Klagen über Konstruktionsfehler und Schlampereien beim Bau der Wendax-Personenwagen; Tester und Gutachter stellten vernichtende Zeugnisse aus. Hinzu kam alsbald die Erkenntnis, daß der Verkauf des Wagens nicht die Investitionen deckte, geschweige denn Gewinne einbrachte. Es wurde zwar noch kurz an einem verbesserten Modell gearbeitet, doch Ende 1951, nach nicht einmal 20 Wendax Aero 700 und 70 WS 750, gab man den Autobau wieder auf. Übel dran waren Wendax-Besitzer, denen es überlassen blieb, wie sie mit ihren Vehikeln zurecht kamen und die sich keine Hoffnungen machen konnten, ihr Auto zu einem akzeptablen Preis wieder verkaufen zu können.
In Hamburg besann man sich wieder auf den Draisinenbau und schaffte es, die Firma zu erhalten. Von den Wendax-Wagen ist nur ein Exemplar bis heute erhalten geblieben: ein WS 750 fristet in einem deutschen Automuseum als Mahnmal technischer Verirrungen ein kümmerliches Dasein.

PEUGEOT
GEBR NEFKENS UTRECHT
BOGAARD NIJMEGEN
SIMCA
INHOUDSVERMOG
LADING 1M³

# ZÜNDAPP

Wie so viele Zweiradhersteller in Deutschland, hatten auch die Zündapp-Werke in Nürnberg in der Zeit nach der Währungsreform zunächst sehr gute Zeiten durchlebt. Der enorme Bedarf an motorisierten Fortbewegungsmitteln wurde in den Jahren der Aufbauzeit zum größten Teil von Fahrrädern mit Hilfsmotor, Mopeds und Motorrädern gedeckt, und Zündapp, schon vor dem Krieg eine geschätzte Marke, hatte eine breite Palette an Fahrzeugen angeboten. 1950 war ein Zweigwerk in München errichtet worden.
Um 1955 zeichnete sich allmählich ein Rückgang des Interesses an Zweirädern ab; geänderte Führerscheinbestimmungen erschwerten künftig das Fahren von Motorrädern mit über 50 ccm Hubraum. Auch ging es den Leuten wirtschaftlich immer besser. Bei Zündapp erkannte man den Trend sehr wohl und begann, nach einem geeigneten Projekt Ausschau zu halten. Eine Eigenkonstruktion hätte nach Ansicht der Firmenleitung zu viel Entwicklungszeit in Anspruch genommen, obwohl man ja vor dem Krieg durchaus schon Erfahrung im Autobau gesammelt hatte. In den frühen 30er Jahren hatte Ferdinand Porsche für Zündapp einen Kleinwagen mit Heckmotor entwickelt, genannt Typ 12, von dem damals drei Prototypen entstanden waren. Zündapp hatte sich in jenen wirtschaftlich schwierigen Zeiten jedoch davor gescheut, in eine Serienfertigung zu investieren – der Typ 12 sollte später als direkter Vorläufer des VW-Käfers Geschichte machen.
Später hatte es Zündapp-Kleinlieferwagen mit 400-ccm-Motoren gegeben, auch kleinere Personenwagen standen auf dem Entwicklungsprogramm. Aber alle diesbezüglichen Ideen gab man bald wieder auf.
Auf der neuerlichen Suche nach einer geeigneten Konstruktion begutachteten Zündapp-Techniker 1955 einige Schöpfungen eher glückloser Kleinwagenkonstrukteure, wie den »Allwetterroller« des emsigen Bastlers Gustav Kroboth und den »Spatz«, eine ursprüngliche Brütsch-Konstruktion, doch beide Mobile wurden als zu primitiv und problematisch beurteilt. Auch eine nähere Betrachtung des Fuldamobils führte nicht zu den erwarteten Resultaten.
Schließlich stieß man Ende 1955 auf das Projekt der Münchener Dornier-Werke, die ein ungewöhnliches, aber genial einfaches Kleinauto zur Serienreife entwickelt hatten und jetzt nach einem Lizenznehmer suchten.
Zündapp, langsam in Zeitdruck geraten – mittlerweile waren mit der Isetta und dem Goggomobil ernsthafte Konkurrenten aufgetaucht – erwarb schon einen Monat nach der ersten Kontaktaufnahme die Dornier-Lizenz sowie den einzigen Prototyp und machte sich daran, das Fahrzeug stilistisch zu überarbeiten und es technisch zu vervollkommnen.
Als Antrieb wählte Zündapp den Motor des Bella-Rollers, da man die 250–ccm-Grenze nicht überschreiten wollte. Der Einzylinder-Zweitakter mit 14 PS wurde liegend zwischen den Sitzen eingebaut. Große Mühe verwendete man auf die optimale Federung des Wagens; Federbeine vorn und hinten mit Schraubenfedern und Teleskopstoßdämpfern sorgten in Verbindung mit einem Stabilisator für einen Komfort, wie ihn damals mancher Mittelklassewagen vermissen ließ. Die Türen öffneten sich zur Seite wie bei der Isetta, und einteilige Front- und Heckscheiben gaben dem Kleinwagen ein freundlicheres »Gesicht«. An den Seiten sorgten bei den zwei Prototypen Schiebefenster (wie beim Delta) für Frischluftzufuhr, während die Serienmodelle dann je zwei Ausstellfenster bekamen. Das Armaturenbrett war schlicht und hatte jetzt über dem Tachometer eine Anzeige, auf der man ablesen konnte, welcher Gang des Viergang-Ziehkeilgetriebes gerade eingelegt war. Geschaltet wurde mit einem Hebel an der linken Seitenwand.
Im Fahrbetrieb zeigte sich, daß der 14-PS-Motor dem Gewicht des Janus, der mit Fahrer eine halbe Tonne auf die Waage brachte, kaum gewachsen war. Als Höchstgeschwindigkeit konnten 80 km/h nur nach langem Anlauf knapp überschritten werden; gar mit vier Erwachsenen besetzt – was ja erfreulicherweise kein Problem darstellte – konnte von Beschleunigung kaum mehr die Rede sein. Jede ernsthafte Steigung wurde zum Unternehmen mit ungewissem Ausgang.
Natürlich monierte jeder Autotester diese Schwachstelle des Janus, und so experimentierte man bei Zündapp bald mit dem eigenen 600er Motorradmotor, der zwar kräftig, aber für ein Auto zu unkultiviert war. Man unternahm sogar Versuche mit einem 600-ccm-Fiat-Motor, doch machte in beiden Fällen auch die Kostenanalyse einen deutlichen Strich durch die Rechnung.
Als im Juni 1957 – viel zu spät – die Produktion anlief, war der Janus mit 3290 Mark 600 Mark teurer als ursprünglich geplant. Die großen Motoren hätten den Janus deutlich in die Preisklasse von Mittelklasseautos gerückt, und wer hätte dann wohl einen solchen Wagen mit Fronttür gewählt? Unter großem Kostenaufwand war in Nürnberg eine moderne Produktionsstraße eingerichtet worden. Man rechnete mit jährlichen Verkäufen von etwa 15000 Stück – eine Zahl, bei der sich die Produktion gerade bezahlt gemacht hätte. Doch solche Erwartungen wurden bei weitem nicht erfüllt; Ende des Jahres 1957, nach sechs Monaten Bauzeit, hatten nicht mehr als 1731 Wagen abgesetzt werden können, ein niederschmetterndes Ergebnis trotz hoher Werbeaufwendungen, wobei man in den Katalogen mit naiv anmutenden Gedichten die Vorzüge des Janus pries. Es war für die mit dem Rücken zur Fahrtrichtung hinten Sitzenden ja auch keineswegs, wie in der Werbung behauptet, ein Vergnügen, die Umwelt nach hinten fortsausen zu sehen. Auch bei Regen war die hintere Sitzbank nicht gerade der bevorzugte Platz, denn mangels hinterem Scheibenwischer war die Sicht bald verschwommen. All dies hatte man bei Zündapp in Nürnberg in der Euphorie nicht genug berücksichtigt, im wahrsten Sinne des Wortes!
Im Frühjahr 1958 zog der Verkauf saisonbedingt noch einmal an, doch es war allen Beteiligten schon klar, daß das Abenteuer Janus seinen Herstellern eigentlich nur Schaden zugefügt hatte. Gerüchte von einem drohenden Konkurs machten bereits die Runde, und Mitte des Jahres mußte das Nürnberger Stammwerk an den Elektrokonzern Bosch verkauft werden. Bis zum Oktober wurden noch Restbestände an Teilen zusammengebaut, dann räumte Bosch die Hallen leer. 5169 Janus waren 1958 noch gebaut worden. Zündapp konzentrierte sich in München wieder auf den Zweiradbau, der noch bis Anfang der 80er Jahre betrieben wurde.
Von den fast 7000 Janus Kleinwagen haben bis heute eine unerwartet hohe Zahl überlebt, die sich mittlerweile ausschließlich in Sammlerhänden befinden, wo sie als Kuriosum der 50er Jahre durchaus wieder hoch geschätzt sind. Nur das Fahren mit den untermotorisierten Vehikeln bereitet nach wie vor wenig Vergnügen.

*Links oben: Zündapp Janus auf der Amsterdamer Autoausstellung 1956. Links darunter: Zündapp-Werbefoto – der Janus als Kleintransporter. Rechts daneben: Zündapp Prototyp von Pininfarina, der nicht in Serie ging.*

# Ehemalige DDR

Als am 11. 11. 1949 die sowjetische Militär-Administration im Ostteil Deutschlands ihre Verwaltungsaufgaben wieder deutschen Organen übertrug, war mit dem nun DDR genannten neuen Staatswesen die Teilung des Landes vollzogen. Infolge enormer Reparationsleistungen an die Sowjetunion und dem Abtransport vieler noch brauchbarer Industrieeinrichtungen gelang der einst blühenden Autoindustrie (BMW, Horch, DKW) nur ein schleppender Neuanfang. In den vierziger Jahren wurde zunächst begonnen, Vorkriegstypen der Marke DKW (jetzt IFA) und BMW (später EMW) neu aufzulegen und allmählich durch verbesserte Typen zu ergänzen. Ein für den Durchschnittsbürger erschwingliches neues Automobil fehlte noch lange. Als in Westdeutschland, wo sich die Wirtschaft nach der Währungsreform und durch Einbindung in westliche Handelsbeziehungen rasant entwickelte, schon wieder eine erstaunliche Fülle von Fabrikaten vom Rollermobil bis zur Repräsentationslimousine zur Auswahl stand, durften sich im anderen Teil Deutschlands immer noch jene glücklich schätzen, die ein Vorkriegsmodell über die Wirren des Weltkrieges gerettet hatten.

Erst Mitte der fünfziger Jahre entwickelten staatlich gelenkte, volkseigene Betriebe mit dem in Zwickau gebauten Typ P 70 einen Kleinwagen, der in erreichbare Nähe eines größeren Teils der Bevölkerung rückte. Doch auch auf diesen, äußerlich modern wirkenden Wagen mußten Interessenten noch lange geduldig warten, da die Produktionskapazitäten für eine schnelle Versorgung des Bedürfnisses der Menschen nach Individualmotorisierung bei weitem noch nicht ausreichten; viele andere Bedarfsgüter hatten in der DDR Vorrang gegenüber der Automobilindustrie.

Neben diesem ostdeutschen Volksautomobil, das in seiner Weiterentwicklung zum bekannten Trabant schließlich doch noch eine relativ weite Verbreitung in der DDR und anderen Ostblockstaaten fand, gab es keinerlei weitere Versuche, andere Kleinwagen in Produktion zu nehmen. Die unbedingt erforderliche staatliche Unterstützung eines solchen Projektes stand nicht in Aussicht, und so blieb es in der Klasse der Kleinwagen bei diesem Einheitsmodell, das aber immerhin in zwei Karosserievarianten erhältlich war, wobei natürlich im Laufe der Jahre einiges an Verbesserungen in die Produktion einfloß.

*Sachsenring Trabant P 70: Auf den Stufen zum Erfolg?*

## P 70 / TRABANT

Ab 1948 wurde in den ehemaligen Werksanlagen der Auto Union in Zwickau der Vorkriegs-Typ DKW F 8 mit Zweizylinder-Zweitakt-Motor fast unverändert weitergebaut, während man den verbesserten F 9 mit Stromlinienkarosserie und Dreizylinder-Zweitakter zur Serienreife entwickelte. Mit Erscheinen des modernen IFA F 9 im Jahre 1949 stellte man die Produktion des antiquierten Vorkriegsmodells indessen keineswegs ein, sondern baute dieses Auto mit seiner Karosserie aus Holz mit Kunstlederbezug als billigere Standardversion weiter. Dies war bis Mitte der fünfziger Jahre auch die einzige automobile Alternative im Arbeiter- und Bauernstaat DDR, wobei es ein Kunststück darstellte, eines dieser Modelle zu ergattern. Glück hatten jene, die ein Auto über den Krieg gerettet hatten und es mit viel Improvisation am Leben erhalten konnten. Ein kleines, viersitziges Auto mit sparsamem Motor und einfacher Mechanik war damals der Traum von Millionen Autofahrern in der DDR, und im VEB Automobilwerk AWZ in Zwickau (vormals Auto Union) war man auch Anfang der fünfziger Jahre aktiv geworden, ein solches Fahrzeug zu entwickeln.

Um hohe Gestehungskosten zu vermeiden, griff man dabei auf überarbeitete und bewährte Aggregate des alten DKW/IFA F 8 zurück. Doch für den Karosseriebau ließ man sich etwas durchaus Revolutionäres einfallen. In langwierigen Versuchen schaffte man es, einen brauchbaren Kunststoff (Duroplast) herzustellen, der sich als Karosserie-Beplankungsmaterial eignete. Man hatte zunächst einen verformbaren Werkstoff aus Holzschliff, Baumwollabfällen und PVC gemischt, der sich dann zum Duroplastwerkstoff auf der Basis von Phenolharz, mit Baumwollabfällen verstärkt, entwickelte – der Spitzname »Rennpappe« für den Trabant im Volksmund der DDR ist also durchaus nicht aus der Luft gegriffen! Auf der Leipziger Frühjahrsmesse 1955 gab dieses Auto sein Debut. Auf modische Attribute hatte man bei der rundlichen Pontonform der Karosserie weitgehend verzichtet. Die ganz auf Zweckmäßigkeit und Geräumigkeit gebaute Karosserie des P 70 war mit einer Länge von 3,74 m zwar über 30 cm kürzer als beispielsweise die des VW Käfers, doch bot der Innenraum mindestens ebensoviel Platz. Man hatte im P 70 kaum das Gefühl, in einem Kleinwagen zu sitzen. Aus der Mitte des Armaturenbrettes ragte der nach unten gekröpfte Schalthebel für das Dreiganggetriebe und weckte Erinnerungen an den guten alten DKW/IFA, der nach Produktionsbeginn des P 70 nicht mehr weitergebaut wurde. Im Heck gab es einen ansehnlichen Kofferraum, doch war eine Heckklappe eingespart worden: Das Gepäck mußte man von innen nach Umlegen der Rücksitzlehne einladen. Auch der jetzt 22 PS leistende Zweizylinder-Zweitakter wollte nicht mehr zu diesem an sich recht modernen Auto passen, denn nur widerwillig konnte er dem P 70 zu einer Maximalgeschwindigkeit von 90 km/h verhelfen, sofern die Straßenverhältnisse dies überhaupt zuließen. Auch die Seilzugbremsen waren Mitte der fünfziger Jahre für ein neues Auto ein Anachronismus.

*Oben links: Trabant mit 500-ccm-Motor von 1958. Oben: Trabant der ersten Serie mit Faltdach. Das Karosserie-Design war schon bei seinem Erscheinen veraltet …*

*Links: Der Zweitakt-P 70 im Belastungstest. Wie demonstriert, hielt der Duroplast-Aufbau einiges aus!*

Im großen und ganzen aber war der P 70 ein leicht zu handhabendes Auto. Trotz aller Unzulänglichkeiten bedeutete dieses Modell einen riesigen Fortschritt für das nicht gerade verwöhnte Publikum im östlichen Deutschland, und die Nachfrage war entsprechend groß. Die Folge waren endlose Wartelisten, da ein einzelnes und nicht gerade hochmodernes Autowerk kaum in der Lage war, entsprechend schnell zu produzieren.

Bald sah man die ersten, in verschiedenen Pastellfarben gespritzten P 70 Limousinen auf den verkehrsarmen Straßen. Die Federung übernahmen über den Achsen liegende Querblattfedern (Schwebeachse!); auf Stoßdämpfer hatte man gänzlich verzichtet, was den Fahr- und Federungskomfort der kleinen Limousine, gelinde gesagt, gewöhnungsbedürftig machte. Selbst Exportmärkte versuchte man nun mit dem neuen P 70 zu beleben, wo im Westen vor allem Holland und die

*Oben: Der P 70 als schnittiges Coupé. Es blieb eine Rarität.*

*Rechts: Das P 70 Coupé von hinten. Der Wagen weist zumindest einen ansehnlichen Kofferraum auf.*

*Links: Trabant P 50 als Limousine und Kombi.*

*Rechts: Trabant 601 in Jugoslawien. In osteuropäischen Ländern ein alltäglicher Anblick.*

Schweiz bevorzugt wurden. Bald gab es auch eine Kombiversion mit einer nach Umklappen der hinteren Lehne immerhin 1,50 m langen Ladefläche. Die Limousine gab es auf Wunsch auch mit einem Faltschiebedach zu kaufen.

Auf der Leipziger Messe 1957 wurde ein P 70 mit pummeliger Coupékarosserie gezeigt. Diese hatte zwar eine Heckklappe sowie ein hinter dem Mittelteil der hinteren Stoßstange verstecktes Reserverad zu bieten, wies jedoch den mit der Limousine identischen Antrieb auf, was im krassen Gegensatz zur äußerlichen Sportlichkeit stand. Nur in günstigen Augenblicken war man mit dem Coupé imstande, an die 100-km/h-Marke heranzukommen. Natürlich blieb das Interesse an diesem »Blender« vor allem in den Exportländern gleich Null, und im Heimatland bestand ohnehin kein Bedarf an solchen »Luxusautos«. So kam es innerhalb kurzer Zeit nur zu einer sehr begrenzten Fertigung dieses heute seltensten Modells seiner Familie.

Ein anderes, ebenfalls in diesem Jahr erstmals gezeigtes Modell sollte es da weiter bringen und später endlich sogar großen Teilen der Bevölkerung auf die ersehnten vier Räder helfen. Das unter der Bezeichnung »P 50« entwickelte neue Kleinauto löste 1958 den mit zahlreichen Mängeln behafteten P 70 ab und wies tatsächlich einige wichtige Fortschritte gegenüber jenem auf. Die Karosserie, ebenfalls aus Duroplast, war zwar beträchtlich geschrumpft (allein in der Länge fast 40 cm) was im Inneren drastisch Kleinwagenatmosphäre aufkommen ließ, doch in seinem äußeren Erscheinungsbild war das Mobil flotter geworden, obwohl man hier auch keine westlichen Maßstäbe ansetzen durfte. Die Gürtellinie war gerader, und leicht angedeutete Heckflossen versuchten dem P 50 den Hauch des Modernen zu verleihen. Dennoch bedeutete diese Karosserie unter dem Strich einen Rückschritt, bezogen auf die Nutzbarkeit eines solchen Vehikels. Gedämpfte Freude ließ allerdings eine Neugestaltung des Fahrwerks aufkommen, wobei auch die Hinterräder jetzt an einer »Schrägpendelachse« mit Dreiecklenkern hingen und rundum Stoßdämpfer eingesetzt worden waren.

Auch unter der vorderen Haube war Neues zu entdecken. Dort arbeitete jetzt ein wirtschaftlicherer 500-ccm-Zweizylinder-Zweitakter mit Einlaß-Flachschiebersteuerung, der mit Luftkühlung 18 PS leistete und dem um fast zwei Zentner leichter gewordenen P 50 zu gleichen Fahrleistungen verhelfen sollte.

Durch ein neues Vierganggetriebe mit Schalthebel neben der Lenksäule ließ sich die spärliche Motorkraft jetzt besser nutzen. Die Pedalerie war nun nicht mehr stehend angeordnet, doch wichtiger noch war, daß man jetzt endlich zu einem hydraulischen Bremssystem übergegangen war. Mit all diesen Verbesserungen war der »Trabant« getaufte Kleinwagen aber noch immer kein modernes Automobil. Der Rest der Welt hatte sich schon fast ganz vom Zweitaktmotor für Personenwagen getrennt, doch stellte er ein für dieses Land und den zwangsläufig geringen Ansprüchen seiner Käufer adäquates Fortbewegungsmittel dar, das bald den Straßenverkehr in der DDR prägen sollte.

Ab 1960 gab es neben der kleinen Frontantriebs-Limousine ein praktisches Kombimodell, und im nächsten Jahr wurde die Motorleistung um 2 PS angehoben. 1963 wuchs der Hubraum des Trabant durch Vergrößerung der Bohrung um 6 mm auf rund 600 ccm, dadurch kamen nochmals 3 PS an Kraft hinzu. Endlich war es möglich, 100 km/h zu schaffen. Auch das Vierganggetriebe war nun vollsynchronisiert und behielt den Freilauf im vierten Gang. Es gab eine Normal- und eine de Luxe-Ausführung mit »gehobener« Ausstattung und mehr Verzierungen. Die Wagen wurden jetzt unter der Bezeichnung Trabant 600 angeboten.

Für das nächste Modelljahr wurde die etwas aufgedunsen wirkende Kunststoffkarosserie einer straffenden Schönheitskur unterzogen. Der Trabant 601 hatte dadurch äußerlich spürbar gewonnen. Die Karosserielinien waren nun gerader und fließender, die Fensterflächen wirkten wesentlich größer, und am Bug sorgte ein Kühler-ähnliches Ornament für ein forscheres Gesicht. Diese Form sollte sich so bewähren, daß an ihr im Wesentlichen bis heute festgehalten wurde. In der Länge hatte der 601 gut 20 cm mehr zu bieten als sein Vorgänger. Im ganzen wirkte das Einfachmobil nun harmonischer, wenngleich natürlich der »Trabi«, wie er drüben liebevoll genannt wurde, noch immer kein allzu attraktives Kleinauto war. Doch er ermöglichte den meisten erstmals nach dem Krieg eine bescheidene, wenn auch eingegrenzte Mobilität. Bis 1990 wurde dieser vielleicht letzte noch in großen Stückzahlen gebaute Kleinwagen im Stil der fünfziger Jahre in vielen Details verbessert und aufgewertet und in zahlreiche Ostblock-Länder erfolgreich exportiert. So gesehen, kann man Respekt vor diesem Mobil haben, mußte es doch seit langem dieselben Belastungen verkraften, die im Westen von großen und oft überdimensionierten Wagen spielend gemeistert wurden.

*Auch den Trabant 601 gibt es als Kombi. Der letzte »Trabi« mit Zweitaktmotor lief im Mai 1990 vom Band; nachfolgende Wagen bekamen den 1,1-Liter-Motor des VW Polo.*

# Dänemark

Bis etwa zum Beginn der zwanziger Jahre hatten sich in dem flachen Land zwischen Nord- und Ostsee an die zwölf kleine Firmen mit dem Bau von Motorwagen versucht. Doch war es stets bei Einzelstücken oder Kleinserien geblieben, und selten war die Kunde von der Existenz dänischer Automobile ins Ausland gedrungen. Der Bedarf an Autos wurde vor allem durch Importe aus Großbritannien, Deutschland, den USA und Schweden gedeckt. Es gab Montagewerke von Ford, Chevrolet, Standard und Morris.

Nach dem Zweiten Weltkrieg versuchten zwar hin und wieder Enthusiasten mit selbstgebauten Autos, darunter auch einigen Kleinstwagen, ins Geschäft zu kommen. In keinem Fall kam es zu einem Serienbau; das Autogeschäft in Dänemark lag völlig in der Hand ausländischer Lieferanten, so wie es auch heute noch der Fall ist.

## BÜNGER

Zwischen 1947 und 1949 befaßte sich der dänische Ingenieur Børge Bünger unter Mithilfe seines Arbeitgebers, der Karosseriebaufirma De Forenede Automobilfabrikker in Odense, mit der Entwicklung eines Volksautomobils. Entgegen den Gepflogenheiten der meisten anderen Kleinwagenbauer ging Bünger bei der Wahl der Kraftübertragung den konventionellen, wenn auch im Falle seines Dreirades sehr ungewöhnlichen Weg: Mit Hilfe einer Kardanwelle gedachte er das einzelne Hinterrad anzutreiben. Bis zu den Türen sah der Bünger wie ein

*Bünger Dreirad mit Frontmotor. Die Karosserie war aus Stahlblech, die Türen hatten Kurbelscheiben.*

normales, relativ schnittiges Auto aus, verjüngte sich dann zum schmalen Heck hin stark bis zur typischen Eiform solcher Dreiräder. Ein kleines Brezelfenster hinten wie beim Ur-VW gab dem Auto ein charaktervolles Heck. Unter der Haube und hinter einem runden Kühllufteinlaß saß ein ILO-Motor mit zwei Zylindern und 600 ccm, der im Zweitaktverfahren etwa 19 PS produzierte. Mit einem Gewicht von rund 600 kg war der Bünger imstande, 90 km/h zu erreichen; ein Vierganggetriebe wurde mittels Schaltstock vor der breiten Sitzbank geschaltet. Die geschlossene Stahlblechkarosserie mit geteilten Scheiben vorne und Kurbelfenstern in den Türen konnte bis zu drei Personen beherbergen, für Gepäck stand dann allerdings nicht mehr viel Raum zur Verfügung.
Nachdem Bünger mit seinem Dreirad mehr als 30000 Testkilometer bewältigt hatte und sich kein Hersteller in Dänemark fand, der das Mobil in Serie bauen wollte, wurde das Projekt wieder aufgegeben. Der Verbleib des Prototyps ist ungeklärt.

## HAARGAARD

Zu Beginn der fünfziger Jahre baute der Autohändler und -mechaniker Haargaard mit Hilfe eines befreundeten Ingenieurs ein recht professionell erscheinendes Motordreirad. Das Mobil ähnelte dem britischen Bond, war jedoch im ganzen etwas größer, bot zwei Personen Platz und hatte den Antrieb hinten. Haargaard hatte vor der Hinterachse einen 250-ccm-Einzylindermotor von ILO eingebaut, der mit seinen 15 PS das Dreirad angemessen motorisierte.
Die rundliche Blechkarosserie des Haargaard bestand aus mehreren Einzelteilen, die auf einem Käfig aus Stahlrohr befestigt waren. Ein aufwendiges Verfahren, das aber zugleich für Leichtigkeit und Stabilität der Konstruktion sorgte. 300 kg soll der fahrfertige Wagen gewogen haben, der mit einer Dauergeschwindigkeit von 70 km/h zu bewegen war. Wegen der Rohrkonstruktion lag die Einstiegkante recht hoch und ließ nur winzige Türen mit Steckscheiben zu. Als Wetterschutz war ein Stoffverdeck vorgesehen. Haargaard benutzte sein Dreirad für ausgedehnte Probefahrten und erhoffte sich das Interesse eines Serienherstellers, doch wurde daraus nichts. Auch dieses dänische Mobil blieb ein Einzelstück.

# Spanien

Der zermürbende Bürgerkrieg, bald gefolgt von den Auswirkungen des Zweiten Weltkrieges, ließ von der immer nur sehr schwach ausgeprägten spanischen Autoindustrie so gut wie nichts mehr übrig. Die Iberische Halbinsel war schon vor dem Krieg durch einen nur dünnen Automobilverkehr gekennzeichnet gewesen, und nach 1945 hatte sich die Situation eher noch verschlechtert. Mit Beginn der fünfziger Jahre, als sich allmählich spürbare wirtschaftliche Fortschritte am Horizont abzeichneten, etablierten sich indessen zahlreiche Klein- und Kleinsthersteller von Miniaturfahrzeugen. Räumlich waren diese Aktivitäten auffallend auf die katalanische Hauptstadt Barcelona konzentriert.
Als 1957 der staatliche Konzern SEAT begann, mit dem in Lizenz gebauten Fiat 600 in Spanien ein kleines Fahrzeug zu erschwinglichen Preisen anzubieten, das weite Teile der Bevölkerung angemessen motorisieren konnte, bevölkerten schon tausende primitiver und eigenwilliger Drei- und Vierradmobile die Straßen, allen voran der ebenso einfache wie gebrauchstüchtige Biscuter. Er stellte eigentlich eine französische Konstruktion dar, die aber im eigenen Land nicht positiv aufgenommen worden war. Deutsche oder englische Mobile wirkten im Vergleich zu diesem Fahrzeug geradezu luxuriös, doch transportierte der leichtgewichtige Biscuter nicht selten bis zu vier Personen oder gewichtige Lasten und verfügte auch über ein ordentliches Verdeck.
Andere Modelle kamen dagegen nur auf sehr geringe Stückzahlen und gerieten nach dem Untergang der Herstellerfirmen rasch in Vergessenheit. Dabei gab es eine enorme Vielfalt der Formen und technischen Details unter den Kleinstwagen Spaniens, fast jede Stilrichtung vom eiförmigen Rollermobil bis zum pfiffigen Kleinsportwagen fand ihre spanische Variante. Es gab mehr als zwanzig solcher Versuche in jenem Land, dessen Automobilgeschichte für die meisten nur aus den Namen Hispano-Suiza und Pegaso zu bestehen scheint.
Wie auch in Italien, bereitete die rasch wachsende Verbreitung der hervorragenden Fiat-Kleinwagen den durchweg einfacheren und technisch wie im Bezug auf Komfort weit unterlegenen Kleinwagen heimischer Konstruktion ein baldiges Ende.

## AISA

Anläßlich der großen Industrieausstellung 1955 in Barcelona stellte eine Firma Actividades Industriales S.A. ein merkwürdiges Kleinmobil vor, das eine entfernte Ähnlichkeit mit dem deutschen Fuldamobil zeigte und phantasievoll als »AISA Pullman-Biscuter« bezeichnet wurde. Das Mobil war 2,83 m lang und besaß ein einzelnes, angetriebenes Hinterrad, das von einem 197-ccm-Einzylinder-Zweitakter der Marke Hispano-Villiers über eine Kette in Bewegung gesetzt wurde. Im Inneren fanden zwei Personen Platz und konnten sich mit einem Stoffverdeck vor schlechtem Wetter schützen. Auffallend groß waren die verschiebbaren Seitenfenster des AISA; die Frontscheibe war sogar leicht gebogen und bestand aus Sicherheitsglas. Das Steuerrad ragte wie beim Voisin Biscuter dem Fahrer weit entgegen, das Dreiganggetriebe wurde mit einem kleinen Mittelschalthebel geschaltet. Da ein Rückwärtsgang nicht vorhanden war, mußte geschoben werden, wenn es vorwärts einmal nicht mehr weiter ging. Hinter der Sitzbank war Platz zum Verstauen von Gepäck. Für die Stoßdämpfung sorgten Schraubenfedern an den drei unabhängig aufgehängten 10-Zoll-Rädern. Das Dreirad wog leer etwa 220 kg und sollte trotz des schwachen Motors 80 km/h erreichen können, was bezweifelt werden darf. Dieser Wert wie auch die Verbrauchsangabe von durchschnittlich 3,5 l/100 km wird wohl auch nicht mehr nachzuprüfen sein, da schon bald nach der Präsentation des AISA nichts mehr über das Projekt zu vernehmen war.

## ALEU

Dieses winzige, auch unter dem Namen »Bambi« bekannte Dreirad wurde 1954 von der in Esparraguera bei Barcelona ansässigen Firma Manufacturas Mecánicas Aleu S.L. vorgestellt und gehörte trotz seines recht futuristischen Aussehens zu jenen spanischer Kleinwagenkonstruktionen, die nicht über das Prototypenstadium hinaus kamen. Das mehr oder weniger als Stadtfahrzeug konzipierte Fahrzeug ohne Türen und mit einer Vordersitzbank mit verchromtem Rohrrahmen wurde von einem Einzylindermotor mit 200 ccm angetrieben, der seine Kraft auf das hintere Einzelrad mittels Kette übertrug. Es standen drei Vorwärtsgänge zur Verfügung, und mit einem Gewicht von nur etwa 145 kg konnte man angeblich bis zu 75 km/h erreichen. Nach der Präsentation 1954 auf der Feria de Muestras in Barcelona, Geburtsort zahlreicher spanischer Microautos, wurde es jedoch schnell still um dieses an den Bedürfnissen der Spanier vorbeikonstruierten Mobils.

## BISCUTER

In den fünfziger und sechziger Jahren wimmelte es in den Straßen Madrids, Barcelonas und anderer Städte Spaniens von wieselflinken, meist offenen Kleinstautos, die sich unter lautem Geknatter ihren Weg durch enge Gassen und dichten Verkehr suchten. Es handelte sich dabei um die außerhalb Spaniens so gut wie unbekannten Biscuter, gebaut von der Autonacional S.A. in Barcelona. Die Firma gehörte dem Industriellen und Kommunalpolitiker José Maria Marcet Coll; er hatte die Lizenz zur Herstellung dieses originellen Wägelchens von der Compagnie Aéromecanique in Paris erworben, für die der berühmte Konstrukteur Gabriel Voisin das Projekt Anfang der fünfziger Jahre entwickelt hatte. In Frankreich gab es für solch eine spartanische Fahrmaschine kaum einen Markt, doch für die wirtschaftlich weitaus

schlechter gestellten Spanier bedeutete dieses Fahrzeug eine Gelegenheit zum Einstieg in die Motorisierung.
Im Juni 1953 war Voisin nach Barcelona gekommen, um Modifikationen am Wagen für die künftige Serienfertigung auf der iberischen Halbinsel zu überwachen. Der Firma Autonacional stand sogar eine eigene Erprobungspiste zur Verfügung, und pünktlich zur »Feria de Muestras«, der großen Industrieausstellung Barcelonas, stand der Biscuter spanischer Fertigung bereit zur Präsentation. Die Spanier hatten dem ursprünglich sehr rudimentär karossierten Auto eine etwas rundere und geschlossenere, türlose Aluminiumkarosserie angepaßt, die nicht einmal lackiert zu werden brauchte; sie bot zwei bis drei Personen auf einer relativ breiten Sitzbank Platz. Die Vorderräder trieb nicht mehr – wie ursprünglich – ein Gnôme-et-Rhône-Motor an, sondern ein Einzylinder-Zweitakter von der Firma Hispano-Villiers, die englische Villiers-Kleinmotoren in Lizenz herstellte. Somit waren drei Nationen an der Geburt des Biscuters beteiligt. Dieses Kleinstmobil konnte sich im Kreise seiner spanischen Konkurrenten als einziges durchsetzen.
Schon bei seinem Debut in Barcelona hatte der Biscuter enormes Interesse geweckt, und bald stapelten sich die Bestellungen. Ende 1953 lief die Produktion auf vollen Touren an, wobei zunächst nur das offene Grundmodell, später Typ 200-R genannt, lieferbar war. Natürlich übertrugen die kleinen 8-Zoll-Räder jegliche Unebenheiten der damals nicht gerade für ihre Qualität berühmten Straßen Spaniens an die Fahrgäste, doch war das Vehikel hart im Nehmen und verübelte auch grobe Behandlung nicht. Oft wurden diese 9-PS-Winzlinge erbarmungslos überladen und gequält. Es gab Zerreißproben wie sechstägige, ununterbrochene Vollgasfahrten auf einem Rennkurs in Katalonien und die »Erstürmung« von Paßstraßen mit drei Personen samt Gepäck, doch meist waren die Passagiere am Ende in schlechterem Zustand als die Wagen. Stets blieben die Biscuter Sieger.
Bei schlechtem Wetter konnte man anfangs nur ein leichtes Verdeck über die Köpfe ziehen, später gab es dann auch Einbautüren aus Aluminium mit Schiebefenstern. Die Federung der zwei gleichspurig angeordneten Räderpaare übernahmen in den Federbeinen liegende Schraubenfedern und hydraulische Stoßdämpfer. Die Bremse wirkte vorne auf das Differential und hinten auf Trommeln an den Rädern; das anfangs noch nicht mit Rückwärtsgang ausgestattete Getriebe

*Rechts oben: Biscuter-Variationen. Darunter: Ein seltenes Exemplar mit Limousinenaufbau.*

*Unten: Hardtop-Version des sportlichen 200 F Biscuter Coupés aus Barcelona.*

wurde mit einem Hebel an der Lenksäule für die drei Gänge geschaltet. Ein richtiges Armaturenbrett fehlte beim Biscuter, die wenigen Bedienungsknöpfe für Beleuchtung und Zündung saßen auf einem kleinen Kasten unter dem freistehend dem Fahrer entgegenragenden Lenkrad mit sehr direkter Übersetzung.
Über 70 km/h konnte ein Biscuter erreichen, was für die Stadt allemal genügte, und selbst vor Steigungen mußte der Fahrer keine große Angst haben, denn mit knapp unter 300 kg Gewicht war dem Vortrieb nicht so schnell ein Ende gesetzt.
Mitte der fünfziger Jahre gab es dann endlich ein Getriebe mit Rückwärtsgang und einen elektrischen Anlasser für das beliebte Kleinstauto, von dem inzwischen mehr als 3000 Stück umherschwirrten. Jetzt konnten auch kleine Familien und Gewerbetreibende vom Biscuter profitieren, denn mit dem Modell 200-C war ein Kombiwagen mit höherem Frontaufbau und hölzernen Seitenwänden lieferbar. Die-

*Clúa 1958 – fast so schick wie ein Pegaso...*

ses Fahrzeug hatte Platz für eine hintere Sitzbank und bot vier Erwachsenen Platz oder durfte zwei Personen plus 200 kg Zuladung transportieren. Neben der Frontscheibe mit einzelnem, obenliegendem Wischer hatte der Kombi zwei schrägstehende Dreiecksfenster. Leider hatte man die viel zu kleinen 8-Zoll-Räder beibehalten wie auch den Motor mit 9 PS, der bei voller Belastung des Wagens jetzt bald mit seiner Kraft am Ende war. Daneben gab es sogar noch eine »furgonetta«, also einen reinen Lieferwagen, genannt Typ 200-I, ebenfalls in Holzbauweise, aber mit seitlich und in der Höhe über das Führerhaus hinausragendem Kastenaufbau mit Wellblechdach, dem Citroën 2 CV nicht ganz unähnlich. Selbst ein Pickup mit Plane, genannt Biscuter 200-I-P, war im Lieferprogramm, doch sah man nicht allzuviele dieser in ihrer Leisungsfähigkeit doch sehr begrenzten »Nutzfahrzeuge« auf den Straßen. Inzwischen war mit dem SEAT 600 ein weiterer, sehr brauchbarer Kleinwagen in Spanien aufgetaucht, und die wirtschaftliche Situation begann sich allmählich zu verbessern, so daß der Biscuter wegen seiner Primitivität seine einstige Beliebtheit bald verlor. Um schließlich ein etwas attraktiveres Modell anbieten zu können, erschien bei Autonacional deshalb 1957 eine sportliche Version, genannt 200-F, mit spielzeugartiger, niedlicher Plastikkarosserie. Das nur 3,03 m lange Vehikel hatte serienmäßig ein Stoffverdeck, doch war auch ein farblich abgesetztes Hardtop zu haben. Dieser schon eher nach einem »richtigen« Auto aussehende Zweisitzer wies indessen noch immer 8-Zoll-Räder auf, und der 9-PS-Motor sorgte mit einer Spitze von nur 75 km/h auch nicht gerade dafür, daß dieses Mobil ernstgenommen werden konnte. Nur eine Handvoll dieses Modells wurde produziert, und auch die Verkaufszahlen der anderen Biscuter-Modelle fielen rapide ab. Anfang 1960 sollen die letzten Mobile zusammengebaut worden sein, bald darauf wollte schon niemand mehr im Biscuter gesehen werden. Fast alle wanderten auf die Schrottplätze. In Spanien haben bis heute nur ein paar dieser einst so beliebten Kleinstwagen in passablem Zustand überlebt, wobei spätere Ausführungen an ihrer Stahlblechkarosserie zu erkennen sind.

## CLÚA

Die kleine Motorradfirma Clúa, benannt nach ihrem Eigentümer Juan Clúa Maluquer, stellte 1955 einen kleinen, offenen und türlosen Sportwagen vor, der mit Motoren von 247 oder 350 ccm ausgerüstet werden konnte. Diese Zweizylinderaggregate waren ähnlich wie beim britischen Berkeley vor der angetriebenen Vorderachse angeordnet, alle Räder waren einzeln aufgehängt. Die Karosserie ruhte auf einem Zentralrohrrahmen. Über ein Vierganggetriebe mit Rückwärtsgang konnte der Clúa mit 350 ccm bis zu 85 km/h erreichen.

1958 wurde ein neues Modell mit einem 497-ccm-Zweizylindermotor (17 PS) vorgestellt, ebenfalls technisch aufwendig gestaltet. Ein recht hübscher Wagen, dessen Glasfiber-Karosserie auf einen Entwurf des Karosserieschneiders Serra zurückging, der sich im Design des berühmten Pegaso Sportwagens verewigt hat. Der Wagen sah auch – besonders von vorn – wie ein Miniatur-Pegaso aus. Bis 1959, als Clúa die Herstellung des Roadsters wieder aufgab, waren insgesamt etwa 100 Wagen entstanden.

## DAGSA

Es ist erstaunlich, daß es in der Nachkriegszeit fast in jedem kleineren Betrieb die Möglichkeit zu geben schien, einen Beitrag zur Volksmotorisierung zu leisten. So nimmt es kaum wunder, daß selbst eine Firma wie die »Defensa Antigas S.S.« in Segovia, die sich bis 1951 mit der Herstellung von Gasmasken befaßt hatte, daran ging, einen Kleinwagen zu produzieren.

Als der erste Prototyp vorgestellt wurde, war erkennbar, bei wem die Konstrukteure des DAGSA Anleihen getätigt hatten. Es war ein etwas eckig geratener Citroën 2 CV geworden, der die wesentlichen Stilelemente seines erfolgreichen Vorbildes wie freistehende Scheinwerfer und Rolldach aufwies und auch über vier Türen verfügte, doch ließ die

*Ein Prototyp von Dagsa, dessen Motor angeblich ein deutscher Vierzylinder von 500 ccm Hubraum war.*

Karosserie die schwungvollen Rundungen des französischen Originals vermissen. Was die Technik betrifft, so ist lediglich überliefert, daß es sich beim Motor um ein 500-ccm-Vierzylinderaggregat deutscher Herkunft handelte, doch bleibt dies ebenso im Dunkeln wie die Frage, ob es nach den Prototypen noch mehrere Wagen gab.

## DAVID

Unter den vielen bei uns weitgehend unbekannten Herstellern von Kleinwagen in Spanien nahm die in Barcelona ansässige Firma David eine Sonderstellung ein: Von dem ungewöhnlich konstruierten Dreirad wurden immerhin an die sechzig Stück verkauft, während es viele Hersteller damals oft bei ein paar Prototypen belassen mußten.

Firmengründer José Maria Moré hatte seine Laufbahn als Autoproduzent mit dem Bau von seifenkistenähnlichen Fahrzeugen ohne Motor begonnen. Kurz nach der Jahrhundertwende hatte er seine Leidenschaft für Bobschlitten entdeckt, doch wegen der meist ungünstigen Schneelage in Spanien sah er sich veranlaßt, Räder an seinen Bob zu

*Oben: Offene und geschlossene David in der Werkshalle.*

*Links: Cockpit des David. Rechts: David Serienwagen in einem Museum.*

montieren. Später entstanden aus diesen Vehikeln die ersten David-Automobile, die teilweise die damals in Barcelona als Taxis eingesetzten Motorräder mit Seitenwagen ersetzen sollten.
Die Firma florierte prächtig, und bald unterhielt die David S.A. auch Leihwagen, Werkstätten und Garagen. 1922 gab Moré die Herstellung eigener Wagen indes auf und vertrat die Firma Citroën in Spanien. Als 1936 der Bürgerkrieg ausbrach, war die Firma David zu einem der größten Unternehmen der Branche gediehen. Während des Krieges wurde mit Elektroautos experimentiert, doch 1950 erschien wieder ein Fahrzeug mit Verbrennungsmotor. Dies war ein voluminös geformtes Dreirad mit Klappverdeck, dessen Motorradmotor direkt hinter dem vorderen Einzelrad saß und mitgelenkt wurde. Anfangs verwendete man Einzylindermotoren der Firmen JAP, Ballot oder M.A.G., die letzten der späteren Serienmodelle waren mit Hispano-Villiers-Motoren bestückt.
Diese in kleiner Serie bis 1957 gebauten Dreiräder waren, wie es der Konstrukteur damals ausdrückte, nicht Autos mit einem Rad weniger, sondern Motorräder mit einem Rad mehr. In der Tat hatte der zentrale Rohrrahmen, der einen Lenkerkopf wie ein Motorrad aufwies, nur wenig mit einer Autokonstruktion gemein. Der 345-ccm-Einzylinder-Zweitaktmotor saß nach vorn geneigt hinter dem mit Dreiviertelelliptik-Blattfedern und zwei Schraubenfedern recht ungewöhnlich aufgehängten Vorderrad. Die einem Autoscooter nicht ganz unähnliche Karosserie bestand aus Stahlrohren, deren Zwischenräume mit angeschraubten Blech- oder Sperrholzteilen ausgefüllt waren. Zwei Personen fanden gut Platz im David, und hinter den Sitzen gab es noch einen ordentlichen Stauraum. Neben Biscuter, PTV und Kapi war David der einzige original-spanische Kleinwagenhersteller, der es wenigstens auf bescheidene Stückzahlen brachte. Die kleinen Dreiräder vermochten kaum mehr als 65 km/h zu erreichen; sie wurden meist in der Großstadt Barcelona bewegt.

Basierend auf dem Personendreirad gab es in geringer Zahl auch ein »Tricamionetta« genanntes Lastendreirad mit fünf Rädern, je ein Stützrad an den Seiten – offensichtlich traute man der Kurvenstabilität eines vollbeladenen Dreirades nicht uneingeschränkt.

# FH

Es ist kaum bekannt, daß jenes Dutzend primitiver, ein- und zweizylindriger Kleinwagen, die in Spanien von 1956 bis 1960 unter der Bezeichnung »FH« verkauft wurden, direkte und letzte Nachkommen jener prachtvollen Automobile waren, die vor dem Krieg als Hispano-Suiza in Konkurrenz zu Rolls-Royce und Mercedes standen.
Als 1946 das staatliche Unternehmen ENASA (Empresa Nacional de Automoviles S.A.) gegründet wurde, um eine Lastwagen-Produktionsstätte zu errichten, waren zwar eine Fabrik und Pläne zur Nutzfahrzeugherstellung von Hispano-Suiza übernommen worden, doch hatte dies keineswegs zum Ende der 1904 in Barcelona von dem Schweizer Autokonstrukteur Marc Birkigt gegründeten Firma geführt. Auch die 1911 in Paris gegründete Schwesterfabrik existierte noch.
Zu dieser Zeit hatte man sich in Barcelona auf die Fertigung von dringend benötigten Werkzeugmaschinen spezialisiert. Doch man versuchte noch einmal an ruhmreiche Tage anzuknüpfen, als die Wagen mit dem fliegenden Storch als Kühlerfigur zu den besten der Welt gehört hatten, und entwickelte ein Chassis für einen Zweiliter-Wagen. In Ermangelung eines geeigneten Motors wurden erste Fahrversuche mit einer 1200-ccm-Simca-Maschine unternommen. Eine erste Karosserie entstand bei der Firma HUGAS, geriet aber derart unförmig, daß wenig später in Eigenregie eine recht moderne, viertürige Karosserie

*Links: Offene Version des spanischen FH. Die Buchstaben standen für »Furgoneta Hispano«.*

*Rechts: Das äußerst kräftige Chassis des FH Kleinwagens.*

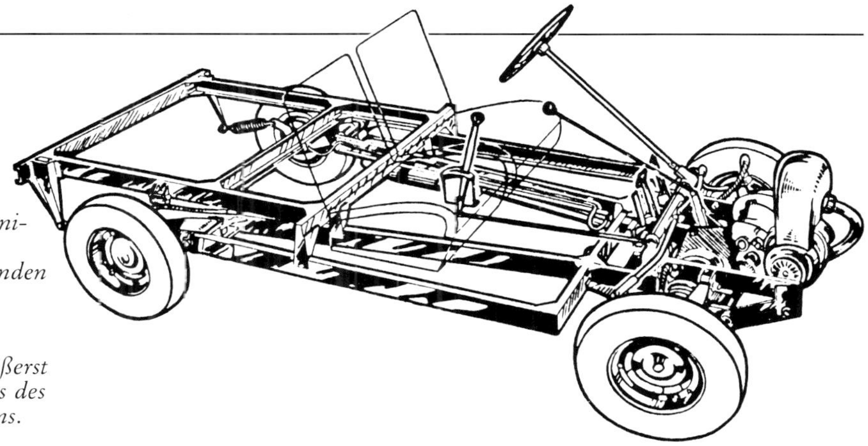

gebaut wurde sowie ein eigener Motor, ein Vierzylinder-V-Aggregat. Als jedoch unter Fiat-Patronat die Firma SEAT gegründet wurde, zerrann der Traum von einem neuen Hispano-Suiza, denn gegen den vergleichsweise preiswerten SEAT 1400 hätte eine kleine Firma wie Hispano-Suiza keine Chance mehr gehabt.
Doch bald nach dieser Niederlage wurde ein weiterer Versuch unternommen, wieder Automobile zu produzieren. Man gedachte dem Mangel an Kleintransportern abzuhelfen und konstruierte einen winzigen, vierrädrigen Lieferwagen, der zwischen dem in Lizenz gebauten DKW-Schnellaster und diversen »Motocarros«, also Motorrädern mit Ladefläche, eine Lücke füllen sollte. 1956 erschienen die ersten dieser Lieferwagen in der Öffentlichkeit, wobei man allerdings nicht mehr wagte, dieses Modell mit dem Namen Hispano-Suiza zu schmücken. Vielmehr gab man ihm zwei schlichte Buchstaben: FH, die soviel bedeuteten wie Fàbrica Hispano, hinter der sich aber noch die Reste der alten Nobelautofirma verbargen. Es gab Modelle mit Holzpritsche und Plane, Pick-ups und Kastenwagen, angetrieben von 197-ccm-Einzylinder-Hispano-Villiers-Motoren mit 9 PS oder Zweizylindermaschinen mit 324 ccm Hubvolumen der Motorradfirma ROVENA, die 15 PS leisteten.
Die Räder dieser Wagen waren einzeln an Schwingarmen aufgehängt und wurden erstaunlicherweise von Scheibenbremsen verzögert! Neben diesen kleinen Nutzfahrzeugen stellte FH nun auch auf der gleichen technischen Basis einige Kombis mit Pontonkarosserie sowie einen offenen und türlosen Viersitzer her, ähnlich italienischer Strandwagen auf Basis des kleinen Fiat 500.
Von allen Modellen zusammen sollen bis 1960 etwa 400 Stück verkauft worden sein, wobei der größte Teil auf die Kleintransporter entfiel, die sich ihre seitlichen Klappfenster übrigens vom französischen 2 CV »geborgt« hatten.
Während ein FH Kleinlaster in perfekt restauriertem Zustand bis heute in Spanien existiert, fehlt von den FH Personenwagen jede Spur. Es ist kaum anzunehmen, daß man noch fündig werden wird.

## GAITAN

Anfang der fünfziger Jahre wurde auf verschiedenen Ausstellungen ein Dreirad mit Namen »Gaitan« gezeigt. Das primitive Fahrzeug, in Sevilla gebaut, bestand offensichtlich aus Teilen, die man einem Tempo Dreiradlieferwagen entnommen hatte wie zum Beispiel die Motorhaube. Der Gaitan wies ein angetriebenes Einzelrad vorn und unvorteilhaft niedrig angebrachte Scheinwerfer auf. Hinten fiel die Karosserie steil ab; ein festes Dach gab es nicht. Die Einstiege waren besonders tief ausgeschnitten. Mit einem voluminösen Segeltuchverdeck und einknöpfbaren Seitenteilen konnte die zweisitzige Kabine wetterfest gemacht werden. Dem Fahrer stand zumindest ein richtiges Autolenkrad zur Verfügung, über die Art der restlichen Bedienungselemente gibt es keine Informationen mehr. Ebenso lassen sich keine technischen Angaben über dieses Fahrzeug ermitteln, womöglich stammte auch der Motor von Tempo. Ob neben dem Ausstellungsfahrzeug noch weitere Exemplare entstanden sind, bleibt ebenso im Dunkeln wie das weitere Schicksal des mit Fähnchen und Weißwandreifen geschmückten Prototyps.

## HURACAN

1958 konnte man auf der Feria de Muestras in Barcelona ein winziges, offenes Vierradauto mit dem unpassenden Namen Huracán (Orkan) entdecken, dessen Geschichte und weiteres Schicksal aber wenig später vom Sturmwind verweht worden zu sein scheint. Das sportlich aufgemachte Mobil wurde angeblich von einem 197-ccm-Hispano-Villiers-Motor im Heck angetrieben, wenngleich es auch einen kecken Kühllufteinlaß zwischen den Scheinwerfern gab. Immerhin konnte man durch hinten angeschlagene Türen einsteigen und saß nebeneinander. Für 60000 Peseten wurde der Huracán kurzzeitig angeboten, doch höchstwahrscheinlich ließ sich zu diesem späten Zeitpunkt schon niemand mehr gerne auf solche Experimente ein.

## ISO ESPAÑA

In Madrid war schon bald nach dem Verkauferfolg der italienischen ISO Isetta eine Tochtergesellschaft gegründet worden, die ISO Madrid S.A. Man wollte dort die beliebte Kabine mit aus Italien gelieferten Teilen in Lizenz fertigen. Unter dem Slogan »Isetta, el coche para todos«, (das Auto für jedermann) versuchte man hiermit in Spanien Fuß zu fassen. Doch bei der düsteren Wirtschaftslage in Spanien hatte es die Isetta besonders schwer, sich durchzusetzen. Kleinwageninteressenten waren obendrein schon durch eine Reihe von traurigen Schicksalen spanischer Fahrzeughersteller verunsichert und fuhren lieber weiterhin Motorrad, bis ein SEAT in Reichweite kam. Für Ansprüche an mehr als zweirädrige Mobilität war außerdem der »Biscuter« zuständig, ein billiges und robustes Fahrmobil.

So kam es, daß die spanische Produktion der Isetta nur recht kurz währte, kaum mehr als tausend Fahrzeuge (auch Kleinlasterversionen) umfassend. Die spanische Isetta, die dem italienischen Original genau entsprach, gehört heute zu den besonders raren Stücken in Automobilsammlungen.

*Existierte nur auf dem Papier: Saldañas Vierrad-Kleinwagen.*

# JUNIOR

Ende 1955 stellte in Barcelona auch die Firma Junior S.L. ihren Beitrag zur Kleinmotorisierung vor. Ihr Fahrzeug, genannt Typ 3R-197, war ein winziges, einem Jahrmarkts-Kinderauto ähnliches Dreirad mit hinterem Einzelrad. Mit einem Faltdach aus Segeltuch ließ sich das Wägelchen in ein geschlossenes Fahrzeug verwandeln; Türen gab es nicht. Die rundliche Blechkarosserie war auf einen Zentralrohrrahmen montiert, unter der Heckpartie befand sich ein 197-ccm-Einzylindermotor von Hispano-Villiers. Der luftgekühlte Zweitaktmotor lieferte etwa 8 PS, die den Junior 70 km/h erreichen ließen. Sogar ein Rückwärtsgang war vorhanden. Der mit hydraulischen Stoßdämpfern und mechanischen Bremsen an allen drei Rädern ausgerüstete Junior soll noch bis 1956 in einigen wenigen Exemplaren entstanden sein.

# KAPI

Eine der interessantesten Persönlichkeiten unter den Pionieren der Kleinfahrzeuge nach dem Zweiten Weltkrieg in Spanien war sicher Capitán Saldaña, der nach seiner Militärkarriere den Bau von Microautos begann und es in der Vielzahl der Modelle durchaus mit dem Deutschen Egon Brütsch aufnehmen konnte.
1950 wurde auf Ausstellungen die erste Schöpfung mit dem Namen Kapi gezeigt, eine Art verkleinerter Chevrolet mit trapezförmigen Seitenfenstern und winzigen Rädern. Es blieb bei einem Einzelstück.

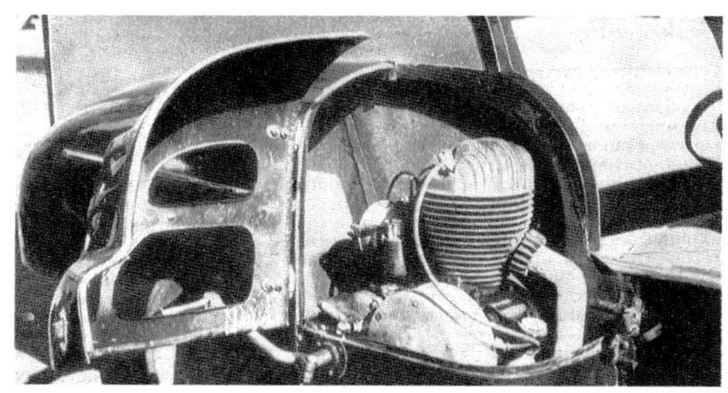

Motorisiert war dieses Vehikel mit einem 125-ccm-Montesa-Motor. Nächster Prototyp, ebenfalls in Burgos gebaut, war ein kleiner offener Zweisitzer ohne Türen mit 350-ccm-Doppelkolbenmotor unbekannter Herkunft, der über 90 km/h schnell sein sollte. Doch auch dieses Projekt scheiterte in seiner Realisierung an zu hohen Herstellungskosten.
1953 zeigte Capitán Saldaña in Barcelona zwei sehr hübsche, aber ebenfalls viel zu teure Modelle, ein Cabriolet und eine zweisitzige Limousine – wiederum verkleinerte »richtige« Autos ohne Chancen einer Serienproduktion.
So mußte schließlich der Traum vom idealen Kleinwagen der machbaren Realität weichen, als 1953 ein weitaus weniger attraktives Vehikel mit vorderem Einzelrad und der Bezeichnung Kapiscooter präsentiert wurde, dessen Einzylindermotor vor dem rechten Hinterrad saß, ähnlich der Konstruktion des englischen Gordon. Die offene Karosserie mit Segeltuch-Notverdeck war ohne Pressen aus Blech gebogen und trug in der Mitte der bauchigen Front einen Scheinwerfer. Durch zahlreiche Chromstreifen versuchte man das primitive Fahrzeug aufzuwerten; es wurden sogar einige dieser Dreiräder verkauft. Dieses Wägelchen, das es mit 125-ccm-Villiers oder 175-ccm-AMC-Motor zu kaufen gab, sollte das erfolgreichste Modell des inzwischen nach Barcelona übersiedelten Capitáns werden. Später stellte man eine Art Nachfolger des Kapiscooter vor mit Namen Chiquí; es wies zwei Vorderräder und eine Isetta-ähnliche Schmalspur-Hinterachse auf, war also ein Vierradfahrzeug. An den bescheidenen Erfolg des Kapiscooters konnte es nicht anknüpfen.
Anfang 1955 wurden zwei weitere kleine Vierradfahrzeuge angekündigt, bei denen die beiden Motoren des Dreirades Verwendung finden sollten. Das eine mit Namen Jip war ein dem US Jeep nachempfundenes Primitivgefährt, dessen Proportionen unter der Schrumpfung sehr gelitten hatten, das andere mit der Bezeichnung Lujo (Luxus) war ein dem Fiat 600 ähnelnder Viersitzer – beide Modelle kamen indes nicht über das Prototypenstadium hinaus.

*Oben links: Saldañas erster Prototyp 1953. Oben: Kapi-Dreirad mit Seitenmotor. Oben rechts: Blick auf den Einzylindermotor.*

*Rechts: Kapi Chiquì, ein weiterer Prototyp Saldañas.*

*Movilutil, eine spanische »Eintags-fliege« von 1959.*

*Rechts: Zwei frühe Kover Capilla – fast sehen sie wie Kinder-Tretautos aus. Rechts daneben: MT in den Straßen Madrids.*

Ende 1955 holte Capitán Saldaña dann zum letzten Schlag aus mit der Ankündigung einer frechen Kopie des Mercedes 190 SL – mit Einzylindermotor. Aus verständlichen Gründen blieb es freilich nur bei Zeichnungen des neuen Projekts. Der Capitán hatte sich mit seinen zahlreichen Kreationen vermutlich übernommen; die Marke verschwand noch im selben Jahr. Angeblich waren in seiner Regie insgesamt 77 Fahrzeuge gebaut worden.

## KOVER CAPILLA

Dieses einem Kindertretauto verblüffend ähnliche Mobil mit hinterer Schmalspur war der Versuch einer Firma in Valencia, den 1951 von der französischen Société Industrielle de Livry herausgebrachten, äußerst primitiven Kover mit AMC-200-ccm-Motor und 6 PS für den spanischen Markt in Lizenz zu bauen.
In Frankreich hatte man das glücklose Minimobil nicht einmal mit einem Notverdeck ausgerüstet angeboten; diesen Fehler wollten die Spanier nicht wiederholen und fertigten für ihre Version vom Kover eine Kapuze (spanisch: »capilla«). Dennoch fand sich für das Miniaturauto um 1951/52 in Spanien kein Interesse, und so verschwand der Kover-Capilla so schnell wie er gekommen war.

## MOVILUTIL

Auch der Automach genannte, recht erwachsen aussehende Prototyp der Firma Movilutil verschwand schon kurz nach seiner Vorstellung in der Öffentlichkeit im Jahre 1959 wieder. Der 2+2sitzige, recht ansprechend geformte geschlossene Zweitürer soll als Antrieb einen luftgekühlten Zweizylinder-Zweitaktmotor besessen haben, der bei 4700 U/min 15 PS abgab und den auf großen 15 Zoll Rädern rollenden Automach angeblich mit 100 km/h beflügeln konnte – eine optimistische Ankündigung! Wie so viele andere Projekte in dieser Zeit, scheiterte wohl auch dieses schließlich an den Hürden der Finanzierung.

## MT

Der MT war einer der wenigen Personenwagen der im Baskenland gefertigt wurde. Sein Entstehungsort war Nervion in der Nähe von Bilbao. Die dort ansässige Firma Maquinaria y Elementos de Transporte, abgekürzt »MT«, hatte einige Erfahrung im Bau von sogenannten »motocarros«, also Motor-Dreirädern mit Ladefläche, wie sie in vielen südlichen Ländern gerne benutzt wurden und zum Teil heute noch in Gebrauch sind.
Auch der 1957 entstandene MT Kleinstwagen hatte zwei 10-Zoll-Vorderräder und ein von einem 175-ccm-Einzylinder-Motorradmotor angetriebenes Hinterrad, wobei die Maschine vor dem Rad angeordnet war und dieses mit Kette antrieb. Ungewöhnlich war die Kunststoffkarosserie des MT, die – von der Seite betrachtet – die gekrümmte Linie einer Banane assoziierte und im übrigen so schmal war, daß zwei Personen nur mit Mühe nebeneinander Platz fanden. Die Sitze erreichte man durch zwei nach hinten öffnende Türen. Man saß in der Mitte des MT hinter einer relativ hohen Frontscheibe mit einem Wischer. Ähnelte das Heck des Dreirades in gewisser Weise dem Messerschmitt Kabinenroller, so wies es vorn mit Miniaturkühlergrill und zwei ebenso winzigen Scheinwerfern ein richtiges »Autogesicht« auf. Doch spätestens bei der Betätigung des Gaspedals, das dem kleinen Motor 7 PS entlocken sollte, war der Traum vom richtigen Automobil ausgeträumt. Maximal 65 km/h waren mit dem MT zu schaffen. Im Laufe des Jahres 1957 entstanden höchstens zehn Personendreiräder dieser Marke.

## MUNGUÍA

Auch nach dem Beginn der Lizenzherstellung des Fiat 600 durch die Firma SEAT in Barcelona und der Produktions-Einstellung des Biscuter gab es in Spanien durchaus noch Bedarf an einem Mobil unterhalb der 600-ccm-Kategorie. Nachdem einige Initiatoren für ein Projekt zum Lizenzbau des Goggomobils Kontakte zu den bayrischen Glas-

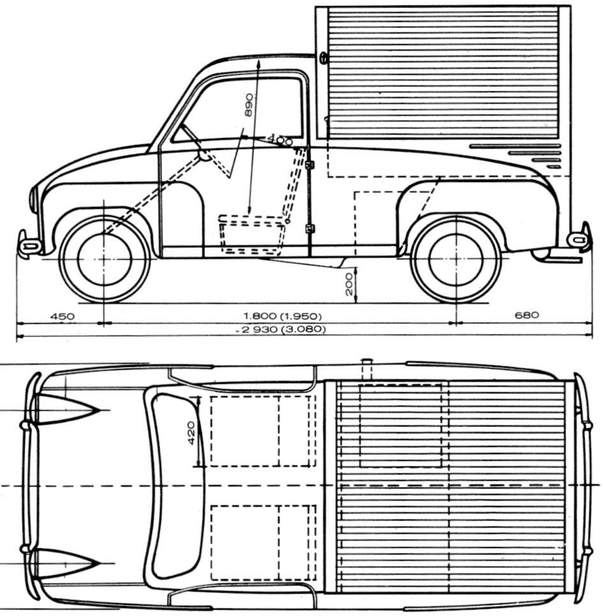

*Das in Spanien gefertigte Lizenz-Goggomobil wurde dort auch als Kleinlaster mit Pritsche angeboten. Das Fahrzeug lief unter dem Namen Munguía.*

Werken geknüpft hatten, mit dem Ziel, eine Produktion des so erfolgreichen Goggos in Spanien aufzuziehen, wurde in Bilbao die Firma Munguía Industrial S.A. (Munisa) gegründet. Zwölf Hektar Land wurden von der neuen Gesellschaft gekauft, die sich bei ihren zukünftigen Händlern finanzielle Mittel besorgt hatte, und im Herbst 1957 begannen die Bauarbeiten. Auf Grund zahlreicher Streiks in der Baubranche in jener Zeit und der Schwierigkeiten, die sich bei der Beschaffung der nötigen Maschinerie auftaten, wurde es Ende 1960, bis die Werkshallen halbwegs fertig waren. Nun mußten eigens angereiste Glas-Techniker für die Vorbereitung der Produktion des Goggos in Nordspanien sorgen, auch waren noch zahlreiche Verträge mit Zulieferfirmen zu schließen, um eine reibungslose Versorgung der neuen Autofirma mit allen nicht selbst produzierten Aggregaten sicherzustellen. Anfang 1961 konnte die Fertigung des Munguía Goggomobils schließlich beginnen, doch erneute Streiks verhinderten den angepeilten Monatsausstoß von 320 Wagen. Bis Ende des Jahres verließen aber immerhin etwa 1100 Fahrzeuge die Fabrik. Dabei handelte es sich durchweg um die 300-ccm-Version mit hinten angeschlagenen Türen, die sich von den bayrischen Originalen nur geringfügig in der Ausstattung unterschied, sieht man von einer verminderten Verarbeitungsqualität ab. Für das nächste Jahr plante man optimistischerweise einen Monatsausstoß von 500 baskischen Goggos, wurde aber bald in diesem Elan gebremst, als sich zahlreiche Händler außer Stande sahen, die vielen Autos abzunehmen. So rollten 1962 nur insgesamt 2100 Goggos aus dem Munguía-Werk. Es half auch nicht viel, daß ein paar Rallies und Zuverlässigkeitsfahrten von den bayrisch-baskischen Winzlingen in ihrer Klasse gewonnen wurden.

1964 senkte man, um die Nachfrage etwas mehr anzureizen, die Preise. Die Händler boten großzügigere Möglichkeiten der Finanzierung ihrer Wagen, dennoch fiel die Zahl der verkauften Wagen in diesem Jahr weiter auf nur etwa 1900 Exemplare.

Um nicht aufgeben zu müssen, brachte die Munisa in jenem Jahr neue Modelle heraus, mit denen man dann 1965 wieder neue Interessenten zu gewinnen hoffte. So gab es ab diesem Jahr zwei neue Motoren, eine 350-ccm-Version mit 17 PS sowie den auch in Deutschland erhältlichen 400-ccm-Twin mit 18,5 PS Leistung. Auch neue Karosserievarianten standen zur Wahl. So gab es neben den Modellen mit der original-bayrischen Karosserie T-350 und T-400 eine um 15 cm verlängerte Limousine T-400 S, wobei dies erkennbar an den längeren Seitentüren war. Billigstes Modell war der C-350, der anstatt der hinteren Seitenfenster nacktes Blech trug. Daneben konnte man auch niedliche, kleine Lieferwagen mit der Typenbezeichnung F-350 oder F-400 S haben, die hinter den Vordersitzen einen Kastenaufbau wie beim Citroën 2 CV aus Wellblech besaßen. Schließlich gab es für Geschäft und Freizeit einen Kombi K-400 S, der über eine Sitzbank im Kastenaufbau sowie über Seitenfenster für die Fondpassagiere verfügte. Doch nur noch 450 Käufer konnten 1965 für alle Versionen gefunden werden. Mittlerweile hatte sich die wirtschaftliche Situation eines Großteils der Bevölkerung in Spanien soweit stabilisiert, daß selbst in diesem industriell unterentwickelten Land für nur noch wenige die Notwendigkeit bestand, mit solchen Primitivfahrzeugen vorliebnehmen zu müssen.

Die Munisa versuchte nun, weitere Lizenzrechte für größere Autos wie VW Käfer zu erlangen, doch der Mangel an Kapital verhinderte schnell die Realisierung derartiger Vorhaben.

Für 1966 wurden alle Sondermodelle wieder aus dem Programm gestrichen; man konzentrierte sich ausschließlich auf den Bau der 400-ccm-Limousine, von der noch 550 in jenem Jahr verkauft werden konnten. 1967 verhandelte man mit Glas, zukünftig auch die Modelle 700 und 1700 GT in Lizenz zu bauen, doch als wenig später die Firma Glas von BMW geschluckt wurde, verliefen auch diese Projekte zwangsläufig im Sande.

So kam es 1967 nicht mehr zu einer Fortführung des Goggomobilbaus in Spanien. Die Firma Munguía mußte ihre Aktivitäten noch im gleichen Jahr einstellen.

# RANA MYMSA

MYMSA ist die Abkürzung des Firmennamens Motores y Motos S.A., und »rana« bedeutet Frosch. Doch es fällt schwer, bei diesem Dreirad mit dem seltsamen Namen eine Ähnlichkeit mit jenem Reptil festzustellen. Vielmehr ähnelte der Rana Mymsa dem wohlbekannten Tempo Dreirad.

1957 tauchte dieses Fahrzeug mit der Typenbezeichnung 3R-175 erstmals auf. Die Chiffre sollte auf die drei Räder und den Zylinderinhalt

*Links: Rana Mymsa Dreirad mit 175-ccm-Motor. Rana bedeutet »Frosch«.*

*Links: Mymsa Dreirad-Transporter von 1957.*

*Rechts: Der einzige noch erhaltene Prototyp des Nacional RG von 1948.*

von 175 ccm hinweisen. Die Firma war durch den Bau von Lastendreirädern und Motorrädern bekannt geworden und versuchte es nun mit einem Dreirad für den Personentransport, das technisch weitgehend auf den »motocarros« aufbaute, die übrigens auch mit einem 500 ccm-Dieselmotor zu haben waren. Der bei Mymsa selbst hergestellte Einzylinder-Zweitaktmotor, der über dem Vorderrad thronte, entwickelte 8,8 PS und konnte, sofern der Rana nicht allzu sehr beladen war, für eine maximale Geschwindigkeit von ca. 70 km/h sorgen. Die Karosserie mit Faltverdeck und vier Schiebefenstern faßte jedoch bis zu vier Passagiere, von denen sogar jeder durch eine eigene Tür einsteigen konnte.
Das auf relativ großen 14-Zoll-Rädern rollende Dreirad mit dem spitz zulaufenden Bug und den freistehenden Scheinwerfern machte einen durchaus robusten Eindruck (hintere Starrachse an Blattfedern), doch es ist unwahrscheinlich, daß im einzigen Produktionsjahr 1957 mehr als ein Dutzend Exemplare gebaut wurden.

## NACIONAL RG

Der erste, der nach dem Zweiten Weltkrieg den Versuch machte, in Spanien ein Kleinauto zu produzieren, war der in Kuba geborene Ingenieur und Flieger Don Ramón Girona Guillaume. Er hatte vor dem Krieg in Paris sein Diplom erworben und anschließend bei verschiedenen Auto- und Flugzeugherstellern in Frankreich Erfahrungen im Fahrzeugbau gesammelt.
Nach dem Krieg gründete Guillaume in Barcelona eine Firma mit der Bezeichnung Fábrica Nacional de Automóviles, Aviones y Motores de Aviación mit der Absicht, kleine Fahrzeuge und Flugmotoren zu konstruieren und zu bauen. Als jedoch 1948 in Barcelona die Feria de Muestras, die bedeutendste Industriemesse Spaniens, stattfand, sah man auf dem Stand von Nacional R. G., wie sich Ramón Guillaumes Firma kurz nannte, neben einem Flugmotor und einem Hochdecker-Sportflugzeug auch einen kleinen, geschlossenen Wagen mit konventioneller, dem Geschmack der Zeit entsprechender Linie, nicht ganz unähnlich einem Miniatur-Chevrolet.
Angetrieben wurde dieser Viersitzer, der den Insassen nur wenig Platz bot (allein das Steuerrad nahm mehr als die Hälfte des Armaturenbrettes ein), von einem Zweizylindermotor eigener Konstruktion. Bei 72 mm Bohrung und 85 mm Hub leistete er etwa 25 PS aus 740 ccm, womit angeblich ein Tempo von 90 km/h möglich war. Das ganze Vorderteil der Stahlblechkarosserie bestand aus einem Stück und ermöglichte nach dem Aufklappen besten Zugang zu allen Aggregaten. Die beiden Seitentüren waren hinten angeschlagen und hatten sogar Kurbelfenster. Es wurde auch eine Cabriovariante angekündigt, doch nach der Ausstellung in Barcelona hörte man nicht mehr viel von Guillaumes Projekten. Es ist nicht bekannt, ob mehr als ein Prototyp des Nacional RG Kleinwagens entstand. Zu jener Zeit war der spanische Markt noch nicht reif für verhältnismäßig aufwendige und deshalb teuere Kleinwagen dieser Art. Wer es sich leisten konnte, fuhr Importwagen, der restliche Bedarf an Motorfahrzeugen wurde durch Zweiräder gedeckt. Erst der Biscuter ermöglichte später eine bescheidene Vierrad-Motorisierung des kleinen Mannes. Der Nacional RG Prototyp existiert noch heute in bestem Originalzustand bei einem spanischen Sammler.

## ORIX

Don Juan Ramírez aus Barcelona hatte sich in den frühen Nachkriegsjahren einen guten Ruf als Automechaniker erworben und seiner Kundschaft des öfteren bewiesen, mit welchem Erfindungsreichtum er es in dieser schweren Zeit verstand, ihre Autos wieder flott zu bekommen. Schließlich war sein Selbstbewußtsein so stark geworden,

*Oben links: Orix von 1954. Rechts daneben: Innenansicht des Orix.*

*Links: Der elegante PTV von 1959. Rechts: Orix-Käfer-Plagiat aus dem Jahre 1954.*

daß Ramírez 1952 daran ging, sein eigenes Auto zu bauen, und er hatte auch schon einen Namen parat: Orix, nach einer seltenen und flinken afrikanischen Gazelle. Auch den Motor für diese Eigenkonstruktion baute Ramírez selbst, wobei er sich eng an den BMW-Boxermotor anlehnte, den er als zuverlässiges Antriebsaggregat kennengelernt hatte.

Der erste Wagen wurde ein recht ansprechend geformter, zweisitziger Roadster mit Notverdeck, dessen glattflächige Karosserie weitgehend auf modischen Schnickschnack verzichtete. Der luftgekühlte Boxermotor mit 610 ccm Inhalt produzierte 27 PS und machte den hübschen Orix gut 115 km/h schnell.

Im großen Kunden- und Bekanntenkreis Ramírez' wurde der Wagen sehr bewundert, und bald hatte er genügend Anzahlungen für den Bau weiterer Orix beisammen. Es sollten am Ende zwölf Stück werden. Sie hatten ein festes Dach und eine 2+2sitzige Karosserie, ähnelten aber noch dem offenen Prototyp, mit dem der Konstrukteur im Jahre 1953 sogar das »Rabassada«-Rennen für sich entscheiden konnte – im gleichen Jahr waren auch die ersten Pegaso aufgetaucht.

Ärger bekam der ehrgeizige Spanier schließlich 1954, als er auf der Autoschau in Barcelona ein Orix-Chassis mit einer allzu offensichtlich dem VW Käfer nachempfundenen Karosserie präsentierte. Einziger Unterschied zum ansonsten fast perfekt kopierten Käfer waren kleinere Fenster und ein weniger gewölbtes Heck, doch gerade diese beiden Veränderungen standen dem Wagen keineswegs gut. Es blieb dann auch bei diesem Einzelstück und man wird wohl nie erfahren, was einen Konstrukteur, der gezeigt hatte, welch ansehnliche Automobile er zu bauen imstande war, dazu veranlaßt hatte, sich auf dieses Parkett zu begeben. Für die Kleinserie der Marke Orix war damit jedenfalls das Ende gekommen.

# PTV

Der zwischen 1956 und 1961 in Manresa, Provinz Barcelona, gebaute PTV war nach dem Biscuter in jenen Jahren das meistgebaute Auto spanischer Konstruktion. War sein Konkurrent indessen eine reine Fahrmaschine, bei der Einfachheit und Zweckmäßigkeit das Aussehen bestimmten, so war der PTV schon für einen anspruchsvolleren Kundenkreis gedacht. Der kleine, sportlich aussehende Zweisitzer hatte eine durchaus ansehnliche Karosserie zu bieten, die man mit einem leichten Verdeck ausrüsten konnte.

Hersteller des PTV war die neu gegründete Automóviles Utilitarios S.A. (AUSA), und sein Name geht auf die Initialen der Firmenchefs Perramón, Tachó und Vila zurück. Unter der kleinen Heckklappe des nach zweijähriger Entwicklungszeit 1956 vorgestellten Prototyps arbeitete ein von der AUSA selbst hergestellter 250-ccm-Einzylinder-Zweitaktmotor, der es auf etwa 10 PS Leistung brachte. Der Motor

war luftgekühlt, Kolben und Zylinderkopf bestanden aus Leichtmetall. Über ein Dreiganggetriebe und eine Mehrscheibenkupplung wurde die Kraft an die Hinterräder übertragen; man konnte mit dem PTV bis zu 80 km/h auf ebener Strecke erreichen. Vorne hatte das Wägelchen Einzelradaufhängung und 12-Zoll-Räder gegenüber 8 Zoll beim fast spielzeugähnlichen Biscuter. Man konnte sogar von so etwas wie Fahrkomfort sprechen.
Im Laufe der Produktionszeit wurde die Erscheinung des PTV deutlich verbessert; hatten die ersten Exemplare noch keine Stoßstangen, Türen und so gut wie keinen Chromzierat aufgewiesen, so waren die Wagen Ende des Jahrzehnts in hübscher Zweifarbenlackierung und mit dezentem Chromschmuck zu haben.
Das Ende kam schließlich unausweichlich durch die zunehmend stärkere Konkurrenz in Gestalt des hochwertigen SEAT 600, der auch nicht viel teurer war als der weitgehend in Handarbeit gefertigte PTV, aber unter anderem einen Vierzylindermotor und vier vollwertige Sitzplätze bot. 1961, nachdem der Verkauf bereits stark zurückgegangen war, stellte man die Produktion des PTV ein, der mit etwa 1200 Exemplaren zur Motorisierung Spaniens seinen Teil beigetragen hatte. Danach spezialisierte sich die Firma AUSA auf den Bau von kleinen Nutzfahrzeugen und ist noch heute ein bedeutender Hersteller von Muldenkippern und Gabelstaplern.

## PULGA

Zwei Konstrukteure von der Ferieninsel Mallorca, Don Juan Llabrés und Don Vicente Mas, versuchten 1952 in Onteniente, Provinz Valencia, die Produktion eines winzigen Dreiradmobiles mit der Bezeichnung Pulga (Floh) aufzuziehen. Sie scheiterten jedoch schon bald an der Finanzierung ihres Projekts.
Die drei Räder des Flohs waren an einem einfachen Rohrrahmen aufgehängt; das Einzelrad vorne wurde von einem darüberliegenden Einzylinder-Zweitaktmotor unbekannter Herkunft über eine Kette angetrieben, in der Art mancher englischer Dreiräder. Die Karosserie war tür- und dachlos und bot zwei Erwachsenen nebeneinander auf einer Sitzbank leidlich Platz. Viel Mühe hatten sich die Konstrukteure bei der Formgebung der Frontpartie gegeben und sich offensichtlich von dem zeitgenössischen Opel Kapitän oder seinen amerikanischen Vettern inspirieren lassen. So zierte den nur 2,40 m langen und 1,40 m breiten Pulga ein chromstarrendes Kühlermaul dicht über der massiven, hornbewehrten Stoßstange, darüber erhob sich eine eindrucksvolle, spitz zulaufende Motorhaube, gekrönt von einer torpedoförmigen Kühlerfigur. Neben diesem monumentalen Arrangement saßen die beiden Scheinwerfer eng beieinander in Kotflügelattrappen. Die Hinterräder wurden halb von den Kotflügeln verdeckt; das Heck fiel leicht gewölbt ab und bot sogar noch Platz für zwei oder drei Koffer. Der Fahrer bekam ein schönes, elfenbeinfarbenes Lenkrad in die Hand. Angeblich sollte der Pulga bis zu 75 km/h schnell sein. Die Konstrukteure versprachen eine gute Straßenlage und leichte Handhabung des Mobils, der Verbrauch sollte bei ca. 4 Liter auf 100 km liegen. Ein Preis von etwa 30000 Peseten wurde angepeilt, und im März 1952 sollte die Produktion anlaufen, doch es blieb bei einigen Vorserienwagen, von denen heute jede Spur fehlt.

## RIEJU

1955 zeigte die in Spanien recht bekannte und in Figueras, dem Geburtsort Salvador Dalís, ansässige Firma Rieju einen Kleinwagenprototyp, der dem englischen Spitznamen für solche Microautos »bubble cars« voll gerecht wurde. Das der Isetta ähnliche Gefährt überraschte durch eine Front, die an Autobusse der 50er Jahre erinnert, mit angedeuteten Kotflügeln, reich verchromter Kühlerfront (trotz Heckmotor) und einer gewaltigen Panoramascheibe. Die beiden seitlichen Türen öffneten nach hinten und gaben den Einstieg zur Sitzbank für zwei Personen frei. Nach hinten verjüngte sich die barocke Karosserie zum von einem Motorradmotor eigener Konstruktion angetriebenen Hinterrad. Auch seitlich war die Rieju Kabine reich verglast, und ein Sonnendach gehörte ebenfalls zur Ausstattung. Nach der Feria de Muestras in Barcelona hörte man nichts mehr von diesem Mobil, das sicher zu den seltsamsten Blüten der spanischen Kleinwagenära gehörte.

## ROA

Nur wenig weiß man über das ROA Dreirad, das Ende der 50er Jahre auf einigen Ausstellungen in Spanien gezeigt wurde und schließlich das gleiche Schicksal erleiden sollte wie die meisten anderen Prototypen – es kam gar nicht erst zur geplanten Serienproduktion.

*Pulga Dreirad 1953, Rieju Prototyp 1956, Roa Dreirad 1958.*

Die Firma ROA war Hersteller von Motor- und Lieferdreirädern, die jenen von Vespa nicht unähnlich sahen und unter anderem auch von BMW-Viertaktmotoren angetrieben wurden.
Das Dreirad war offensichtlich der Isetta nachempfunden, nur war das Heck bei diesem Modell viel ausladender geraten, so daß im Inneren deutlich mehr Platz zur Verfügung stand. Als Antrieb diente ein Hispano-Villiers-Zweitaktmotor mit 197 ccm, der das hintere Einzelrad mittels Dreiganggetriebe und Kette antrieb. Der Preis sollte 45 000 Ptas. betragen, doch bald mußte die Firma erkennen, daß solch ein teures Dreirad keine Chance gegen die mittlerweile in Spanien montierten Fiat 600 haben konnte. Die ROA konzentrierte sich anschließend wieder auf das Geschäft mit kleinen Dreiradlieferwagen.

## SEAT

Um das bald nach dem Ende des Zweiten Weltkrieges nach Autos dürstende Spanien von der bisher herrschenden Importabhängigkeit zu befreien, knüpfte Ende der vierziger Jahre der staatliche Industriekonzern INI Kontakte zum italienischen Autohersteller Fiat, um die Grundlagen einer künftigen Lizenzproduktion auszuhandeln. Mit finanzieller Beteiligung zahlreicher spanischer Privatbanken kam es so 1950 zur Gründung der Firma SEAT (Sociedad Español de Automóviles de Turismo), wobei Fiat am Gesellschaftskapital anfangs mit nur 7 Prozent beteiligt war. Nach Einigung der Partner wurde damit begonnen, im Freihafengelände von Barcelona die künftigen Werksanlagen zu errichten, ein enormes Bauvorhaben, das sich bis zum Ende des Jahres 1953 hinziehen sollte. Wieder war mit Barcelona die günstig gelegene katalanische Weltstadt als Wiege der künftigen spanischen Autoproduktion gewählt worden; auch die meisten späteren Versuche kleiner Firmen, ins Auto- und Kleinmobilgeschäft einzusteigen, sollten sich auf die alte Handelsmetropole am Mittelmeer konzentrieren.
Ende 1953 rollten die ersten Lizenz-Fiat mit dem neuen Namen SEAT aus der Fabrik. Dabei handelte es sich allerdings nicht um ein allgemein erschwingliches Modell vom Schlage des Fiat 500 etwa, sondern um den Mittelklassewagen vom Typ 1400.
Von einem Beginn der Motorisierung breiter Schichten war erst zu sprechen, als 1957 auch mit der Produktion des in Genf schon Anfang 1955 vorgestellten Kleinwagens vom Typ 600 begonnen wurde. Dieses Modell bestach durch robuste Technik, eine für seine Größe erstaunliche Geräumigkeit und gutes Aussehen. Kein Wunder, daß der SEAT 600 schnell alle Produktionsrekorde brach.
Man konnte den SEAT 600 auch mit großem Faltdach bestellen, und bald gab es auch eine vom Original abweichende, spanische Variante dieses Erfolgsautos für kleine Gewerbetreibende mit der Bezeichnung

»furgoneta comercial«. Bei diesem einfach ausgestatteten Liefermodell waren die hinteren, seitlichen Fensteröffnungen mit Blech verkleidet, und statt der Rücksitzbank gab es einen Blechkasten, dessen Deckel als kleine Ladefläche diente. Wegen der fehlenden Hecktür war das Beladen dieses Geschäftswagens recht umständlich, weshalb viele Besitzer auch noch den Beifahrersitz ausbauten, um das Ladegut nicht hinter der vorgeklappten Sitzlehne vorbeizwängen zu müssen.
Mit leichter Verzögerung machte der SEAT 600 im Laufe seiner Produktionszeit dieselben Veränderungen durch wie sein Vorbild aus Italien. So gab es ab 1963 den SEAT 600 D mit einem auf 767 ccm aufgebohrten Vierzylindermotor und 23 PS Leistung, und im gleichen Jahr erschien auch ein weiteres, rein spanisches Sondermodell auf Basis des FIAT 600. Bei diesem SEAT 800 genannten Modell, das jedoch denselben Motor wie der SEAT 600 D aufwies, war der Radstand um 18 cm verlängert worden, so daß auf der hinteren Sitzbank großzügige Platzverhältnisse herrschten. Die Fondpassagiere konnten beim SEAT 800 durch zwei im Gegensatz zu den Vordertüren vorne angeschlagene Hintertüren einsteigen, was dieses Auto zu einem der komfortabelsten Kleinwagen machte. Auch gab es in den Fondtüren kleine Dreiecksklappfenster, und im Heckteil waren zwei weitere Fensterchen, die den Innenraum dieses kleinen Reise- und Familienwagens hell und freundlich machten. In den Fahrleistungen fiel der 800er natürlich gegenüber dem Normalmodell deutlich zurück, denn der Umbau hatte einiges an Mehrgewicht gebracht, das auch dem kleinen und elastischen Vierzylinder zu schaffen machte.
Dieses Modell 800 löste jedoch keineswegs das zweitürige Grundmodell ab. 1967 wurde der Typ 800 vom neuen Modell 850, dem spanischen Pendant zum neuentwickelten Fiat 850, abgelöst. Heute gehören die viertürigen SEAT 800 schon zu den Seltenheiten.
Nachdem bei Fiat die Herstellung des Typs 600 schon längst eingestellt worden war, lief in Spanien – ähnlich wie beim NSU-Fiat Jagst in Deutschland und beim Zastava in Jugoslawien das Lizenzmodell dieses Erfolgswagens noch immer vom Band. Erst Anfang der siebziger Jahre kam auch in Spanien das Ende für das kleine, unverwüstliche Auto, das an der Motorisierung zahlreicher südeuropäischer Länder so maßgeblichen Anteil hatte.

*Oben: Triver von 1952, gesehen in Madrid.*

*Links: Seat 600 Typ Commercial ohne hintere Seitenfenster.*

*Oben: Ab 1963 bekam man den Seat 800 mit vier Türen. Rechts: Nachfolger Typ 850 corto von 1967.*

*Links: Zwei Versionen des Seat, Lizenz Fiat.*

## TRIVER

Der Triver brachte es 1957 trotz eines nicht gerade ansprechenden Äußeren auf eine Miniserie. Er war das Produkt der Construcciones Acoracadas S. A., eine Firma, die sich auf die Fabrikation von Panzerschränken und Stahlkassetten spezialisiert hatte. Diese Tatsache konnte der Triver auch nicht verleugnen, bestand seine Karosserie doch aus fast 3 mm starkem Blech! Man sah dem Triver auch an, daß

er in reiner Handarbeit entstanden war, denn die Karosse zeigte manche Unebenheit. Charakteristisch war die Front der Kabine mit zwei unter tropfenförmigen Abdeckungen versteckten Scheinwerfern und dem einzelnen Scheibenwischer.
Hinten hatte der Triver eine Schmalspurachse à la Isetta und wurde von einem 339-ccm-Hispano-Villiers-Motor mit zwei Zylindern angetrieben. Durch seitliche, nach hinten öffnende Türen konnten zwei Erwachsene und zwei Kinder einsteigen.
Der Motor stellte rund 14 PS zur Verfügung, hatte jedoch alle Mühe, die schwere Konstruktion einigermaßen zügig in Bewegung zu setzen, so daß die Herstellerangabe einer Höchstgeschwindigkeit von 80 km/h als sehr optimistisch bewertet werden muß. Auch bei der Angabe des Gemischverbrauchs von nur 3,7 Liter auf 100 km war wohl der Wunsch der Vater des Gedankens...

*Der spanische TZ Sider, der ursprünglich Lider heißen sollte. Ein attraktiver Kleinwagen, der 1956 in Zaragoza entstand. Die Karosserie war selbsttragend.*

## T. Z. SIDER

Die Firma Talleres Zaragoza brachte im Jahre 1956 eine winzige Limousine mit schwungvoller Kotflügellinie heraus, bei der ein luftgekühlter 296-ccm-Zweizylindermotor die Vorderräder antrieb. In der selbsttragenden Karosserie hatten bis zu vier Personen Platz. Bei einer Motorleistung von knapp 15 PS konnte man nicht von Übermotorisierung sprechen. Das Mobil hatte hydraulische Bremsen, unabhängig aufgehängte Räder und konnte unter günstigen Umständen knapp 80 km/h erreichen.
Das kleine Auto sollte usprünglich den Namen »Líder« bekommen, doch als die Schriftzüge für die Karosserien bereits fertig und erste Prospekte verteilt waren, mußte man erfahren, daß sich diesen Namen bereits eine amerikanische Firma hatte schützen lassen. Um Ärger zu vermeiden, und da sich glücklicherweise das sehr stilisierte »L« im Schriftzug genausogut als »S« lesen ließ, kam es dann offiziell zu der Bezeichnung »Síder«.
Bis 1959 entstanden nur wenige dieser recht originellen, in aufwendiger Handarbeit hergestellten Kleinwagen mit der Panoramaheckscheibe, obwohl in manchen Autokatalogen der Síder sogar noch bis 1966 auftauchte!

# Ägypten

In den arabischen Staaten beschränkte sich der geringe Bestand an Personenkraftwagen seit jeher auf Importe aus dem Ausland, wobei französische, englische und recht frühzeitig auch schon japanische Marken dominierten. Ende der fünfziger Jahre kam es zu einem mutigen Versuch in Kairo, ein weitgehend in Ägypten konstruiertes Modell, freilich mit umfassender Hilfestellung eines großen deutschen Kleinwagenherstellers, zu entwickeln. Unter beachtlichen Schwierigkeiten gelang es sogar, über Jahre eine wenn auch bescheidene Produktion eines ägyptischen Kleinwagens aufzuziehen.

## RAMSES

1958 beschlossen zwei mutige Ägypter, eine eigene Fahrzeugfabrik zu gründen. Die beiden Partner, der Ingenieur George Hawi und der ehemalige Offizier der Luftwaffe Essam Abu el Ela riefen mit 20000 Pfund die Egyptian Automotive Co. ins Leben und machten sich auf die Suche nach einem geeigneten Werksgelände in der Nähe Kairos.
Während der Bau einer Werkshalle langsam fortschritt, entstand der erste Prototyp, der allein auf Billigkeit ausgelegt war. Die Antriebsmechanik stammte vom englischen Frisky, die Karosserie war etwas kistenförmig geraten. Als dieser »Ramses I« genannte Prototyp erstmals Außenstehenden gezeigt wurde, war das Echo niederschmetternd. Schnell ließ man diesen Ausrutscher wieder verschwinden und faßte den Entschluß, es mit fremder Hilfe noch einmal zu versuchen.
Besonders gut gefiel den Ägyptern der NSU Prinz, und als man Kontakte nach Neckarsulm knüpfte, stieß man dort nicht auf taube Ohren. Man vereinbarte die Lieferung von Motor, Fahrgestell, Bodenplatte und allen anderen mechanischen Teilen nach Ägypten. Gleichzeitig sprach man bei der Turiner Karosseriefirma Vignale vor, um Hilfestellung bei den Karosserieentwürfen zu erhalten. Bald danach trafen erste Kisten mit NSU-Teilen in Kairo ein, zusammen mit zwei schwäbischen Ingenieuren, die den unerfahrenen ägyptischen Autobauern über die Anfangsschwierigkeiten hinweghelfen sollten.
Im Frühsommer 1959 waren die ersten Versuchswagen fahrbereit, kantige, offene Kleinwagen mit NSU-Technik. Schwierigkeiten gab es mit den Arbeitskräften, deren morgenländische Mentalität nur schwer mit einer geregelten Produktion in Einklang zu bringen war. Man dachte auch an eventuelle Exportaufträge und schickte je einen der Prototypen zur Erprobung unter härtesten Bedingungen nach Zentralafrika und nach Nordschweden.
Zu 50 Prozent wurde der Ramses in Ägypten gefertigt. Aus dem Lande kamen die Polster, Reifen, die Farbe, das Verdeck, sogar der Auspufftopf und die plane Windschutzscheibe stammten aus heimischen Werkstätten. Selbst der damalige Regierungschef Nasser wurde auf die Aktivitäten von Hawi und Abu el Ela aufmerksam und verfolgte das Projekt mit sichtlichem Wohlwollen. Eine eigene ägyptische Autofabrik kam ihm bei der Propaganda für ein modernes Ägypten wie gerufen.
Inzwischen hatte man bei der Egyptian Automotive Co. weitere Projekte in Angriff genommen. Nach Plänen von Vignale fertigten die Arbeiter mit einfachstem Werkzeug zwei neue Karosserien an, eine kleine Limousine und ein viersitziges Cabriolet. Allmählich kam eine Art Serienfabrikation in Gang, wobei je nach Laune der Belegschaft zwei bis drei Wagen pro Tag fertig wurden. Das Interesse an den Kleinwagen mit der für ägyptische Straßenverhältnisse zu kleinen Bereifung hielt sich im eigenen Lande in Grenzen, außerhalb Ägyptens war es praktisch nicht vorhanden, nur wenige Ramses wanderten in arabische Nachbarländer.
Ende 1962 wurde ein neues Modell mit der Technik des Prinz 4 und einer dem deutschen Vorbild angenäherten Karosserie vorgestellt, das die drei bisherigen Versionen ablösen sollte. Es gab auch eine Pick-Up- und auf besonderen Wunsch eine Cabrioletausführung. Immer noch wurden die Wagen fast ausschließlich in Handarbeit gefertigt,

*Oben: Ramses Utility, ein offenes Vielzweckauto auf Basis NSU.*

*Rechts: Der offene Ramses von 1960. Die NSU-Presse bezeichnete ihn als den »offiziellen Geländewagen der ägyptischen Armee«.*

*Rechts: Das überarbeitete Ramses Cabriolet von 1961 – formal eine gelungene Kreation.*

*Unten: Ähnlichkeiten mit dem NSU Prinz sind unverkennbar. Der Ramses von 1966 vor ägyptischer Kulisse.*

*Oben: Ramses Gamila, dem man bescheinigte, er »beweise das Talent des ägyptischen Designers und Arbeiters«.*

die gesamte Karosserie, die sich im Lauf der Zeit immer mehr dem Original näherte, wurde zurechtgehämmert. Man hatte keinerlei Pressen, und die Lackierung wurde mit dem Pinsel im Freien vorgenommen. Oft gerieten die Teilelieferungen aus Deutschland ins Stocken; um nicht die Fabrik vorübergehend schließen zu müssen, stellte man inzwischen Rohrstühle und Schreibpulte her, oder setzte Lastwagen instand.
So schwankten auch die Produktionszahlen gewaltig etwa zwischen 405 Wagen im Rekordjahr 1964 und mageren 95 Einheiten zwei Jahre später.
1966 war unter Leitung von Chefingenieur Mohammed Wali eine neue, eckige und dem Prinzen nicht mehr so ähnliche Karosserie entstanden, mit der die Ramses-Wagen ab 1967 ausgerüstet wurden. Ende der sechziger Jahre nahm die Firma mit vermehrter staatlicher Unterstützung einen gewissen Aufschwung, auch ein Zweigwerk zur Lizenzherstellung eines tschechischen Motorrades wurde in Betrieb genommen. Es kam zur Zusammenarbeit mit einem polnischen Nutzfahrzeug-Hersteller, und 1971 erhielt das Stammwerk endlich die erste automatische Presse zur Blechbearbeitung für Kleinteile.

# Frankreich

Frankreich, eine der vier großen automobilproduzierenden Nationen Europas, brachte schon zu Beginn dieses Jahrhunderts eine fast unüberschaubare Zahl verschiedenster Konstruktionen hervor und gilt als Pionier des Automobilsports. Durch ein schon früh gut ausgebautes Straßennetz und eine gegenüber dem Motorfahrzeug verhältnismäßig aufgeschlossene Bevölkerung entwickelte sich die Autoindustrie in Frankreich zu Beginn wesentlich schneller als zum Beispiel in Deutschland. Bis zum Beginn des Zweiten Weltkrieges gab es in Frankreich eine Vielfalt motorisierter Fortbewegungsmittel, die im Bereich des Automobils vom einfachen Dreiradwagen bis zum 12-Zylinder-Luxusgefährt reichten. Hersteller wie Panhard et Levassor, Bugatti, Citroën, Delahaye, Peugeot, Renault, Hotchkiss und Delage, um nur einen kleinen Teil zu nennen, bescherten der Automobilwelt technisch wegweisende und ästhetisch bewundernswerte Wagen, die bis heute unvergessen blieben.

Nach der Besetzung eines großen Teils Frankreichs durch die Deutschen schienen zunächst alle Aktivitäten im Automobilbau zum Stillstand gekommen zu sein. Im Verborgenen wurde an manchem Modell indessen weitergearbeitet, um in der bald erhofften Friedenszeit schnell wieder mit aktuellen Autos präsent sein zu können. Während der Occupation entstanden wegen Benzinmangels eine größere Anzahl von Holzgas- und Elektroautos vom Transporter bis zum Kleinwagen, und manche Firma spezialisierte sich darauf, vorhandene Fahrzeuge auf Batteriebetrieb oder »Gazogène« umzustellen. Trotz der Nachteile des Elektroantriebs wie schwache Leistung und geringe Reichweite blieb Frankreich somit wenigstens teilweise mobil. Bekannte Autofirmen wie La Licorne, Delaunay-Belleville und sogar Hispano-Suiza betätigten sich auf diesem Feld; es gab auch autoähnliche Einfachstfahrzeuge, die wie Kindertretautos allein per Muskelkraft des Insassen in Bewegung zu setzen waren. Auch Charles Mochet, einer der bekanntesten Kleinwagenkonstrukteure in Frankreich, baute solche äußerst primitiven Mobile mit Holzkarosserien, doch blieb der Verkaufserfolg solcher Notkonstruktionen sehr gering.

Anläßlich des ersten Autosalons nach dem Krieg in Paris im Jahr 1946 präsentierte sich eine erstaunliche Anzahl von zum Teil sehr modernen Neukonstruktionen dem staunenden Publikum. Viele der bekannten großen Firmen wie Panhard und Renault präsentierten neue Wagen, während in England, Italien oder gar Deutschland noch kaum wieder die alten Vorkriegsmodelle produziert wurden. Neue Kleinwagen wie der unkonventionelle Mathis 333 oder der brave Rovin 1 CV ließen viele auf baldige Motorisierung hoffen. Natürlich brachten es dann nur die wenigsten Nachkriegspioniere im Kleinstwagengeschäft zu einer richtigen Produktion ihrer Modelle, doch blieb der Autosalon in Paris auch in Zukunft ein Mekka für die Avantgarde. Jedes Jahr sorgten neue, verwegene bis verrückte Mobile für Aufsehen, und selbst als mit dem revolutionären Citroën 2 CV 1949 der vielleicht genialste Kleinwagen auf den Markt kam, wenn man dieses Modell überhaupt zu dieser Kategorie zählen darf, so verebbte die Schar neuer Kreationen auf dem Gebiet der Kleinmotorisierung auf drei bis vier Rädern nur langsam. Die Chancen, ins Geschäft zu kommen, sanken nach dem Produktionsanlauf des 2 CV zwar erheblich, doch lange Lieferzeiten für den kleinsten Citroën und die Möglichkeit, einige der Kleinstmobile mit dem Motorradführerschein oder ganz ohne Fahrerlaubnis bewegen zu dürfen, fällte so manche Entscheidung zugunsten eines Mochet oder Rolux.

Der 2 CV von Citroën oder der Renault 4 CV ließen französische Miniautos nie jenen Grad der Verbreitung erreichen wie in Deutschland, wo es unterhalb des VW Käfers eine Vielzahl relativ erfolgreicher Kleinwagen gab. Doch übertrifft die Zahl der verschiedenen Modelle dieser Klasse in Frankreich sogar noch die Großbritanniens, damals ebenfalls ein Wunderland für Kleinstwagenkonstrukteure und -fahrer.

In den Export hingegen gelangten die französischen Kleinstwagen nur selten und dann nur vereinzelt in die Schweiz oder die Benelux-Länder. In der Bundesrepublik geisterten Mobile wie Reyonnah oder Julien zwar gelegentlich als Kuriosa durch die Fachpresse, im Original waren diese Autos aber fast nur mit etwas Glück bei Besuchen in unserem Nachbarland zu entdecken.

Mit dem Ende der fünfziger Jahre wurde es auch in Frankreich still um die eigenwilligen Konstruktionen für geringste Ansprüche. Der 2 CV war zum beherrschenden und fast unbegrenzt einsetzbaren Volksautomobil geworden, nur vereinzelt kurvten noch, meist von Rentnern gelenkte Mochet durch die Straßen. Auch in Frankreich war die Zeit für solche Extremvehikel zu Ende gegangen.

## AÉROCARÈNE

In Courbevoie an der Seine betrieb der motorsportlich engagierte Konstrukteur Christian Desbenoit ein technisches Büro für Fahrzeugentwicklungen. Schon kurz nach dem Krieg entstanden dort Versuchsfahrzeuge eines kleinen Sportmodells mit für damalige Begriffe futuristisch anmutender Stromlinienkarosserie.

Anläßlich der Pariser Automobilausstellung 1947 trat Desbenoit das erste Mal mit einem fertigen Prototyp an die Öffentlichkeit. Sein dreirädriger Wagen mit der Bezeichnung »Aérocarène 700« stellte auch das an Extreme gewöhnte Pariser Publikum auf eine harte Probe, denn das Mobil hatte weit mehr Ähnlichkeit mit einem Flugzeugrumpf aufzuweisen als mit einem Automobil. Obwohl Desbenoit bei der Frontgestaltung sicher mehr an einen Schiffskiel gedacht hatte (Aérocarène = Luft-Kiel), sah das Dreirad mit seiner Flugzeugkanzel aus Plexiglas eher wie ein Miniatur-Bomber ohne Tragflächen und Leitwerk aus. Die beiden Vorderräder des auf dünnen Reifen rollenden Fahrzeugs waren zu Dreiviertel mit Blech verschalt, wobei sich diese Radgehäuse beim Lenken mitbewegten und integrierte Scheinwerfer auch in die Kurve leuchteten, wie später beim Citroën DS. Unterhalb des spitzen Bugs waren zwei weitere Scheinwerfer angebracht, womit der Aérocarène recht aggressiv aussah.

*Links: Alamagny mit Räderanordnung in Rautenform.*

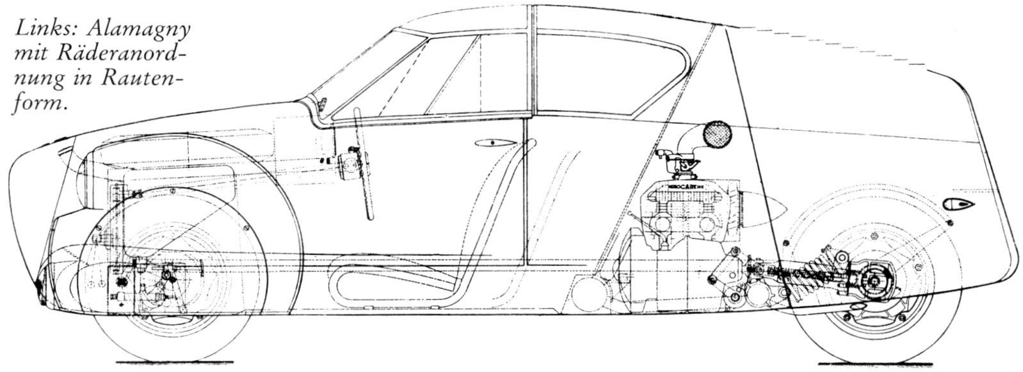

*Aerocarène 1947: Dreirad im Mille-Miglia-Profil…*

*Links: Atlas Babycar von Livry, 1949 erstmals vorgestellt.*

Die Türen samt Vorderwagen der aus Alublech geformten Karosserie ließen sich auf Gleitschienen nach vorne schieben, um den Platz zum Cockpit freizugeben. Im Innenraum ging es recht beengt zu. Das am Ende der spitz zulaufenden Karosserie unter dem Blech hervorlugende Hinterrad wurde von einem Zweizylinder-Zweitakt-Reihenmotor mit 684 ccm über eine Kette angetrieben und mit Torsionsfedern gedämpft. Die Vorderräder waren einzeln an Querlenkern aufgehängt und waren wie das Hinterrad gefedert.
Die leichte Karosserie ruhte auf einem stabilen Rahmen mit zwei Längsträgern und Quertraversen aus Stahl – der ganze Aérocarène wog nur etwa 300 kg. Der Konstrukteur versprach, daß der Wagen bis zu 125 km/h erreichen konnte. Angesichts einer Motorleistung von 23 PS scheint dies durchaus im Bereich des Möglichen gelegen zu haben. Zu einer Serienproduktion des ungewöhnlichen Flitzers sollte es nicht kommen, obwohl auch noch eine Version mit 1 100 ccm Vierzylinder-Viertaktmotor geplant war.
Der 3,43 m lange und nur 1,22 m hohe Wagen tauchte später nicht mehr in der Öffentlichkeit auf.

# ALAMAGNY

Der Auto-Ingenieur Alamagny, der seine Erfahrungen im Automobilbau unter anderem auch bei Renault gesammelt hatte, überraschte im Frühjahr 1948 mit einer sonderlichen Eigenkonstruktion. Das immerhin 342 cm lange Auto fiel durch eine bauchige, symmetrische Karosserie und rautenförmige Anordnung der vier Räder auf. Die geteilten Front- und Heckscheiben waren weit in die Seiten herumgezogen und bildeten eine Art Kanzel. Die Doppelscheinwerfer waren übereinander angeordnet. Almagny hatte anscheinend die Absicht gehabt, alles anders als bei normalen Autos zu machen. Über der angetriebenen Achse, genau in der Mitte des Fahrzeugs, war der Motor installiert, der vom Simca 5 stammte, wie auch das Getriebe. Dieser kleine Vierzylinder leistete 13 PS bei 3 600 U/min und brachte den Alamagny angeblich auf eine Spitzengeschwindigkeit von 85 km/h. Der Motor saß also quer zwischen den Antriebsrädern und nahm natürlich durch diese Lage wertvollen Platz weg, doch Alamagny hatte auch dafür eine Lösung parat. Wie beim späteren Zündapp Janus wurden die vier Passagiere auch hier Rücken an Rücken plaziert, so daß die hinten Sitzenden aus dem Rückfenster schauen mußten. Nur der mittlere Karosserieteil über der Antriebsachse mit dem Motor war beim Alamagny fest mit dem Rahmen verbunden, während sich der Rest der 160 cm breiten und 132 cm hohen Karosserie in zwei Hälften je nach vorne und hinten klappen ließ, um den Einstieg zu den vier Sitzplätzen zu ermöglichen. Die Türgriffe lagen direkt neben den Windschutzscheiben, die Symmetrie blieb bis ins Detail gewahrt. Probleme bereitete die Kühlung des Motors, der ja in der Fahrzeugmitte untergebracht war; selbst sorgfältig angelegte Kühlluftschächte hätten sicher nie ganz ausgereicht, um den Vierzylinder mit der nötigen Kühlluft zu versorgen.
Es war zu erwarten, daß dieses Fahrzeug nicht auf ungeteilten Beifall stieß. So blieb es bei einem einzigen Prototyp des Alamagny Kleinwagens, und es ist nicht bekannt, was aus diesem Exemplar geworden ist.
Die Idee der Radanordnung in Rautenform wurde einige Jahre später noch einmal aufgegriffen (siehe »Prvenac«), doch auch bei diesem Versuch traf der Konstrukteur auf wenig Sympathie.

# ATLAS, KOVER & LE PIAF

Auch der niedliche »Atlas« gehörte zu den zahlreichen tretautoähnlichen Vehikeln, die im Nachkriegs-Frankreich auftauchten. Doch anders als in Deutschland blieben solche Fahrmaschinen krasse Außenseiter. Der auch »Babycar« genannte Atlas wurde auf dem Pariser Salon von 1949 vorgestellt. Er war das Produkt einer Zusammenarbeit der Firmen Societé Industrielle de Livry und Duriez in Paris, wobei letztere schon durch den Bau von Kleinlieferwagen auf Jeep-Fahrgestellen und eine Cabrioletkarosserie für den beliebten Renault 4 CV aufgefallen war.
Der Atlas hingegen war eine Art »Micky-Maus-Auto«, mit einer großen Wagen nachempfundenen Minatur-Cabrio-Karosserie, Faltverdeck und winzigen Rädern. Die Sitzbank war relativ breit geraten, auf

ihr konnten zwei Personen gut sitzen. Mit einer Länge von nur 277 cm und einem Gewicht von rund 270 kg gehörte der anfangs auch unter dem Namen »Coccinelle« gezeigte Atlas zu den ganz Kleinen. Nachdem im Prototyp von 1949 ein 125-ccm-Motor eingebaut gewesen war, bekam das Produktionsmodell ab 1950 ein 175-ccm-Einzylinder-Aggregat, das im Viertaktverfahren arbeitete und aus dem Motorradsektor stammte. Mit einem Vierganggetriebe konnten mit dieser Version knapp 60 km/h erreicht werden. Es gelang, eine Kleinstserie dieses Wägelchens aufzulegen; bis 1952 wurde es auch mit einem 200-ccm-Zweitaktmotor angeboten. Es ist nicht bekannt, wie viele Exemplare hergestellt wurden, und es scheint auch keines überlebt zu haben.
Von denselben Firmen wurden zwei weitere Kleinstwagen angeboten, die jedoch ebenso wenig erfolgreich blieben. Von diesen beiden auf dem Pariser Salon 1951 präsentierten Mobilen war der »Kover« noch der ansehnlichere, obwohl er gewissermaßen nur eine Primitivversion des Atlas darstellte. Er wurde von dem gleichen AMC-Motor angetrieben, doch war die Karosserie wesentlich schmuckloser und hatte neben damals schon altmodischen freistehenden Scheinwerfern nicht einmal die Annehmlichkeit eines Verdecks zu bieten. Nur kurze Zeit war der Kover im Programm der Pariser Firma, dann versuchte ein Spanier sein Glück damit (siehe »Kover-Capilla«).
Noch einen Schritt weiter zur Vereinfachung ging man mit dem Typ »Le Piaf« (Spatz). Er stellte im Grunde ein Plagiat des ein Jahr zuvor vorgestellten und vieldiskutierten Voisin Biscooter dar, der mit seiner fragmentarischen Karosserie aus Rohren und Blechelementen in etwa den untersten Punkt der vierrädrigen Motorisierung nach 1945 markiert hatte. Die Sitze des nach allen Seiten völlig offenen Piaf bestanden aus einem Stahlrohrrahmen mit wie bei Liegestühlen eingehängter Stoffbahn. Die vordere Haube bestand ebenfalls aus Textilmaterial, den Rest der Karosserie zierten zahlreiche Ecken und scharfe Kanten: einem Zulassungsbeamten würden sich bei dem Anblick eines solchen Autos heute die Haare sträuben. Vielen Franzosen ging es damals offensichtlich ähnlich, denn auch der Piaf entstand 1951 nur in einigen wenigen Exemplaren.

# AVOLETTE

Mitte der fünfziger Jahre hatte der findige, wenn auch erfolglose Kleinwagenbauer Egon Brütsch eine Lizenz zum Bau seiner dreirädrigen »Kunststoffeier« an eine französische Firma in Paris mit dem Namen Societé Air-Tourist verkaufen können. Dort gab man sich jedoch nicht mit dem simplen Nachbau des offenen Zwerg-Zweisitzers zufrieden, sondern baute das Modell in ein eigenständiges Modell mit der Bezeichnung Avolette um. Pünktlich zum Pariser Salon 1955 war die Firma dann gleich mit fünf Versionen zur Stelle. Gemeinsam war allen Modellen ein kräftiger Zentralrohrrahmen mit T-förmigem vorderen Ende zur Aufnahme der Radaufhängungen (die Vorderräder des ersten Brütsch-Mobils waren noch an der Plastikschale befestigt gewesen). Das kettengetriebene Hinterrad saß in einer einfachen, gummibandgefederten Schwinge. Die obere Schale der Avolette hatte man durch einen einfachen Rohrkäfig verstärkt, die Kotflügel wurden mit angenieteten Alublechen gehalten, die gleichzeitig als Trittbretter dienten. Ein einzelner Scheinwerfer in der Mitte der Front trug ebenfalls zur Unterscheidung vom Brütsch-Wagen bei.
Die Zahnstangenlenkung wurde höchst einfach mit einer in einem Rohr geführten, flexiblen Welle aktiviert, eine in unseren Breiten nicht eben vertraueneinflößende, aber unerreicht simple Lösung. Das Basismodell »Avolette Normale«, das gegen Mehrpreis mit Verdeck geliefert wurde, hatte als Antrieb einen 125-ccm-Ydral-Zweitakter mit

*Rechts: Avolette 1957 mit einem Aufbau aus glasfaserverstärktem Kunststoff. Unten: Das Rohrrahmen-Chassis der Avolette.*

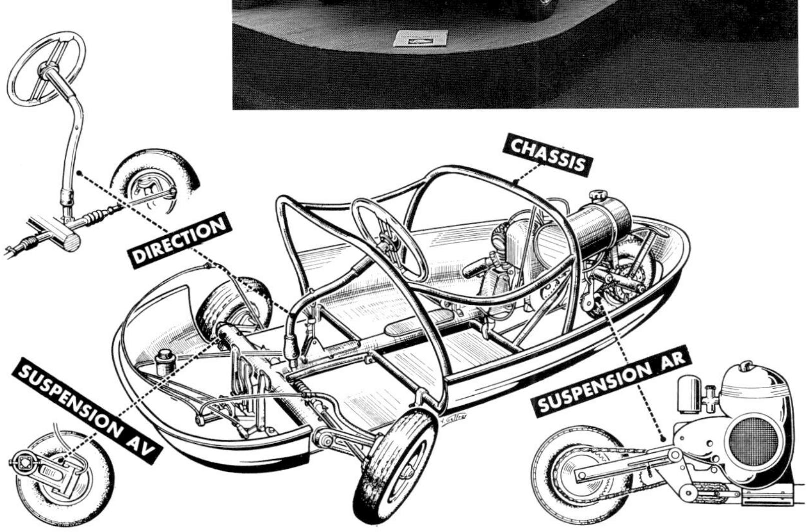

*Eine Avolette mit Hardtop, 1956. Die Ähnlichkeit mit dem zeitgenössischen Brütsch ist erkennbar.*

etwa 7 PS Leistung und mußte mit der Hand angeworfen werden. Diese Einfach-Version erreichte mit einem Dreiganggetriebe immerhin 70 km/h und hatte den großen Vorteil, daß man in Frankreich keinen Führerschein brauchte, um sie fahren zu dürfen.
Die Avolette Tourisme hatte den nächstgrößeren Ydral-Motor mit 175 ccm Hubvolumen und etwa 10,4 PS. Das Heckmotorfahrzeug war knapp über 80 km/h schnell. Statt des Stoffverdecks konnte man ein eigenwillig aussehendes Hardtop aus Plastik erhalten. Das feste Dach mit großen, gewölbten Plexiglasscheiben hatte neben dem besseren Schutz vor Regen den Vorteil, daß damit auch die gegen Aufpreis lieferbare Warmluftheizung besser wirkte. Zum Einsteigen konnte das Dach nach hinten geklappt werden.
Das in der Avolette-Rangordnung nächsthöhere Modell war die Tourisme de Luxe mit 200-ccm-Sachs-Motor (bekannt aus Fuldamobil und Messerschmitt), womit die Avolette aber nicht schneller war, höchstens in der Elastizität etwas gewann. Durch Änderung der Drehrichtung des Motors hatte man auch in der Avolette die Möglichkeit, vier Rückwärtsgänge zu schalten.
Es gab auch ein Modell Record de Luxe mit 250-ccm-Einzylindermotor von Maico und einer Leistung von 14 PS. Geschwindigkeiten bis zu 110 km/h konnte man in der Coupé-Version der Avolette Record erleben, doch gehörte eine gehörige Portion Fatalismus dazu, wenn auch alle Dreiräder mit hydraulischen Bremsen ausgerüstet waren. Als Spitzenmodell wurde im Prospekt schließlich ein Typ Compétition mit frisiertem 19-PS-Maico-Motor angekündigt, der über eine schnittige, geschlossene Kunststoffkarosserie verfügen und bis zu 120 km/h erreichen sollte, doch ging dieser Typ mit der »raffinierten Linie des modernen Jets« nicht in Produktion.
Von den übrigen Modellen, vor allem der 125-ccm-Version, konnten tatsächlich einige in Frankreich verkauft werden, bis im Herbst 1957 ein modernisiertes Nachfolgemodell vorgestellt wurde. Diese neue Avolette, nach Meinung der Werbeleute »ihrer Zeit um zehn Jahre voraus«, hatte eine »avantgardistisch« geformte, aus einem Stück bestehende Karosserie aus Kunststoff. Das alte Chassis hatte man mit Blechen verstärkt und abgedichtet. Als Motorisierung standen jetzt zwei Lambretta-Motoren mit 125 bzw. 150 ccm und 5 bis 6,5 PS zur Verfügung; die neue Avolette erreichte damit zwischen 65 und 75 km/h. Um ein Rolldach und Seitenteile an diesem türlosen Dreirad befestigen zu können, liefen zwei Stahlrohre vom Scheibenrahmen in hohem Bogen bis hinter die Sitzbank. Vor allem in geschlossenem Zustand sah die neue Avolette nicht sehr vorteilhaft aus, und nur wenige Wagen konnten noch abgesetzt werden, ehe die Fertigung 1958 eingestellt wurde. Von der Avolette ersten Typs hat zumindest ein Exemplar die Zeiten überdauert.

## BERNARDET

Schon während der letzten Kriegsjahre hatte sich die Firma der Gebrüder Bernardet mit der Konstruktion eines sportlichen Zweisitzers mit sparsamer Motorisierung beschäftigt. Auf einem massiven Kasten-Plattformrahmen ruhte eine eindrucksvolle Stahlblechkarosserie ganz im amerikanischen Stil mit betont hervortretender Kühlernase und auffallend geschwungenen Kotflügeln. Als Antrieb des auf dem ersten Pariser Salon nach dem Krieg 1946 ausgestellten Wagens diente zunächst ein wassergekühlter Boxermotor mit rund 800 ccm Hubraum

*Ganz oben: Bernardet Cabriolet von 1948. Darunter: Der 1949er Bernardet mit 23-PS-Motor.*

*Unten: Ein Boitel Prototyp von 1949. Der zweisitzige Miniatur-Roadster weist alle Attribute eines »richtigen« Autos auf.*

und einer Leistung von 23 PS. Dieser Motor konnte einschließlich Vierganggetriebe und Vorderradantrieb zu Reparaturzwecken leicht vom Rest des Wagens getrennt werden. Zu jeder der folgenden Autoausstellungen in Paris schickte Bernardet modifizierte Versionen seines Wagens, allerdings ohne je eine Produktion in Gang zu bringen. Nach einigen Wagen mit leicht veränderter Karosserie (allen gemeinsam war eine um die Seiten herumgezogene Windschutzscheibe) und einer Hardtopvariante 1947/48, gab es 1949 ein letztes, völlig neues Modell.
Der neue Bernardet hatte eine glattflächige kastenförmige Pontonkarosserie mit aufknöpfbarem Stoffverdeck und rahmenloser Frontscheibe. Als Antrieb diente nun ein querstehender Vierzylinder-Reihenmotor, der im Zweitaktverfahren arbeitete. Das elegante kleine Coupé sollte drei Personen nebeneinander Platz bieten können; die Türen öffneten nach hinten und hatten hervorstehende Scharniere.
Mangels geringer Verkaufsaussichten gaben die Brüder Bernardet im Laufe des Jahres 1950 ihren Traum vom Serienbau ihres etwa 100 km/h schnellen Wagens wieder auf. Sie widmeten sich in der Folge dem Bau von Motorrollern, die bessere Geschäfte versprachen. In dieser Sparte war die Firma auch recht erfolgreich, und der Name Bernardet wird heute in Frankreich nur mit Motorrollern in Verbindung gebracht – nicht mit Automobilen.

## BOITEL

Ähnlich wie Bernardet brachte auch die im 13. Pariser Bezirk ansässige Konstruktionsfirma Boitel schon 1946 ein eigenes Kleinwagenprojekt auf den Markt. Mit viel Aufwand hatte man eine recht hübsche, selbsttragende Ganzstahlkarosserie zurechtgehämmert. Die vier Räder waren an Schraubenfedern aufgehängt, und im Heck saß ein 400-ccm-Zweizylinder-Zweitakt-Motorradmotor mit Wasserkühlung, der etwa 12 PS leistete und den ca. 3,15 m langen und 350 kg schweren Boitel Roadster im besten Fall 75 km/h erreichen ließ. Freistehende Scheinwerfer, Speichenräder und verdeckte Hinterräder waren äußere Merkmale des Boitel der ersten Form. Man hatte es für wichtig erachtet, der Kühlernase eine Gitterattrappe zu verpassen, um vom kleinen Heckmotor abzulenken: Richtige Autos hatten damals noch den Motor vorn!
Wenige Exemplare des Boitel waren in handwerklicher Arbeit bis 1948 entstanden, als in Paris ein verbessertes Modell ausgestellt wurde. Außer leichten Retuschen der Karosserie war die wichtigste Neuerung jetzt ein 18-PS-Zweitakt-Zweizylinder von DKW (Meisterklasse), der eine Höchstgeschwindigkeit von 85 km/h erwarten ließ. Neu war auch die Einzelradaufhängung der Hinterräder des Boitel mit einstellbaren Stoßdämpfern. Ein Dreiganggetriebe mit Rückwärtsgang gehörte ebenso zur Ausstattung wie hydraulische Vierradbremsen. Der Boitel wollte nicht als »Motocar«, sondern als kleines Auto betrachtet werden.
Dieser Eindruck verstärkte sich 1949, als ein um zwei PS stärkerer Boitel vorgestellt wurde, der angeblich fast 100 km/h laufen sollte. Dieses Modell war auch mit einem Hardtop erhältlich, doch bestand schon damals in Frankreich kaum mehr Interesse an solchen im Grunde unpraktischen Wagen. Mit dem Renault 4 CV und dem Citroën 2 CV gab es geräumigere und zuverlässigere Kleinwagen. Zweisitzer mit schwacher Motorleistung hatten keinen Markt mehr.
Wahrscheinlich wurden kaum mehr als eine Handvoll Boitel Kleinwagen zwischen 1946 und 1949 gefertigt, und es ist nicht bekannt, ob heute noch ein Exemplar existiert.

## BRISSONNET

Für den Salon des Jahres 1953 in Paris hatte sich die Firma Brissonnet in Neuilly etwas Besonderes ausgedacht. Mit Spezialteilen und Zubehör für den Citroën Traction Avant und mit einem eigenen Motorroller bisher recht erfolgreich, versuchte man ins Geschäft mit Microautos einzusteigen. Das Dreirad, das 1953 unter dem Namen Soucoupe Roulante (Rollende Untertasse) vorgestellt wurde, war eines der kleinsten Mobile, die je in Frankreich entstanden. Das hintere Einzelrad trieb ein 200 ccm Zweitakter an, der mit einem Dreiganggetriebe (sogar mit Rückwärtsgang) gekoppelt war. Nur mit Mühe konnten sich in das winzige, türlose und offene Cockpit zwei Leute quetschen. Die rundliche Karosserie sah zwar recht originell aus, entbehrte aber jeglicher Nutzbarkeit. Nach dem Salon kam das Projekt nicht wieder zum Vorschein.

*Oben: Brissonet Kleinstwagen 1953 – kaum für zwei Personen ausreichend!*

*Rechts: Cabriolet von Chausson mit wassergekühltem Einzylindermotor und Einzelradaufhängung.*

## CHAUSSON

Der Chausson Kleinwagen, ein leichter Roadster mit Stoffverdeck ohne Seitenteile und ohne Türen, war schon während des Zweiten Weltkriegs entwickelt worden. Die Firma Societé des Usines Chausson, ansässig in Asnières, hatte sich vor dem Krieg als Karosseriewerk einen guten Namen erworben und produzierte zudem Kühler und verschiedene Blechteile für einige französische Autofirmen.
So verfügte der kleine Chausson über eine qualitätvolle und zudem leichte Karosserie in selbsttragender Bauweise mit Kastensegmenten im Chassisbereich. Auch die Form gefiel dem interessierten Publikum. Als Antrieb diente ein wassergekühlter Einzylinder-Zweitakter, der 10 PS bei einem Hubvolumen von 350 ccm abgab und seine Kraft über ein Dreiganggetriebe auf die Vorderräder übertrug. Alle vier Räder waren einzeln aufgehängt. Eine Serienfertigung des Chausson

scheiterte dennoch, und zwar an den Versorgungsschwierigkeiten in der französischen Autoindustrie.
Dafür trat 1948 die englische Firma L. T. Delaney and Sons, Ltd., Cricklewood, auf den Plan, die einen Prototyp des Chausson nach England importierte und auf Herz und Nieren prüfte. Sie gedachte den Roadster in Linzenz zu bauen. Selbst jedoch ebensowenig zur Autoproduktion fähig, versuchte man am Ende die Firma Austin für das Projekt zu gewinnen. Austin zeigte sich auch durchaus nicht abgeneigt, einen sorgfältig konstruierten, sportlichen Kleinwagen wie den Chausson ins Programm zu nehmen, doch auch dieser bedeutende Hersteller erhielt in jenen Zeiten kaum ausreichende Blechzuteilungen, um seine gefragten 8- und 10-PS-Limousinen in genügender Menge auflegen zu können. Nun fand sich niemand mehr, der das Abenteuer einer Autoproduktion unter diesen Umständen mit dem Chausson-Wagen wollte. Bald verschwand der sympathische Roadster in der Versenkung.

## CITROËN

Über den 2 CV von Citroën, die »Ente«, wurden schon zahlreiche Bücher geschrieben, so daß ich mich in diesem Rahmen auf Wesentliches beschränken möchte. Im Grunde könnte man sich fragen, was ein Auto dieser Größenordnung in einem Buch über Kleinwagen überhaupt zu suchen hat. Doch der 2 CV war von der Motorisierung her ein »Zwerg« und auch zu Kleinwagenpreisen zu haben. Unter der mächtigen Motorhaube hatte er einen Miniatur-Zweizylinder mit 375 ccm Hubraum und 9 PS Leistung. Vielleicht war und ist der kleinste Citroën der gelungenste Kleinwagen überhaupt, denn kein Konkurrenzmodell konnte bisher in bezug auf Platzangebot und Komfort bei bescheidenster Motorisierung auch nur entfernt mithalten. Ist dies nicht die Maxime im Kleinwagenbau?
1936 hatte man bei Citroën unter Pierre Boulanger begonnen, ohne Rücksicht auf bestehende Vorbilder ein einfaches Fahrzeug zu entwerfen. Im Herbst 1939 war man kurz davor, den Wagen auf dem Pariser Automobilsalon zu präsentieren, als der Krieg das Projekt einfror und es dann nur langsam und im Geheimen weiter gedeihen ließ. Und es dauerte noch bis zum dritten Nachkriegssalon in Paris 1948, ehe der Schleier endlich gelüftet wurde – man hatte kein Risiko eingehen wollen. Was schließlich präsentiert wurde, war ein atemberaubend unansehnliches, dünnwandiges und hochbeiniges Vehikel, doch die beiden Ausstellungswagen wurden von neugierigen Menschenmassen beinahe zerdrückt. Der 2 CV hatte genau ins Herz der Autofahrer getroffen, die sich schon lange nach einem billigen, praktischen und angenehm zu fahrenden Kleinwagen für die ganze Familie gesehnt hatten. In Deutschland schüttelte man zunächst nur den Kopf…
In Frankreich wurde der 2 CV bald für Hunderttausende zu einem nützlichen und anspruchslosen Begleiter. Modischen Firlefanz hatte er nicht nötig. Er war der erste Citroën mit Viergangschaltung. 1955 wuchs der Motor auf 425 ccm und 12 PS.
Diverse 2 CV waren inzwischen durch alle Erdteile gefahren und hatten Pisten gemeistert, die Geländewagen vor Probleme stellten. Bald gab es Montagewerke in Belgien und England, später auch auf der iberischen Halbinsel und in Asien. In einigen Gebieten der Erde hatte die Vernunft im Kleinwagenbau anscheinend tatsächlich gesiegt.

*Ganz oben: Citroën Vorserienwagen 2 CV von 1948.*
*Darunter: Die weltberühmte »Ente« aus der Produktion der fünfziger Jahre.*

*Ganz links: Die Ur-»Ente« war als eine fahrbare Gartenlaube mit nur einem Scheinwerfer geplant gewesen…*
*Daneben: Interieur eines 2 CV von 1959.*

*Oben: Stets eine Sensation war der Citroën 2 CV auf den Ausstellungen (Paris 1950).*

*Links: Decolon 1957. Wahlweise mit Elektrostarter!*

1958 wurden zaghafte Versuche unternommen, den 2 CV als »Mompti« in Deutschland anzubieten, zuerst ohne Erfolg. Um so größer war die Akzeptanz in den sechziger Jahren. Die »Ente«, nun mit 16 PS, wurde zur materialisierten Weltanschauung. Besser angezogene Verwandte in Gestalt des »Ami« und der »Dyane« traten auf den Plan, doch keines dieser Fahrzeuge erreichte die Ausstrahlung des 2 CV.
Ständig erfuhren die Wagen kleine Verbesserungen, und die Motorleistung kletterte schließlich bis auf 29 PS (bei keinem anderen Personenwagen wurde im Laufe seiner Bauzeit die Motorleistung mehr als verdreifacht). Ende der siebziger Jahre erklärten viele den Wagen für »out«, für einen technischen Anachronismus. Doch er wurde noch bis Juli 1990 hergestellt und nicht einmal schlecht verkauft, selbst nachdem das französische Mutterwerk seine 2-CV-Produktion allein dem portugiesischen Linzenznehmer überlassen hatte.

## DECOLON

Das Decolon-Dreirad war der sehr späte Versuch der Établissements M. Decolon in Champigny-sur-Marne, noch 1957 ins Geschäft mit den Kleinstwagen einzusteigen. Die Firma hatte sich bis dahin mit der Fertigung von Moped- und Motorrad-Rahmen und -Gabeln beschäftigt und war auf das Bedürnis nach einem Motorrad mit drei Rädern aufmerksam geworden. Man wollte die niedrigen Betriebskosten eines Motorrades mit den Annehmlichkeiten eines Autos verbinden.
Auf einen einfachen Rohrrahmen zur Aufnahme von zwei Vorderrädern und einer Hinterradschwinge setzte man eine in mehreren Schichten modellierte Kunststoffkarosserie (»leicht, solide und unvergänglich«) mit kleinen Seitentüren, die sich durch tiefe Ausschnitte auszeichneten. Zwei Scheinwerfer und eine Scheibe aus Sicherheitsglas ließen den Decolon von vorn tatsächlich autoähnlich aussehen. Erst hinter der Sitzbank verjüngte sich der Aufbau zum dritten Rad hin. Als Motor diente ein Einzylinder-Zweitaktaggregat der Firma Ydral, wie er von vielen Kleinwagenherstellern in Frankreich bevorzugt wurde. Eine 125-ccm-Version mit 5 PS sollte Interessenten ohne Füh-

rerschein anlocken, während Umsteiger vom Motorrad mit einer 175-ccm-Version bedient werden konnten, die 10 PS leistete. Geschaltet wurde über eine Dreigang-Ratschenschaltung mit Rückwärtsgang, die Fußbremse wirkte mechanisch auf alle drei Räder. 3,09 m war die ganze »Carrosserie Sport« des Decolon lang, der etwa 220 kg auf die Waage brachte. Wer sich den Aufpreis für einen elektrischen Anlasser sparen wollte, erhielt sein Decolon-Dreirad mit Handstarter. Im Innenraum herrschte biedere Kleinwagengemütlichkeit mit einem schönen hellen Lenkrad wie im großen Auto und einer mit kariertem Stoff überzogenen Doppelsitzbank. Der Decolon war nichts für sportlich ambitionierte Kleinwagenfahrer, man konnte sich eher ein rüstiges Rentnerpaar darin vorstellen. Trotz aller Mühen ließ die Nachfrage nach dem Dreirad jedoch sehr zu wünschen übrig, und so wurden während einer kurzen Bauzeit nur wenige Wagen verkauft. Keiner scheint erhalten geblieben zu sein.

## DESHAIS

Auf der Pariser Automobilausstellung 1950 zeigte die Firma Automobiles Deshais den Prototyp eines hübschen, zweisitzigen Kleinwagens. Die Karosserie war nach Angaben der Hersteller in Monocoque-Bauweise entstanden und verhalf dem fertigen Wagen zu einem geringen Gewicht von nur etwa 180 kg. Der Roadster mit leichtem Verdeck, der zwei Erwachsenen Platz bot, war sicher eine der damals gelungensten Versuche, einen attraktiven Kleinwagen zu präsentieren. Normal große Räder verstärkten den Eindruck eines ernstzunehmenden Autos – erst nach Öffnen der Motorhaube offenbarte sich das wahre Naturell des Deshais. Dort war ein 125-ccm-Motorradmotor mit nur 6 PS Leistung eingebaut. Auf Wunsch konnten jedoch auch Aggregate mit 250 oder 350 ccm verschiedener Hersteller installiert werden, Kupplung und die Viergangschaltung mit Rückwärtsgang ließen sich laut technischer Beschreibung jedem Motorradmotor anpassen. Frontantrieb und Differential machten den Deshais, zusammen mit einem relativ üppigen Radstand von zwei Meter, zu einem angenehm zu fahrenden Mobil, und mit einem 350-ccm-Motor mit etwa 15 PS konnte man schon flott vorankommen.
Doch nur wenige Franzosen konnten sich für einen Kauf dieses Wagens entscheiden, so versuchte die Firma im Herbst 1951, mit einem verbesserten Modell ins Geschäft zu kommen. Der neue Prototyp hatte nun einen wassergekühlten Zweizylindermotor von 420 ccm quer eingebaut und versprach bessere Fahrleistungen mit niedrigerem Geräusch- und Vibrationsniveau als bei den luftgekühlten Einzylindermotoren der Vormodelle. Ansonsten hatte sich nichts Wesentliches an der Bauweise des attraktiven »motocars« geändert. Allerdings war der Preis in Höhen geklettert, die das Interesse am Deshais praktisch im Keime erstickten. Für die 400 000 (alten) Francs, die für den Deshais gefordert wurden, konnte man sich bereits die Einfach-Ausführung des Renault 4 CV leisten. So war der Name Deshais bereits Anfang 1952 wieder verschwunden; von den vermutlich sehr wenigen Fahrzeugen fehlt heute jede Spur.

## DOLO

Auf dem Autosalon in Paris 1947 erregte ein seltsamer kleiner Wagen das Interesse vieler Besucher. Er hieß Dolo, und sein auffälligstes Merkmal war ein durchsichtiger Dachaufbau aus Plexiglas. Als Hersteller firmierte eine Firma B. D. G., wobei die Buchstaben für die Namen der drei Konstrukteure des Wagens Brun, Dolo und Galtier standen, die in Puteaux über einen modernen, leistungsfähigen Kleinwagen nachgedacht hatten. Mit Erkenntnissen aus der Luftfahrt und mit konsequentem Leichtbau wollte man ein überlegenes Fahrzeug schaffen. Unter Leichtbau verstand man den Bau des Chassis aus Leichtmetall in Kastenform, wobei man die Einzelteile elektrisch verschweißte; vorne und hinten waren Ausleger für die Radaufhängungen montiert. Alle Räder waren an Drehstäben einzeln geführt und mit hydraulischen Stoßdämpfern gefedert. Als Antrieb wählte man einen Vierzylinder-Boxermotor mit 592 ccm Hubraum und Luftkühlung, der die Vorderräder bewegte. Mit einem Schalthebel unter dem Lenkrad bediente man das Vierganggetriebe, bei dem der dritte und vierte Gang synchronisiert waren. Natürlich fehlte auch der Rückwärtsgang nicht. Die glattflächige Karosserie zeichnete sich durch barocke Rundungen aus, vor allem prägte eine ausgeprägte, zurückversetzte »Kühlernase« die Front, verziert durch ein kleines Luftgitter zwischen den tiefliegenden Scheinwerfern. Verglichen mit anderen Wagen jener Zeit, hätte der Dolo damit im Windkanal sicher gut abgeschnitten. Der Dolo JB 10 rollte auf 15 Zoll großen Rädern, die hinteren Radausschnitte waren elegant mit abnehmbaren Blechen verdeckt.
Um einzusteigen, mußte man auf einen Knopf vor der Tür drücken, dann sprang das Schloß auf und gab den Einstieg frei. Auf verstellbaren Einzelsitzen nahm man Platz. Über einem hübsch arrangierten Armaturenbrett mit zentralem Instrumententräger und kleinen Fächern links und rechts saß die geteilte Windschutzscheibe mit doppelten Wischern. Man kam sich unter dem transparenten Dach wie in einer Käseglocke vor, wobei die Belüftung sehr zu wünschen übrig ließ, da sich die Seitenscheiben nur knapp öffnen ließen. Bei strahlen-

*Links: Deshais Roadster 1950 – er war zu teuer, um überleben zu können.*

*Dolo auf dem Pariser Autosalon 1947.*

*Gegenüberliegende Seite: Größter unter den Kleinen – NSU 1200 von 1967.*

*Bitte lesen Sie weiter auf Seite 145*

1200
HN-HC 258

*Oben: Messerschmitt Kabinenroller KR 175 von 1953/54.*

*Links: Heinkel Kabine von 1956/57. Im Unterschied zur Isetta blieb die Lenksäule beim Öffnen der Fronttür stehen.*

*Rechts: FMR Tg 500 alias Tiger von 1958.*

FRI-WM97

*Rechts: DKW F 12 von 1963, mit 890 ccm Hubraum schon ein »Großer« unter den Kleinen.*

*Links: Goggomobil aus dem Hause Glas. Bis Baujahr 1964 waren die Türen hinten angeschlagen.*

*Unten: Sportliche Variante des Goggomobils, ein zweisitziges Coupé von 1965 – mit Weißwandreifen!*

LUFTHANSA
M HN 451

*Links: Alta Kleinfahrzeug aus Griechenland, eine auf dem Fuldamobil basierende Lizenz-Konstruktion.*

*Unten: Prototyp eines Kleinwagens, der Anfang der fünfziger Jahre bei BMW in München entstanden war. Das Einzelstück gehört heute zur Söderström-Kollektion in Malmö.*

*Oben: Zündapp Janus, eine ungewöhnliche Konzeption von 1957, die sich nur geringen Zuspruchs erfreute.*

*Rechts: In Spanien hergestellter PTV. Im Heck hatte er einen 250-ccm-Enzylindermotor. Das Auto galt als eine robuste Konstruktion.*

Rechts: Der erste DAF von 1959. Daß man in ihm weder zu kuppeln noch zu schalten hatte, daß er einen luftgekühlten Boxermotor sowie ringsum Einzelradaufhängung aufwies, galt als sensationell.

Unten: Ausgesprochen sportliche Design-Akzente weist dieser Berkeley auf, den es von 1956 bis 1961 gab; einige Exemplare wie dieses hatten nur drei statt vier Räder, was in England Steuerermäßigung versprach.

dem Sonnenschein verwandelte sich die Plexiglaskuppel rasch in ein Treibhaus mit tropischen Temperaturen. Notfalls konnte man eine hinter der Kindersitzbank zusammengefaltete Plane bis hinter die Frontscheibe ziehen. Das steil abfallende Heck des Dolo wurde von einer dezenten Mittelflosse geziert, ein großer Deckel verschloß einen ansehnlichen Kofferraum.
Laut Katalog sollte der bei 4200 Touren 23 PS starke Dolo 120 km/h erreichen können und dabei nur 3,5 Liter/100 km verbrauchen. Wenn das kein Optimismus war! Der potentielle Interessent hatte übrigens die Wahl zwischen zehn Karosseriefarben und dazu passenden Stoffen für das Interieur. Natürlich fand solch ein Auto durchaus Käufer, und die Herren Brun, Dolo und Galtier weigerten sich nicht, Bestellungen und Anzahlungen für ihre Schöpfung entgegenzunehmen; die Frage einer Produktionsfinanzierung war ohnehin noch ungeklärt. Bald mußte man freilich einsehen, daß eine Serienfertigung dieses komplizierten Autos die Möglichkeiten der drei Herren weit überstieg, auch eventuelle Geldgeber nahmen nach eingehender Begutachtung des Prototyps von ihrem Vorhaben schnell Abstand. So war Mitte 1948 der Traum vom Dolo Kleinwagen an der harten Realität gescheitert. Viel Geld erwartungsvoller Käufer war in das Projekt geflossen... Am Ende traf man sich vor Gericht wieder: die Geschichte des Dolo nahm ein wenig rühmliches Ende. In vieler Hinsicht hätte der Wagen durchaus Interessantes geboten. Sogar ein großer Dolo war noch in Prospekten aufgetaucht, mit einem Achtzylindermotor bestehend aus zwei gekoppelten Motoren des JB 10. Doch dieses Modell kam nicht mehr über das »Papierstadium« hinaus.

## D. S. MALTERRE

1954 wagten die Gebrüder Malterre in Paris, zuvor durch den Bau von Motorrädern bekannt, den Schritt zu einem Dreiradmobil mit sportlicher Linienführung. Bis zum Salon 1955 sollte ein Prototyp fertig sein.
Aus Stahlrohren entstand das tragende Chassis, die Räder wurden mit Gummielementen gefedert. Die Karosserie saß auf einem mit dem Rahmen verbundenem Rohrgerippe. Das in einer Schwinge untergebrachte Hinterrad wurde durch Kette angetrieben. Die Motoren von 125 ccm (führerscheinfrei) und 175 ccm (Motorradführerschein) bezog man von Ydral und Sotecma. Auf dem 1955er Automobilsalon zeigte man das Dreirad indes noch ohne Karosserie – die Besucher der Show mußten etwas Phantasie mitbringen, um sich den fertigen D. S. Malterre vorstellen zu können. Auf Plakaten zeigte man lediglich Umrißzeichnungen, die ein schnittiges Dreiradcoupé mit halbrunder Panoramascheibe erkennen ließen.
Ermutigt durch einige Interessenten auf der Ausstellung, formte man später aus Glasfasermaterial tatsächlich eine Karosserie, bei der jedoch aus Kosten- und Sicherheitsgründen Abweichungen von den eleganten Plänen hingenommen werden mußten. Auch die riesige, gebogene Windschutzscheibe fiel dem Rotstift zum Opfer. Eine plane Scheibe tat es schließlich auch, und so konnte man wenigstens der Belüftung dienliche Seitenscheiben einbauen. Nicht abbringen ließ man sich dagegen von kleinen, aber wirkungsvollen Gags wie Druckknopftüröffnern und Scheinwerferverkleidungen à la Jaguar E-Type aus Plexiglas. Aus diesem beliebten Material bestand auch die Panorama-Heckscheibe – über schlechte Sicht konnte man sich im D. S. Malterre

*Rechts: Galy Coupé von 1954, etwa in der Größe eines Goggomobils.*

*Unten: D. S. Malterre Prototyp. Auch diesem Wagen war der Durchbruch nicht beschieden.*

jedenfalls nicht beklagen. Ein elektrischer Anlasser und ein Dreiganggetriebe mit Rückwärtsgang machten die Bemühungen um das Image eines richtigen Autos deutlich.
Mit dem 175-ccm-Motor, der etwa 8 PS leistete, sollte das Dreirad 75 km/h erreichen können; mit dem 6 PS starken 125er Ydral waren wohl nicht mehr als 65 km/h zu schaffen. Sicherlich hätte der D. S. Malterre Wagen einige Liebhaber gefunden, doch als schließlich ein Verkaufspreis von fast 350000 alten Francs feststand, sank das Interesse schnell. Um wirtschaftlich zu produzieren, konnten die Brüder Malterre ihr Auto kaum billiger anbieten, und so schlief das Projekt wieder ein. Von dem Verbleib des Prototyps ist nichts bekannt.

## GALY

Kein französischer Hersteller von »motocars« vermochte auch nur annähernd die Erfolge von Firmen wie Borgward (Lloyd) oder BMW (Isetta) zu verbuchen. Selbst Skurrilitäten wie der Messerschmitt Kabinenroller erreichten Verkaufszahlen, von denen Hersteller ähnlicher Mobile in Frankreich nur träumen konnten. So nimmt es auch nicht Wunder, daß selbst ein formal durchaus gelungener Kleinwagen wie der »Galy« aus Paris seinen Herstellern nur geringen Erfolg einbrachte.
Auf dem Pariser Salon im Oktober 1954 war das zweisitzige Coupé mit einer Länge von nur 2,95 m, was etwa dem Maß des Goggomobils entsprach, aufgetaucht. Hersteller war die Forges et Ateliers de la Vence et de la Fournaise in Paris, ein Zulieferbetrieb für Guß- und Schmiedeteile der Autoindustrie. Der Galy hatte nichts Außergewöhnliches zu bieten, in seinem Aussehen und technischen Konzept entsprach er weitgehend normalen Alltagswagen. Das tragende Chassis bestand aus Stahlrohren quadratischen Querschnitts, die Karosserie war aus Stahlblechteilen zusammengeschweißt und zeigte eine

große Kühleröffnung an der Front, obwohl der Motor im Heck saß und die Hinterachse durch eine Kette antrieb. Alle vier Räder waren einzeln an Querlenkern aufgehängt, die Federung übernahmen billige Gummielemente, die den Galy gehörig hoppeln ließen. Es war ein reiner Zweisitzer, dennoch wurde damit geworben, daß auch ein dritter Passagier befördert werden konnte, wobei jedoch offen blieb, in welchen Winkel sich dieser dann zu zwängen hätte. Hinter der Sitzbank gab es eine Ablage für Gepäck, das zusätzlich unter der Fronthaube verstaut werden konnte. Große Fensterflächen trugen zum sympathischen Äußeren des Coupés bei; die Seitenscheiben konnten sogar heruntergekurbelt werden.
Drei Versionen des Galy wurden angeboten, wobei die billigste, Vistand genannt, von einem 175-ccm-Ydral-Zweitakter mit 11 PS angetrieben wurde und nur 257 000 Francs kostete, kaum mehr als ein gutes Motorrad. Die Modelle Visport und Vibel unterschieden sich nur geringfügig in der Ausstattung; letzter war mit einem AMC-Viertakt-Einzylinder bestückt, der bei lärmenden 6 000 U/min 15 PS produzierte.
Mit dem stärkeren Motor war das etwa 280 kg schwere Auto rund 80 km/h schnell. Innen waren alle Modelle vergleichsweise spartanisch ausgestattet mit nur einem kleinen Instrument für Geschwindigkeitsanzeige und Kilometerstand auf dem nackten Armaturenbrett. Das Dreiganggetriebe mit Rückwärtsgang wurde mit einem kleinen Hebel am Lenkrad geschaltet, der selten zur Ruhe kam, wollte man dem AMC »Guépard«-Motor ausreichend Leistung abringen, Synchronisierung gab es freilich nicht.
Nur wenige Galy enstanden. 1955 wurde ein kleines, jeepähnliches Cabriolet mit dem Motor des Vistand gezeigt, doch waren knapp über 300 000 Francs dafür eindeutig zuviel, und nach der Pariser Automobilausstellung hörte man nichts mehr von diesem Typ.
1956 erhielten Vibel und Visport etwas kräftigere Motoren, auch die Heckleuchten hatte man vergrößert. Diese Maßnahmen konnten indessen das Interesse für ein Primitivfahrzeug wie den Galy nicht mehr wecken. Der Zweisitzer hatte wesentlich mehr Geld verschlungen als eingebracht, und so wurde der ohnehin nur auf Sparflamme gehaltene Bau dieses Kleinwagens noch vor dem Pariser Salon 1956 eingestellt. Wahrscheinlich sind nicht einmal 100 dieser Mobile während zwei Jahren entstanden, von denen sich bis heute kein Exemplar erhalten zu haben scheint.

*Oben: Inter (in Bootsform) mit Coupéhaube, vorgestellt im Herbst 1953.*

*Rechts: Einer der wenigen heute noch existenten Inter. Vergleiche mit dem Messerschmitt drängen sich auf.*

*Unten: Vorstellung des ersten Julien Serienmodells 1947 in Paris.*

# INTER

Der »auto-scooter« Inter war eines der wenigen Mobile in Frankreich, die in geringem Umfang in Serie produziert wurden. Im Verlauf von gut drei Jahren entstanden einige hundert Stück. Das kleine Dreirad mit der auffallenden Bootsform und der an ein Sportflugzeug erinnernden Kanzel hatte große Ähnlichkeit mit dem zur gleichen Zeit in Deutschland aufgetauchten Messerschmitt KR 175, doch mußte man dem französischen Gegenstück eine modernere Form attestieren. Die Karosserie war völlig glattflächig und lief vorne wie hinten spitz zu, allerdings waren die Verkleidungen der beiden Vorderräder nicht in die Karosserie integriert wie beim Messerschmitt. An der Front bildete ein großer zentraler Scheinwerfer einen markanten Abschluß, hinten eine ebenso große Heckleuchte mit integriertem Rückstrahler. Entwickelt wurde das Dreirad mit 175-Ydral-Motor Anfang der fünf-

*Links oben: Julien MM 5 1948; links der letzte Julien, von Rovin inspiriert.*

*Oben: Neuer Julien MM 7, auf dem Pariser Automobilsalon 1949 präsentiert.*

ziger Jahre bei der Societé Nationale de Construction Aéronautique, ein Unternehmen der Luftfahrtindustrie. In Werbebroschüren wurde betont, daß das Dreirad von den Erfahrungen im Flugzeugbau profitiert hatte, was besonders durch die windschnittige Karosserie zum Ausdruck kam. Erstaunlichstes Merkmal des Inter war jedoch die Konstruktion der Vorderachse, die aufgrund einer Paralellogrammbauweise die Möglichkeit bot, beide Vorderräder in einem Winkel von etwa 40 Grad nach vorne zu klappen. Dies sollte dem Umsteiger vom Motorrad erlauben, seinen Inter auf kleinstem Raum abzustellen. Um den Inter zu besteigen, klappte man die Kanzel in zwei Scharnieren nach links. Der Fahrer mußte sich auf den winzigen Vordersitz zwängen, während ein Passagier dahinter die Lehne zwischen die Knie nehmen mußte. Der Inter-Fahrer steuerte sein Fahrzeug mit einem Lenker, der noch stärker als beim Karo an ein Flugzeugcockpit erinnerte, mit der Ausnahme, daß ein halbkreisförmiger Hupring dem Zeitgeschmack Rechnung trug. Die Pedalerie entsprach den Gepflogenheiten im Autobau, rechts neben dem Fahrer ragte der Schaltstock des Dreigang-Motorradgetriebes (mit Rückwärtsgang) aus dem Boden. Der gebläsegekühlte Motor mit 8 PS Leistung brachte den Inter mit zwei Personen besetzt auf 80 km/h Geschwindigkeit. Gebremst wurde mit Trommeln an allen drei Rädern via Kabel, was angesichts der Leichtigkeit des Inter ausreichte.

Vorgestellt in Paris 1953, schaffte es das kettengetriebene Fahrzeug die Herzen mehrerer hundert Käufer zu erobern, auch in die Schweiz wurden einige Inter verkauft. Drei Versionen, technisch identisch, standen zur Wahl, die sich lediglich in der Ausführung der Kanzel unterschieden. Front- und Heckfenster bestanden stets aus Sicherheitsglas, die Seitenscheiben aus Plexiglas. Der Inter wurde mit zwei Seitenscheiben und mit oder ohne Stoffdach angeboten. Daneben gab es auch eine coupéähnliche Variante mit durchgehendem, offenem Seitenteil der Kanzel. Zuletzt stellte man eine Version mit je einem Scheinwerfer auf den Kotflügeln vor, doch wurden von diesem Modell nur noch sehr wenige produziert. Von Nachteil war das Fehlen von Stauraum, deshalb taugte der Inter im Grunde nur für den Kurzstreckenverkehr. Findige Bastler behalfen sich mit allerlei Kofferbrükken. Bis 1956 wurde dieses Dreirad hergestellt, Einzelexemplare verließen noch 1958 das Werk in Lyon, dann verebbte das Interesse an solchen Mobilen. Die heute noch existenten Exemplare lassen sich an einer Hand abzählen und sind nicht selten die skurrilsten Fahrzeuge auf Treffen französischer Enthusiasten.

# JULIEN

Der Julien gehörte in den späten vierziger Jahren zu den wenigen Konstruktionen dieser Art in Frankreich, die einen gewissen Bekanntheitsgrad erlangten und in kleinen Stückzahlen verkauft werden konnten. Den ersten Prototyp, der 1946 auf dem Autosalon in Paris vorgestellt worden war, konnte man nicht mit jenen Primitivautos in einen Topf werfen, wie sie von zahllosen Bastlern gebaut wurden. Ingenieur Maurice A. Julien war kein unbeschriebenes Blatt in Expertenkreisen: er hatte in den frühen dreißiger Jahren seinen Beitrag zur Konstruktion des Citroën Traction Avant geleistet und sich schon während des Krieges mit der Idee eines Einfachfahrzeuges beschäftigt. Doch von der Idee der bloßen Fahrmaschine war Julien schnell abgekommen. Die Societé des Études Automobiles M. A. Julien in Paris stellte ein Fahrzeug mit selbsttragender Karosserie aus Stahl auf die Räder, deren Form man als sehr gelungen bezeichnen konnte. Es war ein zweisitziges Cabriolet mit Steckscheiben, ausgeprägten Kotflügeln und einem spitz zulaufenden Bug; der kleine Motor saß im Heck. Der Prototyp besaß vier Räder mit gleicher Spur und war einer der ansprechendsten Kleinwagen der Show. Er hatte nur einen Fehler: In der Herstellung wäre er für seine Klasse viel zu teuer geworden. Auch Maurice Julien mußte das erkennen und nahm sich vor, bis zum nächsten Autosalon in Paris eine vereinfachte Version zu bauen, wobei man auf ein Versuchsmodell, das schon 1944 entstanden war, zurückgriff. Auch der im Herbst 1947 präsentierte neue Kleinwagen mit der Typenbezeich-

*Marathon Cabriolet »Pirate«, von Hanns Trippel konstruiert.*

*Rechts: Marathon alias Trippel, 1952 in Frankreich gezeigt.*

*Unten: Marathon »Corsaire« von 1954, mit neuen Karosserie-Linien.*

nung MM 5 hatte eine selbsttragende Karosserie, wobei die dicken, als Kasten zusammengeschweißten Seitenholme und ebensolche Elemente hinter den Sitzen sowie ein pyramidenförmiger Vorbau vor der Spritzwand für die nötige Steifigkeit der Konstruktion sorgten. Die Form der Karosserie ähnelte der des 1946er Modells, nur war man nun zu einer Schmalspurhinterachse übergegangen, kostensparend als Starrachse konstruiert und an Viertelelliptik Blattfedern aufgehängt. Die Vorderräder waren unabhängig an querliegenden Blattfedern befestigt. Der ganze Kleinwagen war nur 2,87 m lang und wog 300 kg. Die Ausführung des MM 5 war von auffallend hoher Qualität und mit ansprechendem Äußeren. Die Fronthaube ließ sich weit öffnen, um Gepäck zu verstauen, auch das Heckteil ließ sich samt Stoffverdeck nach oben klappen und gab die ganze Hinterachse und den Motor frei. Beim Antriebsaggregat handelte es sich um einen vor der Hinterachse montierten Einzylinder-Viertakter mit 325 ccm Hubraum, elastisch aufgehängt, um möglichst wenig Schwingungen an die Karosserie weiterzugeben. Über ein angeblocktes Dreiganggetriebe mit zwei »geräuscharmen« Gängen wurde die Kraft des Motors von 10 PS über eine Kette an die Starrachse geleitet. Geschaltet wurde mit einem klei-

*Links: Manocar 1953 mit 4-PS-Zweitaktmotor im Heck.*

nen Schaltknüppel zwischen den Sitzen. Der Motor wurde beim Julien MM 5 durch ein Gebläse gekühlt, während die Passagiere ihre Frischluft auch bei geschlossenem Verdeck über die offenen Seiten erhielten.

Noch im Spätherbst 1947 begann eine bescheidene handwerkliche Fertigung des MM 5 mit den freistehenden Scheinwerfern. Auf dem Autosalon 1948 zeigte Julien auch einen in der Zwischenzeit auf der Basis des MM 5 entwickelten winzigen Lieferwagen mit Karosserie in Gemischtbauweise, doch erwies sich der Transporter als zu klein und leistungsschwach, um genügend Käufer zu finden.

Eine weitere Neuheit erschien auf dem Salon 1949 in Gestalt des modern karossierten Typs MM 7. Dieser Kleinwagen hatte keine Ähnlichkeit mehr mit dem MM 5, nur in bezug auf die Mechanik waren beide Wagen verwandt. Die Karosserie wies schlichte Pontonform auf, ohne Andeutungen von Kotflügeln. Die hintere Schmalspurachse gab es nicht mehr. Der Hubraum des Motors war auf 368 ccm angewachsen, die Leistung auf etwa 13 PS. Schnell wurde indessen ersichtlich, daß die Form des MM 7 eine Kopie des im Vorjahr von Rovin vorgestellten D 3 war, von dem sich der Julien nur durch eine andere Plazierung der Scheinwerfer und einen oberen Scheibenrahmen unterschied. Maurice Julien mußte noch im selben Jahr die Fertigung seiner »motocars« einstellen, vor allem aus finanziellen Gründen.

## MANOCAR

Nur wenig zu erfahren ist über das »Manocar« genannte Dreirad aus Saint-Ouen bei Paris, über das Anfang 1953 erste Bilder und Daten veröffentlicht wurden. Dieses von der Firma Manom entwickelte Vehikel war ein Vertreter der Minimalmotorisierung; bei einer Länge von 2,25 m und einer Breite von 1,40 m wog das Fahrzeug nur 180 kg.

Das vordere Einzelrad und die Hinterräder waren wie bei Motorrädern an Schwingen aufgehängt und ihr geringer Durchmesser ließ für den Betrieb auf Frankreichs Straßen nichts Gutes ahnen. Die Karosserie ohne Türen war der einer Brütsch Mopetta nicht ganz unähnlich. Den Antrieb des Zweisitzers besorgte ein nur 4 PS leistender 125-ccm-Zweitakter, der seine Kraft an das linke Hinterrad über eine Kette abgab. 50 km/h soll der Manocar erreicht haben, doch muß diese Geschwindigkeit in dem hoppelnden und lärmenden Vehikel als atemberaubend empfunden worden sein. Noch im Prototypenstadium wurde das Projekt wieder aufgegeben, und nach 1953 wurde es still um dieses Fahrzeug.

# MARATHON

1952 war der französische Rallyefahrer Bernard Denis auf den sportlich aussehenden Kleinwagen des Stuttgarter Schwimmwagen-Konstrukteurs Hanns Trippel aufmerksam geworden, und da ihm die Form des schnittigen SK 10 gefiel, nahm er Kontakt nach Deutschland auf. Trippel hatte zu dieser Zeit bereits mehrere Rückschläge mit seiner angestrebten Serienproduktion erlitten und war dem Ansinnen des Franzosen sehr aufgeschlossen. Um die Resonanz des französischen Publikums zu testen, montierte man kurzerhand einen »Marathon«-Schriftzug anstatt des »Trippel«-Abzeichens auf die Fronthauben von Coupé und Cabriolet und stellte beide Wagen auf einer Show in Frankreich aus. »Marathon« sollte auch der Name der neu zu gründenden Autofirma lauten, Denis hatte auch schon eine Fabrikationsstätte ausfindig gemacht. Die Societé Industrielle de l'Ouest Parisien (S.I.O.P.), wo Rosengart seine Modelle »Ariette« und »Sagaie« fertigen ließ, hatte noch Kapazitäten frei, die der Firma Marathon zur Verfügung gestellt wurden. So gingen die Rechte zum Bau des Trippel-Wagens an die Societé Anonyme des Automobiles Marathon in Paris.

Trippel hatte zugesagt, seinen SK 10 den Ansprüchen des Lizenznehmers gemäß umzubauen, denn so wie er war, sollte er nicht als Marathon erscheinen. Die tiefsitzenden Scheinwerfer des Trippel-Wagens verstießen gegen die französischen Zulassungsbestimmungen, und so mußte in Stuttgart der ganze vordere Karosserieabschnitt umgebaut werden. Die Linie der Kotflügel wurde nun in fast gerader Linie nach vorne gezogen und am Ende die Scheinwerfer eingebaut, ein zweites Lampenpaar wurde schräg darunter integriert. Die Front des Wagens sah jetzt sportlicher und erwachsener aus. Sogar eine vordere Haube gab es jetzt, unter der das Reserverad Platz fand. Die durch einen Steg getrennten Hälften der Frontscheibe wurden durch eine Knickscheibe nach Art des Porsche ersetzt und die Radausschnitte vor allem hinten erweitert. Die Franzosen konnten auch Boxermotoren nicht erhalten; als Ersatz für die von Trippel verwendeten Zündapp-Motoren hatten sich die Franzosen bei der renommierten Firma Panhard um die Belieferung mit deren Zweizylinder-Boxeraggregat mit Luftkühlung bemüht. Dieser war erstmals 1952 im Panhard Dyna angeboten worden und erbrachte eine Leistung von knapp über 40 PS. Trippel baute den 850-ccm-Motor etwas zurückversetzt ein und konnte dadurch sogar noch den knappen Innenraum ein wenig vergrößern. Schließlich wurden auch die seitlichen Fensterflächen vergrößert und Dreiecksschwenkfenster eingebaut. Die Franzosen zeigten sich mit den Modifikationen zufrieden, und Trippel siedelte voller Enthusiasmus selbst nach Paris über, um bei den Vorbereitungen zur Serienfabrikation des neuen Marathon zu helfen.

Neben dem Coupé, das in seiner Seitenansicht etwas an den Porsche 356 erinnerte und mit dem Panhard-Motor beachtliche 140 km/h erreichte, plante man auch, eine ebenfalls bereits modifizierte Version des schon von Trippel vorgestellten Cabriolets aufzulegen. Mit den Namen Corsair für die geschlossene und Pirate für die offene Ausführung des Marathon hatte man ansprechende Namen ausgewählt. Anläßlich des Pariser Salons im Oktober 1953 wurden von der neuen Automobilgesellschaft beide Modelle stolz präsentiert. In der Zwischenzeit war man aus Gewichtsgründen zum Bau der Karosserie in verstärkter Glasfiberbauweise übergegangen, wofür man den französischen Kunststoffexperten Grandvalée engagiert hatte, der zuvor in den USA an der Entwicklung der Chevrolet Corvette beteiligt gewesen war. Die ersten Kaufverträge wurden bald abgeschlossen. Zahlreiche Händler meldeten sich, um mit der Firma Marathon ins Geschäft zu kommen, und beträchtliche Anzahlungen wurden geleistet. Durch diese positive Resonanz animiert, beschloß die Marathon-Firmenleitung, die Aktienmehrheit der dahinsiechenden Firma Rosengart zu übernehmen, ein Kraftakt, der katastrophale Folgen nach sich zog. Nicht nur die Produktionsanlagen von Rosengart unterstanden nun der jungen Firma Marathon, auch die Verpflichtungen für etwa 800 Arbeiter mußten übernommen werden, doch für deren Löhne war kein Geld da. 1954/55 kam es zum Kollaps – die Firma Marathon war zahlungsunfähig und hoch verschuldet, einige der Herren der Firmenleitung wurden sogar zu Haftstrafen verurteilt. Das Ende der Firmen Marathon und Rosengart war schnell gekommen. Von den Typen Corsair und Pirate waren erst wenige fertiggestellt und verkauft worden.

# MATHIS

Obwohl nie über das Prototypenstadium hinausgekommen, gehört das Mathis Dreirad V.L.333 sicher zu den interessantesten Entwicklungen in der Geschichte der Kleinwagen. Sein geistiger Initiator war der berühmte Automobilkonstrukteur Emile Mathis aus dem Elsaß, der schon vor dem Ersten Weltkrieg eines der größten Automobil-Handelsunternehmen leitete. Auch im Rennsport jener frühen Jahre waren Mathis-Wagen erfolgreich.

1934 ging Mathis eine eher unglückliche Ehe mit der Ford Motor Company ein, die fortan in seinem Werk in Straßburg ihre V8-Limousinen für den französischen Markt produzierte und die Mathis-Produktion allmählich abdrängte. 1935 verließen die letzten Mathis die Werkshallen.

Mathis gründete während des Zweiten Weltkrieges in New York eine Konstruktionsfirma, dort entstanden auch erste Pläne für einen neuartigen, ultraleichten Kleinwagen. 1945 kehrte er nach Frankreich zurück, wo ein erster Prototyp fertiggestellt wurde. Einen wichtigen

*Mathis VL 333 mit wassergekühltem Boxermotor im Bug.*

Beitrag zu diesem Auto hatte die enge Zusammenarbeit mit dem französischen Leichtmetall-Konzern Aluminium Français erbracht, der die drei Hauptbestandteile der selbsttragenden Karosserie entwickelt und hergestellt hatte. Für das Karosserie-Design des Dreirades hatte Mathis den Spezialisten für strömungsgünstige Wagen Jean Andreau gewinnen können, dem mit der Form des 333 ein Meisterstück gelang. Die Spur der beiden Vorderräder betrug erstaunliche 180 cm, nach hinten lief die Karosserie spitz zu bei einer Höhe von gut 170 cm. Die wie aus einem Guß wirkende Hülle des V.L.333 (= Voiture Légère, 3 Liter/100 km, 3 Sitze, 3 Räder) entbehrte jeglicher Unebenheit und

ermöglichte einen Cw-Wert von angeblich 0,22. Die auffallend großen Räder waren vorne einzeln aufgehängt und durch Schraubenfedern gedämpft; das hintere Einzelrad wurde in einer Auslegergabel geführt. Fast hätte das Auto auch ein lenkbares Hinterrad bekommen, wie es Andreau vor dem Krieg in Versuchsfahrzeugen erprobt hatte, doch Mathis war diese Sache dann doch zu extrem. Fahrbereit wog der Wagen knapp 200 kg. Angetrieben wurde beim Mathis nicht das Einzelrad, vielmehr saß unter einer vorderen Motorhaube ein wassergekühlter Zweizylinder-Boxermotor mit 707 ccm Hubraum, der bei nur 3000 U/min 15 PS entwickelte. Diese Maschine trieb die Vorderräder an und war noch vor der Vorderachse angebracht. Jeder Zylinder verfügte über einen eigenen Kühler mit separatem Luftgitter an der Wagenfront.
Auf dem ersten Nachkriegssalon in Paris 1946 debutierte dieses Modell auf dem Stand von Mathis. Ungewöhnlich war die Anordnung der drei Sitze im Mathis; so konnten die beiden vorne Sitzenden auf einer bequemen Sitzbank Platz nehmen, der dritte Passagier saß hinten in der Mitte auf einem Einzelsessel. Schiebefenster in den beiden nach hinten öffnenden Türen übernahmen die Frischluftzufuhr. Ohne finanzielle Unterstützung durch den Staat war eine Serienproduktion nicht zu realisieren. Da sie Matthis nicht bekam, mußte das Projekt V.L.333 nach einigen wenigen Prototypen wieder aufgegeben werden. Die Chance war verpaßt, einen in vieler Hinsicht genialen Kleinwagen auf den Markt zu bringen.

*Obere Bildreihe: Details des Mathis VL 333 mit Aluminium-Chassis.*

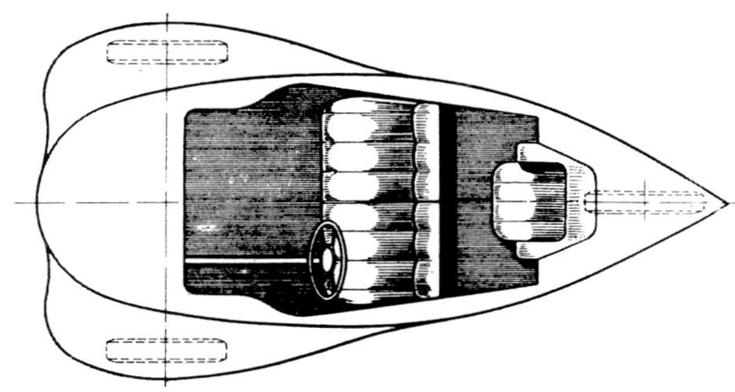

*Links: Mathis-Kleinwagen in der Zeichnung. Leider ging das Auto nicht in die Serienfertigung.*

# MOCHET

Die Établissements Carles Mochet in Puteaux gehörten zu jenen wenigen Unternehmen der Kleinstwagenbranche, die es in der Zeit nach dem Zweiten Weltkrieg in Frankreich zu einem – wenn auch bescheidenen – wirtschaftlichen Erfolg brachten. An die 3000 dieser Wägelchen konnten zwischen 1950 und 1958 verkauft werden.
Der Konstrukteur Charles Mochet hatte schon 1924 begonnen, kleine Fahrzeuge herzustellen, sogenannte Vélocars. Dies waren leichtgewichtige Ein- bis Zweisitzer, die man nach Art von Kindertretautos mit Pedalkraft von der Stelle bewegte. Man möchte es heute kaum für möglich halten, daß sich je Käufer für solche Vehikel fanden.
Auf den Wunsch vieler Kunden, rüstete Mochet manches dieser Vehikel auch mit einem 142-ccm-Zweitaktmotor aus. Bald gab es ein etwas stärkeres Modell mit der Bezeichnung C. M. (Charles Mochet), ein Cyclecar mit 350-ccm-Zweitaktmotor und drei Gängen, dessen Karosserie aus Sperrholz war.
1950/51 begann Mochet erneut, sein Vélocar mit einem 100 ccm großen Zweitakter von kaum 3 PS anzubieten. Dieser Typ K hatte frappierende Ähnlichkeit mit seinen »Autos« der zwanziger Jahre, mit eckigen und freistehenden Kotflügeln vorne und einfacher, offener Karosserie, die ausschließlich aus planen Blechen zusammengeschweißt war. Verstärkte Fahrradspeichenräder stellten den Kontakt zur Straße her, die Vorderräder waren auf einfachste Art unabhängig aufgehängt. Die Federung der starren Hinterachse sollte durch die »Elastizität des Zentralrohrrahmens« übernommen werden, was immer man sich darunter vorstellen mochte. Zwei Passagiere »starker Statur« konnten sich auf der schmalen Sitzbank nebeneinanderzwän-

gen, vor allem ein Pluspunkt bei kühlem Wetter. Mit großem Anlauf waren mit diesem Gefährt 40 km/h zu erreichen; vor Steigungen mußte man befürchten, auf Schiebebetrieb umstellen zu müssen.
Selbst hartgesottene Cyclecar-Fahrer betrachteten dieses Modell eher skeptisch, woraufhin Mochet noch 1951 ein verbessertes Modell CM »Grand Luxe« vorstellte, dessen Karosserie schon etwas glattflächiger ausgefallen war, sogar eine rundliche Front hatte man dem Winzling spendiert. Ein 125-ccm-Motörchen rumorte im Heck, fast 3,5 PS leistend. Ein Dreiganggetriebe ohne Rückwärtsgang konnte über einen Mittelschalthebel bedient werden. Es gab sogar ein dünnes Notver-

*Oben: Mochet CM 125 Y Baujahr 1957. Diese Kleinwagenmarke gehörte zu den wenigen, die in Frankreich Erfolg hatten. Links: Mochet Limousine von 1953.*

*Rechts: Einer der drei Lieferwagen-Aufbauten, die es für den kleinen Mochet gab.*

deck mit einem Sehschlitz an der Rückseite. Der günstige Preis von 195 000 Francs, die Mochet für sein Fahrzeug verlangte, bewogen manchen Motorradfahrer umzusteigen.
Mit der Einführung einer pontonartigen Karosserie wurde 1953 ein mutiger Schritt in die Zukunft getan. Der neue Typ CM Grand Luxe (eine Normalversion ohne »Luxe« gab es nicht) sah zwar noch immer wie ein großes Kindertretauto aus und rollte auch noch auf zerbrechlich wirkenden, dünnen Speichenrädern, doch mit der neuen Karosserie mit moderner Kotflügelform hatte sich Mochet dem aktuellen Trend im Automobilbau angepaßt. Der Fahrzeuglenker saß jetzt hinter einer geteilten, leicht angewinkelten Scheibe, und zwischen den Scheinwerfern glänzte ein »Kühlergrill« aus dicken Leichtmetallstäben. 1954 löste eine etwas eckiger gestaltete Cabrio-Limousine mit der Bezeichnung CM 125 Y diesen offenen und türlosen Typ ab. Auf Wunsch konnte man seinen Mochet jetzt auch mit einem 175 ccm-Motor, ebenfalls von Ydral, mit 8 PS bekommen. Der neue Typ hatte viele weitere Neuerungen zu bieten: Richtige Türen mit Schiebefenstern, einen elektrischen Starter und sogar einen Rückwärtsgang. Zudem waren die fossilen Speichenräder Stahlfelgen gewichen, nur die Pneus hatten noch Motorradformat. Zwischen 315 000 und 330 000 Francs hatte man für einen Mochet anzulegen. Ohne Aufpreis konnte man den Wagen statt in Crèmeweiß auch in Blau, Bordeaux oder Schwarz bekommen.
1956 bekam der CM 125 bzw. 175 Y statt der Kühlergrillattrappe ein konvex gebogenes Blech vor das Loch in der Front gesetzt. Fünf Farbtöne standen jetzt neben der neuen Standardlackierung »crème« zur Verfügung. Vierradbremsen gab es schon seit drei Jahren, die Innenausstattung blieb stets äußerst spartanisch.
Drei Jahre zuvor wäre Charles Mochet beinahe zum Produzenten etwas größerer Autos avanciert, als er zusammen mit der Karosseriefirma Antem ein hübsches zweisitziges Sportcabriolet mit 750-ccm-Motor entwickelte und in Paris ausstellte. Aus Kostengründen blieb es jedoch bei diesem Prototyp, das Projekt wurde wieder verworfen.
Neben den Limousinen, die trotz ihrer Kargheit und schwachen Motorleistung auf einen kleinen, aber festen Kreis von Interessenten zählen konnten, gab es auch Lieferwagen mit hinterer Ladefläche oder Kasten. Diese Modelle wurden jedoch nur in geringem Umfang produziert.
Charles Mochet deckte mit seinen Cyclecars der Nachkriegszeit wohl die unterste Grenze der zumutbaren Motorisierung mit mehr als zwei Rädern ab, Konkurrenz für diese Mobile gab es kaum, erst gegen 1957 zeichnete sich ab, daß die Zeit der Kleinstwagen auch für Mochet langsam aber unaufhaltbar zu Ende ging. Die letzten CM 125 und 175 Y verließen 1958 das kleine Werk bei Paris.

## MOTOBECANE

Die Firma Motobécane im Pariser Stadtteil Pantin baut seit 1922 Motorräder, die sich nicht nur in Frankreich eines sehr guten Rufes erfreuen. Kleine 98-ccm-Zweitakter standen ebenso im Programm wie 750er Vierzylinder. Nach dem Zweiten Weltkrieg konzentrierten sich die Usines Motobécane allerdings auf den Bau von Mopeds und dann auch größeren Ein-, Zwei- und sogar Dreizylinder-Maschinen. 1974 schloß sich die Gesellschaft der italienischen Motoguzzi-Benelli-Gruppe an.
Mit Kleinwagen gab sich Motobécane – von der Öffentlichkeit kaum bemerkt – zweimal ab. So entstand Mitte der fünfziger Jahre ein kleiner Vierradwagen nach Art eines Strand- oder Golfautos mit umlegbarer Frontscheibe, ohne Türen, ohne Dach. Das äußerst einfach ausgestattete Vehikel war keine drei Meter lang und hatte im Heck einen hauseigenen 125-ccm-Motor. Doch diese Freizeit-Wägelchen blieb ein Einzelstück.
Ebenso erging es zu Anfang der sechziger Jahre dem nächsten Objekt. Dieser recht schmucke Vierradwagen hatte italienische Linien, glich entfernt auch den damals bei uns noch völlig unbekannten japanischen Kreationen. Dieses Fahrzeug wurde ebenfalls von einem 125-ccm-Einzylinder-Zweitakter angetrieben.
Es heißt, beide Wagen dienten der Firma Motobécane lediglich zu

*Rechts: Motobécane Prototyp, attraktiv im Design und sportlich im Charakter.*

*Links: Zweiter Motobécane Prototyp. Auch dieser Wagen ging nicht in den Serienbau.*

*Rechts: O.T.I. Dreirad 1959. Das Fahrzeug wurde in den Bugatti-Werken gebaut.*

Erprobungs- und später auch Ausstellungszwecken. Jedenfalls kam es zu keinem Serienbau; die Motobécane S.A. in Pantin blieb auch weiterhin dem Zweiradbau treu.

## O. T. I.

Das erste Mobil mit dem Namen »Microcar«, gefertigt von der Firma Office Technique International (O. T. I.), wurde anläßlich einer Gala für moderne Kunst 1957 in Paris vorgestellt. Man konnte der Karosserie gewisse surrealistische Tendenzen nicht absprechen. Dieses Dreirad mit seinen winzigen Rädern, ein angetriebenes davon vorne, war hauptsächlich als Stadtwagen gedacht, da in Paris damals schon die Parkplatznot zum Problem wurde. So war der offene O. T. I. auch nur 2,87 m lang, und dank seines extrem einschlagbaren Vorderrades waren auch engste Parklücken leicht zu nutzen.
Die Passagiere saßen auf 2-CV-ähnlichen Rohrstühlen hinter einer gewaltigen Panoramascheibe; die Bedienungsorgane des Dreirades entsprachen denen normaler Autos. Um den in Paris üblichen Rempeleien im Straßenverkehr unbeschadet zu entkommen, waren Ober- und Unterkante der Blechkarosserie mit dicken, umlaufenden Gummiwülsten bewehrt; die beiden Scheinwerfer saßen beiderseits der Motorhaube. Den Antrieb auf das Vorderrad übernahm ein 125-ccm-Zweitakter des Fabrikats Gnôme-et-Rhône. Die kleine Fabrikation dieses kuriosen Mobils und auch dessen Nachfolgers von 1959 fand in einem untervermieteten Teil der Bugatti-Hallen in Molsheim statt, was man dem 1959er Modell auch ansah: Obwohl in der Konstruktion keineswegs irgendwie mit Bugatti verwandt, trug der Winzling eine Bugatti-Kühlerattrappe. Der O. T. I. 125 sah wie ein Autoscooter vom Jahrmarkt aus, auch der Gummiwulst, der jetzt nur noch am unteren Rand verlief, paßte genau in dieses Bild. Nur wenige dieser ungewöhnlichen Kleinstwagen, die angeblich bis zu 65 km/h liefen, konnten verkauft werden.

## PANHARD

Jean Panhard, seit 1937 technischer Direktor der gleichnamigen Firma, bekannt für ihre luxuriösen und avantgardistischen Limousinen mit Schieberventilmotoren, machte während der Occupation nicht den gleichen Fehler wie seine Kollegen bei Delage oder Talbot, wo man heimlich für die »Zeit danach« neue Traumwagen konstruierte. Er erkannte, daß viel eher ein Bedarf an bescheidenen Fortbewegungsmitteln bestehen würde und begann schon 1941 mit der Entwicklung eines Kleinwagens mit nur wenig mehr als drei Meter Länge und einem 350-ccm-Boxermotor.
Nach der Befreiung Frankreichs, als ohne Hindernisse an neuen Personenwagen gearbeitet werden konnte, war der neue Typ indessen noch nicht weit gediehen, auch erschien er manch Verantwortlichem als zu bescheiden. Allerdings drängte die Zeit, denn bei Citroën und Renault waren neue Kleinwagenmodelle bereits in der Erprobung.
Da bot sich der von Grégoire entwickelte Aluminium-Kleinwagen AFG zur Weiterentwicklung an, und Panhard kaufte kurzerhand einen der Prototypen des Frontantriebsspezialisten. Die aufwendige Konstruktion Grégoires war für eine rentable Serienherstellung kaum geeignet, deshalb wurde der Wagen komplett umkonstruiert. Ein normales Stahlchassis mit vorderer Einzelradaufhängung und hinterer Starrachse wurde entwickelt, ebenso ein neuer Zweizylinder-Boxermotor mit Luftkühlung, 610 ccm Hubraum und 25 PS. Am meisten ähnelte noch die neue Karosserie dem Grégoire-Wagen, doch wirkte diese nun voluminöser und hatte vier Türen, die wie auch die Motorhaube aus Aluminium bestanden, um Gewicht einzusparen. Der Vier- bis Fünfsitzer erreichte wackere 100 km/h, da er nur 550 kg auf die Waage brachte. Pünktlich zum Salon in Paris im Herbst 1946 waren die ersten Vorserienwagen des neuen »Dyna« getauften Wagens fertig. Neben einer mächtigen Dynamic-Limousine aus der Vorkriegszeit sorgten sie für einiges Aufsehen auf dem Stand. Schön war der kleine Panhard nicht gerade, doch wirkte er bullig und robust und hatte ein

*Links: Panhard Dyna 120 von 1952, einst ein populärer Kleinwagen im typischen Barock der fünfziger Jahre.*

*Rechts: Panhard Dyna Commerciale. Unten: Interieur des frontgetriebenen Dyna. Er konkurrierte mit dem Renault 4 CV.*

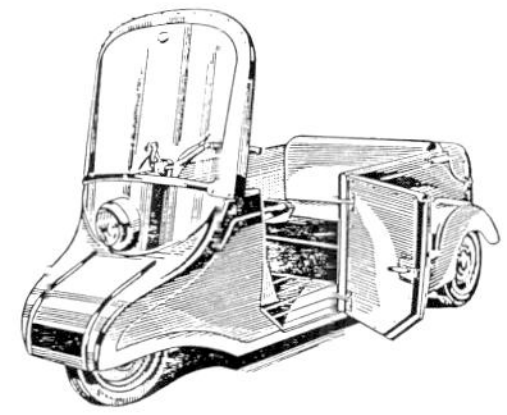

*Poinard Dreiradroller – mehr eine Rikscha als ein Kleinwagen.*

charakteristisches Gesicht. Die hinteren Trommelbremsen wurden noch über Seilzüge aktiviert. Das Vierganggetriebe ließ sich zwar gut schalten, erwies sich später aber als anfälliges Bauteil.

Auf Grund der schwierigen Versorgung mit Rohstoffen in jener Zeit begann die Serienproduktion des Dyna Panhard recht schleppend, nur etwa 50 Stück konnten im ersten Produktionsjahr 1947 gebaut werden, 1948 wuchs diese Zahl auf 1400, und erst 1950 konnte die 10000-Stück-Marke knapp überschritten werden. Inzwischen waren die anfangs noch freistehenden Scheinwerfer in die Front integriert worden, die hinteren Trommelbremsen arbeiteten nun hydraulisch. Auch gab es ab 1948 einen Kleinlieferwagen (Commerciale).

Eine neue Frontgestaltung mit reichlich Chrom und Blinkern sorgte 1950 für ein moderneres Aussehen, den Motor hatte man auf 28 PS frisiert. Als weitere Karosserievarianten standen nun auch ein Break, eine Taxiversion und ein viersitziges Cabriolet zur Auswahl. Auf Wunsch wurde ein 4-CV-Motor mit 746 ccm Hubraum und 32 PS eingebaut, von dem es auch eine 38 PS starke Version »Sprint« (auch »Tigre«) gab, die dem Kleinwagen zu einer Spitze von erstaunlichen 130 km/h verhalf.

Einziger Nachteil des Dyna war sein hoher Preis. Er kostete im Durchschnitt über ein Drittel mehr als der vergleichbare Renault 4 CV, härtester Konkurrent des Dyna. Im Vergleich zum Renault kam der kleine Panhard auf nur bescheidene Verkaufszahlen. 1952 gab es im Angebot einen Motor mit 850 ccm als 5 CV, und ein zweisitziger Sportwagen »Junior« sorgte für Aufregung bei Jugendlichen. 1954 wurde der Dyna, auch Typ X genannt, von einem modernen, stromlinienförmigen Nachfolger Typ Z abgelöst, der schon wegen seiner Länge von mehr als 4,50 m nicht mehr als Kleinwagen zu bezeichnen war.

## POINARD

Zu den besonders primitiven Kleinstwagen gehörte in Frankreich für kurze Zeit das Poinard Dreirad. Die Firma Poinard war ein Hersteller von Seitenwagen; 1951 begann man mit der Entwicklung eines eigenen, motorisierten Mobils. Viele Teile dieses Fahrzeugs stammten von Motorrädern, wie die Rohre für das Fahrgestell, der Lenker sowie die Aufhängung und Federung des einzelnen Vorderrades. Recht ungewöhnlich war die Anordnung der Sitze im Poinard, bei dem der Lenker vorne auf einem einzelnen Schemel saß, während bis zu zwei Passagiere auf der Sitzbank dahinter untergebracht werden konnten. Mit dieser Sitzweise hatte das Mobil gewisse Ähnlichkeit mit einer in Asien gebräuchlichen Motorrikscha. Motorisiert wurde das Fahrzeug von einem schmächtigen, 4 PS starken Ydral-Einzylinder-Zweitaktmotor, der über ein Dreiganggetriebe die Hinterachse antrieb. Mit drei Personen besetzt war ein Vorankommen im Poinard nur mit viel Geduld möglich. Die kleinen Rollerräder, in drei verschiedenen Spuren laufend, übertrugen zuverlässig jede Unebenheit der Straße an die Insassen.

Der Grundriß der bauchigen Blechkarosserie war eiförmig, das Vorderrad vollverschalt. Vorn gab es einen einzelnen Scheinwerfer, wie beim Motorrad, und auch die Bedienungselemente entsprachen weitgehend denen motorisierter Zweiräder. Bei Regenwetter konnte ein leichtes Stoffverdeck aufgeknöpft werden, Seitenteile gab es nicht. Auf dem Pariser Salon von 1952 stand das Fahrzeug das erste Mal im Rampenlicht, doch schon im folgenden Jahr gab die Firma Poinard den Kleinstwagenbau wieder auf. Die kleine handwerkliche Produktion hatte sich auch in diesem Falle nicht rentiert.

# POIRIER

Die Etablissements G. Poirier in dem kleinen Ort Fondette im Departement Indre et Loire gingen auf eine Gründung im Jahre 1928 zurück und hatten sich auf den Bau von Versehrtenfahrzeugen mit drei Rädern spezialisiert. Daneben wurden auch einige Modelle mit normalen Bedienungsorganen an jedermann verkauft.
Es gab Ein- und Zweisitzer, sogar mit Anordnung der Sitze Rücken an Rücken; als Antrieb kamen Zweitaktmotoren verschiedener Hersteller zum Einbau. Diese »Monoto« genannten Einfachstmobile gab es auch noch nach dem Krieg bis etwa 1958 in verschiedenen, den individuellen Wünschen des Kunden angepaßten Versionen. Die Vorderradgabel, die Bereifung und Kotflügel sowie die Handbedienungshebel stammten dabei stets aus dem Motorradbau. Jetzt verwendete man hauptsächlich 98 ccm Sachs oder 125 ccm Ydral-Zweitakter, die als Mittelmotoren unter dem Fahrersitz montiert waren. Die Nachkriegs-Poirier hatten außerdem Kardan- statt Kettenantrieb. Die offenen Karosserien, rein auf Zweckmäßigkeit hin gebaut und ohne Verzierungen, waren aus planen Blechen zusammengeschweißt und veränderten sich im Laufe der Jahre kaum. Als das Geschäft mit den Versehrtenfahrzeugen Ende der fünfziger Jahre verebbte, verschwanden auch die Monoto Dreiradwagen.

*Poirier Monoto – eine Annonce aus den späten vierziger Jahren.*

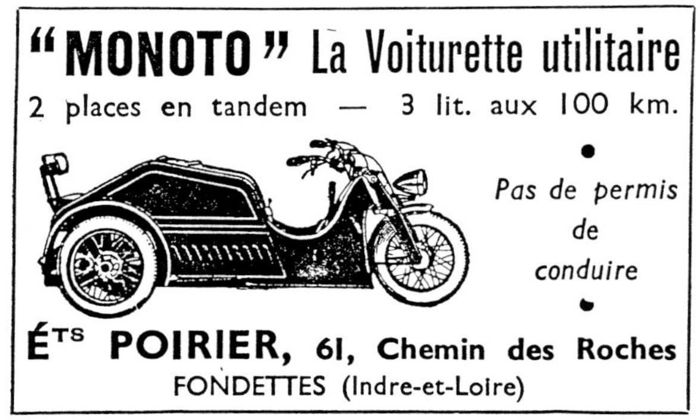


*Unten: Das in nur wenigen Exemplaren gebaute Chantecler Dreirad.*

*Oben: Prototyp des Vallée Sport, gezeigt in Paris 1952. Rechts: Chassis der Dreirad-Rikscha von Paul Vallée.*

# P. VALLÉE

Paul Vallée war ein emsiger Konstrukteur aus der kleinen Stadt Blois an der Loire, der in den vierziger und fünfziger Jahren in Frankreich des öfteren mit eigenwilligen Fahrzeugen auf sich aufmerksam machte. Schon 1949 hatte er einen Dreiradroller entwickelt, der es zu einem gewissen Bekanntheitsgrad bringen sollte, bald danach entstanden in seiner Werkstatt auch Lastendreiräder.
Anläßlich des Salons in Paris 1952 stellte Vallée einen kleinen Sportwagen mit hinterem Einzelrad vor, der als Miniatur-Wettbewerbsauto gedacht war und nur über einen Sitz und einen winzigen, nach vorne klappbaren Windschutz verfügte. Die Front des flachen Dreirades zierten zwei Scheinwerfer und ein breiter, funktionsloser Kühlergrill à la Nardi-Sportwagen. Der Antrieb mit einem vor dem Hinterrad montierten Ydral-175-ccm-Zweitakter war dagegen recht bescheiden. Einige Verwegene bestellten sich tatsächlich solch ein Gefährt, von dem es auch zivilere Versionen mit zwei Sitzplätzen und breiter, randloser Frontscheibe gab.
1956 tauchte auf dem Salon eine weitere Neuschöpfung Vallèes auf, ein eher biederes Vehikel mit eiförmiger, pummeliger Kunststoffkarosserie und der Bezeichnung »Chantecler« (Nachtigall). Man war offensichtlich von den in dieser Klasse weniger gefragten sportlichen Ambitionen abgekommen und bot nun ein drollig aussehendes, gemütliches Dreiradmobil an, das auf dem Chassis des Kleintransporters basierte. Die Karosserieschale bestand aus einem Stück, selbst die vordere Stoßstange war beim ersten Modell mit ausgeformt. Im Heck wurde das einzelne Rollerrad von einer Kette durch wahlweise 125- oder 175-ccm-Ydral-Motoren angetrieben, die zwischen 5 und 8 PS entwickelten, das reichte für Geschwindigkeiten zwischen 60 und 75 km/h. Die Werksangaben waren, wie immer, in dieser Beziehung sehr optimistisch. Wegen fehlender Türen gab es seitlich tiefe Einstiegskanten, und für schlechtes Wetter konnte man ein hohes, eckiges Verdeck aufbauen und sogar mit passenden Seitenteilen abdichten. Derartig versiegelt sahen diese Fahrzeuge wie große Käfer aus. Die Stoßstange vorne bestand jetzt aus Blech und war nicht mehr ein Teil der Karosserie.
Obwohl im Grunde zu spät gekommen, fand der Typ Chantecler doch noch einige Käufer, vor allem bei Leuten, die ohne Fahrprüfung die 125-ccm-Version fahren durften. Bis 1957 wurden einige Dutzend dieser Vehikel auf die Straße geschickt. Zwei oder drei existieren heute noch.

*Oben: Prototyp des späteren Renault 4 CV von 1942. Links: Der Vierzylinder-Heckmotor des Serien-4-CV.*

*Der kleine Renault 4 CV im Seitenriß.*

*Rechts: Renault 4 CV Sport von 1960.*

# RENAULT

Während der Besetzung Frankreichs war den Automobilherstellern jegliche Aktivität zum Bau von Personenwagen untersagt worden, allein Militärfahrzeuge hatten die Werkshallen noch verlassen dürfen. Dennoch ließen sich Firmen wie Renault, Citroën und viele andere keineswegs davon abhalten, an neuen Wagen für die bald erhofften Friedenszeiten zu arbeiten.

So wurden schon ab Ende 1940 in Billancourt Pläne zur Herstellung eines zwei Jahre zuvor konzipierten Kleinwagen ausgearbeitet, von dem sich Firmenchef Louis Renault allerdings weniger versprach als von der bisherigen Palette an Mittel- und Oberklassewagen. Im Dezember 1942 stand ein erster Prototyp auf den Rädern und wurde heimlich erprobt, doch zu sehr erinnerte dieser in der 4-CV-Klasse angesiedelte Wagen an den rundlichen KdF-Wagen der Deutschen. So entstand unter Beibehaltung der Technik (längs eingebauter Heckmotor mit vier Zylindern und 760 ccm Hubraum, der 17 PS leistete und vier unabhängig aufgehängte Räder) eine modifizierte Karosserie. Der zweite Prototyp, Ende 1943 fertiggestellt, deutete mit eckigeren vorderen Kotflügeln und verlängerten Front- und Heckpartien schon das kommende, charakteristische Erscheinungsbild an. Dieser 4-CV-Vorläufer hatte indes nur zwei Türen, was Pierre Lefaucheux, seit dem Tod Louis Renaults provisorischer Firmenchef, nicht gefiel. Er bestand auf vier Türen, die an einem gemeinsamen Holm in der Mitte der Karosserie angeschlagen wurden.

Am 16. Januar 1945 wurde die Firma Renault verstaatlicht. Lefaucheux konzentrierte nun alle Aktivitäten auf die Entwicklung dieses Kleinwagens. Bald wurden Vorserienwagen über Straßen zwischen dem Nordkap und Zentralafrika gejagt, bis die Konstruktion als ausgereift gelten durfte.

Im September 1946 wurde der kleine Viertürer erstmals Journalisten gezeigt, die Zeitungen waren bald voll begeisterter Eindrücke. Kurz darauf wurde der Renault 4 CV auf dem Autosalon in Paris präsentiert. Doch die ersten Besteller mußten bis August 1947 warten, ehe sie ihren Wagen erhielten. Diese waren in der gelblichen Farbe des französischen Afrikacorps gespritzt, einige Wagen auch in Schwarz. Im Unterschied zu den Vorserien-Fahrzeugen gab es nun auch Schiebefenster in den hinteren Seitenfenstern.

Ab Herbst 1948 bot Renault den 4 CV in einer Normal-Version und einem Luxe-Modell mit Stoßstangenhörnern und aufgewertetem Interieur an. Der 4 CV entwickelte sich zum Dauererfolg und wurde neben dem Citroën 2 CV zum Begründer der Massenmotorisierung Frankreichs in den fünfziger Jahren. 1950 wurde die Leistung des Luxusmodells auf 21 PS angehoben, und es gab erstmals eine Version »Décapotable« (Cabrio-Limousine). Ein Jahr später wurde der Hubraum auf knapp unter 750 ccm vermindert, um Sportfahrern zu ermöglichen, in der 750-ccm-Klasse starten zu können. Zur Jahreswende 1952/53 kam ein drittes Modell »Service« hinzu, das knapp

weniger als die magische Preisgrenze von 400 000 Francs kostete, dafür aber spürbar abgemagert worden war und kein großer Erfolg wurde. Fast jedes Jahr wurde der 4 CV optisch und technisch etwas aufgewertet, am deutlichsten 1954, als eine neue Frontverzierung das Gesicht des Wagens veränderte. 1961 – es gab noch immer zwei Modelle mit dem alten 21-PS-Motor, genannt Affaires und Sport – verließ der letzte Renault 4 CV die Montagebänder. Das Nachfolgemodell Dauphine wurde daneben schon seit fünf Jahren produziert.

## REYONNAH

Robert Hannoyer, Inhaber einer Autowerkstatt in Paris, hatte kurz nach dem Krieg begonnen, an der Idee zu einem neuartigen Kleinwagen zu arbeiten, in der richtigen Annahme, daß solch ein Fahrzeug vor allem in einer Großstadt wie Paris zu einem gefragten Artikel werden könnte. Hannoyer ging davon aus, daß es genügen müßte, wenn zwei Personen in diesem Vehikel Platz hatten. Zugleich sollte sein Wagen nicht viel mehr Parkplatz als ein Motorrad beanspruchen, um ihn notfalls auch im engen Hinterhof abstellen zu können.

Im Laufe des Jahres 1947 begannen die Arbeiten an einem Prototyp, die Hannoyer ganz allein ausführte. Bei der Anordnung der Sitzplätze ließ er sich von Eindrücken leiten, die er als Führerscheinneuling während des Ersten Weltkrieges auf einem Bédélia Cyclecar gesammelt hatte: Dies war ein primitives Vierradauto mit einer wannenartigen, offenen Karosserie, in der zwei Personen hintereinander saßen, wobei der hinten Sitzende lenkte und schaltete. Diese Anordnung der Sitze gestattete eine sehr schmale Bauweise der neuen Karosserie, wie sie Hannoyer ebenfalls im Sinn hatte. Dabei wurde das kastenartige Passagierabteil aus Stahlblech mit Rohren verstärkt, die vorne und hinten Ausleger zur Aufnahme der Radaufhängungen formten. Um nicht Gefahr zu laufen, ein zu schmalspuriges und damit kippgefährdetes Mobil zu schaffen, beschloß er vier Räder zu montieren. Dabei wählte er für die einzeln in Gummielementen aufgehängten Hinterräder eine nur 52 cm schmale Spur, die Vorderräder hingegen verband er mittels einer ausgeklügelten Parallelogrammkonstruktion dergestalt mit der selbsttragenden Karosserie, daß diese unter Beibehaltung ihrer senkrecht stehenden Position nach unten im Winkel von 90 Grad weggeklappt werden konnten. In Fahrstellung hatte das Auto eine Spur von 132 cm, in Parkstellung war das Mobil nur 75 cm breit. Man brauchte die leichte Karosserie nur vorne anzuheben und, von Federn unterstützt, die Halbachsen nach unten zu drücken – mit schräg nach oben weisender Schnauze ließ sich das Mobil dann parken. Die Karosserie baute Hannoyer so einfach wie möglich, ohne Türen und Dach.

*Ganz oben: Renault 4 CV als Polizeifahrzeug. Darunter: Blick ins Interieur eines 1954er Modells. Der 4 CV galt als sehr solide verarbeitet.*

*Rechts: Renault 4 CV, selbst mit dunkler statt beigefarbener Lackierung in Frankreich gern »Crèmeschnittchen« genannt. Insgesamt fabrizierte man den Wagen in über einer Million Exemplaren.*

*Links: Reyonnah Dreirad als Prototyp von 1954. Noch war kein Serienbau in Sicht...*

Pas perdus
1954·CB 75

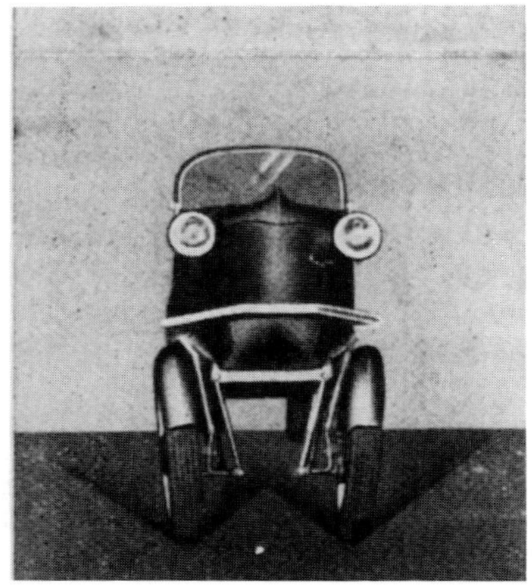

*Links: Die Vorderachse des Reyonnah ließ sich einfach zusammenklappen...*

*Links: Prototyp auf der Pariser Ausstellung 1954. Rechts: Rolux Roadster von 1953.*

Zwei kleine Trittbretter sollten helfen, das Fahrzeug zu besteigen. Als Antrieb wählte Hannoyer einen 175-ccm-Einzylinder-Zweitakter der Firma AMC, wie er auch in manchen Motorrädern verwendet wurde. Lichtmaschine und elektrischer Anlasser gehörten zur Ausstattung. Geschaltet wurde mit einem Viergang-Motorradgetriebe ohne Rückwärtsgang. Mittels gekapselter Kette wurde das rechte Hinterrad angetrieben. Um das Fahrzeug zu verzögern, gab es zumindest vorne hydraulische Bremsen, während die hinteren Trommeln mittels Zugseil betätigt wurden. Das Lenkrad lag flach vor dem Fahrer und erinnerte an den Führerstand von Nutzfahrzeugen. Eine kleine, umklappbare Plexiglasscheibe war einziger Wetterschutz.
Ende 1949 war das erste Modell fahrfähig. Bis zum Pariser Autosalon im Herbst 1950 unternahm Hannoyer ausgedehnte Erprobungsfahrten, um die Brauchbarkeit seiner Konstruktion zu testen.
Auf diesem Salon staunte das Publikum nicht schlecht, als die Räder des Reyonnah (Hannoyer rückwärts gelesen) zusammengeklappt und wieder entfaltet wurden. Kein anderes Fahrzeug auf dem Salon konnte so etwas bieten, und mit einigen Vorbestellungen in der Tasche kehrte Hannoyer nach Hause zurück. Über eine Serienproduktion seines Kabinenrollers hatte er noch keine konkreten Vorstellungen, jedoch hatte er in Prospekten schon angekündigt, daß zukünftige Serienmodelle auch mit führerscheinfreien 125-ccm-Motoren oder einem neuen, starken 250-ccm-Aggregat zu haben sein würden. Hannoyer wartete nun erst einmal auf Angebote und beschäftigte sich mit der weiteren Verbesserung und Erprobung seines Prototyps. Es entstand ein nach Art des späteren Messerschmitt zur Seite klappbarer Dachaufsatz mit Cabrioletverdeck, ebenso ein Modell mit Hardtop und Stoffschiebedach. Testfahrten führten Hannoyer zusammen mit Frau und Kleinkind durch halb Europa.
Natürlich wurde auch die Presse zunehmend auf das seltsame Mobil aufmerksam. Offizielle Meßfahrten für Durchschnitts-Reisegeschwindigkeit und Verbrauch wurden vom französischen Automobilclub veranstaltet, wobei die Strecke Paris – Chartres (180 km hin und zurück) mit einem Durchschnittstempo von 50 km/h bewältigt wurde, bei einem Verbrauch von etwa 3,5 Liter Gemisch auf 100 km.
Am 17. Oktober 1952 startete sogar ein offener Reyonnah mit Alukarosserie und Rennscheibe zu einer Hochgeschwindigkeitsfahrt auf dem Rennkurs von Montlhéry, wo er 50 Kilometer mit einem Durchschnitt von über 95 km/h abspulte, kein schlechter Wert für einen 175-ccm-Kleinwagen mit nur 8 PS.
Anfang 1953 betrachtete Monsieur Hannoyer seinen Reyonnah schließlich als ausgereift genug, um eine Serienproduktion starten zu können. Er entschied sich für die Zusammenarbeit mit einem Financier und mietete außerhalb von Paris eine alte Montagehalle zur Fertigung. Inzwischen hatte der Wagen eine etwas flachere Vorderhaube bekommen, unter der sich ein kleiner Kofferraum verbarg; zusätzliches Gepäck konnte auf einem Gepäckträger auf der Motorhaube festgezurrt werden.
Unter großen Verzögerungen begann die Arbeit an einer ersten Serie von 16 Wagen, doch gestaltete sich die Fertigung recht kompliziert, so daß der Geschäftspartner Hannoyers die Lust an diesem Projekt verlor. Bis 1954 waren erst eine Handvoll Reyonnah fertiggestellt. Auf dem Pariser Salon des Jahres wurde letztmalig ein Cabriolet gezeigt, dann waren seine finanziellen Mittel erschöpft – Robert Hannoyer mußte seine Pläne aufgeben. Die restlichen, unfertigen Wagen wurden verschrottet, er selbst behielt zur Erinnerung das erste Modell und jenes mit Leichtmetallkarosserie. Diese beiden, noch immer im Besitz der Familie befindlichen Reyonnah scheinen die einzigen überlebenden Exemplare zu sein – Fahrzeuge, die zu den kuriosesten ihrer Zeit gehörten.

## ROLUX

Der Rolux war eine Konstruktion der Motorradfirma New-Map in Lyon, die schon 1938 einen Kleinwagen herausgebracht hatte, wovon bis 1945 immerhin an die tausend Stück hergestellt worden waren.

*Oben: Der Roussey von 1948, Kopie eines großen Wagens aus einer Fabrik für Fahrrad-Hilfsmotoren…*

*Links: Der Zweizylinder-Zweitakt-Boxer des Roussey.*

Diese Vorkriegsmodelle hatten einen 100-ccm-Motor von Fichtel & Sachs und verhalfen dem Mobil zu kaum mehr als 40 km/h. Der Clou war jedoch die hübsche Karosserie des Mobils, die in ihrer Linie großen zweisitzigen Roadstern nachgebildet war.
Im Frühjahr 1946 präsentierte New-Map den Prototyp einer winzigen Limousine auf der gleichen Basis dieses Modells, doch geriet das Auto damit zu schwer und kostspielig, als daß sich eine Serienproduktion gelohnt hätte.
Dann wechselte die Produktionsstätte des Roadsters zur neu gegründeten Société Rolux nach Clermont-Ferrand, wo der Rolux bis 1952 in etwa 300 Exemplaren zusammengebaut wurde.
Der auch »Baby VB 60« genannte Winzling hatte nun einen 125-ccm-Motor mit 5 PS Leistung im Heck und schaffte damit eine Spitze von 60 km/h. Als Reisegeschwindigkeit wurden 50 km/h empfohlen. Der nur 2,65 m lange Roadster hatte keine Türen; ein Stoffverdeck gab es nur, wenn man auf den Grundpreis von 155 000 Francs noch einmal 7500 drauflegte. Zwei Personen saßen zwar mit Schulterschluß, sonst aber ausreichend bequem im Rolux. Man konnte die Frontscheibe wie beim »Jeep« nach vorne klappen und sich den Wind um die Nase wehen lassen. Beleuchtung, Windschutzscheibe und lackierte Stoßstangen waren serienmäßig (!); wer verchromte Stoßfänger wünschte, zahlte 2000 Francs Aufpreis. Lichtmaschine und Hupe schlugen mit weiteren 8500 Francs zu Buche. Trotzdem gehörte der Rolux noch zu den preiswertesten Angeboten auf dem wachsenden Microcar-Sektor, auch war er einer der leichtesten Kleinwagen – mit nur 145 kg Gesamtgewicht. Sein Chassis bestand aus einer gewichtssparenden Stahlrohrkonstruktion, die Vorderräder waren einzeln an Querblattfedern aufgehängt. Hinten hatte der Rolux eine Starrachse an Viertelelliptikfedern.
Als Stadtwagen und für kleine Ausfahrten war dieses Mobil durchaus geeignet, größere Strecken wurden zwangsläufig zur Geduldsprobe. Doch die Rolux-Fahrer waren froh, überhaupt motorisiert zu sein.

Anfang der fünfziger Jahre wurde die Konkurrenz indessen zusehends stärker; bessere und praktischere Kleinstwagen liefen dem Rolux schnell den Rang ab. Ab 1952 konzentrierte sich die Herstellerfirma wieder ausschließlich auf den Bau von Zweirädern und Lastendreirädern.

## ROUSSEY

Die Gebrüder Roussey aus Meudon betrieben eine Fabrik zur Herstellung von Fahrradhilfsmotoren. Das Geschäft lief so gut, daß man nach dem Krieg mit der Entwicklung eines Kleinwagens begann.
Ein viersitziger Roussey mit Frontantrieb wurde schließlich auf dem Pariser Salon von 1948 vorgestellt. Die in Handarbeit aus Stahlblechen gebogene Karosserie war zwar nicht gerade attraktiv, doch ließ sie den Trend zur Pontonform erkennen und unterschied sich von vielen anderen Exponaten jener Tage durch großzügige Fensterflächen. Größte Leistung der P. P. Roussey Frères war die Entwicklung eines eigenen Antriebsaggregats. Es handelte sich um einen Zweizylinder-Boxermotor von etwa 700 ccm, der zwar im Zweitaktverfahren arbeitete, jedoch nicht durch Gemischschmierung mit Öl versorgt wurde, sondern sein Schmiermittel unabhängig vom Treibstoff wie ein Viertaktmotor erhielt.
Die Brüder Roussey planten die Serienfertigung ihres Wagens nicht in eigener Regie, vielmehr suchten sie einen Lizenznehmer für ihren Motor, für den das Auto nur eine attraktive Werbeverpackung darstellen sollte. Ernsthafte Interessenten fanden sich indessen nicht, und so unternahm die Firma 1949 noch einen zweiten Versuch, für ihre Technik zu werben. Diesmal wurde ein modifizierter Prototyp mit verlängerter Heckpartie gezeigt, dennoch schien niemand an einem Experiment mit dem noch weitgehend unausgereiften Motor interessiert zu sein – die Brüder Roussey mußten ihre Pläne vom Einstieg ins Automobilgeschäft wieder begraben.

## ROVIN

Die Brüder Robert und Raoul de Rovin hatten bereits 1941/42 Pläne für einen Kleinwagen ausgearbeitet, und nach Kriegsende begannen sie mit dem Bau eines Versuchsfahrzeuges.
Die offizielle Vorstellung des Motocar Rovin fand auf dem Pariser Salon 1946 statt. Raoul de Rovin hatte die offene und türlose Karosserie seines Wagens in selbsttragender Schalenbauweise aus Stahlblech zusammengeschweißt. Vorder- und Hinterräder mit gleicher Spur waren unabhängig aufgehängt, wobei vorn querliegende Blattfedern und hinten Schraubenfedern installiert waren. Trommelbremsen an allen vier Rädern sowie eine 12-Volt-Anlage gehörten ebenso zur Ausrüstung des Rovin wie ein Dreiganggetriebe mit Rückwärtsgang und Lenkradschaltung. Selbst bei der Wahl des Motors waren die Brüder de Rovin keinen Kompromiß eingegangen und hatten nicht, wie die meisten ihrer Konkurrenten, auf ein billiges Zweitaktaggregat zurückgegriffen. Verblockt mit dem Differential saß im Heck des Rovin ein eigener Viertakt-Einzylindermotor mit 260 ccm Hubraum, der von einem Gebläse mit Kühlluft versorgt wurde und 6,6 PS leistete. Über Kette und Antriebswellen wurden beide Hinterräder angetrieben und

Inzwischen war ein verbessertes Modell entstanden, das im Herbst 1948 unter der Bezeichnung D 3 vorgestellt wurde. Eine völlig neue Karosserie im Pontonstil setzte Maßstäbe unter den Kleinstwagenbauern Frankreichs, und es dauerte nicht lange, da erschien mit dem Julien auf dem nächsten Salon eine fast getreue Kopie des Rovin. Der Boxermotor leistete im D 3 ein PS mehr, das Gewicht des neuen Modells war aber ebenfalls gestiegen, so daß auch der Rovin D 3 nicht gerade ein schneller Wagen war.
1950 waren bereits über 1000 Rovin verkauft worden. Mit Rücksicht auf einige Exportländer hatte der neu vorgestellte Typ D 4 höher angeordnete, freistehende Scheinwerfer, die das harmonische Erscheinungsbild natürlich empfindlich störten. Den Vorderwagen zierte nun eine kleine Kühlerfigur, und ein breiter Rammschutz lief um die ganze

*Rovin D 4, Baujahr 1950, der in den Fabrikhallen von Delaunay-Belleville gebaut wurde.*

*Untere Bildreihe: Rovin Prototyp 1946, Modell D 3 von 1948, Motor und Batterieschacht im D 2 von 1947.*

konnten den Rovin auf fast 70 km/h beschleunigen. Die sorgfältig verarbeitete Karosserie bot bei einer Gesamtbreite von nur 1,10 m Platz für zwei Erwachsene.
Auf der Ausstellung war dieser Kleinstwagen gut aufgenommen worden. Doch hatte es auch Kritik gegeben, besonders in bezug auf die extreme Kürze der Karosserie sowie auf die Schwäche des Motors und den einsamen Scheinwerfer am Bug. Die Brüder Rovin wollten deshalb ihren Wagen so nicht produzieren, sondern steckten noch einmal eine Menge Geld in seine Weiterentwicklung.
Auf dem Pariser Salon im Herbst 1947 stand ein verbesserter Rovin auf dem Podium. Er war 27 cm länger geworden, der Gepäckraum lag jetzt hinter der Sitzbank und war nicht mehr zusammen mit dem Benzintank in der Wagenfront untergebracht. Auf den Vorderkotflügeln ragten jetzt zwei freistehende Scheinwerfer hervor, und im Heck hatte man einen neuen Motor eingebaut. Ein kurzhubiger Zweizylinder-Boxer mit Wasserkühlung und 425 ccm Hubvolumen brachte jetzt 10 PS bei 3000 U/min. Diese relativ leise und kultivierte Maschine ließ den Rovin »D 2«, wie er jetzt genannt wurde, an die 80 km/h gehen.
Ein zunehmender Auftragseingang stellte die Brüder Rovin vor die Notwendigkeit, neue Räumlichkeiten für eine Serienfertigung zu suchen. In St. Denis, einem Vorort von Paris, standen die Produktionsstätten der einst sehr berühmten Automobilfabrik Delaunay-Belleville zum Verkauf. Die Firma Rovin nutzte diese Gelegenheit und quartierte sich auf dem riesigen Betriebsgelände ein. Schon Ende des Jahres 1947 konnten die ersten Rovin Kleinwagen ausgeliefert werden, ein Jahr später verließ das 300. Exemplar das Werk.

*Rechts: Schnittzeichnung des Rovin D 2 mit seinem 425-ccm-Motor im Heck.*

*Unten: Simca Six, der französische Topolino.*

Unterkante der Karosserie. Der Motor leistete jetzt 13 PS bei einem Hubraum von 462 ccm. Erstmals lief ein Rovin damit über 80 km/h. Mit der gleichen, 3,15 m langen Karosserie – jetzt mit in den ausgeprägten Vorderkotflügeln integrierten Scheinwerfern – erschien 1953 der letzte Typ, der technisch aber nichts neues aufzuweisen hatte. Etwa 300 bis 500 Rovin waren seit 1948 jährlich entstanden, doch nun zeigte sich ein Rückgang der Nachfrage. Treue Rovin-Fahrer bestellten noch bis Ende 1958 kleine Zweisitzer, doch Anfang 1959 mußte die Produktion wegen Unrentabilität aufgegeben werden. Keiner der Kleinhersteller Frankreichs hatte so lange ausgehalten. Der Rovin wurde noch gebaut, als die meisten der ehemaligen Konkurrenten schon längst in Vergessenheit geraten waren.

*La Sofravel, ein Versuch aus dem Jahre 1948.*

## SIMCA

Die 1935 in Nanterre gegründete Société Industrielle de Mécanique et Carrosserie Automobile, abgekürzt SIMCA, war zunächst eine Importgesellschaft, die aus Italien Fiat-Automobile einführte und sich um den Ersatzteilnachschub bemühte. Schon bald aber kam es unter der Leitung H. T. Pigozzis zum Bau kompletter Fiat-Lizenz-Automobile, vor allem der kleine 500 »Topolino« erwies sich als ein Fahrzeug, für das es in Frankreich einen interessanten Markt gab. Als Fiat-Simca Cinque (gemäß der Steuerformel war es ein 5 CV) fand der kleine Wagen eine gute Aufnahme. Den Cinque gab es in kaum veränderter Aufmachung auch nach dem Kriege, ehe er vom Six abgelöst wurde – das war die französische Ausgabe des Fiat 500 C mit kopfgesteuertem Motor. Den Simca Six sah man zwar nicht so häufig wie den Renault 4 CV, aber er machte ihm durchaus Konkurrenz und verhinderte in gewissem Maße das Vordringen des italienischen Originals in Frankreich. Was indes nicht im Sinne der Herren in Turin war, denen das Ziehkind Simca auf Dauer nicht ins Vertriebskonzept paßte. Als die Verträge Anfang der fünfziger Jahre ausliefen und sich die Franzosen daranmachten, eigene Konstruktionen – jetzt sämtlich über 1 Liter Hubraum – zu entwickeln und herzustellen, war dies dem Fiat-Konzern nur recht. Aktiv in der kleinen Klasse wurde Simca erst wieder, als unter dieser Marke 1962 ein Heckmotor-Wagen mit 944-ccm-Maschine auftauchte, der Simca 1000, der aber deutlich zur unteren Mittelklasse tendierte und dem Renault R 4 oder dem Citroën Ami 6 eher im Wege war als dem Fiat 600.

## SOFRAVEL

Eine Firma Sofravel versuchte sich 1948/49 mit der Konstruktion eines sehr einfachen Kleinwagens von jener Sorte, die mit den spartanischen Cyclecars der zwanziger Jahre verglichen werden kann. Bei der »Coccinelle« (Marienkäfer) versuchte man die einfache Technik zumindest mit einem auffallenden Blechkleid zu kaschieren. Aus gepreßten Blechteilen baute man ein richtiges kleines Cabriolet, mußte aus Kostengründen jedoch auf Türen verzichten. Tiefe Türausschnitte sollten den Einstieg erleichtern. Der Straßenfloh mit einer Länge von nur 2,70 m hatte ausgeprägte Kotflügel und eine gebogene Plexiglasscheibe, an der man das Faltverdeck (ohne Seitenteile) befestigen konnte. Auf einer Sitzbank konnten zwei Erwachsene Platz finden, ein Gepäckfach gab es nicht. Im Heck saß ein Einzylinder-150-ccm-Viertaktmotor, der etwa 6,5 PS über eine Kette an die Hinterräder übertrug. Die Motorrad-Ratschenschaltung, deren Hebel neben dem Lenkrad aus der Seitenwand ragte, hatte nur drei Gänge.
Wenig passend zur gewollt erwachsen wirkenden Form der Coccinelle waren die winzigen 10-Zoll-Räder. Seilzugbremsen an allen vier Rädern hatten wohl kaum Probleme mit dem angeblich nur 180 kg schweren Sofravel. Zwei große Scheinwerfer und blinkende Chromleisten an der Front rundeten das Bild vom verkleinerten »richtigen« Auto ab; serienmäßig gab es sogar eine Zweifarbenlackierung. Es ist heute nicht mehr zu ermitteln, wieviele dieser Autos im Jahre 1949 das kleine Werk in der Ardèche verließen, doch da die Coccinelle nicht über das Stadium der Vorserie hinauskam, dürfte man die gebauten Wagen wohl an einer Hand abzählen können. Bis heute ist jedenfalls kein Sofravel erhalten, es sei denn, es schlummert noch irgendwo in einer vergessenen Garage ein unentdecktes Exemplar.

## VANNOD

Auf dem Pariser Salon 1958, als die Kleinwagen langsam weniger wurden, präsentierte Monsieur L. Vannod aus Neuilly an der Seine seinen ungewöhnlichen Beitrag zu diesem Thema. Das nach ihm »Vannod« genannte Vierradwägelchen verblüffte durch die exzentrische Anordnung seiner vier Speichenräder in Rautenform, wobei die mittlere Achse etwas von der Mitte nach hinten versetzt angeordnet war. Die fast unsichtbar unter der ausladenden Karosserie verborgenen Einzelräder vorne und hinten waren lenkbar und mit dem Volant durch ein Gestänge verbunden, das die Lenkbewegungen gleichmäßig übertragen sollte. Der Motor, ein 200 ccm-Sachs-Einzylinder, saß im Heck und übertrug seine 10 PS an das Hinterrad mit einer Kette. Sieht man von der autoähnlichen Karosserie einmal ab, so glich der Vannod beinahe einem Motorrad mit Stützrädern. Der Fahrer saß wie bei einer Rikscha vorne in der Mitte, dahinter gab es eine Sitzbank für zwei Personen.
Das Gerüst der Karosserie und das tragende Chassis bildeten Rohrkonstruktionen, die für die nötige Steifigkeit sorgen sollten. Die Blechkarosserie zeichnete sich durch einen kuriosen breiten Bügel aus; die Heckscheibe war stark um die Ecken herumgezogen, die Frontscheibe dagegen klein und plan.
Ein weiterer Gag waren die breiten Seitentüren, die nicht an Scharnie-

ren hingen, sondern als Schiebetüren konstruiert waren, so daß man seitlich nur wenig Platz brauchte, um sie zu öffnen.
Dieses seltsame Fahrzeug zog natürlich viel Publikum an, doch kam es zu keinerlei Kaufabschlüssen. So war trotz eines optimistischen Monsieur Vannod das weitere Schicksal seines Dreirades schon vorgezeichnet, denn nach der Ausstellung hörte man nichts mehr von diesem Modell.

## VELAM

Die in ihrer italienischen Heimat nicht allzu erfolgreiche Isetta wurde nicht nur in Deutschland zu einem der populärsten Microzweisitzer – in Brasilien und Frankreich gab es ebenfalls Isetta-Ableger, die es auf ordentliche Stückzahlen brachten.
Der Pariser Lizenznehmer VELAM setzte völlig auf die ursprüngliche Konstruktion, die Ende 1954 übernommen wurde. Schon bald wurden erste Prospekte gedruckt, deren Abbildungen die originale ISO Isetta ohne Modifikationen zeigten. In dieser Form gab es dennoch keine Velam-Isetta zu kaufen, denn bis zum Beginn der serienmäßigen Produktion in Suresnes wurden dann doch Änderungen vorgenommen. Die erste Isetta aus französischer Produktion Anfang 1955 trug freistehende Scheinwerfer an den Seiten (ähnlich der BMW-Version), die Stoßstangen waren vergrößert, und ausgestellte vordere Kotflügel ließen das nur 2,38 m lange Fahrzeug etwas breiter erscheinen. Im Innenraum war man auf die witzige, aber eigentlich sinnlose Idee gekommen, den Tacho in die Lenkradnabe zu integrieren. Ein dünner Chrombügel diente als Hupe und sollte wohl die Illusion eines modischen Hupringes hervorrufen, wie er zu jener Zeit zu einem »richtigen« Auto gehörte. Ansonsten war die Velam-Isetta ganz nach italienischem Vorbild gebaut, mit der Unterbringung der Antriebseinheit in einem Hilfsrahmen, der nach Lösen von nur sechs Schrauben vom restlichen Wagenkörper getrennt werden konnte.
Ein großer Fehler war es indessen gewesen, auch den Motor von ISO zu übernehmen, denn dieses Aggregat mit 236 ccm Hubraum und nur 10 PS zeichnete sich durch Trägheit und unerhörte Geräuschentwicklung aus. Leider zeigte die französische Isetta auch Mängel in der Verarbeitung, die von zahlreichen unzufriedenen Kunden immer wieder vorgebracht wurden, doch ging die Herstellerfirma kaum auf Reklamationen ein.
1956, nach 4886 verkauften Exemplaren, zeichneten sich deutliche Auftragsrückgänge ab. Velam-Chef Michel Cromback mußte sich etwas Werbewirksames einfallen lassen, um das Interesse der Kundschaft an seinem Mobil, das mit 297000 Francs 50000 Francs billiger war als der Citroën 2 CV, wachzuhalten. So wurde ein Isetta-Chassis mit einem hochfrisierten Motor und einer aerodynamisch ausgefeilten Karosserie bestückt; im Sommer wurden damit auf dem Kurs von Montlhéry sieben internationale Rekorde in der Klasse bis 250 ccm aufgestellt.
Im Frühjahr 1957 erschien eine neue Variante der Velam Isetta mit aus drei Teilen bestehendem Stoffeinsatz anstatt des Rückfensters. Bei aufgerolltem Mittelteil sollte der Eindruck eines Cabriolets entstehen – doch nur wenige solcher Wagen wurden gebaut.
Auf dem Salon 1957 im Herbst wurde eine neu karossierte Velam Isetta mit der Bezeichnung Ecrin (Schmuckkästchen) ausgestellt. Ihre trapezförmigen Seitenfenster hatten verschiebbare Scheiben, das Dach

*Oben: Vannod Dreirad von 1958 mit Ausleger-Türen.*

*Links: Die Velam-Isetta von 1955. Das Heck gab sich etwas pummeliger als beim Original.*

*Rechts: Seitlich und von vorn ist die Verwandtschaft zur Iso-Isetta unverkennbar.*

*Links: Prototyp des Ecrin – Basis Velam-Isetta – von 1957.*

*Rechts: Nicht italienischer, sondern französischer Fertigung entstammte der Vespa Kleinwagen (Ausstellung Paris 1958).*

war nun allerdings ganz aus Blech und ohne Öffnung. Der Motor blieb ein Erbe vom Vormodell. Zwar war versucht worden, durch ein modifiziertes Kurbelgehäuse und einen anderen Ansauggeräuschdämpfer etwas mehr Ruhe in den Maschinenraum zu bringen – leider ohne spürbaren Erfolg.
Mittlerweile hatte man den Preis der Velam Isetta um mehr als ein Drittel angehoben, um Verluste aus der stark rückläufigen Produktion aufzufangen. So war das Fahrzeug Ende 1957 schon deutlich teurer als der 2 CV, ein Umstand, der den Verkauf fast ganz zum Erliegen brachte. Alles in allem konnte 1957 nur noch ein Fünftel der Menge des Vorjahres abgesetzt werden. Kurze Zeit später wurde die Fertigung eingestellt.
Die wenigen verbliebenen Exemplare der Velam Isetta gehören heute zu den besonderen Raritäten dieser Familie, wenngleich das Fahren in solch einem Mobil auch keinen besonderen Genuß bereitet.

## VESPA

Die Piaggio-Werke in Genua, noch heute Hersteller des legendären Vespa-Rollers, befaßten sich neben der Herstellung des bekannten und in vielen südlichen Ländern Europas anzutreffenden Dreirad-Transporters 1952 mit dem Plan, auch einen kleinen Personenwagen herauszubringen. Es sollte eine Cabriolimousine kleinster Abmessungen mit Platz für zwei Erwachsene und zwei Kleinkinder oder Gepäck werden, mit moderner Pontonkarosserie und vier Rädern.
1956 wurden erste Prototypen dieses Kleinwagens getestet. Unter hohem Aufwand hatten die Italiener ganze Arbeit geleistet und nicht an der Qualität gespart. Der in seinen Abmessungen etwa dem Goggomobil entsprechende Kleinwagen sah jedoch wesentlich mehr nach einem Auto aus als das Mobil aus Dingolfing. Die selbsttragende Stufenheck-Karosserie war den Piaggio-Designern ausnehmend gut gelungen; von allen Seiten aus betrachtet, machte das Wägelchen eine ausgezeichnete Figur. Ein Rolldach à la Fiat Topolino ließ sich bis zum Heck öffnen, große Fensterflächen erhellten den Innenraum. Die Ganzstahlkarosserie wurde durch zwei unter den Türen verlaufende Längsträger verstärkt; alle Räder waren einzeln aufgehängt, hinten an Dreieckquerlenkern und kombinierten Schraubenfedern und Teleskopstoßdämpfern. Vorne waren Federbeine eingebaut, die mit Längslenkern zusammenwirkten und auch die Lenkbewegungen an die Räder übertrugen. Durch diese »Brückenkonstruktion« blieb vorne genug Platz für Pedalerie und Füße.
Ein gebläsegekühlter Zweitakt-Twin mit 400 ccm Hubraum und 14 PS Leistung war stehend, leicht nach links geneigt hinter der Hinterachse eingebaut, das Dreiganggetriebe mit unsynchronisiertem ersten Gang und Mittelschaltung davor. Anstatt einer billigen Kühlerattrappe gab es vorne eine Schublade, in der Batterie und Bremsflüssigkeitsbehälter untergebracht waren. Die breiten Türen erlaubten einen relativ bequemen Einstieg, zwei Erwachsene hatten genug Bewegungsfreiheit. Das Armaturenbrett war ähnlich wie beim neuen Fiat 600 karg und sachlich gestaltet. Der Beifahrersitz ließ sich doppelt zusammenfalten und nach vorne klappen, um sperrige Güter transportieren zu können. Leider hatte man an den Seitenfenstern gespart,

*Oben: Blick ins Vespa-Interieur. Rechts: 14 PS aus 400 ccm Hubraum.*

sie waren fest eingebaut, nur die Dreiecksfenster ließen sich öffnen. Alle Hoffnungen auf ein Geschäft mit diesem sorgfältig konstruierten Kleinwagen zerrannen, als bekannt wurde, daß Fiat mit dem neuen Typ 500 ebenfalls einen hervorragenden Kleinwagen parat hatte. Chancen sah man allein, wenn der Vespa 400 in einem der Montagewerke außerhalb Italiens gebaut wurde. Es wurde beschlossen, die Vespa-Roller-Fabrik in Fourchambault südlich von Paris dafür zu wählen. Umfangreiche Umbauten zur Serienproduktion des Vespa 400 in Frankreich begannen.
Sein Debut feierte der Vespa 400 als französisches Automobil auf dem Pariser Salon 1957. Als Hersteller firmierte nun die ACMA in Fourchambault. Das hübsche kleine Auto eroberte vor allem die Herzen der Damen. Im ersten vollen Produktionsjahr wurden immerhin über 12 000 Vespa 400 gebaut, einige wanderten in die Benelux-Länder und nach Deutschland. Es gab eine einfache »Tourisme«-Version und ein (häufiger gekauftes) »Luxe«-Modell mit Kombiinstrument, zwei Scheibenwischern und mehr Zierat. Die relativ große Gepäckablage hinter den Sitzen machte den Vespa 400 zum idealen Einkaufswagen; zur Unterbringung von Kindern war nur ein Sitzkissen vorgesehen.
1959 wurde der Vespa 400 überarbeitet und bekam Schiebefenster und bessere Sitze sowie eine gefälligere Innenausstattung. Mancher hätte dem Wagen auch einen etwas stärkeren Motor gewünscht, doch daraus wurde nichts.
1960 gab es als letzte Verbesserung ein Vierganggetriebe, doch war auch hier der erste Gang noch unsynchronisiert. Allzuviel wollte man nicht mehr in dieses Auto investieren; 1961 waren die Verkäufe schließlich so weit zurückgegangen, daß aus Gründen der Rentabilität auf eine weitere Produktion verzichtet werden mußte.
Der Vespa 400 war unter den Kleinstwagen sicher einer der besten und vernünftigsten, doch Anfang der sechziger Jahre hatte es kaum noch jemand nötig, sich in solch einem Winzling fortzubewegen. Der Markt war voll von Kleinwagen mit mehr Leistung und erwachsenerem Äußeren. Piaggio aber hatte genug vom Personenwagengeschäft und konzentrierte sich wieder auf die Roller und Kleinsttransporter – bis heute mit ansehnlichem Erfolg.

# VOISIN

Gabriel Voisin, der zu Anfang des Jahrhunderts zu den berühmtesten Flugpionieren Frankreichs gehörte und sich mit den Gebrüdern Wright darum stritt, wer nun als erster ein »richtiges« Flugzeug gebaut hatte, gehörte in den zwanziger und dreißiger Jahren neben Ettore Bugatti zu den bemerkenswertesten Persönlichkeiten im französischen Automobilbau.
Nach der Depression im Flugzeugbau nach dem Ersten Weltkrieg hatte Voisin ein Citroën-Lizenz-Fahrzeug mit eigenem Schiebermotor gebaut. In den dreißiger Jahren stellte Voisin große, exzentrische Luxuswagen auf die Räder, berühmt für ihre halbautomatischen Schaltungen und leichten Karosserien. Heute gehören die wenigen verbliebenen Voisin Sechs- und Zwölfzylinder zu den Stars exklusiver Oldtimersammlungen.

Nach dem Zweiten Weltkrieg konstruierte Gabriel Voisin ein Automobil, das gerade das Gegenteil seiner früheren Kreationen darstellte: den »Biscooter«. Auf dem Salon in Paris des Jahres 1950 überraschte der inzwischen 71jährige mit dieser Fahrmaschine die Fachwelt.
Der vierrädrige Biscooter war in Zusammenarbeit mit der Motorenfirma »Gnôme & Rhône« entstanden. Bei einer Länge von nur 2,50 m war bei diesem Kleinstwagen auf eine Karosserie völlig verzichtet worden. Das Plattformchassis trug lediglich Kotflügel, eine Motorhaube und eine Windschutzscheibe, die sich mit Hilfe einer gelochten und am Boden in einem Scharnier gelagerten Stützstange und einem Zahnsegment in der Neigung verstellen ließ. Die zwei Passagiere konnten auf zwei vor der Hinterachse stehenden Einzelsitzen Platz nehmen, seitlich davon lief ein gebogenes Stahlrohr nach hinten und diente als Armlehne sowie als Träger für den Verdeckkasten. Der luftgekühlte 125-ccm-Motor, 6 PS stark, lag ganz an der Wagenfront und trieb die Vorderräder an. Das Getriebe verfügte über drei Vorwärtsgänge, die über ein Reduktionsgetriebe für die Fahrt in bergigem Gelände niedriger gestuft werden konnten; die Bedienungshebel befanden sich an der Lenksäule. Diese war in ihrem Neigungswinkel ebenfalls verstellbar.
Mit einem Gewicht von nur 175 kg konnte dieses durchdachte Kleinstmobil bis zu 65 km/h erreichen. Die Federung übernahmen verstellbare Gummielemente. Von Nachteil bei dieser erfrischend unkonventionellen Lösung war der unzureichende Wetterschutz, denn das zeltähnliche Verdeck umhüllte zwar die Passagiere bis zu den Schultern, doch die Seiten des wie ein Strandwagen aussehenden Biscooter waren völlig offen und ungeschützt.
Voisin fehlten die finanziellen Voraussetzungen für eine rentable Serienproduktion, und auch die Reaktionen des Publikums ließen ihn sein zwar in Details bestechendes, aber im Gesamteindruck spartanisches Fahrzeug noch einmal überdenken. So sah man in Paris 1952 einen neuen Biscooter mit Heckmotor und eleganter, fließender Karosserie, Sitzbank und »Froschaugen« anstatt der winzigen Doppelscheinwerfer des ersten Modells. Das neue Auto sah zwar niedlicher aus, doch fehlte ihm das Raffinement der Details. Es hatte Zentralrohrrahmen, Mittelschaltung und eine schmale hintere Spur, um das Differential einzusparen. Leider sollte dieses Modell mit 245 000 Francs wesentlich teurer sein als der erste Biscooter mit 150 000 Francs.
Der Pariser Salon war nicht arm an solchen Kleinstmobilen, und so geriet dieser Wagen bald nach der Veranstaltung in Vergessenheit. Ganz im Unterschied zur ersten Kleinwagenkonstruktion Gabriel Voisins, denn 1953/54 nahm die Autonacional SA in Barcelona Kontakt zu dem immer noch aktiven Konstrukteur auf und erwarb schließlich die Rechte zum Bau des Biscooters in Spanien (siehe »Biscuter«). Dort sollte dieser Kleinstwagen in modifizierter Form bald zum Straßenbild gehören, als Vorreiter der Motorisierung Spaniens nach dem Krieg. 1955 baute Voisins Firma S. A. des Aéroplanes G. Voisin noch eine viersitzige Version des Biscooter für die Spanier, doch wurde aus Kostengründen die Produktion dieses Modells nicht mehr aufgenommen.

*Rechts: Avantgarde 1950 – der Voisin Biscooter, der nur 175 Kilogramm wog, einen 6-PS-Motor sowie Gummifederung aufwies.*

*Links: Voisin Prototyp aus dem Jahre 1952. Eine rasante Erscheinung!*

GB

# Großbritannien

Wie in den anderen hochindustrialisierten Ländern Europas gab es auch in Großbritannien schon zur Zeit der Jahrhundertwende eine Vielzahl von Firmen, die sich mit dem Bau des noch jungen Motorfahrzeugs beschäftigten. Sehr beliebte Spielart unter den Kleinautos dieser Zeit waren auch in England die »Forecar« genannten Modelle: Motorräder mit vorderer Sitzbank.

Noch vor dem Ersten Weltkrieg begann die Zeit der »Cyclecars«. Dies waren meist vierrädrige, leichte Wagen, oft mit Holzkarosserien, Motorradreifen und ein- bis zweizylindrigen Motoren. Die Betonung dieser zweisitzigen Kleinstwagen lag deutlich auf der Sportlichkeit. In den zwanziger und dreißiger Jahren ging die Sportlichkeit dann wegen zunehmender Komfortansprüche verloren, und Wagen wie die dreirädrigen B.S.A. und Raleigh mit Karosserien, die denen großer Wagen nachempfunden waren, prägten die Kleinwagenszene. 1922 hatte der Austin Seven sein Debut gegeben, eine konventionell aussehende Miniaturlimousine mit 750-ccm-Vierzylindermotor, die es den Cyclecars nun recht schwer machte und sie nach und nach aus dem Geschäft drängte.

Nach dem Zweiten Weltkrieg nahmen die meisten Firmen zwar schon bald wieder die Produktion auf, doch sah man zunächst die bekannten Modelle der letzten Jahre vor dem Krieg von den Bändern rollen. Noch lange blieb in Großbritannien der Treibstoff rationiert, und Rohstoffkrisen brachten die Autoproduktion immer wieder ins Stokken.

Das Auftauchen der ersten neuen Fahrmaschinen mit mehr als zwei Rädern fiel relativ spät, nämlich mit dem Beginn der fünfziger Jahre zusammen. Nur Laurie Bond hatte schon 1948 seinen winzigen Minicar präsentiert, der sich bald zum Verkaufsschlager entwickelte und Ahnherr einer bis in die siebziger Jahre reichenden Familie von Dreirädern werden sollte.

*Links: Cyclecar anno 1914: G. N. als Sportzweisitzer mit Motorradmotor.*

*Oben: Trojan gehörte schon 1912 zu den Anbietern einfacher, besonders preisgünstiger Kleinfahrzeuge...*

*Rechts: Modernisierter Austin Seven mit Swallow-Karosserie von 1926.*

*Links: Ahnherr einer Kleinwagen-Generation: Austin Seven.*

Begünstigt durch ein Steuergesetz, das für dreirädrige Fahrzeuge geringere Abgaben vorsah, entwickelte sich England zur Hochburg der Personendreiräder. Auffallend war, daß sich die Konstrukteure der Insel nur ungern von geltenden Normen im Automobilbau freimachten und meist darauf bedacht waren, die deklassierende Dreirädrigkeit ihrer Fahrzeuge mit allen Mitteln zu vertuschen. Doch die Ergebnisse solcher Bemühungen betonten geradezu durch übertriebenes Styling die Mängel dieser Kleinstwagen. Stilistische Katastrophen wie das Bond Family Safety Model oder der Fairthorpe Atomota konnten dennoch mit dem Wohlwollen und der Toleranz der Briten gegenüber jeglicher Art von Skurrilität rechnen und wurden durchaus ernstgenommen.
Andere Hersteller wie Berkeley und Coronet setzten mehr auf die Sportlichkeit ihrer Kleinwagen, während Avantgardisten wie der Scootacar die Ausnahme blieben. Doch fast für jede Konstruktion, und war sie noch so ungewöhnlich, fand sich eine Nische, wo sie für kurze Zeit ein bescheidenes Dasein fristen konnte. Und es gab unter der Vielfalt einheimischer Kreationen sogar noch Platz für ausländische Modelle. Mit einigem Erfolg wurde in Southampton die BMW Isetta montiert, und sogar das Fuldamobil kam nach kurzer Zwischenstation und Umweg über Irland nach England. Letzter »Einwanderer« war schließlich die Heinkel Kabine, die noch bis zur Mitte der sechziger Jahre unter dem Namen »Trojan« verkauft wurde.
Als es durch den neuen Austin Seven und vor allem den Mini dann mehr und mehr Möglichkeiten gab, sich auch in der kleinsten Automobilklasse angenehm, wenn auch mit einem Minimum an Komfort und Sicherheit zu motorisieren, ging die Blütezeit der vielen verschiedenen Kleinstwagen auch in England unaufhaltsam in ihre Schlußphase. Dennoch endete sie bis heute nicht ganz, denn mit dem noch immer produzierten Reliant Dreirad existiert in Großbritannien ein Fahrzeug, dem man die »arme Verwandtschaft« von einst deutlich ansieht.

*Links: Morgan Threewheeler 1913. Auch hier stand der Sport im Vordergrund.*

*In den dreißiger Jahren war der dreirädrige Morgan besonders populär.*

*Unten links: Raleigh 1936/37 mit 750-ccm-V-Motor im Bug, ein Vorgänger des Reliant.*

*Unten: Morris Eight von 1935, der große Rivale zum beliebten Austin Seven.*

# A.C.

Zu den britischen Kleinstwagen, denen Mitte der fünfziger Jahre eine gewisse Verbreitung beschieden sein sollte, gehörte neben dem Bond und Reliant auch das A.C. Dreirad mit dem Namen »Petite«.
Dieser englische Winzling mit dem französischen Namen war das Produkt einer Firma, die sich schon kurz nach der Jahrhundertwende mit dem Bau von Motorfahrzeugen zu beschäftigen begonnen hatte. Der Name A.C. leitete sich von einem kleinen Lieferwagen mit der Bezeichnung »Autocarrier« her, und bis zum Ersten Weltkrieg gehörte auch das Modell »Sociable«, ein überaus skurriler Dreirad-Kleinstwagen, zu den beliebtesten Wagen seiner Klasse. Später wurden richtige Vierradautos mittlerer Größe gebaut, doch gehörte die Firma A.C. in Thames Ditton, Surrey, nie zu den besonders erfolgreichen Herstellern, wenngleich es nach dem Kriege auch eine Zahl ausgezeichneter Sportwagen dieser Marke gab.
1947 konnte die Produktion in bescheidenem Rahmen wieder aufgenommen werden. Eine große Limousine mit Zweilitermotor wurde angeboten, die auf Grund ihrer Qualität und ihres schnittigen Aussehens guten Absatz fand. Ab 1953 gab es auch wieder Sportwagen, die Geschäfte liefen zufriedenstellend. Gleichzeitig gedachte man, einen der nun immer beliebter werdenden Kleinstwagen auf den Markt zu bringen, in der Hoffnung, an den Erfolg des A.C. Sociable anknüpfen zu können. Der neue Kleinstwagen sollte das einzelne Rad vorne und eine teilweise selbsttragende Karosserie haben, bei der vier Stahlrohre das Rückgrat bildeten. Die Aufbauten der ersten Versuchsmodelle 1952 waren im Pontonstil geformt; das vordere Einzelrad saß unter einer sich nur leicht verjüngenden Frontpartie. Es gab keine Radausschnitte, so daß das 3,12 Meter lange A.C. Dreirad über die Straße zu gleiten schien, da die Räder kaum zu sehen waren.
Der Motor, ein Einzylinder-Zweitakter von Villiers mit ca. 8 PS Leistung (350 ccm), war weit hinten im Heck untergebracht und übertrug seine Kraft über drei Keilriemen auf das Dreiganggetriebe mit Rückwärtsgang, das mit einem Lenkradschalthebel bedient wurde. Den Sekundärantrieb zum Differential besorgte eine Motorradkette. Das Vorderrad war in einer Gabel geführt, die sich mittels zweier Schrauben- und einer Teleskopfeder gegen einen Lenkerkopf abstützte. Diese Lenkung arbeitete sehr leichtgängig, ließ sich jedoch gleichzeitig von jeder Unebenheit der Fahrbahn nachhaltig beeinflussen, so daß ständig Lenkkorrekturen nötig waren. Auf der relativ breiten Kunststoff-Sitzbank hatten zwei Erwachsene reichlich Platz.
1953 ging dieses Modell in Serie. Ein großes Stoff-Sonnendach gehörte nun ebenso zur Ausstattung wie versenkbare Fenster. Nicht zu umfangreiches Gepäck konnte in einer Nische hinter der Sitzbank verstaut werden, das Reserverad lag unter dem Sitz. Der A.C. Petite war ein leicht und angenehm zu fahrendes Modell, wenngleich der Motor laut vernehmbar zu Werke ging und den Fahrer nicht gerade mit guten Fahrleistungen verwöhnen konnte. Nur mit Mühe ließen sich 70 km/h schaffen, und schon kleinste Steigungen wurden dem Fahrzeug zum Problem.
Der Verkauf lief nicht gerade rasant an, obwohl das Dreirad nur knapp über 300 Pfund kostete. Der Petite (»billiger als mit dem Bus oder Zug zu fahren«) behielt bis zum Produktionsende seinen schwächlichen 350-ccm-Motor bei, der mit größerer Laufzeit immer lauter wurde und trotz eines Gebläses gern zum Überhitzen neigte. Trotzdem wurden die kleinen A.C. nicht nur von Hausfrauen zum Einkaufen benutzt, sondern selbst längere Urlaubsreisen wurden in

*Oben und rechts: Der Allard Clipper mit Polyester-Karosserie und einem Einzylinder-Zweitaktmotor von Villiers. Allards Name stand ansonsten für großkalibrige Sportwagen.*

*Oben: A. C. Petite, entstanden im Jahre 1952. Immerhin sind an die 6000 Exemplare gebaut worden.*

*Links: Blick unter die Motorhaube des A. C. Petite. Wie beim Allard handelte es sich um einen 346-ccm-Zweitakter von Villiers.*

Großbritannien nicht selten mit dem A. C. Petite angetreten, der bei aller Langsamkeit immerhin einen guten Wetterschutz und für zwei Personen genügend Platz bot. Bald gab es eine leicht verbesserte Mark-2-Version, die zwar auch nur über Hinterradbremsen verfügte, sich aber zum Vormodell immerhin durch verchromte Stoßstangen unterschied. Leider war auch der Preis nach oben geklettert, so daß man für das komplett ausgestattete »de luxe«-Modell jetzt 379 Pfund berappen mußte. Ein A.C. Standardmodell ohne Stoßfänger, Türschlösser, Fensterhalter und seitliche Chromstreifen kostete 29 Pfund Sterling weniger.
Die Suezkrise gab dem Verkauf des Petite noch einmal etwas Schwung, doch 1958 verebbte die Nachfrage rapide und das Mobil wurde aufgegeben. Im ganzen mögen vielleicht 6000 A. C. Petite gebaut worden sein, immerhin eine ansehnliche Zahl für solch ein Kleinstmobil von derart merkwürdigem Aussehen. Wenige haben bis heute die Zeit überdauert.

# ALLARD

Zu den vor allem optisch besonders ungewöhnlichen Kleinwagen gehörte der in London gebaute Dreiradwagen »Clipper«, der ansonsten für großkalibrige Sportwagen zuständigen Firma Allard.
Im Londoner Stadtteil Putney hatte der Rennfahrer Sidney Allard 1937 eine Autoschmiede eröffnet; in Handarbeit waren hier bis zum Krieg einige Wagen mit typisch britischer Roadsterkarosserie, aber großvolumigen Motoren entstanden. 1946 wurde die bescheidene Produktion wieder aufgenommen. Die bärenstarken Roadster wiesen meist US-Technik auf. Sidney Allard, immer noch im Rennsport aktiv, gewann 1952 mit einem seiner Autos sogar die Rallye Monte Carlo.
Völlig im Gegensatz zu diesen Sportwagen wurde ab 1953 ein Kleinwagen entwickelt, in der Erwartung, am wachsenden Geschäft mit diesen Fahrzeugen teilhaben zu können. Im Oktober wurde der Clipper präsentiert, weckte jedoch mehr Neugierde als Kauflust. Die ausladende Karosserie aus eingefärbtem Kunststoff bot bis zu drei Leuten auf einer Sitzbank Platz, Kinder konnten bei geöffneter Heckklappe auf einem Schwiegermuttersitz untergebracht werden. Der Wagen, der auf kleinen 8-Zoll-Rädern stand, sah verdächtig nach Stromlinie aus, wobei das einzelne Vorderrad unter der stark überhängenden Front verborgen war. Wie auch die Hinterräder war es an einem kurzen Ausleger befestigt, der durch André-Gummielemente gefedert wurde. Oben endete die Vorderradaufhängung in einem Lenkerkopf wie beim Motorrad, der über ein Gestänge mit der Schneckenlenkung verbunden war.
Der Motor, ein 346-ccm-Einzylinder-Zweitakter von Villiers, saß etwas zur Mitte versetzt vor dem angetriebenen linken Hinterrad, also hinter dem Beifahrer. Den Primärantrieb besorgten drei nebeneinander angeordnete Keilriemen; eine kurze Motorradkette setzte das Rad in Bewegung. Die Felgen waren speziell für den Clipper angefertigt.
Ein Kastenrahmen mit Kreuzverstrebungen diente als Rückgrat der Konstruktion; eine Tür gab es nur für den Beifahrer. Das Dach war nicht abnehmbar, der Einstieg für den Fahrer entsprechend mühsam. Saß man erst einmal, so hatte man indes kaum mehr das Gefühl in einem Kleinwagen zu sitzen, so viel Platz herrschte im ansonsten sehr spärlich ausgestatteten Cockpit. Es gab einen elektrischen Starter, Trommelbremsen verzögerten alle drei Räder und konnten von der schwachen Motorleistung kaum überfordert werden. Die in Dunkelrot/Elfenbein, Blau/Elfenbein oder ganz in Elfenbein gefärbte Karosserie versuchte, durch Andeutungen von Kotflügeln über die Dreirädrigkeit des Gefährts hinwegzutäuschen. Einzige Pluspunkte des Clipper waren im Grunde seine Geräumigkeit und die Leichtigkeit, mit der Karosserieschäden ausgebessert werden konnten. Im Fahrbetrieb sorgte vor allem der Einradantrieb für Probleme, und auch die Verarbeitungsqualität des Clipper ließ zu wünschen übrig. Sidney Allard hatte eigens für den Clipper eine Schwesterfirma gegründet, doch schon nach wenigen Dutzend Wagen mußte das Projekt wieder aufgegeben werden. Zumindest drei Clipper haben bis heute überdauert, zwei in England, einer in Norddeutschland.

# ASTRA GILL JARC

Unter dem Namen »Little Horse« erschien im Herbst 1955 auf dem britischen Markt ein kleiner, dem deutschen Lloyd Kombi ähnelnder Lieferwagen, der von Jarc Motors Ltd. in Isleworth, Middlesex, während zweier Jahre entwickelt worden war.
Dieser kleine »Geschäftswagen« hatte vier 12 Zoll Räder gleicher Spur, die einzeln an Schwingarmen aufgehängt waren und durch Girling Federbeine gedämpft wurden. Der Zweitaktmotor, ein 250-ccm-Twin von Excelsior, saß als Mittelmotor vor der Hinterachse im Rohrrahmen und war mit dem Dreiganggetriebe durch Keilriemen verbunden, während die Hinterräder mit einer Motorradkette in Bewegung gesetzt wurden. Die 13 PS des Motors reichten für eine Spitzengeschwindigkeit von etwa 80 km/h. Die Außenhaut des Kleinkombis bestand aus Alupaneelen, das Kombiheck war in der oberen Hälfte in Holzbauweise ausgeführt.
Im Führerhaus gab es nur einen Sitz für den Fahrer, der Platz daneben war freigelassen worden, um auch lange Gepäckstücke transportieren zu können. Das Motorradgetriebe mit Rückwärtsgang wurde über einen Schaltknüppel in der Mitte vor dem Sitz bedient, der Tacho und vier Schalter, auch der elektrische Anlasser, waren in einem kleinen, ovalen Instrumententräger vor dem Lenkrad zusammengefaßt. Über die ganze Breite verlief darunter ein tiefes Ablagefach. Die Seitenfenster konnten nach unten aufgeschoben werden, und eine große Hecktüre machte das Beladen des Little Horse leicht. Auf Wunsch wurden auch hintere Seitenfenster eingebaut.
Im großen und ganzen schien der Jarc Kleintransporter ein recht brauchbarer, kleiner Allroundwagen zu sein, doch war die Lage des Motors in der Mitte bei einem Kombifahrzeug problematisch, da der Zweitakter nur über eine Klappe in der Ladefläche zu erreichen war. Streikte die Maschine unterwegs einmal, mußte jedesmal die Ladung aus dem Wagen geholt werden, wollte man an den Motor heran.
Im Laufe des Jahres 1956, nachdem die Firma Jarc in finanzielle Bedrängnis gekommen war, übernahm ein Zweigwerk des Motorenherstellers British Anzani in Hampton Hill die Fertigung des kleinen Transporters und nannte ihn »Astra«. Deutliche Schriftzüge an Kotflügeln und Frontdeckel, hinter dem sich das Reserverad befand, kündeten von der Namensänderung. Als Antrieb wurde nun ein Aggregat aus eigener Fertigung eingebaut, ein 15 PS starker Zweitakttwin mit 322 ccm Hubraum, der mit einem Dreiganggetriebe und dem Differential verblockt war. Ansonsten blieb alles beim alten, außer daß der

vorher fast luxuriös gepolsterte Einzelsitz nun einem spartanisch bespannten Gestühl à la Citroën 2 CV weichen mußte.
Auch der Astra entwickelte sich nicht zum Renner im Verkauf, doch die Existenz der Firma British Anzani hing nicht ausschließlich vom Verkaufserfolg dieses Modells ab, und so wurde das Vehikel in kleinen Stückzahlen nebenher produziert. 1958 wurde auch ein Personenwagen auf Basis des Astra gebaut, wobei man lediglich eine Alu-Stufenheckkarosserie auf das Chassis montierte. Auf einer Sitzbank sollten bis zu drei Leute sitzen können, dahinter war ein nur von innen zugänglicher Kofferraum.
Allerdings verkaufte man das Auto nicht unter dem Namen Astra, sondern unter dem der Londoner Karosseriebaufirma Gill, über die das Mobil unter der Bezeichnung »Gill Getabout« vertrieben wurde. Doch nur sehr wenige interessierten sich für das zweifarbig lackierte, dennoch nicht gerade hübsche Kleinauto. Sogar ein viersitziger Aufbau wurde versuchsweise konstruiert, in der Hoffnung, den Gill als Stadttaxi verkaufen zu können, doch mangelnder Komfort und zu schwache Motorleistung ließen diese Pläne schnell wieder im Sande verlaufen.
Auch das Interesse an dem Lieferwagen und der winzigen Limousine näherte sich immer mehr dem Nullpunkt, so daß 1961 das Ende für diese Wagen gekommen war.

# AUSTIN

Als 1951 der neue Austin Seven erschien, knüpfte die Firma damit an die Erfolge des Vorkriegskleinwagens mit derselben Bezeichnung an. Der bald wegen seiner Motorleistung von 30 PS in A 30 umbenannte

*Links: Austin A 30 alias Seven, ein in den fünfziger Jahren äußerst beliebter Wagen in England.*

*Oben: Das klassische Armaturenbrett des Austin Mini mit viel Ablagefläche unter dem Volant.*

*Links: Astra 1956. Die junge Dame hieß Susan Flynn und war, wie der Pressetext vermerkte, gerade 19 Jahre alt…*

*Oben: Austin Seven Countryman Estate. Rechts: Austin Mini Saloon, Baujahr 1959. Ein Evergrenn unter den Kleinwagen.*

Viertürer war der erste Austin mit selbsttragender Karosserie, die man stilistisch an das größerer Schwestermodell A 70 angepaßt hatte. Der ansonsten konventionell mit Frontmotor und Heckantrieb ausgestattete Viersitzer wurde wie seine berühmten Vorgänger ein Verkaufserfolg, wenn er stilistisch wie technisch auch keinen Fortschritt im Kleinwagenbau darstellte.

Dieser Fortschritt trat erst mit der Vorstellung jenes revolutionären Kleinwagens ein, der als »Mini« Furore machen sollte. Chefkonstrukteur Alec Issigonis hatte sich bei seiner Schöpfung nicht von modischen Diktaten leiten lassen, sondern sich zur Aufgabe gemacht, einen geräumigen Viersitzer minimaler Gesamtabmessungen zu entwerfen. Der neue Wagen hatte ein Kombiheck und einen vorn quer eingebauten Antriebsblock erhalten. Doch nicht nur die genial auf eine Länge von 3,05 m reduzierte Karosserie unterschied sich von anderen Kleinwagen. Der 1959 als Austin Seven 850 und gleichzeitig Morris Mini Minor vorgestellte BMC Mini hatte Einzelradaufhängung rundum mit progressiv wirkenden Gummifederelementen, Schiebefenster und außenliegende Türscharniere. Der Vierzylindermotor hatte 850 ccm Hubraum und leistete knapp 35 PS. Ein Vierganggetriebe mit Mittelschaltung machte den Mini mit seinem tiefen Schwerpunkt und der guten Straßenlage zu einem sportlichen Gefährt.

1960 wurde eine um 25 cm verlängerte Kombiversion »Countryman« mit Holzverkleidungen präsentiert. Nachteil der Limousine war der winzige, schwer zugängliche Kofferraum hinter einem kleinen Deckel im Heck, eine von außen zugängliche, große Heckklappe gab es leider nie für dieses Fahrzeug.

Austin gehörte neben Morris, MG, Wolseley und Riley seit 1952 zur »Nuffield-Gruppe«, aus der sich später der BMC-Konzern und schließlich British Leyland entwickeln sollten. Die Marken Wolseley und Riley spielten dabei die Rolle der exklusiveren Anbieter mit verfeinerten Karosserien und Innenausstattungen. 1961 erschienen als Wolseley Hornet und Riley Elf zwei Mini Derivate mit konservativen Frontverzierungen und verlängertem Heck, die sich auch untereinander in Details unterschieden. Unter den Hauben dieser beiden Autos arbeiteten zunächst ebenfalls 850-ccm-Motoren, doch gab es im Innenraum ein weit edleres Ambiente als im Austin und Morris Mini. Bessere Sitze, Kurbelfenster und Holz am Armaturenbrett sowie eine komplettere Ausstattung und Lenkradschaltung (später sogar automatische Getriebe) machten aus dem spartanischen Kleinwagen kleine Luxuslimousinen im typisch britischen Stil, die das Angebot des Konzerns an Kleinwagen nach oben abrundeten.

1961 wurde auch der erste Mini Cooper vorgestellt. Der Rennwagen-Konstrukteur Charles Cooper hatte den kleinen Vierzylinder auf 997 ccm vergrößert und ihm durch verschiedene Tuningmaßnahmen bis zu 55 PS entlockt. Gut 140 km/h lief der kleine Brite jetzt und beschleunigte beachtlich. Diese Entwicklung führte zu der erfolgreichen Karriere des Mini als Renn- und Rallyefahrzeug. Eine Zeitlang waren die kleinen Engländer kaum zu schlagen und dominierten den Motorsport in ihrer Klasse souverän. Es folgte 1963 der legendäre Cooper S mit 70 PS, Tuner entlockten der Maschine bis zu hundert Pferdestärken.

Mittlerweile gab es auch Liefer- und Pickup-Versionen des Mini. Der geniale Wagen setzte zu einem Siegeszug in Mitteleuropa an und wurde – ständig verbessert und weiterentwickelt – zum Vorbild in der Bauweise heutiger Standard-Kleinwagen deutscher, französischer und japanischer Hersteller. Alec Issigonis gehört somit zu dem kleinen Kreis von Konstrukteuren im Automobilbau, die zeitlose und charaktervolle Wagen geschaffen haben, die auch nach Jahrzehnten noch produziert werden und zu den Klassikern zählen, wie der VW Käfer oder der Citroën 2 CV.

## BERKELEY

Die englischen Berkeley Kleinwagen gehörten zu den sportlichsten Vertretern ihrer Gattung und erlangten in ihrer Heimat einen hohen Bekanntheits- und Beliebtheitsgrad. Konstrukteur dieser kleinen Flitzer war der bekannte Kleinwagenhersteller Laurie Bond, der mit seinen Minicars zu den erfolgreichsten Produzenten solcher Vehikel in Großbritannien zählte.

In den vierziger Jahren hatte Bond mit einem selbstgebauten, sehr leichten 500 ccm Rennwagen erfolgreich an Bergrennen teilgenommen. An diese Erfahrungen anknüpfend, konstruierte er einen ultraleichten, zweisitzigen Roadster mit Zweitaktmotor und Frontantrieb, dessen Karosserie aus Fiberglasmaterial bestehen sollte. Um sich zeit- und kostenraubende Versuche mit dem neuen Material zu sparen, wandte sich Bond Ende 1955 an Charles Panter, den Chef der damals größten Wohnwagenfabrik Europas Berkeley. Dort hatte man bereits Ende der vierziger Jahre einen Wohnwagen herausgebracht, dessen Außenhaut nicht aus dem bis dahin üblichen Aluminium, sondern aus Fiberglas bestand, bezogen von der Firma Bakelite.

Panter war von den Plänen Bonds sehr angetan, denn das Wohnwagengeschäft war starken saisonalen Schwankungen unterworfen; eine stetige Autoproduktion versprach mehr Kontinuität in der Beschäftigungslage der Firma.

Anfang 1956 wurde die Zusammenarbeit zwischen Panter und Bond

*Berkeley Roadster, wie er auf der Londoner Motorshow 1956 gezeigt wurde. Das Interesse war enorm.*

besiegelt. Schon für die Londoner Motor Show desselben Jahres wollte man einen Wagen fertig haben. Bei Berkeley begannen die Arbeiten an drei Prototypen. Die Karosserie bestand aus zwei Kunststoffteilen, die mit einem kastenartigen Unterbau und Alu-Verstärkungen im Bereich der Radaufhängungen und des Motorraumes einen monocoqueartigen Wagenkörper bildeten, der sich trotz geringen Gewichts durch beachtliche Verwindungssteifigkeit auszeichnete. Die Kunststoffteile wurden geklebt und vernietet, anschließend gespachtelt und lackiert; die Karosserie mit ihren leicht geschwungenen Linien erinnerte ein wenig an den AC Ace Sportwagen. Die Scheinwerfer befanden sich unter Plexiglasabdeckungen. Bei einer Länge von 3,10 m und einer Breite von nur 1,20 m ging es im Cockpit des Berkeley etwas beengt zu, wenn zwei Personen Platz nahmen. Im Heck gab es eine Art Kofferraum, der laut Prospekt auch als Aufenthaltsort für ein großes oder zwei kleine Kinder genutzt werden sollte.

Als Motor wählte man für die ersten Berkeley den bewährten 322-ccm-Anzani-Zweitakt-Zweizylinder, der 15 PS an die Vorderräder abgab, die an verschieden langen Dreieckslenkern unabhängig aufgehängt waren und über Girling-Federbeine gedämpft wurden. Hinten war eine Schwingachse eingebaut.

Im September 1956 wurden die ersten drei Wagen der Presse vorgeführt. Mit seiner Dreigang-Lenkradschaltung und einem Cockpit ohne unnötigen Zierat eroberte der flotte Berkeley die Herzen der Tester im Sturm, und bald waren die Zeitungen voll begeisterter Berichte über das neue Auto. Als wenig später ein blauer Berkeley in den Hallen von Earls Court sein Debut auf der Automobilausstellung feierte, war das Interesse enorm, obwohl der Stand kaum größer als das Auto war und nicht gerade günstig lag. Auch amerikanische Importeure interessierten sich für den winzigen Roadster, und als die Show zu Ende ging, war eine halbe Jahresproduktion des Berkeley so gut wie verkauft. Man konnte den Berkeley in vier Serienfarben sowie mit aufsetzbarem Kunststoffhardtop und Seitenteilen haben.

Der knapp unter 300 kg wiegende Wagen vermochte trotz der geringen Motorleistung deutlich über 100 km/h zu erreichen, doch erwiesen sich die Anzani-Motoren als problematisch: Es gab Engpässe in der Belieferung. Panter und Bond mußten sich nach einem neuen Motor umschauen und entschieden sich für den neuen 328-ccm-Zweitakt-Twin des Motorradherstellers Excelsior, der mit einem Vergaser 18 PS brachte und dem Berkeley zu noch etwas mehr Temperament verhalf.

Der Export nach den USA blühte, etliche Wagen wurden auch in die Schweiz geliefert. Zahlreiche Fahrer setzten die flinken Autos in Rennen ein. Ihre gute Straßenlage und hervorragende Girling-Bremsen machten die Winzlinge zu gefürchteten Verfolgern von weit größeren Wagen bis hin zum Jaguar Mk VII – die Herzen der Zuschauer waren meist auf der Seite der Berkeleys, die von Sieg zu Sieg eilten und in ihrer Klasse und selbst in höheren Klassen manchen Rundenrekord aufstellten.

Viele Kunden wünschten sich einen größeren Motor. Es begannen Experimente mit einem 500 ccm großen BSA-Zweizylinder-Viertakter, der jedoch Kühl- und Vibrationsprobleme mit sich brachte. Da kam Anfang 1957 ein neuer Excelsior Motor wie gerufen, der durch Hinzufügen eines dritten Zylinders auf 492 ccm gewachsen war und 30 PS bei großer Laufruhe leistete. Gleichzeitig mit dem Einbau des größeren Motors (der mit 328 ccm Hubraum war daneben weiter lieferbar) gab es auch ein neues Vierganggetriebe mit Mittelschaltung sowie eine »De Luxe«-Version des 18 PS Berkeley mit gehobener Ausstattung. Die genaue Bezeichnung des 30-PS-Wagens lautete Berkeley B 90, wobei die 90 auf die Höchstgeschwindigkeit des Wagens von 90 mph hinwies, etwa 150 km/h! Die 328-ccm-Version wurde als B 65 und die ersten Wagen mit Anzani-Motor als B 60 bezeichnet. Auf der London Motor Show im Oktober 1957 stellte Berkeley auch eine Coupéversion aus, doch ging der Wagen nicht in Serie.

*Oben: Berkeley Dreirad Typ T 60, gebaut 1959, angetrieben durch einen Motorradmotor von Excelsior.*

*Rechts: Berkeley B 95 Hardtop. Der Motor stammte von Royal Enfield.*

Freilich war der neue B 90 mit 350 kg etwas schwerer geworden als sein Vorgänger, doch hatten die 30 PS leichtes Spiel mit einer Beschleunigung von nur gut 20 Sekunden aus dem Stand auf 100 km/h, ein phänomenaler Wert für ein 500-ccm-Auto. Bei zahlreichen Wettbewerben waren die neuen Berkeleys nun um so mehr gefürchtete Gegner, sie eilten von Erfolg zu Erfolg. 1958 gewann ein solcher Wagen in der Klasse bis 750 ccm sogar die Mille Miglia.

Doch es gab nicht nur erfreuliche Nachrichten. In Amerika häuften sich Reklamationen über defekte Motoren. Für den Highway-Betrieb unter Vollast und in heißem Klima waren diese Maschinen nicht geeignet, zudem hatten die an monumentale Achtzylinder gewöhnten Amerikaner keine glückliche Hand mit den winzigen Zweitaktern aus England. Auch gab es Ärger mit dem Kunstharzlieferanten Bakelite, als zahlreiche Karosserien Blasen warfen und unbrauchbar wurden. Ein Prozeß wurde gegen die Kunststoff-Firma wegen Schadensersatz angestrengt, doch ohne Erfolg.

Um in Zukunft nicht nur Sportfahrer ansprechen zu können, wurde bis zur Motor Show 1959 bei Berkeley ein Dreirad entwickelt, dessen Karosserie vorne der des B 65 entsprach und sich zum hinteren Einzelrad hin etwas verjüngte. Man blieb jedoch beim Vorderradantrieb und lagerte das Hinterrad in einem einfachen Schwingarm mit Stoßdämpfer. Dieses T 60 genannte Modell mit dem 328-ccm-Excelsior-Motor war recht einfach ausgestattet, doch es gab auch ein Hardtop. Käufer des Dreirades genossen in England deutliche Steuervorteile und benötigten nur einen Motorradführerschein.

Der alte B 65 mit vier Rädern wurde nicht mehr hergestellt, andererseits gab es zwei neue Modelle mit luftgekühlten 692-ccm-Zweizylinder-Viertaktmotoren von Royal Enfield. Diese Modelle B 95 mit 40 PS und B 105 mit 50 PS hatten einen rechteckigen Kühlergrill und senkrechtstehende Normalscheinwerfer. Mit den bisher üblichen zwei Sitzen jetzt als »Twosome« bezeichnet, gab es nebenher auch eine um 21 cm verlängerte viersitzige Version »Foursome«, auch mit Hardtop lieferbar, die es jedoch nur auf wenige Exemplare brachte. Mit vier Personen besetzt wurde es recht eng im ohnehin knappen Innenraum, auch ging die Spritzigkeit des Autos verloren, wenn etwa 300 kg zugeladen wurden.

*Unten: Vierrädriger Berkeley von 1966. Er stahl auch manchem »großen« Wagen die Schau.*

All diese Entwicklungen verschlangen natürlich erhebliches Kapital, das auch durch das Wohnwagengeschäft nicht wieder aufzufüllen war. Doch Panter hatte noch ein neues Projekt laufen. Unter der Bezeichnung »Bandit« entstanden zwei Prototypen eines Sportwagens mit Ford-Anglia-Motor und Heckantrieb sowie einer Karosserie in Kunststoff/Stahlblech-Gemischtbauweise auf einem massiven Chassis. Zu einer Serienproduktion dieses gut ausgestatteten und in ersten Tests gelobten Wagens sollte es allerdings nicht kommen, denn kurz vor Weihnachten 1960 mußte Panter wegen Überschuldung Konkurs anmelden. In der Folge wurde alles verkauft, um wenigstens die Belegschaft auszahlen zu können. In etwa vier Jahren waren 2500 Dreiräder und 2000 Vierrad-Berkeley aller Arten entstanden; viele davon werden noch heute von sportlich orientierten Enthusiasten in England mit Spaß an der Leistung gefahren.

## BOND

Lawrence Bond war der geistige Vater zweier der erfolgreichsten Kleinwagen, die auf der britischen Insel in den vierziger und fünfziger Jahren gebaut wurden. Dies waren der sportliche Berkeley und der Bond Minicar, ein dreirädriger Kleinstwagen.

Zu Beginn des Jahres 1947 hatte der Techniker und Flugzeugingenieur Lawrence Bond, Chef der Firma Bond Aircraft und Engineering Co. in Lingridge, Lancashire, mit der Konstruktion eines Minimalfahrzeuges begonnen, das es durch einfachste, dennoch stabile Bauweise vielen wieder möglich machen sollte, ein wettergeschütztes Gefährt zu erwerben und zu unterhalten.

Auf Grund der Bestimmungen in Großbritannien, nach denen Dreiradfahrzeuge nach Tarifen für Motorräder besteuert und versichert wurden (sofern sie keinen Rückwärtsgang besaßen) und sogar ohne Führerschein gefahren werden durften, stand für Bond schnell fest, um welche Art von Fahrzeug es sich beim späteren Bond handeln mußte. Wichtig war, möglichst viel Gewicht zu sparen und einen Antrieb zu konstruieren, der bei geringsten Ansprüchen ein Höchstmaß an Fahrleistung und Sicherheit gewährleistete.

Um eine gute Straßenlage zu erreichen, wurde das einzelne Rad vorne gewählt, doch bereitete die Position des Motors Probleme, da hinter dem Motor Platz für die Beine der Passagiere bleiben sollte; ein Motor über dem Vorderrad hätte zu einer recht hohen und uneleganten Front des Mobils geführt. Bond entwarf einen gabelartigen Hilfsrahmen, der mit dem ähnlich wie bei Motorrädern ausgeführten Lenkerkopf des Vorderrades verbunden war und es ermöglichte, den Motor vor dem Vorderrad zu montieren. Der Motor machte nun alle Bewegungen des Rades mit, er übermittelte seine Leistung via Motorradkette.

Bei der Karosserie des Prototyps entschied sich Bond für eine selbsttragende Konstruktion aus Aluminiumblech – sie hatte etwas von der Form eines Pantoffels. Im Volksmund wurden solche Vehikel gern als »rolling bathroom slippers« bezeichnet.

Im Frühjahr 1948 wurden die ersten Probefahrten unternommen. Mit seiner gebogenen, rahmenlosen Plexiglasscheibe und ohne Hinterradausschnitte wirkte der Winzling recht futuristisch. Der Einzylinder-Zweitaktmotor mit nur 122 ccm und weniger als sechs PS Leistung kam von Villiers und sorgte für ein erstaunliches Temperament.

Lawrence Bond fand Ende des Jahres in der Firma Sharps Commercials Ltd. einen Partner, der seinen Kleinwagen in Serie herstellen wollte. Die Weiterentwicklung des Bond Minicar zur Serienreife erfolgte bis zur Jahreswende. Anfang 1949 hatte er seine endgültige Form erhalten mit bauchigen hinteren Kotflügeln mit Radausschnitten; auch seitliche Steckscheiben und ein Faltverdeck gehörten nun zur Ausstattung des Bond. In ersten Tests erwies sich der Bond Minicar als erstaunlich qualitätsvolles Fahrzeug. Mit wirklich einfachsten Mitteln war hier ein brauchbares Kleinstauto entstanden. Gefedert war allein das Vorderrad, hinten waren beide Räder mit Stummelachsen direkt an der Alukarosserie befestigt. Zum Anlassen mußte an einem Griff unter dem Armaturenbrett gezogen werden, der über ein

*Ganz links oben: Bond Prototyp 1948. Darunter: Bond Family Safety Saloon 1953 mit Hecktür. Links: Bond Mark C von 1955.*

*Oben: Cockpit des Bond Minicar Mark C – mit schiefgestelltem Lenkrad.*

Stahlseil mit dem Kickstarter verbunden war. Die Bremsen allein an den Hinterrädern wurden ebenfalls über Zugseile aktiviert, auch die Motorradlenkung wurde mittels eines quer vor der Spritzwand laufenden und mit dem Ende der waagrecht stehenden Lenksäule verbundenen Drahtseils bewegt.

Die guten Eigenschaften des Bond Minicar machten schnell die Runde, und die Produktion von anfangs etwa zehn Wagen pro Woche mußte rasch erhöht werden.

Anfang 1950 gab es ein verbessertes Modell, den Minicar De Luxe mit 197-ccm-Villiers-Motor, der 8 PS leistete und etwas mehr Gemisch als das erste Modell verbrauchte, doch konnten Bond-Fahrer mit ihrer monatlichen Benzinration von sechs Gallonen (27 Liter) für die Klasse bis 9 PS damit rund 450 Meilen (etwa 800 km) weit fahren, mehr als die meisten anderen Automobilisten. Bald gab es auch einen Minivan genannten Transporter mit verlängerter Heckpartie und Stoffverdeck, und Anfang 1953 wurde der Family Safety Saloon vorgestellt. Dieser hatte die Karosserie des Minivan, jedoch mit gegenüberliegenden Kindersitzen im Heck. Damit die Kleinen während der Fahrt nicht hinauspurzelten, hatte man auf die hintere Hälfte ein festes Hardtop mit Fenstern gesetzt, während sich über die Köpfe der vorn sitzenden Eltern ein Tuchverdeck spannen ließ. Diese Bauweise erinnerte an ein Sedanca de Ville der zwanziger Jahre. Dieses Modell bildete aber nur einen kurzen Übergang zum Minicar Mark C.

Der Steuerkopf des Minicar besaß zwar die Eigenschaft, Radeinschläge von fast 90 Grad zu ermöglichen und das Mobil damit fast auf der Stelle drehen zu lassen, doch die Seilzug-Lenkung hatte wiederholt Anlaß zu Kritik geboten. Beim neuen Mark C wurde die Drehung des Steuerkopfes jetzt mit Hilfe eines Zahnkranzes auf dessen oberem Ende und einer Schnecke am Lenksäulenende bewerkstelligt, doch da der Steuerkopf genau in der Mitte der Spritzwand befestigt war und man sich ein teures Lenkgestänge sparen wollte, stand die Steuersäule jetzt deutlich schräg nach außen gewandt im Cockpit. Der Fahrzeuglenker saß jetzt also hinter einem völlig schief stehenden Lenkrad. Dennoch ließen sich davon die Bond-Fahrer nicht abschrekken. Zudem war das neue Modell nicht schöner geworden! Riesige, völlig unmotivierte Kotflügel wiesen schräg nach oben und fielen dann senkrecht ab, und der 197-ccm-Villiers-Motor kreischte hinter einem rundlichen Autokühlergrill – immer noch ohne Gebläse. Die Windschutzscheibe war aus Sicherheitsglas und Kindersitze hinten Standard; weiter gab es ein Transportmodell, nun Minitruck genannt. Sonst war der Bond weitgehend gleich geblieben. Seit einem Jahr konnte man einen Elektrostarter haben, die »De luxe«-Ausführung hatte sogar Stoßstangen vorn und hinten.

1955 erreichte die Produktion 100 Wagen pro Woche. Inzwischen hatte auch das Vorderrad eine Trommelbremse, und die Hinterräder wurden durch Gummibänder gefedert. Neben dem Family Modell mit zwei Kindersitzen wurde ein Coupé mit hinterer Gepäckablage angeboten, für das es auch ein rundliches Hardtop aus Glasfiber gab. Für etwa zehn Prozent der Karosserieteile wurde jetzt Kunststoff verwendet.

*Oben links: 1958er Bond Minicar E – Stromform mit dem Lineal! Links: Bond Mark F Saloon von 1963. Dreirädrige Vierradwagen?*

*Oben: Bond Lieferwagen Typ Mark E aus dem Jahre 1958.*

*Unten: Bond 250 G mit eigenwilliger Dachpartie, 1961.*

*Links: 1966er Bond Threewheeler mit Vierzylindermotor im Heck. Das 875-ccm-Aggregat kam von Hillman – gut für 130 km/h. Ein Jahr später kam die Firma Bond zu Reliant.*

*Gegenüberliegende Seite: Coronet 1957. Auch dieser Wagen hätte sich mit vier Rädern vermutlich besser gemacht.*

Im Modelljahr 1956 wies das Modell »D« einen neuen Frontgrill, Zierstreifen an den Kotflügeln und über den Scheinwerfern Blendschutz (Schlafaugen) auf; die Mechanik hatte sich nicht verändert. 1957 wurde das britische Modell revolutioniert: Bond stellte das neue Modell »E« mit Pontonkarosserie vor. Zunächst nur als Cabriolet gezeigt, hatte der Typ E zwei Türen und einen Stahl-Kastenrahmen zur Versteifung der Aluminiumkarosserie. Mit einer breiten Front sollte Vierrädrigkeit vorgetäuscht werden, doch war der Typ E wesentlich harmonischer geraten als seine Vorgänger, wenngleich er aber immer noch alles andere als eine Schönheit war. Eine bessere Kupplung, SIBA-Startanlage und ein Viergangetriebe (auf Wunsch sogar mit Rückwärtsgang) näherten das Bond-Mobil langsam den Erwartungen an, die man an ein kleines, richtiges Auto stellte. Der Motor blieb jedoch der alte, auch bei der bald folgenden Limousine mit verstellbaren Vordersitzen und Schiebefenstern.
Auf diesen Typ E folgte im nächsten Jahr der Mark F als Limousine, Coupé und Cabrio, jetzt mit 250-ccm-Villiers-Motor und etwa 12 PS. Daneben gab es noch ein billigeres D Modell, einen Family Saloon mit geschlossener Karosserie und einziger Tür links auf der Beifahrerseite, der noch die alten Kotflügel mit sich herumtrug und ein Heck wie ein Kombi hatte, jedoch ohne Tür. Dieser späte Mark D gehört sicher zu den unattraktivsten Kreationen auf Rädern, die je in den Verkauf gelangten. Mark E und Mark F hatten ein modernisiertes Armaturenbrett mit kleinem Instrumententräger vor dem Fahrer und großem Ablagefach daneben, doch das Lenkrad ragte immer noch entsetzlich schief in den Raum. Ferner gab es den Bond Ranger, ein Liefermodell ohne hintere Seitenfenster und mit winziger Heckklappe.
1961 kam als Nachfolger der F-Modelle der Bond 250 G heraus. Um jetzt auch vier Erwachsene unterbringen zu können, hatte das neue Modell ein Kunststoffdach mit einwärts geneigter Heckscheibe nach Art des Ford Anglia. Ausgeprägtere Heckflossen und größere Räder waren weitere äußere Veränderungen, Kurbel- und Dreiecksausstellfenster, Klappsitze, ein leiserer Auspuff und sogar hydraulische Bremsen werteten das Dreirad noch mehr auf. Die Bond 250 G liefen an die 90 km/h und wurden noch schneller, als ab 1963 ein Zweizylinder-Zweitakter mit 250 ccm Hubraum eingebaut wurde; 1966 wurde diese Modellreihe eingestellt.

1963 hatte Bond begonnen, auch kleine Sportwagen mit Teilen des Triumph Herald zu bauen, und zwei Jahre später erschien wieder ein Dreirad-Cabriolet in Form des 250 G Tourer zu besonders günstigem Preis.
Einen ganz neuen Bond gab es 1966 in Form des »875«. Dieses Dreirad hatte eine Kunststoffkarosserie mit Blechverstärkungen und erstmals im Heck einen kleinen Vierzylinder-Viertaktmotor der Firma Hillman. Die Leistung dieser Maschine hatte man für den Dreiradbetrieb auf 34,5 PS gedrosselt, doch das reichte noch für annähernd 130 km/h. Leider erwies sich der Bond 875 als extrem hecklastig. Auch von diesem Modell gab es eine Ranger-Version, und 1969 brachte man das verbesserte Modell Mark II mit Rechteckscheinwerfern und großem Kühlergrill heraus.
Im selben Jahr kaufte Reliant, nachdem sich Verhandlungen bereits über zwei Jahre hingezogen hatten, die Bond Cars Ltd. Im Gegensatz zu Bond war Reliant damals eine stark expandierende Firma. Nach der Fusion wurde das Modell 875 nur noch bis Anfang 1970 gebaut, dann schloß man das alte Bond-Werk in Preston. Der Name Bond jedoch durfte noch ein paar Jahre auch unter Reliant-Regie weiterleben, denn im Frühjahr 1970 erschien ein poppig aufgemachtes Kunststoff-Dreirad mit Abrißheck unter der Bezeichnung Bond Bug mit Reliant-700-ccm-Vierzylindermotor und zum Einsteigen nach vorne aufklappbarem Karosserie-Oberteil. Mit 29 PS war dies ein spritziges Mobil, das so recht zur damaligen Flower-Power-Zeit paßte, ganz im Gegensatz zu den eher konservativen, früheren Bond-Dreirädern. 1971 wurde auch die Herstellung der Bond Sportwagen gestoppt, doch der Bug bekam 1973 sogar noch einen auf 750 ccm vergrößerten Motor. Das Ende für den Autonamen Bond kam 1975, als der Bug aus der Produktion genommen wurde.

# B. S. A.

Die Firma Birmingham Small Arms Co. Ltd., bekannt unter dem Kürzel B. S. A., hatte vor dem Ersten Weltkrieg durch ihre Waffenproduktion Ruhm erlangt und war 1907 auch ins Autogeschäft eingestiegen. Eine Tochtergesellschaft, ebenfalls in Birmingham ansässig, baute ab 1929 auch einen der in England so beliebten, sportlichen Dreiradroadster, ähnlich dem Morgan, zuerst mit 1,1-Liter-V-Motor und ab 1933 mit einer Vierzylinder-Reihenmaschine.
Nach dem Zweiten Weltkrieg wurde die Personenwagen-Produktion nicht wieder aufgenommen; Motorräder und Roller bildeten jetzt das Fahrzeugprogramm. Um 1954 wurde bei B. S. A. jedoch noch einmal ein Versuch gewagt, mit einem Dreirad Aufmerksamkeit zu erregen. Es handelte sich um ein dem Brütsch nicht unähnliches Mobil mit hinterem Einzelrad und tiefen Einstiegsöffnungen. Türen gab es ebenso wenig wie ein Verdeck. Eine Sitzbank bot Platz für zwei Personen, und im Heck arbeitete ein 250-ccm-Viertakter, bekannt vom »Tigress« Roller. Bald darauf verschwand das niedliche Gefährt wieder in der Versenkung.

# CORONET

Das formschöne Dreirad der Coronet Cars Ltd. in Denham, Buckinghamshire, basierte auf dem eher glücklosen »Powerdrive« mit Aluminiumkarosserie aus London, der bis Ende 1956 nur in wenigen Exemplaren entstanden war. Bei der neugegründeten Firma Coronet wurde diese Konstruktion in vielen Einzelheiten verändert und verbessert. Beibehalten wurde die grundsätzliche Konzeption des Dreirades mit zwei Vorderrädern, deren Aufhängungen ebenfalls weitgehend unverändert blieben. Die Außenhaut des Coronet wurde zwar in Anlehnung an den Powerdrive, aber in wesentlich klarerer Linienführung aus Alublechen gebaut, wonach Formen abgenommen wurden, die später für den Aufbau aus mit Polyester durchtränkten Glasfasermatten verwendet wurden. Zu jener Zeit gab es zahlreiche Versuche, das neue Kunststoffmaterial für den Karosseriebau einzusetzen.

Als der »schönste Dreiradwagen der Welt« (Prospekt) im Mai 1957 vorgestellt wurde, mußte man zugeben, daß diese Behauptung nicht völlig aus der Luft gegriffen schien. Der niedrige und breite Coronet hatte kaum äußerliche Ähnlichkeit mit seinen dreirädrigen Vettern wie Bond und Reliant, die daneben recht unvorteilhaft aussahen. Erst

beim zweiten Hinsehen entdeckte man das unter dem langen Heck verborgene hintere Einzelrad, das mit 13 Zoll normales Automaß hatte. Besonders attraktiv war den Coronet-Konstrukteuren die »Schnauze« gelungen, die es mit breitem Kühlermaul, geschwungenen Kotflügeln und Scheinwerfern mit oberem »Lid« mit vielen Sportwagen jener Zeit aufnehmen konnte. Montiert wurde der Coronet im übrigen nicht in Denham, sondern bei James Whitson Company in West Drayton, Middlesex, einer Karosseriebaufirma, die sich auf Feuerwehr- und Busaufbauten spezialisiert hatte und in dieser Sparte einen guten Ruf genoß.

Zur Motorisierung des Coronet hatte man nicht den alten Anzani-Zweitakter gewählt, sondern bei Excelsior den 328-ccm-Zweizylinder-Zweitaktmotor eingekauft, der bei 5000 U/min immerhin 18 PS bereitstellte. Die Dreigangschaltung war vom Armaturenbrett auf den Boden vor die breite Sitzbank verlegt worden, wo ein sportlicher Mittelhebel emporragte. Das Lenkrad war auf einer extrem langen Säule montiert und hatte vom Armaturenbrett einen Abstand von fast 30 cm! Das erschwerte dem Fahrer das Einsteigen, auch mußte stets mit stark angewinkelten Armen manövriert werden. Wie beim Powerdrive war auch beim Coronet die Sitzbank breit genug, um notfalls drei Personen befördern zu können, doch wurde es dann vom in der Mitte Sitzenden leicht als Aufdringlichkeit empfunden, wenn der Fahrer nach dem Schaltknüppel greifen mußte. Für zwei Personen war das Platzangebot konkurrenzlos groß unter allen Kleinwagen, selbst der Fußraum war üppig bemessen. Gepäck konnte man unter der vorderen Haube und in einem Schacht hinter der Sitzlehne unterbringen, ein großes Handschuhfach und Türtaschen nahmen Kleinzeug auf.

Obwohl kurze Zeit von einer Hardtop-Version die Rede gewesen war, wurde der Coronet ab Mai 1957 nur in Roadsterform gebaut. Ein Allwetterverdeck mit großer Cellon-Heckscheibe erwies sich als dicht, einknöpfbare Seitenscheiben hielten Wind und Wasser von den Seiten her ab.

Bei Versuchsfahrten verschiedener Automagazine wurde stets die hübsche Form des 450 Pfund teuren Coronet gelobt, doch mißfiel ebenso regelmäßig das seltsam weit in den Innenraum hineinragende Lenkrad. Straßenlage und Federung des Luxus-Dreirades erfüllten die Erwartungen an dieses Fahrzeug, der Motor erwies sich als zuverlässig und elastisch. Selbst bei steilen Bergfahrten reichte der zweite Gang immer aus. Nach längerem Anlauf waren 57 mph (etwa 95 km/h) zu erreichen, und wer fleißig schaltete, hatte keine Mühe, im Verkehr mitzuschwimmen.

Gelobt wurden die Bremsen, die hydraulisch auf alle drei Räder wirkten und den Coronet ganz erstaunlich rasch verzögerten. Leider verzögerte sich aber auch der Absatz dieses Kleinwagens bald, nachdem die Produktion mit einem Takt von etwa 15 rein handwerklich zusammengebauten Wagen pro Monat angelaufen war. Das Auto war trotz all seiner Vorzüge zu spät auf den Markt gekommen. Zum anderen konnte man für den Preis des Coronet auch schon ein richtiges kleines Auto mit vier Rädern und vier Sitzen von Ford oder auch Morris bekommen, und wer ein sportliches Auto wollte, wurde von den mäßigen Fahrleistungen des recht rasant aussehenden Coronet enttäuscht. So schleppte sich der Verkauf des Dreirades recht mühsam voran, bis Ende 1959 die Produktionseinstellung beschlossen wurde.

# E. E. C.

Das Kleinauto »Worker's Playtime« von der Firma E. E. C. gehörte zu den größten Merkwürdigkeiten, die Großbritannien auf dem Gebiet der »microcars« hervorbrachte.

Die Electrical Engineering Construction Company Ltd. bei Totnes hatte sich vor dem Krieg mit dem Bau von Lastkähnen beschäftigt und war nach 1945 bei der Suche nach neuen Produkten auf die Herstellung von elektrischen Aggregaten für die Flugzeugindustrie umgestiegen.
Ende 1950 begannen bei E. E. C. auch Entwicklungsarbeiten zu einem Kleinwagenprojekt. Es entstand ein Dreirad, das alternativ mit einer zweirädrigen Hinterachse auszurüsten war, da in vielen anderen Ländern Dreiräder keine Steuervergünstigungen wie in England erhielten. Um die Kosten für die Karosserie möglichst niedrig zu halten, verzichteten die beiden Konstrukteure J. Elliot und K. McKelvie auf die Verwendung gepreßter Formteile und fertigten den Aufbau nur aus planen und einfach gebogenen Blechen an. Das Chassis und das Gerüst des Aufbaus bestand aus elektrisch zusammengeschweißten Stahlrohren, auch die Karosserieteile wurden auf diese Weise zusammengefügt. Es entstand ein pummeliges Modell mit fast halbkreisförmiger Seitenansicht und einem kleinen, gerade für zwei Personen ausreichenden Innenraum. Der Clou war jedoch die zur Seite zu öffnende Fronttür, die damit die Einstiegsmöglichkeit bei der Isetta vorwegnahm; auch in anderer Hinsicht war der E. E. C. eine der ersten völlig neuen Kleinstwagenentwicklungen in Großbritannien. Das Lenkrad und das kleine Armaturenbrett schwenkten beim Öffnen der Tür jedoch nicht mit wie bei der Isetta, vielmehr ähnelte die Konstruktion eher der Heinkel Kabine. Durch eine schwungvolle Zweifarbenlackierung versuchte man das Erscheinungsbild des E. E. C. etwas aufzulokkern, doch freistehende Scheinwerfer und winzige Räder (das hintere Einzelrad war völlig abgedeckt) trugen nicht gerade dazu bei, das Gebilde attraktiv werden zu lassen.
Als Antriebsaggregat diente ein 250-ccm-Doppelkolben-Zweitaktmotor von Excelsior mit einer Leistung um die 10 PS. Das Getriebe war angeblockt, das in einer Schwinggabel aufgehängte Hinterrad wurde mittels Kette angetrieben. Die Abstufung der Gänge hatte man dem hügeligen Gelände in Devon angepaßt, und so mußte man sich mit einer Höchstgeschwindigkeit von etwa 65–70 km/h begnügen.
Anfang Juli 1952 wurde der erste Prototyp unter der ungewöhnlichen Bezeichnung »Worker's Playtime« (Arbeiters Zeitvertreib) auf einer Ausstellung in Stover gezeigt, um eventuell auch ausländische Interessenten anzulocken. Noch im selben Monat starb unerwartet Jim Elliott, einer der beiden Konstrukteure. Inzwischen hatten sich Interessenten aus USA, Kanada, Südafrika und sogar Australien gemeldet und gaben McKelvie genug Ansporn, den Kleinstwagen allein weiterzuentwickeln.
Im August war ein zweites Exemplar von zehn geplanten Vorserienwagen fertig. Es wies hübschere Scheinwerfer, einen Scheibenwischer am oberen Scheibenrand und sogar Radkappen auf. Nur 300 Pfund sollte das Fahrzeug kosten. Andere, vielversprechendere Projekte nahmen indes kurze Zeit später die Kapazitäten der Firma E. E. C. voll in Anspruch, so daß kein Platz für einen Kleinwagen blieb, für den sich in der Hauptsache Firmen in Übersee interessierten, wobei dieses vermeintliche Interesse sich bei näherem Hinsehen vermutlich als Wunschdenken entpuppt hätte. Die Arbeiten am Worker's Playtime wurden eingestellt, die beiden Prototypen wanderten in eine Ecke der Fabrik, bevor sie schließlich an einen Gebrauchtwagenhändler verkauft wurden. Das weitere Schicksal dieser Autos ist bis heute unbekannt.

# FAIRTHORPE

1954 hatte der Ex-Jagdflieger D. C. T. Bennett seine vermeintliche Chance erkannt, mit der Konstruktion eines einfachen, kleinen und billigen Automobils in ein vielversprechendes Geschäft einzusteigen. In Chalfont St. Peter in Buckinghamshire gründete er gemeinsam mit einigen im Kraftfahrzeugbau erfahrenen Mitstreitern die Firma Fairthorpe Ltd., und es dauerte nicht lange, bis ein Prototyp seine Runden drehte und die ersten Journalisten zur Besichtigung des kleinen Wagens eingeladen wurden.
Das erste, was an diesem »Atom« genannten Prototyp auffiel, war seine erstaunliche Häßlichkeit. Die Kunststoffkarosserie wirkte wie ein aufgegangener Hefeteig, zu dem die beiden freistehenden Scheinwerfer auf der runden Nase des Vorderwagens schon gar nicht paßten. Zudem fügte sich kaum ein Bauteil ans andere, die Verarbeitung des Zweisitzers war miserabel. An inneren Werten hatte das Mobil einen Zentralrohrrahmen mit Querrippen zur Aufnahme der Karosserie und immerhin vier einzeln aufgehängte Räder zu bieten. Zur Motorisierung sollten B. S. A.-Viertaktmotoren mit 250, 350 oder 650 ccm angeboten werden; der Prototyp hatte den 250er im Heck und lief damit gerade 60 km/h schnell.
Bald mußten die Fairthorpe-Leute um Major Bennett einsehen, daß mit solch einem unattraktiven Fahrzeug wohl kein Geschäft zu machen sein würde. Bis Anfang 1955 wurde die Karosserie daher völlig umgestaltet. Der neue Atom unterschied sich dann auch wohltuend von seinem Vorfahr, wenngleich man immer noch nicht von einem

*Ganz links: Fairthorpe Prototyp von 1954, das »Atom-Ei«. Links: Fahrversuche mit einem 1955er Modell in Cabrioletversion.*

hübschen Auto sprechen konnte. Immerhin waren nun die Scheinwerfer in sanft geschwungene Kotflügel integriert, die Coupéform des Atom hatte dadurch ein wenig an Harmonie gewonnen. Schlimm war das plumpe Fließheck mit winzigen Fenstern und teilweise verdeckten Hinterrädern. Was indessen die Verarbeitung betraf, so verriet auch dieses Modell schon von weitem, daß es bei Fairthorpe noch immer nicht gelungen war, passende Türen für das Mobil zu formen. Wie windschiefe Schuppentüren hingen sie in Scharnieren. Viel zu kleine Schiebefenster darin sollten helfen, den spartanischen Innenraum zu belüften.
Im Prospekt für dieses Modell (»für den Motorradfahrer mit Familie«) wurde sorgfältig vorgerechnet, daß die Benutzung dieses Gefährts wesentlich billiger war als Busfahren. Daß sich bei den meisten Bussen die Türen besser schlossen, wurde nicht erwähnt.
Wer sich zum Kauf des Atom entschloß, konnte nun tatsächlich zwischen drei B.S.A. Motoren mit 11, 17 oder gar 35 PS (650 ccm Zweizylinder) wählen, wobei letzterer das fragile Gefährt zum unberechenbaren Geschoß werden ließ, während der Atom Mark I mit 11 PS absolut untermotorisiert war. Halbwegs harmonisch geriet die Motorisierung einzig mit der 350-ccm-Einzylinder-Maschine, doch alle drei veranstalteten einen Höllenlärm in ihrem Plastikgehäuse.
Etwas später bot Fairthorpe den Atom für Zweitaktfans auch mit einem 322-ccm-Anzani-Einzylinder mit etwa 15 PS an, was das Geräuschniveau im Innenraum aber auch nicht gerade positiv verändern konnte.
Angelassen wurde der Atom durch kräftigen Zug an einem Hebel neben dem Fahrersitz; einen elektrischen Anlasser gab es nur gegen Aufpreis, ebenso wie Stoßstangen und Türgriffe außen. Die Lenkung funktionierte recht leichtgängig, und die Vierrad-Hydraulikbremsen brachten auch keine Probleme. Am meisten störte die lieblose Verarbeitung und das immer noch unerfreuliche Erscheinungsbild des Atom.
So konnten auch nur sehr wenige Exemplare verkauft werden, ehe 1957 ein Nachfolger vorgestellt wurde. Das neue Modell hieß Atomota und hatte ein verlängertes Chassis mit Frontmotor, wobei jetzt ausschließlich der 35 PS starke B.S.A.-Viertakt-Twin mit 650 ccm Hubraum verwendet wurde. Was das Aussehen der neuen Polyesterkarosserie betraf, so hatte man sich bei Fairthorpe diesmal wirklich Mühe gegeben. Es gab größere Radausschnitte und Türen sowie überdimensionale Heckflossen, die nun leider auch dieses Modell wieder zu einem merkwürdigen Außenseiter abstempelten. Mit 650 Pfund war der Atomota zudem reichlich teuer geraten, und so wurden auch von diesem Wagen, den man bis 1960 baute, nur wenige verkauft.
Gleichzeitig mit dem Atomota hatte Fairthorpe einen ganz passablen kleinen Roadster mit 950- oder 1100-ccm-B.S.A.-, Standard- oder Triumph-Motoren entwickelt, der sich zu einem bescheidenen Verkaufserfolg entwickelte und auch als Bausatz-Modell erhältlich war. Mit ähnlichen Fahrzeugen war die Firma noch bis 1979 im Geschäft.
Von den Atom und Atomota Kleinwagen scheint heute keiner mehr zu existieren – worüber man im nachhinein jedoch nicht allzu traurig sein muß.

*Unten: Fairthorpe Atomota; darunter ein Electron Minor mit 948-ccm-Motor von der Firma Standard.*

## FRISKY

Die kleinen Autos, die ab 1957 von der englischen Motorenfabrik Meadows Ltd. in Wolverhampton, Staffordshire, gebaut wurden und den Markennamen »Frisky« (zu deutsch etwa: Spring-ins-Feld) bekamen, gingen auf ein Projekt des ehemaligen britischen Offiziers und Rennfahrers Raymond Flower zurück, der sich nach dem Krieg in Ägypten niedergelassen und in Kairo eine kleine Sportwagenschmiede aufgezogen hatte. Dort war 1956, nachdem ein paar Sportwagen mit Austin- und Morris-Technik von Hand zusammengebaut worden waren, der Entwurf zu einem modernen Kleinwagen entstanden, dessen Karosserie der bekannte italienische Designer Giovanni Michelotti entworfen hatte. Durch eine extrem kurze Schnauze, große Panoramascheiben und Flügeltüren à la Mercedes 300 erregte der Wagen viel Aufsehen. Jedoch nur auf dem Papier, denn gebaut wurde er nicht. Der Prototyp, der dann bei Vignale entstand, geriet weitaus weniger attraktiv.
Mit Hilfe der Nutzfahrzeugfirma Guy wurde dann auf der Basis des Michelotti Prototyps eine zweite Kunststoffkarosserie mit etwas gemäßigter, aber immer noch recht frecher Form entwickelt, die später als Coupé und Cabriolet zur Verfügung stehen sollte. Die Basis bildete ein Rohrrahmen mit vorderer Einzelradaufhängung System Dubonnet und Gummifederung, während die um etwa 36 cm schmalere Hinterachse (Einsparung des Differentials!) starr ausgebildet war und mit gekapselten Schraubenfedern gedämpft wurde. Hatte der erste, im Frühjahr in Genf vorgestellte Meadows Frisky im Heck noch einen

*Links: Frisky Coupé 1961.*

*Rechts: Frisky Sport, zumindest als Dreisitzer etwas unglaubwürdig...*

*Frisky Prince 1960.*

250-ccm-Zweitakt-Twin von Villiers mit 15 PS besessen, so sollten die Produktionsmodelle, das Frisky Coupé und das Friskysport Cabrio, nun mit 325-ccm-Villiers-Motoren ausgestattet werden, die 16 bzw. 18 PS abgaben.

Ende 1957 begann die bescheidene Serienfertigung beider Modelle. Ihre Motoren erbrachten nun einheitlich 15 PS bei 5500 Touren. Aufgrund der Hochbeinigkeit des Mobils und der rundlichen Karosserieform sahen die Frisky kleinen Schwimmwagen nicht unähnlich. Im Innenraum mußten bei beiden Modellen große Konzessionen an die Bequemlichkeit gemacht werden. Personen ab 1,80 m hatten große Mühe, sich über die hohe Türkante in das enge Cockpit zu zwängen, Gepäck konnte nur hinter den Sitzen untergebracht werden. Dort ragte auch der Antriebsblock wegen des kurzen Radstandes noch weit ins Innere. Ähnlich sah es auch beim Sport-Modell aus. Für Familien war dieses Mobil völlig ungeeignet, eher kam es als Spaßauto für junge Leute in Frage oder als individueller Zweitwagen. Die Fahrleistungen des mit Vierganggetriebe und Knüppelschaltung ausgerüsteten Frisky hielten sich auch in Grenzen, viel mehr als 90 km/h waren mit dem 15-PS-Motor nicht zu schaffen.

Nachdem sich der Verkauf des Frisky eher schleppend gestaltete, erschienen 1959 zwei neue Versionen, die für Aufwind sorgen sollten. Erste Neuvorstellung war ein extrem flacher und leichter Kunststoff-Sportwagen ohne Verdeck und mit niedriger Plexiglasrennscheibe, der Frisky Sprint hieß und unter der Heckklappe einen 492-ccm-Dreizylinder-Zweitaktmotor von Excelsior verbarg, der 30 PS leistete und dem nur knapp über 300 kg wiegenden Miniatur-Renner zu atemberaubenden Fahrleistungen verhelfen sollte. In England wurde der Frisky Sprint allerdings nicht in Serie gebaut, die Konstruktion wurde vielmehr nach Australien an die Kleinwagenfirma Zeta verkauft. Allerdings vermochte sie auch keinen Erfolg zu erzielen – zu extrem war das Konzept dieses kompromißlosen Gefährts.

Dennoch wollte man auf das Geschäft mit Kleinwagen nicht verzichten. Man arbeitete das Frisky Coupé zum Dreirad um, damit waren Herstellungskosten zu sparen, und der Käufer mußte weniger Steuern entrichten. Der Radstand wurde um etwa 18 cm verlängert, und so schaffte man es, hinter der vorderen Sitzbank noch zwei primitive Notsitze in die Ecken neben den in den Innenraum ragenden Antriebsblock zu quetschen. Auf dem Papier war der Frisky somit zum »Family Three« avanciert, doch war hinten keinem Menschen die Mitfahrt zuzumuten. Dieses Dreiradmodell bekam zudem einen Sparmotor eingebaut, einen 197-ccm-Villiers-Einzylinder mit 9½ PS Leistung, der sich mehr durch Lärm denn merkliche Kraftentfaltung hervortat. Schon kurze Zeit nach Produktionsbeginn dieses ausschließlich als Coupé lieferbaren Dreirades entschloß man sich, einen kräftigeren 250-ccm-Excelsior-Zweizylinder zu verwenden, der wenigstens knapp 11 PS brachte. Ihre Originalität hatten diese neuen Dreiräder allerdings im Vergleich zu den Vormodellen eingebüßt, sie waren nach wie vor unpraktisch für Familien und strapazierten die Passagiere zudem durch mangelnde Motorleistung.

Da die Kundschaft von dem neuen Modell wenig begeistert war, versuchte man 1960 noch einmal, die alte Konstruktion aufzuwerten. Auf das um weitere 5 cm verlängerte Dreirad-Chassis wurde eine neue, in jeder Richtung aufgequollene Plastikkarosserie gesetzt, womit der Charme der einstigen Michelotti-Form endgültig zerstört wurde. Unmotivierte, dicke Heckflossen sollten über das hintere Einzelrad hinwegtäuschen. Die Türen waren zwar jetzt endlich vorn angeschlagen, doch hatten sich merkwürdigerweise gleichzeitig die Seitenfenster verkleinert – dicke Fensterrahmen mit ebensolchen Gummiwülsten wirkten nun häßlich und primitiv. Als Antrieb standen für dieses ironischerweise »Prince« getaufte Modell entweder Villiers- oder Excelsior-Motoren mit 324 ccm Hubraum und 15 PS zur Verfügung. Wer meinte, im Inneren des Mobils herrschten nun annehmbare Platzver-

hältnisse wenigstens für zwei Erwachsene und zwei Kinder wurde enttäuscht, denn bei einem Radstand von nur 1,82 m und einem Motor vor dem Hinterrad waren keine Raumwunder zu erwarten.
Bis 1963 entstanden jetzt in Sandwich, Kent, wohin Frisky Cars Ltd. mittlerweile umgezogen war, noch einige Wagen, danach kümmerte sich die ab Ende 1963 vielsagend in Frisky Spares and Service Ltd. umbenannte Firma nur noch kurze Zeit um die Ersatzteilversorgung ihrer Klienten.
So niedlich manche Frisky Kleinwagen auch ausgesehen haben mögen, am wirklichen Bedarf waren sie stets vorbeigebaut worden, Flexibilität war nicht die Stärke der Hersteller gewesen, die mit ihrem Produkt auch viel zu spät auf dem Markt erschienen waren, Ende der fünfziger Jahre ging die Zeit der Kleinstwagen rasch zu Ende. Selbst in Deutschland wurde der Frisky kurze Zeit angeboten, doch war hier der Bedarf an Mobilen bereits längst gedeckt. Für solch ein Mobil hatte man diesseits des Ärmelkanals kaum mehr als ein Lächeln übrig.

*Gordon Threewheeler von 1954/55. Der Kettenantrieb führte zum rechten Hinterrad, der Motorradmotor kam von Villiers.*

## GORDON

Das Dreirad mit dem Namen Gordon wurde zwischen 1954 und 1958 von der Vernons Industries Ltd. in einem Zweigwerk in Bidston, Cheshire, gebaut. Es war ein Vertreter der in England sehr beliebten Bauart mit vorderem Einzelrad wie beim Bond oder Reliant. Doch im Unterschied zu jenen hatte der Gordon eine ungewöhnliche Anordnung des Motors, der vor dem rechten Hinterrad am federnd angebrachten Ausleger einer Quertraverse des Zentralrohrrahmens montiert war und das Rad hinter ihm mittels Kette antrieb.
Diese nicht gerade elegante, aber kostensparende Lösung des Antriebsproblems ging zurück auf Erfahrungen, die man bei Vernons bereits in den Jahren 1952 und 1953 mit einem »Vi-Car« genannten Invalidenfahrzeug gesammelt hatte. Dieses hatte die gleiche Motoranordnung aufgewiesen, die den Vorteil einer einfachen Führung des Vorderrades in einer Gabel mit der Möglichkeit eines relativ großen Gepäckraums im Heck verband. Mit einem Grundpreis von nur 300 Pfund Sterling war das Gordon Dreirad damals die billigste Familienkutsche in Großbritannien, wie in der Werbung ausdrücklich betont wurde. Der niedrige Preis war sicher auch der einzige Anreiz für den Kauf eines Gordon, denn das Dreirad mit der »sportlichen Erscheinung« (Prospekttext) bot kaum irgendwelche optischen Reize. Der 197-ccm-Zeitaktmotor von Villiers war unter einer unschönen Blechabdeckung verborgen, die neben dem Fahrer deutlich in die Straße hineinragte und die ohnehin nicht gerade dynamische Karosserielinie aus dem Gleichgewicht brachte. Anders als beispielsweise der Bond rollte der Gordon auf großen 15-Zoll-Auto-Scheibenrädern. Hatte der Vi-Car vorne nur einen einzelnen Scheinwerfer gehabt und die Hinterräder bedeckende, motorradähnliche Kotflügel, so wies der Gordon hingegen eine autoähnlichere Formgebung auf mit nur wenig sich verjüngender Frontpartie, die es möglich machte, dem Dreirad ein richtiges »Gesicht« mit zwei Scheinwerfern und Kühlergrillattrappe zu geben, wie man es in England so sehr schätzte.
Gar nicht modern wirkte hingegen die Frontscheibe mit Mittelstrebe und die Anbringung des einzelnen Scheibenwischers am oberen Scheibenrahmen. Bedingt durch die seitliche Anordnung des Motors direkt neben dem Fahrer, mußte dieser den Wagen durch die einzig vorhandene Beifahrertüre besteigen und so auch beim Aussteigen stets der(m) Mitfahrer(in) den Vortritt lassen. Während die hinten sich gegenübersitzenden Kinder auf engstem Raum untergebracht waren, hatten es die vorderen Passagiere relativ bequem. Der Fahrer bediente ein riesiges, aber leichtgängiges Lenkrad und mußte sich (als Brite) nur daran gewöhnen, die rechte Hand zum Schalten zu benutzen, da man bei Vernons Industries auf ein umständliches und kostenerhöhendes Umlenkgestänge für die Schaltung verzichtet hatte. In Fahrt erbrachten die einzeln aufgehängten Hinterräder mit Schraubenfedern ein Minimum an Komfort, doch das einzelne angetriebene Rad sorgte nicht gerade für problemlosen Umgang mit dem Gordon. Vor allem in Kurven entbrannte stets ein Kampf zwischen Lenkrad und Antriebsrad...
Trotz dieser Eigenheiten verkaufte sich das etwa 70 km/h schnelle Vehikel nicht einmal schlecht. Es ist anzunehmen, daß innerhalb der vierjährigen Produktionszeit mehr als 500 Exemplare entstanden, von denen wahrscheinlich nur drei überlebt haben. Den stets mit Klappverdeck gelieferten Gordon konnte man auch in einer De-Luxe-Ausführung mit Zweifarbenlackierung und doppelten Rückspiegeln erhalten, und mitgelieferte »side curtains« aus PVC mit Alurahmen machten das Dreirad leidlich wasserdicht.

## KENDALL

Der in Grantham, Lincolnshire, niedergelassene Amerikaner W. Denis Kendall hatte schon 1944 einen Prototyp vorgestellt, der sich durch ungewöhnliche Details auszeichnete. Herausnehmbare Stahlrohrsitze, ein Dreizylinder-Sternmotor im Heck mit Abgasturbine und Gummifederung hörten sich interessant an. Leider kam das Modell nicht über das Versuchsstadium hinaus.

1946 schien ein neues Projekt Kendalls mehr Erfolg zu versprechen. Von der französischen Firma Grégoire hatte er deren Kleinwagen-Konstruktion übernommen und bereits Prospekte drucken lassen. Das Chassis mit Spritzwand und Scheibenrahmen des AFG genannten Versuchswagens war aus Alaguß hergestellt, die Karosserie war die einer Cabriolimousine. Vor der Vorderachse saß ein Zweizylinder-Boxermotor mit 594 ccm Hubraum, der über je einen Kühlventilator pro Zylinder verfügte und etwa 15 PS leistete. Zwischen 1942 und 1944 waren in Frankreich vier Prototypen dieser Leichtbau-Cabriolimousine entstanden und erprobt worden. J. A. Grégoire kam Ende 1944 als technischer Direktor zu Simca und entwickelte dort das Modell mit veränderter Karosserie zur Serienreife, doch wurde dieser Wagen schließlich vom Simca-Chef Pigozzi abgelehnt und ging nie in Serie.

Einer der Grégoire-Prototypen wurde von Panhard gekauft, die auf dieser Grundlage ihren Erfolgswagen Panhard Dyna entwickelten, ein zweiter wanderte nach England zu Mr. Kendall. Doch war das Auto viel zu aufwendig konstruiert, um rentabel produziert werden zu können, und zu einer Umkonstruktion fehlten Kendall mittlerweile die Mittel. Schließlich endete das Projekt in Australien bei dem ehemaligen Holden-Teilhaber L. J. Hartnett, der es 1949 als einziger schaffen sollte, wenigstens eine kleine Serie des nicht gerade hübschen, aber technisch delikaten Grégoire aufzulegen.

*Oben: Kendall 6 HP Kleinwagen von 1946 mit 600-ccm-Zweizylinder-Boxermotor. »Einzig in seiner Art« hieß es in der Werbung.*

*Links: Der Chassisrahmen des Kendall.*

*Unten: Lamb-Kar – ein nachgeahmter Bond?*

## LAMB-KAR

Der Lamb-Kar aus Fordham in Cambridgeshire war nicht viel mehr als ein kurzlebiges Plagiat des Bond Minicar in seiner ersten Karosserieversion. Wie dieser hatte auch der Lamb-Kar einen zweisitzigen, selbsttragenden Aluminium-Aufbau ohne Türen, wobei die Form mit Ausnahme der Wagenfront fast exakt dem Bond Minicar entsprach. Im Gegensatz zu diesem war nur die etwas kleinere Windschutzscheibe nicht aus Plexi-, sondern Sicherheitsglas, und die Front des Lamb-Kar endete in einem senkrechten Blech mit Lüftungsschlitzen für den Motor. Im Vergleich zum Lamb-Kar war der Bond fast elegant, zumal sein Kontrahent auch nur einen zentralen Scheinwerfer und keine Stoßstange aufzuweisen hatte. Etwas mehr Wert hatte man beim Lamb-Kar auf die Federung gelegt: Es gab vorn Schraubenfedern mit hydraulischen Stoßdämpfern und hinten immerhin Gummitorsionsfedern, während beim kleinen Bond hinten nur die Reifen und die Bandscheiben des Fahrers die Fahrbahnstöße zu mildern vermochten. Beim Antrieb hatten die Lamb-Kar Konstrukteure einen 250-ccm-Zweitakt-Twin gewählt, der 9 PS lieferte. Eine Kette übertrug die Kraft ans Vorderrad, und ein Vierganggetriebe, verblockt mit dem Motor, wurde mit einem Schalthebel an der Lenksäule bedient. Laut Prospekt sollte der Lamb-Kar knapp über 90 km/h erreichen können, als Reisegeschwindigkeit wurden etwa 70 km/h empfohlen. Zum Anlassen gab es keinen Knopf oder Schlüssel, sondern man riß kräftig an einem Handbremsen-ähnlichen Hebel zwischen Fahrer und Passagier, der über Seilzug die Kurbelwelle in Drehung versetzte.

Ein Stoffverdeck mit Steckscheiben konnte den Lamb-Kar wetterfest machen. Gebremst wurde wie beim Bond mit mechanischen Trommelbremsen an den Hinterrädern. Etwa 5 cm war dieses Modell länger geraten als sein Vorbild, und auch das Gewicht lag etwas höher als beim Bond.

Um 1950 war dieses Gefährt aufgetaucht, doch es wurde rasch wieder ruhig um den Lamb-Kar. Schwer zu sagen, ob dies an der Finanzschwäche der Herstellerfirma lag oder an Protesten der Firma Bond gegen diesen Nachbau. Ebensowenig ist bekannt, ob Lamb-Kars überhaupt je verkauft wurden und wieviele außer dem Prototyp gebaut worden sind.

## LARMAR

Die Larmar Engineering Co. Ltd. mit Sitz in Ingatestone in Essex stellte im Sommer 1946 ein einsitziges Mobil vor, das durch die handwerkliche Qualität seiner Ausführung ebenso überraschte wie durch seine ungewöhnliche Erscheinung. Das schmale Vierradfahrzeug war nur 2,30 m lang, die Spurweite betrug ganze 58 cm. Die Karosserie entbehrte jeglicher modischer oder ästhetischer Einflüsse und erinnerte an ein Brikett auf Rädern. Gedacht war der Larmar als Stadtwa-

*Oben links: Larmar-Einsitzer – ein perfekt restauriertes Exemplar.*

*Oben: Minnow von 1951, fotografiert auf dem Werksgelände in Bonnalack.*

gen für eine Person oder als Versehrtenfahrzeug; zu diesem Zweck konnte der Wagen zur Handbedienung umgerüstet werden. Sah man von der unattraktiven Karosserie einmal ab, hatte der kleine Wagen für eine Person alles zu bieten, was man auch von einem »richtigen Auto« erwartete. Das Chassis war ein Leiterrahmen aus U-Profil-Trägern mit vorn und hinten unabhängiger Radaufhängung, wobei die Federung vorn von Schraubenfedern und hinten von Viertelelliptik-Blattfedern übernommen wurde. Die Lenkbewegungen wurden mit einem Kettenmechanismus übertragen, der die aufzuwendende Kraft reduzierte, die Lenkung blieb dabei exakt. Das Steuerrad erinnerte an die zwanziger Jahre.
Als Motor diente ein Einzylinder-Zweitakter mit 250 ccm Hubraum von B.S.A. und einer Leistung von etwa 8 PS. Er war hinter der Hinterachse installiert und wurde von einem Ventilator mit Kühlluft umfächelt. Das Dreiganggetriebe mit Rückwärtsgang der Firma Albion saß vor dem Motor. Angetrieben wurde nur das linke Hinterrad, wozu drei Ketten vonnöten waren, die die Kraft vom Motor zum Getriebe, von dort zu einer Hilfswelle unter dem Sitz und dann wieder zurück zum Antriebsritzel leiten mußten. Der Fahrer konnte den Larmar durch zwei breite, nach hinten öffnende Türen besteigen, wo ihn ein bequemer Schalensitz erwartete. Rechts von der Sitzfläche ragten zwei Hebel aus dem Boden, wobei der längere, wurde er kräftig nach oben gezogen, den Motor anwarf, während der andere, in einer Ebene geführt, das Motorradgetriebe schaltete. Die Bremse wirkte mechanisch auf alle vier Räder. Das Cockpit war geschmackvoll ausgestattet mit ovalem, farblich abgesetztem Instrumententräger links vom zentralen Lenkrad und einem geräumigen Handschuhfach auf der rechten Seite.
Die Karosserie des Larmar war ein kompliziertes Gebilde aus Stahlrohren mit angeschraubtem Holzrahmen und aufgenagelten Aluminiumblechen. Äußerst aufwendig in der Herstellung, aber von überzeugender Stabilität, wenn auch auf eine ansprechende Optik scheinbar kein Wert gelegt worden war. Eine winzige, plane Frontscheibe mit einzelnem Scheibenwischer und ein Stoffverdeck mit Zelluloid-Heckfenster vervollständigten die Ausstattung. Serienmäßig konnte man den ab Frühjahr 1947 in kleiner Auflage gebauten Larmar in Blau, Schwarz oder Grau bestellen. Sonderfarben waren gegen Aufpreis lieferbar.

Natürlich wurden Larmar-Autos auch bald Tests unterzogen, wobei stets die leichte Bedienbarkeit, die relativ gute Federung und die sorgfältige Verarbeitung gelobt wurden. Daß der Einradantrieb sich nicht allzu positiv auf die Richtungsstabilität des Mobils auswirkte, lag freilich auf der Hand. Selbst etwas Gepäck konnte man mitnehmen: Die vordere Abdeckung ließ sich in zwei Teilen entfernen, wonach das Reserverad und ein kleiner Stauraum zum Vorschein kamen.
Trotz seiner guten Eigenschaften blieb der Larmar ein Außenseiter. Doch die Herstellerfirma erhielt noch bis 1951 genug Aufträge, um eine bescheidene, gänzlich handwerkliche Fertigung des unverwechselbaren Larmar aufrechterhalten zu können; daneben baute man auch einfache, vierrädrige Lieferwagen mit 490-ccm-Motor. Für nur 85 Pfund wurden sie unter der Bezeichnung »Lorret« angeboten.
Den Larmar konnte man für 198 Pfund kaufen (Invaliden waren zudem von der sonst üblichen »purchase tax« befreit). Wie viele Larmar letztendlich gebaut wurden, läßt sich nicht mehr feststellen; viel mehr als hundert dürften es kaum gewesen sein. In England tauchte vor ein paar Jahren ein leidlich erhaltenes Exemplar auf, das heute – sorgfältig und liebevoll restauriert – auf mancher Microcar-Rallye für Aufsehen sorgt.

## MINI

– siehe AUSTIN und MORRIS

## MINNOW

Für ein kleines Unternehmen wie die Firma Bonallack in London, das durch die Herstellung von Sonderaufbauten für Lieferwagen bereits über einige Erfahrungen im Fahrzeugbau verfügte, war es in den frü-

*Minnow mit Villiers-Motor. Angeblich lief das Dreirad 70 km/h, doch rieten Tester von solchen Geschwindigkeiten tunlichst ab.*

hen Nachkriegsjahren durchaus naheliegend, es auch einmal mit einem selbstgebauten Kleinstwagen zu versuchen.
Was dabei 1951 in Form eines Prototyps herauskam, konnte zwar vom ästhetischen Standpunkt nicht gerade befriedigen, dagegen mußte anerkannt werden, daß bei der Qualität des »Minnow« getauften Zweisitzers im Vergleich zu manch anderen Konkurrenten jener Zeit recht hohe Maßstäbe angesetzt worden waren. Die etwas absonderliche Karosserie hatte man auf ein solides Chassis montiert, das aus zwei reichlich dimensionierten Aluminium-Kastenträgern bestand. Sie bildeten das Rückgrat und wurden in ihrer Aufgabe von drei Querträgern unterstützt. Die beiden Vorderräder waren unabhängig aufgehängt und mit Schraubenfedern gedämpft, im Gegensatz zu der in England sonst so beliebten Bauweise mit vorderem Einzelrad. Das Hinterrad saß in einem beweglich aufgehängten Hilfsrahmen und wurde von drei Schrauben und einer Teleskopfeder gedämpft. Zwischen den Enden der Längsträger saß der 200-ccm-Motor von Villiers, so daß er samt Getriebe in Längsrichtung verschiebbar war und auf diese Art gleichzeitig als Kettenspanner arbeitete.
Auf dieses solide und relativ leichte Chassis wurde die Karosserie aus sorgfältig zurecht gebogenen und geklopften Alublechen geschraubt. Vorn gab es einen großen Überhang, gebildet von einem truhenartigen Kofferraum, an dessen Front ein einzelner großer Scheinwerfer Licht spendete. Dahinter und über den für die winzigen 6-Zoll-Räder viel zu voluminösen Kotflügeln stieg die Karosserie bis zur planen, eckigen Windschutzscheibe an, die von einem elektrischen Scheibenwischer auf der Fahrerseite bestrichen wurde. Der als Roadster gebaute Minnow bot bequem Platz für zwei Personen, die auf einer gut gepolsterten und mit Lederimitation ausgeschlagenen Sitzbank reisten. Der Fahrer saß hinter einem großen Autolenkrad und hatte in der Mitte des Armaturenbrettes in einem ovalen Instrumententräger Tachometer, Ampèremeter und den Zündschalter vor sich, während der kleine Hebel der Gangschaltung etwas ungünstig gleich unterhalb der Lenksäule hervorlugte und bisweilen mit dem rechten Bein des Fahrers in Konflikt geriet. Die Handbremse war, wie damals allgemein üblich, in Form eines Spazierstockes vorhanden.
Man konnte den Roadster mit Hilfe von seitlichen Steckscheiben und eines leichten Verdecks zu einem wetterfesten Fahrzeug machen, während sich die Segeltuchhaube bei trockener Witterung samt Gestänge hinter der Sitzbank versenken ließ und sogar noch Platz für kleine Gepäckstücke ließ. Der hintere Teil der Karosserie fiel deutlich nach unten ab und war auf seiner gewölbten Oberseite mit Lüftungsschlitzen versehen. Auch das angeschraubte, senkrechtstehende Abschlußblech bestand zur Hälfte aus Lüftungsschlitzen, um einen Teil der Motortemperatur abzuleiten. Zur Luftzufuhr hatte man seitlich hinter den Türen je eine eckige Lüftungsklappe montiert, dennoch blieb es ein Problem, den Motor vor Überhitzung zu bewahren.
Der Minnow hatte keinen elektrischen Anlasser, so daß der Fahrer einen klappbaren Kickstarter im Fußraum betätigen mußte, um den kleinen Motor zum Leben zu erwecken. Der Zweihunderter von Villiers hatte sich im ersten Minnow als zu schwach erwiesen, weshalb später Doppelkolben-Zweitakter mit 250 ccm Hubvolumen der Marke Excelsior zur Verwendung kamen. Die knapp 10 PS Motorleistung reichten nun für eine Spitzengeschwindigkeit von bestenfalls 70 km/h, doch riet ein damaliger Tester von solchen Geschwindigkeitsexzessen dringend ab, da die Fahrstabilität des Minnow ab 55 km/h sehr zu wünschen übrig ließ.
In den Jahren 1951 und 1952 fanden sich nur sehr wenige Käufer, die den Grundpreis von 300 Pfund für einen solchen Wagen bezahlten. Von diesen wenigen Exemplaren tauchte vor kurzem eines auf, nachdem man den Minnow schon für ausgestorben gehalten hatte.

## MORRIS

Die 1913 gegründete William Morris Motors Company in Oxford gehörte ohne Zweifel zu den Wegbereitern der Großserienfertigung preiswerter, wirtschaftlicher Automobile in Großbritannien. Auch der kleine MG Midget, der in den frühen dreißiger Jahren so viel Furore machte, war ein Morris-Derivat.
In der Nachkriegszeit brachte die Morris Motors Ltd. als Nachfolger ihres kleinen 8 HP ein Auto auf den Markt, das sich ganz besonderer Popularität erfreuen sollte – den Morris Minor. Er kam 1949 heraus und war eine Schöpfung des Konstrukteurs Alex Issigonis. Seiner

*Oben: Morris Minor, eine Legende von einem Automobil, auf das die Briten schworen...*

*Ganz oben ein Morris Minor 1952, darunter sein Nachfahre vom Typ Mini Cooper von 1969.*

Bezeichnung nach war der 900-ccm-Minor ein »Kleiner«, und so wollte ihn Morris auch auf dem Markt plaziert sehen, dennoch grenzte der Wagen in seinen Dimensionen an die Mittelklasse. Aber auch das Publikum sah im Minor ein Auto der unteren Dimensionskategorie, und so konkurrierte er gegen den Austin A 30/A 35, bis er letztlich auch dessen Motor eingepflanzt bekam – als Folge der Austin-Morris-Eheschließung im Jahre 1952.
Minor und Minor 1000 fanden einen noch erfolgreicheren Nachfolger im 1959 vorgestellten, ebenfalls von Issigonis konzipierten Mini. Es gab dieses Auto als Austin ebenso wie als Morris Minor – ein typisch britisches „badge engineering" (später auch als Riley und Wolseley). Das nur knapp über drei Meter lange Fahrzeug eroberte die Welt der Kleinwagen aber nicht nur durch seine ungemein geschickt genutzte Raumkonzeption (immerhin war das Auto ein ausgewachsener Viersitzer), sondern auch durch sein Antriebskonzept. Der quergestellte Vierzylindermotor (850 bis später 1275 ccm) mit den angetriebenen Vorderrädern gab das Vorbild für viele ähnliche Konstruktionen dieser Art in Europa und Übersee ab (siehe auch AUSTIN).

# M. V. M.

1956 wurde das einzige Auto, das je auf den Kanalinseln entstand, erstmals vorgestellt. Auf der Insel Guernsey hatte der Konstrukteur Leslie Le Tissier sich an die Arbeit gemacht, einen kleinen, leichten Roadster zu bauen, wohl in der Absicht, zu dem in England recht beliebten Berkeley in Konkurrenz zu treten. Das tragende Chassis des nach den Initialen von Tissiers Firma Manor View Motors M. V. M. genannten Zwei- bis Dreisitzers bestand aus einem geschweißten Stahlrohr-Leiterrahmen; alle vier Räder waren an Querlenkern mit verstellbaren Girling-Federbeinen aufgehängt. Im Gegensatz zum Berkeley, dem der M. V. M. in der optischen Erscheinung kaum nachstand, war der Motor – ein Anzani-Zweitakt-Zweizylinder mit 325 ccm Hubraum – im Heck eingebaut, wo er mit dem Vierganggetriebe und Differential verblockt seine Kraft über Antriebswellen an beide Hinterräder abgab. Etwa 18 PS ließen den leichten M. V. M. an die 100 km/h erreichen. Solch ein kleiner sportlicher Wagen hätte sicher seine Liebhaber gefunden, doch Herrn Le Tissier reichte das Geld nicht zur Serienfertigung. Nach ein paar Prototypen verlief die Angelegenheit im Sande.

# NOBEL

Bei dem Kleinwagen mit dem wohlklingenden Namen »Nobel« handelte es sich um nichts anderes als eine modifizierte Lizenzversion des deutschen Fuldamobils S 7, wie es seit 1957 gebaut worden war. Es ist heute kaum mehr erklärlich, warum gerade die wohl am wenigsten überzeugende Lösung des Kleinwagenproblems in Gestalt des Fuldamobils zu einer weitverzweigten Lizenzproduktion kam, die von keinem Konkurrenten auch nur annähernd erreicht wurde. Es müssen schon versierte Kaufleute am Werk gewesen sein, die Rechte zum Bau eines Fahrzeugs in Länder mit so unterschiedlichen Bedürfnissen wie Schweden und Zimbabwe vermarkteten...
So hatte man auch Interessenten in Großbritannien für den Zweisitzer mit Fiberglas-Karosserie aufgetan. Zwei Firmen gedachten eine Lizenzfertigung aufzuziehen: die in London residierende York Nobel Ltd., deren gleichnamiger Chef nach einer günstigen Investition Ausschau hielt und sich dabei auf das finanzielle Polster des Textilmagnaten Cyril Lord stützen konnte und die Short Brothers & Harland Ltd., die während des Krieges durch den Bau von Flugbooten und Bombern floriert hatte und sich jetzt mit der Fertigung von so unterschiedlichen Dingen wie Munition, Teppichkehrern und Rechenmaschinen über Wasser hielt. Letzteres Unternehmen war in Newtownards in Nordirland ansässig, und als Lord seine Lizenz für das Fuldamobil erwarb, einigte man sich mit der Firma in Ulster über eine dortige Produktion des Autos. Noch bevor der erste Nobel fertigge-

stellt war, begann mit aus Deutschland importierten und als Nobel gekennzeichneten Fuldamobilen eine intensive Werbearbeit. Prominente wie der Rennfahrer Mike Hawthorne und sogar Ex-Kaiserin Soraya ließen sich mit dem Wagen fotografieren. Als Preis wurde ein Betrag von 389 Pfund genannt.

1958 reiste eine Gruppe von Ingenieuren aus Ulster nach Fulda, um Material und Know How einzukaufen, doch es dauerte eine Weile, bis man mit der Fertigung in Newtownards beginnen konnte. Dort wurde dann das Fahrgestell, eine Rohrrahmenkonstruktion, mit den übrigen mechanischen Elementen verbunden, wobei wie beim deutschen Original ein 200-ccm-10,2-PS-Motor von Sachs als Antrieb diente. Die Glasfiberkarosserie, aus zwei in einem Stück von Hand gefertigten Schalen und den Türen bestehend, wurde hingegen bei der Bristol Aeroplane Company angefertigt und anschließend zur »Hochzeit« nach Irland geschickt.

Ende Februar 1959 debutierten die ersten Wagen in Ulster und London vor der Presse. Doch die Produktion des Nobel 200 wurde schon bald empfindlich gestört, als Bristol höhere Lohnforderungen für den Karosseriebau stellte. Kurzerhand wurden daraufhin die Formen nach Newtownards gebracht, und das ganze Mobil entstand fortan in Ulster. Man experimentierte auch mit einem offenen kleinen Transporter, doch wurde aus diesem Projekt nichts.

Im selben Jahr wurde auch der neue Austin/Morris Mini vorgestellt, was den Abastz des drei- als auch vierrädrigen Nobel ins Stocken geraten ließ. Ende 1959 kam es zu einem Produktionsstop, als York Nobel aus dem Vertrag mit den Iren aussteigen wollte, jene zunächst aber auf der Bezahlung bereits gelieferter Wagen bestanden. In dieser Zeit war schon kaum mehr Bedarf an derartigen Primitivfahrzeugen, und auch Verhandlungen Nobels mit Lea Francis, einem renommierten Sportwagenhersteller, führten zu keiner neuen Produktionsaufnahme.

Der Nobel 200 unterschied sich nur geringfügig von seinem deutschen Vorbild, lediglich das Armaturenbrett war etwas anders aufgeteilt, und ein Auspuff einer Firma in Belfast ersetzte das deutsche Pendant. Die meisten Nobel 200 wurden in einer Zweifarbenkombination ausgeliefert, und ein Stoffhimmel sorgte für Wohnlichkeit. Die auf Halde produzierten Wagen verkauften sich so schleppend, daß noch Anfang der sechziger Jahre neue Exemplare zu haben waren. Dennoch überlebten nur sehr wenige Wagen, da viele von ihnen nach Ersatzteilen suchenden Messerschmitt-Eignern zum Opfer fielen: Motor und Gangschaltung waren bei beiden Fahrzeugen nahezu identisch. Es wird von etwa 1 000 produzierten Nobel 200 gesprochen, doch dürfte diese Zahl etwas zu optimistisch sein.

*Oben: Nobel 200 in offener Version. Seine Basis war das Fuldamobil aus Deutschland.*

*Unten: Nobel 200 und Nobel Sporty in Brüssel. Ganz unten: Nobel-Karosserie-Fabrikation.*

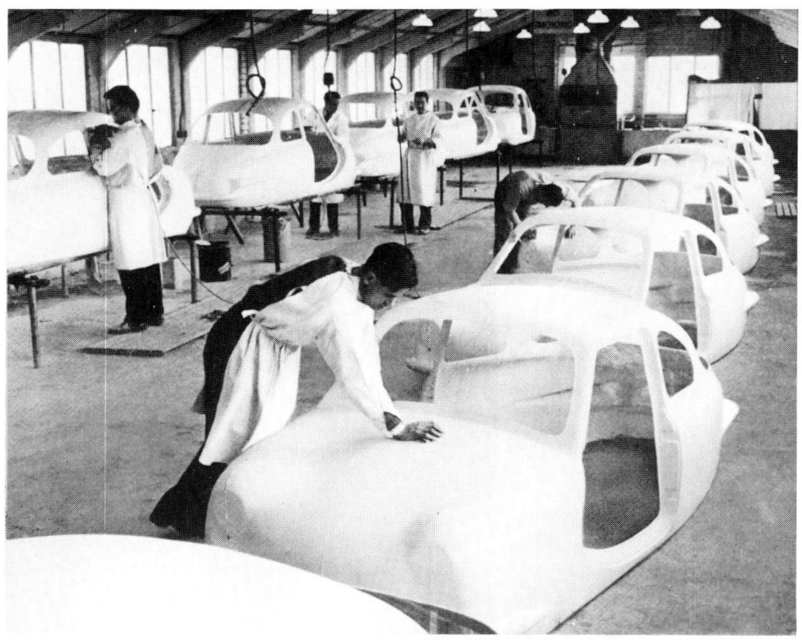

## OPPERMAN

S. E. Opperman's Firma, die sich schon vor der Jahrhundertwende mit dem Bau von Getrieben etabliert hatte, war kurz nach dem zweiten Weltkrieg zum Fahrzeughersteller avanciert, als sie einen sehr robust gebauten »Vorderlader« namens Motocart auf den Markt brachte. 1955, durch die Erfolge zahlreicher Microcar-Hersteller ermuntert, faßte man bei Opperman den Entschluß, in das Geschäft mit kleinen Autos einzusteigen. Oppermans Kleinwagen sollte jedoch wie ein richtiges Auto aussehen und sich deutlich von Konkurrenten unterscheiden. Lawrence Bond, Schöpfer des Bond Minicar, wurde be-

*Oben: Eindrucksvolle Nobel-Werbung, die dem Wagen aber keine nennenswerte Erfolge brachte.*

*Unten: Unicar Model T von Opperman. Dieses Auto konnte man als Bausatz kaufen.*

*Links: Opperman Stirling von 1959, ein flottes kleines Coupé. Der Wagen trug den klangvollen Namen »Family Speed Saloon«.*

auftragt, die Karosserie zu entwerfen. Aus Kostengründen sollte diese aus Glasfiber gebaut werden; einerseits wollte man sich die teuren Blechpressen sparen, andererseits aber eine limousinenhafte, rundliche Linienführung ermöglichen.

1956 war ein Prototyp fertiggestellt, der sich positiv von seinen dreirädrigen Konkurrenten unterschied. Der »Unicar« rollte auf vier Rädern daher und war eine richtige kleine Stufenhecklimousine, allerdings mit um 30 cm schmalerer Hinterradspur. Die gewölbten Front- und Heckscheiben standen ihm gut, während es in den Türen lediglich Schiebefenster gab. Der Innenraum wirkte zwar etwas spartanisch, aber recht aufgeräumt mit einem kleinen Instrumententräger hinter dem schwarzen Lenkrad und sportlicher Mittelschaltung. Durch die reichlich dimensionierten Türen konnte man bequem einsteigen, wenn sie sich auch nicht gerade durch Paßgenauigkeit auszeichneten. Die vordere Doppelsitzbank bestand aus einem einfachen Rohrgestell mit dünner Polsterauflage und zeigte große Ähnlichkeit mit dem Gestühl des Citroën 2 CV. Die vorne Sitzenden hatten es jedoch sehr bequem im Verhältnis zu den Mitfahrern im Fond. Der Unicar hatte nämlich einen vor der Hinterachse eingebauten Mittelmotor, der für die Fondpassagiere nur Platz für schmale Sitzkissen zu beiden Seiten der Maschine übrigließ. Das erste Modell des aus unerfindlichen Gründen »Model T« genannten Kleinwagens war mit einem 15 PS starken 322-ccm-Anzani-Motor bestückt; bei den späteren Serienmodellen gab es ein 18-PS-Excelsior-Aggregat mit 328 ccm Hubraum. Die selbsttragende Karosserie des Unicar war aus einem Stück mit Blechen verstärkt und hatte weder vorne noch hinten Hauben. Das flache Gepäckabteil unter der Front war nur durch das Armaturenbrett zu beladen, und man kann sich leicht vorstellen, unter welchen Hitzeproblemen der Motor zu leiden hatte, der von keiner Seite her mit Frischluft gekühlt werden konnte. Die Vorderräder waren auf einfache Art einzeln aufgehängt und wurden durch je einen Teleskopstoßdämpfer abgefedert, während die Hinterachse praktisch nur aus einem Stahlrohr mit Zahnrad für die Antriebskette bestand und von einer einzelnen Schraubenfeder mühsam in ihrem Bewegungsdrang gehemmt wurde. In zeitgenössischen Tests wurde das Fahrverhalten des Unicar jedoch durchaus gelobt, war man doch von den Dreirädern her schon allerhand gewöhnt. Von Nachteil im Alltagsbetrieb war der Umstand, daß sich manche Teile des Antriebs nur von unten erreichen ließen. Gewissenhafte Unicar-Fahrer hatten Schwierigkeiten, gemäß Betriebsanleitung nach jeweils 500 Meilen unters Fahrzeug zu kriechen, um die Antriebskette zu reinigen und zu schmieren! Problematisch war der hitzegefährdete Motor, unbrauchbar die hinteren Notsitze, unter denen sich zudem die 12-Volt-Batterie und der Werkzeugkasten verbargen.

Dennoch wurden zwischen 1956 und 1959 schätzungsweise 200 Unicar verkauft, wobei es neben dem Modell »T« auch eine Luxusversion gab, die 425 statt 399 Pfund kostete und unter anderem verchromte Stoßstangen und einen zweiten Scheibenwischer besaß. Ab 1958 konnte man seinen Unicar sogar als Bausatz kaufen. Man zahlte dann nur noch 256 Pfund, hatte aber dann seine Not aus acht Paketen mit Einzelteilen ein Automobil zu basteln.

Im gleichen Jahr wurde auf der Earls Court Motor Show in London ein neues Opperman-Auto gezeigt, das den Namen »Stirling« trug und eine auffallend hübsche Kunststoffkarosserie im Stil eines Sportcoupés aufwies. Sie bestand aus zwei Schalen, die längs der Gürtellinie verklebt wurden. Die Anordnung des Motors war ähnlich wie beim Unicar, doch hatte der Sterling ein Differential, Einzelradaufhängung an allen vier Rädern und gleichgroße Spurweiten vorn und hinten. Als Motor war ein Excelsior-Zweitakter mit 424 ccm Hubraum vorgesehen, der die Hinterachse mittels Vierganggetriebe antrieb. Der Motor entwickelte 25 PS und machte den kleinen Sportwagen 110 km/h schnell. Leider öffneten bei diesem Modell die Türen nach Altvätersitte wieder nach vorn.

Fast 542 Pfund verlangte Opperman für den Stirling, was das viel zu laute Wägelchen nicht mehr konkurrenzfähig werden ließ. Nach zwei Vorserienexemplaren kam das rasche Ende für diese Konstruktion. Im gleichen Jahr verschwand die Marke vom Markt. Bis heute hat nur eine kleine Anzahl Unicar überlebt, eines sogar in Deutschland.

*Auch der Pashley Threewheeler von 1950 wies einen Zweitakt-Motor von Villiers mit 197 ccm Hubraum auf. Die Presse berichtete, in der Serie bekomme das Auto sogar Türen!*

# PASHLEY

1950 stellte die W. R. Pashley Ltd. in Birmingham, die sich bislang auf die Herstellung von pedalgetriebenen Lieferdreirädern spezialisiert hatte, ihr erstes Motorfahrzeug vor. Es handelte sich um einen »Vorderlader« mit einem Villiers-197-ccm-Zweitaktmotor. Als fahrende Eisdiele hatte dieser »Light Delivery Truck« einen gewissen Erfolg. Dann konstruierte man bei Pashley ein rikschaähnliches Vehikel, vorn zur Hälfte Motorrad mit einem 600-ccm-J. A. P.-Viertaktmotor. Hinter dem Fahrer ragte eine Windschutzscheibe in die Höhe, daran schloß sich das Personenabteil in Form einer türlosen Glasfiberwanne mit zwei Sitzbänken an, ein Dach war nicht vorgesehen. Dieses »Pelican« getaufte Gefährt sollte in erster Linie in die Dritte Welt exportiert werden; ein Exemplar überlebte in Großbritannien bis heute.

Der Pelican war im Jahre 1953 vorgestellt worden, und noch im Herbst desselben Jahres wurde auch der Prototyp eines »richtigen« Kleinwagens fertig. Dieses Modell hatte die Form der in England so beliebten »motorisierten Filzpantoffeln« erhalten, mit vorderem Einzelrad, aber autoähnlicher Vollverkleidung der Front und Doppelscheinwerfern. Der Villiers-Zweitaktmotor aus dem Lastendreirad war in einem Hilfsrahmen direkt an der rechten Seite des Vorderrades montiert und trieb dieses mittels einer kurzen Kette an. Wie auch beim Bond Minicar führten Vorderrad und Motor plus Getriebe alle Bewegungen gemeinsam aus, was im Falle der etwas ungewöhnlichen Lastenverteilung des Pashley zu problematischen Fahreigenschaften führte. Der Motor bekam seine Luft durch einen Kühlergrill und eine halbkreisförmige Hutze auf der relativ langen Motorhaube. Der Wagenkörper des Pashley bestand aus einer komplizierten Konstruktion aus verschweißten Stahlrohren, beplankt mit gebogenen Alublechen, wobei die einzelnen Teile der Karosserie nur durch Klemmen an ihrem Platz gehalten wurden und leicht zu entfernen waren. Eine schrägstehende Frontscheibe mit einem Scheibenwischer war zusammen mit einem leichten Stoffverdeck der einzige Wetterschutz. Türen gab es nicht, an den Seiten war das Dreirad völlig offen. Gleich hinter

*Oben: Seiten- und Heckansicht des kleinen Peel von 1962. Miniatur-Motorisierung, entwickelt und gebaut auf der Insel Man.*

*Rechts: Peel Trident mit Plexiglas-Kanzel. Eine interessante Konstruktion – wenn auch mit extrem kleinen Rädern.*

den beiden Sitzen befand sich die Hinterachse. Hinter dem versenkbaren Verdeck fiel die Karossrie nach unten ab, ein Reservereifen zierte auf sportliche Art das Heck. Zierliche, vom Lastenroller geborgte Stoßstangen bildeten an beiden Enden den Abschluß dieses Kleinstwagens. Für eine Serienproduktion erwies sich jedoch die mit zahlreichen Gestängen und Kabeln versehene Antriebskonstruktion als zu anfällig und kompliziert. Angesichts bereits recht erfolgreicher Konkurrenten verzichtete die Firma Pashley schließlich auf die Auflage einer Kleinserie und wandte sich wieder dem Rikscha- und Lastenfahrradbau zu.

## PEEL

1962 sollte die zwischen England und Irland gelegene Insel Man zu ihrem einzigen serienmäßig hergestellten Auto kommen. Die in der Inselhauptstadt Peel ansässige Peel Engineering Co. hatte Pläne für ein Miniaturauto entwickelt, das von einem 50-ccm-Mopedmotor angetrieben werden sollte. Die Firma Peel hatte bereits Erfahrung in der Verarbeitung von Glasfiber gesammelt und entwarf nun eine winzige, selbsttragende Kunststoffkarosserie, in die gerade ein Rohrstuhl und ein großes Lenkrad paßte. Die beiden gelenkten Vorderräder waren an Dreieckquerlenkern aufgehängt und durch Lenkhebel direkt mit der Steuersäule verbunden.

Eine Tür gab es nur auf der linken Seite, doch da der Peel nur für eine Person gedacht war, galt dies nicht als Handicap. Die Karosserie war nur 1,35 m lang, wies aber dennoch eine kleine »Nase« auf. Das Heck fiel dagegen senkrecht ab. Als Antrieb hatte man den bewährten 49-ccm-DKW-Mopedmotor mit 4,2 PS Leistung gewählt, der über eine gekapselte Kette das in einer Schwinge geführte Hinterrad antrieb. Alle Antriebs- und Fahrwerksteile waren direkt mit der Karosserie verbunden, doch bei einem Gewicht von nicht einmal 60 kg gab es keinerlei konstruktive Probleme. Anfang 1962 waren erste Prototypen fertig. Die Bereifung mit grobstolligen Pneus der Go-Kart-Größe 5 Zoll paßte sehr gut ins Bild dieses kleinsten Autos jener Zeit. Für einen Erprobungstest dieses Mobils wählte man den Kurs der »Tourist Trophy«, des berühmten Motorradrennens auf der Isle of Man. Fahrer und Kleinstmobile scheinen dieses Unternehmen tatsächlich überstanden zu haben, denn im Herbst gab die Firma stolz eine Pres-

semitteilung heraus, in der es hieß: »... mit fliegenden Fahnen wurde dieser anspruchsvollste Test der Welt gemeistert, sogar die Steigungen des Gooseneck und der Gebirgsregion wurden mit Hilfe des leicht zu schaltenden Dreiganggetriebes erklommen.«
Zu den herausragenden Eigenschaften des Peel P-50 zählten ferner »einfacher Startmechanismus, unabhängig von der Elektrik« (das war ein Zughebel), »Scheibenwascher« (Plastikflasche, die man zusammendrücken konnte), »Sitzfederung System Intalock, durch Gummibänder, die sich jedem Körper anpassen« (wie beim 2 CV).
Der Preis für dieses Mikromobil wurde mit knapp unter 150 Pfund sensationell niedrig in Aussicht gestellt, doch als die ersten Peel P-50 verkauft wurden, hatten sich die Besitzer mit einer Preissteigerung um 33 Prozent abfinden müssen.
Kurioserweise gehörte der Peel P-50 gemäß den Richtlinien des britischen Verkehrsministeriums nicht zu den Dreirädern, sondern wurde zum Motorrad konfiguriert und durfte sogar auf den Tachometer verzichten, denn Motorräder unter 100 ccm brauchten dieses Anzeigeinstrument nicht aufzuweisen.
Man saß nicht einmal schlecht in dem Vehikel; das große Dreispeichenlenkrad und die Pedalerie ließen fast das Gefühl aufkommen, in einem zwar geschrumpften, dennoch einem Auto sehr ähnlichen Gefährt zu sitzen. Bald widmete eine Fachzeitschrift dem Winzling einen ersten Test, wobei sich der Autor die Bemerkung nicht verkneifen konnte, daß das Temperament des Peel im übrigen auch von der Größe des Steaks abhing, das der Fahrer zum Mittagessen verzehrt hatte – meist wog der Fahrer mehr als das Mobil. Ansonsten erfüllte die skurrile Konstruktion durchaus die Erwartungen an solch ein Fahrzeug, wenngleich der Preis als zu hoch bewertet wurde. So fanden sich nur wenige Liebhaber für den Peel P-50 auf der Insel Man und in England, vielleicht fünf Dutzend.
1964 gab es ein weiterentwickeltes Modell dieses Zwerges mit dem Namen »Trident«, dem dreibeinigen Wappen der Isle of Man und Markenzeichen der Firma. Dieses Modell wartete auf der technischen Basis des Vormodells mit einer neuen Kunststoffkarosserie auf. Die halbkugelförmige Kanzel des Daches war ganz aus Plexiglas geformt, und jetzt konnte man sogar zu zweit im Peel fahren. Hatte man das transparente Oberteil der Karosserie nach vorne geklappt, ließ es sich auf zwei Sitzschalen bequem nebeneinander Platz nehmen. Das Steuer war kleiner geworden, das Mobil immerhin auf 1,83 m Länge gewachsen. Allerdings war auch das Leergewicht auf gut 90 kg gestiegen, während die Motorleistung noch immer 4,2 PS betrug. Mit Bezeichnungen wie »der Limousinenroller« und »heute schon Ihr Transportmittel von morgen« pries man den kleinen Wagen an, doch eher zum Spaß fanden nur noch wenige Wagen dieses Typs Käufer. Dank der ewig haltenden Kunststoffkarosse haben einige Peel bis heute überdauert und befinden sich in Sammlerhänden. Die Firma Peel befaßte sich nach dem Abenteuer mit den Dreirad-Zwergen mit dem Bau von sportlichen Coupé-Karosserien aus Kunststoff für den Mini.

## POWERDRIVE

Im Juli 1955 berief die Powerdrive Ltd. im Londoner Dorchester Hotel eine Pressekonferenz ein, um einen neuen Kleinwagen zu präsentieren. Ihr sportlicher Dreiradwagen wies Linien auf, die sich wohltuend von den Karosserien anderer Kleinstwagen unterschieden.

*Powerdrive 1956, der Vorgänger des Coronet. Aber beiden war das Schicksal nicht hold.*

Ein stabiler Leiterrahmen aus Vierkant-Stahlrohren bildete das Chassis, die Vorderräder waren unabhängig an Trapez-Dreieckquerlenkern aufgehängt und wurden durch Schraubenfedern gedämpft. 13-Zoll-Räder sollten den Abstand zu manch anderem Dreirad mit Rollerbereifung deutlich machen. Das einzelne Hinterrad war an einer einfachen Schwinge befestigt, dahinter verlief schützend die letzte Quertraverse des Chassis. Als Antrieb sollte ein 322-ccm-Zweitakt-Twin mit Gebläsekühlung von Anzani verwendet werden, der etwa 15 PS leistete und vor dem Hinterrad saß. Besondere Mühe hatten sich die Powerdrive-Konstrukteure bei der Gestaltung der mit Stahlblechelementen verstärkten Alukarosserie gegeben. Die ersten Prototypen sahen wie kleine Sportwagen aus – man mußte schon genau hinsehen, um unter der niedrigen Karosserie das hintere Einzelrad zu entdecken. Natürlich zierte die Front die obligatorische Kühlergrill-Attrappe, verziert mit einem Löwenkopf. Wie ein „richtiges" Auto hatte der Powerdrive eine breite, gebogene Frontscheibe mit zwei Wischern, während die beiden Seitentüren jedoch nur mit Steckscheiben wetterfest abgedichtet werden konnten. Charakteristisch für die Seitenansicht des Mobils waren tiefe Einschnitte in den Türen.
Im Innenraum fiel das weit dem Fahrer entgegenragende Zweispeichenlenkrad auf, das nur mit stark angewinkelten Armen ergriffen werden konnte und das Einsteigen behinderte. Das Armaturenbrett zierte lediglich ein Tacho und ein paar Bedienungsknöpfe. Drei Personen konnten auf der breiten Sitzbank nebeneinander sitzen, wenn sie engen Körperkontakt nicht scheuten. Bei Regen ließ sich ein Verdeck mit Panoramaheckfenster über das Cockpit ziehen, bei schönem Wetter verschwand es zusammengefaltet in einem Fach hinter der Sitzlehne. Um den Schein eines Vierradautos zu wahren, verjüngte sich die Karosserie am Heck natürlich nicht, große seitliche Entlüftungsgitter erinnerten an Sportwagen schweren Kalibers. Hauben zum Öffnen gab es vorn und hinten. Den meisten Platz im Heck nahmen indessen Motor und Reserverad ein.
Hatte man sich hinter das Lenkrad gezwängt, saß man recht bequem und hatte bei nur einem Mitfahrer erstaunlich viel Platz. Das typische Kleinwagengefühl kam erst auf, wenn man den Motor anließ und das Albion-Dreiganggetriebe mit Lenkradschaltung betätigte, um sich dem sportlichen Äußeren des Powerdrive gemäß zügig von der Stelle zu bewegen. Zwar ließen sich durchaus 100 km/h erreichen, doch beim Beschleunigen bedeutete das relativ hohe Gewicht der ausladenden Alukarosserie, daß man sich in Geduld üben mußte.
Für knapp über 417 Pfund Sterling wurde der Powerdrive kurze Zeit

später von der Blue Star Garages Ltd. in London vertrieben, doch nur wenige konnten sich für den Kauf dieses zwar ansehnlichen, doch im Grunde recht teuren und für die Familienausfahrt nicht sehr tauglichen Kleinwagens entschließen. Mit solch einem Fahrzeug war kein Geschäft zu machen, und so wurde die Konstruktion bereits Anfang 1957, nachdem nur sehr wenige Wagen entstanden waren, an eine Firma in Birmingham verkauft, die den Wagen weitgehend modifizierte und ihn schließlich als »Coronet« wieder auf den Markt brachte. Doch auch diesem Dreirad sollte keine große Zukunft beschieden sein.

# RELIANT

Den Grundstein zum bis heute wohl erfolgreichsten Hersteller von dreirädrigen Personenwagen legte der Ingenieur T. L. Williams im Jahre 1934. Er war bis dahin Mitarbeiter der Firma Raleigh in Nottingham gewesen, einem bedeutenden Produzenten von Fahrrädern, Motorrädern und Dreiradfahrzeugen. Raleigh hatte sein Engagement im erst 1933 begonnenen Dreiradwagenbau schon kurze Zeit später wieder aufgegeben, und T. L. Williams als Konstrukteur dieses »Safety Seven« mit vorderem Einzelrad, verließ die Firma, um sich selbständig zu machen.
Williams wollte nun sein eigenes Dreirad-Automobil bauen, doch sollte es nicht wieder ein Personenwagen werden, sondern ein leichter, billiger Lieferwagen. Im Gartenhaus seines Anwesens in Tamworth begann Williams im Sommer 1934 mit den ersten Zeichnungen. Mit Hilfe weiterer ehemaliger Kollegen bei Raleigh und ausreichenden Bankkrediten wurde Ende des Jahres der erste Dreirad-Lieferwagen fertig und auf den Namen »Reliant« (»Vertrauensvoll«) getauft. In einer ehemaligen Busgarage begann kurz danach die handwerkliche Fertigung einer kleinen Serie dieser einfachen Transportmittel mit Motorradlenkerkopf vorne, aber geschlossenem Führerhaus, in dem auch der anfangs Ein- und ab 1936 Zweizylindermotor untergebracht war. 1937 wurden Vierzylindermotoren des Austin Seven eingebaut, der dem ersten selbstentwickelten Reliant-Vierzylinder als Vorbild diente. Mittlerweile war die Fabrik schon erstaunlich gewachsen, produzierte während des Krieges jedoch ausschließlich Rüstungsteile.
Nach einigen Anlaufschwierigkeiten konnte Mitte März 1946 der erste Dreirad-Lieferwagen der Nachkriegszeit produziert werden. Aufgrund der schleppenden Rohstoffversorgung kam der Fahrzeugbau nur langsam in Gang. 1950 begann man bei Reliant auch am Personendreirad zu arbeiten; wie beim Lieferwagen sollte hier ein stabiler Rahmen aus Stahllängsträgern mit Rohrverstrebungen die Basis bilden. Der vordere Abschnitt des Rahmens war nach oben abgewinkelt, dessen obere Quertraverse diente einem mächtigen Stoßdämpfer, der das Vorderrad abfederte, als Stütze. Das Rad war an einem Ausleger montiert. Der hauseigene Vierzylindermotor mit 16 PS Leistung aus 747 ccm war soweit hinten montiert, daß er zum Teil in den Fahrgastraum hineinragte. Er bildete mit dem dahinter angeblockten Viergang-getriebe einen mächtigen Mitteltunnel, aus dem ein kurzer Schalthebel herausstand. Der Antrieb erfolgte über eine Kardanwelle zu den an einer Starrachse mit Blattfedern aufgehängten Hinterrädern. Die

*Oben links: Fahrgestell des Reliant Regal Dreirades von 1954. Links: Reliant Regel Mark V Baujahr 1960.*

*Oben: Reliant Prototyp von 1951. Die Breite ist etwas übertrieben dargestellt, die Proportionen insgesamt idealisiert.*

offene Karosserie, die vorn zwei Erwachsenen Einzelsitze und ungewöhnlich großzügige Platzverhältnisse sowie dahinter immerhin noch zwei Kindern Raum bot, war aus Aluminiumpaneelen auf Hartholzrahmen aufgebaut und wirkte mit ihrer kastenartigen Form zwar nicht schön, aber massiv und qualitätvoll.

*Oben: Reliant Regal 1964 mit einem Heck wie beim Ford Anglia. Daneben: Völlig ungezwungene Model-Pose bei Werbefotos mit dem 1962er Regal…*

Der Reliant sollte kein primitives Rollermobil sein, sondern ein richtiges Auto, das durch Verzicht auf das vierte Rad seinem Besitzer finanzielle Vorteile brachte, zumindest in Großbritannien. Der erste, Coupé genannte Prototyp (eigentlich ein Cabriolet mit Segeltuchverdeck) wurde auf der Cycle and Motor Show 1951 präsentiert, doch dauerte es bis Anfang 1953, ehe Reliant das Fahrzeug zum Serienbau freigab.

Der vor allem im Innenraum recht ansehnlich ausgefallene Dreiradwagen mit seinem crémefarbenen Instrumententräger rechts neben dem sportlichen Dreispeichenlenkrad erstaunte seine ersten Tester auch durch eine bei Dreirädern oft vermißte Munterkeit, denn knapp 105 km/h waren 1953 ein ansehnlicher Wert. Zwar verrichtete der Motor samt Getriebe zwischen den vorne Sitzenden seinen Dienst unter großer Lärmentfaltung, doch handelte es sich um ein bewährtes und zuverlässiges Aggregat. Auch der Fahrkomfort des »Regal« genannten Dreirades gab zu Tadel keinen Anlaß. Der weit nach hinten gerückte Motor sorgte für eine relativ stabile Straßenlage, und vergaß man in einer schnell gefahrenen Kurve einmal, daß man ein Dreirad lenkte, dann hob höchstens das kurveninnere Rad vom Boden ab. Unter der großen Fronthaube lagen das 14-Zoll-Reserverad, die Batterie, Kühler und Werkzeug. Für Gepäck war nicht allzuviel Raum, wenn man zu viert reiste.

Der Verkauf des Reliant Regal gestaltete sich recht positiv, und bald gab es neben der Limousine auch einen kleinen Lieferwagen im Regal-Design, also ohne Motorradfront. 1955 folgte der Regal Mark II, ein in diversen Punkten verbessertes Fahrzeug. Vor allem im Cockpit gab es Fortschritte, was die Qualität der Sitze sowie die Verarbeitung und Dichtigkeit des Verdecks betraf. Von außen erkannte man das neue Modell an dem breiten Kühlergrill zwischen den großen Scheinwerfern. Der Reliant Regal hatte mittlerweile seinen festen Platz in der Gunst der Kleinwagenkäufer gefunden und rangierte deutlich eine Stufe über schwächlichen Konkurrenz-Mobilen.

Ein aufwendiges Kapitel in der Herstellung des Regal war die Holz/Aluminiumkarosserie; 1956 sollte ein neues Modell Abhilfe schaffen. Man hatte für den Typ Mark III eine rundliche Karosserie aus Fiberglasteilen entwickelt, die sicherheitshalber jedoch durch einen Holzrahmen verstärkt wurde; dennoch konnte man durch den Guß der Karosserieteile rationeller arbeiten. Der neue Regal Mark III Viersitzer konnte wie bisher als Cabrio sowie als geschlossene Limousine geliefert werden; beiden Typen gemeinsam war eine auffallend niedrige Frontscheibe. Davor gab es eine schmale Klappe, um an Werkzeug, Batterie und Kühler zu kommen. Die Leistung des Motors war nicht angehoben worden, doch das Getriebe hatte im neuen Mark III Synchronisierung für die drei obersten Gänge bekommen. Durch ein neu gestaltetes Kunststoffarmaturenbrett und weiter verbesserte Sitze und sogar Bodenteppiche hatte auch der Innenraum des neuen Reliant gewonnen.

1958 folgte auf dieses Modell der Mark IV mit weiteren Verbesserungen wie seitlichen Kurbelfenstern, 12-Volt-Anlage, überarbeiteter Vorderrad- und Motoraufhängung. Die Karosserieform war dabei die gleiche geblieben. Im folgenden Jahr wurde ein deutlich verändertes Modell vorgestellt, der Mark V, mit wesentlich eckiger geformter Karosserie und Stufenheck. Dort gab es jetzt endlich eine Heckklappe und Platz für reichlich Gepäck. Im Innern des Reliant Mark V hatte man ebenfalls mehr Platz geschaffen, so daß jetzt auch Erwachsene zur Mitfahrt auf der Rückbank eingeladen werden konnten. In der Mitte des Armaturenbretts prangten die Instrumente und Schalter auf einem Untergrund aus Wurzelholzimitat. Nichts sollte die Illusion, in einem großen, teuren Auto zu sitzen, mehr stören!

Im Herbst 1960 – Reliant war inzwischen zum größten Dreiradhersteller in England geworden – erschien der Regal Mark VI. Mechanisch war er mit seinem Vorgänger identisch, doch hatte man Karosserie und Ausstattung weiter verfeinert. Um den »Hinterbänklern« mehr Kopffreiheit zu verschaffen, war das Dach höher geformt und endete nun in einem Überhang über der Heckscheibe. Innen hatte man das Armaturenbrett umgestaltet, es zeigte nun ein großes zentrales Rundinstrument, um das sich unten halbkreisförmig die Schalter und Knöpfe gruppierten, während wie schon zuvor zu beiden Seiten große Ablagefächer vorhanden waren.

1962 – Reliant hatte inzwischen auch einen Sportwagen entwickelt – gab es ein fast in allen Punkten neues Dreirad mit der Bezeichnung Regal 3/25 (3 Räder/25 PS). Für dieses Modell war ein völlig neuer

598-ccm-Motor aus Aluminium konstruiert worden, der erste Großserienmotor dieser Art in England. Die Ventile waren oben hängend angeordnet und nicht mehr seitlich stehend, die knapp 25 PS bei 5250 U/min verhalfen dem neu gestylten Kunststoff-Dreirad zu einer Spitze von 110 km/h. Durch eine gebogene Frontscheibe sollte der Regal einigermaßen Anschluß an die Mode gewinnen, die Dachform hatte man dem Ford Anglia nachgeahmt, mit nach hinten geneigter Scheibe und betontem Überhang. Geblieben war dem Reliant Dreirad das massive Chassis und das Getriebe mit unsynchronisiertem ersten Gang.
Bald gab es auch einen Kombi auf Basis des 3/25; mit Detailverbesserungen waren diese Modelle bis 1968 erhältlich. 1964 war mit dem Vierradkleinwagen »Rebel«, der den neuen 600-ccm-Motor sowie eine moderne, schlichte Kunststoffkarosserie in selbsttragender Bauweise hatte, ein »normaler« Kleinwagen auf den Markt gekommen, der mit Nachkriegsmobilen nichts mehr gemein hatte. Das Dreirad bekam 1968 einen 700-ccm-Motor mit 31 PS, und selbst heute werden noch Nachfahren dieses schon etwas urtümlichen Kleinwagens bei Reliant hergestellt. Diese Fahrzeuge gehören in Großbritannien noch zum normalen Straßenbild und werden selten auch einmal mit Linkslenkung in Österreich oder anderen Exportländern gesichtet.

## R. N. W.

Der R. N. W. Kleinstwagen, von dem es zumindest zwei Exemplare gegeben hat, war das persönliche Werk eines Mannes namens Roy N. Wellington, dessen gutgehende kleine Radiofabrik in Farnham, Sussex, ihm die Möglichkeit gab, seiner Leidenschaft für rasante Automobile nachzugeben. Seit Ende des Krieges hatte er in einem Winkel seines Betriebes eine Reihe klassischer Sportwagen, damals noch billig zu haben, restauriert und sich dadurch gute Kenntnisse im Automobilbau erworben. Daneben hatte er sich mit der Idee zu einem kleinen Fahrzeug beschäftigt, das zwei Personen auf billigste Art und Weise möglichst bequem befördern konnte.
Anfang 1951 erschienen schließlich erste Bilder eines R. N. W. Prototyps in der Presse. Wellington hatte seine Idee nach angeblich fünfjähriger Entwicklungszeit verwirklicht. Ihm war wichtig, daß sein Mobil mehr einem »richtigen« Auto ähnlich sehen sollte. So war der R. N. W. zwar eine Art Miniaturlimousine mit vier winzigen Rädern geworden, glich aber doch eher einem Jahrmarkt-Kinderauto als einem richtigen Automobil.
Die Karosserie war eine selbsttragende Konstruktion aus mit Stahlelementen verstärkten Aluminiumblechen, wobei der Gewichtsersparnis wegen große Teile wie die Türholme in Rennwagenmanier durchlöchert waren. Die Vorderräder waren einzeln aufgehängt und mit Gummielementen gefedert, hinten gab es Blattfedern. Den Antrieb der Hinterräder übernahm ein Villiers-Einzylinder-Zweitakter mit Aluzylinderkopf und 197 ccm Hubraum, der 8 PS leistete und seine Kraft via gekapselter Kette übertrug. Durch zwei relativ breite Türen erreichte man den Innenraum, der trotz der bescheidenen Abmessungen zwei Erwachsenen ausreichend Platz bot. Gestartet wurde von Hand mit einem Zughebel vor dem Fahrersitz, während das Motorradgetriebe mit drei Vorwärts- und einem Rückwärtsgang mit einer Lenkradschaltung betätigt wurde. Ein sportliches Drahtspeichenlenkrad gehörte zur Ausstattung, nur das fast leere Armaturenbrett erinnerte daran, daß die Kosten bei solch einer Fahrmaschine das wichtigste Kriterium darstellten. Lediglich Tachometer, Lichtschalter und Gemischreglerknopf waren hier zu finden. Für schlechtes Wetter gab es ein Segeltuchverdeck und Plexiglasscheiben mit Schiebefenstern. Zwischen den beiden Scheinwerfern befand sich die typische Kühlergrill-Attrappe.

*Rodley 1953 mit Jap-Motor.*

Unter Vollgas sollte der R. N. W. bei idealen Bedingungen zu 75 km/h fähig sein, als Dauergeschwindigkeit wurden 50 km/h empfohlen. Wellington hoffte, sein Mobil für etwa 200 Pfund Sterling verkaufen zu können, was plus Steuer und Händlerprovision zu einem Endpreis von deutlich unter 300 Pfund geführt hätte, ein verlockender Betrag. Prospekte wurden Mitte 1951 gedruckt, ein zweiter Prototyp mit geänderter Front und Windschutzscheibe entstand. Doch dann wurde es still um den R. N. W. Wahrscheinlich hatte Wellington inzwischen die Rentabilität eines solchen Vorhabens durchkalkuliert und war rechtzeitig auf die finanziellen Risiken aufmerksam geworden.

## RODLEY

1953 wurde von der kleinen Firma Rodley im gleichnamigen Dorf in der Nähe von Leeds ein Kleinfahrzeug konstruiert und zur Serienreife gebracht, das im Gegensatz zu seinen vielen, eher leicht und zerbrechlich wirkenden Konkurrenten den massiven Charme eines Panzerschranks auf Rädern ausstrahlte.
An einem kräftigen Kastenrahmen waren vorn 15-Zoll-Räder einzeln aufgehängt und durch Schraubenfedern gedämpft, während die um etwa 15 cm schmalere und starre Hinterachse mittels Halbelliptik-Blattfedern geführt wurde. Der klobig wirkende Ganzstahlaufbau, der aus zusammengeschweißten Segmenten bestand, hatte die Form einer Stufenhecklimousine, jedoch mit unverhältnismäßig langem Heck. Dies war nötig, um trotz der Kürze des Rodley (er maß 2,78 m) eine hintere Sitzbank unterbringen zu können. Doch die Fondpassagiere, die sich mühsam nach hinten gezwängt hatten, wußten nicht wohin mit den Beinen – für die Werbefotos hatte man vorsorglich extrem kleine Statisten ausgesucht. Der Rodley sollte nämlich den gegenüber anderen Kleinwagen unschätzbaren Vorteil der Viersitzigkeit haben.

Angetrieben wurde der Rodley von einem J. A. P.-Zweizylinder-Viertakter mit 750 ccm und 20 PS, die bei moderaten 3800 U/min anfielen. Ein Kühlgebläse sorgte dafür, daß es dem Heckmotor nicht zu heiß wurde. Ein Albion-Dreiganggetriebe mit Rückwärtsgang wurde mit einem Knüppel vor der Sitzbank bedient, doch hinderte das hohe Gewicht des Rodley von etwa einer halben Tonne die Fahrgäste daran, mehr als 90 km/h erleben zu dürfen; als Reisegeschwindigkeit wurden gar nur 60 km/h empfohlen. Das Gepäck mußte sich den bescheidenen Raum unter der vorderen Klappe mit dem Reserverad teilen. Natürlich wollten auch die Erfinder des Rodley nicht auf Statussymbole wie den falschen Kühlergrill und zwei richtige Scheinwerfer verzichten, wobei der Hauch von Gediegenheit allenfalls durch Primitivlösungen gestört wurde wie äußere, stehende Türriegel nach Art von Weidegattern und einen winzigen, geradezu verloren wirkenden Scheibenwischer.
Für den Sommer 1955 war ein Serienbeginn mit wöchentlich etwa 50 Fahrzeugen geplant, doch wie schon so oft, machten mangelndes Interesse, schwache Finanzen und die Unmöglichkeit, ein handgefertigtes Auto rationell in Kleinserie herzustellen, diesen Plänen einen Strich durch die Rechnung. Nach höchstens einem Dutzend Wagen ging das Projekt Anfang 1956 unter.

*Oben: 1948 entstand dieser Prototyp eines Kleinwagens von Rover, der allerdings nicht in Serie ging.*

## ROVER

Gleich nach Kriegsende hatten bei der gediegenen britischen Firma Rover, für ihre robusten und wirtschaftlichen Limousinen bekannt, die Arbeiten an einem Kleinwagen begonnen. Aus Gründen der Gewichtsersparnis waren der mit einem verstärkten Mitteltunnel ausgestattete Plattformrahmen sowie die Karosserie aus Aluminium. Die ersten drei Prototypen, die 1948/49 zu Versuchszwecken fertiggestellt waren, wiesen eine gewisse äußerliche Ähnlichkeit mit dem italienischen Fiat Topolino auf. Doch der Rover M 1 sah nicht ganz so niedlich wie das italienische Mäuschen aus; die englischen Designer hatten den Wagen etwas kantiger geformt.
Unter der Aluhaut verbarg sich eine für damalige Verhältnisse recht moderne Technik. Die Vorderräder waren unabhängig aufgehängt, die hinteren, angetriebenen Räder hatte man an einer Starrachse mit Panhardstab befestigt. Der Vierzylindermotor saß noch vor der Vorderachse, hatte ein Hubvolumen von 700 ccm und verfügte über schräg stehende Ventile sowie ein relativ quadratisches Verhältnis von Bohrung zu Hub, so daß aufgrund niedriger Kolbengeschwindigkeiten eine hohe Lebensdauer zu erwarten war. Rund 28 PS produzierte diese wassergekühlte Maschine bei 5000 Touren und ermöglichte damit Geschwindigkeiten über 100 km/h. Ein Vierganggetriebe wurde mittels eines nach Art des DKW aus dem Armaturenbrett ragenden Schalthebels bedient; die Frontscheibe war geteilt. Seitlich waren Schiebefenster eingebaut. Die vorn Sitzenden hatten durch die Unterbringung des Motors ganz an der Front und Türen ohne Füllung reichlich Platz; hinten waren indes nur herunterklappbare Sitzflächen zu finden, von einem Viersitzer konnte man also nicht sprechen.
Erste Fahrversuche mit dem Prototyp erbrachten, daß die Rover-Konstrukteure gute Arbeit geleistet hatten. Der M 1 erfreute durch überdurchschnittlichen Fahrkomfort.
Dieser kleinste Rover machte einen rundum harmonischen Eindruck und wäre sicher zu einem Verkaufserfolg nicht nur in Großbritannien

*Zwei Aufnahmen des Russon von 1950. Stand der Jaguar XK 120 beim Karosserie-Styling Pate?*

geworden, hätten nicht verschiedene Umstände zur Einstellung der Arbeiten geführt. Zum einen bekam Rover in jener Zeit kaum genug Rohstoffe zugeteilt, um die größeren Wagen produzieren zu können, zum anderen versuchte die Regierung alle Firmen zu einer »eine Marke, ein Modell«-Politik zu ermuntern und förderte bevorzugt Mittelklassewagen, von denen man sich bessere Exportgeschäfte erwartete. In Solihull investierte man deshalb lieber in das Landrover-Geschäft und legte den kleinen M 1 ad acta.

## RUSSON

Der Russon aus Stanbridge in Bedfordshire sollte nicht zu jenen typischen »bubble cars« gehören, sondern ein sportlicher Roadster werden. Initiator des Projektes war Douglas Arthur Russell, der sein Geld vor dem Krieg durch den Handel mit Modellflugzeugmotoren verdient hatte und zudem Verleger einer Modellbauzeitschrift war. Nach dem Krieg gab er auch ein Magazin über das Flugwesen heraus. Fir-

mensitz war ein ehemaliger Militärflugplatz, wo einst Vickers-Bomber ihre Basis hatten. Dort in Eaton Bray vergrößerte Russell sein Geschäft durch die Angliederung einer Buchbinderei und einer Modellbauwerkstätte. 1949 stieg er ins Automobilgeschäft ein.
Zunächst wollte Russell für andere Hersteller Karosserien aus Kunststoff herstellen, ein Plan, der sich als wenig erfolgreich erwies. Russell machte sich nun zusammen mit seinem ältesten Sohn Michael daran, einen kompletten Kleinwagen mit Alukarosserie zu bauen. Auf Grund mangelnder Erfahrung und Fähigkeiten war das Ergebnis, das 1950 präsentiert wurde, enttäuschend. Dieser erste Russon (Russell & Son) ähnelte einer umgedrehten Badewanne und hatte weder Türen noch Verdeck. Im Heck arbeitete ein 197-ccm-Villiers Einzylinder-Zweitaktmotor, wie er später noch viele Kleinstwagen bewegen sollte. Kurioses Detail war an diesem Prototyp das außenliegende Tachometer in Höhe des Außenspiegels, dessen flexible Antriebswelle durch ein Loch in der Aluhaut geführt wurde. Indessen zeigte sich bald, daß mit solch einer primitiven Fahrmaschine kein Staat zu machen war.
Eine völlige Umkonstruktion war nötig. Ein Grafiker des Modellbaumagazins erhielt den Auftrag, eine attraktivere Hülle zu zeichnen, Während ein Spezialist von Russells Modellbaufirma einen Eschenholzrahmen zimmerte. Aus zwei Längsholmen mit Quertraversen wurde ein kräftiger Stahlrohr-Rahmen zur Aufnahme der Karosserie zusammengeschweißt, die vier Räder wurden daran einzeln und mit gleicher Spur aufgehängt, wobei Federbeine die Dämpfung übernahmen. Der Motor war ein 250-ccm-Excelsior-Zweizylinder-Zweitakter, der 10 PS entwickelte. Mit einem Albion Dreiganggetriebe und Differential verblockt, saß er in einem hinteren Hilfsrahmen und trieb über eine Motorradkette beide Hinterräder an. Weit geschwungene Kotflügel und ein langes Karosserieheck sollten Dynamik vermitteln, die Front zierten überdimensionale Lucas-Scheinwerfer und die unvermeidliche Kühlergrill-Attrappe.
Im Frühling 1951 wurde dieser zweite Prototyp vorgestellt, doch wurde auch bald Kritik an dem neuen Mobil laut. Die rahmenlose Windschutzscheibe aus Plexiglas erschien vielen zu »sportlich«, und das Besteigen der breiten Sitzbank geriet wegen der winzigen Seitentüren zur akrobatischen Leistung. Da war es nur ein schwacher Trost, daß die Pedale verstellbar waren. Auch in bezug auf die Fahrleistungen des Russon wurden die Testfahrer enttäuscht, denn nur sehr unwillig ließ sich die Nadel des Tachos auf dem hölzernen Armaturenbrett in die Nähe der 40-mph-Marke (etwa 60 km/h) treiben, wobei der Lärm des schwächlichen Motors nicht zum Wohlbefinden der Insassen beitrug.
Im Sommer 1951 wurde eine abermals überarbeitete Ausführung des Russon präsentiert, gefolgt von einer Erprobungsfahrt durch ganz England. 1525 Meilen wurden dabei zurückgelegt. Die Karosserie des neuen Russon war durch eine höhere Gürtellinie und ein kürzeres Heck attraktiver geworden, eine gerahmte Windschutzscheibe aus Sicherheitsglas gehörte zum Standard. Hinter der Sitzbank gab es ein kleines Gepäckfach. Das Faltverdeck verschwand hinter dieser Ablage, Steckscheiben waren gegen Aufpreis lieferbar. Die Türen reichten jetzt bis zur Unterkante der Karosserie und erleichterten das Erklimmen des Russon ein wenig; auf den lächerlichen Kühlergrill hatte man vorerst verzichtet. Hätte der Russon nicht winzige Rollerräder gehabt, wäre dieses kleine Fahrzeug mit seinen weit vorstehenden Scheinwerferaugen ein ganz pfiffiges Auto gewesen.
Mit dem neuen Excelsior-Motorradmotor konnte man jetzt fast 70 km/h schnell fahren. Der Prospekt verhieß, der Wagen eigne sich besonders gut für kurze Reisen und sei vor allem auch der Hausfrau beim Einkaufen von Nutzen. Überhebliche Passagen, die im ersten Prospekt unter »financial aspect« verkündet hatten: »Da wir nicht vorhaben, ins Gebrauchtwagengeschäft einzusteigen, werden alte Autos nicht in Zahlung genommen«, las man nun nicht mehr.
Der Schalthebel des Dreiganggetriebes mit Rückwärtsgang war nicht mehr an der Lenksäule angebracht, sondern ragte aus einer vertikalen Kulisse am Armaturenbrett, wodurch sich einige Umwege bei der Bewegungsübermittlung nach hinten vermeiden ließen.
Dennoch: Niemand interessierte sich für einen geschrumpften Sportwagen mit vier Rädern, für den man die volle Versicherung zahlen mußte und in den nicht einmal zwei Erwachsene und zwei Kinder paßten. Etliche Dreiradwägelchen, und waren sie noch so primitiv, boten dem Kleinwagenkäufer meist mehr für weniger Geld. Nur mit Mühe kam eine bescheidene Fertigung des Russon in Gang, doch schon Mitte 1952 wurde sie wieder eingestellt. Keine zehn Stück wurden verkauft; mit hoher Wahrscheinlichkeit ist bis heute kein Russon erhalten geblieben.

## SCOOTACAR

Zu jenen britischen Firmen, die sich zeitweise mit dem Bau von Kleinwagen und Mobilen beschäftigten, gehörte selbst ein Unternehmen, das sich der Fabrikation von solch konträrem Fahrgerät wie Lokomotiven widmete.
1955/56 hatte die Hunsley Holdings Ltd. in Leeds eine Tochterfirma gegründet, um die Entwicklung eines neuartigen Kleinstwagens vorzunehmen. Die damals in England existierenden Kleinwagen wie Bond, Reliant und andere hatten bisher stets versucht, mit möglichst geringem Aufwand ein richtiges Auto nachzuahmen; die Firma Scootacars Ltd. wollte einen anderen Weg gehen.
Ermutigt durch den enormen Erfolg des Citroën 2 CV, wagte man auch in Leeds ungewöhnliche Lösungen zu verwirklichen. Das Ziel sollte ein kleines Auto werden, das man auch quer parken könnte, wobei es einer oder gelegentlich auch zwei Personen genug Platz und vollkommenen Wetterschutz bieten sollte. Unempfindlichkeit gegen Witterungseinflüsse, einfache Technik und größte Wirtschaftlichkeit waren Kriterien, aus denen nur ein Dreirad mit Kunststoffkarosserie in Frage kam. Entgegen bisherigen Gepflogenheiten wählte man das einzelne Rad hinten, geführt in einer einfachen Schwinge und angetrieben durch einen davor installierten Einzylinder-Zweitaktmotor von 197 ccm Hubraum und etwa 9 PS Leistung, der durch ein Gebläse mit Kühlluft versorgt wurde. Da eine selbsttragende Kunststoffkarosserie zu kompliziert und aufwendig geworden wäre, baute man einen kräftigen Kastenrahmen mit darauf montierter Stahlplatte und hing die Vorderräder an senkrechten Führungsrohren und Schraubenfedern auf.
Der Fahrer saß vorn in der Mitte auf einem Schemel, hinten gab es eine Sitzbank in voller Breite, auf der Mitfahrer mit gespreizten oder zur Seite gestellten Beinen befördert werden konnten. Ein Erwachsener und ein kleineres Kind konnten so untergebracht werden.
Die aus mit Polyesterharz getränkten Glasfasermatten hergestellte Karosserie bestand aus einem Stück und hatte nur auf der linken Seite eine Tür. Bei einer Höhe des Scootacar von 1,51 m war das Einsteigen trotz der Fahrzeuglänge von nur 2,13 m völlig unproblematisch. An

4581 UA

den Motor kam man heran, wenn man die Sitzfläche der Rückbank umklappte. Auch auf dem Fahrerschemel konnte man zu zweit hintereinander sitzen, dann diente die umgelegte Sitzfläche dem »Sozius« als Lehne; dahinter hatte man dann eine große Ablage zur Verfügung. Unter der stark gebogenen Frontscheibe aus Sicherheitsglas war ein kleines Armaturenbrett mit Tacho in der Mitte und den nötigsten Schaltern befestigt.
Rechts vom Fahrer ragte ein langer Schaltstock aus dem Boden; das Vierganggetriebe konnte durch Änderung der Drehrichtung des Motors auch zur Rückwärtsfahrt benutzt werden. Die Vorderräder wur-

*Links: Scootacar Standard von 1958. Für einen Kleinwagen verfügte das Mobil über eine erstaunliche Bauhöhe.*

*Rechts: Scootacar, in London fotografiert.*

den durch eine hydraulische Lockheed Bremsanlage verzögert, die Handbremse wirkte auf das Hinterrad. Eine wirkungsvolle Heizanlage mit Wärmetauscher am Auspuff hatte der Scootacar serienmäßig, die seitlichen Schiebefenster und die Heckscheibe bestanden aus Plexiglas.
Ende 1957 wurden die Prototypen ausgedehnten Erprobungen unterzogen. Trotz seines hohen Aufbaus legte der Scootacar eine gute Straßenlage und Kurvensicherheit an den Tag, denn der Schwerpunkt lag tief und der Aufbau war von geringem Gewicht. Das ganze Mobil wog nur wenig über 200 kg, was Geschwindigkeiten bis zu 80 km/h ermöglichte. Durch die geringen Abmessungen und eine direkte Lenkung, vergleichbar der des Messerschmitt, war der Scootacar ein enorm wendiges Fahrzeug.
Im Frühjahr 1958 kamen die ersten Wagen auf die Straße. Aber sie blieben Außenseiter in Großbritannien. Die Nachfrage reichte gerade aus, um eine kleine Serienproduktion aufrecht erhalten zu können.
Mitte 1960 erschein ein komplett überarbeitetes Nachfolgemodell unter der Bezeichnung Scootacar de Luxe mit gänzlich neuer Karosserie; nur das Fahrgestell und den Antrieb hatte man von der bisherigen Version übernommen. Die neue Kunststoffkarosserie war glattflächiger und fiel vorne nicht mehr so steil ab. Der Wagen war jetzt etwas niedriger und länger, ein Reserverad hing serienmäßig am Heck. Völlig neu gestaltet hatte man auch Sitzgelegenheiten, wobei man sich kühn über jegliche Symmetrie hinweggesetzt hatte. Der Fahrer saß nun nach rechts versetzt auf einem kleinen, verstellbaren Rohrstuhl mit kurzer Rückenlehne und mußte bei vollem Lenkeinschlag aufpassen, sich nicht die Knöchel am nach unten versetzten Scheibenwischermotor aufzuschlagen. Ein erwachsener Mitfahrer hatte hinten etwas mehr Beinfreiheit und konnte nicht mehr über Enge klagen. Daneben fand ein Kind Platz.
Bei aller äußerer Winzigkeit bot der Scootacar innen erstaunlich großzügige Platzverhältnisse. In bezug auf Raumnutzung war das Mobil aus Leeds der internationale Meister seiner Klasse. Auch alle bisherigen guten Eigenschaften hatte der Scootacar behalten.
1961 spendierte man dem ohnehin nicht gerade müden Wägelchen einen luftgekühlten Zweizylinder-Zweitakter, der bei 324 ccm Hubraum etwa 13 PS leistete und den Scootacar de Luxe Twin nahezu 100 km/h schnell werden ließ.
Bei aller Beliebtheit des Scootacars ging die Nachfrage Anfang der sechziger Jahre doch merklich zurück. Gegen Mitte des Jahres 1965 lief die Produktion aus. Die Zeit für solche Mobile, und waren sie noch so originell, war in Westeuropa vorbei. Heute kümmert sich in England ein kleiner Club um überlebende Exemplare dieser besonderen Spezies, doch es sind nicht viele, die die Zeiten überdauert haben.

## TOURETTE

Die Carr Brothers Ltd. in Purley, Surrey, hatte sich auf den Import und Service ausländischer Motorroller spezialisiert und begann Ende 1956, diese Zweiräder mit den weit verbreiteten Villiers-Motoren englischer Produktion zu bestücken. Außerdem bot man leichte Polyester-Verkleidungen an, die neben ihrer Rostunempfindlichkeit Vorteile durch ihre leichte Bauweise boten.
Nichts lag näher, als nun auch einen dreirädrigen Roller zu konstruieren, und noch Ende des Jahres waren erste Prototypen fahrbereit. Als Chassis diente ein stabiler, leichter Rohrrahmen mit unabhängigen Schwingarmen vorne für die Vorderräder, die durch Girling-Stoßdämpfer gefedert wurden. Das angetriebene hintere Einzelrad saß mit dem 197-ccm-Motor in einer von einem Hilfsrahmen getragenen Schwinge. Da die Vorderachse weit hinter der Pedalerie verlief, etwa unter den Knien der Passagiere, mußten die Bewegungen des Lenkrads durch eine aufwendige Hebelkonstruktion umgelenkt werden, dennoch zeichnete sich die Steuerung durch erstaunliche Leichtgängigkeit aus. Als Karosserie plante man zu diesem Zeitpunkt für das »Tourette« getaufte Dreirad zwei Versionen: Das Standardmodell sollte eine den deutschen Brütsch-Mobilen sehr ähnliche Kunststoffkarosserie, bestehend aus einer oberen und einer unteren Schale, erhalten, die durch ein rundum laufendes Band zusammengehalten wurden. Dafür sollte es passende Stoff- und Hardtopoberteile geben, um die Tourette in ein wetterfestes Fahrzeug verwandeln zu können. Für besondere Ansprüche plante man eine handgearbeitete Aluminiumkarosserie, getragen von einem Eschenholzrahmen.
Als schließlich im Frühjahr 1957 eine kleine Produktion der Tourette in Gang kam, hatte man von der zweiten Variante wieder Abschied genommen. Im Angebot gab es nun drei Varianten der ersten Version, bei der das billigste Modell »Junior« einen etwa 6 PS leistenden Villiers-Motor mit 197 ccm Hubraum aufwies, der über kein Gebläse verfügte und nur über einen Plastik-Luftschacht gekühlt wurde. Eine Dreigang-Motorradschaltung ohne Rückwärtsgang wurde rechts vom Fahrer betätigt; einen elektrischen Anlasser gab es nicht. Dafür lag der Preis für die Tourette Junior in Basisausführung mit allein lieferbarer flacher Scheibe und Stoffverdeck bei knapp 290 Pfund, verwöhnte seinen wirtschaftlich denkenden Besitzer aber nicht gerade mit Komfort.
Das Senior-Modell mit dem gebläsegekühlten Villiers 9/E-Motor, der auch nur knapp 200 ccm hatte, aber bei 4000 U/min an die 7,6 PS leistete, hatte serienmäßig ein Vierganggetriebe mit elektrisch geschalteten Gängen, doch konnte dieser Motor auf Wunsch auch ohne diese Vorrichtung geliefert werden.

Neben einer preiswerten Grundausstattung mit Stoffverdeck gab es den Senior auch mit Panoramascheibe in Verbindung mit einem Kunststoffverdeck oder Glasfiber-Hardtop, das sich in zwei Scharnieren unterhalb der Frontscheibe nach vorn klappen ließ, um das Einsteigen zu ermöglichen. Das Spitzenmodell hieß Tourette De Luxe und war serienmäßig mit festen Seitenscheiben, verchromten Radkappen, Blinkern, Gepäckträger, Panoramascheibe und Hardtop ausgestattet, zudem hatte man bei dieser Version freie Farbwahl ohne Aufpreis. Eine lange Zubehörliste ermöglichte es, die Tourette recht individuell auszustatten, wobei sich der Preis aber schnell über 350 Pfund treiben ließ, wollte man auf Extras wie Heizung, zweiten Scheibenwischer und Radio nicht verzichten.
Im Fahrbetrieb erwies sich das froschgesichtige Mobil als äußerst

1962 erschienen die ersten auf britischem Boden gebauten Heinkel Kabinen, nun »Trojan 200« genannt. Serienmäßig wurde ein großes Faltdach und eine durchsichtige Sonnenblende mit Luftschlitzen geboten, ferner unterschied eine zusätzliche, dünne Stoßstange an der Fronttür das britische Lizenzmodell von der irischen Version. Zunächst gab es die Trojan Kabine nur mit drei Rädern, was in England Steuerersparnis bedeutete, dafür konnte man von Anfang an zwischen Links- und Rechtslenkung wählen!
Ungeniert wurde das winzige Gefährt als viersitziges Familienauto (zwei Erwachsene + zwei Kinder) angepriesen, doch herrschte bei voller Besetzung des Trojan drangvolle Enge unter der verglasten Kuppel, und bei starkem Sonnenschein wurde es im Innern unerträglich heiß.

*Links: Tourette Threewheeler mit aufgesetztem Hardtop, 1957.*

*Oben: Restaurierte Tourette auf einem Microcar-Treffen.*

wendig. Das geringe Gewicht, vor allem der Modelle mit flexiblem Verdeck, machte die Dreiräder fast 90 km /h schnell.
Pech für die Brüder Carr war nur, daß die Zeit der Kleinwagen rasch zu Ende ging. Nur wenige Exemplare verließen das Werk; zwei oder drei Tourettes sollen noch existieren.

## TROJAN

Die Nutzfahrzeugfirma Trojan, schon seit dem Jahre 1928 aktiv, hatte bereits in den zwanziger und dreißiger Jahren schwach motorisierte Personenwagen mit konventioneller Karosserie gefertigt, die zwar keine große Verbreitung fanden, aber ein dankbares Publikum ohne hohe Ansprüche gefunden hatten.
1935 war die Personenwagenproduktion eingestellt worden, und auch nach dem Krieg befaßte man sich in Croydon, Surrey, bis 1962 ausschließlich mit dem Bau von kleinen Transportern.
1961 war in Irland die Lizenzproduktion der Heinkel Kabine, dort Heinkel-I genannt, aufgegeben worden; Trojan übernahm die Fertigungsanlagen und -rechte, um sein Fahrzeugangebot breiter fächern zu können. Die große Zeit der »bubble cars« war zwar eigentlich schon vorbei, doch allzuviel hatte man nicht investieren müssen, und so ging man bei Trojan das Risiko ein.

*Trojan Lieferwagen von 1924. Das spartanisch ausgestattete Auto mit luftgekühltem Zweitaktmotor, Zweiganggetriebe und Vollgummireifen stellte den Fahrer auf eine harte Probe…*

*Oben: Trojan Estate Van, Lizenz Heinkel. Es kostete nur 297 Pfund Sterling.*
*Unten: Der Trojan verfügte über eine praktische Heckklappe.*

*Rechts: Trojan 200 – vom Heinkel nur durch Kleinigkeiten zu unterscheiden. Auf diesem Foto hat er sogar Linkslenkung!*

Fünf Modelle standen zur Wahl: der Typ 601 mit drei Rädern und Rechtslenkung, 602 mit vier Rädern und Rechtslenkung, 603 mit drei Rädern und Linkslenkung, 604 mit vier Rädern und Linkslenkung. Außerdem bot man einen dreirädrigen Estate Van mit an den Seiten fensterloser hinterer Dachhälfte und verglaster Hecktür an. Kurz darauf übernahm die Firma Trojan auch die Rechte zum Bau des Elva Sportwagens mit MG-Motor und Kunststoffkarosserie.
Das Geschäft mit den Kabinen lief schlechter als erwartet, und so wurde 1965 die Herstellung gestoppt. Damit war der lange Lebensweg der 1955 erstmals gebauten Heinkel Kabine zu Ende.

# Griechenland

In Griechenland beschränkte sich der Individualverkehr bis Anfang der sechziger Jahre auf ein Minimum. Vor dem Zweiten Weltkrieg hatten sich nur wenige Vermögende ein Automobil leisten können, auf dem Lande erregte man noch in den dreißiger Jahren großes Aufsehen, fuhr man einen Motorwagen. Ein griechisches Fabrikat gab es in jener Zeit noch nicht; der geringe Bedarf an solchen Luxusgütern ließ sich durch das Angebot ausländischer Hersteller leicht decken.
Nach 1945 tauchten erste Eigenbauten aus Motorradteilen vereinzelt im Straßenverkehr auf, zumeist kleine Lieferdreiräder, die mit erstaunlicher Improvisierkunst aus einfachsten Mitteln zusammengeschraubt waren.

Ein griechisches Automobil sollte es auch später nicht geben, denn auch die vereinzelt heute noch anzutreffenden Kunststoffdreiräder »Attika« und »Alta« waren Fuldamobil-Lizenzen, mit technischen Bestandteilen aus der Bundesrepublik Deutschland.
Der Bestand an Personenwagen in Griechenland hat mittlerweile die Million überschritten. Die Importe teilen sich japanische, französische und italienische Firmen, und hin und wieder wird der Versuch unternommen, ein wenigstens halb-griechisches Kleinfahrzeug auf den Markt zu bringen, wie es in den siebziger Jahren die Firma Dimitriadis mit ihrem Fiat 126, Ableger genannt DIM, versuchte, doch ein Erfolg solcher Unternehmungen blieb bisher aus.

## ATTICA

Das Fuldamobil, im Vergleich zu Kleinwagen wie Isetta oder Goggo nur in bescheidenen Stückzahlen hergestellt, dafür aber mit fast 20 Jahren Bauzeit zählebigstes Modell seiner Art, wurde in zahlreichen Staaten als Lizenzmodell hergestellt. Relativ spät, nämlich erst im Jahre 1964, erwarb auch der griechische Geschäftsmann Georgios Dimitriadis, Gründer der Firma Vioplastik in Piräus, die Rechte zum Bau des mittlerweile mit Kunststoffkarosserie gefertigten Mobils. Pläne und Formen wurden nach Piräus geliefert, der 198-ccm-Einzylinder-Zweitakter kam von Heinkel.
1966 tauchten zwei vom Original abweichende, offene Versionen des Attica auf. Zum einen war die Karosserie einfach um den Dachaufbau erleichtert worden; hinter den Sitzen gab es nun eine kleine Ladefläche. Bei der »Cabrioletta« genannten Version handelte es sich um einen luftigen Strandwagen.
Bei dieser Cabrioletta waren die Seiten kurvig ausgeschnitten, was Versteifungen im Chassisbereich erforderlich machte. Vier Personen konnten auf leichten Korbstühlen sitzen, während ein großflächiges, mit Fransen verziertes Sonnendach die Sonnenstrahlen abhielt. Die Frontscheibe war durch einen nur noch halbhohen Plexiglasschutz ersetzt worden.
Alle Attica-Modelle hatten nur drei Räder, und von der Limousine waren bald einige hundert Stück verkauft – die offenen Sondermodelle brachten es nur auf eine Handvoll Exemplare.
1968 geriet die Firma Vioplastik in finanzielle Schwierigkeiten und mußte sich nach einem Käufer für die Produktionsanlagen des Attica umsehen. Dieser trat wenig später in Gestalt der Firma ALTA auf den Plan.

## ALTA

1968 übernahm die Athener Firma ALTA A.B.E. die Rechte und Maschinen zur Herstellung des Fuldamobils in Lizenz von der Firma Vioplastik in Piräus. Doch dieses Unternehmen wollte das deutsche Mobil nicht in seiner ursprünglichen, und inzwischen etwas veralteten Form auf den Markt bringen, sondern entwickelte eine modernere und geräumigere Kunststoffkarosserie. Durch eine Umformung des Dachs konnten jetzt auch zwei größere Kinder mitgenommen werden; die Front sah jetzt eckiger aus. Eine größere Windschutzscheibe sorgte für bessere Sicht, und mit in Mulden versenkten Türgriffen versuchte man sogar, einen Beitrag zur passiven Sicherheit zu leisten, wenngleich die Türen immer noch hinten angeschlagen waren. Der Sachs Motor mit 198 ccm Hubraum und rund 10 PS leistete auch im Alta 200 zuverlässige Arbeit und verhalf dem deutsch/griechischen Plastikauto zu einer Höchstgeschwindigkeit von knapp 80 km/h. In Griechenland bestand zu jener Zeit immer noch ein gewisser Bedarf an solch einfachen Fortbewegungsmitteln, und in den ersten Jahren der Produktion des Alta lief der Absatz zufriedenstellend.

*Rechts: Griechischer Attica, ein Kleinwagen, der seine Herkunft vom Fuldamobil nicht verleugnet.*

*Links: Im Profil gab sich der Alta hingegen etwas anders als das Dreirad aus Fulda.*

Neben diesem Personendreirad wurden bei Alta auch Mopeds und offene Lastendreiräder mit Sachs-Motoren gebaut sowie ein größeres Lieferdreirad mit geschlossener Stahlkabine und BMW-700-Boxermotor.
Mitte der siebziger Jahre, nachdem vor allem japanische Hersteller verstärkt auf den griechischen Markt vorgedrungen waren, flachte das Interesse am Alta-Fuldamobil 200 ab; 1977 verließen die letzten Mobile das Werk in Athen.

*Oben: Einer der Lizenz-Ableger des englischen Austin Seven war dieser in Frankreich von Lucien Rosengart 1928 gebaute Zweisitzer. Spätere Versionen bekamen ein eigenständiges Design und geräumigere Aufbauten.*

*Rechts: Ein weiteres Lizenzfahrzeug, basierend auf dem Austin Seven, stellte der Dixi 3/15 PS dar. Er glich seinem britischen Vorbild aufs Haar. 1928 übernahm BMW die Firma Dixi.*

*Links: Recht abenteuerlich und noch mit dem Fahrrad verwandt: Mochet »Luxe« von 1951.*

*Oben: Renault 4 CV, eine der großen Erfolgskonstruktionen in Frankreich.*

*Oben: Ein in Frankreich gebauter Italiener: Vespa 400, wie es ihn 1958 bis 1961 gab.*

*Links: Gordon Dreirad. Großbritanniens feinster Kleinwagen, verhieß die Werbung…*

*Paul Vallées Beitrag zur französischen Kleinwagen-Szene. Dieses unkonventionelle Mobil wurde 1956/57 unter dem klangvollen Namen »Chantecler« angeboten.*

265·DM 45

*Rechts: Auf der Insel Ma gebautes Kleinst-Automobil. Der Monoposto hatte nur eine Tür und im Heck einen 50-ccm-Moped-Motor von DKW.*

*Oben: Bond Minicar Roadster Typ C, von 1956. In der Werbung sprach man Motorradfahrer an, die in einem solchen Fahrzeug viel besser aufgehoben seien!*

*Rechts: Auch dieses »Ei« ist ein Peel. Im Modell Trident von 1964 hatten immerhin zwei Personen unter der Plexiglaskuppel Platz.*

*Rechts: Der 1957 vorgestellte Scootacar mit seiner nur 206 cm langen Kunststoff-Karosserie. Beachtlich ist die Bauhöhe des Mobils.*

OS-SC 62

*Oben: Eines der vielen Mini-Derivate war der kleine Riley Elf, den es von 1963 bis 1969 gab. Diesen Wagen trieb anstelle des Austin-Morris-Motors ein eigenes Aggregat an.*

*Allard Clipper von 1953/54. Nur drei dieser Vehikel haben überlebt – eines befindet sich in einem deutschen Automuseum.*

# Ungarn

Ungarn hatte vor dem Zweiten Weltkrieg eine geringe Zahl eigener Personenwagen-Fabrikate hervorgebracht, doch die meisten Fahrzeuge in der ehemaligen Donaumonarchie wurden aus dem Ausland importiert. Ungarische Marken erlangten keine große Verbreitung. Firmen wie Ford und Fiat unterhielten Montagebetriebe in Budapest, der Individualverkehr war noch wenig ausgeprägt.
Nach 1945 und unter sowjetischem Protektorat blieben Versuche, wieder zu einem ungarischen Automobil zu kommen, meist im Konstruktionsstadium stecken. Prominentester Initiator eines neuen ungarischen »Volkswagens« war Manfred Weiss, Gründer der Csepel-Werke im Süden von Budapest, wo man schon kurz nach dem Ersten Weltkrieg mit dem Bau von Lastwagen und kleinen Zweitakt-Autos begonnen hatte. Ende 1946 war hier der Prototyp eines Pente genannten Kleinwagens mit 500-ccm-Zweizylindermotor entstanden (in einer verbesserten Version mit 600 ccm), der aber nicht in Serie ging.
Auch die etwas später unternommenen Versuche in Ungarn, einfache Kleinstwagen in handwerklicher Fertigung zu bauen, schlugen schnell fehl, teils wegen der Unmöglichkeit einer privaten Finanzierung eines solchen Unternehmens, aber auch wegen des akuten Mangels an Rohstoffen und Einbauaggregaten.

## ALBA REGIA

Ende 1955 stellte der Techniker Jószef Horváth in Székesfehérvár seinen Kleinwagen Alba Regia vor. Das entfernt dem Goggomobil ähnelnde Vierradauto mit geschlossener Karosserie hatte im Heck einen 350-ccm-Motorradmotor. Die liebevoll aus Blech geformte Pontonkarosserie trug jedoch erheblich zum hohen Gewicht des Alba Regia bei – er kam auf höchstens 50 km/h. In einem Fahrbericht, veröffentlicht in einer ungarischen Fachzeitschrift, wurde das Auto zwar sehr positiv beurteilt, doch die Bürokratie der Planwirtschaft und Desinteresse von offizieller Seite ließen das Projekt scheitern.

## BALATON

Der 1956 nach Plänen von Jószef Zappel fertiggestellte vierrädrige Balaton war das modernste und wohl auch vielversprechendste Kleinwagenprojekt im Ungarn der fünfziger Jahre. Das Ministerium für Hütten- und Maschinenwesen hatte das Projekt offiziell unterstützt und eine Motorenreparaturfirma in Székesfehérvár beauftragt, den Bau dieses ungewöhnlichen Kleinwagens vorzubereiten.
Ähnlich wie beim tschechischen Avia oder Moravan gelangte man in den 2+2-sitzigen Balaton durch eine nach hinten verschiebbare Blechhaube. Die vier Räder waren einzeln aufgehängt, und im Heck sorgte der bewährte, aber nicht gerade leistungsstarke Csepel 250-ccm-Zweitakt-Einzylinder mit Luftkühlung für bescheidenen Vortrieb. Doch auch der originelle Balaton schaffte es nicht einmal bis zur Kleinserie.

## PENTE

Der Bestand an Personenwagen hatte sich nach dem Zweiten Weltkrieg in Ungarn stark verringert, wobei durchaus wieder ein Bedarf an preiswerten und robusten Automobilen zu registrieren war. Einhei-

*Oben: Der ungarische Prototyp Alba Regia. Er hatte keine Chance.*

*Rechts: Pente 600 von 1948. Versuch einer in Ungarn recht bekannten Firma, an Vorkriegstraditionen anzuknüpfen.*

*Frontansicht des ungarischen Pente. Er sah sehr vielversprechend drein...*

mische Hersteller hatte es aber auch vor 1939 nur in geringer Zahl gegeben; fast alle Autos auf den Straßen Ungarns stammten damals aus Österreich, Deutschland oder anderen europäischen Ländern.

1946 wurde ein ernsthafter Versuch unternommen, einen gebrauchstüchtigen, rein ungarischen »Volks«-Wagen zu bauen, um von Importen künftig unabhängig zu sein. Bei den auch über die Grenzen des Landes hinaus bekannten Metallwerken Manfred Weiss in Budapest-Csepel, wo man schon vor dem Kriege im Personenwagenbau einige Erfahrungen gesammelt hatte, entstand eine solche Konstruktion. Sein erstes Auto hatte Weiss 1924 vorgestellt, einen MW genannten Kleinwagen mit 750-ccm-Vierzylinder-Zweitaktmotor, dessen Hubraum 1928 auf 875 ccm angehoben wurde. Als ein frisiertes Exemplar des MW-Wagens 1929 einen zweiten Platz bei der Rallye Monte-Carlo errang, wurde die Fachwelt auf das kleine Auto aus Ungarn aufmerksam.

Der Kleinwagen »Pente« war ein Versuch der Firma Weiss, ihre Automobil-Erfahrungen den Erfordernissen der Nachkriegszeit anzupassen. Es handelte sich um einen einfach und im Unterhalt billigen Wagen, der bei einer Massenherstellung für eine breite Schicht der Bevölkerung erreichbar sein sollte.

Auf einen stabilen Rahmen setzte man eine recht ansprechende Stahl-Karosserie mit großen Fensterflächen und einer Heckklappe. Unter den Kotflügeln saßen 16 Zoll große Räder, was eine große Bodenfreiheit ergab. Das Heck fiel VW-artig steil ab. Vorn montierte man aus optischen Gründen eine Kühlergrill-Attrappe. Als Antrieb hatte man einen 500-ccm-Zweitakter mit zwei Zylindern in Reihe vorgesehen, der stehend im Heck eingebaut war. Einscheiben-Trockenkupplung, Dreiganggetriebe und Differential waren mit dem Motor verblockt, das Getriebe lag vor der Hinterachse. Alle Räder waren einzeln an querliegenden Blattfedern aufgehängt. Der Motor bekam seine Luft durch zwei hinter den hinteren Seitenfenstern liegende großdimensionierte Hutzen, ähnlich wie beim Tatra Heckmotorwagen. Ein Schwungrad-Turbogebläse umfächelte die Kühlrippen des Zweitakters und sorgte für eine zusätzliche Bereicherung der Geräuschkulisse. 15 PS leistete der niedrig verdichtete Motor, was angeblich genügte, den Pente auf 90 km/h zu beschleunigen.

1948 erhielt der Pente Prototyp eine modernisierte, rundlichere Karosserie, deren Umrisse dennoch denen des ersten Modells recht ähnlich sahen. Dieser Wagen nahm auch an kleineren Rallies teil und hatte einen auf 600 ccm vergrößerten Motor mit etwa 18 PS unter der Heckhaube. Inzwischen hatten die Weiss-Werke die Lizenzfertigung von Steyr Lastwagen aufgenommen, die unter der Marke Csepel verkauft wurden, wodurch das Projekt des Volksautomobils in den Hintergrund trat und Anfang der fünfziger Jahre ganz aufgegeben wurde.

## SURÁNYI

In den vierziger Jahren gab es neben Manfred Weiss nur einen weiteren Konstrukteur, der in Ungarn mit eigenen Kleinstwagen-Prototypen für Aufsehen sorgte: Endre Surányi. Parallel zu den Aktivitäten in den Csepel-Werken baute er 1946 ebenfalls eine Fahrmaschine mit vier Rädern, der er seinen Namen gab. Nachfolger dieses primitiven, winzigen Wagens wurde ein Jahr später ein etwas größeres Modell ähnlicher Formgebung. Der ohne Türen und Verdeck gebaute Zweisitzer hatte dennoch viel Ähnlichkeit mit einem Kindertretauto. Im Heck arbeitete ein 125-ccm-Einzylinder-Zweitakt-Motorradmotor von Fichtel & Sachs, der die Hinterachse über eine Kette antrieb.

Freilich fand sich damals niemand, der ein derartiges Modell in Ungarn in Serie baute, und so blieb Endre Surányis Auto ein Einzelstück.

## ÚTTÖRÖ

Nach Plänen des ungarischen Kleinwagenkonstrukteurs János Schadek enstand 1954 der zweisitzige Úttörö, gebaut mit Unterstützung des Ministeriums für Leichtindustrie in einer Schlosserei und Eisengießerei nicht weit der Stadt Miskolc im Osten Ungarns.

Der Boden sowie die Vorder- und Rückwand des Cockpits bestanden aus gepreßten und verstärkten Stahlblechelementen. Alle vier Räder waren einzeln aufgehängt und wurden durch Blattfedern gedämpft. Über der Hinterachse war ein Einzylinder-Zweitaktmotor mit 250 ccm von Csepel installiert, der das Fahrzeug über eine Kette antrieb. Etwa 8 PS brachten den Úttörö auf eine gestoppte Höchstgeschwindigkeit von 68,7 km/h; für den Dauerbetrieb sollte man sich indes auf 50 km/h beschränken. Das Getriebe mit vier Vorwärtsgängen stammte vom Motorrad, der Schalthebel befand sich an der Lenksäule.

In der Folgezeit wurde der 2,65 m kurze Wagen, dem man eine recht schlichte Pontonkarosserie mit Leinenverdeck gegeben hatte, auf 20 000 Test-Kilometern auf Herz und Nieren geprüft, sogar mit relativ erfreulichem Ergebnis. Mittlerweile glaubte jedoch niemand mehr ernsthaft an eine erfolgreiche Produktion solch eines Zwerges – das Projekt wurde fallengelassen.

# I
# Italien

Unter den autoproduzierenden Ländern Europas nimmt Italien eine wichtige Position ein, wobei vor allem die Firma Fiat das Straßenbild italienischer Städte prägte. Namen wie Balilla und Topolino wurden zu weltbekannten Synonymen für Vertreter der Mittel- und Kleinwagenklasse. Aber auch eine Reihe anderer Firmen vermochte sich zu etablieren, die zwar verhältnismäßig wenige Autos produzierten, dafür aber durch aufwendige Technik und interessantes Design den italienischen Automobilbau auf höchstem Niveau vertraten. Isotta-Fraschini, Alfa Romeo, Bianchi, Lancia, O. M. und Maserati waren schon lange vor dem Zweiten Weltkrieg international geschätzte Namen, die in bestem Ruf standen.

Neben diesen hochklassigen Fahrzeugen trat die Bedeutung von Cyclecars und Kleinwagen im Vergleich zu Ländern wie England und Frankreich stark in den Hintergrund. Erst mit dem Erscheinen des Fiat 500 Mitte der dreißiger Jahre wurde das Autofahren auch für den Mittelstand in Italien eine in die Realität umzusetzende Art der Fortbewegung.

Nach 1945 wurde mit großem Elan der Wiederaufbau begonnen, und mit Hilfe des Mashallplans begann sich die Wirtschaft allmählich von den Folgen des Krieges zu erholen. Schon in den ersten beiden Nachkriegsjahren entstanden erste Kleinwagen-Projekte, wobei es sich dabei meist um recht unkonventionell aussehende, winzige, sportliche Zweisitzer mit bescheidenen Einzylinder-Zweitaktern im Heck handelte, die zwar niedlich anzuschauen waren, aber für eine Familie mit normalen Ansprüchen völlig unzureichend waren. Mobile wie »Volugrafo« und »Fimer« sahen aus wie Wägelchen vom Kinderkarussell. Der Erfolg solcher Kreationen beschränkte sich durchweg auf ihre Rolle als Blickfang auf den frühen Autosalons in Turin oder lokalen Veranstaltungen.

Dann gab es auch schon recht bald wieder den Fiat 500 zu kaufen. Wer in der Lage war, vom Motorrad aufs Kleinauto umzusteigen, der sparte lieber etwas länger auf dieses bewährte und gebrauchssichere Modell, anstatt sich mit einem exotischen Straßenfloh einzulassen.

Angesichts der großen Konkurrenz durch Fiat war es für jeden Neuling auf dem Kleinwagensektor so gut wie unmöglich, Fuß zu fassen. Kleine Spezialfirmen wie Siata und Moretti hielten nur kurze Zeit mit eigenen Modellen durch; Ende der fünfziger Jahre waren auch diese Hersteller zumindest zur Verwendung von Fiat-Mechanik übergegangen. Mittlerweile deckten Fiat Kleinwagen wie der revolutionäre Typ 600, der Nuova 500 und die davon abgeleiteten Modelle der neuen Fiat-Tochter Autobianchi die gesamte Bandbreite der Bedürfnisse an Kleinmotorisierung in Italien ab. Dennoch hat es eine erstaunliche Fülle von Versuchen gegeben, Klein- und Kleinstwagen zu lancieren, wenn die Erfolge meist auch ausblieben.

Heute, nachdem Italien vor allem mit Sportwagen von Alfa Romeo, Lamborghini oder Ferrari wieder höchste Beachtung und Weltgeltung erlangt hat, sind Pioniere der Kleinmotorisierung wie Penacchio, Atomo und ähnliche nahezu vergessen, und es bedarf schon hartnäckiger Suche, um noch Spuren solcher Aktivitäten in der jüngeren Automobilgeschichte Italiens zu entdecken.

*Der Kleinwagenbau hat in Italien eine lange Tradition. Besonders populär waren der Fiat Balilla und sein Vorgänger vom Typ 514, hier in seiner Roadsterversion von 1932.*

# ATOMO

Im Juli des Jahres 1947 gründeten die Ingenieure Camillo Monguidi und Renato Vitto di Nicoló in Parma die Firma S. A. M. C. A. (Societá Applicazioni Meccaniche Costruzioni Automobilistiche ) mit der Absicht, ein Kleinfahrzeug zur Serienreife zu entwickeln. Man ging dabei einen für Italien recht ungewöhnlichen Weg, indem das Auto vorne zwei und hinten nur ein Rad haben sollte, wohingegen die meisten anderen italienischen Kleinwagen trotz oft winziger Abmessungen auf vier Rädern rollten wie ihre großen Vorbilder.
Innerhalb kurzer Zeit entstand ein Rohrrahmenchassis mit einzeln aufgehängten Vorderrädern und einem vor dem Hinterrad liegenden Zweitaktmotor. Der Zweizylinder hatte 246 ccm Hubraum, war 6:1 verdichtet und gab bei 4800 U/min seine Höchstleistung von 10 PS ab. Ein Dreiganggetriebe mit Rückwärtsgang wurde mittels eines neben der Lenksäule herausragenden Hebels geschaltet. Das 210 kg wiegende Gefährt soll angeblich 76 km/h schnell gewesen sein, was angesichts des schwachen Motors leicht glaubhaft erscheint. Doch der

*Oben links: Der 1947 gebaute Atomo aus Parma. Daneben: In Turin 1958 ausgestellter Bianchina von Autobianchi.*

*Oben: Ungewöhnlich nahm sich das Bianchina Cabriolet mit Hardtop aus. Aber es stand dem kleinen Wagen ausgezeichnet.*

*Unten: Das Bianchina Cabriolet. Man sah es noch seltener als das ohnehin in nur geringen Stückzahlen produzierte Coupé.*

»Atomo« genannte Kleinwagen ging nicht in Serie; schon kurz nach der Präsentation des Prototyps auf der Mailänder Messe 1947 wurde es wieder still um das Projekt. Dabei hatte sich die Karosseriefirma Bertolini durchaus Mühe gegeben, dem Atomo zu einer gefälligen Erscheinung zu verhelfen; von vorne sah das Dreirad mit der spitz zulaufenden »Motorhaube«, wuchtigen Kotflügeln, zwei Scheinwerfern und einem vorgetäuschten Kühlergitter wie ein richtiges Auto aus. Hinter den Türen lief die Karosserie zum Heck hin spitz zu und verdeckte geschickt das einzelne Hinterrad. Der Atomo war als Cabriolimousine konzipiert, bei der man das Verdeck bis zur Heckklappe aufrollen konnte, während der Dachrahmen stehenblieb. Zwei bis drei Personen hätten im Atomo Platz finden können.
Wie so oft, scheiterte der Traum vom Kleinwagengeschäft schließlich an der Finanzierung. Im Oktober 1949 mußte die S. A. M. C. A. aufgeben; das weitere Schicksal des kleinen Atomo aus Parma bleibt im Dunkeln.

# AUTOBIANCHI

Taucht der Name Autobianchi erst 1957 in der Autowelt auf, so gab es Automobile der Marke Bianchi schon seit der ersten Dreiradkonstruktion Edoardo Bianchis im Jahre 1899. Später entstanden unter diesem Namen mächtige Vierzylinder, und ab Beginn der dreißiger Jahre waren es leichte, sportliche Limousinen, für die Bianchi einen guten Namen hatte. Mit dem Eintreten Italiens in den Zweiten Weltkrieg wurden bei Bianchi in Mailand vorwiegend Militärfahrzeuge gefertigt. Durch erhebliche Zerstörung der Werksanlagen, war es unmöglich, dem Beispiel von Fiat zu folgen und kurz nach Kriegsende wieder mit der Produktion zu beginnen. Doch man ging an den Wiederaufbau und machte sich auch daran, einen neuen Vierzylinderwagen zu entwerfen. 1950 konnten erste Versuchsfahrten mit Prototypen unternommen werden, doch fehlten Bianchi die finanziellen Möglichkeiten, eine Serienproduktion in Gang zu bekommen.
Im Laufe des Jahres 1954 knüpften Fiat und die Reifenfirma Pirelli Kontakte zu Bianchi zum Zweck der Gründung einer neuen Autofirma, an der die drei Unternehmen zu gleichen Teilen beteiligt werden sollten und die die Aufgabe haben sollte, attraktive Wagen mit Fiat-Technik und anspruchsvollen Spezialkarosserien zu produzieren. Im Januar 1955 kam es zur Gründung der neuen Firma »Autobianchi«. Bei Fiat stand damals die Präsentation des Kleinwagens vom Typ 600 bevor, auch die Arbeiten an dem späteren Nuova 500 hatten schon begonnen.

Für Autobianchi wählte man nun dieses kleinste zukünftige Modell aus, um mit einer eleganteren Version dieses Spar-Fiat auch anspruchsvollere Käuferschichten ansprechen zu können. Der künftige Autobianchi sollte kein Vierplätzer sein, was die Möglichkeiten der Designer wesentlich erweiterte. So entstand auf den Zeichenbrettern von Autobianchi ein kleines, bulliges Stufenheckcoupé, genau den Maßen des künftigen Fiat 500 entsprechend.

Bei der »Bianchina«, wie das neue Modell heißen sollte, war nicht gespart worden. Verchromte Stoßstangen und zahlreiche Zierleisten ließen das gerade 3 Meter lange Auto wie ein kleines Schmuckstück wirken, und die gelungene Form des Autos widerlegte alle Behauptungen, ein Kleinstauto könne nicht attraktiv sein.

Kurz nach der Premiere des Fiat 500 wurde die Bianchina auf dem Turiner Salon vorgestellt und eroberte vor allem die Herzen der Damen im Sturm. Meist zweifarbig lackiert und mit ihrem serienmäßigen Rolldach gehörte die Bianchina sicherlich zu den hübschesten Kleinwagen, auch was ihre Zuverlässigkeit und Fahreigenschaften betraf, entsprach sie allen Erwartungen – schließlich war die gesamte Technik ja identisch mit der des Fiat 500. Natürlich erreichten die Bianchina-Verkaufszahlen bei weitem nicht die des Fiat 500, dennoch hatte sich die neue Marke mit diesem attraktiven Modell schnell am Markt etabliert.

1958 konnte man die Bianchina wahlweise mit dem 21 PS starken und auf 499,5 ccm aufgebohrten Motor des Fiat 500 Sport haben. Dies bedeutete eine Leistungssteigerung von fast 25 Prozent gegenüber der 16,5-PS-Version, die weiterhin produziert wurde. Die Bianchina Special lief nun deutlich über 100 km/h und wurde damit ihrem sportlichen Aussehen noch besser gerecht.

Zwei Jahre später zeigte Autobianchi auf dem Genfer Salon das niedlichste Modell dieser Baureihe, das Bianchina Special Cabriolet, ein kleines Luxusmobil mit reichlich Chromzierat und hübscher Ausstattung. Die Vorderfront hatte man kosmetisch leicht verändert, die Blinker saßen nicht mehr in den Stoßstangen wie beim Coupé, und eine breite, dunkle Zierleiste an der Flanke gab dem Cabrio einen Hauch von Rasanz.

Ein ebenso nützliches wie hübsches Kombimodell sollte dem eher sachlichen Fiat 500 Giardiniera zur Seite gestellt werden. So erschien im Frühsommer 1960 kurz nach der Vorstellung des Cabrios der Autobianchi Panoramica mit 10 cm mehr Radstand und einem auf 17,5 PS gedrosselten Zweizylindermotor im Heck. Auf der Sitzbank des Panoramica fanden zwei Erwachsene Platz und hatten sogar Schiebefenster zur Frischluftzufuhr an den Seiten. Im übrigen war auch der Panoramica ebenso komplett und geschmackvoll ausgestattet wie das Coupé, sogar ein Make-Up-Spiegel für die Beifahrerin war vorhanden. Auf Wunsch war ein Faltdach erhältlich.

*Links: Ein richtiger Viersitzer war das Bianchina-Modell »Quattroposti«. Oben die Lieferwagenausführung »Furgoncino«.*

*Links unten: Der Minikombi »Panoramica«.*

Wenig später gab es eine Bianchina mit Nutzfahrzeug-Charakter, eine Variante des Panoramica ohne Rückbank und hintere Seitenfenster in vereinfachter Ausstattung, außerdem einen Furgoncino genannten Kleinstlieferwagen mit separatem Kasten aus Wellblech. Eine weitere Version der Bianchina gab es 1962 zu sehen, als auf dem Genfer Salon das Modell Quattroposti gezeigt wurde. Auf dem kurzen Radstand des Coupés hatte man es fertiggebracht, eine viersitzige Limousine zu bauen; das Ding sah nicht einmal schlecht aus. Damit die Fondpassagiere ihre Köpfe nicht über Gebühr einziehen mußten, hatte man bei dieser auch 110 DBA genannten Bianchina-Version das Heckfenster senkrecht gestellt, während die hinteren Dachpfosten schräg verliefen.

*Oben: Benelli BBC Prototyp mit 21 PS und Vorderrad-antrieb.*

*Oben: Bertoni Kleinst-wagen aus Lodi, vermut-lich ein Einzelstück.*

*Links: Balbo Prototyp, wie er auf der 1953er Automobilausstellung von Turin gezeigt wurde.*

Mochten lange Touren zu viert in der Bianchina Quattroposti auch nicht zu den erstrebenswertesten Erfahrungen gehören, so konnte man dennoch nicht von einem Hochstapler reden. Beide Motoren mit 17,5 PS und 21 PS (Special) waren für dieses Modell lieferbar, nur der alte Motor mit geringerem Hubraum wurde nicht mehr angeboten. Noch im gleichen Jahr kam eine einfachere Variante des Panoramica heraus mit einfarbiger Lackierung und ohne Schiebefenster. Über 30000 Autobianchi Kleinwagen verließen 1960 das Werk, und im Folgejahr sollte die Produktion der hübschen kleinen Wagen sogar noch steigen. 1963 kam das Ende für das Bianchina Coupé, von vielen betrauert. Die anderen Modelle wurden teilweise bis 1969 produziert, der Kombi bis Anfang 1970. Inzwischen hatte Autobianchi einen auf der Mechanik des Fiat 600 basierenden Kunststoff-Spider und verschiedene größere Wagen auf den Markt gebracht. Die Bianchina aus der Frühzeit der Firma sieht man in Italien gelegentlich heute noch, hierzulande gehört sie schon zu den Raritäten.

## BALBO

Alfonso Balbo hatte eine Firma für Karosseriebau 1914 in Turin gegründet, doch gelang sie nie zu solcher Berühmtheit wie etwa Ghia, Pininfarina oder Bertone. Gegen Ende des Zweiten Weltkrieges wurde die Carrozzeria Balbo ein Opfer massiver Bombenangriffe, später wurde unter neuer Adresse ein Neubeginn versucht.
Neben der Anfertigung von Sportwagenkarosserien befaßte man sich 1952 in Zusammenarbeit mit dem Ingenieur Alberto Rafanelli damit, einen zweisitzigen Kleinwagen zu entwickeln. Ein preiswerteres Auto als den Fiat 500 zu bauen, hatten zwar schon andere versucht, doch stets ohne Erfolg. Der Balbo wurde mit Heckmotor konzipiert, die Karosserie sollte auf einem einfachen Rahmen ruhen. Die vier verhältnismäßig großen und gleichspurig angeordneten Räder wurden unabhängig an doppelten, querliegenden Blattfedern aufgehängt, hydraulische Stoßdämpfer sorgten für zusätzlichen Federungskomfort.
Beim Motor handelte es sich um einen Zweitakt-Twin von 398 ccm Hubvolumen und 14,9 PS bei 4100 U/min. Er war mit dem Getriebe und dem Differential verblockt. Über einen Mittelschalthebel konnten vier Vorwärtsgänge und der Rückwärtsgang eingelegt werden, wobei der vierte Gang als Schongang ausgelegt war. Von der technischen Seite her mußte sich der Balbo B 400 nicht hinter weit größeren Autos verstecken. Von vorne sah der B 400 durchaus rasant aus. Er hatte hoch in den Kotflügeln sitzende Blinker, etwas weiter nach unten gesetzte Scheinwerfer und ein turbinenartiges Chromornament auf der Nase. Die gebogene Windschutzscheibe wurde von gegenläufigen Wischern bestrichen, und ein großes, bis zur Motorhaube reichendes Verdeck à la Topolino machte das Wägelchen zum halben Cabrio. Die vorn angeschlagenen Türen wurden mit vom Topolino geborgten, zierlichen Hebeln geöffnet, die Scheiben ließen sich voll versenken. Das Heck war als Stufenheck geformt, doch leider gab es kaum Platz für Gepäck, auch vermißte man eine Haube in der Front. Die Hersteller versicherten, daß der 338 kg schwere Wagen 89 km/h erreichen könne und sich mit knapp weniger als 4 Liter Gemisch auf 100 km begnügen würde.
Im Frühling 1953 wurde der Prototyp auf der Automobilausstellung in Turin präsentiert, wo er einiges Aufsehen erregte und Lob für seine attraktive Karosserie erntete. Doch das Schicksal war gegen eine Serienproduktion des B 400, denn schon im folgenden Jahr mußte die Firma Balbo aus finanziellen Gründen aufgeben, was auch für den Kleinwagen das Aus bedeutete.

## BENELLI / BBC

Auf dem Turiner Autosalon des Jahres 1952 wurde unter der Bezeichnung »BBC« ein von Giuseppe Benelli konstruierter Kleinwagen mit vier Sitzen und geschlossener Pontonkarosserie präsentiert. Die Anfertigung dreier Prototypen war von Graf Luigi Castelbarco finanziert und unter Mithilfe der Waffenfabrik Beretta entstanden. Der zweitü-

rige Wagen hatte Frontantrieb und einen luftgekühlten Zweizylinder-V-Motor mit einem Bohrung/Hub-Verhältnis von 67×71 mm, der im Viertaktverfahren arbeitete. Bei 5000 U/min standen 21 PS zur Verfügung, ein Vierganggetriebe wurde mit einem Mittelschalthebel betätigt. Bei einem Gewicht von 630 kg erreichte der BBC etwa 100 km/h Spitzengeschwindigkeit und begnügte sich angeblich mit gut vier Liter Treibstoff pro 100 km.
Ein Verkaufspreis von etwa 600000 Lire wurde in Aussicht gestellt, doch scheiterten die Träume von einer Serienherstellung des BBC an den zu erwartenden hohen Investitionen (siehe auch FAM).

## BERTONI

Ein Motorradrennen in der kleinen lombardischen Stadt Lodi nahm 1948 ein Konstrukteur namens Bertoni wahr, um sein selbst gebautes Kleinauto zum ersten Mal öffentlich auszustellen. Die Karosserie des tür- und dachlosen Zweisitzers war modernen, pontonförmigen Autos nachempfunden. Die Durcharbeitung vieler Details verriet indessen einen hohen handwerklichen Aufwand; selbst verchromte Stoßstangen fehlten nicht. Leider ist nichts über die technischen Details dieses frühen italienischen Mobils bekannt. Der Heckmotor soll von der kurz zuvor erschienenen Vespa geborgt gewesen sein, ganze 4 PS aus 125 ccm Hubraum stark, womit der Bertoni wohl kaum mehr als 50 km/h erreicht haben kann. Sicherlich hatte der Konstrukteur auch auf einen Rückwärtsgang verzichtet, denn das Dreigang-Vespa-Getriebe dürfte mit übernommen worden sein.
Es ist anzunehmen, daß es bei diesem Einzelstück blieb; heute ist jede Spur des Bertoni-Mobils längst verweht.

## CINGOLANI

Im Sommer 1952 überraschte der Konstrukteur Ezio Cingolani aus Recanati bei Ancona die Fachwelt mit einem wohlproportionierten Dreirad auf der technischen Basis des Vespa Motorrollers. Die Karosserie aus Aluminium war schlicht und doch sehr geschickt gezeichnet; sie wirkte schlank und leicht und hatte großzügige Fensterflächen.
Gut drei Jahre hatte Cingolani an seinem Kleinstwagen gearbeitet, der Ideale wie Leichtigkeit, Stabilität, Eleganz und Aerodynamik in hohem Maße vereinen sollte. Bei der Präsentation des fertigen Mobils kam niemand umhin, dieser »Micro-Utilitaria« (Kleinst-Nutzfahrzeug) jene Eigenschaften auch zu attestieren.
Angeblich wog das Dreirad nur 119 kg und erreichte mit dem 125-ccm-Vespa-Einzylinder die gleichen Fahrleistungen wie der Piaggio-Roller. Karosseriebasis war eine verwindungsfrei zusammengeschweißte Kastenkonstruktion aus Stahl mit einem Gerüst für die Alukarosse. Nur die Frontscheibe bestand aus Glas, für die anderen Fenster war Plexiglas verwendet worden. Fahrer und Beifahrer fanden nebeneinander auf verstellbaren Einzelsitzen Platz, dahinter gab es reichlich Stauraum für Gepäck und Reservereifen. Um leicht einsteigen zu können, hatte das Lenkrad unten keinen Kranz. An der Lenksäule befand sich auch der Schalthebel für das Dreigang-Rollergetriebe (ohne Rückwärtsgang). Die Kotflügelwülste in den Türen hatte man genutzt, um Ablagemöglichkeiten für Utensilien zu schaffen.

*Ezio Cingolani neben seinem interessanten Dreiradwagen mit Vespa-Technik.*

*Links: Corat Lupetta mit 5,5-PS-Einzylinder-Viertaktmotor. Der Aufbau des kleinen Zweisitzers bestand aus Stahlblech.*

Die Vorderräder des Cingolani waren unabhängig an Schwingen aufgehängt und wurden durch Reibungsstoßdämpfer gefedert, das hintere Einzelrad hatte eine Schraubenfeder mit integriertem hydraulischen Stoßdämpfer. Der Motor, der das Hinterrad über eine kurze Kette antrieb, war in Gummi gelagert, um möglichst wenig Schwingungen an die Karosserie weiterzugeben. Das Armaturenbrett beherbergte den Tacho mit Kilometerzähler, den Blinkerhebel und den Lichtschalter; der Hupknopf lag in der Lenkradnabe. Angeworfen wurde der Motor mit einem Handhebel neben dem Fahrersitz, die Pedalerie entsprach der eines normalen Personenwagens.
Erste Fahreindrücke kurz nach der Präsentation, von Journalisten gesammelt, fanden eine positive Resonanz, die Straßenlage des auf Rollerrädern fahrenden Cingolani ließ keine Kritik zu. Leider war schon ein Jahr später nichts mehr von diesem sorgfältig gebauten Prototyp zu hören. Es ist nur schwer zu glauben, daß niemand am Aufbau einer Serienproduktion dieses erfolgversprechenden Kleinstwagens Interesse hatte; der Cingolani wäre die logische Weiterführung der Rolleridee gewesen.

## CORAT

1946 zeigte die Firma Corat auf der Turiner Autoausstellung ein Kleinstwagenprojekt, dessen ansprechende Form sich von manch anderem Minimobil jener Zeit positiv abhob. Der »Corat MV 2 Lu-

*Links: Der kleine Benelli FAM 1952. Sein luftgekühlter Motor in V-Form leistete 21 PS.*

*Rechts: Meisterwerk des genialen Konstrukteurs Dante Giacosa – der 1936 vorgestellte Fiat »Topolino«.*

petta« hatte hinten eine starre Schmalspurachse von 62 cm Breite mit Blattfedern, angetrieben von einem Einzylinder-Viertaktmotor mit 250 ccm Hubraum und 5,5 PS. Die Vorderräder waren unabhängig an Schwingarmen und ebenfalls Blattfedern aufgehängt. Ein Zentralrohrrahmen bildete das stabile Gerüst für die ganz aus Stahlblech gearbeitete, zweisitzige Karosserie mit großem Stoffschiebedach. Bei einer Länge von 2,60 m und einer Breite von 1,30 m konnten zwei Erwachsene nebeneinander sitzen und das geringe Gewicht der »Lupetta« (»Wölfin«) von nur 220 kg erlaubte trotz des schwachen Motors eine Spitzengeschwindigkeit von etwa 65 km/h. Der Motor war liegend angeordnet und ging auf ein gebläsegekühltes Notstromaggregat zurück, wurde mit der Hand angeworfen, doch auf Wunsch sollte auch ein elektrischer Anlasser lieferbar sein. Das Getriebe mit Vorwählhebel verfügte über vier Vorwärtsgänge, der Anrieb der Hinterräder wurde von einer Motorradkette besorgt. Beim Bremsen traten vier mechanisch betätigte Trommelbremsen in Aktion, die mit dem Corat leichtes Spiel hatten. Besonders hübsch war die Wagenfront der Lupetta mit großen Scheinwerfern und geschickt angebrachten Zierstreifen. Doch schon nach wenigen Prototypen mußte die Firma ihre Arbeiten einstellen. Dabei hätte dieses Modell sicher für viele ein nützliches Fortbewegungsmittel werden können, zumal auch ein Verbrauch von nur 3 Liter Gemisch auf 100 km recht vielversprechend geklungen hatte. So gehörte bald auch die Lupetta zu den vielen Kleinstwagenprojekten, die schon kurz nach ihrem ersten öffentlichen Erscheinen wieder in Vergessenheit gerieten.

## FAM

Kaum mehr bekannt ist es heute, daß nach dem Zweiten Weltkrieg auch die Firma Benelli in Pesaro den Versuch unternahm, ins Kleinwagengeschäft einzusteigen. Die weit über die Grenzen Italiens hinaus bekannte Motorradfirma stellte neben Zweirädern auch die in Italien so beliebten kleinen »motorcarri« her, Motorräder mit einer Ladefläche auf zwei Rädern hinter dem Fahrersitz. Der von Benelli gebaute Kleinwagen hatte indessen nichts mit diesen Lasteseln gemein. Nur einer der fünf Benelli-Brüder war für die Konstruktion verantwortlich und plante die Herstellung des Wagens unter dem Namen seiner Firma F.A.M. (Fabbrica Auto Motoveicoli). Gleich nach dem Krieg hatte sich Ingenieur Giuseppe Benelli von seinen Brüdern getrennt, um ein eigenes Konstruktionsbüro für Motorrad- und Autotechnik zu gründen. Den steigenden Bedarf an kleinen Autos erkennend, hatte er bereits 1949 zwei Prototypen eines Kleinwagens entwickelt, kleine Limousinen mit 610-ccm-Motoren. Gebaut wurden diese Wagen bei der Waffenfabrik Beretta in Gardone, die Benelli für sein Projekt hatte gewinnen können. Es war geplant, die Autos unter dem Namen BBC, gebildet aus den Namen Benelli, Beretta und Castelbarco, vorzustellen, doch um Ärger mit der British Broadcasting Corporation zu vermeiden, einigte man sich bald darauf, Benellis Firmenbezeichnung zu verwenden.

Danach wurde es eine Zeitlang still um den Kleinwagen aus Pesaro, bis 1952 auf dem Turiner Salon abermals ein Kleinfahrzeug mit dem Namen FAM auftauchte. Es handelte sich um ein recht ungewöhnliches, für italienische Verhältnisse dennoch einfach gestyltes Fahrzeug in der Form eines Kombiwagens ohne Dach. Im Gegensatz zu den meisten anderen Konstruktionen seiner Zeit hatte der FAM einen Frontmotor und Frontantrieb, wobei es sich um einen Viertakt-Twin von Benelli von 500 ccm Hubraum und etwa 21 PS Leistung handelte, der gute Fahrleistungen erwarten ließ. Das Chassis, eine Konstruktion aus Kastenrahmen und Stahlrohren, bildete eine feste Basis für die Karosserie in Gemischtbauweise. Dabei bestand der gesamte Vorderwagen mit Kotflügeln und Motorhaube, die sich zusammen nach oben öffnen ließen, aus Stahlblech, während der Rest der Karosserie nach einem besonderen Verfahren aufgebaut war, das sich Benelli sogar hatte patentieren lassen: Über das Gerüst aus Stahlrohren war ein Netz aus Stahlbändern geflochten und darauf eine Schicht aus Gummiplatten befestigt, darüber saß eine Haut aus Kunstleder.

Der FAM war ein Viersitzer mit zwei nach vorn öffnenden Türen und einem Vierganggetriebe mit Rückwärtsgang. Die ungewöhnliche Form der Karosserie wurde als »Torpedo« bezeichnet. Alle vier einzeln aufgehängten Räder hatten Stoßdämpfer und riesige, nach außen gewölbte Radkappen, unter denen sich die weit hervorstehenden Radnaben verbargen. Eine Schönheit war der FAM nicht gerade, doch wäre er in Produktion gegangen, hätte er sicher seine Abnehmer gefunden.

Giuseppe Benelli starb bald nach der Präsentation seines Wagens, und zwischen den verbleibenden Teilhabern an dem Projekt kam es zu verschiedenen Schwierigkeiten, so daß der Name FAM bald in Vergessenheit geriet und es bei einem Exemplar des FAM 500 blieb, das noch jahrelang in einem Hinterhof in Pesaro vor sich hinrostete, bis es eines Tages verschwunden war.

## FIAT

Kurz vor der Jahrhundertwende gegründet, entwickelte sich die Firma Fiat schnell zum größten italienischen Hersteller von Automobilen. Heute, nach der Übernahme von Firmen wie Autobianchi, Alfa Romeo, Lancia und Ferrari, gibt es praktisch keine heimische Konkurrenz mehr für den Industriegiganten Fiat.

Die zunehmende Nachfrage nach einem Modell unterhalb der Einliter-Klasse führte unter der Leitung der Konstrukteure Giovanni Fessia und Dante Giacosa zur Ausarbeitung eines Kleinwagenprojektes, das völlig neue Maßstäbe im Automobilbau setzte. Das Rückgrat des

*Rechts: 500 B Giardiniera 1948/49, technisch wie formal gelungen.*

später als »Topolino« berühmt gewordenen neuen Wagens bestand aus einem Chassis, dessen U-Träger und Querverstrebungen aus Gründen der Gewichtsersparnis durchlöchert waren. Die Räder waren vorne unabhängig mit Querlenkern und einer Querblattfeder aufgehängt, hinten übernahmen Viertelelliptikfedern die Dämpfung der starren Hinterachse.
Für den Antrieb entstand ein neuer, nur 569 ccm großer Vierzylindermotor mit 13 PS Leistung, der vor der Vorderachse eingebaut wurde, während der Kühler hinter dem Motor lag. Ein Vierganggetriebe mit Synchronisation der beiden oberen Gänge übertrug den Kraftfluß mittels Kardanwelle an die Hinterachse. Der seitengesteuerte Motor hatte nur zwei Kurbelwellenlager, was allzu hohe Drehzahlen riskant werden ließ, im übrigen zeichnete er sich durch hohe Zuverlässigkeit aus.
Bei der Gestaltung der Karosserie orientierten sich die Turiner am modern geformten Blechkleid des 1935 herausgebrachten Fiat 1500 mit großem, längsverripptem Kühlergrill. Durch die Miniaturisierung dieser Linie, die Verwendung großer 15-Zoll-Räder und freistehender Scheinwerfer wurde der 1936 in Produktion genommene Fiat 500 zu einem sympathisch aussehenden Modell, das sich schnell die Herzen vieler eroberte. Auch in Heilbronn und bei Simca in Frankreich lief bald der kleine Italiener vom Band. 1937 gab es auf gleichem Fahrgestell eine Lieferwagenversion »Furgoncino«.
Der winzige Wagen bot zwei Personen sehr gut Platz; man saß in schalenförmigen Sitzen und hatte hinter sich noch einen beachtlichen Stauraum. In Deutschland gab es auch eine bei Weinsberg karossierte,

*Links: Fiat Topolino mit dem typischen Klappdach. Die meisten Vorkriegsmodelle waren zweifarbig lackiert.*

*Oben: Schnittmodell des Topolino. Der Kühler saß hinter dem Motor, der Schalthebel war extrem lang.*

*Links: Zwischenmodell 500 B mit höherer Leistung und einigen Modernisierungen.*

pfiffige Roadsterversion. Überall fand der Topolino (»Mäuschen«) schnell Freunde. Auch nach dem Kriege wurde der Fiat 500 in Italien zunächst in unveränderter Vorkriegsausführung weitergebaut, ehe 1948 ein leicht verbessertes Nachfolgemodell die Urform ablöste. Dieser Fiat 500 B hatte noch die Form des alten Modells und Schiebefenster in den Türen, doch schon beim Einsteigen fiel einem das neu gestaltete moderne Armaturenbrett mit Benzinuhr und neuem Zweispeichenlenkrad auf. Die Hinterachse wurde jetzt mit Halbelliptikfedern gehalten, während der Motor einen neuen Zylinderkopf mit hängenden Ventilen bekommen hatte und 16,5 PS bei 4400 U/min leistete. Es gab drei Modelle: die geschlossene Limousine, die Cabriolimousine mit weit zu öffnendem Stoffdach und den Furgoncino. Hinzu kam ein attraktiver Kombi mit Seitenteilen aus Holz, der unter der Bezeichnung »Giardiniera« (Gärtnerin) viele Freunde fand.
Doch der 500 B war nur eine kurzlebige Zwischenlösung. Schon 1949, nach nur 21 000 Wagen, kam ein nun rundum modernisiertes Nachfolgemodell in Gestalt des Fiat 500 C auf den Markt. Von den alten Karosserieformen war nur noch der Mittelteil geblieben, denn ein ausladenderes Heck, schwungvolle Kotflügel, vorne mit eingebauten Scheinwerfern, sowie ein neuer Kühlergrill mit Querschlitzen hatten das Gesicht des Topolino stark verändert. Innen dagegen erwartete einen Vertrautes, auch der Motor war der alte geblieben. Auch vom 500 C gab es noch eine holzbeplankte Kombiversion, ein echter Viersitzer, der bis 1952 gebaut wurde, nachdem 1951 eine Ganzstahlausführung dieses Modells als »Belvedere« eingeführt worden war. Dieses Modell wurde erst 1955 nach über 376 000 gebauten Exemplaren vom Band genommen.
Nach langer Entwicklungsarbeit präsentierte Fiat auf dem Autosalon in Genf im Frühjahr 1955 den Nachfolger des Topolino: den Typ 600. Er entwickelte sich zu einem der erfolgreichsten Kleinwagen der Welt. Der Fiat 600 bot vier Personen Platz und hatte einen robusten – anfangs 19, später 25 PS starken – Motor. Bis 1969 wurde dieses auch

*Oben: Fiat 500 C als Zweisitzer und als Giardiniera Belvedere von 1952.*

*Links: Ab und zu sah man auch eine Furgoncino-Ausführung des Fiat 500 C.*

*Unten: Fiat Nuova 500, ab 1957 gebaut.*

heute noch allseits bekannte Kleinauto in knapp 2 Millionen Exemplaren in Italien gebaut; Lizenzhersteller produzierten ihn in erheblichen Stückzahlen noch bis in die späten siebziger Jahre hinein.
Zahlreiche der bekannten italienischen Karosserieschneider wie Viotti, Ghia, Moretti nahmen sich des Fiat 600 an und schufen eine Vielzahl von Spezialkarosserien für dieses Modell. Auch Fiat variierte das Thema und brachte zum Beispiel 1956 mit dem siebensitzigen »Multipla« als Frontlenker einen erfolgreichen Kleinbus des 600 auf den Markt.
Man kann sagen, daß es der kleine Fiat war, der Italien auf vier Räder half, so wie es die Vespa zuvor mit zwei Rädern geschafft hatte. Doch nicht dem Typ 600 allein gebührt dieses Verdienst, denn der 1957

*Oben links: Fiat 600, in Deutschland 770 S (Werbung: »König aller Kleinwagen«). Rechts daneben: Modell 500 F von 1968.*

*Rechts: Fiat 600 Multipla als Taxi für sieben Fahrgäste.*

debutierte, neue 500 wurde in noch größeren Stückzahlen verkauft. Fast 20 Jahre blieb dieses kleinste Fiat-Modell im Verkaufsprogramm und bevölkerte die Straßen vor allem Südeuropas bis 1976 mit über 2,5 Millionen Wagen. Ein von Grund auf neu entwickelter Zweizylindermotor mit Luftkühlung saß bei diesem Modell im Heck. Die Leistungswerte stiegen von 13,5 bis 21,5 PS mäßig, und mancher Tuner wie etwa die römische Firma Giannini verhalf dem Winzling bis zu 40 PS.

Zwei Personen hatten relativ bequem Platz im »Cinquecento«, auch vier ließen sich ohne große Probleme unterbringen – manche kinderreiche Familie in Italien fuhr am Wochenende samt Großeltern im Fiat 500 zum Strand. Auch heute noch ist dieser für das italienische Straßenbild der fünfziger bis siebziger Jahre typische Kleinwagen im täglichen Einsatz, wenn auch die ältesten Wagen, bis 1960 noch mit dem bis zur Motorhaube zu öffnenden Verdeck, zu gesuchten Sammlerstücken geworden sind.

Fiat Kleinwagen gehören zu den absoluten Gewinnern unter den vergleichbaren Automobilen ihrer Zeit und sind damit im Rahmen des Themas dieses Buches die große Ausnahme. Es waren aber auch meisterhafte Konstruktionen, die mit großem Vorsprung vor den meisten Konkurrenten einzustufen waren.

## FIMER

Die Firma F.I.M.E.R. (Fabbrica Italiana Motoveicoli e Rimorchi) war kein Neuling auf dem Fahrzeugsektor, als sie im Frühjahr 1947 erste Informationen über ein kleines Fahrzeug mit interessanten technischen Details bekanntgab, das in kleiner Serie gebaut werden sollte. Die Mailänder Firma stellte damals kleine Lieferwagen mit Elektroantrieb oder Zweizylindermotor her, die weit verbreitet waren. Es hätte nahegelegen, den Kleinwagen auf diesen Nutzfahrzeugen aufbauend herzustellen, doch die FIMER ging einen schwierigeren Weg. Der später als »Super Vetturetta« bezeichnete Roadster wurde von Grund auf neu konstruiert, wobei ein kräftiges Zentralrohr das Rückgrat des Chassis bildete. Sehr ungewöhnlich war die Aufhängung und Federung der beiden Vorderräder, deren gekröpfte Stummelachsen in ein im rechten Winkel zum Zentralrohr stehendes Rohr mündeten und dort an Schraubenfedern befestigt waren. Die beiden Hinterräder waren ebenfalls unabhängig an Dreiecksquerlenkern aufgehängt und von Schraubenfedern gedämpft. Der Zweizylinder-Zweitaktmotor von 250 ccm lag mit Getriebe und Differential verblockt hinter der Hinterachse, die Antriebswellen liefen innerhalb der Achsrohre. Eine gewisse Eleganz läßt sich dieser einfachen Konstruktion nicht absprechen.

Der erste Prototyp des FIMER, im Februar 1947 vorgestellt, besaß eine ansprechende Roadster-Karosserie mit tiefen seitlichen Ausschnitten ohne Türen und einem spitz zulaufenden Heck mit halb verdeckten Hinterrädern. Diese Karosse war aber wohl doch zu sportlich geraten, denn bis zum Sommer 1947 fertigte man einen weiteren Aufbau an. Das Wägelchen, das ganze 150 kg wog, hatte nun ein freches Gesicht mit Fischmaul-»Kühler« und hervortretenden Froschaugen als Scheinwerfer. Ungewöhnlich groß war die Frontscheibe des Zweisitzers geraten. Durch zwei nach hinten öffnende Türen gelangte man auf die verstellbaren Einzelsitze, zwischen denen der kurze Hebel hervorragte, mit dem das Dreiganggetriebe zu schalten war. Von dem Motor, dessen zwei Zylinder längs angeordnet waren, konnte man bei einer Leistung von 7 PS bei 4000 U/min keine Wunder erwarten; die Höchstgeschwindigkeit wurde mit 65–70 km/h angegeben. Dennoch war der FIMER 250 mit hydraulischen Vierradbremsen ausgerüstet, nur die Handbremse wirkte mechanisch auf die Hinterräder. Eine komplette elektrische Ausrüstung mit Starter machte aus dem FIMER ein »richtiges« Auto, die hübsche Karosserie und die ordentliche Bereifung mit 12-Zoll-Rädern machten die Konstruktion durchaus sympathisch.

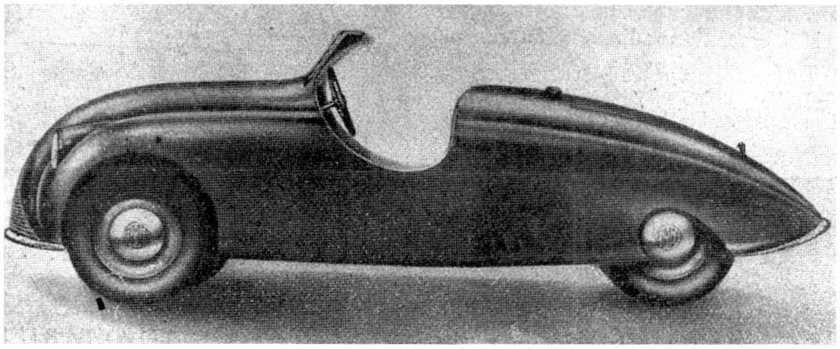

Oben: *Fimer Prototyp von 1947.*

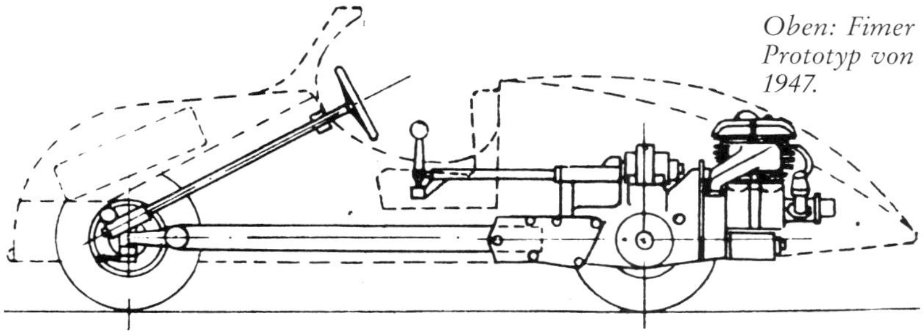

*Oben: Schnitt durch den Fimer Roadster mit Heckmotor.*

*Links: Galassi-Modell in der Entstehungsphase – auf Holzböcken.*

*Rechts: Gabry Coupé mit Schiebetüren, 1963.*

Trotzdem mußte die Firma in Mailand ihren Traum vom richtigen kleinen Wagen für zwei Personen (der auf Wunsch mit Rechts- oder Linkslenkung geliefert werden sollte) noch im gleichen Jahr begraben. Wieder einmal war ein interessantes Projekt an der Finanzierung gescheitert.

## GABRY

Im Jahre 1963 beschäftigte sich auch die Mailänder Firma Aeronautica Macchi SpA mit einem Kleinwagenprojekt. Besonderen Wert legte man auf eine praktische und leichte Karosserie, die in Zusammenarbeit mit einer auf Kunststoffverarbeitung spezialisierten Firma entstand. Ansonsten war der »Gabry« ein konventioneller Zweisitzer mit einem 150-ccm-Heckmotor, der vom Macchi Roller »Brezza« stammte und im ersten Prototyp 6 PS hatte. Weitere Versuchswagen bekamen einen Zweizylindermotor mit 250 ccm und 13 PS. Eine Viergangschaltung mit Rückwärtsgang übertrug die Leistung auf die Hinterachse, wobei der Gabry mit der stärkeren Maschine etwa 90 km/h erreichte. Die vier gleichspurig angeordneten Räder waren vorn und hinten unabhängig aufgehängt, die Vorderräder mit Schwingungsdämpfern und die Hinterräder mit Neidhardt Gummi-Torsionsfedern.
Der Clou am Gabry war seine Kunststoffkarosserie. Die Türen ließen sich nach hinten aufschieben, so daß man auch schmalste Parklücken nutzen konnte. Die beiden Einzelsitze vorn waren wie bei Supersportwagen in Schalenbauweise ausgeführt, dahinter gab es einen respektablen Gepäckraum, der sich durch eine Hecktür bequem beladen ließ. Sicher wäre dem Gabry als wendiger Stadt- und Einkaufswagen ein gewisser Erfolg beschieden gewesen, doch fehlte der Herstellerfirma die finanzielle Grundlage für eine Serie. Nach ein paar Prototypen mußte dieses Projekt fallengelassen werden.

## GALASSI

In der Werkstatt des Ingenieurs Zeno Galassi in Macerata entstand 1947 bis 1949 der Prototyp eines vierrädrigen Kleinstwagens einfacher Konstruktion. Der einteiligen Alukarosserie mangelte es an Türen und Verdeck, Platz war für zwei Personen. Den Antrieb im Heck besorgte ein luftgekühlter Zweizylinder-Zweitaktmotor mit einer Leistung von 6,5 PS bei 7000 U/min. Bei seinem geringen Gewicht von nur 130 kg sollte der Galassi mühelos 70 km/h erreichen können. Das ansonsten recht spartanisch ausgestattete Vehikel verfügte zumindest über ein Differential und neben vier Vorwärtsgängen auch über einen Rückwärtsgang – damals keineswegs Selbstverständlichkeiten im Kleinstwagenbau. Zu einer Herstellung in Serie brachte es auch dieses Modell nicht.

## GIANNINI

Groß ist das Lager der Fiat-Veredler und -Tuner in Italien, und zu ihnen gehörten auch die Fratelli Giannini. Schon in den zwanziger Jahren machten sich die Brüder Giannini einen Namen für ihre erfolgreichen Wettbewerbswagen, und später versahen sie modifizierte Fiat 500, 600 und 1100 sogar mit ihrem eigenen Markenemblem. Besonders der Giannini 500 TV mit 570 ccm, gut für 22 DIN-PS, war ein flottes und sportliches Auto. Auch gab es einen 750 TV (Basis Fiat 600) mit 27 PS und auch stärkere Versionen. Da die Fahrzeuge auch

*1966er Giannini 500 TV, eine heiße Version des Fiat 500. Es gab den kleinen Renner auch mit 600-ccm-Motor und 35 PS Leistung, gut für 128 km/h.*

optisch aufgewertet wurden, boten sie einen hohen Anreiz, waren aber auch bis zu 50 Prozent teurer als die vergleichsweise bescheidenen Fiat-Serienmodelle. In der Zeit von 1964 bis 1971 wurden etwa 3500 Giannini der kleinen Klassen verkauft; stärkere Versionen entwickelte man bei der 1963 in Giannini Automobil SpA umbenannten Firma in Rom parallel mit dem Erscheinen neuer Fiat-Modelle. Im Vordergrund stand stets der Sportwagen für den Wettbewerbseinsatz, wenngleich man auch einige sogenannte »Boulevardflitzer« in Form luxuriöser Coupés oder auch nach Buggy-Art herstellte, für die es unter den wohlhabenden Jünglingen Roms stets Abnehmer gab.

*Rechts: Der kleine Girino Dreirad-Roadster aus Mailand, gebaut 1951.*

## GIRINO

Unter den zahlreichen Kleinwagenkonstruktionen im Nachkriegs-Italien fiel der Girino insofern auf, als seine Anordnung der drei Räder mit hinterem Einzelrad für Italien recht unüblich war. Die meisten Kleinmobile dort hatten vier Räder aufzuweisen, es gab auch keinerlei steuerliche oder sonstige Vergünstigungen für Dreiräder.
Der Firma C.I.M.E.M. in Mailand war es darum gegangen, ein Kleinfahrzeug möglichst kostengünstig herzustellen. So stammte der Einzylindermotor, der das Hinterrad über eine Kette antrieb, vom Vespa-Roller und leistete etwa 4,5 PS. Das Hinterrad ruhte in einer Schwinge, die Vorderräder waren einzeln aufgehängt. Die Blechkarosserie war in Pontonform gehalten; ein mächtiger Kühlergrill täuschte ein »normales« Auto vor. Im Heck verjüngte sich das Dreirad zur typischen Eiform. Winzige Scheinwerfer waren in die Front des Girino eingebaut – man hatte sich redlich Mühe gegeben, dem primitiven Mobil ein freundliches Aussehen zu gegen. Der mit Rechtslenkung ausgestattete Zweisitzer hatte ein Dreiganggetriebe, das sogar über Rückwärtsgang verfügte; geschaltet wurde mit einem Hebel an der Lenksäule. Scheibenwischer und Verdeck waren serienmäßig nicht vorgesehen, doch konnte immerhin nach Öffnen einer spitz zulaufenden Vorderhaube ein wenig Gepäck über den Beinen der Passagiere verstaut werden. Mit nicht viel mehr als 50 km/h bewegte sich der

knapp über 200 kg wiegende Girino durch die noch autoarmen Straßen Italiens des Jahres 1951, als er vorgestellt wurde. Ein paar wenige solcher Mobile sollen entstanden sein, ehe die Herstellerfirma wieder aufgab.

# ISO

Obwohl die Isetta aus BMW-Lizenzproduktion hierzulande quasi zum Synonym für Kabinenroller wurde und bis heute eine enorme Popularität genießt, ist das italienische Original fast in Vergessenheit geraten.
Die erste Isetta war das Produkt aufwendiger Entwicklungsarbeiten der in Bresso bei Mailand ansässigen Firma ISO, gegründet von dem späteren Sportwagenfabrikanten Renzo Rivolta. 1939 hatte der motorsportbegeisterte Rivolta in Bolzaneto, einem Vorort Genuas, begonnen, eine Kühlschrankproduktion aufzuziehen, die es unter dem Namen ISOTHERMOS zu einem gewissen Erfolg und Bekanntheitsgrad bringen konnte. 1942 hatte er sein Unternehmen nach Bresso umgesiedelt. Nach dem Krieg, als das Geschäft mit Kühlgeräten durch vermehrte Importe nicht mehr recht lief, wurde Rivolta durch den neuen Piaggio-Roller »Vespa« inspiriert, es ebenfalls mit der Konstruktion eines Rollers zu versuchen. Unter dem Namen »Furetto« kam 1948 der erste ISO Roller heraus und konnte sich neben der dominanten Vespa schon bald kleine Marktanteile sichern.
Doch der Trend ging auch in Italien zum wettergeschützten Fahrzeug, und Rivolta wollte auch hier mit dabeisein. Bis Anfang der fünfziger Jahre hatte es außer dem altbewährten Fiat 500 nur klägliche Versuche gegeben, ein italienisches Kleinstwagenprojekt zu verwirklichen. Rivolta beschloß, etwas kompromißlos Neues zu schaffen. Chefkonstrukteur Gobini gab er die Möglichkeit, frei von bestehenden Konventionen ein Kleinmobil zu bauen, das zwei Personen und ein Kind plus Gepäck bei möglichst hoher Fahrsicherheit transportieren sollte. Die Passagiere sollten nebeneinander sitzen und der Fahrer das Fahrzeug mit den üblichen Bedienungshebeln beherrschen können.
Bei seinen Bemühungen, Leichtigkeit und Stabilität zu vereinen, gelangte Gobini zur typischen Eiform der Isetta und wagte den genialen Schritt zur Fronttür (übrigens unbeeinflußt durch die einst gebauten Kühlschränke!). Das Dach ließ sich wie eine feste Kuppel gestalten, unter reichlicher Verwendung von Plexiglas; ein nach hinten zu öffnendes Rolldach verhinderte eine zu große Aufheizung des Innenraums. Beim Einstieg zeigte sich indessen, daß es für den Fahrer recht mühsam war, sich hinter die schrägstehende Lenksäule zu klemmen, was zu der Lösung führte, die Lenksäule durch ein Kardangelenk flexibel zu gestalten und sie oben samt der winzigen Armaturentafel an der nach vorn schwingenden Tür zu fixieren. Beim Öffnen ging nun das Lenkrad zur Seite, der Fahrer nahm bequem Platz und holte die Tür mit dem Volant zurück. Die ungewöhnliche Karosserie montierte man auf ein dreiecksförmiges, aus Stahlrohren zusammengeschweißtes Chassis, wobei die Hinterräder nur 50 cm Radstand bekamen, um ein teures Differential einsparen zu können. Der Motor war ein Doppelkolben-Zweitaktaggregat eigener Konstruktion und wurde auf der rechten Seite, also hinter dem Beifahrer, mit drei Gummielementen am Rahmen befestigt. Über eine Doppelkette gab er seine Leistung an die hintere Schmalspur-Starrachse ab, die zwei Viertelelliptikfedern und zwei Teleskopstoßdämpfer aufwies.

*Die Iso-Kabine in ihrer italienischen Originalversion. Bei den Scheinwerfern und Radkappen gab es im Lauf der Serienfertigung Veränderungen.*

Um nicht den Raum vor der Sitzbank mit Bedienungshebeln zu blokkieren, mußten Handbremse und Schalthebel an die linke Bordwand gelegt werden, was zur Folge hatte, daß die Bewegungen des kurzen Schalthebels mit vier Winkeln bis zum an den Motor angeblockten Vierganggetriebe (mit Rückwärtsgang) umgelenkt werden mußten. Doch auch dieses Problem bekamen die ISO-Techniker in den Griff, nur geriet das Schaltschema recht merkwürdig: der erste Gang lag oben in der Mitte, der vierte links unten!
Zur Jahreswende 1952/53 nahm die Isetta allmählich realistische Gestalt an, doch gab es noch viele Kleinigkeiten zu korrigieren, ehe man sich im Herbst 1953 zur Automobilausstellung nach Turin wagte.
Dort sorgte der neue Kleinwagen mit dem 236-ccm-Motor und der Fronttür für erheblichen Wirbel. Die Reaktionen der Besucher reichten von spontanem Beifall bis zum mitleidigen Lächeln, doch kalt ließ die Isetta niemanden. Die Isetta ragte zwischen den bisher gezeigten Kleinwagenversuchen wie ein modernes Kunstobjekt heraus, und schon bald meldeten sich beim Hersteller erste Interessenten für Auslandslizenzen. Doch erst mußte die Isetta in Italien auf den Markt kommen. Dies dauerte noch bis zu den ersten Tagen des Jahres 1954, wonach zunächst etwa 15 Wagen im Monat das Werk verließen, danach steigerte man auf bis zu fünfzig Isettas pro Monat.
Schnell nahm sich die Fachpresse des neuen Winzlings an und war voll des Lobes. Man sprach von einem völlig neuen, für den europäischen Kleinwagenbau wegweisenden Modell und betonte die große Zahl ungewöhlicher Details der Isetta. Tests ermittelten eine Spitzenge-

schwindigkeit von 85 km/h, Berge mit bis zu 25 Prozent Steigung konnten voll besetzt erklommen werden. 1954 und 1955 nahmen drei dieser Fahrzeuge an der Mille Miglia teil und belegten beide Male die ersten Plätze ihrer Kategorie, 1955 mit einer Durchschnittsgeschwindigkeit von 80,47 km/h. Dennoch blieb der Isetta der durchschlagende Erfolg in Italien verwehrt. Hochwertige Kleinwagen von Fiat, die Modelle 600 und später Nuova 500, nahmen das Monopol für sich in Anspruch, und viele Autofahrer in Italien, meist mit größeren Familien, standen der Isetta eher skeptisch gegenüber.
Schon bald nach der Vorstellung der Isetta brachte ISO als Ergänzung ein Kleinlieferwagenmodell mit einem Führerhaus heraus, das in etwa einer halbierten Isetta entsprach. Den »ISOcarro« gab es mit Nutzlasten bis zu 500 kg und zahlreichen Aufbauvarianten, wie Pritsche, Kasten und Koffer. Selbst Sonderausführungen wie kleine Leiterwagen für die Feuerwehr wurden gebaut.
Auf der Basis eines solchen Lieferwagens entstand in Zusammenarbeit mit Karosserieschneider Michelotti ein Kombiwagen, der »Parad-ISO«. Angetrieben wurde dieses etwas amerikanisch beeinflußte Modell mit drei Türen und fünf Sitzplätzen von einem Viertaktmotor, wahlweise mit 400 oder 510 ccm Hubraum erhältlich. Der kleinere der beiden Zweizylinder leistete 14 PS bei 4700 U/min, die Halblitermaschine mit 18 PS bei 5000 U/min sollte für 95 km/h gut sein. Der Motor saß beim Parad-ISO unter der Frontachse, die Kraft wurde an die Hinterachse übermittelt. Doch mangels Interesse wurde dieses Modell wieder eingemottet.
1958 verkaufte sich die Isetta in Italien kaum noch, während in Deutschland, England, Spanien und sogar Brasilien noch relativ große Stückzahlen abgesetzt werden konnten. Somit wurde im gleichen Jahr die Produktion des Isetta-Originals in Italien eingestellt.
Ende desselben Jahres tauchte noch einmal ein Prototyp eines hübschen neuen ISO Kleinwagens in Mailand auf. Der 400-ccm-Boxer des ISOcarro war wie beim Parad-ISO vorn untergebracht, das Viergangetriebe dagegen vor der Hinterachse. Die Turiner Karosseriefirma Corna hatte eine sehr ansprechende Coupékarosserie mit hinterer Notsitzbank gebaut. Offiziell wurde indessen nichts über dieses Modell bekanntgegeben, der kleine Wagen ging nie in Produktion.
ISO konzentrierte sich danach auf den Bau hochkarätiger Sportwagen mit amerikanischen Chevrolet-V8-Motoren.
Die ISO-Isetta gehört heute zu den sehr seltenen Kleinwagen, die man im Gegensatz zur Lizenzversion von BMW in Italien nicht mehr auf

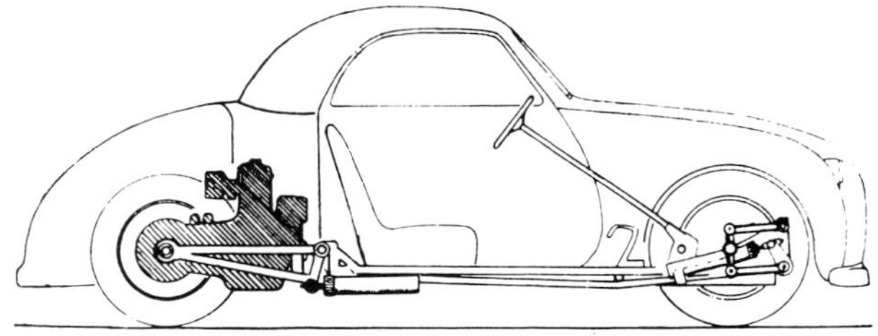

*Links: Lucciola 1948. Ein Einzelstück, gebaut in liebevoller Handarbeit.*

*Ganz oben: Parad-Iso 400 Kombiwagen, gemeinsam von Iso und Michelotti gebaut. Darunter: Schnitt durch den Lucciola.*

*Wie ein kleiner 1948er Chrysler Windsor sah der Lucertola aus Treviso aus. Mechanisch basierte er auf dem Fiat 500.*

*Rechts: Das etwas unglücklich geformte Lambro Dreirad von 1952.*

der Straße zu sehen bekommt. Die letzten Isetta-Fahrer Italiens waren Anfang der sechziger Jahre auf Fiat und Autobianchi umgesteigen.

## LAMBRO

Zu jenen Kleinwagen, über die fast nichts mehr in Archiven zu finden ist, gehört das Lambro-Dreirad, das 1952 in Mailand aufgetaucht war, danach aber fast spurlos wieder unterging.
Das vergleichsweise geräumige und mit einem Rolldach ausgerüstete Dreirad hatte eine Blechkarosserie mit Türen und hinteren Seitenteilen aus Holz. Das hintere Einzelrad wurde von einem 125-ccm-Zweitaktmotor angetrieben und soll dem rundlichen Lambro zu einer Höchstgeschwindigkeit von 55 km/h verholfen haben. Für zwei Personen war auf der Sitzbank reichlich Platz vorhanden, und die Federung des Lambro war angeblich überdurchschnittlich komfortabel.

## LUCCIOLA

Wie so viele Kleinwagenprojekte Italiens gehörte auch der von Ingenieur G. B. Pennacchio gebaute Lucciola (»Glühwürmchen«) zu den besonders interessanten Konstruktionen in Europa.
Schon 1940 hatte Pennacchio Entwürfe für ein wirtschaftliches Stadt- und Kurzstreckenfahrzeug ausgearbeitet, doch wegen des Krieges konnten seine Überlegungen erst 1947 Gestalt annehmen. Auffallend war am Lucciola Kleinwagen die attraktive Stromlinienform, die so geschickt verlief, daß erst bei genauer Betrachtung zu erkennen war, daß es sich um ein Dreirad handelte. Der Wagen rollte auf großen 15 Zoll Rädern (wie der Fiat Topolino) und hatte das Aussehen eines normalen kleinen Coupés in moderner Pontonform, mit einteiliger Windschutzscheibe, vorgetäuschtem Kühlergrill und Faltdach. Nur die freistehenden Scheinwerfer nahmen sich etwas seltsam aus. Unter einer vorderen Haube gab es ein Gepäckabteil, eine durchgehende Sitzbank bot Platz für zwei Erwachsene und ein Kleinkind. Hinter der Rückenlehne gab es weiteren Stauraum. Seitliche Kühllufteinlässe und ein stark abfallendes Heck ließen einen kleinen, luftgekühlten Motor erwarten. Das gesamte Heckteil konnte nach oben geklappt werden. Bei der Antriebsmaschine handelte es sich um einen Viertakt-Einzylinder-Stationärmotor der Firma Condor-Guidetti, wie er in der Landwirtschaft und Industrie Verwendung fand. Bei einem Zylinderinhalt von 250 ccm leistete er 8 PS und wurde über ein Gebläse mit Kühlluft versorgt. Dieser Motor lag zusammen mit dem angeblockten Getriebe links neben dem Hinterrad und trieb dieses mittels einer im Ölbad gekapselten Kette an. Ungewöhnlich war die Schaltung des Dreiganggetriebes, bei der es sich um eine hydraulische Anlage handelte. Sie wurde mit einem kleinen Schalthebel unterhalb der Lenksäule bedient. Der Wagen soll eine Geschwindigkeit von 65 km/h erreicht haben, was für einen kleinen Stadtwagen durchaus gereicht hätte. Auch bei den Bremsen hatte sich Pennacchio nicht mit einer Billiglösung zufrieden gegeben und eine Hydraulik für alle drei Räder installiert.
Die sauber gearbeitete Stahlblechkarosserie ruhte auf einem Rohrrahmen, der vorne in der trapezgeführten Vorderachse mit Einzelradaufhängung und hinten in einem Schwingarm für das Hinterrad endete. Die Federung übernahmen für alle Räder doppelte, gekapselte Schraubenfedern, die längs zur Fahrtrichtung verliefen und, obwohl anders angeordnet, eine gewisse Ähnlichkeit mit der Federung des Citroën 2 CV erkennen ließen.
Noch vor seinem Erscheinen auf der Mailänder Messe 1948 wurde der Wagen von einem Mitarbeiter der Zeitschrift *Auto Italia* einer kurzen Prüfung unterzogen. Der Tester zeigte sich begeistert von der Formschönheit des Lucciola Kleinwagens, kommentierte seine Fahrversuche jedoch mit dem Hinweis, daß der Wagen einen stärkeren Motor vertragen würde. Doch sollten solche Wünsche nicht mehr in Erfüllung gehen, denn Pennacchio mußte erkennen, daß sich niemand ernsthaft für das »Glühwürmchen« interessierte, und so mußte er seine Pläne zu den Akten legen – immerhin mit der Gewißheit, eines der interessantesten Kleinwagenprojekte Italiens erarbeitet zu haben.

## LUCERTOLA

In den Jahren 1947/48 entwickelte die Firma Fermi S.A. in Treviso einen Kleinwagen-Prototyp, der bis 1949 auf einigen Messen und Ausstellungen gezeigt wurde. Bei der im Vergleich zu anderen italienischen Kleinwagen recht pompösen Karosserie handelte es sich um eine verkleinerte Kopie damaliger Dodge Coupés mit vor Chrom starrender Wagenfront und spitz zulaufender Motorhaube. Angetrieben wurde der »Lucertola« (»Eidechse«) von einem Vierzylindermotor mit 358 ccm Hubraum, der bei einer Verdichtung von 6,3:1 rund 14 PS leistete. Der kleine Straßenkreuzer hatte hydraulische Bremsen (damals bei Kleinwagen nicht selbstverständlich), einen elektrischen Anlasser und eine 12-Volt-Anlage. Ein kräftiges Kastenrahmenchassis und die massige Karosserie machten den Lucertola jedoch weniger zu einer flinken Eidechse als zu einem trägen Lurch – zu mehr als 80 km/h reichte die bescheidene Motorkraft nicht.
Zwei Personen fanden in der Cabriokarosserie auf einer Sitzbank Platz. Die Bedienungshebel und Pedale entsprachen den Gepflogenheiten in normalen Autos, es standen vier Vorwärtsgänge plus Rückwärtsgang zur Verfügung. Ein im Vergleich zu anderen Miniautos sehr ansehnliches Verdeck bewahrte die Insassen vor den Unbilden der Witterung. Einige Teile, wie zum Beispiel die Türgriffe und Schlösser stammten von anderen Wagen, wie in diesem Fall vom Fiat Topolino.
Der Lucertola wäre wohl nie zu einem Preis zu bauen gewesen, um ihn für italienische Kleinwagenfahrer interessant machen zu können. Er war wohl auch mehr ein Meisterstück und vielleicht für jene gedacht, die Lust auf ein auffallendes Spielzeug verspürten. So nimmt es nicht Wunder, daß es bei einem einzigen Exemplar des Lucertola blieb, dessen weiteres Schicksal sich nicht mehr verfolgen läßt.

## MICROBO

Zwischen 1952 und 1954 beschäftigte sich die Mailänder Firma I.S.S.I. (Istituto Scientifico Sperimentale Industriale) mit der Konstruktion einer Dreiradkabine. Der »Microbo« stellte eine Art Kreuzung zwischen Isetta und Scootacar dar und war ein geschlossenes Mobil mit hinterem Einzelrad und Faltverdeck. Seine Erbauer hatten

*Oben links: Microbo 1952. Rechts daneben: Microbo 1954 – mit noch kleineren Abmessungen. Rechts: Mivalino – Messerschmitt Kabinenroller auf italienisch!*

das Kunststück geschafft, bei einer gesamten Baulänge von nur etwa 2,20 m, einen Vordersitz und dahinter eine Bank für zwei Personen unterzubringen. Vorn fiel die selbsttragende Karosserie extrem steil ab, eine Tür gab es nur auf der rechten Seite, rechts und links gab es Ausstellfenster. Zumindest der Chauffeur konnte über mangelnde Bewegungsfreiheit kaum klagen. Er saß jedoch auf einem primitiven Rohrsessel mit kleiner Rückenlehne, die Bedienungsorgane des Microbo entsprachen dagegen denen normaler Wagen, selbst eine Lenkradschaltung hatte man dem Rollermobil spendiert.
Der Microbo rollte auf relativ großen Rädern, wobei das hintere in einer Schwinge gelagert und die beiden vorderen einzeln aufgehängt waren. Der Heckmotor, ein 125 ccm großer Einzylinder-Zweitakter mit Gebläsekühlung von Idroflex leistete bei rund 5000 U/min 5,5 PS, was für 65 km/h reichte (sofern das Mobil nicht voll besetzt war). Leider hatte das Getriebe nur drei Vorwärtsgänge, was bei der schwachen Motorleistung eine nicht eben glückliche Lösung darstellte.
Ansonsten war der nur 160 kg wiegende Microbo komplett ausgestattet und wies zwei Scheinwerfer, gebogene Front- und Heckscheibe sowie einen einzelnen, oben befestigten Scheibenwischer auf. Mit einem Preis von 430000 Lire gehörte der zweifarbig lackierte Microbo allerdings nicht gerade zu den billigen Kleinwagen.
Neben dem Prototyp sollen bis Anfang 1954 ein paar modifizierte Vorserienfahrzeuge entstanden sein. Vor einigen Jahren tauchten in Mittelitalien Überreste eines Microbo auf, beim Bergungsversuch zerfiel das Ganze jedoch in seine verrotteten Einzelteile.

## MI-VAL

Kurz nach dem Erscheinen des Messerschmitt Kabinenrollers in Deutschland knüpfte eine italienische Motorradfirma Kontakte zum Regensburger Herstellerwerk dieses legendären Mobils. Es handelte sich um die Metalmeccanica Italiana Valtrompia in Gardone, kurz MI-VAL genannt, die den Karo in Lizenz fertigen wollte. Es kam tatsächlich zu einer Zusammenarbeit der beiden Firmen für kurze Zeit. Auf der Fiera di Milano wurde 1954 ein Kleinstwagen mit dem Namen Mivalino vorgeführt, der äußerlich dem Karo 175 entsprach, an Stelle des Sachs-Motors indessen ein Einzylinder-Zweitaktaggregat eigener Produktion aufwies. Es hatte 171,7 ccm und produzierte mit einem Dell'Orto-Vergaser etwa 9 PS bei 5500 Touren, genug, um das auch innen dem deutschen Original entsprechende Fahrzeug auf 85 km/h zu beschleunigen. Der Motor stellte aber auch den einzigen Beitrag der Firma MI-VAL dar, alle anderen Bauteile waren aus Regensburg geliefert worden.
Kurz nach der Präsentation, bei der auch Professor Messerschmitt anwesend war, erschienen Berichte über das Fahrzeug in der italienischen Fachpresse. Der Mivalino stellte mit 319000 Lire ein interessantes Angebot dar, doch zu einer Serienproduktion kam es wegen finanzieller Schwierigkeiten der italienischen Lizenzfirma nicht.

## MORETTI

Commendatore Giovanni Moretti hatte seine Werkstatt in Turin 1926 gegründet und Motorräder und Kleinlieferwagen hergestellt; nach dem Krieg baute er auch Personenkraftwagen. Ein wichtiger Bestandteil des Geschäfts waren bis 1939 Lieferwagen mit Elektroantrieb, die unter der Markenbezeichnung SAMEM (Società Anonima Motocarri Elettrici Moretti) verkauft wurden.
Nach den Kriegswirren wurde 1945 die Arbeit an Motoren und Fahrzeugen wieder aufgenommen. Auf einer Ausstellung in Turin 1946 konnte die kleine Firma schon mit der neuen Eigenkonstruktion eines Kleinwagens aufwarten. Die genauen technischen Daten dieses Modells standen noch nicht fest, doch konnte man aus der recht erwachsen wirkenden Form des Moretti Modells schließen, daß es sich hierbei nicht um eines jener spielzeugartigen Projekte handelte, die über das Versuchsstadium nicht hinauskamen.
Im folgenden Jahr konnte Moretti das fertige Auto präsentieren. Es trug den Namen »La Cita«, was im Dialekt des Piemonte etwa soviel wie »Mädelchen« bedeutet und entsprach in der Dimension etwa dem Topolino, hatte auch wie dieser ein großes Rolldach und zwei Sitze, während unter der Haube zwischen den Vorderrädern ein Zweizylinder-Viertaktmotor mit 348 ccm Hubraum und Wasserkühlung saß, der seine Leistung von 13,5 PS via Kardanwelle auf die hintere Starrachse übertrug. Der Kühler stand direkt hinter einem zweiteiligen Kühlergitter, der Tank war vor der Spritzwand befestigt. Der Innenraum der recht pontonförmig modellierten Karosserie bot zwei Personen ähnlich gute Platzverhältnisse wie der Topolino. Ein stark nach hinten gebogener Schalthebel war zwischen den Sitzen postiert. Der Aufbau ruhte auf einem Rahmen aus Vierkantrohren mit doppelten Längsträgern und seitlichen Auslegern, die Vorder- und Hinterräder der Dimension 15 Zoll wiesen Teleskopstoßdämpfer auf. Neben dem Coupé mit Faltdach wurden auch ein schickes Cabriolet und ein Kombi vorgestellt, dessen hintere Karosserieteile mit Holzrahmen versehen waren, entsprechend dem herrschenden Modetrend.
Dieses erste Modell von Moretti nach dem Krieg, fähig zu einer Höchstgeschwindigkeit von 85 bis 90 km/h bei einem Verbrauch von nur 4 Liter/100 km, konnte sich freilich nicht gegen die etablierte Fiat-Konkurrenz durchsetzen. Wahrscheinlich wurden nicht mehr als 100 Coupés und nur eine Handvoll Cabrios und Kombis gebaut.

*Links: Morettis Verkaufsagentur und erster Kleinwagen in Turin Ende der zwanziger Jahre.*

*Oben: Moretti La Cita – eine Ausführung, die als Kleintaxi gedacht war.*

*Unten. Moretti-Automobile auf der Turiner Automobilausstellung im Jahre 1948. Das Leichtbau-Chassis war eine große Attraktion.*

Inzwischen hatte die kleine Firma erfolgreich an einem neuen Motor gearbeitet und brachte 1950 – nach einem kurzen Zwischenspiel mit einer 400-ccm-Version des La Cita – ein neues Modell mit 600-ccm-Vierzylindermotor auf den Markt, den Moretti 600. Dieser Motor war ein modernes Aggregat mit obenliegender Nockenwelle und leistete zunächst 18, später 20 PS. Die ebenfalls in eigener Regie gefertigten Karosserien für dieses Modell bestachen durch klare, moderne Linien, ganz im Stil größerer italienischer Personenwagen. Es gab eine Limousine mit Fließheck, eine hübsches Cabrio sowie ein Coupé und auch wieder eine Kombiversion. Moretti hatte mit seinen individuellen und handwerklich sorgfältig hergestellten Wagen eine Marktnische entdeckt, was zu einem Monatsausstoß von etwa 70 Wagen führte. Neben den Personenwagen stellte Moretti auch wieder Kleinlieferwagen mit dem neuen Motor her. Sein reichhaltiges Programm reichte vom Campingmodell bis zum kleinen »Autopullman« mit Panoramaverglasung.

1953 wurde der Motor auf 750 ccm Hubraum vergrößert und leistete jetzt 27 PS, während die Karosserien durch einteilige Windschutzscheiben, ein anderes, weniger auffälliges Kühlergitter und Zierstreifen über den Rädern modifiziert worden waren.

*Links: Moretti Kombi in Holz/Stahl-Bauweise, vorgestellt 1950.*

*Oben: Eines der nur in geringer Zahl gebauten Kombimodelle der Moretti La Cita von 1948/49.*

*Unten: Sehr hübsch, aber auch sehr teuer: Moretti Berlina 750 von 1952.*

In den folgenden Jahren spezialisierte sich Moretti darauf, seine Wagen in einer fast unüberschaubaren Vielfalt anzubieten und vergrößerte zu diesem Zweck den eigenen Karosseriebau. Auch ein Moretti 750 Grand Sport mit zwei obenliegenden Nockenwellen und einer Leistung von 58 PS war 1953 erschienen, über 170 km/h schnell, und weitere Kleinsportwagen folgten bald. Sie wurden als GT, Sport, Gran Turismo bezeichnet oder mit den Namen von Rennen wie Alger-le-Cap geschmückt, in denen Moretti-Wagen siegreich gewesen waren.
Die Liste der Sporterfolge der Moretti 750 mit den unterschiedlichsten Karosserien – kein anderer Hersteller bot in jenen Jahren eine solche Modellvielfalt – ist in der Tat beeindruckend. Moretti belegten erste Plätze in ihrer Kategorie bei Rennen in Monza, bei der Mille Miglia, in Montlhéry, in Palm Springs und so fort, und bei der Trans-Afrika Rallye 1954 von Algier nach Kapstadt belegten zwei Moretti in ihrer Klasse die ersten beiden Plätze.
Auch Amerikaner interessierten sich für die sportlichen Moretti, während in Europa nur wenige außerhalb Italiens diese Marke kannten. Neben den 750-ccm-Wagen gab es ab 1954 auch größere Modelle mit 1200-ccm- und später 820-ccm-Maschinen.
Ab 1959 begann man Spezialkarosserien für den Fiat 500 zu bauen und verlegte sich immer mehr auf diese Art der Autoherstellung. Die Moretti mit ihren hübschen, exklusiven Kombi-, Coupé- und Berlina-Karosserien zeichneten sich durch leistungsgesteigerte Motoren zwischen 21 und 30 PS aus. Später wurden auch andere Fiat-Modelle à la Moretti modifiziert, und noch bis vor kurzem war die Firma mit diesem Rezept aktiv, wenngleich sich die Arbeiten mehr auf leichte Veränderungen, vor allem Umbauten zu Kombiwagen, beschränkten.

## PANTHER

Das Panther-Coupé war das Produkt der Firma Panther Diesel SpA in Mailand. Die Besonderheit des bei Colli karossierten Prototyps, der 1954 in Turin gezeigt wurde, stellte der Antrieb dar: ein Zweizylinder-Zweitakt-Diesel. Diese Maschine mit 520 ccm Hubraum und einer Leistung von 12 PS trieb die Vorderräder an; als Höchstgeschwindigkeit wurden 80 km/h angegeben.
Der luftgekühlte Motor war von der Firma Rumi in Bergamo entwikkelt worden und verfügte über eine obenliegende Nockenwelle.
Das ungewöhnliche und zugleich hübsche Kleinauto, das mit knapp 3,5 Liter Dieselkraftstoff auf 100 km auskommen sollte, erregte das Interesse zahlreicher Automobilhändler. Doch geraume Zeit verging, ohne daß eine Serienproduktion in Gang kam. Vielmehr hatte man erst einmal den Karosserieschneider Zagato beauftragt, eine noch rasantere Blechhaut für den Panther zu gestalten. Zum Automobilsalon im Herbst in Paris präsentierte die Firma stolz das neue Modell. Große Fensterflächen – die Seitenscheiben ließen sich sogar herunterkurbeln – und ein Fließheck ließen den neuen Panther wie einen Gran Turismo aussehen. Innen gab es eine zusätzliche Notsitzbank, nur der müde Dieselmotor harmonierte nicht mit dem Aussehen des Coupés.

Aus diesem Grund bot man nun wahlweise einen Zweizylinder-Viertakt-Benzinmotor mit 480 ccm an, der 18 PS haben sollte und den Panther angeblich in den Bereich von 100 km/h vorstoßen ließ. Der attraktive Kleinwagen zog neues Interesse auf sich, und weitere Geschäftsverbindungen, auch nach Belgien, Frankreich und sogar Argentinien, wurden angebahnt.
Als sich nach der Ausstellung wieder nichts in Richtung Serienproduktion bewegte, wurden die vier Firmeneigentümer der Panther Diesel SpA wegen Betrugs verklagt. Viele Millionen Lire hatten Interessenten auf die Konten der Firma als Anzahlungen überwiesen, doch eine ernste Absicht zum Bau des Panther hatten die Herren Direktoren nicht nachweisen können. Dennoch wollte eine Firma mit Namen ISCA (Industria Sanmarinese Costruzione Automezzi) im Zwergstaat San Marino den Bau des Panther mit Benzinmotor übernehmen, doch auch diese Pläne verliefen im Sande.
In Serie aufgelegt, hätte ein solch ansprechender Wagen wie der zweite Panther sicher seinen Kreis von Liebhabern gefunden.

# PARVA

Auch die Motorradfabrik Fongri der Brüder Grignani in Turin leistete auf dem dortigen Automobilsalon im Frühjahr 1953 einen Beitrag zur Kleinmotorisierung. Der Parva genannte Vierradwagen überraschte durch eine geschmackvoll geformte, glattflächige Cabrio-Karosserie. Auf unnötigen Zierat, sonst oft großzügig verwendet, hatte man verzichtet. Der Wagen hatte Einzelradaufhängung und im Heck einen 125-ccm-Motorradmotor mit etwa 6 PS Leistung, der das nur ca. 170 kg schwere Mobil auf 60 km/h beschleunigen sollte. Doch nach der Ausstellung ereilte den Parva bald das gleiche Schicksal wie viele andere Versuche jener Zeit, mit geringen Mitteln und ohne ausreichende Produktionskapazität ins Kleinwagengeschäft einzusteigen – er geriet in Vergessenheit.

# PULCINO

Der »Pulcino« (»Küken«) war der einzige Versuch, nach dem Krieg eine kleine Autoproduktion auf Sizilien in Gang zu bringen. Das liebevoll zusammengebaute vierrädrige Wägelchen war das Werk des begabten Bastlers Antonino Artesi aus Palermo.
Tragende Funktion seines Pulcino hatte ein kräftiger Rohrrahmen mit X-Traversen und Verstärkungen in der Nähe der Radaufhängungen. Die kleinen Räder waren vorn einzeln aufgehängt und wurden durch eine querliegende Blattfeder gedämpft, während hinten Längs-

*Oben links: Von Zagato karossierter Panther Kleinwagen mit Dieselmotor.*

*Links: Der 1955er Panther auf einer Ausstellung.*

*Rechts: Der Pulcino, ein Bastelauto aus Sizilien.*

schwingarme zu finden waren. Die Stahlblechkarosserie war im Stil aktueller amerikanischer Wagen gefertigt: Sie hatte reiche Chromverzierungen, ein breites Kühlermaul, mächtige Stoßfänger und zahlreiche Lämpchen. Durch tiefe Türausschnitte gelangte man auf die Sitzbank des innen nur 92 cm breiten Pulcino.
Die Windschutzscheibe stammte vom Fiat Topolino. Der Heckmotor war ein 125-ccm-Einzylinder-Zweitakter, der knapp 5 PS produzierte und seine spärliche Kraft über drei Gänge, die mit einem Mittelschalthebel gewählt werden konnten, mittels Kette auf das linke Hinterrad übertrug. Auch die Lenkung war vom Fiat-Kleinwagen geborgt, und der kleine Pulcino soll einen Wendekreisradius von nur 2,25 m gehabt haben. Bei einem Leergewicht von 156 kg konnte man natürlich keine Wunder an Temperament erwarten, und so waren für den Pulcino 50 km/h schon eine gewaltige Anstrengung.
Signore Artesi hatte den Pulcino nicht für sich alleine gebaut, sondern strebte mit Hilfe eines finanzkräftigen Investors durchaus eine Serienproduktion an. So wurde der kleine Wagen 1948 auf der 3. Feria del

Mediterraneo ausgestellt, wo er zahlreiche Bewunderer fand und sogar einen Preis für sein Design gewann. Danach wurde es jedoch wieder still um den winzigen Sizilianer, denn niemand wagte es, ein solches Projekt gegen die Konkurrenz von Fiat durchzuziehen. Es hätten schon große Auflagen des Pulcino gebaut werden müssen, um den Preis unter den des Topolino drücken zu können, denn nur ein besonders preiswerter Kleinwagen hätte hier vielleicht noch eine Chance gehabt.

## ROMANAZZI

Im Frühjahr 1953 präsentierte die Karosseriebaufirma Romanazzi in Bari ein gelungenes Personendreirad auf Basis des Piaggio-Kleinstlieferwagens Ape. Die sorgfältig gearbeitete Blechkarosserie mit zwei hinteren Seitentüren konnte drei Personen aufnehmen; der Fahrer mußte sich allerdings mit dem Vespa-Sattel und offenen Seiten begnügen. Lediglich eine gewölbt Plexiglasfrontscheibe diente zu seinem Schutz. Bedient wurde das Fahrzeug wie der Ape-Lieferwagen, also per Lenkstange und Drehgriffschaltung. Die gesamte Technik hatte man vom Piaggio-Chassis übernommen. Die Firma Romanazzi hatte vor, ihr Dreirad als »Mototaxi« zu vermarkten, doch scheint außer dem Prototypen kein weiteres Fahrzeug dieser Art mehr entstanden zu sein.

## SIATA

Schon 1914 hatte Giorgio Ambrosini, der spätere Gründer der Firma SIATA in Turin, versucht, eine eigene Automarke ins Leben zu rufen. Seinem »Vittoria«, entstanden unter Verwendung zahlreicher Fremdteile, war indessen kein Erfolg beschieden. Schon im nächsten Jahr verschwand die Marke so schnell wie sie aufgetaucht war.
Ambrosini spezialisierte sich künftig auf das Überarbeiten und Schnellermachen von Fiat-Motoren und brachte es darin zu wahrer Meisterschaft. 1926 gründete er die »Società Italiana Applicazioni Tecniche Auto-Aviatorie« (SIATA) und erregte unter anderem damit Aufsehen, als er 22 PS starke Motoren des Fiat Balilla auf 48 PS tunte. In den dreißiger Jahren fertigte SIATA Spezial-Zylinderköpfe für den Fiat Topolino mit obenliegender Nockenwelle.
Nach dem zweiten Weltkrieg entwickelte Ambrosini drei neue Projekte. Zunächst entstand ein Viertakt-Fahrradhilfsmotor, dem er den Namen »Cùcciolo« (kleiner Kuckuck) gab und der schnell zum begehrten Anbau-Motor wurde. Daneben arbeitete man an einem Kleinwagen mit 750-ccm-Motor, der jedoch nie das Licht der Welt erblikken sollte. Als erstes Nachkriegsauto von SIATA (die Firma nannte sich inzwischen »Società Italiana Auto Trasformazioni Accessori«, doch auch dafür paßte das alte Kürzel!), erschien 1948/49 schließlich ein bildhübsches, zweisitziges Cabriolet mit der modifizierten Mechanik des Topolino und einer Karosserie von Bertone. Der Fiat-Motor leistete in jenem »Amica« genannten Sportwagen etwa 20 PS und verhalf dem Wagen zu Geschwindigkeiten bis 110 km/h. Die Radaufhängungen waren weitgehend von Fiat übernommen worden, doch der Rahmen war eine Eigenkonstruktion von SIATA.
Bis 1953 gab es die Amica, zuletzt mit einem amerikanischen 750-

*Rechts: Romanazzi Dreiradwagen mit Vespa-Technik.*

*Unten: Siata Mitzi von 1953 – nur im Ansatz überzeugend.*

*Links: Siata Amica Cabriolet. Das Karosserie-Design stammte von Nuccio Bertone.*

*Unten: Der auch in Deutschland angebotene Siata Spring im Oldtimer-Look, gebaut von 1967 bis 1970.*

ccm-Crosley-Motor. Ein beachtlicher Teil der Produktion wanderte über den großen Teich.
Inzwischen hatte man einen neuen Kleinwagen entwickelt, der im Frühjahr 1953 zum ersten Mal anläßlich des Turiner Salons gezeigt wurde. Das kleine Auto hatte seine Qualitäten, nur schien man bei SIATA wenig Wert auf ein attraktives Äußeres sondern mehr auf Sachlichkeit gelegt zu haben. Verhältnismäßig hoch und rundlich stand das mit nur 2,80 m extrem kurze Auto da, und auch die relativ großen 13-Zoll-Räder trugen wenig zu einer Verbesserung der optischen Erscheinung der »Mitzi« bei. Doch war der Innenraum, der durch symmetrisch geformte Türen mit Schiebefenstern betreten werden konnte, erstaunlich großzügig geraten. Es fanden drei (schlanke) Leute Platz. Im Heck des SIATA saß ein 398-ccm-Viertakter eigener Konstruktion mit zwei Zylindern und Luftkühlung, der etwa 10 PS produzierte und die Mitzi angeblich 80 km/h schnell machen sollte. Die Federung übernahmen vorne wie hinten vierkantige Torsionsstäbe, hinten quer und vorne längs zur Fahrtrichtung angeordnet. Der sauber gearbeitete Wagen mit Rollverdeck fand starke Beachtung, doch zur Aufnahme einer Serienproduktion fühlte sich die Firma außer Stande, zumal es noch Probleme mit der Federung gab, die auch später mit dem Einbau von Schraubenfedern nicht gelöst werden konnten. Ein Radstand von nur 1,70 m ließ das Mobil, das wegen seiner Geräumigkeit als »vetturetta« und nicht als »microvettura« klassifiziert wurde, unter gehörigen Nickschwingungen leiden, während die schwache Motorleistung ebenfalls stark kritisiert wurde. Schließlich erwarb 1954 eine Firma IMEMA S. A. in Caseras, Argentinien, die Rechte zum Lizenzbau der Mitzi, und ab 1956 wurde dort eine modifizierte Kleinserie dieses italienischen Mobils aufgelegt und auch in Uruguay vertrieben. Einen neuen SIATA-Kleinwagen gab es dann 1956 mit dem Amica 600, der technisch auf dem Fiat 600 basierte. Es gab ein Coupé und ein Cabriolet. Im Gegensatz zur ersten Amica war die Karosserie keineswegs so gelungen. Eher hochbeinig und gedrungen wirkten diese Wagen, nicht viele fanden ihren Käufer. 1959 baute man auch einen Spider auf der technischen Basis des Fiat Nuova 500, der mit der SIATA-Karosserie indessen recht schwer geriet und mit gewagten Lackierungen und »Bullaugen« über den Hinterrädern nicht jedermanns Geschmack traf. Solche Wagen wurden nur in geringen Stückzahlen gefertigt. Zur gleichen Zeit hatte man die 600er Modelle überarbeitet, auch ein auf 735 ccm vergrößerter Motor mit ca. 30 PS stand nun zur Verfügung. Stilistisch gehörten solche Modelle weiterhin zu den Außenseitern.
Von 1959 bis 1961 folgte eine kurze Liaison mit Carlo Abarth, dessen Autos frisierte 750-ccm-Motoren vom Fiat 600 und diversen Karosserieformen von SIATA aufwiesen. Die Firma wurde in SIATA Auto SpA umbenannt und brachte eine Anzahl hübscher Coupés mit 1300er, 1500er und 1600er Motoren von Fiat heraus. 1964 folgte ein kleineres Coupé mit Fiat-850-Technik; den Schlußpunkt bildete der bekannte Möchtegern-Oldtimer SIATA Spring von 1967, der bis 1970 gebaut wurde, als die Firma finanziell am Ende war und geschlossen wurde. Den Spring ausgenommen, sind SIATA-Kleinwagen in Deutschland so gut wie unbekannt geblieben.

*Volpe 1947. Das Klappverdeck ist eine Attrappe!*

## V 200

1953 war in Italien kurze Zeit die Rede von einem Kleinwagenprojekt, das durch sehr ungewöhnliche Konstruktionsdetails neugierig machte. Doch es ist nicht sicher, ob überhaupt je ein funktionsfähiger Prototyp entstand. Eine Firma »Microcar« in Mailand und Lugano hatte angeblich fünf Jahre an ihrem Projekt »V 200« gearbeitet. Es wurden Prospekte veröffentlicht, die ein zweitüriges, amerikanisch beeinflußtes Cabriolet vorstellten. Es hieß, daß die Karosserie aus Aluminium bestünde, die auf einem Leiterrahmen mit X-Traverse aus Stahlrohr saß. Alle vier Räder des V 200 sollten unabhängig aufgehängt und gefedert sein, vorne an Parallelogrammen und hinten mittels Dreieckslenkern. Eine Besonderheit sollte auch der Motor im Heck darstellen. Angeblich war es ein Vierzylinder-Diesel in Boxerbauart. Dieses luftgekühlte Aggregat sollte im Zweitaktverfahren arbeiten und bei einem Hubraum von nur 200 ccm 12 PS abgeben. Über ein Getriebe hatte man sich noch keine Gedanken gemacht, zumindest wurden hierzu keine Angaben veröffentlicht. Dagegen wollte man in bezug auf die Sicherheit der Passagiere keine Risiken eingehen und versprach hydraulische Bremsen an allen vier Rädern.
Zwei Karosserievarianten wurden angeboten. Auf der breiten Sitzbank des Cabriolets sollten bis zu drei Personen Platz finden können, die Windschutzscheibe war geteilt, und an der Front sorgte ein mächtiges Kühlermaul für den beliebten Straßenkreuzereffekt. Auch offerierte man ein transparentes Hardtop aus Plastikmaterial, und man konnte nicht behaupten, daß der V 200 damit schlecht aussah.
Es ist nicht mehr zu erfahren, ob dieses Modell einen ernsthaften Versuch der Kleinmotorisierung darstellen sollte oder ob sich eine Gruppe unkonventionell denkener Ingenieure oder Bastler damit hervortat, ohne ernsthaft an eine Produktion dieses Fahrzeuges zu denken. Der V 200 wäre nicht der einzige Kleinwagen gewesen, der im Projektstadium stecken blieb.

## VOLPE

1947 wurde mit hohem Werbeaufwand ein hübsch geformtes Kleinstauto bekanntgemacht, das die Herzen vieler Italiener höher schlagen ließ und von dem sich mancher ein brauchbares Verkehrsmittel auf vier Rädern unterhalb des Fiat 500 erhoffte. Der »Volpe« (Fuchs) war ein nur 2,50 m langer, offener Zweisitzer mit Verdeck, den ein Ingenieur Colombo für die Mailänder Firma ALCA (Anonima Lombarda Cabotaggio Aero) entwickelt hatte; er sollte bei Aero-Caproni in Trento in Serie gebaut werden. Das Fahrzeug mit geteilter Kunststoffscheibe und einem Lenkrad ähnlich dem von Sportflugzeugen hatte vorne querliegende und hinten Viertelelliptik-Blattfedern und wies ein elektromagnetisches Viergang-Vorwählgetriebe mit kleinem Schalthe-

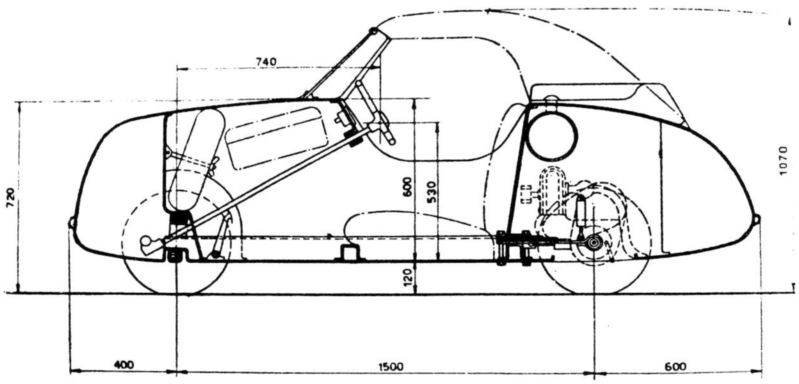

*Links: Schnitt durch den Volpe Zweisitzer.*

*Rechts: Vulografo Bimbo 1946. Die Karosserie war aus einem Stück geformt.*

bel unter dem Lenkrad auf. Die Fußbremse wirkte mechanisch auf die Vorderräder, die Handbremse auf die Hinterachse. Angesehene Fachzeitschriften wie *Motor Italia* und *Auto Italia* veröffentlichten ausführliche Artikel voller Euphorie über den Volpe: »Dieses Fahrzeug läßt all jenen das Wasser im Mund zusammenlaufen, die sich nicht mit dem seltsamen ›Cùcciolo‹ (populärer Fahrradhilfsmotor von SIATA) oder dem neuen Vespa-Roller zufriedengeben wollen,« schrieb *Motor Italia* hoffnungsvoll und wünschte dem Projekt »alles alles Gute und viel Glück«. Doch bald stellte sich heraus, daß den Vorschußlorbeeren keine Taten nachfolgten. Mittlerweile hatten viele Interessenten Anzahlungen geleistet. Doch niemand sollte später in den Genuß der angekündigten 6 PS des Zweizylinder-Zweitaktmotors, der Spitzengeschwindigkeit von 75 km/h und einer Bergsteigefähigkeit von 25 Prozent des kleinen Fuchses kommen können – die Lieferungen blieben aus. Niemand erhielt einen Wagen, niemand sah sein Geld wieder. Ein Hagel von Klagen brach über die Initiatoren des Projektes herein, der schließlich zu gerichtlichen Schritten und Verurteilungen führte. Wieder war der Traum von einem für kleine Leute erschwinglichen Auto im armen Italien der Nachkriegszeit nicht in Erfüllung gegangen.

## VOLUGRAFO

Als »kleinstes Auto der Welt« bezeichnete im November 1945 eine italienische Fachzeitschrift einen soeben vorgestellten, besonders eigenwilligen Versuch der Kleinmotorisierung. Es handelte sich um ein nur 2,40 m langes und 90 cm niedriges, spielzeugartiges Wägelchen, das in Turin entstanden war. Der Ingenieur und Rennfahrer Belmondo hatte das Vierradfahrzeug für die Firma Volugrafo entwickelt, die sich bisher mit der Herstellung von Kleinstmotorrädern (für Militärzwecke mit dem Fallschirm abwerfbar), Anhängern, Flugzeugteilen und Benzinzapfsäulen beschäftigt hatte. Die ebenfalls »Volugrafo« genannte Kleinstauto-Konstruktion war das erste im Nachkriegs-Europa neuentwickelte Fahrzeug dieser Kategorie. Ein tragender Rohrrahmen bildete das Chassis mit einer extrem schmalen Spur von nur 78 cm. Die Vorderräder waren an Parallelogrammen geführt, und Lenkbewegungen vom großen Lenkrad wurden mit einer Kette übertragen. Hinten waren die kleinen Räder an Längshebeln mit Viertelelliptikfedern einzeln aufgehängt. Als Antrieb diente ein 125-ccm-Motorradmotor der auf der linken Seite vor dem Hinterrad am Rahmen befestigt war und seine Kraft von etwa 5 PS über eine kurze Kette übertrug.

Die Karosserie war aus Aluminium geformt und bestand aus einem Stück, wobei wegen der geringen Höhe des Volugrafo auf Türen verzichtet wurde. Sie war für ihre Zeit recht unkonventionell mit vollverkleideten Rädern und glatter, aerodynamischer Form, wobei jedoch der Luftwiderstand beim Volugrafo mit seiner Höchstgeschwindigkeit von gerade 60 km/h kaum eine Rolle spielte. Der Fahrer und ein (schlanker) Passagier konnten sich auf einer schmalen, gepolsterten Sitzbank nebeneinander setzen, doch im Grunde war dieses Minimobil nur für eine Person gedacht, da auch das große Lenkrad zentral angebracht war. Mit einem Hebel im Innenraum wurde der Motor manuell angeworfen, es standen drei Vorwärtsgänge zur Verfügung. Später erprobte man auch eine Sportversion des Volugrafo, bei der man vor dem rechten Hinterrad einen zweiten 125-ccm-Motor eingebaut hatte, auch ein zweites Getriebe war vorhanden. Der Winzling hatte kein Differential und soll mit zwei Motoren ein wahres Wunder an Wendigkeit gewesen sein. Vor dem Piloten ragte eine im Verhältnis zur Größe des Autos reichlich überdimensionierte, gebogene Plexiglasscheibe empor. Für schlechtes Wetter war ein dünnes Stoffverdeck ohne Seitenteile vorgesehen.

Im Frühjahr 1946 scheint man eine Minimalfertigung des Volugrafo begonnen zu haben, die angeblich erst 1948 zum Stillstand kam. Zuvor hatte sich mit der Firma Rino Ruvioli in Mailand eine Vertriebsfirma für die Lombardei etabliert, die den Volugrafo als »Bimbo« anbot. Heute ist nicht mehr feststellbar, wieviele dieser merkwürdigen Vehikel tatsächlich gebaut und verkauft wurden, es scheint auch keins mehr zu existieren.

# Irland

Die wenigen Automobile, die vor dem Zweiten Weltkrieg die schmalen und oft unbefestigten Straßen der Grünen Insel am Rande Europas befahren hatten, stammten ausschließlich aus fremder Produktion, vor allem natürlich vom ungeliebten Nachbarn England. Die relative Armut der Bevölkerung trug noch bis vor etwa zwanzig Jahren dazu bei, daß man außerhalb großer Städte nur sehr vereinzelt auf motorisierte Reisende traf, und selbst heute gibt es vor allem im Westen des Landes Gegenden, die – was den Grad der Motorisierung betrifft – an die deutsche Provinz in den dreißiger Jahren erinnern. Dennoch gab es Ende der fünfziger Jahre einen mutigen Versuch, eine Kleinwagenproduktion in Irland in Gang zu bringen. Daß dieses Vorhaben nach kurzer Produktionszeit letztendlich scheiterte, lag zum Teil an Problemen des Lizenznehmers, aber auch an einer sich langsam bessernden wirtschaftlichen Lage der Bevölkerung. Heute teilen sich englische, japanische, italienische und französische Hersteller das wachsende Irland-Geschäft.

## HEINKEL-I

1958 hatten die deutschen Heinkel-Werke schon weitgehend die Lust am Bau ihrer Kabine verloren und waren bestrebt, die Produktionsanlagen zu verkaufen, um sich wieder dem Luftfahrtgeschäft widmen zu können.

Zu den Interessenten zählte unter anderen das irische Montagewerk für Austin-Wagen. Mit staatlicher Unterstützung wurde schließlich 1958 ein ehemaliges Reparaturwerk für Lokomotiven zum Herstellungsort für den deutschen Kabinenroller umfunktioniert. Der Handel zwischen den deutschen und irischen Unternehmern wurde perfekt, ein großer Teil der Produktionsanlagen nach Dundalk in der Nähe von Dublin verschifft.

Ende 1958 verließen die ersten Kabinen irischer Produktion, Heinkel-I genannt, die noch recht provisorische Fertigungsstätte. Gleichzeitig übernahmen die Iren auch die Ersatzteilversorgung für alle Heinkel-Kabinen. Bald stellte sich indessen heraus, daß die in Irland produzierten Kabinen unter bösen Fertigungsmängeln litten; schon fabrikneu wiesen sie Rost auf, was auf unsachgemäße Lagerung der Teile hinwies. Auch mit der Paßgenauigkeit nahmen es die Iren nicht sonderlich genau. Durch solch negative Erfahrungen der Kundschaft wurde der Verkauf des Mobils natürlich nicht gerade gefördert, zumal Mittel für weitere Investitionen zur Verbesserung der Qualität nicht zur Verfügung standen.

Da half es auch wenig, daß 1959/60 eine nette Cabriolet-Version, ein »Open Tourer«, vorgestellt wurde. Vom Dachaufbau waren bei diesem Modell nur der Türrahmen – man mußte natürlich auch in das offene Mobil durch die Fronttür einsteigen – und die seitlichen Dreiecks-Schwenkfenster übriggeblieben. Sollte einer der häufigen Regenschauer die irischen Heinkel-Piloten überraschen, so konnte man ein leichtes Kunststoffverdeck mit Fensterfolien aufknöpfen, das bei Sonnenschein hinter den Einzelsitzen der offenen Kabine verschwand. Gepäck war in diesem Falle nicht unterzubringen.

Doch die Iren bauten den Tourer nicht in Serie, sondern kümmerten sich viel mehr um die Weiterveräußerung des Heinkel-Kleinstwagens, und so blieb das Cabriolet ein Einzelstück.

Ende 1960 fand man in der britischen Firma Trojan einen Nachfolger zum Lizenzbau des Mobils. Ab 1961 gab es den Heinkel Kabinenroller dann ausschließlich aus britischer Produktion.

*Die irische Version der Heinkel-Kabine als offener Prototyp. Der »open tourer« sah zumindest mit heruntergeklapptem Verdeck recht flott aus. Leider blieb dieses Fahrzeug von 1959 ein Einzelstück; in Serie ging nur die geschlossene Kabine.*

# Japan

Japan, heute der größte Autohersteller der Welt, hatte um die Jahrhundertwende nur sehr zögerlich begonnen, die Erfindung des Automobils einer genaueren Prüfung zu unterziehen. Leider war das erste, 1899 importierte Dreirad bei einem Unfall ins Meer gestürzt, und das zweite Mobil, das man Kronprinz Yoshihito zum Geschenk gemacht hatte, fand ebenso bald ein unrühmliches Ende im kaiserlichen Wassergraben.

Danach versuchten nur einige wagemutige Bastler, Automobile zu produzieren. Und wer sich zu Beginn des zwanzigsten Jahrhunderts in Japan ein Privatauto leisten konnte, orientierte sich vorzugsweise am reichen Angebot der USA. 1923 erschütterte ein katastrophales Erdbeben den Großraum Tokio und ließ das auf Schienenfahrzeuge konzentrierte Verkehrssystem völlig zusammenbrechen. Nun wurden die Vorteile von Motorwagen allmählich erkannt, und man ließ mangels eigener Fabriken Autos aus Europa (auch Kleinwagen aus Deutschland) ins Land. Ford und General Motors errichteten im Inselreich Niederlassungen. Es dauerte hingegen noch bis Mitte der dreißiger Jahre, ehe sich einheimische Firmen wie Datsun und Toyota etabliert hatten; selbst im Vorkriegs-Rekordjahr vor 1937 entstanden insgesamt noch nicht einmal 2000 Personenwagen japanischer Herkunft. Das Schwergewicht lag eindeutig in der Nutzfahrzeugherstellung; Privatautos waren höchst selten und angesichts eines abschreckenden Zustandes vieler Straßen und der Verwinkeltheit japanischer Großstädte mit ihren engen Gassen kaum nutzbar.

Nach der Kapitulation Japans 1945 gab es im ganzen Land keine 80000 funktionsfähige Kraftwagen. Die amerikanischen Streitkräfte erlaubten zunächst nur die Produktion von Nutzfahrzeugen, deren Bau forciert wurde, auch mit staatlicher Hilfe. Die ersten Personenwagen durften erst 1949 wieder gebaut werden, und nur sehr schleppend kam dieser Prozeß in Gang. Frühe Exemplare aus der Nachkriegszeit waren auch stets untermotorisiert und alles andere als ansehnlich. Sie dienten in der Hauptsache als Taxis in den Großstädten. So erhöhte sich die Zahl der in Japan produzierten Personenwagen zwischen 1949 und 1953 lediglich von gut 1000 auf knapp 9000, während in Europa und vor allem in den USA schon ein gewaltiger Autoboom herrschte.

Da das Autofahren in Japan sehr kostspielig war, was Steuer und Versicherung betraf, konnten sich in den fünfziger Jahren auch nur wenige Klein- und Kleinstwagen behaupten, die auch weit hinter dem westlichen Standard zurückblieben. Erst mit der Liberalisierung der Wirtschaft schossen mit Beginn der sechziger Jahre eine Vielzahl von Mobilen wie Pilze aus dem Boden. Dabei hatte der Staat die im Unterhalt mit großem Abstand billigste Wagenklasse auf einen Hubraum von höchstens 360 ccm und eine Länge von 3 Metern beschränkt. Innerhalb dieses Rahmens wurden von zahlreichen Herstellern phantasievoll alle Möglichkeiten ausgeschöpft. Sehr beliebt waren in dieser Klasse winzige Kombis und Lieferwagen, doch gab es auch Versuche, das Aussehen selbst kleinster Wägelchen dem großer Limousinen anzupassen. Etliche Mobile hatten vier Sitze, vier Türen und sogar vier Zylinder, wobei die Motoren dann schon fast in die Sparte des Modellbaus einzuordnen waren, bei abenteuerlich hohen Drehzahlen aber Erstaunliches leisten konnten.

Für Europäer waren solche Mobile freilich völlig ungeeignet. Konnten in einem solchen Gefährt ohne sonderliche Mühe vier Japaner Platz nehmen, so hatten westliche Testpersonen schon Mühe, sich zu zweit auf die Vordersitze zu zwängen. Ein Exportgeschäft existierte mit solchen Mobilen nur im asiatischen Raum, obgleich es auch Versuche gab, beispielsweise den Subaru in den USA anzubieten. Die Vielfalt dieser Kleinwagen war in Japan enorm, und bald gab es auch vergrößerte Modelle mit 700 und 800 ccm Hubraum, die der Kleinwagenkategorie entwuchsen, immer attraktiver und auch als Exportartikel in den Westen interessanter wurden, bis Anfang der siebziger Jahre dann die automobile Großoffensive auf den Rest der Welt gestartet wurde. Noch heute gibt es eine erstaunliche Anzahl Kleinwagen der 360-ccm-Klasse auf dem japanischen Markt. Die Rasse der echten Kleinstmobile ist noch nicht ausgestorben!

*Japans Straßenverhältnisse in Stadt und Land zwangen förmlich zum Bau von Schmalspurautos. So großzügig wie diese Piste, auf der eine Vorführ-Kolonne 1939er Datsun-Wagen rollt, waren seinerzeit nur wenige Landstraßen in Nippon.*

*Links: Cony Kleinwagen aus den sechziger Jahren, als Kombi und Pickup.*

*Oben: Cony Guppy, ein Mini-Pickup aus dem Jahre 1953.*

# CONY

Der Cony entstand bei der Firma Aichi Machine Industry Co. Ltd. in Nagoya. Aichi, gegründet 1943 als Produzent von Fluggerät für die japanische Marine, hatte sich nach Kriegsende auf ein neues Betätigungsfeld konzentrieren müssen. Schon 1946 präsentierte man dann das erste, kleine Lieferdreirad. 1952 folgte ein erstes Vierradmodell, doch dauerte es bis Anfang der sechziger Jahre, ehe man sich an die Konstruktion von kleinen Personenwagen heranwagte. Neben einem winzigen, mit einer Miniaturladefläche verzierten 200-ccm-Wägelchen namens Guppy und einem 360-ccm-Kleinkombi (mit Gardinen vor den hinteren Seitenfenstern) erschien 1962 der Coach mit 360-ccm-Motor. Dies war ein modern aussehender Kleinwagen mit großen Fensterflächen, der keine drei Meter lang, aber als vollwertiger Viersitzer ausgestattet war. Ein Viertakt-Boxeraggregat gab bei 5500 U/min 19 PS ab und verhalf dem Coach zu einer Spitze von etwa 90 km/h, sofern das Mobil nicht vollbesetzt war. Originellerweise saß die flache Maschine fast genau in der Mitte des Wagens, wie beim Kleinkombi, unter den Vordersitzen und trieb über ein Dreiganggetriebe (mit synchronisiertem zweiten und dritten Gang) die Hinterräder an. Alle Räder waren unabhängig aufgehängt. Der Kombiversion war weit mehr Erfolg beschieden als dem Viersitzer mit Stufenheck, der nur kurz im Programm blieb. Bis Ende der sechziger Jahre, als Aichi von Nissan übernommen wurde, gab es Cony Kombiwagen mit 360-ccm-Motor in zwei Versionen zu kaufen. Nach Europa gelangten Cony Wagen nicht, doch gab es Exporte in andere asiatische Länder.

# DAIHATSU

Die Geschichte der Daihatsu Motor Co. Ltd. begann 1907, als in Osaka ein Vorläufer des heutigen Unternehmens zum Bau von Verbrennungsmotoren gegründet wurde. 1930 erschienen die ersten kleinen Lastendreiräder, doch erst nach dem Krieg vermochte die Firma eine größere Bedeutung zu erlangen, als auch Baumaschinen ins Programm genommen wurden.

Ein erster Kleinwagen wurde 1955 gebaut. Es handelte sich um ein ungewöhnlich geformtes Dreirad, genannt »Bee«, mit vorderem Einzelrad. Der in nur wenigen Exemplaren hergestellte Viersitzer hatte auffallend große Räder, vier Türen und im Heck einen modernen Zweizylinder-Viertaktmotor mit 540 ccm Hubraum und 13,5 PS Leistung. Die Firma konzentrierte sich jedoch hauptsächlich auf die Weiterentwicklung ihrer Lastendreiräder und hatte mit den 250-ccm-Einzylinder-Modellen Midget und Tri-Mobile, die es auch als Taxi gab, großen Erfolg in Japan und anderen asiatischen Ländern.

*Oben: Cony 360 Typ AF 7 von 1962.*

*Unten: Cony Coach 1964 mit 360-ccm-Motor und 19 PS.*

*Links: Daihatsu Compagno Limousine von 1965 – sehr europäisch im Design!*

*Unten: Modernisierter Compagno 1967; darunter Daihatsu Fellow 1967.*

*Oben: Sehr ansprechend war das Compagno Cabriolet von 1967. In Europa war Daihatsu noch so gut wie unbekannt.*

Ein Vierrad-Auto wurde erst 1960 mit der Kombiversion des 360 ccm Pickup Hi-Jet präsentiert. Die nicht einmal drei Meter lange Blechkarosserie ruhte auf einem kräftigen Rahmen, vorne gab es Einzelradaufhängung, hinten eine Starrachse. Der vorne eingebaute Zweizylinder-Zweitakt-Reihenmotor mit Luftkühlung gab bei 5000 U/min 17 PS ab; mehr als 75 km/h waren damit nicht erreichbar. Im schmalen Innenraum des nur 1,30 m breiten Kleinwagens herrschte sachliche Nüchternheit: Der Schalthebel des Dreiganggetriebes ragte aus dem Mitteltunnel hervor, eine Sitzbank mit umklappbarer Rückenlehne machte den Hi-Jet zum Familienauto. Das Geschäft mit diesen kleinen, nützlichen Arbeitsbienen blühte auf, und 1967 erschien dann der erste, »richtige« Daihatsu-Personenwagen in Gestalt des 360 Fellow. Dieses kompakte Auto war einer der modernsten Kleinstwagen Japans mit selbsttragender, viersitziger Karosserie, aufwendiger Einzelradaufhängung aller Räder und einem neuen, wassergekühlten Zweitaktmotor mit 356 ccm und erstaunlichen 23 PS Leistung, die den Fellow gut 100 km/h erreichen ließen. Als Rechtslenker hatte dieses Modell eine Viergang-Lenkradschaltung mit unsynchronisiertem ersten Gang, die Exportversion mit Linkslenkung war dagegen mit Mittelschaltung ausgerüstet. Dieses Modell ergänzte die Modellpalette von Daihatsu nach unten, nachdem 1963 mit dem 800-ccm-Modell Compagno ein erfolgreiches Modell in einer höheren Klasse aufgelegt worden war. Vom Fellow gab es später auch eine Kombiversion und ein Sportmodell »SS«, das sogar 32 PS aus 360 ccm holte. Bis 1969 war das Unternehmen so stark gewachsen, daß jährlich bereits mehr als eine Million Fahrzeuge produziert wurden.

## DATSUN / NISSAN

Kompliziert ist die Geschichte der Datsun-Automobile, die in den vierziger und frühen fünfziger Jahren zu den Kleinwagen gerechnet werden konnten. Der Name geht zurück auf die ab 1914 in Tokio gebauten DAT-Wagen, wobei die Anfangsbuchstaben für die Namen der damaligen Firmenchefs Den, Aoyama und Takeuchi standen. DAT war der eigentliche Automobil-Pionier in Japan, dort wurden erstmals Autos in größeren Serien aufgelegt. 1926 fusionierte Dat mit der Herstellerfirma der »Lila«-Wagen in Osaka, verlegte den Firmensitz dorthin und beschränkte sich bis 1930 auf die Herstellung von Nutzfahrzeugen. 1931 wurde der erneute Versuch unternommen, ei-

*Links: Hi-Jet Kombi, der erste Vierradwagen dieser Art, den Daihatsu baute.*

*Links: 1952 entstand dieser Datsun Pickup, ganz in Gestalt der dreißiger Jahre. Sein Vierzylindermotor hatte 860 ccm Hubraum und 21 PS Leistung. Die Nutzlast betrug 600 Kilogramm.*

*Oben: Datsun 1931, einer der ersten Wagen dieser neuen japanischen Marke. Die Karosserielinien des kleinen Vierzylinders lassen englische Vorbilder erkennen.*

nen Personenwagen zu bauen, sozusagen einen »Sohn« der früheren Modelle und der Markenname wandelte sich in »Datson«. Diese Bezeichnung änderte sich im nächsten Jahr, als das Firmenzeichen um das Symbol der aufgehenden Sonne bereichert wurde und die Wagen fortan »Datsun« hießen. In den dreißiger Jahren verließen nur wenige Datsun des Nissan-Konzerns die Werkshallen; die Produktion konzentrierte sich vornehmlich wieder auf Lastwagen und Militärfahrzeuge.

Erstes Nachkriegs-Auto von Datsun war 1947 ein recht antiquiertes und primitives Kleinwagenmodell mit der Bezeichnung Standard Sedan und 722 ccm Vierzylindermotor. Die Karosserie hatte vorn Ähnlichkeit mit dem gleichzeitig produzierten Klein-LKW. Nur wenige dieser Fahrzeuge wurden gebaut, ehe 1948 ein Nachfolgemodell präsentiert wurde. Dieser Deluxe Sedan war zwar ebenfalls keine Schönheit, doch zeigten seine viel runderen Formen, angelehnt an den amerikanischen Crosley Kleinwagen, das Streben nach Modernität. Innen fühlte man sich noch in die dreißiger Jahre zurückversetzt angesichts einer recht plüschigen Ausstattung des engen Passagierabteils mit vier Sitzplätzen. Anfangs hatte auch der Deluxe Sedan noch den alten 722-ccm-Motor mit 16 PS, doch schon kurze Zeit später gab es eine neue Maschine mit 860 ccm und 20 PS, die für eine Höchstgeschwindigkeit von 72 km/h sorgte. Mit dem gleichen Motor gab es dann ab 1950 eine weitere Karosserievariante des Datsun mit der Be-

*Datsun Sportroadster Typ DC 3 von 1952. Er sah sportlich aus, war aber zu schwach.*

Oben links: Datsun Deluxe Sedan 1948. Rechts daneben: Datsun Thrift 1951 mit 860-ccm-Motor.

Rechts: Jüngere Version des Datsun Thrift von 1954 – jetzt mit hinten angeschlagenen Türen.

zeichnung Thrift. Auch dieses eckige, fast Jeep-ähnliche Modell hatte noch vorn wie hinten Starrachsen. Der Export spielte noch so gut wie überhaupt keine Rolle; die Stückzahlen solcher Modelle beliefen sich auf einige hundert Exemplare.
1952 gab es mit gleicher Technik einen originellen Sportwagen, den Datsun Sports, der ein wenig an englische Vorbilder vom Schlage eines MG TC erinnerte. Der 20-PS-Flitzer schaffte knapp über 80 km/h und verfügte über ein Segeltuchverdeck, das man mit Seitenteilen ergänzen konnte. Selbst bei Autorennen wurden diese Roadster eingesetzt, wo sie zwar gegen Konkurrenten wie Jaguar XK 120 und MG keine Chancen hatten, aber sich mit Crosley Roadstern Zweikämpfe lieferten. Ab 1952 arbeitete Datsun mit Austin zusammen und montierte das Modell A 40, ehe eigene Konstruktionen auf den Markt kamen, die jedoch nicht mehr zu den Kleinwagen zu zählen waren.

## FUJI

Die drollige Fuji Cabin, 1957 und 1958 bei der Fuji Toshuda Motors in Tokio in weniger als hundert Exemplaren gebaut, kann als der einzige Kabinenroller unter den Kleinstwagen Japans nach 1945 angesehen werden. Die aerodynamisch bemerkenswert konsequent geformte Kunststoffkarosserie mit dem Düsenjäger-Gesicht bestand aus einem Stück, wenn man von den beiden Türen absieht, und ruhte auf einem einfachen Dreirad-Chassis. Sie war vollkommen geschlossen ausgeführt und nur durch kleine Schiebefenster zu belüften. Im Innenraum ging es selbst für japanische Verhältnisse beengt zu, zwei Personen konnten zwar trocken, aber nur mit enger Tuchfühlung befördert werden. Der Fahrer hatte die Pedalerie eines Personenwagens vor sich, steuerte hingegen mit einem Lenkhebel nicht ganz unähnlich dem des deutschen Messerschmitt. Die beiden 8-Zoll-Vorderräder waren einzeln aufgehängt und wurden von Spiralfedern gedämpft, während das angetriebene Hinterrad in einer Schwinge geführt wurde. Den Antrieb vertraute man einem winzigen Einzylinder-Zweitaktmotor mit nur 123 ccm an, dessen knapp 6 PS kaum ausreichten, das japanische Mobil auf 60 km/h zu beschleunigen. Das hauptsächlich für den Einsatz in Städten gedachte Dreirad verfügte ferner über vier Vorwärtsgänge, jedoch nur einen einzigen Scheinwerfer an der Front. Im Heck verunzierte eine große Motorklappe die Linie; Gepäck konnte in kleinsten Mengen hinter den Sitzen befördert werden.
Eine größere Verbreitung fand dieser Kabinenroller nicht. Aber immerhin fand ein erhaltenes Exemplar in einem prachtvollen Oldtimer-Museum in Tokio seinen Platz.

## HINO

Die 1910 unter der Bezeichnung Tokyo Gas Industry Co. Ltd. gegründete Firma wurde zum japanischen Pionier im Bau von Dieselmotoren und -fahrzeugen. Schnell entwickelte sich das Unternehmen zum größten Lastwagen-Produzenten Asiens und trieb schon vor dem Krieg regen Export.
Nach 1945 nahm die seit dem Umzug des Werkes nach Hino, einem Vorort Tokios, in Hino Motors Ltd. umbenannte Firma den Bau von Last- und Spezialfahrzeugen aller Art in vollem Umfang auf und faßte selbst in einigen europäischen Ländern ohne eigene Lastwagen-Produktion Fuß. 1953 kam ein Lizenzvertrag mit der französischen Firma Renault zustande, wonach Hino berechtigt wurde, das Kleinwagenmodell 4 CV herzustellen. Noch im selben Jahr verließen die ersten Hino Renault in Standard- oder De-Luxe-Version das Werk. Wie in

Europa, so wurde auch in Japan der 4 CV zu einem begehrten Fortbewegungsmittel und verbreitete sich mangels Konkurrenz rasch, wobei zahlreiche Hino Renault als Taxis ihren Dienst versahen. Mit seinem 750-ccm-Motor, der 21 PS leistete, war der viertürige Kleinwagen ein nicht gerade schnelles, aber sehr wirtschaftliches Automobil, das den meisten vergleichbaren japanischen Konstruktionen der damaligen Zeit überlegen war.
Mit der Vorstellung des etwas größeren 900-ccm-Modells Contessa eigener Konstruktion wurde die Herstellung des Wagens nach Renault-Lizenz im Jahre 1961 eingestellt.

*Ganz oben: Fuji Cabin von 1957, originell wie chancenlos.*
*Darunter: Hino Deluxe alias Renault 4 CV.*

*Rechts: Interieur des 1953 bis 1961 in Renault-Lizenz gefertigten Hino.*

# HONDA

Die 1948 von Selfmademan Soichiro Honda in Hamamatsu gegründete Firma entwickelte sich in rasanter Art und Weise binnen kürzester Zeit zum größten Zweiradhersteller der Welt. Mopeds, Motorroller und Motorräder sowie Generatoren und Außenbordmotoren gehörten zum Produktionsumfang des ständig wachsenden Unternehmens. 1959 gründete Honda in Amerika und zwei Jahre später in Deutschland Tochterunternehmen, Vorboten einer späteren, gewaltigen Exportoffensive japanischer Kraftfahrzeuge.
Erste Automobile von Honda erschienen 1962, als neben einem 360-ccm-Transporter auf der Automobilausstellung von Tokio ein bild-

hübscher, nicht einmal drei Meter langer Roadster präsentiert wurde. Nicht nur die äußere Form des Honda Sports 360 fiel im Vergleich zu anderen japanischen Wagen positiv auf; unter der Fronthaube gab es fast noch Sensationelleres zu entdecken. Die 360 ccm des winzigen Viertakt-Reihenmotors verteilten sich nämlich auf nicht weniger als vier Zylinder, und mit Hilfe von zwei obenliegenden Nockenwellen, vier Vergasern und einer Verdichtung von 9,5:1 war dieses Miniaturkraftwerk imstande, bei unglaublichen 9000 U/min 33 PS zu produzieren. Jedes der beiden Hinterräder wurde von einer Kette angetrieben. Der Wagen, der keine selbsttragende Karosserie besaß, sollte an die 130 km/h erreichen können. Zum Verkauf gelangte dieses Modell jedoch nicht, auch ein später gezeigtes Schwestermodell mit etwas längerer Karosserie und 40 PS leistendem 492-ccm-Motor diente noch der Erprobung.
Im folgenden Jahr erschien ein Sports 500 mit 531-ccm-Maschine, die 44 PS erbrachte und wahrscheinlich etwas weniger Probleme bereiten

*Honda Sports Modell 360 von 1962 mit sehr italienischem Design.*

*Oben: Honda S 800, immerhin 70 PS stark. Erster Honda, der es im Europa-Export auf nennenswerte Stückzahlen brachte.*

*Rechts: Honda S 600. Auch von diesem Auto gelangten erste Exemplare nach Europa, wie dieses Cabrio mit Berner Kennzeichen beweist.*

sollte als die extrem kleinen Motoren der Prototypen. In Japan begann nun der Verkauf dieses Wagens, und im Herbst ließ es sich Chef Soichiro Honda nicht nehmen, den Flitzer für Europa persönlich in Deutschland vorzustellen.
Doch erst als 1964 mit dem Typ S 600 ein ausgereifteres Modell mit 600-ccm-Motor und 57 PS im Programm war, begann ein ernsthafter Export nach Europa und den USA, doch tat sich der kleine Honda, dessen Motor immer noch ein technischer Leckerbissen war, außerhalb Japans sehr schwer. Der Innenraum war für japanische Menschen zugeschnitten, und so war es manchem hochgewachsenen europäischen Interessenten auch beim besten Willen nicht möglich, zum Honda-Fahrer zu werden. Doch wer in den Wagen paßte, konnte wahre Rennatmosphäre genießen, nutzte er die unglaubliche Drehfreudigkeit des Motors.
Ab Sommer 1965 gab es auch eine Coupéversion des Honda S 600, ein Fünfganggetriebe war seit jeher auf Wunsch erhältlich. Wachsenden Leistungsansprüchen versuchte man 1966 mit dem S 800 entgegenzukommen, der beachtliche 70 PS aus 800 ccm schöpfte und über 160 km/h lief, doch war der Wagen für die meisten einfach zu eng und unkomfortabel.
Gleichzeitig brachte Honda die erste Limousine auf den Markt, ein

*Honda N 360, die erste Limousine dieser Marke, die 1962 auf den Markt kam.*

*Rechts: Mazda R360 Coupé Deluxe mit 16-PS-Motor (Zweizylinder-Viertakter) im Heck.*

*Honda N 360, ein Auto, dem bei seinem Erscheinen sehr viel Aufmerksamkeit gewidmet wurde.*

hübsch und sportlich aussehender Kleinwagen in Mini-Form, der, um in die unterste japanische Versicherungsgruppe zu passen, auch nicht länger sein durfte als drei Meter und nur 360 ccm Hubraum besaß. Diesmal waren jedoch nur zwei Zylinder damit beauftragt, Drehzahlen bis über 8000 U/min zu verkraften. 31 PS leistete die Maschine, die die Vorderräder antrieb. Für den Export gab es eine 500-ccm-Version mit 40 PS, an die 130 km/h schnell.
Honda hatte sich inzwischen erfolgreich in der Formel 1 engagiert und legte größten Wert auf ein sportliches Image seiner Produkte. Auch die winzigen Limousinen konnten manch größerem Wagen die Schau stehlen, vermochten sich auf Grund ihrer beengten Platzverhältnisse im Westen aber nicht durchzusetzen. Später gab es die N-Serie auch mit 400- und 600-ccm-Motoren, doch konnte Honda hierzulande erst mit größeren Wagen größere Erfolge verbuchen.

# MAZDA

Der Toyo Kogyo Konzern in Hiroshima war aus einer 1920 gegründeten Firma für Korkverarbeitung hervorgegangen. Der Markenname Mazda für die Fahrzeugproduktion erklärt sich aus der japanischen Vereinfachung des Namens Matsuda, der Präsidentenfamilie des Unternehmens. 1930 wurde als erstes Fahrzeug ein Motorrad gebaut, doch verlegte man sich schon ein Jahr später auf die Produktion der in ganz Asien so überaus beliebten Lastendreiräder. Diese entwickelten sich in den fünfziger Jahren zu beachtlicher Größe. Manche verkrafteten zwei Tonnen und hatten wassergekühlte Vierzylinder-Motoren mit bis zu 60 PS.
Ende der fünfziger Jahre beschloß Mazda, ins aufblühende Geschäft mit Kleinwagen einzusteigen und konstruierte ein coupé-ähnliches Vierrad-Auto für die 360-ccm-Klasse, den R 360. 1960 wurde dieses Modell in einer Luxus- und einer Normalversion vorgestellt. Beide Modelle wiesen im Heck einen Zweizylinder-Viertaktmotor auf, der 16 PS leistete. Man konnte das Coupé mit einem Vierganggetriebe oder mit einer Automatik bestellen. Die Luxusversion war geradezu

*Mazda Carol Viersitzer 1962. Die hintere Dachpartie ähnelt der des Ford Anglia.*

*Links: Mazda B 360, ein Kleinkombi von 1963.*

*Unten: Mazda 800 1967 – Annäherung zur Mittelklasse.*

liebevoll ausgestattet mit Bodenteppich, Zweifarbenlackierung, Schalensitzen und bläulich-transparentem Vorhang vor dem Panoramaheckfenster. Das Armaturenbrett war betont schlicht mit nur einem einzigen runden Kombiinstrument. Alle vier Räder wurden von Torsionsstäben gefedert; die winzige Karosserie war selbsttragend konstruiert. Bis 1970 blieb das Miniaturcoupé mit dem luftgekühlten V-Motor im Verkaufsprogramm.
1962 erschien dann ein viersitziger Mazda mit der Bezeichnung »Carol« und ebenfalls sehr gekonnter Linienführung. Die japanischen Designer beherrschten die Kunst, selbst Autos mit weniger als drei Meter Gesamtlänge harmonisch zu gestalten. Diese Stufenhecklimousine gab es mit 600- oder 360-ccm-Motoren, wobei die kleinere Version nicht das V-Zweizylinderaggregat des Coupés, sondern einen Miniatur-Vierzylinder neuer Konstruktion aufwies. Um Baulänge zu sparen, hatte man ihn quer zur Fahrtrichtung eingebaut: Das Drei-Meter-Limit durfte nicht überschritten werden. Im 600-ccm-Modell war der Vierzylinder dagegen längs installiert, hier spielten die Außenmaße keine zwingende Rolle mehr.
Beide Motoren hatten Wasserkühlung und leisteten 18 bzw. 28 PS, was den Carol 90 bis 110 km/h schnell machte. Das Fahrwerk entsprach weitgehend dem des Coupés. Es gab sogar viertürige Ausführungen beider Modelle, wobei die 360-ccm-Version der kleinste Vier-

*Viertüriger Mazda Carol 1963.*

türer der Welt gewesen sein dürfte. Alle diese Kleinwagen erfreuten sich besonderer Beliebtheit, und 1964 gesellte sich noch ein praktischer Kleinkombi mit der Bezeichnung B 360 bzw. 600 zur Familie der Mazda-Mobile.
1961 hatte Toyo Kogyo die Lizenz zum Bau des Wankel-Motors erworben und brachte interessante Wagen mit diesem Aggregat auf den Markt, zusammen mit kleinen Hubkolben-Mittelklassewagen der 800- bis 1800-ccm-Kategorie.

# MEIWA

Anfang der fünfziger Jahre gab es von der Meiwa Automobile Mfg. Co., spezialisiert auf die Herstellung von Lastendreirädern in allen Variationen, auch eine geschlossene Version zur Beförderung von bis zu sieben Personen. Der Fahrer saß vorne in der Mitte auf einem Motorradsattel. Im Bug saß ein mächtiger Einzylinder-Viertakter mit 744 ccm Hubraum und 16 PS Leistung. Türen gab es für das Fahrerabteil nicht, nur die Passagiere hatten eine geschlossene Kabine für sich, die mehr der eines Kleinlieferwagens glich. Vornehmlich als Taxis taten solche Fahrzeuge ihren Dienst.

# MIKASA

1957 stellte die Okamura Manufacturing Ltd. in Yokosuka gleich drei Karosserievarianten ihres neuen Kleinwagens »Mikasa« vor. Attraktivste Version war ein hübsch aussehender Sportroadster mit der Bezeichnung »Touring Car«. Das zwei-plus-zwei-sitzige Auto mit Stoffverdeck hatte eine glattflächige Stahlkarosserie und erinnerte an europäische Vorbilder. Angetrieben wurden die einzeln aufgehängten Vorderräder, hinten hatte der Wagen eine Starrachse. Der Motor war ein 585-ccm-Boxeraggregat mit Luftkühlung und 21 PS. Interessant war das im Mikasa verwendete Zweigang-Getriebe mit hydraulischem Drehmomentwandler. Diese Automatik war bei Okamura entwickelt worden. Man mußte nicht kuppeln, sondern wählte zwischen zwei Vorwärts- und einem Rückwärtsgang mit Hilfe eines Mittelschalthebels. Die anderen beiden Modelle waren ein Kombiwagen mit umklappbarer Rücksitzlehne und ein Kleinlieferwagen mit Wellblechaufbau. Diese beiden Versionen hatten unter der Fronthaube eine Drosselversion des Zweizylindermotors mit nur 18 PS, aber ebenfalls das automatische Getriebe. Diese »Service Car« genannten Wagen vertrugen keine allzu hohen Belastungen, und im Innern ging es recht spartanisch und laut zu. Mittlerweile gab es bessere Angebote heimischer Produktion, und es dauerte nicht lange, bis nach nur wenigen Autos die Fertigung der Mikasa eingestellt wurde. Im August 1960 lief der letzte Wagen vom Band.

# MITSUBISHI

Der Industriegigant Mitsubishi Heavy Industries, heute eines der größten Unternehmen dieser Art in der Welt, geht auf eine Gründung im Jahre 1870 zurück und kann somit behaupten, die älteste Firma Japans zu sein, die sich mit der Herstellung von Motorfahrzeugen befaßt. Schon 1917 kam ein erster Serien-Personenwagen auf den Markt; in den dreißiger Jahren verlagerte sich das Schwergewicht der Produktion auf Diesel-Lastwagen und Busse.
1946 setzte die Automobilabteilung des Unternehmens die Nutzfahrzeugherstellung fort und nahm auch einen Dreiradlieferwagen mit ins Programm, und Mitte der fünfziger Jahre begannen die Arbeiten an einem Kleinwagenprojekt.
Erste Prototypen des neuen Mitsubishi wurden auf der Automobilausstellung in Tokio 1959 gezeigt. Es war eine 3,14 m lange, viersitzige Stufenhecklimousine mit zwei hinten angeschlagenen Türen und Heckmotor. Der Mitsubishi 500 bot für japanische Kleinwagen-Verhältnisse erfreulich viel Platz. Alle vier Räder des Kleinwagens waren an Kurbelarmen und Schraubenfedern einzeln aufgehängt, ein Radstand von gut über zwei Meter sorgte für annehmbaren Fahrkomfort. Den Antrieb besorgte ein gebläsegekühlter Zweizylinder-Viertakter,

*Links: Meiwa Dreirad-Limousine von 1952 nach Art der typischen Lastendreiräder.*

*Prototypen von Mikasa als offener Tourer und Kombi, vorgestellt 1957. Sie hatten Zweizylinder-Boxermotoren mit Kopfsteuerung und Vorderradantrieb.*

*Links und unten: Mikasa Sportcabrio. Es gab dieses Auto 1957 bis 1960.*

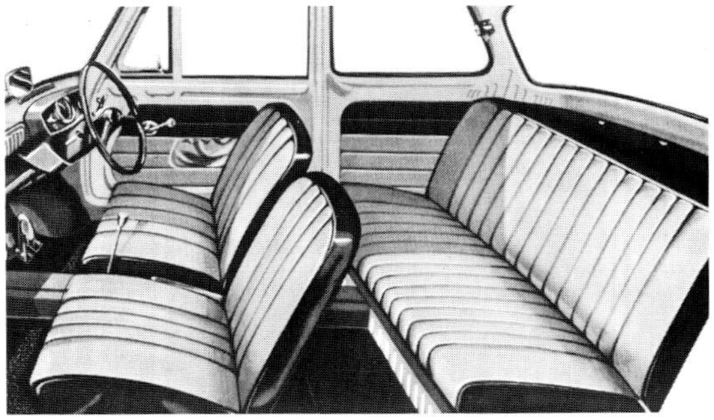

*Oben: Interieur des kleinen Mitsubishi 500 von 1960. Man hat den Eindruck, es handele sich um einen Achtsitzer…*

*Rechts: Mitsubishi 500, erster Nachkriegs-Personenwagen dieser Marke.*

*Unten: Mitsubishi Minica Limousine 1963 und Pickup 1962.*

der mit 493 ccm 21 PS leistete und den Mitsubishi 500 auf ehrliche 90 km/h beschleunigte. 1960 ging dieses Modell in Produktion und wurde schnell zur beliebten Alternative auf dem hart umkämpften japanischen Kleinwagenmarkt.

Schon ein Jahr nach Produktionsanlauf gab es ein in der Ausstattung verbessertes und stärkeres Modell mit der Bezeichnung Super De Luxe, dessen auf 594 ccm aufgebohrter 25-PS-Motor den Mitsubishi 100 km/h erreichen ließ.

Ende 1962 stellte Mitsubishi zwei neue Kleinwagen vor, die in die unterste Autokategorie Japans paßten. Zuerst kam einer jener Miniaturlieferwagen und -kombis auf den Markt, wie sie fast jeder Hersteller anbot. Der recht rundlich geformte Kombi mit umklappbarer hinterer Sitzbank hatte eine selbsttragende Karosserie und wurde von einem 359-ccm-Zweizylinder-Zweitakter (17 PS) in Bewegung versetzt. Es gab eine Viergang-Lenkradschaltung. Auf der technischen Basis dieses Kleinkombis gab es bald darauf auch eine kleine Limousine mit der Bezeichnung »Minica«, die mit allen miniaturisierten Attributen »richtiger« Autos ausgestattet, aber nur 85 km/h schnell war.

Das größere Kleinwagenmodell, der Typ 500, war inzwischen zum »Colt« avanciert, Ahnherr noch heute so benannter Kleinwagen dieser Marke. Eine völlig neue, eckigere und etwas größere Karosserie mit angedeuteten Heckflossen machte den ab 1963 gebauten Colt 600 zu einem auch in europäischen Augen durchaus attraktiven Kleinwagen. Die Bauzeit dieses technisch mit dem Vorgängermodell noch übereinstimmenden Modells währte jedoch nur bis 1965, dann traten größere und stärkere Colt-Versionen mit 800- und 1000-ccm-Motoren auf den Plan, die schon nicht mehr als Kleinwagen einzustufen waren.

*Links: Mitsubishi Colt 600 Deluxe 1963 mit 25-PS-Heckmotor.*

*Rechts: Deluxe-Version des Colt von 1963.*

Die Minica-Modelle wurden noch bis in die siebziger Jahre hinein gebaut, wobei die Motorleistung des 360-ccm-Zweizylinders bis auf beachtliche 38 PS anwuchs.

## MITSUI

Die 1928 gegründete Firma Tsugami Seisakusho befaßte sich zunächst mit der Herstellung von Präzisionsteilen im Maschinenbau. Noch vor dem Zweiten Weltkrieg wurde der Name in Mitsui Precision Machinery & Eng. Co. Ltd. geändert; später wandte man sich neuen Aufgaben zu. Kompressoren und Kühlschränke waren nun die Hauptprodukte von Mitsui, und in den fünfziger Jahren kamen kleine Lieferdreiräder mit der Bezeichnung »Humbee« (Brummbiene) hinzu. Der Bau dieser für Japan so typischen Fahrzeuge bildete bald den Schwerpunkt aller Aktivitäten. Zu den Liefermodellen gesellte sich schließlich ein Dreirad für Personenbeförderung. Dieses »EF 11 Surrey« genannte Dreirad war eine Art Rikscha, hinter dem Vorderrad war senkrecht ein gewölbtes Schutzschild mit Scheibe angebracht, um den in der Mitte sitzenden Lenker vor Wind, Insekten und Nässe zu bewahren. Die rudimentäre Karosserie für die beiden Passagiere bestand aus Kunststoff. Bei Regen konnte ein Stoffverdeck über die Köpfe gezogen werden; seitlicher Schutz war nicht vorgesehen. Die Hinterräder wurden von einem luftgekühlten Einzylinder-Zweitaktmotor mit 285 ccm Hubraum angetrieben, der bei 4 200 Touren 11,5 PS leistete. Das Dreiganggetriebe besaß sogar einen Rückwärtsgang.
Im asiatischen Raum wurde dieses Vehikel von der Vertriebsorganisation der Firma Hino verbreitet, mit der Mitsui in steigendem Maße kooperierte. 1962 verlor die Firma ihre Selbständigkeit, das Surrey Dreirad wurde nicht weiter produziert.

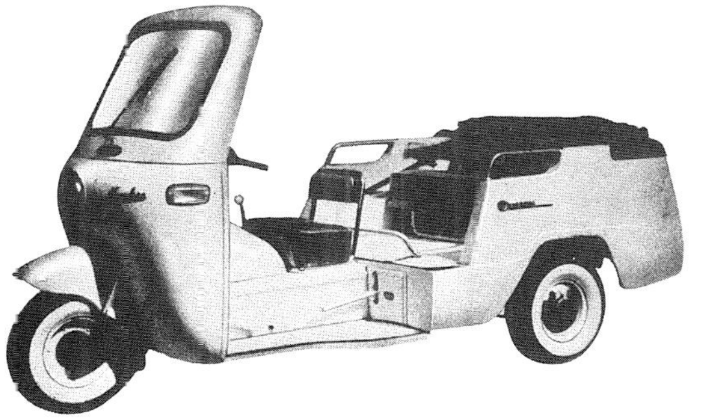

*Links: Mitsui Surrey Personen-Dreirad in Rikscha-Bauart.*

*Unten: N. J. Kleinstwagen von 1954.*

*Ganz unten: Gepäckbrücke und Kühlschlitze bestimmen das Heck des N. J. Cabriolets.*

## N. J.

Auch die Firma Nippon Keijidosha Co., kurz N. J., in Kawaguchi gehörte in den fünfziger Jahren zu den wenig bekannten Kleinherstellern von Lieferfahrzeugen der unteren Kategorie. Man arbeitete dort seit 1952 an der Konstruktion eines Kleinstwagens, der wie so viele andere in die günstigste Versicherungs- und Steuerklasse Japans pas-

sen sollte, die auch eine Beschränkung der Motorgröße von maximal 360 ccm vorschrieb.
1954 wurde das originelle Wägelchen mit dem Namen »Nikkei-Taro« präsentiert. N.J. hatte sich ganz an den internationalen, gleichsam unrealistischen Träumen des kleinen Mannes orientiert, und so gab sich der Nikkei-Taro als ein schmucker, offener Zweisitzer mit einer chromblitzenden Front, die manchem amerikanischen Straßenkreuzer Ehre gemacht hätte. Doch unter der Fronthaube suchte man vergebens nach dem Motor, vielmehr beanspruchte das Reserverad den meisten Platz des vorderen Stauraums. Der Motor, ein gebläsegekühlter Viertakt-Zweizylinder, saß hinter der Hinterachse. Er leistete 12 PS bei 4000 U/min, angeblockt war ein unsynchronisiertes Dreiganggetriebe mit Rückwärtsgang, das über eine Lenkradschaltung betätigt wurde. Die hintere Spur war etwas enger als vorne, und relativ große 12-Zoll-Reifen stellten die Verbindung zur Straße her.
Für Fahrer und Beifahrer gab es Einzelsitze, die durch eine die Karosserie versteifende Rohrkonstruktion getrennt waren. Vor dem hellen Dreispeichenlenkrad befand sich ein Armaturenbrett mit zwei Instrumenten und ein paar Knöpfen. Originell war eine mächtige Gepäckbrücke auf dem Motordeckel. Drohte schlechtes Wetter, mußte der Nikkei-Taro-Fahrer ein zusammenlegbares Rohrgerüst aufbauen, über das ein Segeltuch gezogen werden konnte. Bis 1956 sollen einige dieser spielzeugartigen Kleinwagen verkauft worden sein, dann mußte die Firma wieder aufgeben.

## OHMIC

Anfang der fünfziger Jahre wurde in Japan ein sportlicher Kleinstwagen unter der Markenbezeichnung Ohmic vorgestellt. Die türlose Blechkarosserie verfügte über ein leichtes Notverdeck ohne Seitenteile, die Scheibenwischer mußten Fahrer und Passagier mit Handhebeln aktivieren. Die vier 8-Zoll-Räder waren mit gleicher Spur angeordnet, die Hinterachse wurde von einem 356 ccm großem Zweizylinder-Viertakt-Motor angetrieben. Die Höchstleistung dieses Aggregats betrug 11,5 PS bei 4700 U/min. Bei einer Länge von nur 2,78 m unterschritt dieses Auto die Höchstgrenze für begünstigte Kleinwagen in Japan deutlich.

## OTOSANTARU

Dieses einfache Kleinstauto tauchte 1947 auf; es erinnerte an den Hanomag der zwanziger Jahre. Das in Tokio entstandene Fahrzeug hatte vier Motorradräder, einen einzelnen Scheinwerfer und konnte zwei Erwachsenen Platz bieten. Es war nur etwa 2,40 m lang und hatte an beiden Enden geringe Karosserieüberhänge. Den Antrieb auf die Hinterräder besorgte ein Einzylinder-Viertaktmotor mit stehenden Ventilen, der bei 350 ccm Hubraum eine Höchstleistung von nur 5 PS erbrachte. Die Fahrleistungen dieses Mobils waren entsprechend bescheiden. Vorder- wie Hinterachse waren mit Blattfedern versehen, und es stand ein leichtes Faltverdeck zur Verfügung. Höchstwahrscheinlich blieb es im Falle des Otosantaru Kleinwagens, auch unter der Bezeichnung »Auto-Sandal« geführt, bei einem Prototyp oder wenigen Vorserienexemplaren.

## SUBARU

Der Subaru war eines der erfolgreichsten Fahrzeuge seiner Art im Japan der sechziger Jahre und hatte manch anderem Modell eine Portion Originalität voraus.
Hersteller war der Konzern Fuji Heavy Industries, der aus sechs zusammengeschlossenen Unternehmen bestand, was auch das Markenzeichen, sechs miteinander verbundene Sterne, symbolisiert. 1917 von Chikuhei Nakajima gegründet, wuchs die Firma schnell zu einem der bedeutendsten Flugzeughersteller. Nach der Kapitulation Japans zerfiel das Unternehmen in zwölf Teile und formierte sich 1953 unter dem aktuellen Namen wieder neu.
Zunächst wurden Busaufbauten, Motoren und Zweiräder hergestellt; Mitte der fünfziger Jahre begannen Arbeiten an einem Kleinwagen der begünstigten 360-ccm-Klasse mit vier Sitzplätzen. Was die Karosserie betraf, so orientierte man sich an Wagen wie Fiat 600 und VW. Als der neue Subaru im Frühjahr 1958 vorgestellt wurde, trug er eine originelle selbsttragende Karosserie mit schwungvoller Seitenlinie und flach abfallender Front. Hervorstehende Scheinwerfer und große Kühlrippen über den Hinterrädern sorgten für ungewöhnliche Akzente. Der Subaru 360 war unverwechselbar. Auch innen herrschte Funktionalität: Das Armaturenbrett wies ein einziges Anzeigeinstrument auf, und Einzelsitze vorn und Mittelschaltung bestätigten ebenfalls den vernünftigen Eindruck des Wagens. Mit dem Subaru wollte man keinen verkleinerten Straßenkreuzer, sondern einen robusten Volkswagen im besten Sinne anbieten. Alle vier Räder waren einzeln an Längslenkern mit Torsionsstabfederung und einer Schraubenfeder pro Achse aufgehängt. Der 356-ccm-Zweizylinder-Zweitakter leistete zwar nur 16 PS bei 4500 Touren, doch war der Subaru damit nicht langsamer als die Konkurrenz.
Im Sommer 1958 lief die Produktion an. Schnell avancierte der Subaru

*Prototyp des Ohmic. Es ist nicht bekannt, ob eine Kleinserie aufgelegt wurde.*

*Links: Subaru 360, erfolgreicher Kleinwagen origineller Konstruktion der späten fünfziger Jahre.*

*Oben: Heck des Subaru von 1960. Sein Motor hatte 423 ccm und 23 PS.*

*Oben: Subaru 450 »Overtop« Baujahr 1963.*

*Links: Auf interessante Fotomotive verstand man sich auch in Japan stets gut…*

zum Erfolgsmodell, das es als geschlossene Limousine, mit Schiebedach und als Cabriolimousine zu kaufen gab. Sogar an den Export nach Amerika und Europa wagte man sich und schuf 1960 eine neue, etwas stärkere und längere Version mit 423-ccm-Motor. Dieser Subaru 450 oder »Maia« benannte Kleinstwagen schaffte mit 23 PS 100 km/h, dennoch war ihm im verwöhnten westlichen Ausland nur geringer Erfolg beschieden. Ganz anders in Japan, wo der kleine Subaru zeitweise die höchsten Verkaufszahlen in seiner Klasse erreichte.

1961 versuchte man, allerdings ohne Erfolg, eine Sportwagenversion aufzulegen; die Motorleistung des 360-ccm-Modells wuchs auf 18 PS. 1963 wurde der Maia wieder aus dem Programm gestrichen; ihn ersetzte eine hübsche Kombiversion mit 20 PS und umlegbarer Rückbank mit der Bezeichnung »Custom«. Stets gab es von der Limousine eine Normal- und eine de Luxe-Version, die eine bessere Innenausstattung und zusätzliche Verzierungen aufwies.

Der 360-ccm-Winzling verkaufte sich weiterhin so gut, daß 1968 die Motorleistung nochmals auf 25 PS angehoben wurde, 110 km/h waren

*Subaru Kleinstwagen als Kombi, Modell 1963.*

*Unten: Extremer Leichtbau auf japanisch: Suminoe »Flying Feather« mit klarem Durchblick . . .*

jetzt bei hohen Drehzahlen möglich. Im folgenden Jahr kam ein stark überarbeitetes Nachfolgemodell heraus, doch das alte Mobil mit hinten angeschlagenen Türen wurde erst 1971 von den Fließbändern verbannt.

## SUMINOE

Die Firma Suminoe in Tokio beschäftigte sich seit den vierziger Jahren mit der Fertigung von Karosserien für den damals größten japanischen Autohersteller Datsun. Anfang der fünfziger Jahre beliefen sich die Produktionszahlen für Personenwagen noch auf wenige tausend Stück. Aufgrund rasch wachsender Nachfrage nach preiswerten Kleinwagen versuchte man auch bei Suminoe, etwas Eigenes auf die Räder zu stellen. Inspiriert vom Citroën 2 CV machte man sich 1951/52 daran, einen superleichten, sparsamen und zweisitzigen Kleinstwagen zu konstruieren.

Es entstand ein Chassis aus zwei dünnen, eng parallel liegenden Profilträgern mit in Rennwagenmanier durchlöcherten Querverbindungen und Auslegern zur Aufnahme der Karosserie. Vorder- und Hinterachse wurden durch eine bzw. zwei Querblattfedern gedämpft. Das Chassis rollte auf Speichenfelgen mit Motorradreifen. Als Motor verwendete man ein luftgekühltes Viertakt-Zweizylinder-V-Aggregat, ähnlich dem des N. J.-Wagens, das am hintersten Ende des Chassis saß. Bei 350 ccm Hubraum stand eine Leistung von 12,5 PS zur Verfügung, die durch ein angeblocktes, unsynchronisiertes Dreiganggetriebe mit Mittelschaltung auf die Hinterräder übertragen wurde, Bremsen hatte man nur für die Hinterräder vorgesehen.

Als Aufbau schweißte man eine pontonförmige Blechkarosserie zusammen, die von einem Hilfsgerüst gehalten wurde und wie eine Attrape wirkte, man konnte bequem von einem Radausschnitt hindurch bis zum anderen sehen. Über den Köpfen der Passagiere gab es nur einen Dachrahmen, der von einem halb aufrollbaren Segeltuchverdeck verschlossen wurde. Die Seitenscheiben der Türen waren fest eingebaut. Am hinteren Ende der Kotflügel gab es große, senkrechte Schlitze, die nicht etwa Rücklichter aufwiesen, sondern zur Belüftung des Motors dienten. Das hochbeinige Vehikel, im Frühjahr 1954 präsentiert, wurde »F. F.«, oder »Flying Feather« genannt, war 2,77 m lang und konnte mit seiner klapprigen Karosserie eine Spitze von 65 km/h erreichen. Bis 1955 wurden einige Vorserienwagen gebaut, doch kam es nicht zum eigentlichen Serienanlauf, da sich die Firma Suminoe wieder auf andere Aktivitäten konzentrierte.

## SUZUKI

Heute einer der größten Motorrad- und Geländewagen-Hersteller der Welt, geht die Firma Suzuki in Hamamatsu auf die Gründung einer Weberei durch Michio Suzuki im Jahre 1917 zurück. Vor dem Zwei-

ten Weltkrieg konzentrierte man sich auf die Textilindustrie, doch nach 1945 begann sich die inzwischen beachtlich expandierte Firma für den Fahrzeugbau zu interessieren. Nach schwierigen Anfängen erschien 1952 ein erstes Motorfahrrad mit der etwas unfreiwillig komischen Bezeichnung »Power Free«. Nach und nach kamen weitere motorisierte Zweiräder hinzu, und 1955 erschienen mit den Lloyd-ähnlichen Typen 360 SP, SD und SS die ersten Suzuki-PKW.
Der dann 1958 erstmals gezeigte und ab 1959 gebaute »Suzulight 360« fand viele Nachahmer. Es war ein sehr hübscher kleiner Wagen mit ähnlichen Umrissen wie der Austin Mini, mit 2,99 m Gesamtlänge sogar noch um 6 cm kürzer als dieses englische Kleinauto. Im Gegensatz zu diesem konnte man beim Suzuki eine quergeteilte Heckklappe öffnen und hatte nach dem Umlegen der hinteren Sitzbank einen großen Nutzraum zur Verfügung. Innen war der Kombi einfach und

*Links: Zwei der »Fliegenden Federn« von Sumiaoe Baujahr 1954. Vergleiche mit Holbeins erstem Champion drängen sich auf.*

*Unten: Die »Flying Feather« war 2,77 Meter lang und 1,30 Meter breit. Das Mobil hatte einen 350-ccm-Zweizylindermotor mit Kopfsteuerung.*

*Links: Suzuki Suzulight 360 TL, in der Raumkonzeption dem englischen Mini nicht unähnlich. Sein Motor war indessen ein Zweitakt-Zweizylinder.*

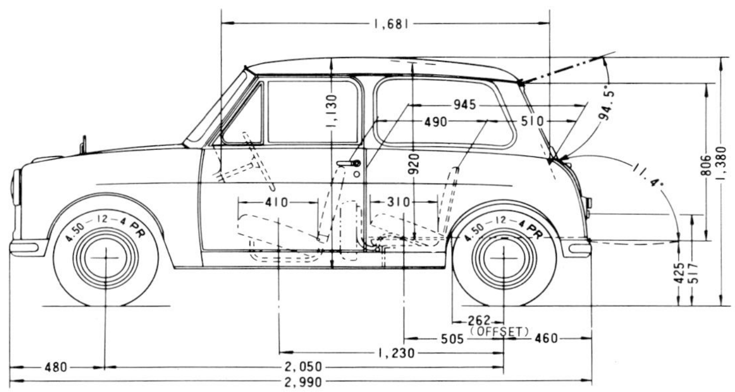


*Links: Suzuki Fronte 360 von 1967.*

*In den Abmessungen blieb der Mini-ähnliche Suzuki noch 4 Zentimeter unter der Länge des Engländers.*

praktisch eingerichtet. Der enorme Platz im Heck war dem Frontmotor und Frontantrieb zu verdanken. Die im Zweitaktmotorenbau erfahrenen Suzuki-Ingenieure hatten dem 360-ccm-Zweitakter 21 PS entlockt; die beiden Zylinder waren parallel angeordnet. Schnell entwickelte sich der Suzulight in Japan zu einem der erfolgreichsten Wagen seiner Art.
Mitte der sechziger Jahre erschien ein gänzlich anders konzipierter Kleinwagen, der Suzuki Fronte 360, eine der in Japan sehr beliebten Miniaturlimousinen mit angedeuteter Stufenheckkarosserie und vier Sitzplätzen. Das zwergenhafte Automobil war mit allerlei Chromzierat herausgeputzt und hatte den Motor im Heck. Ab 1967 gab es einen neuen Dreizylindermotor für dieses Modell mit ebenfalls nur 360 ccm Hubraum, aber 25 statt 21 PS. Und ein Jahr später erschien ein »SS« genanntes Sportmodell mit 36 PS bei 7000 U/min, das für einiges Aufsehen sorgen sollte, da damit Geschwindigkeiten von bis zu 130 km/h zu erreichen waren. Auch spätere, bis in unsere Tage gebaute Suzuki-Kleinstwagen mit 360-ccm-Motoren zeichneten sich durch sportliche Aufmachung und Fahrleistungen aus.

## TOYOTA

Die Toyota Motor Co., inzwischen größter Autohersteller Japans und drittgrößter der Welt, entstand aus einer Webstuhlfabrik, die Ende des 19. Jahrhunderts gegründet worden war. 1933 hatte man ein erstes Konstruktionsbüro für Kraftwagen eingerichtet, zwei Jahre später wurden die ersten Personen- und Lastwagen vorgestellt. Nach dem

*Oben: Frontansicht des Suzuki Suzulight 360 TL von 1962.*

*Oben: Toyota 700 Kombi von 1965 – ein auffallend modern gezeichneter Wagen.*

*Links: Toyota Prototyp von 1957. Der Wagen ging auch durch die deutsche Presse. Unten: Toyota UP von 1963.*

*Links: Interieur des Toyota 700.*

*Links: Nachfolger des 700 war der Typ 800, vorgestellt 1968. Die Kühlerfront wird schon »japanischer«.*

Krieg kam der erste Toyota 1947 auf den Markt, ein relativ modern gezeichnetes Modell in der Größe eines Mittelklassewagens.
Der erste Versuch, auch einen Kleinwagen zu lancieren, wurde 1957 unternommen, nachdem schon eine Vielzahl erfolgreicher größerer Wagen erschienen war. Der Prototyp hatte eine hinten abgehackt wirkende Pontonform, vier Sitze und einen Zweizylinder-Boxermotor mit 760 ccm Hubraum und 26 PS. In Produktion ging dieses wenig ansehnliche Modell allerdings nicht.
1961 erschien dann ein Toyota-Serienmodell, das man noch zu den Kleinwagen zählen konnte, der Typ UP 10 oder »Publica«. Es war eine formal durchaus gelungene, als Stufenhecklimousine konzipierte Alternative zu anderen japanischen Kleinwagen. Ein vornliegender, luftgekühlter Zweizylinder-Boxer mit knapp 700 ccm Hubraum trieb die starre Hinterachse mit einer Leistung von 30 PS an, die Vorderräder waren mit Torsionsstäben einzeln aufgehängt. Der etwas über dreieinhalb Meter lange Publica hatte vorn eine durchgehende Sitzbank und ein Viergangetriebe mit Lenkradschaltung.
1964 wurde die Leistung des Publica auf 35 PS angehoben, sogar eine Zweigang-Automatik war lieferbar. Auch eine hübsche Kombiversion gehörte zum Angebot. Im nächsten Jahr ging ein attraktiver, kleiner Sportwagen mit dem auf 800 ccm vergrößerten Publica-Boxermotor in Serie, der stilistisch auch jeder europäischen Marke gut angestanden hätte. Mit dem auf 49 PS getunten Zweizylindermotor war dieses Modell fast 160 km/h schnell!
1966 bekamen dann auch die Limousinen kontinuierliche Verbesserungen in Ausstattung und Optik. Wenig später ersetzten dann Vierzylindermotoren mit 1 und 1,2 Liter Hubraum die Boxeraggregate. Die Modellreihe Publica entwickelte sich in Richtung Mittelklasse.

# Norwegen

Das für den Motorwagen nur unter großen Schwierigkeiten erschlossene Land brachte es seit der Erfindung des Autos nur auf eine Handvoll Versuche, einheimische Marken zu etablieren. Sieht man einmal von einer größeren Anzahl in Lizenz gebauter Dodge in den dreißiger Jahren ab, so hätten alle jemals in Norwegen konstruierten und gebauten Personenwagen, würden sie heute noch existieren, in einem mittleren Automobilmuseum leicht Platz. Darunter befanden sich auch Kleinwagen mit Sitzanordnung à la Tandem und ein einsitziges, dem Fiat Topolino nachempfundenes Modell.

Nach dem Zweiten Weltkrieg blieb es bei einem einzigen Versuch, wieder ein norwegisches Auto zu bauen. Mit Teilen aus der Konkursmasse des deutschen Gutbrod Superior, aber mit einer in Norwegen gefertigten, schnittigen Kunststoffkarosserie sollte Mitte der fünfziger Jahre der Kleinwagen Troll zur Motorisierung der Norweger beitragen. Leider ließen finanzielle Probleme das Vorhaben schon nach wenigen Vorserienexemplaren scheitern.

## TROLL

Auch in Norwegen kam es nach 1945 zu einem Versuch, eine heimische Kleinwagenmarke zu gründen. Hans Kohl-Larsen, der sich zuvor als Agronom mit Kaffeeanbau in Afrika beschäftigt hatte, beschloß damals, nun wieder in seiner Heimat ansässig, seinen Mitbürgern, die beim Erwerb eines Autos von strengen Importbeschränkungen behindert wurden, zu einem fahrbaren Untersatz zu verhelfen. Kohl-Larsen war auf den stromlinienförmigen Trippel Kleinwagen aufmerksam geworden und erinnerte sich, daß sein Vater mit Hans Trippel, dem Konstrukteur dieses Mobils, bekannt gewesen war. Nun war aus der Trippel-Produktion in Deutschland nichts geworden,

*Links und gegenüberliegende Seite: Der in Norwegen gebaute Troll, ein Wagen, der 1955 unter der Mitarbeit Hanns Trippels entstanden war, in der Produktion aber auf Gutbrod-Mechanik basierte.*

doch eine Lizenz war nach Frankreich gegangen, wo das Vehikel als »Marathon Corsaire« in kleinen Stückzahlen gebaut wurde. Doch auch in Frankreich hatte der Wagen nicht lange überlebt, und nun bastelte Trippel in Deutschland an einer Weiterentwicklung des Kunststoffcoupés mit der Bezeichnung Trippel 750. Solch einen schnittigen Wagen stellte sich Kohl-Larsen als sein Ziel vor und knüpfte Kontakte zu Hans Trippel. Dieser zeigte sich interessiert und reiste sogar nach Norwegen, um einen Lizenzvertrag abzuschließen.
Inzwischen hatte Kohl-Larsen die Öffentlichkeit von seinem Vorhaben informiert und in der Gemeinde Lunde in der südlichen Provinz Telemark, nicht weit von Oslo, eine kleine Produktionsstätte zur Verfügung gestellt bekommen. Die Begeisterung war so groß, daß die Gemeinde dem finanzschwachen Kohl-Larsen gleich noch ein Darlehen über 25000 Kronen als Startkapital gewährte.
Noch bevor etwas Konkretes in Richtung Autobau geschehen war, hatten sich schon viele Interessenten gemeldet und Anzahlungen in Höhe von etwa 150000 Kronen geleistet, die Kohl-Larsen dringend für die Produktionsvorbereitung brauchte. Doch für ein ernsthaftes Unternehmen war auch das noch viel zu wenig.
Mit Trippel hatte der Norweger vereinbart, daß die Teile nach Lunde geliefert würden, doch nichts geschah. Einerseits wartete Trippel jetzt auf präzise Bestellungen aus Norwegen, andererseits wartete Kohl-Larsen auf Lieferungen. Schließlich waren beide Seiten derart verärgert über die groteske Situation, daß der Kontakt abgebrochen wurde.
Doch Kohl-Larsen machte auf andere Art weiter. Inzwischen hatte er den ehemals bei Trippels Firma »Protek« und Gutbrod beschäftigten Konstrukteur Bruno Falck kennengelernt sowie den früheren SAAB-Ingenieur Erling Fjugstad, mit denen er jetzt sein Autoprojekt durchziehen wollte. Zusammen mit fünf oder sechs Arbeitern entstand in Lunde ein erster Prototyp.
Bruno Falck baute ein dem Gutbrod Superior ähnliches Fahrgestell mit Zentralrohr, während gleichzeitig eine Kunststoff-Karosserie Gestalt annahm, die der des Trippel 750 sehr ähnlich geriet.
Als im November 1955 der Wagen mit dem Namen »Troll« vorgestellt wurde, saß unter der kleinen Fronthaube ein neuer Saab-Motor mit drei Zylindern und 33 PS Leistung aus 748 ccm, der das sportlich wirkende kleine Fastback Auto 130 km/h schnell machen sollte.
Die Zeitungen Norwegens waren voll von euphorischen Berichten über das neue Modell »eigener Produktion«. Doch bis zur Serienherstellung war noch ein weiter Weg. Der Saab-Motor war viel zu teuer, um einen angestrebten Endpreis von höchstens 13000 Kronen (wofür man bereits einen VW bekam) realisieren zu können.
Da man jedoch aus Rationalisierungsgründen beschlossen hatte, fertige Gutbrod-Chassis aus Deutschland zu beziehen, die nach dem Konkurs der Kleinwagenfabrik in Plochingen günstig zu haben waren, kaufte man jetzt auch gleich noch die Motoren dazu, Zweizylinder-Zweitakter mit 663 ccm und Benzineinspritzung, die ca. 30 PS abgeben konnten, sowie auch weitere Mechanikteile wie Getriebe, Kupplung und so fort. Der kleine Betrieb, wo nur ein paar Mann damit beschäftigt waren, den Troll in Handarbeit zusammenzubauen, kam indessen bald in finanzielle Schwierigkeiten. Es fanden sich keine Geldgeber für das Vorhaben mehr.
So wurden bis Anfang 1957 ganze fünf Wagen fertig, dann hatten sich Hans Kohl-Larsen, Bruno Falck und Erling Fjugstad wegen der Finanzprobleme soweit zerstritten und verschuldet, daß Konkurs angemeldet werden mußte. Einen sechsten Troll baute sich der norwegische Käufer der Konkursmasse noch aus vorhandenen Einzelteilen zusammen; ein paar fertige Kunststoffkarosserien wurden kurzerhand verbrannt. Diese sechs Serien-Troll hatten ein etwas verlängertes Chassis, um hinter den Vordersitzen noch eine kleine Sitzbank installieren zu können. Das Handelsministerium, das die Erlaubnis zum Bau von 15 Vertragswagen gegeben hatte, ging ebenso leer aus wie diejenigen, die Anzahlungen geleistet hatten. Hans Kohl-Larsen versuchte sich später als Bootsbauer und ging schließlich nach Saudi-Arabien, während Erling Fjugstad zurück zu Saab nach Trollhättan kam und auch Bruno Falck sich neuen Aufgaben widmete. Ein überlebender Troll kann heute im technischen Museum von Oslo besichtigt werden.

# Niederlande

Ehe 1959 mit der ersten Großserienproduktion eines holländischen Automobils begonnen wurde, war das kleine Königreich ein klassisches Importland für Fahrzeuge aller Art. Die meisten der knapp zwei Dutzend Namen, die in der Automobilgeschichte Hollands auftauchten, standen für Firmen und Werkstätten, die bereits vor dem Ersten Weltkrieg ihre Aktivitäten im Hinblick auf Autos wieder eingestellt hatten. Einzig Spyker konnte sich auf Grund moderner und qualitätvoller Konstruktionen einen Namen machen, der in Fachkreisen heute noch bekannt ist.
Firmen, die nach 1945 in Holland versuchten, ein selbstkonstruiertes Auto zu vermarkten, lassen sich an den Fingern einer Hand abzählen. Ähnlich wie der Nachbarstaat Belgien waren die Niederlande ein Markt für ausländische Automobilfirmen geworden, was die wenigsten dazu veranlaßte, an ein einheimisches Modell zu denken. Dennoch versuchten einige Holländer, mit Kleinwagen ins Geschäft zu kommen. Doch es blieb bei Eintagsfliegen, sieht man einmal vom »Bambino« ab, wobei es sich hier aber um eine Spielart des Fuldamobils handelte. Erst die Präsentation des DAF ließ Holland zum bedeutenden Automobilproduzenten werden, noch dazu mit einem Modell mit einzigartigem Antriebskonzept.

## BAMBINO

Beim Bambino 200 der holländischen Firma N. V. ALWECO in Veghel handelte es sich um einen Lizenzbau des deutschen Fuldamobils S-1 mit 9-PS-ILO-Motor. Bis auf die hellen Bambino-Schriftzüge an den vorderen Kotflügeln und das Firmenzeichen der Vertriebsfirma Hostaco-Mobiel an der Front unterschied den Bambino nichts von seinem deutschen Vorbild mit Aluminiumkarosserie. Zur Verkaufsförderung in Holland hatte man Ende April 1955 einen Bambino um den Rennkurs von Zandvoort gejagt und dabei angeblich elf offizielle Rekorde eingefahren. Für einen Preis von 2995 Gulden fand dieses Modell einen kleinen Käuferkreis in den Niederlanden.
Für 1957 entwickelte ALWECO ein Modell mit selbst entworfener Karosserie, den offenen Bambino Sport. Von vorn sah der flache, türlose Roadster mit Fiberglaskarosserie recht flott aus, hinten versuchte ein breites Heck mit angedeuteten Flossen das angetriebene Einzelrad zu vertuschen. Mit dem ILO-Motor sollte dieses Modell zu 90 km/h fähig sein; immerhin hatte man ihm eine hydraulische Bremsanlage gegeben; im übrigen waren die mechanischen Bauelemente vom Vormodell weitgehend übernommen worden. Unbekannt ist, wieviele Exemplare von diesem Modell gebaut wurden – es können nicht viele gewesen sein.

## DAF

Die Firma DAF, heute zum schwedischen Volvo-Konzern gehörend, brachte 1958 den ersten und bis heute einzigen in großen Serien gebauten Personenwagen holländischer Konstruktion auf den Markt. Das Unternehmen hatte seinen Ursprung in der Hub van Doorne's Machinefabriek KG, gegründet 1928, als mit sechs Mann Fensterrah-

*Rechts: Das Profil verrät Fuldamobil-Linien. Es war der holländische Lizenzbau mit Namen Bambino. Unten: Bambino in offener Form als luftiger Roadster.*

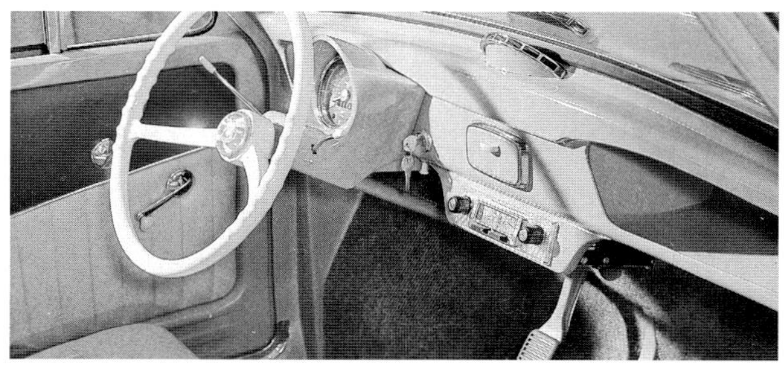

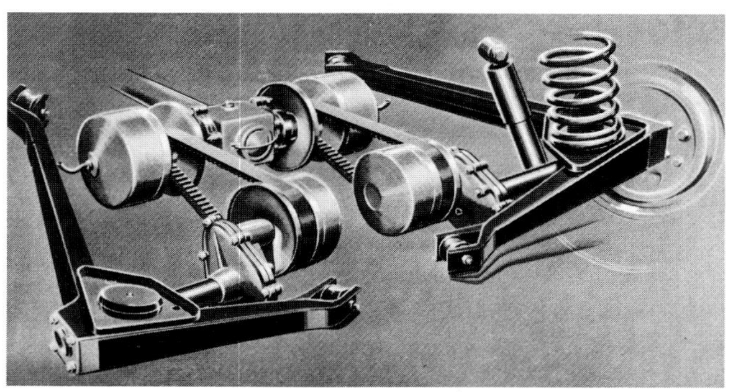

*Oben: DAF mit Variomatik. Ein Auto ohne Kupplungspedal, ohne Schalthebel. Links: Die Mechanik des stufenlosen Variomatik-Antriebs.*

men, Leitern und Schränke aus Metall gefertigt wurden. Hub van Doorne, Sohn eines Schmiedes in der Provinz Limburg, hatte sich auf diese Weise mit geliehenem Geld selbständig gemacht. Kurz darauf holte er seinen jüngeren Bruder Wim in die Firma, und zwei Jahre später hatte sich die Größe der Fabrik bereits verhundertfacht. Da das Interesse der beiden Brüder vor allem dem Fahrzeugsektor galt, begann man Anfang der dreißiger Jahre mit dem Bau von LKW-Anhängern. Nach ersten Erfolgen wurde die Firma in Van Doorne's Aanhangwagenfabriek N. V. kurz DAF, umbenannt. Auf dem Gebiet der Anhänger- und Verladetechnik erwarb sich die rasch expandierende Firma einen hervorragenden Ruf, doch kam es vor dem Krieg nicht mehr zur Herstellung eines DAF-Automobils. Ende der dreißiger Jahre sollte DAF einen kleinen Panzerwagen für die holländische Armee in englischer Lizenz bauen, stellte indessen eine bessere Eigenkonstruktion vor, die nun wiederum die Engländer gern übernehmen wollten, doch kam es nur mehr zur Herstellung einer geringen Anzahl dieses Militärfahrzeugs. Während des Krieges wurden Pläne zur rationelleren Anhängerfertigung vorbereitet, dann folgte der Bau von Fünf- und Zehntonner-Lastwagen. Nach 1945 entwickelte Hub van Doorne eine auf Schienen gleitende »Schublade«, mit der man die sonst schwer zugänglichen Motoren von Frontlenkeromnibussen mit wenigen Handgriffen nach vorne herausziehen konnte. Um das Jahr 1954, nachdem ein großes Lastwagen-Werk fertiggestellt war, faßte der inzwischen zum Dr. h. c. ernannte Hub van Doorne den Entschluß, endlich ins Personenwagengeschäft einzusteigen. Im Bewußtsein, angesichts der vielfältigen Importwagen vor einer nicht gerade leichten Aufgabe zu stehen, reift die Idee zum Bau einer außergewöhnlichen Kraftübertragung ohne herkömmliches Getriebe, sondern mittels Riemen. Durch seine in jungen Jahren gesammelten Erfahrungen auf Motorrädern mit Keilriemenantrieb inspiriert, entwickelte van Doorne die später »Variomatic« genannte Getriebeautomatik. Bei diesem Verfahren wird jedes Hinterrad über einen Keilriemen angetrieben, der über zwei Riemenscheiben läuft. Jede dieser Scheiben besteht aus zwei gegeneinander verschiebbaren Hälften. Hierdurch kann der wirksame Durchmesser der Scheiben variieren. Dies geschieht bei den vorderen Scheiben unter Einfluß von mitumlaufenden Fliehgewichten und des Motorvakuums, bei den hinteren Scheiben durch den Druck eingebauter Federn. Die vorderen Scheiben werden dabei vom Motor über Kardanwelle und Verteilergehäuse angetrieben. Die hinteren Scheibenpaare sind auf je einer Pendelachse befestigt, die ihrerseits an die Schubkraft übertragende Dreieckslenker aufgehängt ist und durch Schraubenfedern und Teleskopstoßdämpfer abgestützt wird. Auf diese Art wurde eine stufenlose Kraftübertragung erzielt, die durch eine Fliehkraftkupplung auf der Schwungscheibe des Motors auch ein Kupplungspedal überflüssig machte.

Im Oktober 1955 lief bei DAF die erste Versuchsanordnung dieser Variomatic auf dem Prüfstand. Die größte Sorge galt der Haltbarkeit der Keilriemen. Doch auch nach 1000 Stunden Erprobung unter wechselnder Belastung hielten die Riemen ohne Probleme: Der erste Schritt zum DAF-Kleinwagen war geschafft.

*Oben: DAF Daffodil Luxus von 1963 mit großem Sonnendach.*

*Links: Blick unter die Motorhaube des DAF. Er hatte einen luftgekühlten Zweizylinder-Boxermotor von 590 ccm Hubraum.*

*Oben: DAF-Fabrikation in Eindhoven. Eine Aufnahme vom März 1959.*

*Die Brüder Hub (links) und Wim van Doorne.*

*Unten: DAF 750 von 1961. Die keilförmige Karosserielinie sollte sich später in starkem Maße durchsetzen.*

Zur Erprobung unter alltäglichen Fahrbedingungen baute man die Variomatic wenig später in einen Lloyd 400 ein und war erstaunt über die geschmeidig arbeitende Kraftübertragung und die Wirkung des Riemenantriebs als eine Art Sperrdifferential. Nach diesen positiven Erfahrungen wurde auch für die Motor- und Karosserieentwicklung grünes Licht gegeben, wobei man auf die Verwendung einer Maschine fremden Fabrikats verzichtete: der DAF sollte ein rein holländisches Auto werden. Es entstand ein luftgekühlter Zweizylinder-Viertakt-Boxermotor mit einem Hubraum von 590 ccm. Durch weitgehende Verwendung von Aluminium konnte man das Gewicht gering halten. Ein überquadratisches Bohrung-zu-Hub-Verhältnis sollte die Kolbengeschwindigkeiten im Hinblick auf eine lange Lebensdauer in niedrigen Grenzen halten. Stoßstangen übernahmen die Ventilsteuerung, ein Ventilator sorgte für Kühlung. Der Motor gab eine Höchstleistung von 19 PS bei 4 000 U/min ab. Auch eine bemerkenswert einfache Vorderradaufhängung war entwickelt worden, bei welcher die

*Oben: Pickup-Version des DAF. Rechts daneben ein DAF als Pannenhilfswagen, den 1963 der Automobilclub von Deutschland in Betrieb hatte.*

*Rechts: DAF 46, eine Modellversion von 1974, die nur für den holländischen Markt bestimmt war. Der Wagen hatte eine De-Dion-Hinterachse und eine Einriemen-Variomatik.*

*Ganz oben: DAF-Serienherstellung in Born bei Limburg, wo DAF im Sommer 1967 neue Anlagen in Betrieb nahm.*

*Darunter: DAF 66 Marathon, ein sportlicher 55-PS-Wagen von 1972 – schon fast der Kleinwagen-Ära entwachsen…*

*Gegenüberliegende Seite: DAF-Werbeaufnahme von 1959.*

Räder an einer tiefliegenden Querblattfeder aufgehängt wurden. An den Federenden waren die Stoßdämpfer befestigt, die gleichzeitig als Achsschenkel fungierten. An deren oberen Enden saßen Lenkhebel, die über geteilte Spurstangen miteinander verbunden waren.
Im Herbst 1957 wurden die ersten Versuchskarosserien fertig; die Motoren fanden hier ihren Platz noch vor der Vorderachse. Die Designer hatten sich bei ihrer Arbeit nicht von bestehenden Kleinwagen oder vorherrschenden Modeströmungen leiten lassen, sondern hatten eine schlichte und kompakte Stufenheckkarosse mit vier Sitzplätzen gezeichnet; Heckflossen waren leicht angedeutet. Charakteristisch gab sich die Vorderfront dieses Kleinwagens mit steil abfallender Motorhaube.
Der erste Prototyp mit Kombikarosserie stand am 1. Dezember 1957 auf den Rädern, und schon im Februar des folgenden Jahres wurde das Auto auf dem Amsterdamer Autosalon vorgestellt. Der Erfolg war enorm: Fast 4000 Holländer gaben für den DAF 600 eine Bestellung ab. Die viel zu klein geplanten Produktionsanlagen mußten dem unerwartet hohen Auftragseingang angepaßt werden, und so dauerte es bis zum März 1959, bis die Serienproduktion des DAF 600 schließlich ihren Anfang nahm. Nur 700 Wagen konnten im ersten Jahr das Werk verlassen, doch fieberhaft wurde das Auto perfektioniert, und die Anstrengungen zeigten Erfolg: Von der nächsten Serie wurden 30000 Stück verkauft. Holland war zum Produzenten von Personenkraftwagen eigener Konstruktion geworden.
Der Umgang mit dem Variomatic-Auto war etwas gewöhnungsbedürftig. Im Fahrbetrieb ließ sich kaum mehr ein Zusammenhang zwischen Geschwindigkeit und Motorgeräusch erkennen und theoretisch konnte man genauso schnell rückwärts wie vorwärts fahren. Zur Umkehrung der Fahrtrichtung mußte lediglich ein kleiner Hebel zwischen den Sitzen betätigt werden, das war alles. Wer einen Autoscooter auf dem Jahrmarkt fahren konnte, hatte auch mit dem DAF keine Probleme.
Schnell war der holländische Kleinwagen allerdings nicht. Bei 90 km/h weigerte sich die Tachonadel, ihre langsame Wanderung in Richtung der 100-km-Marke fortzusetzen. Dank sorgfältiger Federungsabstimmung und ausgewogener Gewichtsverteilung war der DAF 600 aber ein gutmütiges und sicheres Fortbewegungsmittel. Als dem 600er im Herbst 1961 ein stärkeres und in vielen Punkten verbessertes 750-ccm-Modell »Daffodil« (= Narzisse) zur Seite gestellt wurde, trat das alte Modell fast völlig in den Hintergrund. In den nächsten beiden Produktionsjahren bestellten nur noch rund 600 Käufer den Ur-DAF. 1967 näherte man sich mit der Präsentation des neuen Variomatic Modells 44 mit 850-ccm-Motor der Mittelklasse. Auch die Nutzfahrzeugherstellung blühte auf.
Heute einen DAF 600 ccm Kleinwagen der ersten Serie in gutem Zustand aufzutreiben, ist nicht leicht – immerhin sind 30 Jahre seit Produktionsbeginn vergangen. Die ersten DAF werden rar.

## SHELTER

Der Shelter war ein holländisches Kleinwagenprojekt eines ambitionierten Flugzeugingenieurs in Terborg, dessen Traum es war, ein in seinem technischen Aufbau besonders einfaches Miniauto zu konstruieren, ein »Cyclecar« alter Schule also.
Schon kurz nach dem Krieg hatte von der Goot begonnen, mit aus

DAF - DE LUXE

*Die Aufnahmen zeigen das holländische Dreiradmobil namens Shelter. Eine originelle Lösung, die aber ihren Niederschlag in nur vier Exemplaren fand.*

Fahrradteilen zusammengeschweißten, offenen Dreirädern zu experimentieren, deren Karosserien aus Aluminiumblech gebogen waren. Als Motoren kamen unter anderem ILO-Aggregate zum Einsatz. Diese Experimentierfahrzeuge waren noch weit davon entfernt, für die Produktion einer Kleinserie zu taugen, doch dienten sie van der Groot dazu, eingehende Erfahrungen zu sammeln.

Diese führten schließlich 1954/55 zur Vorstellung eines ausgereiften Prototyps, ebenfalls ein Dreirad. Der »Shelter«, wie der Zweisitzer genannt wurde, besaß vorn zwei winzige Räder, während das Hinterrad bei diesem Modell von einem 200-ccm-ILO-Motor angetrieben wurde. Spätere Shelter bekamen einen 228-ccm-Einzylindermotor, von van der Groot selbst gebaut. Ebenso waren auch das Getriebe mit drei Vorwärtsgängen und die automatische Fliehkraftkupplung eine Eigenschöpfung. An Fremdteilen wurden ein Bing-Vergaser und ein Bosch-Anlasser verwendet.
Nachdem 1956 noch ein weiterer Prototyp entstanden war, wurde die holländische Regierung auf die Aktivitäten van der Groots aufmerksam, und es kam gegen Ende dieses Jahres sogar zu finanziellen Unterstützungen von staatlicher Seite für das Projekt Shelter. Van der Groot, noch immer allein für den Bau des Shelters zuständig, orderte daraufhin Rohmaterialien und Bauteile für eine erste Serie von 20 Wagen. Es dauerte indessen bis 1958, bis vier Shelter Kabinen fertiggestellt waren. Nur hatten sich die Bedürfnisse der Menschen Ende der fünfziger Jahre von der bloßen Fahrmaschine mit Allwetterdach deutlich zum vollwertigen kleinen Automobil mit vier Rädern und konventioneller Karosserie gewandelt, und genau solch ein Fahrzeug war mittlerweile in Gestalt des DAF, wie die Branche wußte, in Vorbereitung. Es war nicht verwunderlich, daß sich auch die Regierung mehr von diesem »richtigen« Auto versprach, und bald wurde das Projekt fallengelassen.

# Polen

Bei den wenigen Firmen, die in Polen je die Herstellung von Personenwagen aufnahmen, handelte es sich durchweg um Lizenzbetriebe. Modelle von Ford, Citroën, Chevrolet, Fiat und Pobjeda wurden mehr oder weniger originalgetreu in Polen zusammengebaut; bis heute hat sich diese Praxis erhalten.
In den fünfziger Jahren hingegen keimten verschiedentlich Versuche auf, der Bevölkerung einen einfachen fahrbaren Untersatz eigener Konstruktion zur Verfügung zu stellen. Manch seltsames Kleinwagenmodell geisterte für kurze Zeit durch polnische Zeitungen, doch weniger oder oft nichts drang von diesen Aktivitäten in den Westen. Zu einer bescheidenen Serienreife, wenn auch nur kurz und unter großen Schwierigkeiten, brachte es lediglich ein in Polen konstruiertes Mobil, das aber aufgrund verschiedener Mängel bald wieder aus dem Verkehr gezogen wurde.

## GAD

Zu den Kleinwagenkonstruktionen aus dem Ostblock, die fast immer im Prototypstadium steckenblieben und von deren Existenz in den westlichen Ländern so gut wie nichts bekannt wurde, gehört auch der polnische »GAD 500« Roadster.
Dieser zweisitzige, noch ganz im Vorkriegsstil geformte Wagen hatte das Aussehen eines kleinen sportlichen Vierradwagens. Geistiger Vater dieses Modells war der Ingenieur Stefan Gajecki, Leiter der Versuchsabteilung der polnischen Motorgesellschaft in Warschau. Gajecki war ein bekannter Motorenkonstrukteur in seiner Heimat und hatte sich vor dem Krieg mit der Entwicklung von Rennbooten einen Namen auch in Sportlerkreisen erworben.
Anfang der fünfziger Jahre ließ er in seinem Betrieb einen leichten Wagen mit einem Chassis aus verschweißten Stahlrohren bauen, das eine offene und türlose Karosserie mit ausgeprägten Kotflügeln und geteilter Windschutzscheibe trug. Zwei Personen konnten im Gad 500 auf Einzelsitzen untergebracht werden, dahinter gab es Platz für leichtes Gepäck, denn der Motor saß vorne. Es handelte sich um einen wassergekühlten Zweizylinder-Zweitakter von 496 ccm Hubraum, der bei 4500 U/min 23 PS leistete. Motorblock und viele andere Teile dieser Maschine bestanden aus Leichtmetall, der Antrieb erfolgte auf die Vorderräder. Über Getriebe und Radaufhängungen dieses Typs sind alle Daten verschollen, doch ist anzunehmen, daß der Wagen über durchaus ansprechende Fahrleistungen verfügt haben muß, und seine 15-Zoll-Räder dürften auch mit relativ schlechten Straßen fertig geworden sein.
Natürlich war solch ein kleiner Sportwagen überhaupt nicht auf die Bedürfnisse des normalen Bürgers zugeschnitten, und so brauchte sich Gajecki auch keine Illusionen über mögliche Zuschüsse vom Staat für einen Serienbau seines Prototypen zu machen. Wahrscheinlich war der GAD 500 auch mehr als Studienobjekt denn als ernstzunehmender Beitrag zur Motorisierung Polens gedacht.

## MIKRUS

Polen war 1956 durch gewisse, wenn auch beschränkte wirtschaftliche Initiativen gekennzeichnet. Auch der Sektor der Individualmotorisierung wurde davon berührt – leider nicht mit großem Erfolg. Einziger in Polen hergestellter Serien-Personenwagen war der FSO Warszawa, ein Lizenzbau des sowjetischen Pobjeda. Da mit diesem teueren Mittelklassewagen der Bedarf an Autos kaum gedeckt werden konnte, wurden noch Wagen wie der ostdeutsche P 70, der italienische Fiat 600 und der tschechische Skoda importiert, wobei der Fiat freilich am begehrtesten, doch wegen des hohen Preises nur für wenige erschwinglich war. Ende 1956 begannen nun in zwei Betrieben gleichzeitig Arbeiten an einem neuen polnischen Volksautomobil, einem mit »Autoscooter« definierten Fahrzeug, das Platz für zwei Erwachsene und zwei Kinder aufweisen sollte. In einem Flugzeug- und Helikopterwerk in Mielec arbeitete man an der Karosserie und dem Fahrgestell, während der Motor in einer Fabrik für Dieselmotoren in Rzeszów entstand.
Entfernt sah der kleine Wagen dem Goggo ähnlich, doch durfte man die Linien als etwas moderner und großzügiger bezeichnen. Das Auto hatte die Form einer kleinen Pontonlimousine mit hinten angeschlagenen Türen, es wirkte auf den ersten Blick keineswegs primitiv. Die Karosserie aus Stahlblech war in Leichtbauweise mit Kreuzverstre-

*Mikrus Kleinwagen von 1956. Entfernt sah das Auto einem Goggomobil ähnlich. Der luftgekühlte 300-ccm-Zweitaktmotor von WSK im Heck leistete 15 PS.*

*Oben: Verbesserter Mikrus, 1959 auf einer Ausstellung in Moskau gezeigt. Links: Heckansicht des Mikrus.*

*Unten: Mikrus 1958 auf winterlicher Probefahrt.*

bungen gefertigt, wobei man jedoch auf jegliches geräuschdämmendes Material verzichtet hatte. Die Räder waren einzeln aufgehängt, im Heck saß ein 300-ccm-Zweitakter. Er entstammte dem polnischen WSK-Motorrad und hatte 15 PS bei 5100 U/min abgegeben.
Neben dem als »Mikrus« bezeichneten Kleinwagen, der später in Serie gehen sollte, war ein zweiter Prototyp von einem Mitarbeiter des Motorenwerks in Rzeszów in eigener Regie mit einer modifizierten Karosserie versehen worden, mit abfallender Front- und Heckpartie etwas »aerodynamischer« gestaltet. Technisch waren dieser Meduza und der Mikrus identisch. Schon bald nach dem ersten Auftauchen der Wagen 1957 in der Öffentlichkeit wurde erste Kritik laut: Die Türen waren viel zu schmal, die 10-Zoll-Räder für die schlechten Straßen zu klein, und wer mit vier Personen reisen wollte, mußte das Reserverad aus dem vorderen Stauraum herausbugsieren und unter dem Sitz verstauen, da sonst kein Gepäckraum zur Verfügung stand.
Innerhalb eines weiteren Jahres wurden 17 Vorserienwagen des Mikrus gebaut, davon auch zwei Vollcabriolets, ein Pick-Up und zwei weitere, als Meduza karossierte Autos, doch blieben diese Sonderversionen Einzelstücke.
In polnischen Fachzeitschriften für Verkehrswesen konnte man bald erste Tests des neuen Kleinautos lesen, wobei viele Mängel ans Licht gebracht wurden. Der Mikrus war äußerst spartanisch ausgestatttet, man saß auf Rohrsitzen mit Stoffauflage. Der Zugang zum Fond gelang nur sehr gelenkigen Mitfahrern, da die Türen tatsächlich viel zu schmal geraten waren. Der Fahrer hatte ein Einspeichenlenkrad nach Art des Citroën DS vor sich (aber mit Hupknopf auf der Speiche) und konnte an einem Anzeigeninstrument die Geschwindigkeit ablesen; für die Benzinanzeige gab es nur ein Reservelämpchen. Rundum waren die Insassen von nacktem Blech umgeben. Ungedämpft drangen die Motor- und Antriebsgeräusche an die Ohren der Passagiere. Der Motor erwies sich in der Praxis als ungeeignet für den Betrieb in einem Automobil, da ihm vor allem Durchzugskraft fehlte. Die vier Gänge des Getriebes mit Mittelschalthebel waren unsynchronisiert, und so konnte der Mikrus-Fahrer, der 50000 Zloty für sein Auto hinblättern mußte, nicht über Langeweile während der Fahrt klagen.
War der Prototyp noch mit mechanischen Bremsen ausgerüstet gewesen, so sorgte nun wenigstens eine hydraulische Anlage für gerade ausreichende Verzögerungswerte. Die Fahreigenschaften waren ansonsten eher gutmütig, da der Mikrus als Heckmotorwagen zum Übersteuern neigte, doch konnten kritische Situationen bei einer Höchstgeschwindigkeit von nur 75 km/h selten auftreten.
Im Juli 1958 begann die Serienproduktion mit einem geplanten Ausstoß von 1000 Wagen für dieses Jahr und 5000 für das nächste. Die ersten Wagen wurden nur an ausgewählte Personen vergeben, so an die »Vereinigung Polnischer Kämpfer« in Krakau oder an einen Priester namens Sikorski in Warschau. Die ersten Mikrus-Fahrer waren auch verpflichtet, Berichte über ihre Erfahrungen mit ihrem Auto abzuliefern. Wegen Engpässe in der Motorenproduktion in Rzeszów blieb es jedoch für 1958 bei einem Ausstoß von nur etwa 100 Fahrzeugen. Die meisten Käufer waren natürlich heilfroh, einen Wagen ergattert zu haben, doch fast jeder beklagte sich über die ungenügenden Scheinwerfer, die bei Nacht nur Geschwindigkeiten von höchstens 50 km/h zuließen. Ferner ließ die Qualität des Getriebes viel zu wünschen übrig, auch war meist der hochbelastete Motor nach 40000 Kilometern reif für eine Totalüberholung.
Bis Ende 1959 waren erst rund 1300 Mikrus ausgeliefert, als man über einen Produktionsstop nachdachte. Während ein optisch aufgewertetes Modell noch Ende September auf einer Moskauer Messe für die Leistungen der polnischen Autowerker warb, fiel die Entscheidung für den Produktionsstop. Schnell wurde der Wagen von seinem Podest heruntergeholt und versteckt.
Die Mikrus-Bauer in Mielec und Rzeszów sowie zahlreiche Interessenten waren natürlich wenig angetan von dieser Entscheidung und versuchten die Behörden umzustimmen, doch vergeblich. Als einziges

*Smyk mit nach vorn aufklappbarer Fronttür.*

Zugeständnis durften aus Restbeständen noch Kleinlieferwagen des Typs »Stal 300« zusammengebaut werden. Der 300-ccm-Motor trieb hier die Vorderräder an, die Federung übernahmen längs liegende Spiralfedern, ähnlich wie beim Citroën 2 CV.
Trotz seiner Schwächen hatte der Mikrus viele Freunde in seinem Land. Sehr wenige Mikrus haben bis heute überlebt, doch einer der drei Meduza-Prototypen existiert noch und wurde 1989 im Warschauer Museum für Wissenschaften und Verkehr restauriert.

## P 80

In den Jahren 1957/58 entwarf der Ingenieur Jósef Przybylskiego das einzige Dreirad-Kleinstauto, das in Polen professionell gebaut wurde, wenn es auch bei einem einzigen Prototyp blieb.

Der P 80 hatte äußerlich gewisse Ähnlichkeit mit dem Kroboth Allwetterroller und bot zwei Personen Platz. Das Rückgrat des Wagens bildete ein stabiler Rohrrahmen, auf den die offene, türlose Karosserie geschraubt war. Die drei Räder saßen an Längsschwingarmen und wurden mittels hydraulischer Stoßdämpfer gefedert. Viele Teile der Radaufhängung stammten vom Motorrad, auch der Antrieb. Der Motor war ein tschechischer Jawa Einzylinder mit 250 ccm Hubraum und einer Leistung von etwa 12 PS bei 4750 U/min. Eine Viergang-Motorradschaltung ohne Rückwärtsgang übertrug die Kraft des Zweitakters über eine Kette auf das Hinterrad; 70 km/h sollen mit dem P 80 möglich gewesen sein. Der Motor wurde von einem auf dem Ende der Kurbelwelle sitzenden Ventilator gekühlt; seitliche Schlitze in der nur 2,45 m langen Karosserie führten die Luft zu.

Solch ein Kleinmobil hätte einige Jahre früher auch im Westen sicher Interessenten gefunden. Mit seinen kleinen 10-Zoll-Rädern hätte der P80 angesichts des zumeist schlechten Zustandes der Straßen in Polen seinem Besitzer vermutlich wenig Freude bereitet, und die allzu luftige Karosserie das Fahren nur während einer kurzen Zeit des Jahres erlaubt. Importwagen wie der P70 aus der DDR oder der tschechische Skoda boten da größere Vorzüge, und wer sich solch ein Auto nicht leisten konnte, blieb lieber beim Motorrad.

## PIONIER

Das Autokonstruktionsbüro, das dem Ministerium für Straßen- und Luftverkehr unterstand, befaßte sich 1953 mit Plänen für einen Kombiwagen. Als Antrieb war ein Zweizylinder-Bootsmotor von Gajecki vorgesehen; für die Konstruktion dieses Autos war Ingenieur Mieczyslaw Lukawski verantwortlich.
Der »Pionier« wies ein Stahlrohrchassis mit Frontmotor und Frontantrieb auf und hatte eine ansprechende Kombikarosserie in Holz/Stahl-Gemischtbauweise, wie bei den amerikanischen »Woodie« Stationwagons. Ein Prototyp wurde fertiggestellt, geplant waren zudem Pickup, Lieferwagen- und Krankenwagenversionen. Bei einer Gesamtlänge von 3,80 m hatte dieser Kombi eine 1,6 m lange Ladefläche, doch angesichts der bescheidenen Leistung von nur 23 PS des 500-ccm-Motors hätte man bei der Zuladung wohl sehr zurückhaltend sein müssen, um das Fahrzeug einigermaßen im Verkehr mitschwimmen lassen zu können. Doch zu solchen Betrachtungen blieb keine Gelegenheit, denn dem Projekt wurde keine Unterstützung von staatlicher Seite gewährt.

## SMYK

Eines der ungewöhnlichsten Kleinwagenprojekte in Osteuropa war der polnische »Smyk«, von dem 1957 ein Prototyp gebaut wurde. In ihrem Warschauer »Konstruktionsbüro der Motorindustrie« hatten die Herren Wójcickiego, Zgliszczyński und Zygadlewicz einen Kleinwagen entwickelt, der demonstrieren sollte, daß polnische Ingenieurkunst immer noch zu ungewöhnlichen Lösungen fähig war. Als der Smyk Ende des Jahres 1957 präsentiert wurde, hatte er mit dem daneben recht bieder wirkenden Mikrus kaum mehr als den Heckantrieb und den einzelnen Scheibenwischer gemein. Die Karosserie, etwa eine Mischung aus BMW 600 und Zündapp Janus, jedoch mit Stufenheck, konnte neben der ungewöhnlichen Form noch einen besonderen Gag bieten: Die große Fronttür ließ sich samt Lenkrad und der kleinen Armaturentafel nach vorne kippen und gab so den Zugang zum Innenraum frei. Diese Lösung erregte zwar Aufsehen, doch gestaltete sich der Einstieg nicht gerade bequem. Die vier 12-Zoll-Räder waren einzeln aufgehängt und mit Torsionsstäben abgefedert; es war geplant, eine Vorrichtung einzubauen, mit der der Fahrer vom Innenraum aus die Federwirkung regulieren konnte, doch beim Prototyp verzichtete man auf dieses kostspielige Detail. Auf den Vordersitzen mit Schaumstoffpolsterung saß man sehr bequem; dahinter war Platz für eine schmale Bank, die nach Umklappen der vorderen Lehnen allerdings schwer zu erreichen war und allenfalls kleinen Kindern Platz bieten konnte.
Um eine gute Geräusch- und Temperaturisolierung der Fahrgastzelle zu erreichen, waren die Innenseiten der Karosseriebleche mit einer Mischung aus Kunstharz und kleinen Korkstückchen bestrichen. Der

*Bis zu 80 km/h ging die Smyk Kabine mit ihrem Motorrad-motor im Heck. Außer diesem 1957 entstandenen Prototyp sind indes keine weiteren Exemplare gebaut worden.*

Instrumententräger mit Tacho und Benzinanzeige lag zur Linken, daneben ragten zwei Schalthebel aus der Seitenwand, denn es gab je ein Vierganggetriebe für Vorwärts- und Rückwärtsfahrt!
Den Antrieb besorgte ein gebläsegekühlter Junak-Motorradmotor, ein Einzylinder-Viertakter mit 350 ccm und etwa 15 PS Leistung bei 5500 U/min. Bei Erprobungsfahrten wurde eine Höchstgeschwindigkeit von 80 km/h bei vollbesetztem Wagen erreicht; der Verbrauch betrug durchschnittlich nur 4,5 Liter/100 km. Besonders gelobt wurde am Smyk die gute Federung, und zu Demonstrationszwecken wurden sogar einmal rohe Eier auf dem Boden deponiert, die nach der Fahrt über die schlechten Straßen im damaligen Polen in der Tat unbeschädigt der Küche zurückgegeben werden konnten. Dennoch wurde nichts aus einer Smyk-Produktion: Der Konkurrent Mikrus war preiswerter herzustellen und für zwei Kleinwagen gab es keinen Platz im Wirtschaftsplan.
Sicher war der Mikrus im Endeffekt das vernünftigere und praktischere Auto, doch Fahrzeuge wie der Smyk machten die Welt der Kleinwagen so bunt, wie sie sich dem Betrachter heute präsentiert. Unbekannt ist das weitere Schicksal dieses Mobils; es ist kaum anzunehmen, daß es bis heute überlebt hat.

## STAL

Als polnische Regierungsstellen beschlossen hatten, den Bau des Mikrus einzustellen, wurde vom gleichen Werk der Prototyp eines Kleinkombis entwickelt und im Herbst 1958 der Öffentlichkeit gezeigt. Mit dem Mikrus gemeinsam hatte dieser »STAL 300« lediglich den 300-ccm-Zweitakttwin, der bei 5200 U/min seine Höchstleistung von 14 PS abgab und sich mehr durch Lautstärke denn Kraft auszeichnete. Im Gegensatz zum Mikrus hatte der STAL 300 diesen Motor nicht im Heck, wo er die Beladung gestört hätte, sondern noch vor der Vorderachse, wo er die beiden Vorderräder antrieb.
Der STAL 300 war merklich vom französischen Citroën 2 CV inspiriert worden. Mehrere charakteristische Merkmale dieses Autos gaben sich überraschenderweise als getreue Nachbildungen zu erkennen. Jeder 2-CV-Fahrer würde sich auf Anhieb im STAL 300 heimisch fühlen, denn von den einfachen Rohrsitzen mit Stoffmatten über die quergeteilten Seitenklappfenster mit Schnappverschluß bis zur Form des Instrumententrägers und der Ablagefächer daneben erinnerte alles im Innenraum an die »Ente«. Das Getriebe wurde mit einem Schalthebel bedient, der aus der Spritzwand ragte, doch war dieser beim STAL 300 nach unten gebogen. Von außen hatte der polnische Mehrzweck-Kleinwagen indessen verblüffende Ähnlichkeit mit dem Renault R4, nur die Ausführung der hinteren Wagenhälfte in Wellblech erinnerte an das Vorbild von Citroën. Die größte Überraschung war jedoch, daß auch die Federung der des 2 CV nachempfunden war und mit unter der Bodenplatte längs liegenden Schraubenfedern arbeitete, die die Räder einer Seite verbanden. Trotz solcher bewährter Konstruktionsdetails ging der 3,28 m lange STAL 300 nicht in Serie. Dabei hätte das zwar spartanische, aber auch vielseitig nutzbare Fahrzeug in Polen genau das richtige Transportmittel für Familie und Beruf werden können. Bei Testfahrten hatte der STAL 300 Geschwindigkeiten von bis zu 70 km/h erreicht und dabei im Durchschnitt 5,5 bis 6 Liter Gemisch verbraucht. 200 kg hätte man zuladen dürfen, und die nutzbare Fläche hinter den Sitzen hatte ein Volumen von immerhin mehr als 1,2 $m^3$ gehabt.
Trotz mancher Unzulänglichkeiten, die der STAL 300 sicher besaß, hätten viele Polen sich solch ein Auto gewünscht, doch unergründlich waren oft die Entscheidungen sozialistischer Wirtschaftspolitiker.

## WFM

WFM bedeutet »Warszawska Fabryka Motocycli«. Eine Warschauer Motorradfabrik dieses Namens brachte 1958 einen Kleinwagen-Prototyp heraus, »Fafik« genannt, mit hinterer Schmalspur und 14-Zoll-Rädern. Er basierte technisch auf dem WFM Motorroller Osa und wurde von einem 148-ccm-Zweitakt-Einzylindermotor im Heck (ohne Differential) angetrieben. Auch die Dreigangschaltung stammte vom Roller, und mit seinen 6 PS sollte der Fafik 70 km/h erreichen können. Die Stahlkarosserie mit riesigen Panoramascheiben vorne und hinten war schon fast futuristisch zu nennen, dagegen waren die Türen nach alter Sitte hinten angeschlagen.
Der kleine Motor erreichte seine Höchstleistung bei 4800 Umdrehungen der Kurbelwelle und wurde von einem Ventilator mit Luft umfächelt. Ein netter Einfall waren die in den hinteren Fensterrahmen eingebauten Blinker; der Fafik sollte ein modernes und schmuckes kleines Auto sein. Gebremst wurde mit Seilzügen und Alutrommeln, die mit dem nur 270 kg schweren Mobil leichtes Spiel hatten.
Doch der Staat hatte kein Verständnis für diese fantasievolle Entwicklungsarbeit und lehnte jede finanzielle Unterstützung des Projekts ab. Dem Fafik erging es somit wie den meisten anderen Versuchen der polnischen Kleinmotorisierung: Er geriet schnell in Vergessenheit.

*WFM Fafik 1958*

# Argentinien

Wie in Brasilien gab es auch in Argentinien kaum einen Bedarf an Kleinwagen im europäischen Sinne. Daß es trotzdem zu mindestens zwei Versuchen mit derartigen Minimalfahrzeugen kam, ist durchaus erstaunlich. Diese wurden jedoch hauptsächlich zum Gebrauch in den Städten konstruiert, die Bewältigung der enormen Entfernungen über Land überließ man Geländefahrzeugen und robusten Wagen vorwiegend amerikanischer Herkunft.

## JOSESO

Zu den wenigen Versuchen mit eigenständigen südamerikanischen Kleinwagen gehörte der argentinische Joseso. Er wurde Ende der fünfziger Jahre von der im Süden Argentiniens, in Río Gallegos, ansässigen Industría Argentina de Microautomóviles, S. A. (I. A. M. A.) entwickelt und 1959 vorgestellt.
Bei diesem Auto waren an einem Rohrrahmenchassis die vier Räder einzeln an robusten Aufhängungen befestigt, die für hohe Bodenfreiheit sorgten und ein Durchkommen des Joseso auch auf schlechten Straßen ermöglichen sollten. Im Heck war ein 200-ccm-Villiers-Zweitakter mit etwa 10 PS Leistung installiert, der über Vierganggetriebe und Ketten die Hinterräder in Bewegung versetzte. Um Kosten zu sparen, war die für vier Personen geplante Karosserie, die an Vorbilder wie BMW 600 oder Fiat Multipla erinnerte, aus Kunststoff gefertigt; eine Fronttür hatte der Joseso allerdings nicht. 1959 wurde eine Vorserie aufgelegt, doch trotz seines günstigen Preises von 120000 Pesos (billiger als importierte Kleinwagen) kam es nicht zu einer Serienproduktion.

## RYCA

Im Frühjahr 1956 stellte die in Ciudadela bei Buenos Aires ansässige Konstruktionsfirma RYCA (Rosati y Cristofaro SA) drei Modelle vor, mit der sie die Motorisierung der Argentinier fördern wollte. Neben einer Mittelklasse-Limousine und einem davon abgeleiteten Pick-Up gab es einen kleinen Vierradwagen, bei dem es sich um eine modernisierte Version des 1953 von der italienischen Kleinfirma Siata entwickelten Prototyps mit Namen »Mitzi« handelte, der nicht in Serie gegangen war. Später hatte die argentinische Firma eine Lizenz zum Bau dieses Modells erworben. Durch Vergrößerung der Fensterflächen, Montage eines schicken »Kühlergrills« und weiterer Feinarbeiten hatte die Mitzi deutlich an Attraktivität gewonnen.
Im Heck des mit Schiebefenstern und großem Rolldach ausgestatteten Mobils arbeitete ein Zweizylindermotor im Viertaktverfahren, der bei 434 ccm Zylinderinhalt 12 PS leisten sollte. Der 420 kg schwere Wagen fuhr knapp über 70 km/h. Das Vierganggetriebe mit Mittelschaltung mußte dabei eifrig betätigt werden, um den schwachen Motor auf Touren zu halten. Die Vorderräder waren einzeln aufgehängt, hinten übernahmen Gummielemente die Federung der Starrachse. Gepäck konnte unter der Fronthaube und hinter der Sitzbank verstaut werden.
Mit der Herstellung des »Mitzi« wurde die IMEMA SA in Caseros beauftragt. Wieviele Wagen produziert wurden, bleibt im Dunkel der Automobilgeschichte verborgen.

RC

# Republik China (Taiwan)

Wie zahlreiche asiatische Länder verfügte Taiwan zwar nicht über eigene Kleinwagenkonstruktionen, profitierte jedoch von Verträgen zum Lizenzbau japanischer Modelle, die unter eigener Firmenbezeichnung verkauft wurden und meist nur minimale Abweichungen in der Ausstattung zeigten.

## YUE LOONG

Bei der Yue Loong Motor Co. Ltd. in Taipeh auf der Insel Taiwan wurden seit 1958 in Lizenz japanische Mittelklasse- und Lieferwagen von Nissan-Datsun sowie amerikanische Geländewagen hergestellt. Über die Hälfte aller Teile produzierte Yue Loong selbst, der Rest wurde importiert. Um auch einen preisgünstigen Kleinwagen anbieten zu können, kam man 1963 mit dem außerhalb Japans wenig bekannten Hersteller Cony überein, dessen Kleinkombi mit 360-ccm-Zweizylinder-Viertaktmotor, der knapp 16 PS leistete, in Lizenz zu montieren. Es erschien der nun YLN-601 genannte, recht ansprechende Kleinstkombi auf dem taiwanesischen Markt, wo er bis Ende der sechziger Jahre erfolgreich im Angebot blieb.

*Lasten-Dreiräder nach traditioneller Art, aus dem Motorradbau abgeleitet, blieben bis heute weit verbreitete Personen- und Nutzfahrzeuge auf der Insel Taiwan. Viele weisen japanische Bauteile auf. Eine Lizenzausgabe des Colt namens Yue Loong (siehe auch Seite 280) blieb in den sechziger Jahren das einzige Pkw-ähnliche Auto Made in Taiwan.*

# Uruguay

Selbst im für amerikanische Verhältnisse kleinen Staat Uruguay gab es den Versuch, einen Kleinwagen zu vermarkten, der zudem im Lande selbst erdacht worden war. Ansonsten wurde das Land von Importwagen jeglicher Herkunft versorgt.

## RAGO

Mitte der sechziger Jahre begannen die Brüder Waldemar und Carlos Rago in Montevideo mit der Konstruktion eines sportlich aussehenden, zweisitzigen Kleinwagens. Sein einfaches Chassis mit Blattfedern hatten sie mit einem Villiers-325-ccm-Zweitaktmotor im Heck bestückt, der seine Kraft von etwa 14 PS mittels eines angeblockten Dreiganggetriebes auf die Hinterräder brachte. Die im Umgang mit Fiberglas geübten Brüder Rago hatten eine hübsche Kunststoffkarosserie in Coupéform entworfen, damit sollte der Wagen etwa 80 km/h erreichen. 1967 wurden die ersten Wägelchen, ganz in Handarbeit zusammengebaut, fertig. Angeblich sollen rund ein Dutzend Rago Kleinwagen verkauft worden sein, ehe die Produktion wegen mangelnder Rentabilität wieder eingestellt werden mußte. Uruguays einzige Automobilmarke hatte nur kurze Zeit existiert. Die Firma beschäftigte sich daraufhin mit der rentableren Fertigung von Fiberglasteilen für verschiedene Fremdfahrzeuge.

*Kleinwagen aus Uruguay: Der Rago mit einem Aufbau aus Kunststoff von 1967.*

# Schweden

Schweden mit seiner in den dreißiger Jahren einzigen produzierten Personenwagenmarke Volvo, zu der sich nach 1945 Saab gesellte, bescherte der Welt außer einem weiteren Lizenzbau des bekannten Fuldamobil keine weitere Kleinwagenkonstruktion. Diese »Fram King Fulda« genannte Version des deutschen Dauerbrenners unter den Kleinstwagen hatte in Schweden einige Verbesserungen erfahren, u. a. einen Blechboden anstelle der originalen Holzplatte. Nur wenige Exemplare des schwedischen Fuldamobils wurden hergestellt. Importe von Wagen aller Größenordnungen hatten weiteren Aktivitäten indes die Grundlage entzogen.

SF

# Finnland

Im Land der tausend Seen wurde der verhältnismäßig geringe Bedarf an Personenwagen stets aus dem Angebot des Auslandes gedeckt, zu einer eigenständigen Automobilfirma brachte es Finnland mit Ausnahme des lediglich Nutzfahrzeuge produzierenden SISU-Werkes nicht. Wohl aber gab es in den späten fünfziger Jahren einen Versuch, einen finnischen Kleinwagen zu bauen. Das technisch auf dem Goggomobil basierende Vehikel geriet allerdings so unansehnlich, daß die Öffentlichkeit sich desinteressiert zeigte. Schnell verschwand dieses Einzelstück in der Versenkung.

## WIIMA

Der »Wiima« genannte Kleinstwagen, der im November 1957 anläßlich einer Industriemesse in Helsinki gezeigt wurde, war ein Produkt des Ingenieurs Antti Wihuri und der Firma Oy Uusi Autokoriteollisuus AB, heute Oy Wiima AB, die sich mit dem Bau von Omnibusaufbauten beschäftigt und in ganz Skandinavien einen guten Ruf genießt.
Dieser Wiima stellte jedoch keine Meisterleistung dar. Auf der technischen Seite hatte man auf vorhandene Aggregate zurückgegriffen und sich für die Verwendung von Motor, Getriebe und Radaufhängung des Goggomobil 300 entschieden. Eine eigene Entwicklung hätte hohe Investitionen verlangt. Diese bewährten Aggregate installierte man in ein verkürztes Goggo-Chassis und versah es mit einer neuen Karosserie aus Stahlblech. Hätte man sich auch in dieser Beziehung am deutschen Vorbild orientiert, wäre das Experiment vielleicht geglückt, doch geriet die Eigenbaukonstruktion zum Flop. Der Wiima war ein ausgesprochen häßliches Mobil geworden, mit klobiger Stufenheckform, dicken Fensterpfosten und seitlichen Schiebefenstern. Vielleicht hatte man bewußt sachlich bauen wollen, doch vermißte man an dem Vehikel jegliche Originalität. Abgesehen vom äußeren Erscheinungsbild hatte der Wiima auch kaum innere Werte zu bieten. Zwei Personen konnten sich durch die kleinen Türen in den Innenraum zwängen, wobei der Fahrgastraum gleich hinter den Sitzlehnen zu Ende war und keinerlei Staumöglichkeiten für Gepäck bot. Zwar gab es vorn einen durch eine Klappe zugängliche kleine Ablage, doch konnten auch dort nur Objekte geringster Abmessungen Platz finden. Der Wagen war an den Bedürfnissen der finnischen Autofahrer vorbei konstruiert. Die finnische Fachpresse ging nicht zimperlich mit dem angeblich 95 km/h schnellen Zwerg um und war der Meinung, »man hätte auf dieses Ausstellungsstück wohl lieber verzichten sollen, um finnisches Design nicht in Mißkredit zu bringen«. Da sich kaum jemand ernsthaft für den Wiima interessierte, ließ man das Modell gleich nach der Messe wieder in der Versenkung verschwinden. Höchstwahrscheinlich wurde das Auto später verschrottet. Heute erinnert sich selbst in Finnland kaum mehr jemand an diesen Versuch.

*Das Wiima Kleinauto aus Finnland wurde 1957 gezeigt, verschwand aber schon bald wieder von der Bühne. Es wäre vermutlich kein Verkaufserfolg geworden.*

# UdSSR

Wie in den anderen Ländern des Warschauer Paktes wurde auch in der Sowjetunion nur eine geringe Zahl von Personenwagenmodellen entwickelt. In der Mehrzahl handelte es sich dabei um mehr oder weniger geglückte Kopien westlicher Vorbilder, wobei robuste, größere Wagen wie Moskwitsch oder Wolga Vorrang hatten. Ein einfacher und für größere Teile der Bevölkerung erschwinglicher Kleinwagen fehlte dagegen lange.
Erst Mitte der fünfziger Jahre wurde Ingenieur Dolmatowski vom Kraftfahrzeug-Forschungsinstitut NAMI, das zu den Gorki-Werken gehörte, beauftragt, ein kleineres »Volksautomobil« zu entwickeln. Nach einem zu extravaganten Prototyp kam es zur Konstruktion des Zaporoschez, der ab 1960 in größeren Stückzahlen gebaut wurde. Daneben sah die staatlich gelenkte Planung nur Platz für eine weitere Kleinwagenentwicklung im Riesenbereich der Sowjetrepubliken vor. Es handelte sich um eine primitive Fahrmaschine, von der kaum Kunde ins westliche Ausland drang.

## BJELKA

1956 geisterten auch durch die westliche Fachpresse Bilder eines merkwürdigen Kleinwagens russischer Konstruktion mit Namen Bjelka (»Eichhörnchen«). Seine Konstrukteure waren Mitarbeiter des Instituts für Automobilentwicklungen in Moskau, kurz NAMI, seit seiner Gründung im Jahre 1918 für die Entwicklung neuer Kraftwagen zuständig und dem Staat unterstellt. Dort entstandene Prototypen wurden seit den Anfangsjahren mit einer durchlaufenden Nummer versehen; 1955 war man bei 013 angelangt, einem ungewöhnlichen Frontlenker-Personenwagen mit Heckmotor, dessen Erbauer aber mit Automatik, Einzelradaufhängung und servounterstützter Lenkung des Guten zuviel getan hatten – Luxusattribute, die bisher kaum den wenigen Staatslimousinen vorbehalten waren. An die Serienproduktion des Wagens war nicht zu denken, doch diente er wenig später als Grundlage für die Entwicklung eines Kleinwagen-Prototyps.

*Bjelka Prototyp aus Moskau, entstanden 1955. Ein Versuch, der nicht weit gedieh.*

Der neue Bjelka hatte eine ähnlich aerodynamische Form aufzuweisen, war ebenfalls als Frontlenker ausgelegt und verfügte als besonderen Gag über eine riesige Fronttür, die fast ein Viertel der gesamten Karosserie ausmachte. Es gab Platz für vier Personen, wobei die hinten Sitzenden über keine eigene Tür verfügten. Der Motor – versuchsweise wurden 500- und 750-ccm-Viertakt-Boxermotoren aus der Zweiradindustrie eingebaut – lag im Heck, das stufenförmig modelliert war. Zwar hatte man erwogen, das ca. 22 PS starke »Eichhörnchen« in einem Motorradwerk in Swerdlowsk zu bauen, doch wurde nie etwas daraus, da das Auto einfach zu extrem war. Sogar eine schwimmfähige Version hatte man erprobt. Daraufhin beschäftigte sich das NAMI-Team mit etwas realistischeren, wenn auch langweiligeren Kleinwagenplänen, die später zum Zaporoschez führen sollten.

## SMZ

In Serpuchow, einer Industriestadt etwa 80 km südlich von Moskau, hatte die Motorradfirma SMZ um das Jahr 1952 ein erstes, motorisiertes Dreiradfahrzeug entwickelt, das ausschließlich für die Zuteilung an Versehrte des Zweiten Weltkrieges vorgesehen gewesen war. Mit hinterem Einzelrad, Motorradmotor und einfachster Ausführung gab es dieses Modell bis Ende der fünfziger Jahre. 1956 brachte die Firma auch ein vierrädriges und nun etwas autoähnlicheres Modell unter dem Namen SAZ heraus. Auch dieses Modell war einfachst aufgebaut mit Starrachsen, freistehenden Scheinwerfern und Segeltuchverdeck. Es bot Platz für zwei Personen und wenig Gepäck und wurde von einem Einzylinder-Zweitakter mit Luftkühlung und etwa 10 PS Leistung angetrieben, der den SAZ 80 km/h erreichen ließ. Auch in diesem Falle wurden Körperbehinderte bei der Zuteilung bevorzugt, und es gab für diesen Zweck verschiedene Bedienungserleichterungen. Das nicht besonders hübsche Mobil rollte auf kleinen, grobstolligen Rädern, einige Exemplare sollen auch mit festem Dach gefertigt worden sein. Erst 1970 wurden der SMZ/SAZ von einem Nachfolgemodell abgelöst, dem SDZ oder »Sputnik«.

## ZAPOROSCHEZ

Einziger Kleinwagen der UdSSR, der auch im Westen einen wenn auch geringen Bekanntheitsgrad erreichte, war der Zaporoschez mit

*In größerer Auflage baute man in der Sowjetunion den SMZ-SAZ Kleinwagen. Er hatte einen luftgekühlten Einzylindermotor von etwa 10 PS und war in erster Linie für Kriegsversehrte gedacht.*

Heckmotor, der 1959 als »Communard« seinen Einstand gegeben hatte. Der kleine Wagen, bei der NAMI konstruiert, lief bei den Communard-Fahrzeugwerken in der Stadt Zaporoschje, etwa 100 km nördlich der Halbinsel Krim, vom Band.
Die selbsttragende Karosserie des vierplätzigen Kleinwagens war dem Fiat 600 nachempfunden, nur das angedeutete Stufenheck machte einen kleinen Unterschied in der Linie deutlich. Den Antrieb bildete ein Vierzylinder-Boxermotor mit Luftkühlung, der wie das italienische Original 20 PS leistete und für etwa 90 km/h gut war. Neben dem unsynchronisierten Vierganggetriebe gab es auch eine Fliehkraftkupplung. Wie alle russischen Personenwagen war auch der Zaporoschez ungewöhnlich hochbeinig, was aber wegen der mitunter abenteuerlichen Straßenverhältnisse in der Sowjetunion seine Berechtigung hatte.

Natürlich wies dieser Kleinwagen eine nicht gerade komfortable Federung auf, und auch in bezug auf die Ausstattung durfte man keinen Luxus erwarten. Die Betonung lag auf Einfachheit in der Wartung und Robustheit.
1960 bekam der Wagen einen neuen Motor, ebenfalls mit 750 ccm Hubraum, aber nun mit vier Zylindern in V-Anordnung. Um westlichen Käufern die Aussprache des Namens leichter zu machen, stellte man das Auto im Ausland als »Star« und »Kosak« vor. Doch der sowjetische Wagen, vor allem in den Benelux-Ländern im Angebot, hatte es schwer, sich gegen die etablierte westliche Konkurrenz wie Fiat 600 oder Renault 4 CV zu behaupten.
1962 brachten die Russen eine neue, geräumigere Karosserievariante heraus, wohl inspiriert vom NSU Prinz. Man konnte diesem Entwurf eine moderne Linie nicht absprechen, doch die enorme Bodenfreiheit ließ keinen Zweifel daran, woher das Auto stammte. Das Hubvolumen des luftgekühlten V-Motors war auf 800 ccm und die Leistung auf 26 PS angewachsen; doch Temperament war gewiß keine Eigenschaft dieses neuen Modells. Nur mit Mühe und Getöse waren 100 km/h zu erreichen, und was die Fahrwerksqualitäten betraf, so verleiteten diese kaum zum Schnellfahren. Aber hierfür waren auch die Straßen der UdSSR nicht geeignet.
Das bisherige Modell wurde mit kleineren kosmetischen Veränderungen weiter angeboten. 1963 gab es neue Bezeichnungen für die Kleinwagen aus Zaporoschje. Behielt das neue Modell den Namen Zaporoschez, so wurde das Alt-Modell jetzt schlicht als ZAZ 965 A oder als Jalta (auch Yalta) 850 bezeichnet. In Belgien, wo man Autoimporten aus dem Ostblock stets besonders aufgeschlossenen war, konnten durchaus einige dieser rauhen Gesellen verkauft werden, die man 1964 in ZAZ 966 umbenannt hatte.
Das alte Modell lief danach aus. Ab 1967 gab es in diesen russischen Kleinwagen dann Vierzylinder-Reihenmotoren mit 1 und 1,2 Liter Hubraum, die endlich auch einigermaßen ausreichende Fahrleistungen bescherten, doch mit dieser Motorisierung konnte man nun schon kaum mehr von einem Kleinwagen sprechen.

*Ganz oben: Zaporoschez ZAZ 968 M von 1979. Noch immer ein »Kleiner«, in den Ostblockstaaten weit verbreitet. Darunter: Zaporoschez ZAZ 935, der über die IFA auch in der DDR vertrieben wurde.*

*Rechts: ZAZ 968 M, aufgenommen am Ufer der Ostsee.*

*Oben: Obwohl ein Fiat, gab es dieses Auto nicht in Italien. Der 1937er Topolino in Roadsterform wurde ausschließlich in Deutschland angeboten; der Aufbau kam von der Karosseriefabrik Weinsberg.*

*Rechts: Simca 5 CV alias Fiat 500 Topolino. Der französische Lizenz-Kleinwagen unterscheidet sich nur in Kleinigkeiten vom italienischen Original.*

*Links von oben nach unten: Die ISO Isetta in ihrer Originalausführung; Fiat 600 (mit Einzelradaufhängung und selbsttragender Karosserie) von 1955/56 mit Klappdach; Fiat Multipla 1958.*

*Oben: Bianchina von Autobianchi. Als »klein, aufklappbar und spritzig« beschrieb die Werbung den attraktiven Zweisitzer.*

*Rechts: Fiat 500 Sport 1958 im Abarth-Look. Der »Nuova 500« war 1957 als kleiner Bruder des 600 vorgestellt worden und geriet innerhalb kurzer Zeit zu einem Bestseller, nicht nur in Italien.*

*Rechts: Fiat 500 mit Klappdach. Die ersten Serien gab es mit nach vorn öffnender Tür; ab Mai 1964 ging man dazu über, die Scharniere an der A-Säule anzubringen.*

*Viotti Coupé, Basis Fiat 600. Dieses flotte Auto gab es mit 19- sowie mit 26-PS-Motor.*

*Unten: Subaru 450 Deluxe von 1962. Ein eigenwilliges Design, das in Europa keine Vorbilder hatte. Der Zweizylindermotor wies 423 ccm Hubraum und 23 PS auf.*

*Links: Mitsubishi 360 von 1962. Viele Koffer dienten auch in Japan den Werbefotografen für Kleinwagen gern als Requisiten der Übertreibung ...*

*Unten: Mazda R 360 – ein kleines Coupé mit luftgekühltem Zweizylindermotor, vorgestellt 1960. Es gab sogar eine Ausführung mit Getriebe-Automatik.*

*Mitzi 1957 – sensationell, wie die Werbung aussagt. Daß der Motor im Heck saß, läßt die Kühlergrill-Attrappe auf den ersten Blick nicht vermuten. Viele Kleinwagen-Hersteller legten Wert auf derlei Zierat am Fahrzeugbug.*

Oben: Zwei ausgezeichnet restaurierte Zeta Kleinwagen der australischen Firma Lightburn & Co., Baujahr 1964 und 1965. Ihre Antriebsaggregate sind Zweitakter.

Rechts: Michelotti hat am Design dieses Zeta Sportwagens von 1964 mitgewirkt. Der Wagen basiert auf einem englischen Frisky Sport und wurde vom Motor des deutschen Messerschmitt Tg 500 angetrieben.

*Schlicht und zweckmäßig: ein auf Taiwan gebauter Kleinwagen namens Yue Loong. 1963 erschien das Auto als eine Lizenzversion des japanischen Cony.*

*Australischer Hartnett, gebaut 1951. Die Konstruktion basierte auf einem von J. A. Grégoire entworfenen Aluminium-Auto und hatte einen 600-ccm-Boxermotor im Bug.*

# Vereinigte Staaten von Amerika

In den USA, wo die Massenproduktion von Automobilen einst ihren Anfang genommen hatte, entstanden in der Hauptsache große und schwere Wagen, da großzügige Straßenverhältnisse, weite Distanzen und der Wohlstand im Lande dem Machbaren im Automobilbau kaum eine Beschränkung auferlegten. Die zwei Jahrzehnte nach 1945 waren die klassische Zeit der Straßenkreuzer mit ihren überdimensionierten Motoren und viel Chromschmuck, wie er von vielen europäischen Herstellern kopiert wurde. Daß sich auch in den USA eine erstaunliche Anzahl von Kleinwagen entwickelte, ist mehr auf den Spieltrieb einiger Ingenieure zurückzuführen als auf einen zwingenden Bedarf an solchen Fahrzeugen. Schon in den dreißiger Jahren hatte es mit dem American Austin alias Bantam einen »echten« Kleinwagen made in USA gegeben, und der spätere Crosley stellte so etwas wie einen amerikanischen Lloyd dar, für Leute, die ein besonders sparsames Auto brauchten und dabei auf Luxus und Schönheit verzichten mußten. Alle anderen Mobile wurden vorwiegend zur Freizeitgestaltung benutzt oder dienten heranwachsenden Söhnen als Spaßfahrzeuge. Diese Autos blieben fast ausnahmslos kurzlebige Randerscheinungen und waren so gut wie nie im Straßenverkehr zu entdecken.

Nicht unerwähnt soll indessen der Erfolg bleiben, den ein amerikanischer Automobilhersteller mit kleinen Automobilen vor dem Kriege hatte. Es war dies die 1930 in Butler, Pennsylvania, gegründete American Austin Car Company, die den englischen Austin Seven nachbaute, aber mit »amerikanischem« Karosserie-Design. Diese Miniatur-Straßenkreuzer, ab 1937 unter der Marke Bantam vermarktet, mit ihren 800-ccm-Motoren hatten indes keinerlei Ähnlichkeit mit dem in der gleichen Firma später entwickelten Jeep, dem Vorgänger des berühmten Willys Overland Allradwagen. Bantam Kleinautos zeichneten sich durch Zuverlässigkeit und gute Verarbeitung aus, und sie fanden in den Staaten durchaus ihr Publikum. Im Jahresschnitt wurden rund 5000 Wagen hergestellt. Für ein Automobil dieser Kategorie in den USA eine erstaunlich hohe Zahl, doch zu wenig, um überleben zu können: 1941 stellte man bei Bantam den Automobilbau ein.

## AIRWAY

Bei der Firma T.P. Hall Engineering in San Diego, Kalifornien, hatte man einmal mit einem flugfähigen Automobil experimentiert, doch mit einer Kleinwagenkonstruktion war man 1948 wieder auf den Boden zurückgekehrt. Der beziehungsreich »Airway« getaufte Wagen mit Fließheck-Karosserie in Gemischtbauweise aus Aluminium und Kunststoff sollte als Fahrzeug für den Kurzstreckenverkehr und zum Einkaufen dienen. Knapp 390 kg brachte das auf kleinen Rädern stehende und fast vier Meter lange Fahrzeug auf die Waage; es bot zwei Personen bequem Platz. Für einen dritten Passagier gab es auf Wunsch einen Einzelsitz im Fond. Technisch bot der Airway nichts Aufregendes: Im Heck saß ein luftgekühlter Kleinmotor Marke »Onan«, der 10 PS leistete und den Airway auf 80 km/h beschleunigte. Immerhin gab es ein halbautomatisches Getriebe mit zwei Gängen und Flüssigkeitskupplung. Man strebte einen Verkaufspreis von 750 Dollar an, und es wurden auch einige Prototypen gebaut, die sich alle in Details unterschieden. Zu einer Serie kam es nicht, das Projekt schlief wieder ein.

## AMERICAN BUCKBOARD

Die American Buckboard Corp. in Los Angeles hatte sich bei ihrem äußerst merkwürdigen Kleinwagen offensichtlich von den spartanischen »Flyer« Modellen der Vorkriegszeit von Briggs & Stratton inspirieren lassen. 1955 wurde der American Buckboard auf der International Motors Revue in Los Angeles vorgestellt. Im Heck des zweisitzigen Roadsters mit Kunststoffkarosserie war ein fünftes Rad zentral angebracht, angetrieben von einem 25-PS-Motorradmotor. So wollte man die einfache Motorisierung von Motorrädern mit den guten Fahr-

*Unten links: Airway von 1948, rechts daneben ein gleiches Modell mit Fließheck. Rechts unten der fünfrädrige American Buckbord, wohl mehr ein Spaßmobil.*

eigenschaften eines vierrädrigen Wagens kombinieren. 1956 tauchte das Vehikel noch einmal unter der Bezeichnung »Bearcat« auf, dann verschwand das Projekt, dem wohl niemand hohe Chancen eingeräumt hatte, wieder von der Bildfläche.

## BOBBI-KAR

1945 hatte der Konstrukteur S. A. Williams in San Diego, Kalifornien, eine Firma gegründet mit dem Ziel, ein Miniauto als Freizeitspaß und Einkaufsmobil zu lancieren. Wenig später tauchten verschiedene Prototypen auf, mit wasser- und luftgekühlten Heckmotoren, unabhängig aufgehängten Rädern und spielzeugartigen Kunststoffkarosserien für ein bis zwei Personen. Als eine Serienproduktion dieser Modelle scheiterte, konzentrierte Williams seine Aktivitäten auf ein neues Kleinwagenprojekt mit der Bezeichnung Towne-Shopper. Auch dieser knapp drei Meter lange, offene Zweisitzer ohne Türen hatte einen Heckmotor, ein 7 oder 10 PS leistendes Zweizylinder-Zweitaktaggregat mit Luftkühlung der Firma Onan. Das mit automatischem Zweiganggetriebe ausgerüstete neue Einkaufsauto verfügte über einen Stauraum unter der Fronthaube und wurde mit großem Werbeaufwand angepriesen. Doch mit dem Crosley und dem King Midget gab es in den USA bereits zwei etablierte Anbieter von Kleinwagen, für mehr fehlte einfach der Bedarf. So schlief auch das Projekt Towne-Shopper 1948 wieder ein, nachdem die Firma kurz vorher nach Alabama übersiedelt war.

## BROGAN

Es waren ausschließlich Dreiräder, die von der Firma B & B Specialty Co. in Rossmoyne, Ohio, hergestellt wurden und die in die Kategorie der Kleinstwagen paßten. Das erste Modell, vorgestellt 1946, trug das Einzelrad vorn, im Heck gab es einen luftgekühlten 10 PS-Onan-Motor. Eine Kupplung gab es nicht. Das offene Mobil erreichte etwa 70 km/h. Daneben gab es ein noch kleineres Modell namens Broganette. Zuweilen verwendete die Firma auch die Bezeichnung B & B Threewheeler für ihre Fahrzeuge.

1951 kam ein neuer Zweisitzer heraus, für den es als De-Luxe-Ausstattung auch ein Stoffverdeck gab. Diesmal trieb der 10-PS-Motor ein

*Der einzige Kleinwagen, der es vor dem Kriege in den USA je auf nennenswerte Stückzahlen brachte, war der bis 1941 gebaute Bantam. Das Foto zeigt ein Suburban Coupé von 1933.*

*Oben: Bantam Business Coupé 1930 als Coca-Cola-Werbefahrzeug.*

*Unten: Bobbi Kar als Station Wagon in »Woody«-Ausführung.*

*Oben rechts: Bantam Roadster 1930.*

*Rechts: 1939er Bantam Sedan, ein durchaus elegantes Automobil!*

*Oben: Bobbi-Kar Sport-Cabriolet mit Zweitakt-Zweizylindermotor.*

*Rechts: Zwei Brogan Mikro-Autos von 1946. Es sollen tatsächlich einige Exemplare verkauft worden sein.*

*Oben: Colt Economy von 1954. Immerhin ein echter Amerikaner – mit Heckflossen.*

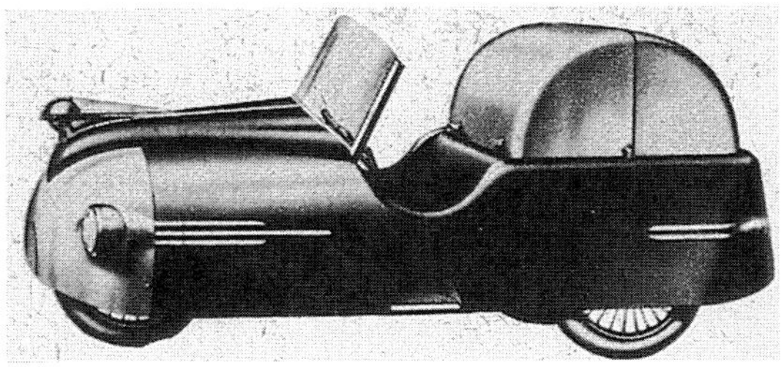

*Oben: Comet (II) von 1946. Das tonnenförmige Abteil hinter den Sitzen diente der Gepäckunterbringung.*

*Oben: Der Rohrrahmen des Comet (II) aus Ridgewood, New York.*
*Rechts: Crosmobile 1946/47. Unten: 1948er Crosley mit reichlich Chromschmuck.*

hinteres Einzelrad im Heck an. Die Karosserie hatte winzige Türen und fiel durch reichliche Verwendung engmaschigen Metallgitters auf, um Gewicht zu sparen. Im Cockpit ging es bei einer Karosseriebreite von nur 1,30 m recht eng zu; die neue Broganette hatte freistehende Vorderräder und Scheinwerfer. Mit dem neuen Modell sollte man bis zu 80 km/h schnell sein. Es kostete 550 Dollar, und einige Dutzend dieser Mobile konnten tatsächlich verkauft werden.

## COLT

Für 995 Dollar bot 1958 die Colt Manufacturing Co. in Boston ein »Economy« genanntes Fahrzeug an, ein plump wirkender, offener Zweisitzer mit Kunststoffkarosserie und winzigen Rädern. Es besaß Heckflossen und eine viel zu niedrige Frontscheibe, an deren oberem Rahmen die Scheibenwischer befestigt waren. Etwa 350 kg brachte das Mobil auf die Waage und wurde von einem Einzylindermotor Marke »Wisconsin« angetrieben, der aus 380 ccm Hubraum nur bescheidene Leistung schöpfte. Angaben zu einer Höchstgeschwindigkeit von 85 km/h scheinen recht optimistisch gewesen zu sein; ein automatisches Getriebe war, wie in den USA allgemein üblich, Standard.
Das rundliche Mobil, mit dem Slogan »Von Amerikanern für Amerikaner gebaut« angepriesen, kam nicht über das Prototypenstadium hinaus.

## COMET (1)

Die Comet Manufacturing Co. in Sacramento, Kalifornien, bezeichnete sich als weltgrößter Hersteller sogenannter »Midget Cars«, Freizeitautos für Erwachsene und Kinder. 1950/51 bot man ein seifenkistenartiges Mobil namens Comet Roadster an, das es auch als Bausatz zu kaufen gab. Es sollte das billigste Auto der Welt sein und war direkt vom Hersteller zu beziehen. Der tür- und verdecklose Zweisitzer mit freistehenden Rädern und völlig schmuckloser Blechkarosserie wurde von einem 6-PS-Einzylindermotor mit Luftkühlung im Heck angetrieben und sollte knapp über 60 km/h schaffen. Sogar ein automatisches Getriebe war vorhanden. Viele Exemplare scheinen von diesem Primitiv-Mobil nicht verkauft worden zu sein.

## COMET (2)

In den Jahren 1946 bis 1948 entstanden in Ridgewood, New York, einige Dreiräder, die in ihrer Einfachheit an französische Primitivmobile von Mochet erinnerten. Die General Development Co. hatte dieses Wägelchen mit vorderem Einzelrad und einem leichten Rohrrahmen konstruiert, das mit einer offenen Kunststoffkarosserie nicht mehr als 175 Pfund wiegen sollte. Zur Gewichtsersparnis lief das Fahrzeug auf Fahrradrädern, die durch die Karosserie teilweise verdeckt wurden. Zwei Personen konnten sich in die offene Karosserie schwingen; der Fahrer saß hinter einem gekröpften Lenker ähnlich wie beim Messerschmitt Kabinenroller. Hinter den Passagieren ragte ein tonnenförmiges Gepäckabteil empor, das so gar nicht zur Karosse-

rie paßte, aber sicher recht geräumig war. Die Hinterräder wurden von einem luftgekühlten 4,5-PS-Einzylindermotor in gemächliche Bewegung versetzt; mehr als 40 km/h wird der Comet damit wohl kaum geschafft haben. Das mit allerlei optischen Gags ausstaffierte Mobil war nur 2,90 m lang und soll mit einer Gallone Treibstoff die Traumstrecke von 100 Meilen gefahren sein. Nach wenigen gebauten Wagen ging die Firma 1948 an finanziellen Problemen zu Grunde.

*Crosley Coupé von 1948. Dieses Auto war einigermaßen erfolgreich in den Staaten – es wurden an die 30000 Crosley dieses Jahrgangs verkauft.*

## CROSLEY

Die Crosleys waren im Grunde die einzigen »echten« Kleinwagen Amerikas, das heißt, im europäischen Sinne billige Fortbewegungsmittel für Leute, die sparen mußten oder wollten. Die Länge des Crosley entsprach ungefähr der eines Lloyd 400, für amerikanische Maßstäbe also wahre Miniaturautos.

Powell Crosley hatte 1907 erstmals den Versuch unternommen, im Autogeschäft Fuß zu fassen, doch noch erfolglos. Mehr Glück hatte der Unternehmer mit anderen Produkten, etwa mit Radios, mit denen er es in den zwanziger Jahren zu einem der größten Hersteller der Welt brachte. In den dreißiger Jahren wurden seine Kühlschränke zu einem Verkaufserfolg. Crosley konnte es sich nun wieder leisten, einen Versuch mit Autos zu machen und präsentierte Ende der dreißiger Jahre die Konstruktion eines ungewöhnlichen Kleinwagens.
1939 kam der Crosley auf den Markt – ein witziger Zwerg mit dicker Nase und freistehenden Scheinwerfern, den es als Roadster und Cabriolimousine gab. Ein luftgekühlter 12-PS-Motor ließ den Zweisitzer

knapp 80 km/h erreichen; sein Preis lag unter 300 Dollar. Bis 1943 wurde der kleine Crosley in fast 5000 Exemplaren hergestellt. Im Sommer 1946 kam ein Nachfolgemodell heraus, eine geschlossene, nicht sehr attraktive Fahrmaschine mit wassergekühltem Vierzylindermotor von 725 ccm Hubraum und 26 PS Leistung. Ein Kastenrahmen mit Starrachsen hielt die finanziellen Aufwendungen für die Herstellung des jetzt viersitzigen Kleinwagens mit Frontmotor, der anfangs schon für 905 Dollar zu haben war, in Grenzen.
Von Indiana zog die Firma später nach Cincinnati um, wo eine Cabriolimousine im Auftrag entwickelt wurde. Sie ging 1947 in Serie, ebenso ein Station Wagon, ein Van und ein Pickup. In den ersten beiden Produktionsjahren verließen über 15 000 Crosley das Werk.
Für das Modelljahr 1948 wurde die Front des Wagens überarbeitet, außerdem gab es ein neues Modell für 799 Dollar, den Sports Utility mit Dach und Seitentüren aus Textilmaterial. 1949 wurde die gesamte Karosserie des Crosley modernisiert. Die »Speedline Styling«-Modelle hatten verbesserte Motoren mit minimalem Leistungszuwachs bei gleichen Dimensionen. Neu war auch ein zweisitziges Sportmodell »Hotshot« mit umlegbarer Frontscheibe, das es aber in diesem Jahr nur auf 752 verkaufte Exemplare brachte. 1948 wurde mit 29 084 verkauften Crosley ein Verkaufsrekord aufgestellt, ein Jahr später sank die Zahl auf nur 7431 Wagen. 1950 erschien noch einmal ein etwas

*Rechts: Crosley Super Sports, »Super Edition of the Hotshot«. Fast ein Austin Healey Sprite!*

*Links: Crosley Panel Delivery, ein kleiner Lieferwagen.*

*Unten: Crosley 1951/52, die letzte Version mit neuem Kühlergrill.*

besser ausgestattetes Sportmodell unter der Bezeichnung »Super Sports« sowie ein »Business Coupé« mit Schiebefenstern und magerer Ausstattung. Doch die Verkaufszahlen fielen auch in diesem Jahr. Für das Modelljahr 1952 wurde der Crosley zum letzten Mal verbessert, wobei an der primitiven Grundkonstruktion aber festgehalten wurde, auch den Motor und die Dreigangschaltung hatte man beibehalten. In der Mitte des Frontgrills sollte ein kleiner Propeller für Aufmerksamkeit sorgen. Doch selbst die Teilnahme eines Hotshot am 24-Stunden-Rennen von Le Mans im selben Jahr konnte nicht mehr viel Begeisterung wecken – weiterhin sanken die Verkaufszahlen. Als der Absatz in den ersten Monaten des Jahres 1952 fast auf den Nullpunkt sank, wurde am 3. Juli 1952 die Crosleyproduktion eingestellt.
Knapp ein Jahr später verband sich die Firma Crosley mit einem kalifornischen Maschinenbau-Unternehmen und wurde ein Teil der General Fire and Rubber Company. Die Rechte zum Bau des robusten Crosley-Motors sicherte sich eine Firma in Ohio, die daraufhin die leicht veränderte Maschine als Bootsmotor für die Navy herstellte.

*Rechts: Imp, ein amerikanischer Lightweight von 1947.*

*Unten: King Midget – eigentlich etwas für den Golfplatz. Unten links: Verladung von King Midget Kleinwagen per Lkw.*

## HOPPENSTAND

Zwischen 1947 und 1949 geisterten durch die amerikanische Fachpresse Ankündigungen eines neuen Kleinwagens von europäischem Aussehen. Die Hoppenstand Motors in Greenville, Pennsylvania, so hieß es, sei dabei, drei Versionen eines Kleinwagens zu konstruieren, einen Roadster, ein Coupé und ein Cabriolet. Erste Bilder zeigten ein flaches, offenes Mobil mit geteilter Frontscheibe und vier Rädern. Der Motor war angeblich bei Hoppenstand selbst entwickelt worden, ein

Zweizylinder-Viertakt-Boxer mit 350 ccm Hubraum und 8,5 PS. Die Karosserie war aus Aluminium, und der heckgetriebene Wagen sollte sogar über einen Drehmomentwandler verfügen. Mit starrer Hinterachse, aber an Schraubenfedern einzeln aufgehängten Vorderrädern stand der Hoppenstand somit europäischen Konkurrenten kaum nach. Der Motor war vor der Hinterachse installiert, der Innenraum bot zwei Personen Platz. Das Mobil sollte auf 12-Zoll-Rädern rollen und über hydraulische Bremsen verfügen. In Aktion hatte indessen den auch als »Gregory« bezeichneten Wagen von Hoppenstand niemand gesehen. Später versuchte die Firma durch den Verkauf von Händlerlizenzen ihre Finanzen aufzubessern, und als daraufhin ein Reporter die Werkshallen besichtigen wollte, entpuppte sich das Ganze als bessere Garagenwerkstatt. Danach wurde es still um das Projekt.

## IMP

1949/50 wurde von der amerikanischen Firma Imp Motor Sales ein entfernt dem Rovin ähnelndes Mobil angeboten. Der 695 Dollar teure Imp mit offener Kunststoffkarosserie sollte seine zwei Insassen mittels eines 7 PS starken Einzylinders im Heck von der Stelle bringen und knapp 60 km/h erreichen können. Das in Glendale, Kalifornien, gebaute Vehikel wurde vornehmlich als Einkaufswagen angeboten und wog nur 220 kg.

## KING MIDGET

Der amerikanische »König der Zwerge« war der am längsten gebaute Kleinwagen der USA. Gleich nach dem Krieg hatten sich die beiden Flieger und Konstrukteure Claud Dry und Dale Orcutt zusammengetan, um ein konkurrenzlos einfaches und billiges Auto auf den Markt zu bringen. In Athens, Ohio, gründeten sie die Midget Motors Co.; 1946 war der erste Zwerg serienreif. Die ab 1951 gebaute, nur rund drei Meter lange, Jeep-ähnliche Karosserie mit freistehenden Scheinwerfern und altmodischen Kotflügeln ruhte auf einem herkömmlichen Rahmen aus perforierten Stahl-U-Trägern; viele Teile des zweisitzigen Aufbaus bestanden aus Aluminium. Die vier Räder waren einzeln aufgehängt und wurden von speziell entwickelten Öldruck-Stoßdämpfern gefedert. Im Heck trieb ein nur 8,5 PS starker Wisconsin-Viertakt-Einzylinder mit 380 ccm Hubraum über Ketten die Hinterräder an, geschaltet wurde mit einem manuell zu betätigenden Dreiganggetriebe. Der King Midget wurde als Einkaufs- oder Golfwagen empfohlen und konnte sich tatsächlich binnen kurzem einen kleinen Liebhaberkreis sichern. Bald gab es gegen Aufpreis Türen, ein Tuchverdeck, Heizung, Tachometer und Gepäckträger. Prospekte wurden nur gegen eine Schutzgebühr abgegeben.

Dieses noch recht primitive erste Modell bauten Dry und Orcutt bis 1951 in rein handwerklicher Arbeit. Von 1951 bis 1957 gab es ein in vielen Details optisch und technisch überarbeitetes Modell, das in seiner charakteristischen Form aber unverändert blieb. Die dritte Version, bis 1969 gefertigt, erhielt eine neue Karosserie in eckigerer, ausladender Form aus Stahlblech; die Motorleistung wurde um knapp 1 PS angehoben. Nun mußte man nicht mehr schalten, denn es gab ein eigens für diesen Kleinwagen erdachtes Zweigang-Automatikgetriebe. Der King Midget war kinderleicht zu fahren. Das immerhin mit hydraulischen Bremsen und einer 12-Volt-Anlage ausgestattete Mini-Auto bekam schließlich kurz vor seinem Hinscheiden noch einen neuen Motor, einen wiederum luftgekühlten Einzylinder-Viertakter mit 480 ccm Hubraum und 12 PS Leistung bei 3600 U/min. von der Firma Kohler. Der King Midget lief damit etwa 80 km/h. Doch der Bedarf an solchen Vehikeln ging zur Neige, und in den siebziger Jahren mußte die Firma aufgeben, nachdem mehr als 5000 Wagen gebaut worden waren.

*Links: Scootmobile mit Karosserie aus Flugzeugtanks.*

*Rechts: King Midget 1957. Kaum verändert gab es dieses Auto bis 1970 zu kaufen.*

## PUBLIX

1947/48 geisterte durch die amerikanische Automobilpresse ein Projekt namens »Publix«, aber es ist nicht nachzuweisen, ob er je gebaut wurde. Der zweisitzige Dreiradwagen mit vorderem Einzelrad sollte nur 1,83 m lang sein und über eine stromlinienförmige Aluminiumkarosserie verfügen. Die Hinterräder sollten über Riemen von Einzylindermotoren zwischen 1,75 und 10,5 PS angetrieben werden. Als Hersteller firmierten zwei Tochtergesellschaften der Publix Motor Car Co. in Newark, New York und Fort Erie, Kanada. Außer Prospektzeichnungen gelangten indessen keine weiteren Bilder an die Öffentlichkeit.

Offensichtlich strebte man wenigstens auf dem Papier ein großes Exportgeschäft an, denn das Lenkrad sollte sich nach links oder rechts schwenken lassen, für Länder mit Linksverkehr wie Japan und Australien. Zudem sollte der Publix auf kleinstem Raum unterzubringen sein, da er sich angeblich auf das flache Heck kippen ließ. Nach 1948 gab es keine weiteren Überlebenszeichen des Projekts mehr.

## PUP

Mit dem extrem primitiven Pup wollte die Pup Motor Co. Inc. in Milwaukee, Wisconsin, am vermeintlich lukrativen Geschäft mit der Kleinmotorisierung teilhaben. Die Karosserie des verdecklosen, hochbeinigen Mobils bestand aus Blech und Holzpaneelen und erinnerte an Fahrzeuge aus den zwanziger Jahren. Unter der Fronthaube, von einer putzigen Kühlerfigur in Form eines laufenden Welpen gekrönt, befand sich ein kleines Gepäckfach. Motorisiert wurde der Pup vom Heck aus, dort sollten wahlweise Zweitaktmotoren mit einem Zylinder und 7,5 PS oder zwei Zylindern und 10 PS installiert werden. Mittels einer außenliegenden Kette wurde das linke Hinterrad angetrieben. Der Pup sollte bei einer Länge von 2,60 m weniger als 300 kg wiegen und zwei Personen Platz bieten. Inwieweit eine Produktion dieses Fahrzeugs, von dem zwei Versionen existierten, realisiert wurde, läßt sich nicht mehr feststellen.

## SCOOTMOBILE

In den USA wurde ein Wagen dieses Namens in wenigen Exemplaren hergestellt, dessen besonderes Kennzeichen seine zigarrenförmige Karosserie war. Angeblich wurden sogar einige der zweisitzigen Straßentorpedos zum Stückpreis von 350 Dollar verkauft. Geistiger Vater dieses Dreiradmobils war ein Mr. Norman Anderson aus Corunna, Michigan. Er verwendete vorwiegend ausgediente Flugzeugteile aus Beständen der Air Force. So war die Karosserie des Scootmobile zur Hauptsache aus Bomber-Hilfstanks zusammengebaut, und auch die Räder stammten von kleineren Flugzeugen. Die Herstellung des Scootmobils erfolgte in einem Betrieb in Owosso, wo man auch die luftgekühlten 12-PS-Zweitaktmotoren mit automatischer Fliehkraftkupplung und Heckantrieb einbaute. Das an allen drei Rädern mit Bremsen versehene Fahrzeug hatte eine Gesamtlänge von 274 cm und soll etwa 60 km/h schnell gewesen sein.

# SUPER KAR

Der Möbelhändler Louis Elrod aus Ohio plante 1946 die Serienherstellung seines Super-Kar Dreirades, das er für 550 Dollar anzubieten gedachte. Der kleine Roadster mit Blechkarosserie und einzelnem Hinterrad bot Platz für zwei Personen und wurde im Heck von einem 15 PS starken, luftgekühlten Einzylinder-Motorradmotor angetrieben. Für das mit verkleideten Vorderrädern und geteilter Frontscheibe versehene Mobil wurden zwar Prospekte verteilt, doch kam es nicht zu einem Serienbau.

# TOWNE SHOPPER

Mr. S. A. Williams, der Hersteller des Bobbi Kar aus San Diego, Kalifornien, war auch Produzent eines kleinen Einkaufswagens namens Towne Shopper, von dem 1948/49 eine kleine Anzahl gebaut und verkauft wurde. Mit seinem luftgekühlten Zweizylinder-Zweitakter von 10,6 PS war das Einkaufswägelchen angeblich 85 km/h schnell. Das nur 300 kg wiegende offene Fahrzeug mit Faltdach wurde für 595 Dollar angeboten.

# TRI-CAR

Die Tri-Car Co. in Wheatland, Pennsylvania, zeigte auf einer Ausstellung in New York 1955 erstmals ihren Prototyp zur Bereicherung der amerikanischen Kleinwagenszene. Die dreirädrige »Suburbanette« hatte entfernte Ähnlichkeit mit der Isetta, wurde jedoch von einem 30 PS starken, luftgekühlten Zweizylindermotor angetrieben, der seine Kraft auf das hintere Einzelrad übertrug. Das recht massiv aussehende Dreirad war knapp drei Meter lang und bot zwei Personen Platz, die durch Seitentüren einsteigen durften. Die 995 Dollar teure Suburbanette sollte leicht 100 km/h erreichen können. Die Karosserie bestand aus Fiberglas und wurde optisch durch eine auffallende Panoramafrontscheibe geprägt. Das auf großen Rädern stehende Mobil scheint ebenfalls nicht in Produktion gegangen zu sein.

*Amerikanische Ausgabe der Isetta, ohne mit dieser verwandt zu sein: Die Tri-Car Surbanette von 1955 – mit immerhin 30 PS motorisiert.*

# Jugoslawien

Zwar gehört im vergleichsweise liberalen Jugoslawien im Gegensatz zu den anderen sozialistischen Ländern ein Privatauto zu den Selbstverständlichkeiten, doch brachte man es nie zu einer im Lande produzierten Eigenkonstruktion. Firmen aus Frankreich, Italien und Deutschland unterhalten Montagebetriebe in Jugoslawien, wo auch leicht modifizierte Versionen entstehen. Wichtigster Kleinwagen im Lande wurde schon Ende der fünfziger Jahre der Zastava, der den größten Anteil an der Volksmotorisierung Jugoslawiens beisteuerte und einen Ableger des Fiat 600 darstellte. Ein eigenes Kleinwagenmodell ungewöhnlicher Bauart blieb im Versuchsstadium stecken, die Kunde davon drang kaum ins Ausland.

## PRVENAC

Im Frühjahr 1959 wurde auf der Technikmesse in Belgrad ein ungewöhnliches Fahrzeug gezeigt, mit keinem existierenden Kleinwagen zu vergleichen. Dies beruhte vor allem auf der Anordnung der vier Räder in Rautenform; es gab vorn und hinten ein Einzelrad und eine Achse für die angetriebenen Räder in der Mitte. Auch wies der »Prvenac« keinen starren Rahmen auf; seine rechteckige Rohrkonstruktion war in Höhe der mittleren Antriebsachse zweigeteilt und mit der ellipsenförmigen Karosserie durch zwei Blattfedern und vier Teleskopstoßdämpfer verbunden. Daraus resultierte eine ungeheure Flexibilität des Chassis, selbst große Unebenheiten sollten ohne starke Beeinflussung der Fahrgastzelle gemeistert werden können. Front- und Heckrad waren starr an Auslegern befestigt und durch Lenkstangen in der Mitte des Chassis verbunden. Mit dem Lenkrad wurden somit stets beide Seitenräder gelenkt, was das Einparken erleichtern sollte und dem Prvenac einen minimalen Wendekreis bescherte. Die vorne und hinten spitz zulaufende Karosserie des von Professor Miroslav Nestorovic an der Technischen Universität Belgrad konstruierten Kleinwagens saß auf einer Plattform und konnte dank ihrer strömungsgünstigen Form einen erstaunlich guten Cw-Wert vorweisen. Modische Details wie die betont ausgeformten Heckflossen, die von den beiden hinten angeschlagenen Türen bis zum Ende des Hecks reichten sowie zwei eng nebeneinander stehende Scheinwerfer hinter einem Kühlergrill à la Peugeot 202 ließen den Prvenac vollends wie ein Fahrzeug vom Mars aussehen.
Der Innenraum bot Platz für zwei bis drei Personen. Große Fensterflächen sowie eine vom Fiat 600 geborgte Frontscheibe machten den Passagierraum hell und freundlich. Der Motor des Prvenac war ein 250-ccm-Zweitakter, bei der Firma Tomos als Puch-Lizenz gebaut. Er war hinter dem Vorderrad installiert und mit einem Vierganggetriebe verbunden, das der Fahrer mit einer modernen Lenkradschaltung betätigen konnte. Das Armaturenbrett war hübsch aufgeräumt mit großem Tachometer und Uhr. Dank seiner windschlüpfigen Karosserie sollte der Prvenac über 90 km/h schnell sein können. Testfahrten ließen indessen eine problematische Abstimmung der Federung zu Tage treten, auch die Lenkung stellte an Fahrer, die normale Autos gewöhnt waren, keine geringen Anforderungen.
Doch man durfte den kuriosen, voller eigenwilliger Lösungen steckenden Prvenac nicht als Vorschlag zu einem Massenverkehrsmittel verstehen, sondern eher als Spielzeug eines erfindungsreichen Ingenieurs, der zeigen wollte, daß in seinem Land auch Platz für unkonventionelle Lösungen war. In Jugoslawien, wo damals schon der Citroën 2 CV und der Fiat 600 montiert wurden, wäre für dieses bestimmt nicht kostengünstig zu produzierendes Fahrzeug ohnehin kein Platz gewesen. So blieb es bei einem einzigen Prvenac, ein weiteres Beispiel für den erstaunlichen Ideen- und Formenreichtum der Kleinwagenszene Europas.

*Prvenac aus Belgrad. Das Dreirad wurde 1959 gebaut.*

## TOMOS CITROËN

Nach Zastava war die in Koper angesiedelte Firma Tomos (Tovarna Motornich Vozil) das zweite jugoslawische Unternehmen, das westliche Personenwagen in Lizenz herstellte.
Tomos produzierte ab 1960 den Citroën 2 CV als Tomos Citroën für Jugoslawien. Das skurrile, dennoch sehr sparsame und nützliche Fahrzeug konnte sich zwar nicht so durchsetzen wie der in Lizenz gefertigte Fiat, doch auch die »Enten« aus jugoslawischer Fertigung gehörten bald zum dortigen Straßenbild. Mit diesem Modell begann für die Firma Tomos (später in Cimos umbenannt) der Aufstieg zu einem der größten Produzenten des Landes, wobei später auch größere Citroën-Modelle wie DS, Dyane, GS und CX montiert wurden.

## ZASTAVA

Jugoslawien hatte Anfang der fünfziger Jahre Kontakte zu westeuropäischen Herstellern geknüpft, um eine Lizenzfertigung dringend benötigter Personenwagen aufzuziehen. Die schon 1853 gegründete

Firma Zastava, inzwischen mit dem Beinamen »Zavodi Crvena« (Rote Fahne) versehen und zu einem der größten Industriebetriebe des Balkanstaates herangewachsen, war dazu bestimmt, einen diesbezüglichen Vertrag mit Fiat abzuschließen. Im Werk Kragujevac entstanden Limousinen des Typs Fiat/Zastava 1400 und 1900, doch fanden diese relativ teuren Wagen nur ein kleines, zahlungskräftiges Publikum. Erst als 1956 auch der Typ 600 in Jugoslawien vom Band lief, konnte von einer beginnenden Volksmotorisierung gesprochen werden. Der jugoslawische Bruder des italienischen Erfolgsmodells unterschied sich nur in unbedeutenden Ausstattungsdetails vom Original, und bald begannen die Zastava-Werke ihre Wagen auch in andere Länder zu exportieren.

So wurde der Zastava 600 und später das verbesserte Modell 750 mit 770-ccm-Motor und besserer Ausstattung zum »Volkswagen« dieses Landes. Er prägt bis heute das Straßenbild in Belgrad oder Split, auch nachdem zahlreiche andere und modernere Fiat-Kompaktwagen ins Zastava-Programm aufgenommen wurden. Erst Ende der siebziger Jahre lief die Produktion dieses äußerst beliebten Modells schließlich aus.

*In Fiat-Lizenz gebauter Zastava 600 D. 1956 wurde die Produktion dieses Fahrzeugs aufgenommen.*

# Zeitdokumente

Ebenso interessant wie viele Kleinwagen-Konstruktionen der frühen Nachkriegsjahre sind die werblichen Anstrengungen, die unternommen wurden, um diese Fahrzeuge an den Mann – und an die Frau! – zu bringen.
Zunächst waren große wie kleine Hersteller bemüht, ihre Produkte auf den Automobil- und auch anderen Ausstellungen zu präsentieren. Und da Exponate der großen, oft international ausgerichteten Massen meist in Katalogen aufgelistet wurden, hatte jeder Aussteller letztlich die Chance, den Namen seines Unternehmens und Produkts auch Außenstehenden zur Kenntnis zu bringen. Automobilhistoriker sind oftmals auf solche Katalogeintragungen geradezu angewiesen. Einher mit dem Ausstellen eines Automobils ging natürlich auch die Breitenwerbung – wie man heute sagt – durch Drucksachen. Die Werbung auf Ausstellungen war wirkungsvoller als durch das Händlernetz, das in vielen Fällen ja auch (noch) gar nicht existierte. Viele der nachfolgenden Prospekte in Faksimile-Wiedergabe haben für uns etwas Erheiterndes. Doch vor dreißig oder vierzig Jahren hörte sich so manche Werbebotschaft ganz anders an, und die Argumente, die für die Anschaffung eines Kleinwagens sprachen, wurden auch ernstgenommen. Im Vordergrund stand meist die Ökonomie; in fast jedem der Prospekte ging man detailliert auf die günstigen Anschaffungs- und Unterhaltskosten der betreffenden Mobile ein.
Der drucktechnische Aufwand war sehr unterschiedlich. Große Hersteller wie Panhard oder Austin, der Borgward-Konzern oder Fiat leisteten sich hinsichtlich Aufmachung und Qualität ganz andere Werbemittel als kleine und kleinste Betriebe, deren Werbe-Etat nicht einmal eine kalkulierte Größe im Gesamtbudget darstellte, für sie war Reklame ein notwendiges Übel. Aber auch ihre Prospektblätter sind ein Stück Automobilgeschichte, und ein besonders interessantes obendrein.
Die Auswahl der nachfolgend abgebildeten Werbemittel geschah wiederum in der Reihenfolge der Nationalitäts-Kennzeichen.

*Prospekt für den Felber Autoroller. Er enthielt ein Angebot auf 2 Prozent Skonto bei sofortiger Bezahlung ebenso wie eine langatmige Darlegung, warum drei Räder vorteilhafter seien als vier. Und es heißt: »Der Felber Autoroller erhebt keinen Anspruch, ein kleines Auto zu sein!«*

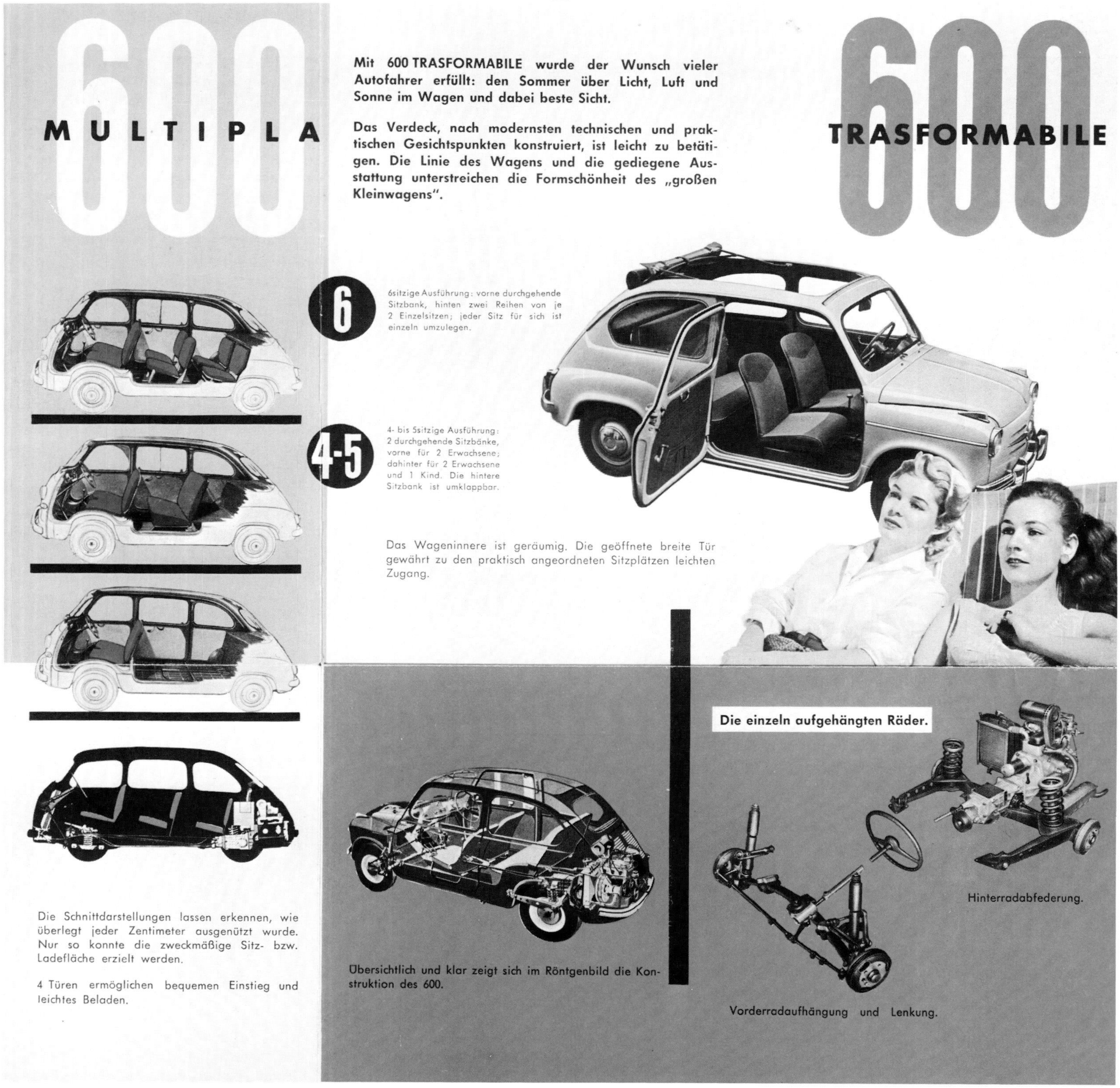


*Fiat 600 und Trasformabile, 1958 angeboten von Steyr.*
*Das Markenzeichen am Kühler sprach von »Steyr-Fiat«.*

*Professionell aufgezogene Werbung für den australischen Zeta, veröffentlicht 1964.*

*Raritäten aus Brasilien: Prospektblätter für die von Romi gebaute Lizenz-Isetta. Das Fahrzeug wird als das erste Automobilfabrikat Brasiliens herausgestellt. In der jüngeren Version zeigt der Aufbau die höher angeordneten Scheinwerfer.*

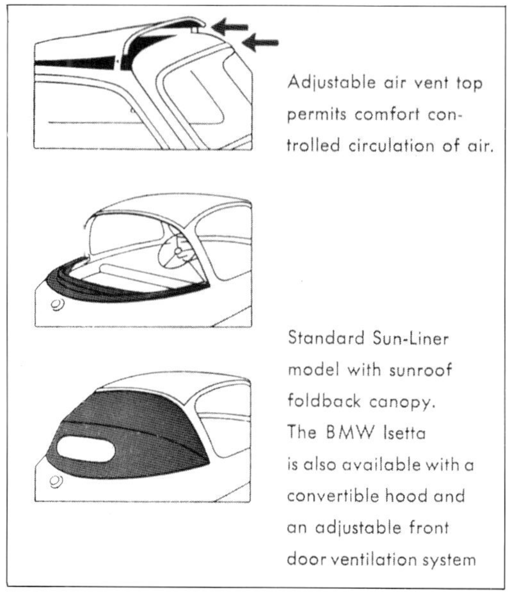


*Dieser Isetta-Prospekt war für den US-Importeur, die Fadex Commercial Corporation in New York, in englischer Sprache produziert worden. Euphorisch heißt es, die Isetta sei das »Stadtgespräch in den Vereinigten Staaten«.*

*Kleine Autos möglichst groß erscheinen zu lassen, gehörte zu den Aufgaben des Graphikers. Bei diesem Champion-Prospekt von 1951 stimmen die Proportionen ausnahmsweise auch in Relation zu den Fahrzeuginsassen…*

*Prospekt von 1953 für den inzwischen bei der Firma Hennhöfer gebauten Champion. Auf keiner der sechs Seiten ist ein Mensch beim Auto abgebildet, und bei dem Miniatur-Kombi spricht man von einem »Großraum-Fahrzeug«.*

*Der wettergeschützte F.A. Cabrio-Roller mit 60 km/h Spitzengeschwindigkeit. Der 9-PS-Motor stammte von Fichtel & Sachs. Das Fahrzeug wurde 1949/50 von der Berliner Firma Friedrich Albrecht angeboten.*

**Rikscha**

Personendreirad für zwei Fahrgäste.
Die hervorragend wirkende Federung in Verbindung mit gut gepolsterten bequemen Sitzen gewährleistet ein angenehmes Fahren. — Unter dem Sitz befindet sich ein großer Raum für Reserverad, Werkzeug und kleines Gepäck. Die Räder sind untereinander auswechselbar.

**Technische Daten:**

Motor: SACHS 175 ccm, 9 PS, mit Ventilator, Viergangschaltung, 45 Watt Lichtanlage
Geschwindigkeit: ca. 60 km/Std.
Benzinverbrauch: ca. 3,5 Ltr./**100 km**
Bereifung: 3,50 — 10 (zweiteilige Flachbettfelgen)
Bremsen: 3 Innenbackenbremsen 125 mm Ø
Federung: Vorderrad: Schwinggabel mit hydraulisch gedämpften Federbeinen
Hinterräder: Continental-Schwingmetall-drehschubfederung
Rahmen: Nahtlos kaltgezogenes Präzisionsstahlrohr, autogen geschweißt
Abmessungen des Fahrzeugs:
Länge 2,40 m, Breite 1,35 m, Höhe 1,16 m
Abmessungen der seemäßigen Kiste bei demontierter Gabel und abgezogenen Rädern: 2,02 × 1,40 × 0,76 Meter

| | | |
|---|---|---|
| **Preis** | Fob Hamburg . . . . . . . . . . . . | **DM 2060,—** |
| | Mehrpreis für Reserverad . . . . . . . | **DM 63,—** |
| | Mehrpreis für Windschutzscheibe . . . | **DM 37,—** |

Alle Abbildungen unverbindlich. Konstruktionsänderungen vorbehalten.

# FRIEDR. ALBRECHT

FAHRZEUGFABRIK

BERLIN SW 68

Wassertorstraße 59

Fernruf: 61 41 67

**Kabrio-Roller**

mit zwei bequemen, verstellbaren Sitzen nebeneinander, mit zwei Türen und Klappverdeck, geräumiger Gepäckraum hinter den Sitzen, Lenkradschaltung, Zahnstangensteuerung, Frontantrieb, mechanische Bremsen.
Die Räder sind untereinander auswechselbar.

**Technische Daten:**

Motor: SACHS 175 ccm, 9 PS, mit Ventilator und elektrischem Anlasser, 4 Vorwärtsgänge, 1 Rückwärtsgang, 80 Watt Lichtanlage
Geschwindigkeit: ca. 60 km/Std.
Benzinverbrauch: ca. 3,5 Ltr./**100 km**
Bereifung: 3,50 — 10 (zweiteilige Flachbettfelgen)
Bremsen: 3 Innenbackenbremsen 125 mm Ø
Federung: Vorderrad: Schwinggabel mit hydraulisch gedämpften Federbeinen
Hinterräder: Continental-Schwingmetall-drehschubfederung
Rahmen: Nahtlos kaltgezogenes Präzisionsstahlrohr, autogen geschweißt
Karosserie: Stahlblech
Sonstige Ausstattung: Elektrischer Scheibenwischer, Blinkanlage
Abmessungen: Länge 2,56 m, Breite 1,36 m, Höhe 1,42 m

| | | |
|---|---|---|
| **Preis** | . . . . . . . . . . . . | **DM 3150,—** |
| | Mehrpreis für Reserverad . . . . . . . | **DM 63,—** |

Für Beinbeschädigte wird das Fahrzeug individuell gefertigt.

**Lastenroller**

Das ideale Fahrzeug zur Beförderung von kleinen Lasten.

**Technische Daten:**

Motor: 175 ccm, 9 PS, Viergangschaltung, 45 Watt Lichtanlage
Geschwindigkeit: ca. 60 km/Std.
Benzinverbrauch: ca. 3,5 Ltr./100 km
Bereifung: 3,50 — 10 (zweiteilige Flachbettfelgen)
Bremsen: 3 Innenbackenbremsen 125 mm Ø
Federung: Vorderrad: Schwinggabel mit hydraulisch gedämpften Federbeinen
Hinterräder: Continental-Schwingmetall-drehschubfederung
Rahmen: Nahtlos kaltgezogenes Präzisionsstahlrohr, autogen geschweißt
Nutzlast: 250 kg
Ladefläche: 1100 × 1000

| | |
|---|---|
| Lastenroller mit 175 ccm SACHS-Motor und Pritsche . . . | **DM 1975,—** |
| Lastenroller mit 175 ccm SACHS-Motor mit Kasten . . . . | **DM 2095,—** |
| Mehrpreis für Ventilator . . . . . . . . . . . . . . . . | **DM 70,—** |
| Mehrpreis für Reserverad . . . . . . . . . . . . . . . | **DM 63,—** |
| Mehrpreis für Windschutzscheibe . . . . . . . . . . . . | **DM 37,50** |

Nach Wunsch auch Sonderaufbauten.

# FULDAMOBIL

S 4

*Werbung für das Fuldamobil Modell S 4. Die Nierentisch-Ära läßt grüßen! Immerhin viel technische Information und ein dezenter Hinweis, daß dieses Fahrzeug auf der Ausstellung »Alle sollen besser leben« mit einem Preis bedacht worden war.*

Die formschöne, allseitig geschlossene Karosserie aus Aluminium ist auf einem stabilen Stahlrohrrahmen aufgebaut. Aluminium ist rostfrei, dauerndes Parken im Freien schadet dem Fahrzeug also nicht. Aluminium ist leicht, man spart also Treibstoff. Außerdem schirmt Aluminium die heißen Sonnenstrahlen ab. Das Aluminium-Dach verhütet Blendung des Fahrers und Überhitzung des Innenraumes.

Der weltberühmte, vollgasfeste, gebläsegekühlte 200-ccm-Sachs-Motor mit seinen reichlichen 10 PS, 4 Vorwärtsgängen und Rückwärtsgang gibt dem Kleinwagen ein gutes Anzugsvermögen und eine Dauergeschwindigkeit von über 70 Km/St. Der Motor springt auch bei großer Kälte sofort an. Über 2000 Sachs-Kundendienste im In- und Ausland betreuen den Motor.

Steile Alpenpässe können vollbesetzt befahren werden. Die Straßenlage ist hervorragend und sicher. Fast alle Gelenke sind wartungsfrei in Gummi gelagert. Die Kette läuft dauergeschmiert im Ölbad. Das **Fuldamobil,** das auf der großen Düsseldorfer Rationalisierungs-Ausstellung „Alle sollen besser leben" preisgekrönt wurde, hat seine Zuverlässigkeit bei Tausenden von Fahrten auf schlechtesten Wegen, vereisten Straßen, in tropischer Hitze und in arktischer Kälte bewiesen.

Vergleichen Sie vor Anschaffung eines Kleinwagens nicht nur die Anschaffungskosten, sondern auch die Betriebskosten, den Treibstoffverbrauch, die Steuer, Versicherung, die niedrigen Ersatzteilkosten und die Möglichkeit, die Garagenkosten zu ersparen. Im übrigen werden Sie von dem Komfort, der Leistungsfähigkeit und der Sparsamkeit des **Fuldamobils** begeistert sein.

sicher

schnell

sparsam

schön

FULDA MOBIL

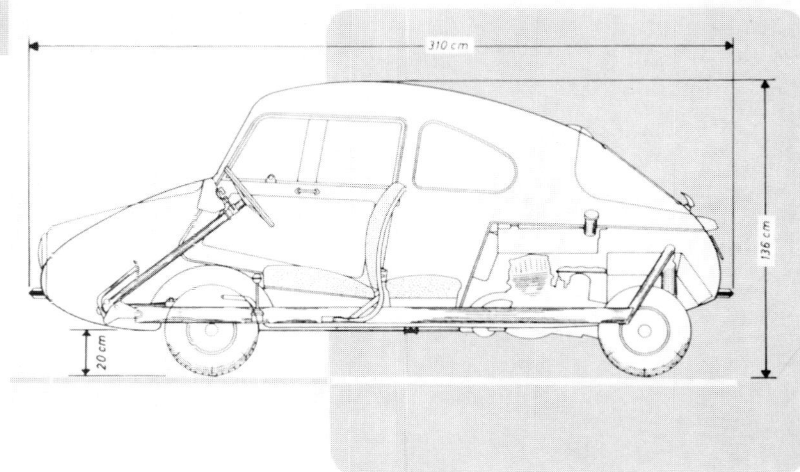

*Das Goggomobil (oben) in seiner Vorserien-Ausführung von 1955 mit nach vorn öffnenden Türen. Die »brennende Frage«, auf die verwiesen wird, galt sicher dem Problem, welcher der beiden Herren im Hintergrund auf der Sitzbank im Fond Platz nehmen sollte…*

*Links: Prospekt für den Glas Isar T 600, das »große« Goggomobil von 1958 mit 600-ccm-Viertaktmotor.*

*Links: So schön war die Welt aus der Perspektive der Heinkel-Kabine. Ein sechsseitiger Prospekt aus dem Jahre 1956.*

*Rechts: Werbung für den deutschen Gutbrod Superior in französischer Sprache – für den belgischen Markt, mit einer Abbildung des seltenen Sportmodells.*

*Die Schnittzeichnung verrät: Man hatte hinter den Sitzen noch etwas Platz, notfalls auch für Kleinkinder, während es bei der Münchner Konkurrenz noch knapper zuging.*

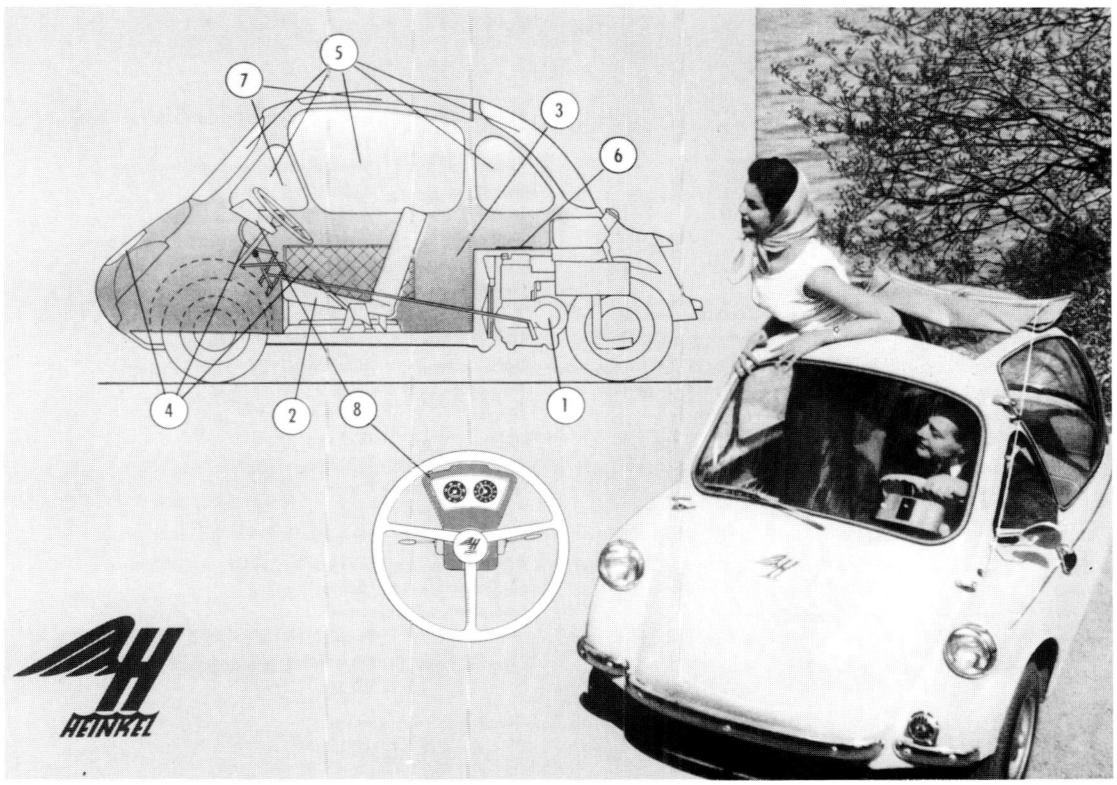

*Werbung für den 1955er Lloyd 600. Hier sind es wieder auffallend kleine Menschen (um nicht zu sagen: kleine Leute), die der Illustrator als Insassen darstellte. Doch die farbigen Zeichnungen darf man durchaus als gekonnt bezeichnen.*

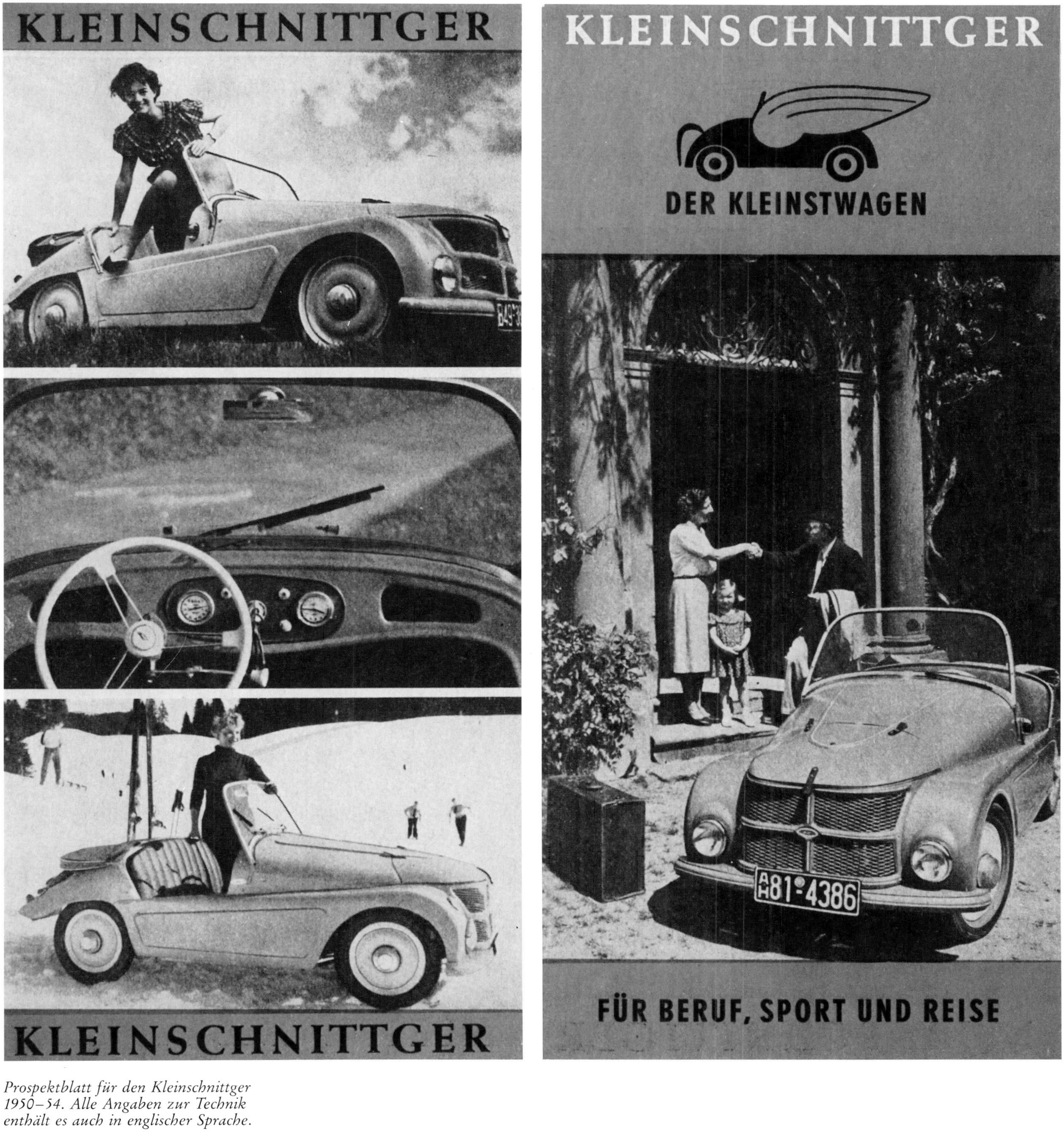


*Prospektblatt für den Kleinschnittger 1950–54. Alle Angaben zur Technik enthält es auch in englischer Sprache.*

Das Chassis des Maico-Champions ist eine
von Grund auf solide Konstruktion

# Der Traum vom eigenen Auto ist für Jeden erfüllbar

**Wer einen Maico-Champion fährt, muß seinen Gürtel nicht enger schnallen. Man braucht nicht so tief in die Tasche zu greifen, wie es Viele glauben. Die Unterhaltskosten sind gering. 41 Pfennig pro Tag kosten die Kfz.-Steuer und die Haftpflicht-Versicherung zusammen. Für einen Familien-Ausflug über 100 km zahlen Sie nur DM. 3.50.**

Dieses elegante Sportcabriolet mit formschöner Ganzstahl-Pontonkarosserie ist selbstverständlich wetterfest. Vor Regen ist man vollkommen geschützt und im Sommer kann man die Sonne genießen, so wie man es gerne möchte. Schnell und leicht ist das Selbstfaltverdeck zu bedienen. Vorne haben zwei Personen bequem Platz. Die weiche Polsterbank ist behaglich wie ein Clubsessel. Auch im dicksten Mantel hat man die nötige Ellenbogenfreiheit, um sicher steuern zu können. Ein langer Beinraum macht die längste Fahrt zu einer erholsamen Reise. Auf den hinteren Sitzen können die Kinder mitgenommen werden, so daß die ganze Familie auf Reisen gehen kann. Ein Gepäckraum befindet sich unter der Vorderhaube.

Der Maico-Champion ist eine Klasse für sich. Nicht Jeder kann sich einen großen Wagen leisten. Aber Jeder möchte schnell und vor allem sicher fahren. Deshalb hat der Maico-Champion große Räder, die selbstverständlich gleichspurig sind. Mit den ölhydraulischen 4-Radbremsen kann der Wagen jederzeit sicher abgestoppt werden. Dieser sportlich schnelle Straßenflitzer benötigt aber auch solch gute Bremsen; denn wenn man den Fußgashebel durchdrückt, zeigt die Tachonadel bald 90 km/h. Die schweren Fernlaster können dem Champion-Fahrer also nicht mehr imponieren. Er fühlt sich auch beim Überholen dieser Ungetüme völlig sicher. Verstehen Sie jetzt, warum Maico einen besonders leistungsstarken 400 ccm Motor, der auch die nötige Kraftreserve für Überholmanöver besitzt, in diesen eleganten Kleinwagen einbaute? Der Motor leistet 15 PS bei 4000 U/Min.

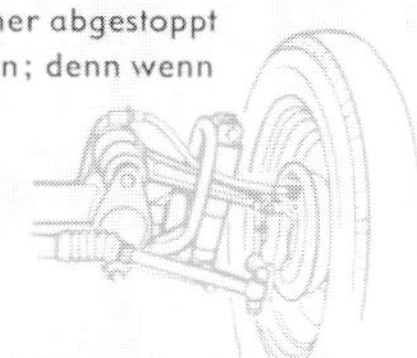

Das Chassis des Maico-Champion ist eine von Grund auf solide Konstruktion. Der außerordentlich stabile und verwindungssteife Zentralrohrrahmen gibt in Verbindung mit der neuartigen progressiv wirkenden Gummitorsionsfederung eine hervorragende Straßenlage. Die Federung kann auf jede Belastung eingestellt werden, so daß der Wagen hinten nie durchhängt. Alle Räder sind unabhängig voneinander aufgehängt. Der Maico-Champion besitzt Fahreigenschaften wie ein schwerer und teurer Wagen.

Der robuste wassergekühlte 2-Zylinder-2-Takt-Motor ist mit dem Getriebe, der Kupplung und dem Achsantrieb zu einem geschlossenen Block zusammengebaut und gut zugängig im Heck des Fahrzeuges untergebracht. Auch darauf sollten Sie besonders achten: ein Zweitaktmotor ist durch seinen einfachen Aufbau mit nur 3 bewegten Teilen – Kurbelwelle, Pleuel und Kolben – sehr wirtschaftlich. Das bedeutet geringen Verschleiß und lange Lebensdauer.

*Oben: Englischsprachiger Prospekt für den Messerschmitt Kabinenroller in Cabriolet-Version, genannt KR 201. Ob sich der werbliche Aufwand fürs Exportgeschäft lohnte?*
*Rechts: Schnittzeichnung des Standardmodells KR 200.*

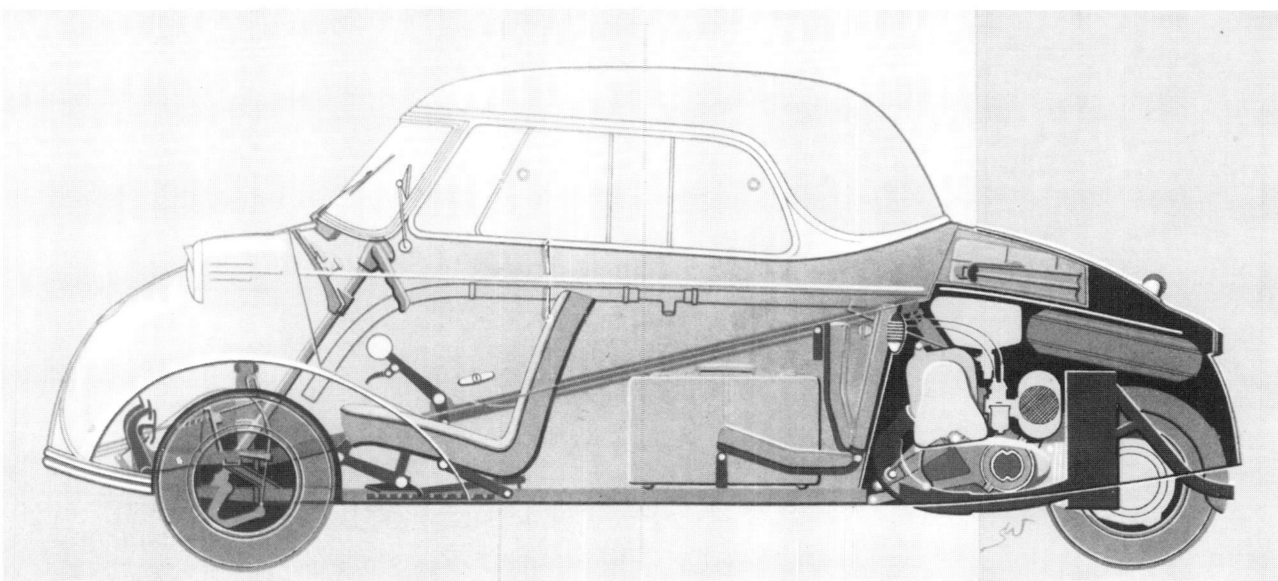

*Links: Maico-Champion 400 von 1956. Bei der Mitnahme von Kindern im Fond schrumpfte das zur Verfügung stehende Gepäckraumvolumen natürlich arg zusammen.*

*Auch auf den Illustrationen dieses Farbprospektes erscheint das dargestellte Kleinauto unerhört geräumig. Die Perspektive von oben gibt dem Wagen eine respektable Dimension. Zwar war der NSU Prinz mit 3145 mm rund zehn Zentimeter länger als der englische Mini, doch seinem Innenraum kam dies keineswegs zugute.*

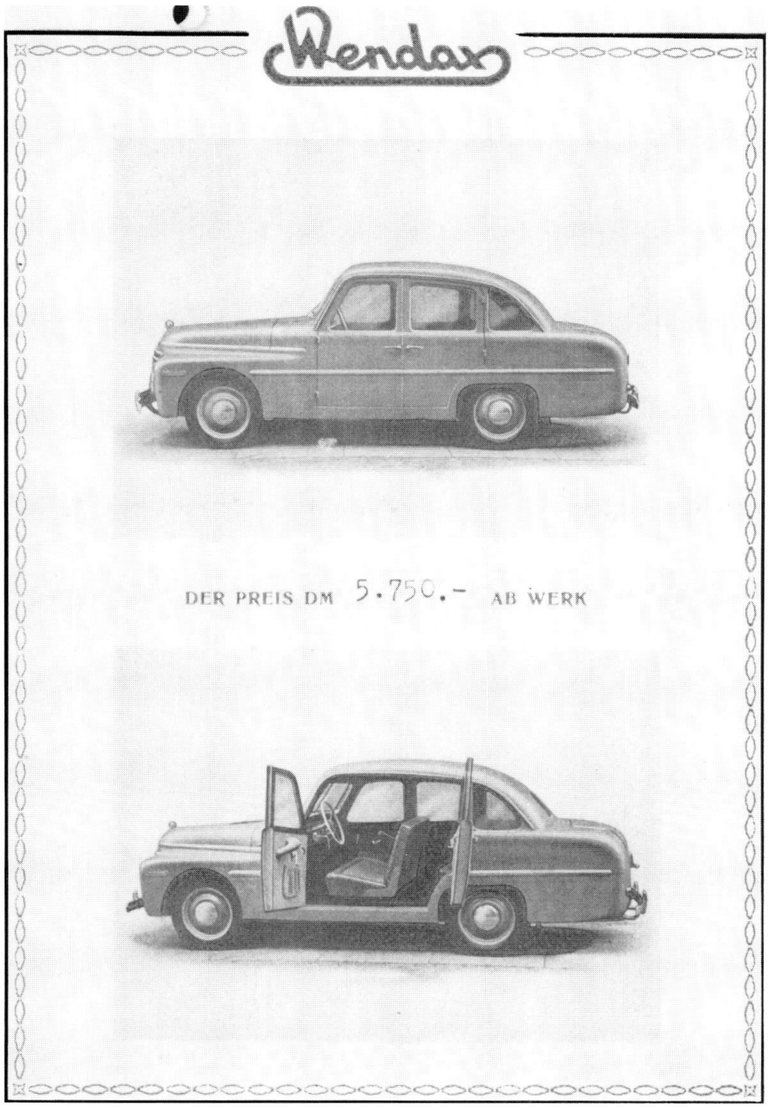


Recht bescheiden nimmt sich eines der wenigen Werbeblätter aus, die es für den Wendax aus Hamburg gab. In grellem Blau gedruckt, hielt sich der graphische Aufwand in Grenzen.

*Eine heile und helle Welt fröhlich motorisierter Menschen suggeriert dieser Prospekt für den ostdeutschen P 70 Zwickau von 1955. Die Illustrationen sind typisch für die fünfziger Jahre, auch das »Zeugnis« eines Automobilwerkers im Originalton …*

Verehrte Interessenten unseres „Typ P 70 Zwickau" und „Typ P 70 Kombi"

Ich bin einer der Facharbeiter des VEB Automobilwerk AWZ Zwickau, die an der Herstellung unserer Qualitätserzeugnisse zielbewußt mitarbeiten. Wenn Ihr P 70 unser Produktionsband verläßt, dann war auch ich an der geleisteten Arbeit beteiligt. – Unsere Forscher, Ingenieure und Techniker gaben uns alle Voraussetzungen zur Produktion eines Erzeugnisses, auf das wir mit Recht stolz sein dürfen. – In planvoller Weiterentwicklung und Anwendung fortschrittlichster Fertigungstechnik wird es uns möglich sein, in kollektiver Zusammenarbeit mit der Intelligenz die Produktion laufend zu steigern. – Beide Wagen vereinen in sich hervorragende Werkmannsarbeit, jahrelange Erfahrungen und neueste Erkenntnisse. – Robuster Zweitaktmotor und Frontantrieb sind die Voraussetzungen für hohen Reisedurchschnitt und bestechende Straßenlage. – Für die Betreuung und Pflege Ihres P 70 wurde im In- und Ausland ein engmaschiges Netz von Kundendienstwerkstätten geschaffen. An alles haben wir gedacht. – Alle Schaffenden des VEB Automobilwerk AWZ Zwickau wünschen Ihnen „Glück auf" zum ersten Start und gute Fahrt mit Ihrem P 70.

**Der TRABANT 601 – international anerkannt und bewährt. Volle Bequemlichkeit für vier erwachsene Personen, großflächige Verglasung, mit Kurbelfenstern in den Türen, Scheibenwaschanlage, eine leistungsstarke Heizungs- und Belüftungsanlage und farblich aufeinander abgestufte Verkleidungs- und Bezugsmaterialien kennzeichnen den ausgezeichneten Gesamteindruck des Fahrzeuges. Umfangreiches Reisegepäck nimmt der geräumige Kofferraum im Heck des TRABANT 601 auf. Der luftgekühlte 600-cm³-Zweitakt-Zweizylindermotor leistet 23 PS, die über das vollsynchronisierte Vierganggetriebe auf die Vorderräder übertragen werden. Seine ausgezeichneten Fahreigenschaften erhält der TRABANT 601 durch Einzelradaufhängung mit zwei progressiven Querblattfedern.**

Technische Daten:

Motor:

Zweitakt-Otto-Motor mit Einlaßdrehschieber, zwei Zylinder, quer zur Fahrtrichtung stehend, Bohrung 72 mm, Hub 73 mm, Gesamthubraum 594,5 $cm^3$, Verdichtung 7,6, 23 PS bei 3800 ... 4000 U/min, max. Drehmoment 5,3 kpm bei 2700 ... 2800 U/min, Kurbelwelle dreifach in Wälzlagern gelagert, Frischöl-Mischungsschmierung (Mischungsverhältnis Öl : Kraftstoff 1 : $33^1/_3$), 24-l-Kraftstoffbehälter unter der Motorhaube, Luftkühlung durch Axialgebläse mit Keilriemenantrieb von der Kurbelwelle, Batteriezündung, Batterie 6 V, 56 Ah.

Kraftübertragung:

Einscheiben-Trockenkupplung, in allen Gängen synchronisiertes Vierganggetriebe mit Rückwärtsgang, Freilauf im 4. Gang, Stockschaltung an der Lenksäule, Getriebeübersetzungen: I. 4,08, II. 2,32, III. 1,52, IV. 1,03, R. 3,83, Vorderachsantrieb mit Kegelrad-Ausgleichgetriebe, Achsübersetzung 4,33, Front-Antrieb durch Frontgelenkwellen.

Fahrwerk:

Plattformrahmen mit Stahlblechgerippe zu selbsttragender Karosserie verschweißt, Außenhaut mit Duroplast beplankt, Hilfsrahmen für Triebwerksblock, vorn Einzelradaufhängung an unteren Querlenkern und oberer progressiv wirkender Querblattfeder, hinten Einzelradaufhängung an gummigelagerten Dreiecklenkern und Querblattfeder mit progressiver Wirkung, doppeltwirkende Teleskopstoßdämpfer vorn und hinten, Zahnstangenlenkung, hydraulische Fußbremse auf vier Räder wirkend, Handbremse durch Seilzug mechanisch auf die Hinterräder wirkend, Scheibenräder 4 J x 13 Bereifung 5.20–13.

Maße, Massen, allgemeine Zahlenangaben

Radstand 2020 mm, Spurweite vorn 1206 mm, hinten 1255 mm, kleinster Wendekreis-Durchmesser 9,5 m, Bodenfreiheit 155 mm, Gesamtlänge 3555 mm, Gesamtbreite 1504 mm, Gesamthöhe (unbelastet) 1437 mm, Leermasse fahrfertig 615 kg, Nutzmasse 385 kg, zulässige Gesamtmasse 1000 kg, Höchstgeschwindigkeit 100 km/h, Dauergeschwindigkeit 90 km/h, Durchschnittsverbrauch 6,0 bis 8,5 l/100 km entsprechend der Fahrweise, Kraftstoff-Normverbrauch (TGL 0–70030) 6,8 l/100 km.

Änderungen im Interesse der Weiterentwicklung vorbehalten.

**VEB SACHSENRING · Automobilwerke Zwickau**

Deutsche Demokratische Republik

Trabant 601

Exporteur:
Transportmaschinen
Export - Import
Deutscher Innen- und Außenhandel
108 Berlin DDR

*Trabant 601 von 1966 – ein farbiges Prospektblatt, das sich – siehe rechts unten – an Kunden im Ausland wendete. Bis zum Jahr 1990, dem letzten des »Trabi« mit Zweitaktmotor, unterzog man den Kunststoff-Zweitürer nur geringen Veränderungen.*

*Plastico 200 F alias Biscuter aus Spanien. Mit etwas größeren Rädern hätte der Winzling vielleicht eine etwas bessere Figur gemacht. Das farbige Blatt für diese Sportversion des hergestellten Biscuter erschien 1954.*

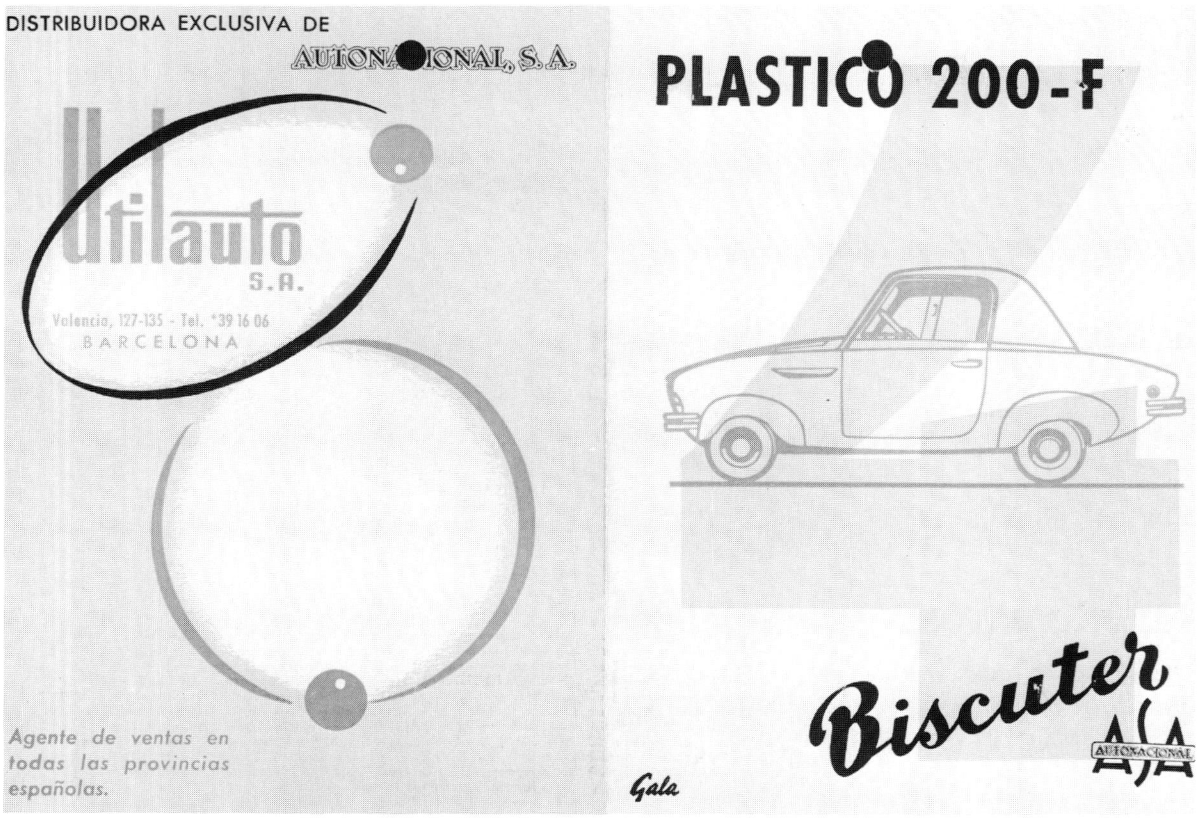

## CARACTERISTICAS PRINCIPALES

Motor, embrague, cambio y diferencial, **en un solo bloque** y un solo nivel de aceite de engrase, montado en la parte trasera, con supresión total de las cadenas, independizado del bastidor, por amortiguadores de goma especial.

**Motor** de un cilindro, ciclo dos tiempos, diámetro 66 mm., carrera 72 mm., cilindrada 247 c. c., relación de compresión 6 : 1, potencia fiscal 3 C. V., engrase por mezcla, refrigeración por aire forzado.

**Embrague** por discos múltiples, en baño de aceite.

**Transmisión** por engranajes, atacando directamente al eje trasero provisto de diferencial, con tres velocidades hacia adelante y una hacia atrás. Velocidades máximas: 1.ª Kms/h., 30; 2.ª Kms/h. 50; 3.ª Kms/h., 80.

**Freno** de pie hidráulico a las cuatro ruedas y el de mano mecánico a las traseras.

**Suspensión** tele-hidráulica a las cuatro ruedas, ruedas delanteras independientes.

**Dirección** especial patentada, de gran suavidad, exenta de posibles desgastes.

**Encendido** por bobina y ruptor. Acumulador de 6 voltios y 55 amp. H. alimentado por alternador de alta frecuencia sin escobillas ni colector.

**Puesta en marcha** por motor de arranque eléctrico.

**Consumo** aproximado, 5 litros de gasolina, cada 100 Kms.

**Bastidor** en tubo de acero de gran resistencia, quedando a 20 cms. del suelo.

**Carrocería** mono-casco tipo sport, de chapa de acero de 0,8 mm., unida sólidamente al armazón que forma el bastidor, capaz para dos plazas holgadas en un solo asiento. Provisto de capota fácilmente manejable y de cofre de gran capacidad para equipajes.

MEDIDAS GENERALES:

Paso, 1.800 mm.; vía anterior y posterior, 1000 mm.; anchura total, 1.240 mm.; largo total, 2.820 mm.; altura total, 1.250 mm.

PESO: 320 Kgs.

NEUMATICOS: 4.00 x 12.

DISTRIBUIDO POR:

LITO - OFFSET MONTAÑÁ - MANRESA

*Der PTV war eine weitere Kleinwagen-Konstruktion aus Spanien, eine der wenigen, der ein gewisser Erfolg beschieden war.*

SOCIÉTÉ ANONYME DES AEROPLANES G. VOISIN

AU CAPITAL DE 30.000.000 DE FRS

49, AVENUE DE LA GRANDE-ARMÉE - PARIS 16ᴱ

Chq P. Paris 1077-53 — KLE : 90-56 — R. C. Seine 104.695

# LE BISCOOTER
# VOISIN GNOME & RHONE

## SANS PERMIS DE CONDUIRE

Poids à vide 175 kilos. — Longueur totale 2 m. 50. — Largeur totale 1 m. 28.
— Hauteur totale capote montée 1 m. 40. — Hauteur capote pliée 1 m. 10.
— Dimension maxima du siège aux pédales 1 m. 05. (glissières de réglage).
Vitesse 60 65 Kil. Heure.

### MOTEUR

Moteur 2 temps, 125 cm3. Puissance fiscale 1 CV. Puissance au banc 6 CV. Graissage par mélange. Allumage par volant magnétique. Démarrage mécanique par levier placé au centre du plancher, accessible du conducteur et du passager. Montage semi flottant sur caoutchouc. Consommation 4 litres environ aux 100 kms.

### EMBRAYAGE

Embrayage à disques multiples garnis de ferodo. Commande par pédale.

### BOITE DE VITESSES

Boite à 3 vitesses munie d'un réducteur donnant une démultiplication basse pour chacune des vitesses. Les commandes des vitesses et du réducteur sont placées sous le volant.

### TRANSMISSIONS

Transmission par chaine à rouleaux commandant l'essieu AV à la fois moteur et directeur. La chaine attaque directement le différentiel à pignons droits enfermés sous carter étanche. La transmission aux roues AV est obtenue par deux arbres, droite et gauche, actionnant chacun un cardan à boule placé dans l'axe de rotation des roues AV.

### DIRECTION

La direction à volant commande un secteur relié à la barre de connexion. Un dispositif démultiplicateur permet de modifier la hauteur du volant. Pneumatiques 16×4

### FREINS

Freins à tambour indépendants commandés par pédale et par levier à main.

### SUSPENSION

La suspension est assurée par 4 ressorts à ellipses accompagnés de 4 amortisseurs réglables

*Die Originalversion des Biscooter schrieb sich anders als die spanische Lizenzausgabe. Ein einfaches Werbeblatt der Firma Voisin, die das Wägelchen 1950 vorstellte.*

# AUTOMOBILES M. A. JULIEN

Type **MM 5 - 2 CV -** CABRIOLET DÉCAPOTABLE, 2 PLACES
(Catégorie motocar)

**ÉCONOMIE**
**SÉCURITÉ**
**ROBUSTESSE**
**CONFORT**
**ÉLÉGANCE**

sont les principales qualités de la 2 CV M.M. 5

**M. A. JULIEN**

Résultat de nombreuses années de recherches, cette voiture est sans conteste la mieux adaptée aux conditions économiques des temps présents et du proche avenir pour assurer le transport de deux personnes avec leurs bagages dans les meilleures conditions d'habitabilité.

La M.M. 5. n'est pas un luxe. C'est une nécessité. Son faible prix de revient kilomètrique la met à la portée de tous. Elle est l'outil de travail par excellence qui agrémentera la vie de tous ses utilisateurs.

*Prospekt für den Julien Kleinwagen MM 5 von 1947. Ein solches Fahrzeug sei kein Luxus, sondern eine reine Notwendigkeit, sagt der Werbetext aus. Immerhin wurde der französische Kleinwagen ehrlich genug nur als Zweisitzer bezeichnet.*

## PRINCIPALES CARACTÉRISTIQUES DE LA NOUVELLE 2 CV MM 5

| | |
|---|---|
| Longueur hors-tout | 2,87 m. |
| Largeur hors-tout | 1,23 m. |
| Empattement | 1,84 m. |
| Voie avant | 1,09 m. |
| Voie arrière | 0,84 m. |
| Hauteur totale | 1,25 m. |
| Garde au sol | 0,17 m. |
| Rayon de braquage | 3,60 m. |
| Poids à vide | 300 kg. |

- **Châssis** à "COQUE OUVERTE" breveté, en tôle d'acier mince soudée électriquement par points et rendu indéformable par pyramide d'encastrement d'auvent.
- **Moteur :** Monocylindre 4 temps soupape en tête à refroidissement à air par soufflante centrifuge et à suspension "BI-PENDULAIRE" éliminant les vibrations.

Allumage DELCO.

Démarrage électrique.

Carburateur SOLEX.

| | |
|---|---|
| Alésage | 78 mm. |
| Course | 68 mm. |
| Cylindrée | 325 $cm^3$. |
| Puissance fiscale | 2 C.V. |

- **Embrayage** monodisque à sec.
- **Boîte de vitesse.** 3 vitesses AV. dont 2 silencieuses. Marche AR.
- **Différentiel** à deux satellites.
- **Suspension.** Par ressort à lames Roues AV. indépendantes.
- **Amortisseur** à friction à commande élastique du type "FILTREPID".
- **Freins** sur les 4 roues par tambours de 170 mm. Frein à main sur les roues AV.
- **Roues** légères et pneus DUNLOP à basse pression. (400x12).
- **Direction** à crémaillère à commande centrale symétrique des Roues AV.
- **Réservoir.** Capacité : 16 litres.
- **Équipement électrique 12 volts.** Éclairage Dynamo et Batterie 45 AH.

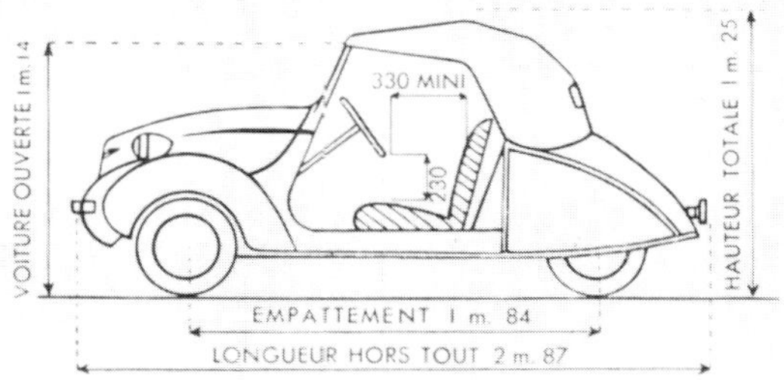


**AUTOMOBILES M. A. JULIEN**
143, Avenue de Malakoff
PARIS - (XVIe)
COP. : 46-30 et 31

## LE BREAK DYNA 500 KGS

# DYNA PANHARD

### BREAK DE CHASSE

Le break ordinaire peut être aménagé à l'arrière avec 2 banquettes longitudinales qui constituent d'ailleurs l'aménagement classique " Break de Chasse ".
On y accède par la porte arrière, l'espace restant permet de loger un nombre important de colis.
Sur demande, le pavillon derrière la cabine peut être surélevé.

### DYNA BREAK 500 KGS

4 grandes places très confortables. Deux sièges séparés à l'avant. Par simple basculement du siège droit, on accède à la banquette arrière.

Un évidement du plancher est prévu de façon que les passagers de l'arrière soient aussi confortablement assis que les autres.

Les grandes glaces latérales sont coulissantes.

Werbeblätter für die französischen Kleinwagen Rolux und Rovin. Für ersteren brauchte man keinen Führerschein. Beide Hersteller wiesen auf die Tatsache hin, daß die Karosserien ihrer Autos ganz aus Stahl seien.

*Links: In vielfältiger Form gab es in den fünfziger Jahren den kleinen Panhard. Als Jagdwagen hatte er große hintere Seitenfenster und zwei längs angeordnete Sitzbänke zu je drei Plätzen. Eng muß es da zugegangen sein.*

*Einer der ersten Farbprospekte für den Renault 4 CV, gedruckt 1947. Er weist vor allem auf die modernen Produktionsanlagen hin, mit welchen man in Billancourt Automobile baute.*

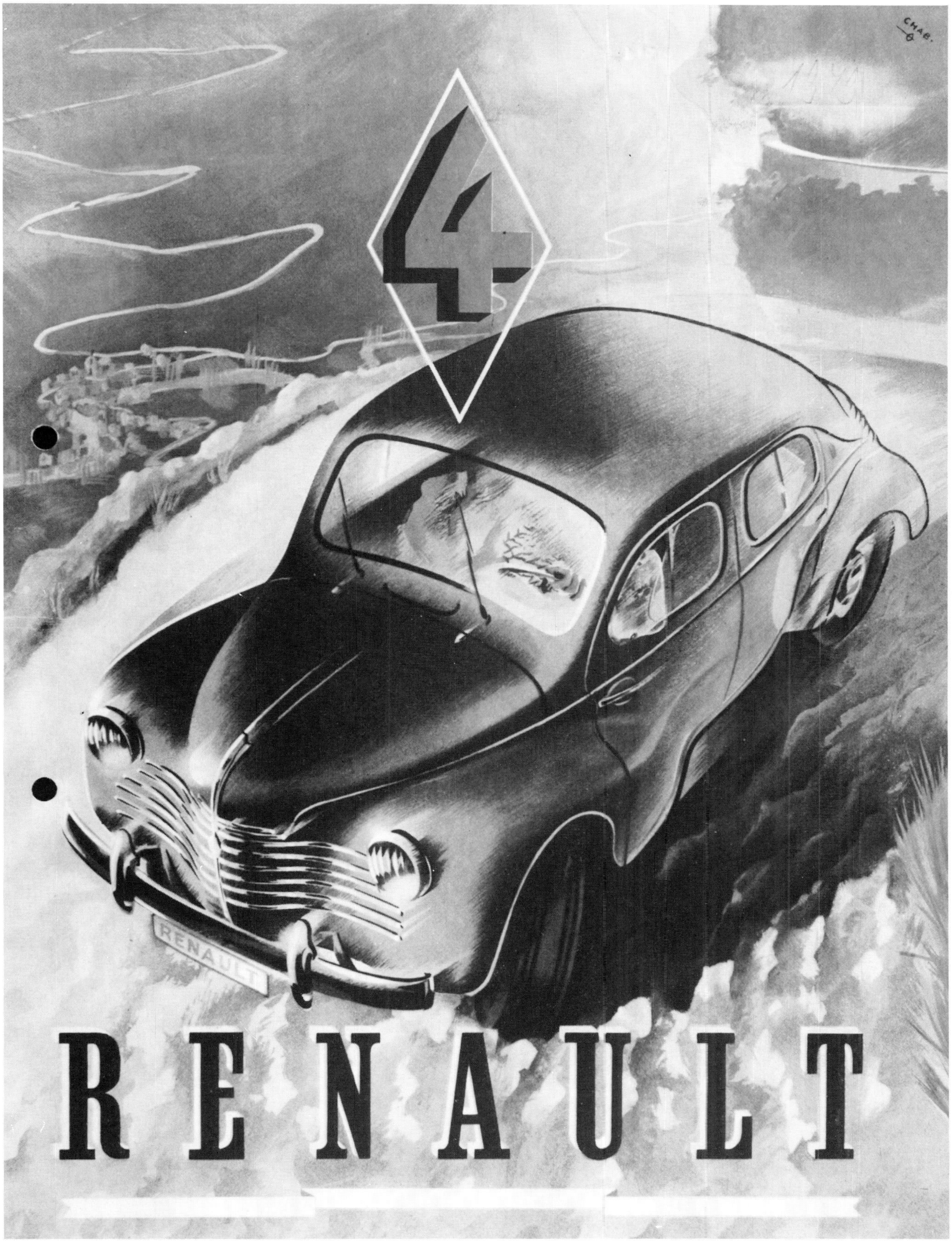


*Deutschsprachiger Prospekt für den Renault 4 CV aus dem Jahre 1949. Die deutsche Renault-Repräsentanz befand sich damals noch in Baden-Baden (französische Zone!)*

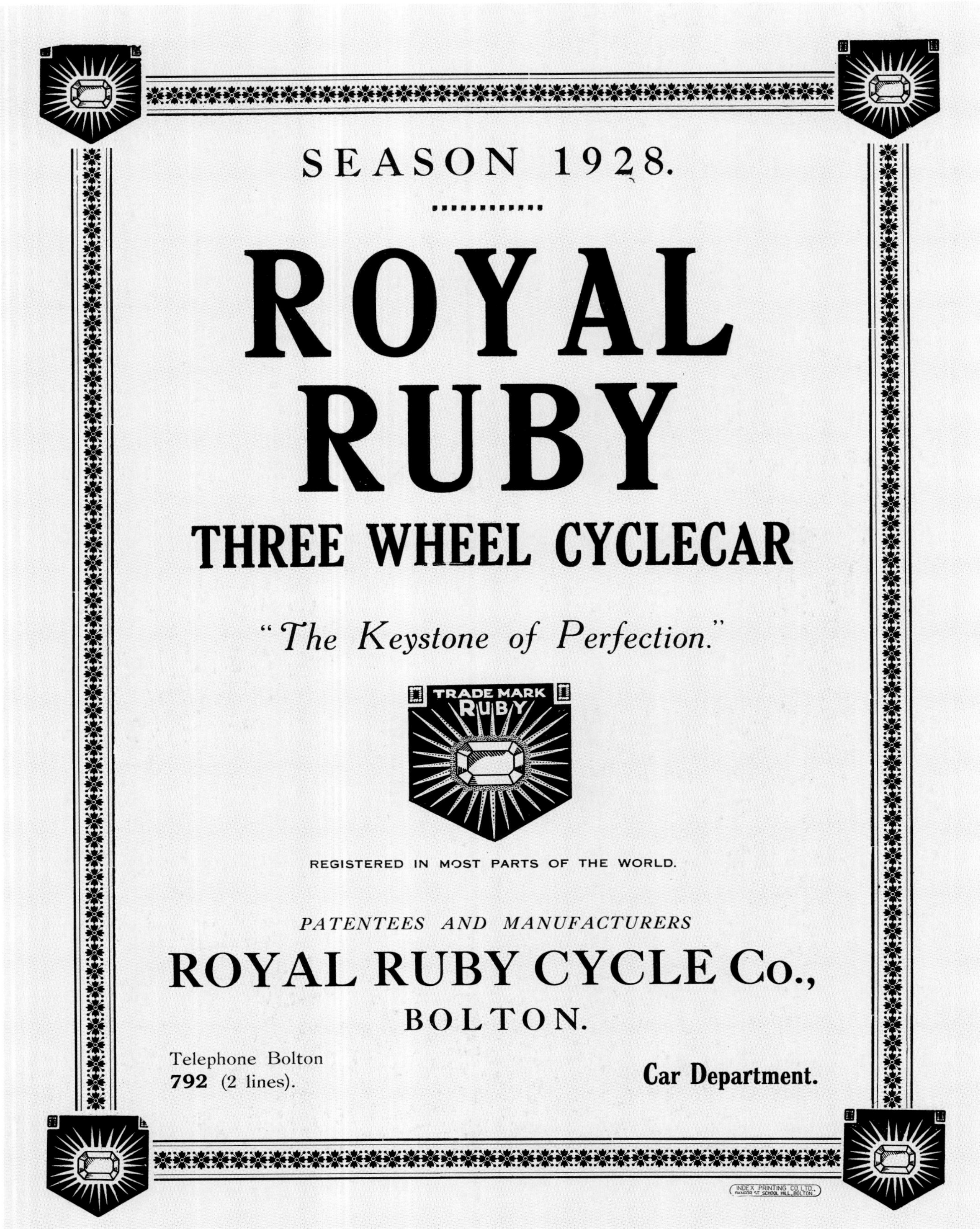


*Werbeblatt für einen englischen Kleinwagen von 1928. Der Auspuff des Dreirad-Kleinwagens ragte vorn aus dem Kühler heraus – das ganze Fahrzeug kostete 85 Pfund Sterling.*

*Daß auch schon bei »normalen« Gepäckmengen die Kofferklappe offenblieb, demonstriert die Illustration oben. Dessen ungeachtet war der Mini eine Sensation und wurde ein Welterfolg.*

*Der englische Dreiradler mit dem französischen Namen war ein Produkt der bekannten Sportwagenfirma AC. Das Ein- und Aussteigen bei den hinten angeschlagenen Türen war für Damen nicht immer sehr ladylike – indessen überzeugte die konsequente Pontonform der Karosserie.*

*Oben: Prospekt für den ersten Bond Minicar von 1949 – hier in dänischer Sprache des Importeurs ERLA in Kopenhagen, in welchem deutlich auf den Flugzeug-Ingenieur Lawrence Bond als Konstrukteur hingewiesen wird. Rechts: Titel eines Prospektes für den Bond Minicar Mark C von 1954.*

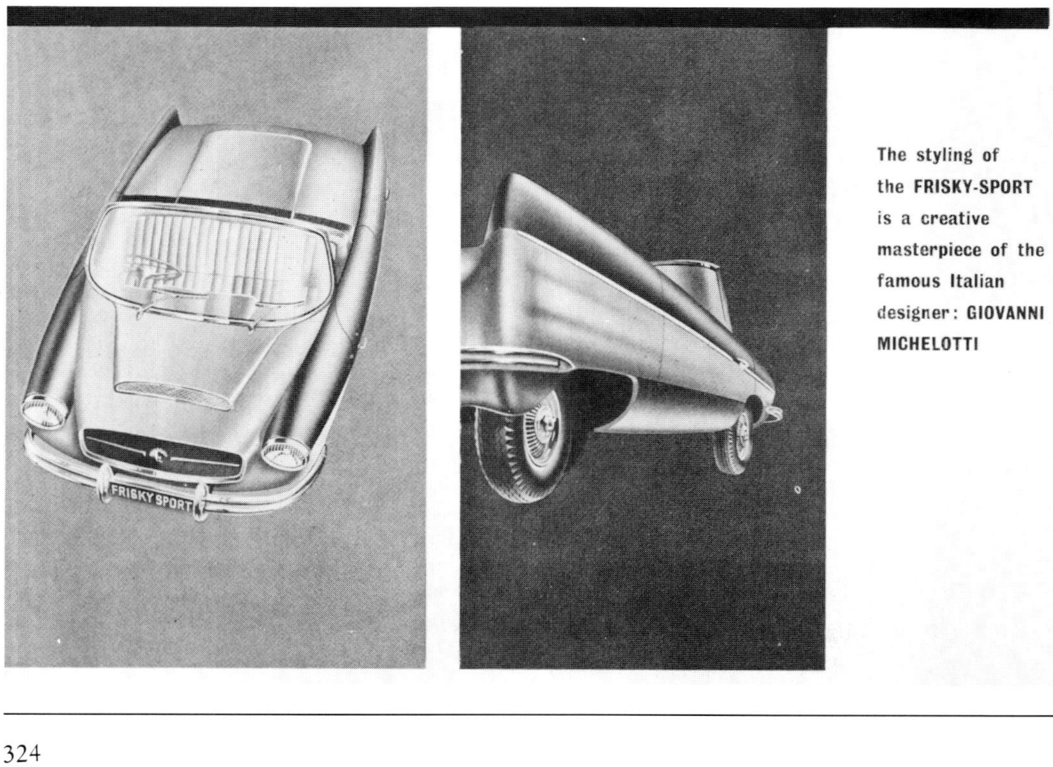


*Avantgarde der frühen sechziger Jahre: Der von Giovanni Michelotti gezeichnete Frisky. Eine Mischung zwischen Kirmes-Scooter und Fliegender Untertasse – und natürlich durften die obligaten Heckflossen ebenso wenig fehlen wie die Panoramascheibe, doch es blieb beim Projekt.*

*Das bekannte und in England sehr beliebte Dreirad-Thema in der Variation der Firma Vernon Industries. Das dort gebaute Gordon Dreirad wurde als »nationaler Bestseller« apostrophiert, dabei dürften zwischen 1954 und 1958 kaum mehr als 500 Exemplare das Werk verlassen haben.*

*Bekannt kommt deutschen Kleinwagen-Freunden die Front des Nobel 200 vor. Es handelt sich um eine englische Lizenzausgabe des Fuldamobil. Der Prospekt weist auf 22 Weltrekorde hin – und in kleingedruckter Schrift erfährt der Leser, daß sich jene natürlich nur auf den Sachs-Motor beziehen, nicht auf das kleine Kunststoff-Auto.*

**General Equipment.**—General equipment includes Smith's speedometer, tyre pump, kit of tools, driving mirror and licence holder. 3in. deep WILMOT-BREEDEN chromium plated bumpers with overriders are provided fore and-aft. Wind screen is of safety glass. Folding hood with side valences is provided. The seat is Dunlopillo, upholstered in high grade leather cloth. Flooring is of ribbed rubber sheet.

**Colour Schemes.**—A choice of colours both for body and upholstery is offered—beige, green, blue and red. Any combinations of body/upholstery colour can be supplied at no extra charge.

This specification is subject to alteration without notice.

**GUARANTEE.**—All Warranties, Conditions or Guarantees as to quality or fitness for the purpose for which goods are sold, or as to any other matter implied by Common Law, Statute or otherwise, are in all cases excluded.

The Company guarantee to repair or supply free of charge any part or parts which may become faulty due to defective material or workmanship, within six months from date of purchase provided that :—

The car is still in the possession of the original purchaser.
The Owner communicates with the Company immediately the fault becomes apparent.
The Owner sends the car or alleged faulty part or parts to the Company, carriage paid, stating the Chassis and Engine No. and date of purchase.
All rights or liability under this Guarantee will be cancelled if the Car is used for racing or competition work without the Company's consent in writing.
The Company's guarantee does not include proprietary articles manufactured by other firms, but such warranty as these manufacturers issue is transferred to the customer.
The Company's liability is confined to the free replacement of the agreed defective material.
It does not include the removal of the faulty parts and the fitting of such new material as the Company may agree to supply.

Whilst every end…vour will be made by the Company to effect delivery on or about any date which may have buuit indicated, the Company will accept no responsibility for delivery at any time beyond any date which may have been indicated, caused by any delay in raw material supplies, or change of specification or any other matter out of its control.

**RUSSON CARS LTD.**

Managing Director: D. A. Russell, M.I.Mech.E.

THE AERODROME, BILLINGTON ROAD
STANBRIDGE, NR. LEIGHTON BUZZARD
BEDFORDSHIRE, ENGLAND

Telephone : EATON BRAY 246

*Der englische Russon war sowohl von der Dimension (Länge: 3,26 m) als auch von der Motorisierung her (250-ccm-Zweitakter) ein klassischer Kleinwagen. Dennoch verkündet der Prospekt stolz: »The Russon is NOT a Minicar« – schließlich weise sein Getriebe einen Rückwärtsgang auf…*

**A RUSSON CAN BE YOURS WITHIN A FEW MONTHS!**

**DELIVERIES COMMENCING NEXT JULY**

All electrical equipment is by LUCAS and includes twin electrically driven windscreen wipers ; 51 amp. 6 volt battery; dynamo; coil ; horn with push in the centre of steering wheel ; number plate lamp ; twin combined rear and stop lamps, twin front parking lamps ; and last, but NOT least, twin 7in. diameter prefocused filament sealed head lamps of the latest type !

All instruments are grouped in front of the driver and include speedometer ; ammeter ; switch for head and side lamps ; ignition switch (with key) ; starter switch ; head lamp dipping switch ; and switch for twin windscreen wipers.

These two photographs shew clearly the clean and modern lines of the RUSSON. Body covering is entirely of aluminium painted in beige, blue, red or green. Upholstery is in high grade leather cloth in colours to match. Here is a "fullsize" car providing ample accommodation for two adults and one child. The RUSSON is NOT a minicar ! With a wheel base of 7ft. 6in. and track of 4ft., accommodation for 6-footers is easily available ! Three forward speeds, AND A REVERSE are fitted. Engine starting is NOT by a hand lever, but by a starter motor operated by push button on the instrument panel in the usual way.

*Scootacar 1959/60, eines der eigenwilligsten Fahrzeuge der Kleinwagen-Kategorie. In seinen Abmessungen ist er beinahe so hoch wie lang…*

Levers on steering wheel controlling headlamps and self-cancelling direction indicators.

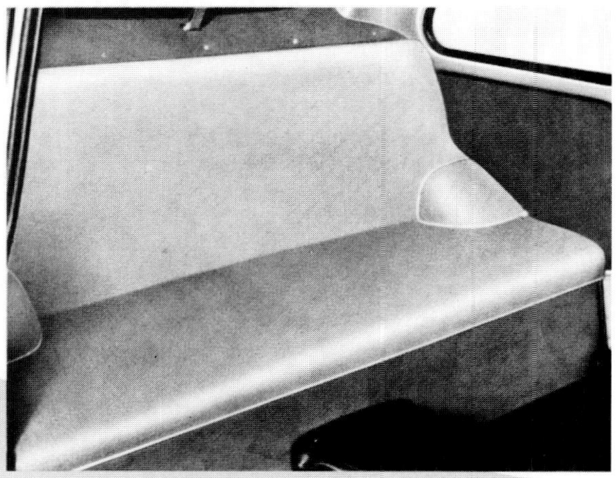

Rear bench seat with sponge rubber cushion.

*Diesen Prospekt für den Fiat 500 ließen die Italiener für den US-Markt drucken. Bemerkenswert die deutlich erkennbaren »Sealed Beam«-Frontscheinwerfer (oben) als aufgesetzte Froschaugen; die höhere Anordnung war im Gegensatz zur Europa-Version eine Auflage der amerikanischen Zulassungsbehörden.*

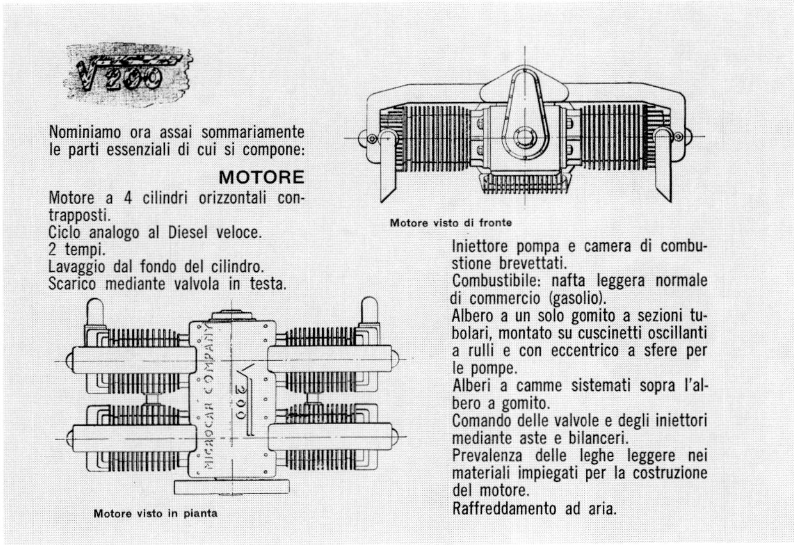


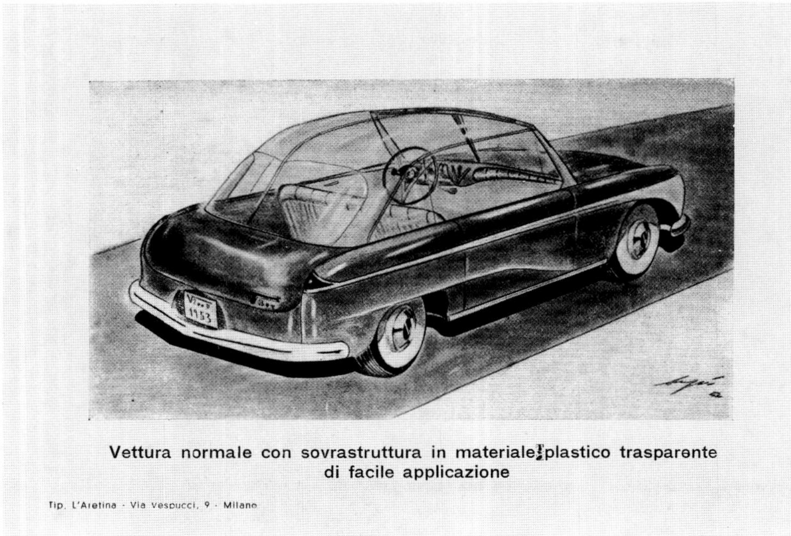


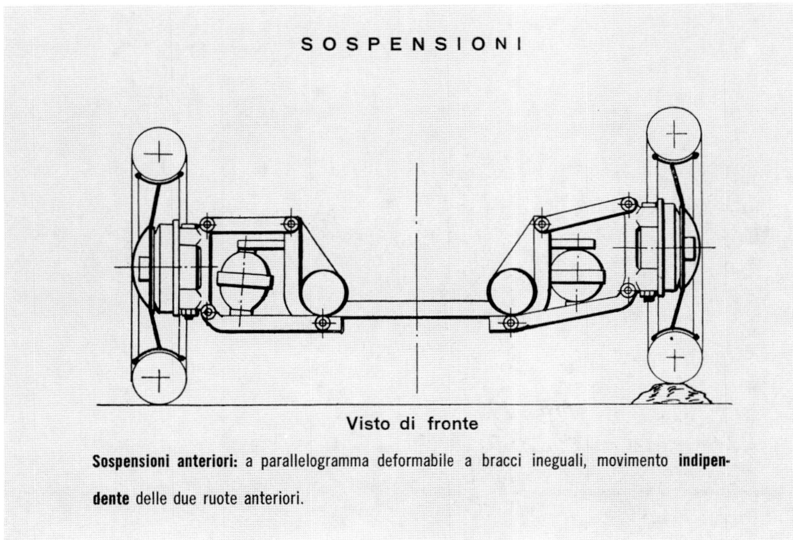


*Der V 200 von der italienischen Firma Microcar wies vorn und hinten Einzelradaufhängung auf und wurde in der Werbung mit großer Ausführlichkeit beschrieben. Ob das im seinem Styling amerikanisch beeinflußte Klein-Cabrio je gebaut wurde, läßt sich nicht mehr ermitteln.*

*In Irland gebauter Heinkel. Ein interessantes Dokument mit detaillierter Information aus dem Jahre 1958.*

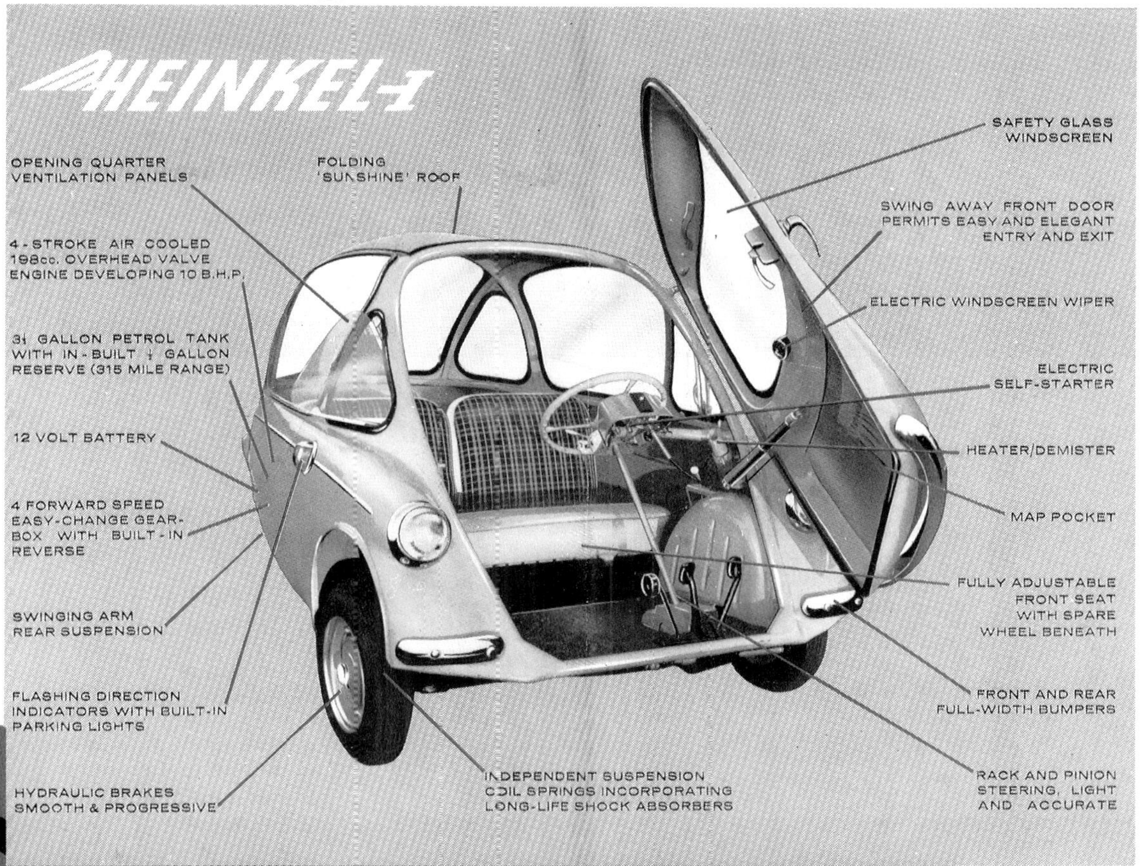

*Datsun-Prospekt aus den frühen fünfziger Jahren für den offenen Sportwagen. Er richtete sich ausschließlich an japanische Interessenten, zeigte auf der Frontseite gleichwohl ein sehr alpines Motiv. Außerhalb Japans blieb das Auto so gut wie unbekannt.*

## ダットサン スポーツ　仕様書

全　　長：3510粍
全　　巾：1360粍
全　　高：1450粍
ホイールベース：2150粍
トレッド：（前）1048粍
（後）1180粍
車輌重量：750瓩
定　　員：4名
全備重量：970瓩
機　　関：四気筒側弁式
内径×行程　60×76（粍）
気筒容積　860cc.
最大馬力
20馬力（於毎分3,600回轉）
最大トルク
4.9瓩・米（於毎分2,000回轉）
警視庁馬力　8.9馬力
機関重量　83瓩
潤滑装置：圧力給油及飛沫式
油容量　1.9立
冷却装置：水冷圧力循環式　マツコード型ラジエーター、渦巻式水ポンプ及サーモスタット付、水容量6立
燃料装置：A. M. C.（自動燃料節約装置）付ソレックス気化器、エアー・クリーナー、ガソリン・ストレーナー、ダイヤフラム式燃料ポンプ、燃料槽容量21立（5.5ガロン）
変速装置：選択摺動歯車式
前進3段　後退1段
クラッチ：乾燥單板式　外径171粍
推進軸：継目なし引抜鋼管　外径57粍、クリーブランド型ユニバーサル・ジョイント2組付
制動装置：足ブレーキ　油圧式内拡4輪制動、ドラム径254粍、手ブレーキ槓桿式内拡後2輪制動
操向装置：ヒンドレー　ウォーム及セクター式　歯車比18:1
後車軸：半浮動ウォーム及ウォーム・ホイール式　減速比6.5:1
前車軸：I字型断面　逆エリオット型
電気装置：高圧蓄電池式、蓄電池6v×80A・H.　スターター・モーター0.7馬力、ジェネレーター140W、ディストリビューター（自動進角装置付）、点火栓14粍
スプリング：（前）横置式9枚
（ショック・アブソーバー付）
（後）平行式8枚
（　〃　）
タイヤ：5.50-15 4プライ バルーン・タイヤ
計器盤：速度計兼距離計、燃料計、油圧計、電流計、エンジン・スイッチ、点灯用釦、チョーク釦、スロットル釦、スターター釦、小物戸棚、握り棒
照明装置：前照灯2個、尾灯兼停止灯1個、計器灯2個
附属品：方向指示器、後面鏡、電気ワイパー、ツール1組、予備ホイール1個

（本仕様書は予告なく変更することがあります）

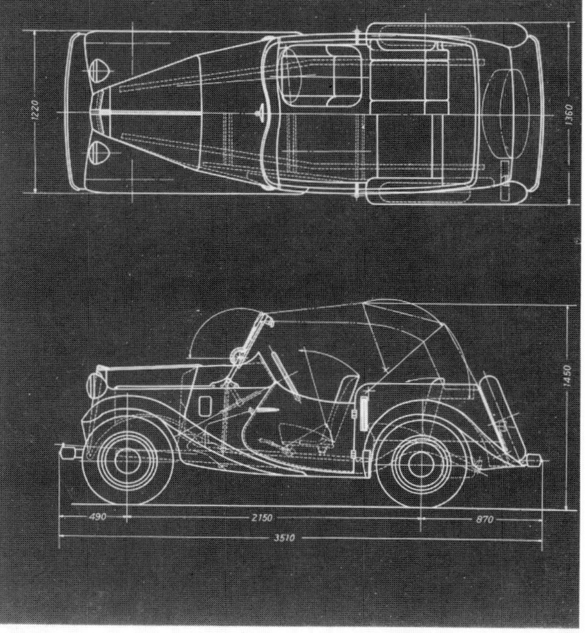


521 — 20

特約販売店

大日本印刷株式會社

ニッサン
ダットサン
日産自動車株式會社

*Datsun-Prospekt von 1951. Man beachte den Öffnungs-Mechanismus der Motorhaube (oben, Mitte).*

Prospekt für die Exportausführung des sowjetischen Zaporoschets SAS-965 A. Der in deutscher Sprache gehaltene Werbetext sagt, daß der Wagen seinem Besitzer stets »Freund und Helfer« sein werde.

TECHNISCHE DATEN

**Allgemeine Angaben:** Trockengewicht 600 *kg*; Wendekreishalbmesser 5 *m*; Höchstgeschwindigkeit 100 *km/h*; Benzintank für 30 Liter; Heckmotor in einem Block mit Getriebe und Hinterachsantrieb.

**Motor:** Viertakt-Vergasermotor mit hängenden Ventilen; Zylinderzahl 4; zweireihige V-Anordnung der Zylinder; Bohrung 72 *mm*, Hub 54,5 *mm*; Hubraum 887 $cm^3$; Verdichtung 6,5; Höchstleistung 27 *PS* bei 4000 *U/min*; größtes Drehmoment 5,3 *mkp* bei 2400–2600 *U/min*; zwangsläufige Luftkühlung mit automatischem Temperaturregler; Starthilfe mit unabhängigem Benzin-Vorwärmer.

**Kraftübertragung:** Trockene Einscheibenkupplung; Getriebe mit vier Vorwärtsgängen; Hinterachsantrieb mit Kegelrädern; entlastete Schwingachswellen.

**Fahrwerk und Lenkung:** Einzelaufhängung der Vorderräder mit Drehstabfederung; Einzelaufhängung der Hinterräder mit Federn und Hebeln; Zweiweg-Flüssigkeits-Teleskopstoßdämpfer; Reifengröße 5,20–13″; Lenkwerk mit Globoidschnecke und Doppelrolle; Fußbremse als hydraulisch betätigte Allrad-Backenbremse mit automatischer Nachstellung; mechanisch betätigte Handbremse an Hinterrädern.

**Elektrische Anlage:** Nennspannung 12 *V*.

**Karosserie:** Geschlossener und selbsttragender Ganzmetallaufbau mit zwei Türen und vier Plätzen; Vordersitze getrennt, verstellbar, mit Klapplehnen; Heizung mit unabhängigem Benzin-Heizkörper.

Das Herstellerwerk behält sich das Recht vor, zur Verbesserung der Eigenschaften an der Bauart des Wagens Veränderungen vorzunehmen.

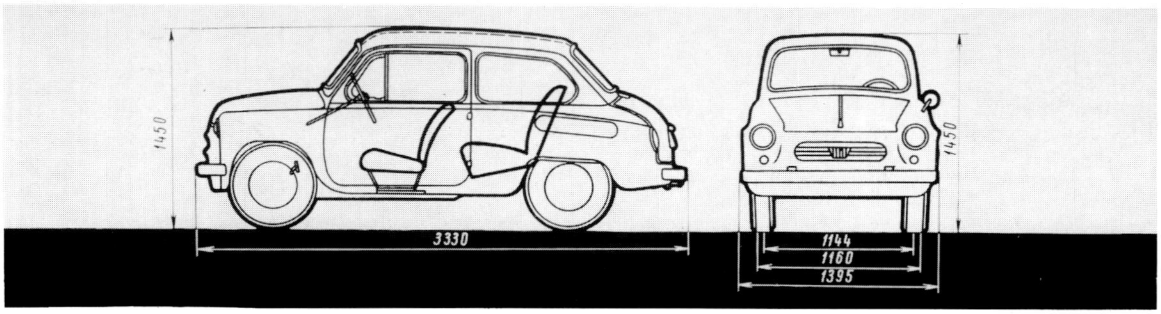

THERE'S A *Crosley* WITH THE NEW LOOK FOR YOU!

**CROSLEY STATION WAGON**

Seats four with plenty of luggage space. Rear seat removable. Entire rear end opens for easy loading. All steel—no wood to rot, swell, shrink or rattle.

**CROSLEY CONVERTIBLE**

Smartest thing on wheels! Carries four husky passengers plus baggage. Easy to manage laminated top snaps into place in a jiffy.

**CROSLEY SEDAN**

Needs no introduction. Thousands already on the road. Constantly improved in both beauty and performance. Styled with an "aircraft flavor." Four passenger. For all around use.

**SPECIFICATIONS**

| | |
|---|---|
| Overall Length | 145 inches |
| Overall Width | 49 inches |
| Overall Weight (with spare tire, gas, oil and water) | 1155 pounds |
| Height | 57 inches |
| Wheelbase | 80 inches |
| Cruising Speed | 50 m.p.h. |
| Gas Tank Capacity | 6.5 gals. |
| Brakes | 4 wheel |
| Type Brakes | Self-equalizing |
| Oil Capacity | 2 quarts |
| Oil Filter Capacity | 4/5 quart |
| *Body | All steel |
| Turning Radius | 15 feet |
| Engine | Crosley COBRA |
| Cylinders | 4 |
| Cooling | Liquid |
| Type Engine | Valve-in-head |
| Horsepower | Up to 26.5 |
| Compression Ratio | 7½ to 1 |
| Gasoline Mileage | 35-50 m.p.g. |
| Tire Size | 4.50 x 12 inches |
| Main Bearings | 5 |
| Lubrication | Pressure |
| Radiator | Tubular |
| Radiator Capacity | 4 quarts |
| With Standard Heater | 5 quarts |

*Convertible has fabric top

*»New look« – das war das Schlagwort der frühen fünfziger Jahre. Prospekt für den amerikanischen Crosley, dessen Styling – wie es im Text hieß – als »flugzeugartig« zu bezeichnen sei …*

# Vom Motocoupé zum City-Coupé

Der Hauptteil dieses Buches, die Beschreibung der klassischen Kleinwagen der Nachkriegszeit, endet in den späten sechziger Jahren. Dreißig Jahre sind inzwischen vergangen, doch auch heute, an der Schwelle zum dritten Jahrtausend, hat dieses Thema nicht an Aktualität und Anziehungskraft verloren – im Gegenteil.
Damals versuchten sich zahllose Außenseiter in der Konstruktion von Kleinwagen, Namen, die heute fast vergessen sind. Die meisten großen Hersteller verzichteten darauf, sich auf dieses schwierige Terrain zu begeben. Heute dagegen gehört es im internationalen Automobilbau quasi zum guten Ton, auch ein Fahrzeug in der untersten Kategorie anzubieten. Man möchte damit Kompetenz im Bereich der Minderung aktueller Verkehrsprobleme und ökologischer Gefahren beweisen.
Der Charakter der Kleinwagen aus aller Welt hat sich dabei seit damals grundlegend gewandelt.
Automobile, die heute zu dieser nach wie vor nur schwer zu definierenden Fahrzeugspezies gehören, sind mit wenigen Ausnahmen weit entfernt von den primitiven und skurrilen Fahrmaschinen und Kabinenrollern. Denn es ist nicht mehr ihre Daseinsberechtigung, den weniger Begüterten ein bescheidenes Maß an Mobilität mit Wetterschutz zu ermöglichen, sondern sie dienen heute zu einem großen Teil als sparsamer Zweitwagen, Erstausstattung für Führerscheinneulinge, kompaktes Stadtfahrzeug oder modisches und luxuriöses Spielzeug.
Wer heute Kleinwagen fährt wird nicht mehr bedauert oder gar belächelt. Man genießt den annähernd gleichen Komfort wie in einem Mittelklassewagen und kann in den meisten Fällen auf erfreuliche Fahrleistungen vertrauen. Abenteuerliche Billigfahrzeuge wie der Messerschmitt Kabinenroller oder die BMW Isetta wären heute allenfalls als Freizeitgerät für Exzentriker denkbar, und gelegentlich tauchen noch abenteuerliche Vehikel dieser Art auf den Autoshows auf, doch zumeist bleibt es bei einem kurzen Lacherfolg.
Begeben wir uns nun auf eine kurze Weltreise und betrachten wir einige der zur Zeit erfolgreichsten oder merkwürdigsten Schöpfungen der weltweiten Kleinwagenerfinder.
Blickt man auf die letzten dreißig Jahre Automobilbau in den Vereinigten Staaten von Amerika, so hat dort das Thema Kleinwagen, in den fünfziger Jahren noch durch eine erstaunliche Vielfalt an eigentümlichen bis grotesken Konstruktionen vertreten, fast völlig an Bedeutung verloren. Zumindest was die einheimischen Automobilmarken betrifft, sucht man heute vergeblich nach Kleinwagen im europäischen Sinne. Nur wer sich den US-Maßstäben anpaßt und Autos in der »Golf-Klasse« wie z.B. den Chevrolet Metro als Kleinwagen bezeichnet, wird bei den heimischen Anbietern fündig werden. Seit den Tagen eines Crosley oder Nash Metropolitan in den Fünfzigern oder eines King Midget oder Chevrolet Corvair in den sechzi-

*Mit dem dreitürigen Logo, in Genf 1998 zum ersten Mal als Prototyp J-BX vorgestellt, kehrt Honda demnächst in die Kleinwagenklasse zurück.*

*Links: Der Toyota Yaris soll ab Frühjahr 1999 die japanische Traditionsmarke Toyota auf dem Kleinwagensektor repräsentieren.*

*Unten: Der Nissan Micra ist im Modelljahr 1999 als Drei- oder Fünftürer und neuerdings auch mit besonders sparsamem Dieselmotor lieferbar.*

*Oben: Nach nur 29 Monaten Entwicklungszeit kam 1998 der koreanische Daewoo Matiz auf den Markt.*

*Unten: Schon ein Klassiker unter den japanischen Kleinwagen ist der Suzuki Alto, hier in seiner aktuellen Form.*

ger Jahren greifen die Amerikaner nach Produkten aus Japan oder Europa sobald der Wunsch nach einem kleinen Auto aufkommt. Der VW Käfer, in den USA natürlich ein Kleinwagen, begann schon in den fünfziger Jahren die Herzen jenseits des großen Teichs zu erobern und der neue »Kleinwagen« Beetle, obwohl ähnlich unpraktisch aber fast so niedlich, wird es seinem originalen Vorfahren gleichtun.

Besonders aber die Japaner verstanden es ab den sechziger Jahren moderne Kleinwagen, die auch dem US-amerikanischen Geschmack mundeten zu offerieren, und sie decken seit dieser Zeit einen beträchtlichen Teil der Nachfrage nach kleinen Autos ab. Man darf jedoch gespannt sein, zu welchen Kleinwagen die großen amerikanischen Hersteller finden werden, wenn das Gesetz über den extrem niedrigen, zukünftigen Flottenverbrauch in nicht allzu ferner Zukunft greift.

Völlig anders dagegen die Situation im Land mit der zweitgrößten Automobilproduktion der Welt, in **Japan.** Vor dem Zweiten Weltkrieg ein Land praktisch ohne bedeutende Eigenkonstruktionen auf dem Automobilsektor, begann ab den fünfziger Jahren dort ein beispielloser industrieller Aufstieg. Genötigt durch schwierige Straßenverhält-

*Einer der bekanntesten und erfolgreichsten Kleinwagen aus Fernost, der Daihatsu Cuore mit 42 PS und drei oder fünf Türen.*

nisse, wenig Raum und winklige Gassen in den Städten, wurde der Kleinwagen in zahllosen Variationen zum wichtigsten Automobiltyp überhaupt. Steuerliche Vergünstigungen für Autos mit weniger als drei Metern Länge taten ein übriges für eine bunte Vielfalt.

Was in den fünfziger und sechziger Jahren mit Mitsubishi Minica oder Honda N 360 begann, entwickelte sich bis heute zu erstaunlichen Kleinfahrzeugen, die in Punkto Raumökonomie, Qualität und Kosten-Leistungs-Relation nicht selten Maßstäbe setzen und dabei nicht zu merkwürdigen Designermobilen mutierten, sondern sich ein vernünftiges, aber auch nicht langweiliges Maß an Praktikabilität und Reife bewahren konnten.

Man muß neidlos anerkennen, daß man es in Japan versteht, ein Auto von rund drei Metern Länge mit vier vollwertigen Sitzen (ja, auch für Europäer) und sogar vier Türen auszustatten, und es bleibt immer noch Gepäckraum übrig. Und dabei sieht das ganze immer noch wie ein Auto aus und nicht wie das notgelandete Beiboot von Captain Kirk's Raumschiff Enterprise.

Solch ein japanischer Kleinwagen, wie der Daihatsu Cuore, bleibt dabei leicht genug, um auch mit nur drei Zylindern und gut 40 PS flott unterwegs sein zu können. Der Autor selbst, mit 1,90 Metern Körperlänge nicht gerade von japanischer Zierlichkeit, hatte unlängst das Vergnügen, einen solchen Kleinwagen mit Beifahrerin und reichlich Gepäck drei Wochen lang auf zum Teil bösen Wegstrecken zu erproben. Das Fazit fiel unerwartet positiv aus, nur ungern nahm man wieder Abschied voneinander.

Und auch die anderen japanischen Hersteller pflegen das Thema Kleinwagen auf eindrucksvolle Art. Suzuki Alto, der für das Frühjahr 1999 geplante Honda Logo oder Nissan Micra sind Kleinwagen, die nichts versprechen wollen, das sie nicht halten können. Die Hersteller beschränken sich auf das Wesentliche und bieten dies in ansprechend konventioneller Form zu einem vernünftigen Preis. Daß diese Wagen nicht für die Schickeria oder Möchtegern-Rennfahrer taugen, spricht eher für ihr Konzept. In dem zweiten international bedeutenden, asiatischen Herstellerland Südkorea wird übrigens mit dem Hyundai Atos eine ähnlich sympathische Richtung gegangen.

Doch kehren wir nun aus Übersee nach Europa zurück.

Eine besondere Kontinuität und Kompetenz beim Thema Kleinwagen beweist immer wieder **Italien** mit der Marke Fiat. Unvergessen ist und bleibt der Fiat 500 »Topolino«, Ahnherr einer Kleinwagenlinie, die bis

*Zur Fortsetzung einer Legende trat in den 80er Jahren der Fiat Cinquecento an – besonders attraktiv und chic in der heißen Version »Sporting« mit 55 PS.*

*Vorläufiger Endpunkt einer über 60jährigen Tradition im Kleinwagenbau – der neue Fiat Seicento mit 40 oder 55 PS.*

heute durch gutes Design und überzeugendes Konzept besticht. Schon der 1957 präsentierte Nuova 500 stellte zusammen mit dem Fiat 600 eine erstaunliche Interpretation des Kleinwagens dar. Daß diese Minimal-Viersitzer mit dem ulkigen Aussehen nicht nur halb Italien, sondern auch Spanien und das ehemalige Jugoslawien als SEAT bzw. Zastava motorisierten nimmt nicht Wunder. Und auch der Nachfolger Fiat 126, obwohl deutlich schlichter gezeichnet, konnte die Sympathien Hunderttausender erobern, ob aus italienischer oder polnischer Produktion, wobei letztere Version als »Maluch« selbst nach 26 Jahren noch gefragt ist.
Doch noch ein weiterer Fiat Kleinwagen hat mittlerweile annähernd den Status eines Klassikers erreicht. Immer noch, seit 18 Jahren wird die »tolle Kiste«, der Fiat Panda, produziert. In Deutschland zwar nicht mehr angeboten, kann dieses nur 3,40 Meter lange Muster an praktischer Sachlichkeit immer noch mehr als 100.000 Kunden jährlich von seinen zeitlosen Qualitäten überzeugen. Zugegeben, besonders schön ist dieses Auto nicht, doch es glänzt mit dem herben Charme eines genügsamen kleinen Arbeitstieres, im Charakter dem legendären Citroen 2 CV nicht unähnlich. Mittlerweile geht die Gesamtproduktion dieses Kleinwagens scheinbar unaufhaltsam der 4 Millionen-Grenze entgegen. Wünschen wir ihm dieses Jubiläum und den deutschen Herstellern den Mut zu Vergleichbarem. Ein erfreulicher Beweis dafür, daß Erfolg nicht unbedingt etwas mit aufgemöbelter Verpackung und elektronischer Aufrüstung zu tun haben muß.
Auf den Fiat 126 folgte in Italien der Cinquecento, seit kurzem bereits wieder vom Seicento abgelöst. Eigentlich bedauerlich, denn mit seinem etwas aufgedunsen wirkenden Auftritt kann es der Neue an Pfiffigkeit bei weitem nicht mit dem Cinquecento aufnehmen. Ähnlich wie Austin/Morris bei der Kleinwagenlegende Mini war es den Fiat Designern beim Cinquecento geglückt, Winzigkeit mit starkem und durchaus sportlichem Auftritt zu paaren. Vor allem in der »heißen« 55 PS-Version »Sporting« ist dem Cinquecento eine Zukunft als Liebhaberfahrzeug sicher.
Nur in Italien wurde, was den europäischen Raum betrifft, die Gattung Kleinwagen im wahrsten Sinn durchgehend gepflegt. Der Fiat Konzern ist bis heute mit Autos erfolgreich, die deutlich unterhalb anderer bekannter Kleinwagen wie Renault Twingo, VW Polo u.s.w. rangieren.
Da sich die einzigen automobilproduzierenden Skandinavier in Schweden dem Thema Kleinwagen gegenüber traditionell in Enthaltsamkeit üben, befassen sich bis heute neben Italien nur noch drei Automobilnationen in Europa mit der Konstruktion von Kleinwagen: Frankreich, Großbritannien und Deutschland.
**Frankreich** gehörte, wie in diesem Buch ausführlich dargelegt, zu den drei Ländern, die die Welt mit den erstaunlichsten und kuriosesten Kleinwagen-Schöpfungen bereicherten. Ab den siebziger Jahren ließ diese Kreativität aus Gründen wachsenden Wohlstands nach. Auf den großen Renault-Erfolg 4 CV folgte der Simca 1000, und die anderen großen und verbliebenen Hersteller Frankreichs übten zunächst einmal vornehme Zurückhaltung. Es gab ja noch den Citroen 2 CV und den Renault 4. Im Grunde keine Kleinwagen, verbanden sie andererseits deren Tugenden wie Anspruchslosigkeit, Billigkeit und optimale Raumnutzung in genialer Weise.
Nach dem auch in Frankreich grassierenden Markensterben der Nachkriegszeit besannen sich die verbliebenen Großhersteller Citroën, Peugeot und Renault erst spät auf die Notwendigkeit zur Konstruktion neuer Kleinwagen. Citroën AX, Peugeot 105, 205 und später 106, sowie Renault Twingo heißen die kleinen Franzosen der achtziger und neunziger Jahre. Und Citroen ist derzeit damit beschäftigt, eine Art 2 CV für das dritte Jahrtausend zu kreieren. Traditionell der betont komfortablen Fortbewegung verschrieben, zeichneten sich auch die französischen Kleinwagen in diesem Punkt positiv aus. Man darf zumindest gespannt sein, welche Blüten die gallische Kreativität auf dem Kleinwagensektor in den nächsten Jahren treiben wird.
Eine besondere Spezies kleiner Automobile darf an dieser Stelle nicht unterschlagen werden. In Frankreich und Italien gedeiht seit den sech-

Oben: $4^1/_2$ PS leistete dieses »Raumfahrzeug« mit Namen Snuggy, ein Citymobil der Pariser Firma Vitrex Industrie in den 80er Jahren.

Links: Reduce to the Minimum – das könnte der Wahlspruch für dieses Vehikel mit Namen Willam Erio sein Gebaut wurde das spartanische Gefährt mit 47 ccm-Motor in Frankreich in den 70er Jahren.

Unten: Wie ein Großraumfahrzeug wirkt dagegen der Peugeot 106, seit Anfang der 90er Jahre im Angebot, aktuell mit Motoren zwischen 45 und immerhin 118 PS.

*Links: Einer der erfolgreichsten Kleinen aus dem Ausland auf dem deutschen Markt, der Renault Twingo mit seinem eigenständigen und fröhlichen Design.*

*Oben: Mit dem Concept-Car C 3 möchte Citroen einen 2 CV für das 21. Jahrhundert kreieren.*

ziger Jahren fast im Verborgenen eine sehr skurrile und eigentümliche Art von Kleinwagen, die 50 ccm-Mobile. Auf Reisen in diesen Ländern begegnet man gar nicht so selten winzigen, erstaunlich rudimentären und oft stilistisch durchaus gewagten Kleinstwagen, die langsam zweitaktend ihres Weges ziehen, oft chauffiert von einer Besatzung eher fortgeschrittenen Alters. Besondere gesetzliche Vergünstigungen für solch sparsam motorisierte Vehikel, teilweise auch mit Elektroantrieb, haben in Italien und Frankreich zu einer erstaunlichen Vielfalt dieser Mobile geführt, den wahren Nachfahren eines Mochet oder Kleinschnittger. Nach Deutschland haben bislang nur eine Handvoll dieser Wägelchen gefunden, und dabei wird es angesichts der Kosten bei Zulassung und Problemen bei der passiven Sicherheit auch bleiben.

Betrachtet man die Geschichte der **britischen Automobilindustrie** der letzten dreißig Jahre, so kann man sich einer gewissen Betroffenheit nur schwer entziehen. Eine äußerst glanzvolle Geschichte mit zahllosen faszinierenden Marken und Modellen mündete in ein wirtschaftliches Desaster, das höchstens von der Trauer um den Verlust der Eigenständigkeit fast aller traditionellen Hersteller noch übertroffen werden kann. Doch trotz reihenweiser Firmenübernahmen und chronischen Qualitätsproblemen in der Vergangenheit gibt es gerade vom Kleinwagensektor durchaus Positives und Amüsantes zu berichten.
Denn der Mini lebt noch. Selbst eine in der Geschichte des Automobils beispiellose Willkür bei der Wahl der Pflegeeltern konnte der Anziehungskraft des winzigen Viersitzers nichts anhaben. Er hieß Austin Mini, Morris Mini, Wolseley Hornet, Riley Imp, Leyland Mini und wurde schließlich zum Rover Mini. Es ist anzunehmen, daß dieses klassische Mini-Auto selbst unter einer Bezeichnung wie »Dnjepropetrowsk 2200753-11B« oder so ähnlich, wie russische Automobile gern getauft werden, nichts an Anziehungskraft verlieren würde.
Der Mini, welche Eltern man ihm auch immer geben mag, hat des Stadium der Vernunft, eigentlich die klassische Domäne des Kleinwagens, längst hinter sich gelassen. Er ist quasi ein Oldtimer, der immer noch neu zu kaufen ist. Es ist

*Seit Anfang der 50er Jahre baut Reliant in Tamworth Kleinwagen mit drei Rädern, hier das aktuelle Modell »Robin« (Rotkehlchen).*

*Unter BMW Regie heißt der Mini jetzt Rover Mini, der Charme dieses genialen Millionensellers ist erhalten geblieben.*

*Ähnlich wie diese Studie von 1997 soll der BMW/Rover Mini-Nachfolger für das Jahr 2000 aussehen.*

nicht mehr vernünftig Mini zu fahren, sondern es macht Spaß und sorgt für ein jugendlich freches Lebensgefühl. Mehr kann ein kleines Auto nicht erreichen. Solche Meisterstücke der Automobilgeschichte lassen sich an den Fingern zweier Hände abzählen, und der heutige Rover-Besitzer BMW kann sich glücklich schätzen, bei seiner umstrittenen Übernahme zumindest einen solchen Sympathieträger mit eingekauft zu haben. Doch auch hier ist bereits ein Nachfolger deutlich in Sicht. Hoffen wir, daß die BMW Entscheidungsträger bei dieser gewaltigen Chance über ein besonderes Maß an Fingerspitzengefühl verfügen.

Doch die britischen Inseln, seit jeher ein besonders fruchtbarer Nährboden für Ungewöhnliches, bieten, wenn auch den wenigsten bekannt, ein weiteres Highlight für automobile Nostalgiker. Wer denkt, daß kleine Personendreiräder mit einzelnem Vorderrad, einst typisch für die englische Kleinwagenszene der Nachkriegszeit, längst zur Geschichte gehören, irrt. Nach einem Konkurs meldete sich unlängst die Firma Reliant mit neuer Leitung und mit einem aufgefrischten Angebot an Dreiradfahrzeugen zurück.

Zusammen mit der Firma Sharp's Commercials (Bond) hatte die schon vor dem Krieg mit Lieferdreirädern präsente Firma Reliant Anfang der fünfziger Jahre den damals noch relativ großen Markt der automobilen Minimalmotorisierung in England dominiert. Trotz wirtschaftlichen Aufstiegs hatte es in England stets eine kleine Gruppe von Autofahrern gegeben, die den einfachen und billigen Dreirädern treu blieben. So ist es bis heute möglich, mit dem Reliant »Robin« ein Fahrzeug neu zu erstehen, dessen technische Konzeption fast fünfzig Jahre zurückliegt und der das Gefühl vermittelt, einen klassischen Kleinstwagen zu fahren. Es würde nicht verwundern, wenn die Reliant Dreiräder allmählich einen gewissen Kultstatus erlangen, Ansätze dazu sind durchaus schon vorhanden.

In **Deutschland** war mit dem Produktionsende des Goggomobils unter BMW Regie 1969 die Ära der echten Kleinwagen zu Ende gegangen. Audi 50, Opel Corsa und VW Polo rangierten später zwar noch unterhalb der »Golf-Klasse« als Kleinwagen, doch sie waren und sind allesamt vollwertige kleine Viersitzer, denen eigentlich nur das Stufenheck fehlte, um auch als Limousine der unteren Mittelklasse im herkömmlichen Sinn durchgehen zu können.

Nicht aufgrund der zunehmenden Not von Teilen unserer Bevölkerung, sondern resultierend aus steigender Überlastung unserer Verkehrswege, immer lauter werdender Rufe nach »Drei-Liter-Autos« und vor allem wegen der von den USA angekündigten, strengen Importgesetze, basierend auf dem Flottenverbrauch, setzten in den letzten Jahren fieberhafte Forschungsarbeiten an echten, nämlich

*Opel bietet mit dem in zahlreichen Varianten erhältlichen Corsa seit Jahren ein erfolgreiches Kleinwagenkonzept in Europa.*

wirklich sehr kompakten, neuen Kleinwagen in den Entwicklungszentren der großen deutschen Hersteller ein.
Anfang der neunziger Jahre zeigte zum Beispiel BMW mit dem E1 einen sehr interessanten und annähernd serienreifen Prototyp mit sehr attraktivem Styling. Nach großangelegter öffentlicher Präsentation und Testberichten in angesehenen Fachblättern, verschwand der elektrogetriebene E1 wieder sang- und klanglos. Die Hoffnungen des Unternehmens ruhen jetzt auf dem für das Jahr 2000 angekündigten neuen Rover Mini.
Noch zurückhaltender zeigte sich bisher nur Audi. Die Ingolstädter, seit einigen Jahren unter den deutschen Herstellern auf der Überholspur, was Technik und Design betreffen, halten sich, was das Thema Kleinwagen angeht, auffallend bedeckt. Zwar wird gelegentlich auf den Autoshows eine Konzeptstudie mit der geheimnisvollen Bezeichnung $Al_2$ gezeigt, die die Aluminiumbauweise auch in der kleinen Klasse propagiert, doch konkrete Produktionspläne eines ähnlichen Kleinwagens wurden bislang nicht bestätigt.
VW besann sich vor kurzem auf die Existenzberechtigung eines Automobils in der kleinsten Klasse und bietet ab 1998 mit dem zwar

*Oben: Mit gewagtem Design auf Erfolgskurs – der unverwechselbare Ford Ka.*

*Unten: Im Herbst 1997 zeigte Audi mit dem Aluminium-Kleinwagen $Al_2$ ein eigenwilliges Konzept für die Zukunft – doch konkrete Produktionsabsichten fehlen bis jetzt.*

*Links: Dem Dreiliter-Auto schon recht nahe kommt der VW Lupo mit 1,7 Liter 60 PS Direkteinspritzer-Dieselmotor. Auch 50 oder 75 PS Bezinmotoren stehen zur Wahl.*

*Unten: Im Design sehr eng mit dem Seat Arosa verwandt, zeigt der VW Lupo doch ein eigenes, markantes Gesicht.*

nicht neuen (Seat Arosa), aber attraktiv gestylten Lupo, einen vernünftigen und dennoch reizvoll aussehenden Kleinwagen noch unterhalb des Polo an. Unter Idealbedingungen kann die sparsamste Lupo-Variante mit knapp drei Litern Kraftstoff auf 100 km gefahren werden, ein im Grunde illusorischer Wert, doch von bedeutender Werbewirksamkeit, und bald wird es vielleicht sogar eine heiße GTI-Version geben, die sicherlich enormen Fahrspaß verspräche.

Erstaunlich vor allem, was Ford mit dem Kleinwagen Ka gelungen ist. Die deutsche US-Tochter, seit Anfang an nicht unbedingt für avantgardistische Überraschungen berühmt, konnte mit diesem frech gemachten Zwerg ungeahnte Sympathien sammeln. Ob man den Ka nun schön findet oder häßlich bleibt Geschmackssache, unbestritten bleibt sein eigenständiger Charakter, keine Selbstverständlichkeit in der Automobilwelt unserer Zeit.

Zur Überraschung der mit der konservativen Grundeinstellung der Marke Mercedes-Benz aufgewachsenen Autofahrer, unternahmen die Stuttgarter Traditionalisten, heute Daimler Chrysler, ab Anfang der neunziger Jahre massive Anstrengungen, um in bisher völlig unbekanntes Terrain vorzustoßen. Neben der auf die Golf-Klasse angesetzten A-Klasse wurde schließlich zusammen mit dem Plastik-Uhren Hersteller Hayek ein revolutionärer Kleinwagen in Angriff genommen. Hayek hatte dabei mit seinem »Swatch-Auto« schon aufsehenerregende Vorarbeit geleistet. Sein Minimalmobil machte dem Begriff Kleinwagen, modern interpretiert, wahrhaft alle Ehre. Nachdem Daimler Benz in das Projekt eingestiegen war und vor allem nach dem »Elchtest-Desaster« blieb allerdings von Hayeks ursprünglicher Einfach- Lösung der Kleinwagenfrage nicht mehr allzu viel übrig. Um nur keine Kritikpunkte in Richtung Fahrsicherheit und passiver Sicherheit zu bieten, wurde der nun in »Smart« umgetaufte Winzling mit einer Fülle an Technik nach Art des Hauses vollgepackt.

In einer, in der Automobilgeschichte wohl beispiellosen Marketing-Offensive wurde die Neugier der Öffentlichkeit auf das neue Mobil geschürt. Häppchenweise wurden die Geheimnisse um den neuen Wunder-Kleinwagen gelüftet. Interessenten wurde mit dem »Smart-Buch« ein voluminöser Autoprospekt zugeschickt, der insofern in die Literaturgeschichte eingehen wird, als er praktisch frei von deutlichen Abbildungen des neuen Produkts war.

Doch der Smart soll eben auch nicht nur Produkt sein, sondern eine neue Form der automobilen Mobilität und des Lebensgefühls verkörpern. Für den Verkaufsstart im Oktober 1998 wurden neuartige Smart-Center aus dem Boden gestampft und eine Reihe von Mobilitätskonzepten ausgearbeitet, deren Schlüssigkeit und erzielbare Akzeptanz allerdings erst noch zu beweisen sein wird.

Mit dem Smart, mittlerweile im Straßenbild durchaus exotisch präsent, setzt der von Daimler Chrysler gesteuerte Hersteller MCC kompromißlos auf die Moderne, und in der Tat sieht jeder andere aktu-

elle Kleinwagen neben dem 2,50 Meter Winzling wie ein Oldtimer aus. Dazu passend wurde in der Werbung bisher fast ausschließlich auf die modisch orientierte Gruppe der sehr jugendlichen Trendsetter gezielt, wobei andere potentielle Käufergruppen leider ziemlich ausgegrenzt erscheinen.
Vieles am Smart ist in der Tat verführerisch und faszinierend. Witzig die Idee, für relativ wenig Geld und mit geringstem Aufwand durch Austausch der Karosserie-Aussenschalen die Farbe wechseln zu können. Gar nicht neu hingegen der Versuch, mit dem ultrakurzen Zweisitzer wieder einmal das Querparken zu versuchen. Erinnern wir uns! 1955 kam mit der BMW Isetta schon einmal ein revolutionärer Kleinwagen auf den Markt, dessen Form und Konzept damals sicher als noch weit ungewöhnlicher empfunden wurde, als beim Smart heute. Die Isetta war nochmals gut 20 cm kürzer als der Smart und auch hier war man versucht, frech quer zu parken und dann per Fronttür direkt aufs Trottoire zu schreiten. Doch schnell gab es Ärger mit dem Gesetz, weil das Hinterteil des Mobils eben doch noch zu weit in den fließenden Verkehr ragte. Nun ist der Smart noch ein bißchen länger, ragt also gefährlich weit in den Verkehr, und seine großen Türen öffnen ganz normal zur Seite. Peinlich, wenn man die Tür dann nicht mehr aufkriegt und das neue Mobilitätskonzept zur Falle wird. »Wir arbeiten daran...« behaupten keck die Werber – doch hat der Smart solche Mätzchen nötig? Sicher nicht.

*Nach schwerem Start nun endlich in Fahrt, der schon von Geburt an legendäre MCC Smart.*

Mittlerweile ist die erste große Aufregung um den Smart verklungen. Man gewöhnt sich allmählich an die fröhlich dreinblickenden, bunten Winzlinge und erste Tests haben Vor- und Nachteile klargestellt. Trotz mancher Kritik ist der Smart Kleinwagen ein gerade in Deutschland sehr mutiger Schritt in eine grundsätzlich richtige Richtung. Die heutigen und zukünftig drohenden Verkehrsprobleme verlangen längst nach intelligent konzipierten, kompakten und verbrauchsoptimierten Fahrzeugen, die trotz allem unsere hohen Sicherheitsforderungen erfüllen und einen Komfort bieten, wie wir ihn gewöhnt sind. Ob sich bei solch einem Mobil nun der Antrieb besonders sportlich gibt, sollte von minderer Wichtigkeit sein.
Der MCC Smart, als zweifellos modernster Kleinwagen der Gegenwart, erfüllt bereits einige dieser Forderungen, jedoch nicht alle. Sieht man einmal von reinen Sportwagen ab, wird ein Automobil mit nur zwei Sitzen stets ein Notbehelf bleiben, ganz egal, ob nun dahinter noch eine Kiste Sprudel paßt oder nicht. Solch selbst auferlegte Minimalisierung ist unnötig, denn ob ein Auto nun 2,50 Meter mißt oder 2,95 Meter und dafür auch Platz für weitere Passagiere bietet, spielt effektiv keine Rolle. Nur Kleinwagen, die eine kleine Mittel-

klasselimousine in 90 % der Fälle ersetzen können und dabei wesentlich sparsamer sind, sind auch sinnvoll, denn welchen ökologischen Nutzen soll ein Kleinwagen bieten, der überwiegend als Zweitwagen eingesetzt wird?
Der Kleinwagen, wie er in der Nachkriegszeit zur Blüte kam und amüsanten Stoff für dieses Buch lieferte, ist tot. Niemand fragt heute mehr nach »Wetterschutz« oder nach einem Drei- oder Vierradfahrzeug, das nicht mehr kostet, als ein schweres Motorrad mit Beiwagen. Ein moderner Kleinwagen muß ein beachtliches Maß an Flexibilität bieten, er muß ein Höchstmaß an Sicherheit garantieren und in zahlreichen Varianten zu haben sein, abgestimmt auf jeglichen Bedarf, fundamental, witzig, sportlich oder luxuriös. Er muß leicht gebaut sein, um ökologisch zu überzeugen und auf Wunsch Sportlichkeit bieten zu können. Noch nie zuvor standen den Konstrukteuren und Designern solch phantastische Möglichkeiten offen, diese Forderungen zu realisieren wie heute. Nicht zuletzt ist man mit einem Kleinwagen wie dem Smart diesem Ideal schon ein großes Stück näher gekommen. Neue Varianten, die neugierig machen, sind bereits angekündigt.

*Durchgängig gewitzt im Styling ist der Smart auch innen anders als der Rest der Kleinwagenwelt.*

*Fast so schnell wie ein Chamäleon wechselt der Smart die Farbe – durch Austausch von nichttragenden Kunststoffpaneelen der Karosserie.*

# Register